BASTEI
LÜBBE

PATRICE LEAVOLD

IM SCHATTEN DER LILIE

Die Erinnerungen der Eleonore von Aquitanien

Roman

Aus dem Englischen von
Barbara Reitz

BASTEI
LÜBBE

BASTEI LÜBBE TASCHENBUCH
Band 14 772

Erste Auflage: September 2002

Vollständige Taschenbuchausgabe der im Gustav Lübbe Verlag
erschienenen Hardcoverausgabe

Bastei Lübbe und Gustav Lübbe Verlag sind Imprints
der Verlagsgruppe Lübbe

Titel der englischen Originalausgabe: THE EAGLE OF THE SOUTH

Umschlaggestaltung: Guido Klutsch
Titelbild: AKG, Berlin
Satz: hanseatenSatz-bremen, Bremen
Druck und Verarbeitung: Elsnerdruck, Berlin
Printed in Germany
ISBN 3-404-14772-3

Sie finden uns im Internet unter
http://www.luebbe.de

Der Preis dieses Bandes versteht sich einschließlich
der gesetzlichen Mehrwertsteuer.

Prolog: 1188
Die Festung von Salisbury

Die Spitze des Federkiels brach ab, und ein Tropfen Tinte schoß quer über das saubere Blatt.

»Es ist doch nicht zu fassen! Das ist die dritte Feder in drei Tagen! Verdammt!« Eleonore von Aquitanien schleuderte die zersplitterten Reste zu Boden und fluchte erneut. Die Feder war nun zu kurz, um noch einmal angespitzt zu werden.

»Irgendwo haben wir noch eine. Ich will sie rasch holen.« Amaria kannte nur zu gut Eleonores gereizte Stimmung an Tagen wie diesen.

»Das verdammte Pergament ist so stark abgeschabt, daß man hindurchsehen kann, und so uneben, daß es ... Na, du siehst ja selbst, wie es meine Feder zurichtet ...«

»Gewiß, Madame. Ich werde Euch einen Tee machen.« Amaria ging, um einen Kräutertee aufzugießen und eine neue Feder zu holen.

Eleonore sah die schwache Wintersonne durchs Fenster scheinen, verzog das Gesicht und beschloß, so lange wie möglich im Bett zu bleiben. Es gab kältere Orte auf Erden als die Sarum-Ebene im Dezember – sie wußte es, sie war dort gewesen –, doch auf all ihren Reisen hatte sie keinen trostloseren und bedrückenderen Ort kennengelernt als diese zugige, auf einer Anhöhe gelegene Festung mit Blick in das Nichts. Sie würde unter den Fellen bleiben, noch etwas Heißes trinken und warten, bis das Feuer den Raum erwärmt hatte. Im übrigen kümmerte es niemanden, ob sie im Bett war oder nicht, und für sie gab es keinen besseren Ort zum Schreiben. Selbst auf minderwertigem Pergament.

Seit bald fünfzehn Jahren wurde sie gefangengehalten. Immer noch versetzte sie das eigene Schicksal in Erstaunen. Anfangs hatte sie nicht geglaubt, daß Henri, nachdem sein erster Zorn verebbt war, es wagen würde, sie noch länger eingekerkert zu halten. Und doch waren aus Wochen Monate und aus Monaten Jahre geworden. Immer noch war sie hier, eine Staatsgefangene, zu gefährlich, um im Ausland zu leben, könnte sie doch ihre Söhne zum Krieg gegen deren Vater, den König, aufwiegeln.

So wenigstens lautete die offizielle Begründung. Der wirkliche Grund war, wie sie wußte, ein ganz anderer.

Die Tür flog auf, und mit einem Schwall kalter Luft fegte Amaria herein. Auch sie war gefangen wie ihre Herrin und so alt wie diese, sah aber, im Gegensatz zu Eleonore, wirklich wie fünfundsechzig aus. Sie sehnte sich nach der Sonne Poitiers', hatte für England immer nur Abneigung empfunden und war trotz ihrer von Natur aus eher dunklen Haut auffällig blaß geworden. Nun indes sprühte sie vor Temperament.

»Wer ist es, Mari?« fragte Eleonore kurz, die sofort ahnte, daß ein Besucher eingetroffen sein mußte. Ihre Augen leuchteten auf. »Ist Henri endlich tot?« Sie lebte in der ständigen Hoffnung, Witwe zu werden.

»Ich fürchte nein. Doch es ist ein Mann des Königs.«

»Wer – etwa der Marschall? Oh, doch nicht schon wieder ein verdammter Kirchenmann, oder?«

»So ist es. Und nicht nur das«, seufzte Amaria, die ihre Abscheu nicht verbarg. »Ich glaube, er ist Waliser.«

Nein, bitte nicht, dachte Eleonore – nicht Gerald! Nicht dieser kleine Mann mit seinem ewigen Geschwafel und eitlen Getue. Was konnte er von ihr wollen? Sie hatte keinen Einfluß – von Macht ganz zu schweigen –, um ihm noch von Nutzen sein zu können.

»Er sagt, er sei des Königs Kaplan.« Er war es also wirklich. »Und er bittet um eine Audienz. Als ob Ihr das ablehnen könntet! Sollen wir ihn warten lassen?«

»Warum nicht. Aber wir wollen mich etwas herrichten, Mari. So, wie ich Gerald kenne, wird er jedem von diesem Treffen berichten. Also laß uns lieber einen guten Eindruck machen.«

Eine Stunde später schritt die Königin von England, Herzogin von Aquitanien und der Normandie, Gräfin von Poitou und Inhaberin von einem Dutzend weiterer Titel, die sie täglich zu verhöhnen schienen, langsam die schmale Treppe zum großen Saal der Burg Salisbury hinab. Gerald de Barri, der von seinen Zeitgenossen abschätzig »der Waliser« genannt wurde – als wäre ihnen der Gedanke, es könne mehr als einen wie ihn geben, einfach unerträglich –, stapfte auf und ab, wohl um die Kälte abzuwehren. Er trug seinen üblichen Talar, und auf seiner Tonsur breitete sich der Schweiß aus. Er sah auf deprimierende Weise aus wie immer.

Mit einem tiefen Seufzer machte sich Eleonore auf einen langen, faden Morgen gefaßt. Aber was bedeutete das schon? Ihre kurzzeitige Aufregung bei der Aussicht auf wichtige Nachrichten war der Gewißheit gewichen, daß niemand sich die Mühe machen würde, den Waliser zu ihr zu schicken. Nein, er mußte in eigener langweiliger Mission gekommen sein. Sie zwang sich zu einem Lächeln, das sich – nach Jahren praktizierter Diplomatie – auch gehorsam einstellte.

»Willkommen in meinem Lustschloß, Gerald.«

»Danke, Euer Gnaden!«

Sie wußte, daß Ironie an ihn vergeudet war, genoß es aber dennoch, als sie spürte, wie er sie anstarrte. Falls er erwartet hatte, eine geschlagene, gebrechliche alte Frau zu sehen, so war er sicherlich enttäuscht. Ihr Anblick konnte einem noch immer den Atem verschlagen, wenn sie sich darum bemühte. Seine sorgfältig vorbereitete Rede war ihm plötzlich entfallen. Um Haltung ringend, senkte er die Augen und kniete nieder, um ihr die Hand zu küssen.

»Ich hoffe, ich komme nicht ungelegen ...«

»Ganz und gar nicht. Ich hatte vor, den ganzen Tag im Schloß zu verbringen.«

»Hm, ja. Das vermutete ich.«

Sie kannte Gerald seit nunmehr zwanzig Jahren – seit dem Tag, da er als junger Dekan am Hofe erschienen war, in der Hoffnung, in ein höheres Amt berufen zu werden. In diesem Punkt hatte er sich nicht von hundert anderen ehrgeizigen jungen Geistlichen unterschieden, doch seine sonderbar irritierende Persönlichkeit hatte ihn von Anfang an aus der Masse herausgehoben. Noch immer so taktlos, eitel, wichtigtuerisch und naiv wie damals, war er kaum reifer geworden, obwohl er inzwischen weit über vierzig sein mußte. Sein sehnlichster Wunsch, eines Tages als Erzbischof von Saint David's heimzukehren, war von König Henri ständig durchkreuzt worden. Die Jahre schwerer Enttäuschungen, während derer er sich mit verschiedenen unbedeutenden Stellungen bei Hofe begnügen mußte, hatten Gerald zunehmend verbittert. Zur Zeit bekleidete er das Amt eines Kaplans von Henri: Er war nur einer von mehreren.

Geschieht dir ganz recht, dachte Eleonore. Ich möchte Henris Beichten nicht anhören, wie großzügig auch immer die Entlohnung sein mag. »Was also führt Euch nach Salisbury, Gerald?« fragte sie.

Er zuckte leicht zusammen, als hätte er vergessen, wo er war. »Ich bin auf dem Weg zu Erzbischof Baldwin in Canterbury, Madame.« Seine Stimme nahm einen ehrfürchtigen Ton an. »Wir haben Unterstützung aus Wales erhalten, um zur Rettung Jerusalems beizutragen.«

Das geringe Interesse, das Eleonore eben noch verspürt hatte, verflog augenblicklich. Ihr Tonfall wurde energisch.

»Wenn Ihr meinen Rat hören wollt, so haltet Euch da heraus. Der letzte Kreuzzug war ein Debakel. Ich sehe keinen Grund, weshalb dieser es nicht werden sollte.«

Sie hätte schwören können, daß sich Gerald ob dieser Blasphemie hatte bekreuzigen wollen und die Hand nur mit Mühe zu zügeln vermochte. Sie unterdrückte ein Lächeln. Seine Gedanken waren so durchsichtig wie die eines Kindes: Sie mochte zwar eine Staatsgefangene sein, doch es war klug, nicht zu vergessen, daß König Henri in diesen Tagen zunehmend kränkelte. Seine Witwe könnte jederzeit wieder an die Macht kommen, und deshalb ... »Nun Gerald, wenn Ihr nicht über Jerusalem sprechen wollt, was wollt Ihr dann?«

»Nun, eigentlich möchte ich schon, Euer Gnaden.«

»Ihr möchtet was?«

»Über Jerusalem sprechen.« Sein knochiges Gesicht erhellte sich. »Es gibt so vieles, was ich Euch fragen möchte. Ihr wart immerhin dort – nicht nur auf Pilgerreise wie die anderen, sondern um zu kämpfen!«

Eleonore bedachte ihn mit einem zornigen Blick und begann mit großen, schnellen Schritten, die mit den Jahren nichts von ihrer Anmut eingebüßt hatten, in der Halle auf und ab zu gehen. »Ich habe nicht das Schwert geführt, falls Ihr das denkt. Ihr solltet nicht alles glauben, was in den Chroniken steht, Gerald.« Vor allem nicht in denen, die Ihr selbst verfaßt habt, fügte sie, mit einem Blick zu Amaria, in Gedanken hinzu.

»Nein, nein, das weiß ich wohl, Madame.« Die schnabelförmige Nase zuckte, während seine Augen ihrem Auf und Ab folgten. »Um ehrlich zu sein, ist genau dies mein Anliegen. Ich wüßte gern, was dort wirklich geschah.«

Eleonore blieb abrupt stehen. »Und was bringt Euch auf den Gedanken, daß ich es gerade Euch – Henris Beichtvater – erzählen würde?« Sie mußte auf der Hut sein – selbst bei diesem Narren.

»Warum? Um der Wahrheit willen!«

Sie lachte plötzlich aus vollem Herzen. »Nein, wirklich! Und welche Wahrheit wollt Ihr? Meine? Louis'? Oder wie wär's mit der des verstorbenen Bischofs von Chartres – der alte John war schließlich ein Einheimischer, der glaubte, alles zu wissen ...«

Jeder andere hätte sich nunmehr verlegen zurückgezogen,

nicht aber Gerald. »Nun, die Eure natürlich! Ihr seid die einzige, die ich noch fragen kann.« Amaria murrte ungehalten bei dieser »taktvollen« Antwort. »Das heißt ... Was ich meine ...«

»Und Ihr dachtet Euch, Ihr solltet Euch besser beeilen, bevor ich an diesem gottverdammten Ort vor Kälte sterbe?«

»Ja – nein!« Kalt oder nicht, er hatte zu schwitzen begonnen.

»Nun, Ihr habt recht, wenn auch wenig Taktgefühl, Gerald. Ich bin tatsächlich – fast – die einzige, die übriggeblieben ist.« Sie sah ihn durchdringend an. »Ihr schreibt also immer noch?«

Er plusterte sich auf und deutete eine Verbeugung an. »Aber gewiß! Ich fühle mich geehrt. Ihr habt also von meiner Arbeit gehört!«

»Graf John hat so etwas in seinem letzten Brief erwähnt.« Sie gewährte Gerald einen Augenblick, seine Selbstgefälligkeit auszukosten, bevor sie zum Angriff überging. »Er sagte, Ihr verbrächtet all Eure Zeit in Irland mit Arbeit für Euch selbst statt für ihn.«

»Das ist nicht wahr!«

»Dann lügt mein Sohn also?« So, wie sie John kannte, hielt sie das durchaus für möglich, konnte aber dem Spaß nicht widerstehen.

»Nein! Hm, nein ...«, stammelte er. Sie aber hatte dieses armselige Spiel bereits satt. Gerald war keine Herausforderung.

»Keine Sorge, Priester. Ich wiegele ihn nicht gegen Euch auf! Ich finde sowieso niemanden, der Briefe für mich hinausbringt.« Sie blickte ihn bedeutungsvoll an, doch er war nicht gewillt oder einfach zu begriffsstutzig, darauf einzugehen. Trotzdem war es einen Versuch wert gewesen.

Als sie ihn schon entlassen wollte, besann sich Eleonore plötzlich eines Besseren. Selbst Gerald war schließlich eine Art Abwechslung, und es konnte nicht schaden, ihn – und sich selbst – ein wenig aufzuheitern. Außerdem war ihr aufgefallen, daß seine Reisetasche voll von hochwertigem Pergament, von Tinte und Federn aus der königlichen Schreibstube war.

»Gut, Gerald«, meinte sie und schenkte ihm ihr immer noch betörendes Lächeln. »Ich denke, wir können handelseinig werden. Ich erzähle Euch, was Ihr wissen wollt.« Den Teufel werde ich tun, dachte sie bei sich, Maris entsetzten Blick auffangend. »Aber wir wollen den Raum erst ein wenig aufwärmen lassen. Sonst frieren wir uns noch alle zu Tode.«

Der Waliser zitterte fast vor Aufregung, als er etwa eine Stunde später einen Hocker vor den Kamin zog und sich niedersetzte, um ihrer Lebensgeschichte zu lauschen. Sie würde ihm alles erzählen! Königin Eleonore, die berühmteste, nein, die berüchtigteste Frau der Epoche, würde sich ihm allein anvertrauen! Er warf einen beunruhigten Blick auf den erschreckend kleinen Stapel Pergament, den sie ihm gelassen hatte. Er konnte nur hoffen, daß er genügend Tinte und Federn hatte, um alles niederzuschreiben ...

Eleonore zwinkerte Amaria über den gebeugten Kopf des entzückten Priesters hinweg zu, holte tief Luft und schlug die Beine übereinander – dies konnte sehr vergnüglich werden.

Als Gerald zwei Tage später die Burg verließ, schwirrte ihm der Kopf und schmerzte ihm der rechte Arm. Er hatte alles festgehalten – wie sie mit fünfundzwanzig Jahren ihre Amazonen nach Jerusalem und zurück geführt hatte, wie sie schiffbrüchig geworden, von einem falkenäugigen Wüstenprinzen entführt und dann nach ihrer Heimkehr zu ihrem großen Kummer vom König von Frankreich verstoßen worden war ... Und wie der Graf von Anjou, kurz zuvor erst zum Herzog der Normandie ernannt, sie im Sturm eroberte, und wie sie alsbald eine zweite Krone hatte, die den Verlust der ersten wettmachte. Oh, wie er, Gerald, sie verkannt hatte, sie, diese fromme und tapfere Frau, deren außergewöhnliche Schönheit noch zu erkennen war. Eine Schönheit, die die Männer angezogen und die ihren Ruf über so viele ereignisreiche Jahrzehnte hinweg gefärbt hatte. Er bedauerte fast die bevorstehende Reise ins Heilige Land; eine solche Geschichte erforderte Zeit und Sorgfalt – und dazu natürlich sein außergewöhnliches Talent –, um ihr gerecht zu werden!

Hoch oben am Fenster des Burgturmes standen Eleonore und Mari und krümmten sich vor Lachen, während sie zusahen, wie der Waliser zur Kathedrale eilte, um ein rasches Gebet zu verrichten. »Dieser vertrauensselige Dummkopf, Mari – er hat alles für bare Münze genommen! Henri sollte ihn als Hofnarren halten. Im Ernst! Bist du jemals einem so unbedarften Menschen begegnet? Wenn ich ihm erzählt hätte, der König von Sizilien habe zwei Köpfe, würde er herauszufinden versuchen, von wem er sich seine Hüte machen läßt ...«

»Er ist in der Tat ein Narr, aber mußtet Ihr so dick auftragen, Madame? Ihm zu erzählen, Ihr hättet mit fünfzehn den Schleier nehmen wollen!«

»Mag sein – aber es ist nicht auszuschließen, daß er nicht von Jerusalem zurückkommt. Nur wenigen von uns ist es vergönnt gewesen.«

Erinnerungen stiegen in ihr auf, und ihr Lachen erstarb. Plötzlich wurde sie müde und ein wenig niedergeschlagen, und sie wandte sich ab. »Überhaupt – was soll das alles? Sie schreiben schon so viele Lügen über mich – da kommt es auf ein paar mehr auch nicht mehr an.«

»Das meint Ihr doch nicht wirklich?«

Eleonore blickte ihre Freundin an. »Nein. Sonst würde ich mir wohl kaum die Mühe machen, meine Biographie zu schreiben. Nein, irgend jemand sollte wissen, wie mein Leben wirklich gewesen ist.«

Mari sah sie neugierig an und stellte dann eine Frage, die zu stellen sie noch nie gewagt hatte. »Aber Ihr werdet doch wohl nicht alles aufschreiben, Madame. Ich meine ...« – und ihre Stimme wurde leiser – »... nichts über den Grafen von Anjou, oder?«

Eleonores Blick wurde sanfter, und sie nahm ihren Arm, während sie die Treppe hinabstiegen. »O doch, Mari – ganz besonders über ihn. Sonst wäre ja alles sinnlos.«

Erster Teil

Kapitel 1

⚜ An dem Tag, als Abt Bernard de Clairvaux in den Süden kam, um meinen Vater zu exkommunizieren, war ich erst acht Jahre alt. Dennoch wird mir dieses Ereignis für immer tief ins Gedächtnis eingebrannt bleiben.

Wenn ich über das halbe Jahrhundert und mehr zurückblicke, das mich von meiner Kindheit trennt, entbehrt es nicht einer gewissen Ironie, daß die Begebenheit, die den Verlauf meines frühen Lebens am meisten beeinflußte, ausgerechnet ein Streit mit der Kirche war. Denn von allen Herrschergeschlechtern der Länder, die wir nun Frankreich nennen, war das Haus Aquitanien das am wenigsten gottesfürchtige. Gut, dieser seltsame Heilige stammte aus unseren Reihen, aber solche Ausnahmen bestätigten lediglich die Regel, daß das Leben an den sonnigen Höfen von Poitiers und Bordeaux äußerst leger und tolerant war.

Mein Großvater, Herzog Guillaume IX., herrschte über die ausgedehntesten Länder im Königreich. Er war ein hochangesehener Poet, dessen elegante Verskunst lediglich von seiner höchst erstaunlichen und unglaublich einfallsreichen Schamlosigkeit übertroffen wurde. Sein Lebenshunger war gewaltig, aber nicht größer als der seiner berüchtigten, zänkischen Mätresse, Gräfin Dangéreuse. Ihr Porträt – nicht das seiner Gemahlin – prangte auf seinem Kriegsschild. Als unser Bischof protestierte, das gehe selbst für einen Aquitanier entschieden zu weit, entgegnete mein Großvater, dies sei nur recht und billig, schließlich ertrüge sie auch klaglos sein Gewicht im Bett.

Der Herzog wurde daraufhin exkommuniziert. Es war nicht das letzte Mal ...

Auch mein Vater, Guillaume X., bekam Schwierigkeiten mit der Kirche – und zwar im Jahr 1130 durch Bernard de Clairvaux. Dieser war ein entfernter Verwandter, der sich aus für uns unverständlichen Gründen von der Familie ungerecht behandelt fühlte. Nun wollte er sich rächen, indem er das Oberhaupt der Familie mit dem Kirchenbann belegte.

Da ich damals noch so jung war, verstand ich nur wenig von diesem Zwist. Wenn es einen Streit gab, war ich davon überzeugt, daß mein Vater im Recht sein mußte, und seine Unterstützung des päpstlichen Rivalen, eines Freigeistes, der sich Anacletus II. nannte, konnte doch wohl nicht der Grund sein. Leider hatte ich unrecht. Papst Innozenz II. entsandte Abt Bernard, seinen beredsamsten Fürsprecher, um den Herzog für sich zu gewinnen, oder, sollte der Versuch scheitern, ihn für immer zu verdammen.

Selbst in jenen fernen Tagen wurde Bernard als lebender Heiliger angesehen – ein Ruf übrigens, der von ihm selbst am eifrigsten gepflegt wurde. Seine Ankunft in meines Vaters Hauptstadt Poitiers jagte einen Schauer der Ehrfurcht durch die Bevölkerung. Auch ich verspürte etwas davon, vor allem wenn ich dem Geschwätz der Dienerschaft lauschte. Ich überschüttete meinen Vater mit kindlichen Fragen über diesen Mann, den ich mir auf einer schimmernden Wolke schwebend und umgeben von einem güldenen Glorienschein vorstellte. Vater war ganz offensichtlich beunruhigt wegen der bevorstehenden Begegnung. Doch wenn ich artig wäre, würde er mir erlauben mitzukommen.

»Wenn du versprichst, ganz still zu sein, darfst du im großen Saal an meiner Seite sitzen, Eleonore. Als meine Thronerbin solltest du anwesend sein, aber versuche, aufmerksam zuzuhören.« Er hockte sich, auf ein Knie gestützt, vor mich hin und sah mir in die Augen. »Der Abt hat Einfluß am Hofe von König Louis. Du weißt doch, wo das ist, nicht wahr?«

»In Paris, Vater!«

»Ja, in Paris. Und heute vertritt er auch den sogenannten Papst, deshalb dürfen wir nicht unhöflich sein ...«

»... und nicht die Beherrschung verlieren«, fügte mein junger Onkel Raymond mit einem verstohlenen Augenzwinkern hinzu.

»Die Beherrschung – was soll das heißen?« fragte mein Vater empört, und dann setzten die beiden Männer ihren Weg so raschen Schrittes fort, daß ich rennen mußte, um nicht zurückzubleiben.

Doch als Bernard de Clairvaux dann tatsächlich eintraf, geschah es mit betonter Bescheidenheit, fast so, als schwebte er auf meiner erdachten Wolke herein. Ohne dem Tumult des Volkes und dem Empfangskomitee an den Stadttoren Beachtung zu schenken, warf er einen mißbilligenden Blick auf unsere roten Seidenbanner an den Mauern. Er begab sich mit seinen Mönchen geradewegs zum Schloß und traf ein, noch ehe der Herzog bereit war, ihn zu empfangen. So überrumpelte er Vater und den ganzen Hof. Wir eilten hastig herbei, um ihn zu begrüßen, und ich betrachtete neugierig den Mann, der in künftigen Jahren mein Schicksal bestimmen sollte.

Schroff lehnte der Abt den Stuhl ab, den mein Vater ihm anbot, und bezog im Lichte eines Sonnenstrahles Stellung, der durch eines der hohen Fenster des großen Saals drang. Alle starrten mit unverhohlener poitevinischer Neugier auf ihn; zugleich offenbarten diese Blicke deutliche Anzeichen von Furcht. Bernard war knapp mittelgroß und von den Jahren selbstauferlegter Askese schon derart abgezehrt, daß seine fahle Haut, ähnlich wie sein beschmutztes weißes Gewand, schlaff und leblos an ihm herabhing. Bedeckt vom Staub der langen Reise, glich er einer besonders finsteren Grabfigur. Sein dunkler, kastanienbrauner Bart war der einzige Farbfleck. Das wenigstens glaubte ich, bis er die Augen hob. Sie waren groß und von einem merkwürdig blassen Blau, das sich in Momenten der

Anspannung wie Milch, die mit Wasser verdünnt wird, zu trüben begann.

Ich schrak instinktiv vor ihm zurück, doch Vater lächelte mir aufmunternd zu, als ich neben ihm auf dem Podium Platz nahm. Ein kurzes Schweigen folgte, und ich wartete gespannt auf die Botschaft des Papstes. Man hatte mich gelehrt, daß es sich ziemte, selbst beim Vortrag schwerer Anschuldigungen zunächst etwas Verbindliches zu sagen, und nahm an, daß auch er sich an diese Regel halten würde.

»Wisset, Herzog«, donnerte er indes gleich los, »Euer Rat in dieser Angelegenheit kommt vom Teufel!« Ungläubig rang die ganze Hofversammlung nach Luft. »Jawohl, vom Teufel, und zu diesem Meister werdet Ihr gehen, wenn Ihr nicht auf dieses falsche Bündnis verzichtet und auf Knien vor mir widerruft. Auf der Stelle!«

In der darauf folgenden Stille glaubte ich, das eigene Herz schlagen zu hören. Der große Saal des Herzogspalastes zu Poitiers ist bis heute der größte Raum diesseits von Konstantinopel, den ich kenne. Es ist für jeden Menschen schwer, ihn mit seiner Stimme auszufüllen, vor allem von der Stelle aus, an der Bernard stand. Doch dieser kleine, staubbedeckte Mann vermochte es ohne Mühe. Wenige bange Atemzüge lang blieb mein Vater reglos sitzen, das Gesicht völlig ausdruckslos; dann brach sein Zorn los. Die Wangen tiefrot, schnellte er so heftig hoch, daß der Tisch vor ihm umkippte. Es folgte ein ohrenbetäubendes Krachen, und alles sprang auf, als eine Wolke roten Staubes von den zerschmetterten Fliesen hochstieg. Die Hunde stoben auseinander.

Vater, der die Versammlung majestätisch überragte, schrie: »Hinaus! Hinaus, verfluchter, elender Priester! Hinaus, oder ich schicke Euch, bei Gott, geradewegs zum Satan!« Und seine Hand langte zum edelsteinbesetzten Griff seines Schwertes.

Onkel Raymond verdrehte in resignierter Verzweiflung die blauen Augen. Er murmelte etwas und beugte sich herab, um den Kopf eines erschrockenen Hundes zu streicheln. Mich aber versetzte Vaters Antwort – und vor allem die Furcht, die ich kurz im Gesicht des Priesters aufblitzen sah – derart in Erregung, daß ich ein nervöses Kichern nicht unterdrücken konnte.

»Sei still, Eleonore«, raunte Vater mir rasch zu. Das genügte, um den Blick des Abtes auf mich zu lenken. In diesem Augenblick verrieten seine Augen nicht nur heiligen Zorn, sondern zugleich einen stillen Triumph, als hätte er genau die gewünschte Reaktion hervorgerufen.

Ich las noch etwas anderes darin, etwas, was ich damals nicht begriff, was mir jedoch einen heißen Schauer über den Rücken jagte und mich auf unerklärliche Weise beschämte. In meiner Verwirrung wandte ich mich an Vater, der noch immer dastand, als wollte er sich jeden Augenblick die Stufen hinab auf den Mönch stürzen. Aber er beachtete mich nicht, denn schon hatte Bernard begonnen, die schrecklichen Worte des Kirchenbannes auszusprechen. Somit war der Herzog von jeglicher Verbindung zum Christentum, von der Hoffnung auf das Himmelreich und vom Trost der Sakramente abgeschnitten.

Alles geschah so schnell, daß ich kaum zu folgen vermochte. Es ist doch nicht möglich, dachte ich, mit hilfloser Faszination lauschend, daß dieser furchterregende Greis, der da im hellen Sonnenlicht steht, meinen Vater zur Hölle schicken kann! Doch der giftige Wortstrom floß geschmeidig weiter, und das schreckliche Geschäft war rasch erledigt. Dann wandte sich die Schar der Mönche um und verließ den Saal, so gleichgültig gegen Vaters Schicksal, als hätte er in diesem Augenblick aufgehört zu existieren.

In der plötzlichen Stille starrte der Herzog vor sich hin, taub nicht nur gegen meine Tränen, sondern gegen alles um ihn herum. Dann erschien Onkel Raymond an meiner Seite, führte mich an der Hand aus dem Saal und sagte sanft, ich solle mir keine Sorgen machen, sondern Aelith suchen und mit ihr spielen.

Doch ich war beunruhigt. Ich erkannte mit wachsendem Entsetzen, daß nicht nur Vater, sondern auch ich, ob Kind oder nicht, mir einen mächtigen Feind gemacht hatte.

Noch am selben Tag verließ Bernard Poitiers und nahm einen Teil der Unbefangenheit meiner Kindheit mit sich. Von dem Machtspiel, das sich hinter diesem Vorfall verbarg, wußte ich nichts. Ich verspürte nur das Grauen seines Fluches und litt fortan unter Alpträumen. Meine Mutter und mein kleiner Bruder waren Anfang des Jahres erkrankt und gestorben. Nun stellte sich ein neuer Kummer ein, denn ich träumte fortan, daß auch Vater sterben würde. Wenn mich bisher die Gewißheit getröstet hatte, daß Mutter und der kleine Guillaume sicher im Himmel waren, so würde ich bei Vater nicht diesen Trost haben. In meinen Träumen durchlitt er alle ewigen Qualen der Hölle.

Doch die Tage der Kindheit sind lang, und als der Herzog stark und bei guter Gesundheit blieb, schwand allmählich die Angst vor seinem baldigen Tod aus meinem Bewußtsein. Sein absurder Widerstand aber blieb bestehen. Als ich älter wurde, verwandelte sich meine Angst in Zorn auf ihn und auf die Kirche, denn jeder weiß, daß es in einer Schlacht ohne Verlierer keine Gewinner gibt; und Papst Innozenz konnte es sich leisten, großmütig zu sein.

Fünf lange, trotzige Jahre hindurch litten wir alle unter dem Bann der Kirche, bis Abt Bernard erneut gen Süden entsandt wurde. Der ganzen Sache so überdrüssig wie jeder andere von uns, erklärte sich Vater zähneknirschend bereit, ihn zu empfangen. Nur diesmal machte er zur Bedingung, daß die Begegnung an dem abgelegeneren Ort Parthenay, einen Tagesritt westlich von Poitiers, stattfand. Es war eine sonderbare Wahl für ein Treffen. Parthenay war eine unserer größten Residenzen, eine riesige Burg, die drohend auf die kleine Stadt hinabblickte. Ich fragte mich, ob Vater hoffte, ihre gewaltige Größe würde den Mönch einschüchtern und etwas milder stimmen.

Wenn es so war, hatte er sich getäuscht.

Während wir auf dem Weg zur Burg über die Brücke Saint-Jacques ritten, sahen wir Trauben von aufgeregten Menschen aus der Stadt und den umliegenden Dörfern. Irgendwie hatten sie vom Besuch des Abtes erfahren und säumten nun die steilen Straßen in der Hoffnung, den Segen des großen Mannes zu empfangen oder wenigstens einen spirituellen Nutzen daraus zu ziehen, daß sein Schatten für einen kurzen Augenblick auf sie gefallen war. Der Beifall für uns – ihren Herrn und dessen Erbin – war halbherzig, sparten sie sich doch ihre wahre Begeisterung für ihren Helden auf, was der Laune meines Vaters ganz und gar nicht guttat.

»Schau sie dir an!« knurrte er. »Er ist es doch, der ihnen all dieses Elend gebracht, der meine Kirchen jahrelang verschlossen und sie von Gott abgeschnitten hat – und sie können es nicht erwarten, den Boden unter seinen schmutzigen Füßen zu küssen. Aber wer beschützt sie und teilt Korn aus, wenn die Ernte ausfällt?«

Ich warf über den Kopf meines Pferdes hinweg einen verstohlenen Blick auf die tiefen Furchen um Vaters Mund und Augen. Sein jahrelanger Widerstand hatte nicht die Bitterkeit gemildert, die ihm schon immer zu eigen gewesen war. Als er meinen prüfenden Blick spürte, wandte er sich zu mir. »Diesmal aber kein Wort, Eleonore. Du bist nur hier, weil du so lange gequengelt hast.« Dann fügte er mit einem Anflug von Reue hinzu: »Morgen wird diese verfluchte Angelegenheit endlich ein für allemal erledigt und vergessen sein.«

Und ich lächelte ihm voller Hoffnung zu.

Zwei Stunden später stand ich am Fenster des Torhauses und verfolgte angewidert das Schauspiel, das sich unten abspielte. Unser Volk drängte sich auf der schmalen Straße, die zur Burg hinaufführte, und beugte verzückt die Knie vor dem Abt, zerrte an seinem Gewand und küßte seine gelblichen Hände. Er war eben im Begriff, ihnen einen allgemeinen Segen zu erteilen, als er unvermittelt anhielt und zu meinem Fenster hochblickte. Es war nicht breiter als ein gefiederter Pfeil. Er konnte mich unmöglich sehen. Trotzdem war mir, als blickte er mir geradewegs in die Augen. Mich durchfuhr gegen alle Vernunft ein heftiger Schrecken. Wie konnte er wissen, daß ich hier war? Aber ob er mich nun sah oder nicht, ich erwiderte seinen Blick mit hoch erhobenem Haupt und hoffte, tapferer zu wirken, als ich mich fühlte.

Einen Atemzug später war er fort, doch mir war genügend Zeit geblieben, um zu erkennen, daß er gealtert war. In seinem kastanienbraunen Bart waren deutlich graue Strähnen zu erkennen, sein Stolz aber, so urteilte ich mit der Scharfsicht meiner dreizehn Jahre – geschärft noch durch meinen kurzen Schrekken –, hatte sich um keinen Deut vermindert. Ich fragte mich mit sinkender Zuversicht, welches neue Unglück auf uns wartete.

Und wieder, wie schon fünf Jahre zuvor, saß ich an Vaters Seite im großen Saal und versuchte angestrengt, nicht auf das Flattern der verängstigten Taube zu achten, die sich oben in den Dachsparren verirrt hatte. Ich machte mich auf eine Auseinandersetzung mit diesem zermürbenden Mann gefaßt. Und wieder überrumpelte er uns beide.

»Euer Gnaden«, sagte er und ignorierte mich völlig, »laßt uns ein privateres Gemach aufsuchen – vielleicht den Vorraum der Kapelle – und unsere Gespräche dort führen.«

Zu meiner Verblüffung stimmte Vater sofort zu und ließ Bernard sogar vorausgehen. Woher wußte der Abt überhaupt, wo die Kapelle war? fragte ich mich, gekränkt und enttäuscht, weil mein Feind mich nicht einmal beachtet hatte.

Hoch oben flatterte ängstlich die Taube und ließ einen Kotklecks auf die Stelle fallen, wo der Abt eben noch gestanden hatte. »Deine Zeitplanung ist miserabel«, murmelte ich und sehnte mich plötzlich nach meiner Schwester Aelith. Sie hätte mir über das Gefühl der Einsamkeit hinweghelfen können, das sich plötzlich meiner bemächtigte.

Was sich an jenem Tag zwischen Vater und dem Abt abspielte, sollte ich nie erfahren, doch der Herzog war nach dem langen Gespräch deutlich verändert. Er hatte seine Würde gewahrt und sich geweigert, einige Bischöfe wiedereinzusetzen, die er früher einmal entlassen hatte. Ansonsten war er aber vollständig mit der Kirche versöhnt. Er hatte Bernard sogar persönlich besänftigt, indem er Gelder für den Bau einer neuen Abtei in Saintes zusicherte. Aber verglichen mit seinem neuen Verhalten mir gegenüber war das unbedeutend. Seiner Liebe konnte ich weiterhin sicher sein, doch als wir am nächsten Tag zum Stadttor hinausritten, war er bereits ausgesprochen unzugänglich und sprach von Plänen für eine Pilgerreise nach Santiago de Compostela.

»Wunderbar!« rief ich und dachte, alles sei gut. »Ich freue mich schon auf Galizien!«

»Ich reise allein!« erwiderte er frostig. Damit gab er seinem Pferd die Sporen und ritt voraus.

Eine Woche später verkündete er, er werde eine reiche Witwe aus Cognac im Limousin ehelichen und einen Sohn mit ihr zeugen, der sein Nachfolger werden solle.

»Emma wer?« fragte Aelith am nächsten Tag, als wir wieder zu Hause waren.

»Scht!« Ich hakte sie unter und führte sie zum Wandelgang auf dem Schloßdach, wo uns das laute Gurren der Tauben Schutz vor möglichen Lauschern gab. Ich war genauso entsetzt wie sie darüber, wie leicht es war, uns beiseite zu schieben, und verspürte ein starkes Bedürfnis, mich auszusprechen.

Oben angelangt, sah mich meine Schwester erwartungsvoll an. Aelith war zwei Jahre jünger als ich und glaubte, ich wisse alles. An jenem Tag aber war ich ratlos und erwiderte nur ihren Blick. Ihr hübsches, schmales Gesicht sah besorgt aus, seit sie die niederschmetternde Nachricht erhalten hatte. »Nun, wer ist sie, Eleonore?« fragte sie.

»Ich weiß nur, daß sie die Erbin von Limoges und der Vizegrafschaft ist. Vater sagt, er hätte den Ärger mit dem Limousin schon längst bereinigen müssen ...« Dann kam ich auf den Kernpunkt der schlechten Nachricht zurück. »Aber warum tut er uns, warum tut er mir das an? Was habe ich verbrochen, um so übergangen zu werden, Aelith? Um zu einem Nichts gemacht zu werden?«

»Schuld daran ist dieser verdammte Mönch«, murmelte sie und zog ihre gelben Ärmel hoch, während sie sich an den warmen weißen Stein lehnte.

»Laß das Fluchen«, sagte ich mechanisch, aber sie hatte recht. Auch er hatte mir das Gefühl gegeben, als existierte ich gar nicht – genauer gesagt, als hätte ich nicht das Recht zu existieren. »Ich weiß, daß Joscelin und Guillaume nicht die Nachfolge antreten können, weil sie Bastarde sind« – sie waren unsere älteren Halbbrüder, die wir kaum kannten und doch irgendwie schätzten –, »doch wir sind es nicht. Wir sind ehelich ...«

Aelith aber ging sogleich auf ein Thema über, das sie weit mehr interessierte. »So ist es! Und deshalb sollte Vater deine Vermählung planen und nicht seine! Du bist schon dreizehn, und er ist ...« – sie suchte nach einem geeigneten Schimpfwort – »... alt!« Das stimmte: Er hatte die Sechsunddreißig überschritten. »Dieser Bernard hat ihn gegen uns aufgebracht«, fuhr sie fort, »nur weil wir Mädchen sind. Er verachtet alles Weibliche und würde nicht einmal eine Stute reiten.« Ihre Stimme wurde noch leiser. »Man munkelt, er habe seiner eigenen Schwester gesagt, sie sei nicht besser als jede Hure, nur weil sie sich weigerte, auf sein Geheiß hin ins Kloster zu gehen.«

»Wo in aller Welt hast du das aufgeschnappt?« fragte ich, beeindruckt von ihrem Hang zum Klatsch. »Aber du hast recht – er hat Vater Gelder für eine Abtei abgeluchst und verlangt sicher noch mehr. Er weiß, daß er von mir nichts bekommen würde – vor allem jetzt erst recht nicht!«

»Wird er uns fortschicken, Eleonore?« Aeliths wissender Ausdruck war plötzlich verschwunden.

Sie sah ängstlich aus und sehr jung, und die gleichgültige Grausamkeit dieser Männer erzürnte mich. Ich zog sie rasch an mich und brachte ein Lächeln zustande. »Nein, Aelith, das tut er gewiß nicht, aber ich brauche Zeit zum Nachdenken. Irgendwas müssen wir doch tun können.«

Was uns am Ende rettete, war die im Limousin herrschende Gesetzlosigkeit, denn Vaters aufsässiger Vasall, der Graf von Angoulême, kam ihm einfach zuvor. Die Entführung reicher Erbinnen war ein alter aquitanischer Brauch, und so wurde Emma eines Tages bei einem Ausritt überwältigt und mit gezogener Schwertklinge gezwungen, den Grafen zu ehelichen. Es versteht sich von selbst, daß man sie – wie auch mich – nie nach unseren Wünschen gefragt hatte. Meine Erleichterung über unsere vorübergehende Rettung wurde lediglich durch mein Mitleid für Emma ein wenig beeinträchtigt. Vater fluchte aufs schockierendste, ritt zwei Pferde zu Tode, schwor dem ganzen Haus Angoulême Rache und vergaß die Dame.

Aeliths Reaktion auf all das war bemerkenswert, denn sie erinnerte sich an unsere eigensinnige und anspruchsvolle Großmutter. »Sie hat ihren Willen durchgesetzt, nicht wahr?« meinte sie nachdenklich, als wir in jener Nacht in unserem Bett lagen und über unser knappes Entrinnen grübelten. »Sie haben es nicht gewagt, Dangéreuse zu übergehen ...«

»Das lag an ihrem Namen Dangéreuse – die Gefährliche«, erwiderte ich schläfrig. »Der hat jeden in Angst und Schrecken versetzt!«

»Und ihr selbst Mut gemacht. Ich will meinen Namen ändern. Von jetzt an kannst du mich Petronilla nennen, wie die Äbtissin von Fontevrault.«

»Wie?«

»Nun, du kannst dich doch nicht beschweren: *Alienor, aigle en or* – der goldene Adler. Das ist ein Name! Meiner dagegen paßt zu einem Kleinkind: Aelith, Aelith – das hört sich nach Lispeln an! Ich hasse ihn. Wenn sie uns beiseite schieben können, so wie es ihnen paßt, will ich ihnen wenigstens etwas zum Nachdenken geben.«

»Schlaf jetzt endlich!«

Erstaunlicherweise aber setzte sie, wie Dangéreuse, ihren Willen durch. Die Verkündung ihres neuen Namens rief zwar hier und da Belustigung hervor, doch selbst Vater stimmte ihm zerstreut zu. »Paßt zu dir«, nuschelte er, den Mund voller Pastete. »Erinnert an den englischen Begriff *stormy petrel* – unruhiger Geist.«

Und im Lichte späterer Ereignisse hätten seine Worte nicht treffender sein können.

Unterdessen war nicht mehr von Heirat oder männlichen Erben die Rede. Mit dem Fortschreiten des Sommers kehrte mein alter Optimismus zurück. Vater nahm mich wieder mit, als er durch Aquitanien zog, um Recht zu sprechen. Wir ritten in der klaren Augusthitze jenes Jahres 1136 gen Nordwesten, durch Chatellerault und Moncontour bis zur Abtei Saint-Jouin-de-Marnes, die an unserer Grenze zum Anjou, auf einem Berg gelegen, die Marschen überblickte. Wie die meisten großen kirchlichen Einrichtungen wurde sie ständig erweitert, so daß ihre Kirche nun als Inbegriff neuzeitlicher Architektur galt.

»Ich liebe die Sterne auf den Säulen!« sagte ich zu Vater, als wir durch das elegante neue Torhaus ritten.

»Das sind keine Sterne, Eleonore, sondern Symbole von …«

»Einen guten Morgen, Euer Gnaden! Wie ich sehe, bewundert Ihr die neuen Schnitzereien. Wir haben hier fast ebenso viele wie Sterne am Himmel.« Die leicht ironische Stimme gehörte Abt Raoul, den ich nie gemocht hatte. Seine Loyalität sowohl dem Anjou als auch dem Poitou gegenüber machte ihn wachsam und argwöhnisch. Seine aalglatte Heiterkeit hatte stets etwas Beleidigendes. Er verunsicherte selbst Vater, auch wenn dieser das nie zugegeben hätte.

»Ja, sehr schön, Abt. Doch uns liegt daran, rasch weiterzukommen.«

»Gewiß, Euer Gnaden.« Er verbeugte sich ein wenig zu tief. »Willkommen, Madame. Es erwartet Euch diesmal eine ungewöhnlich große Zahl an Rechtsstreitigkeiten. Ja«, fügte er arglistig hinzu, »man steht bereits seit Tagen Schlange.«

Mir sank der Mut. Ich hätte so gerne die neuen Gebäude in Augenschein genommen. Nun würden wir wohl die nächsten beiden Tage von früh bis spät in der stickigen Halle sitzen und entscheiden müssen, welcher Bauer an der Reihe war, das Bohnenfeld zu bearbeiten. Der Abt erboste mich außerdem mit der Bemerkung, wie groß ich geworden sei. Ich wußte sehr genau, daß ich aufgehört hatte zu wachsen, und mit fast vierzehn Jahren war ich alt genug, um den Hinweis zu verübeln, ich sei noch nicht voll entwickelt. Doch ich verbarg meine Empörung hinter einem gezierten Lächeln. Da es fast Mittag war, begaben wir uns zum Essen und machten uns dann an die Arbeit.

Die Halle war seit dem Morgengrauen überfüllt, und nach dem langen Ritt und dem schweren Gänsebraten setzte mir die Hitze in der schlechten Luft rasch zu. Ich dämmerte auf meinem Stuhl vor mich hin, träumte von einem Regen von Sternschnuppen, als ein plötzlicher Tumult mich aus dem Schlummer riß und die großen Westtüren des Saals aufflogen. Ein Strahl grellen Sonnenlichtes brach herein, in dessen Mitte, gleichsam als Teil davon, eine verwirrende Gestalt stand.

Einen Atemzug lang verstummten alle, und ich starrte wie geblendet auf die Erscheinung – es war, als erblickte ich einen Erzengel im Schein eines Blitzes. Dann brach der Bann, und ich wurde gewahr, daß die Gestalt für einen Augenblick von zwei aufgeregten jungen Novizen auf der Schwelle festgehalten wurde. »Großer Gott, ein Engel!« rief ich aus, noch immer halb in meinem Himmelstraum gefangen. Der Engel, der die Mönche wie Staub von seinem Gewand abschüttelte, schritt in die Halle.

Ich versuchte, meine Gedanken zu ordnen, und war darauf gefaßt, daß Vater über diese Störung in Zorn geraten und den Spätankömmling augenblicklich hinausbefördern lassen würde. Statt dessen aber hörte ich ihn mit einer für ihn inzwischen ungewohnt guten Laune rufen: »Das ist kein Engel, Eleonore, sondern ein Angeviner.« Vergnügt wandte er sich wieder um und rief: »Geoffroi, mein lieber Gefährte. Tretet näher!«

Und der Engel kam, ein Schmunzeln auf den Lippen, geradewegs auf uns zu. Ich richtete mich kerzengerade auf.

Wie soll ich nach all den vielen Jahren den Eindruck beschreiben, den Geoffroi von Anjou auf mich machte? Ich sehe ihn noch immer vor mir in allem, was glänzt: im Schnee, der in der Wärme der Frühlingssonne von den Dächern tropft, im Glitzern der sommerlichen Flüsse, im Schimmer des Goldes, im Aufblitzen der Rüstungen, ja, im Sonnenlicht selbst. Er besaß die Art von Schönheit, die blendet und schockiert. Sie war so außergewöhnlich, daß ich Menschen bei seinem Anblick laut nach Atem ringen hörte, mehr als ich es getan hatte. Doch es war nicht nur seine äußere Erscheinung, die die Aufmerksamkeit auf ihn lenkte und das Auge betörte ... Und wie sehr hatte er an jenem Tag vor nunmehr fünfzig Jahren in Saint-Jouin mein Auge betört!

Er war nicht so groß wie Vater, wenngleich größer als jeder andere im Raum. Er verkörperte ebenso Anmut wie Stärke. Langgliedrig und mit schmaler Taille, bewegte er sich so leichtfüßig und behende, daß alle anderen auf mich plötzlich wie plumpe Bauern wirkten.

Er sah einzigartig aus. Sein Haar, selbst für poitevinische Verhältnisse lang, war blond wie meines und Aeliths, doch mit einem Stich ins Kupferne wie walisisches Gold – als genüge Glanz nicht, wenn Lodern möglich war.

Was nun sein Gesicht anbetraf, so hatte es nichts von der Fadheit, die mit vollkommener Schönheit einhergeht, denn es waren Stärke und Charakter in seinen Zügen. Während seine Wangenknochen hoch und gebogen waren wie Engelsflügel, zeugten sein Kinn und die klare Linie seines Kiefers von einer Beharrlichkeit und Entschlossenheit, die ganz und gar von dieser Welt waren. Seine helle Haut war nach einem sommerlichen Feldzug leicht gebräunt, wodurch das Blau seiner Augen und das Weiß seiner Zähne noch hervorgehoben wurden, während die gestickten goldenen Löwen auf seinem blauen Umhang die Sonne einzufangen schienen.

Gewiß war er attraktiver als andere Männer – doch es gab viele schöne Männer am Hofe. Was ihn, selbst für die, denen Schönheit gleichgültig war, so herausragen ließ, war die scharfe Klugheit seiner saphirfarbenen Augen und der schalkhafte Ausdruck seines feinen Mundes, der sich an den Winkeln so betörend verzog, als gäbe es immer einen Grund zum Lachen.

Er strahlte wie der Sonnenaufgang, und ich war geblendet.

Als Vater sich erhob, um ihn willkommen zu heißen, entsann ich mich, was ich über den schwer faßbaren, anziehenden Grafen von Anjou gehört hatte. Er war etwa zweiundzwanzig und in jeder Hinsicht ein Mann, der immer in Eile war. Er war kaum älter als ich gewesen, als man ihn mit Mathilda, der Erbin von England, vermählte. Sie war die Witwe des deutschen Kaisers und gut ein Dutzend Jahre älter als er. Es hieß, sie hätte vor Wut in den Teppich gebissen, als ihr Vater ihr den Jungen als zweiten Gemahl vorschlug. Doch die angevinischen Länder grenzten an die Normandie, die ihr als Erbin des englischen Königs Henry gehörte – falls sie sie würde verteidigen können. Hierzu allerdings brauchte sie einen jungen und ehrgeizigen Mann, der in der Lage war, für ihr Recht Krieg zu führen. So willigte die stolze Mathilda ein und mußte sich auf die Zunge beißen, als Graf Fulko die Krone von Jerusalem annahm und der junge Geoffroi nicht nur Königssohn wurde, sondern auch der direkte Erbe seiner Titel und heimischen Länder. Das offenkundig unglückliche Paar hatte zur Sicherung der Erbfolge ohne Liebe drei Söhne gezeugt und war dann getrennte Wege gegangen, um den Usurpator Stephen vom englischen Thron zu stürzen. So war Graf Geoffroi bereits zu Lebzeiten eine Legende. Nun blickte mich diese Legende an.

»Eleonore«, sprach Vater, »das ist der Graf von Anjou. Ich denke, ihr beide habt euch nicht mehr gesehen, seit du strampelnd in deiner Wiege lagst.«

Ich errötete bei dieser erneuten taktlosen Anspielung auf mein Alter und versuchte, durch steife Förmlichkeit erwachsener zu erscheinen. Natürlich wirkte das nur lächerlich. »Nein, Sire, wohl kaum, denn sonst würde ich mich an Graf Geoffrois ruhmreichen Namen erinnern.«

»Auch ich hätte eine so große Ehre niemals vergessen können, Euer Gnaden«, erwiderte der Graf in ähnlich feierlichem Ton, und ich fragte mich, ob er sich über mich lustig machte. Doch er riß einen recht mitgenommenen Zweig mit gelben Blüten aus seinem Schwertgürtel und überreichte ihn mir mit einer tiefen Verbeugung und einem zuvorkommenden Lächeln.

»Pflanzt Ihr noch immer dieses Zeug, Geoffroi?« fragte Vater ein wenig verwundert. »Ich dachte, Euch bliebe kaum Zeit für die Jagd.«

»Oh, ich gestatte es mir, wann immer ich kann, Guillaume.« Seine Stimme war leicht und voller Witz. »Die zusätzliche Tarnung macht es interessanter, doch Ihr habt recht, ich werde wohl eine Weile darauf verzichten müssen. Genau das ist es, was ich mit Euch besprechen wollte ...«

Sie beschlossen, die Angelegenheit abends beim Essen zu bereden, woraufhin der Graf mit einer erneuten Verbeugung meine Hand küßte, in der ich noch immer den leicht duftenden Blütenzweig hielt, und sich anschickte zu gehen.

»Ein seltsamer Kauz«, murmelte Vater, während alle Blicke auf Graf Geoffroi gerichtet waren, der sich mit leichtem, anmutigem Schritt entfernte. »Trotzdem, mit Mathilda wird er fertig, und nicht viele Männer kommen mit dieser kaltherzigen Hexe zurecht ...«

Doch ich hörte kaum zu. Die Mönche liefen wie aufgescheuchte Hühner umher, und bevor der Graf zur Tür hinaustrat, wandte er sich noch einmal um. Er lächelte mir zu, als wollte er sich mit mir über die Aufregung lustig machen, die sein Auftritt verursacht hatte. Ich ertappte mich dabei, sein Lächeln zu erwidern. Als die Tür hinter ihm zufiel, kam es mir vor, als hätte er das Sonnenlicht mit sich genommen.

Als das lange und nun wieder fade Tagwerk beendet war, machte ich mich davon, um noch rasch einen Blick von der Kirche im schwindenden Licht zu erhaschen. Im sicheren, warmen Schatten einer rosafarbenen Säule zog ich den Blütenzweig hervor, um ihn zu betrachten. In jenem Augenblick fiel mir der Name der Pflanze wieder ein: *planta genista* – Ginster.

Ich hatte beabsichtigt, abends nicht am Mahl teilzunehmen, doch da ich hören wollte, was Vater und der Graf zu besprechen hatten, gesellte ich mich im privaten Eßzimmer zu ihnen. Obwohl sie nichts gegen meine Anwesenheit einzuwenden hatten, hielt ich es für angebracht, nur ruhig dazusitzen und zu lauschen. So vergaßen sie bald, daß ich da war. Das Gespräch drehte sich zunächst um allgemeine Dinge – die übliche Mischung aus Klatsch und Politik –, wobei sie Vaters bestem Bordeaux zusprachen, das heißt, Vater trank ausgiebig. Erst gegen Ende des Mahles waren sie beim eigentlichen Thema angelangt.

Graf Geoffroi plante einen weiteren Einfall in die Normandie und war hier, um Truppen für seinen Feldzug auszuheben. Ich konnte Vaters Bedenken spüren – der Ehrgeiz des Herrn von Anjou, dieses große und feindselige Herzogtum zu unterwerfen, schien auf den ersten Blick Wahnsinn zu sein. Von Anfang an hatte er daheim eine endlose Kette von Revolten niederwerfen müssen, ehe er seine ganze Aufmerksamkeit auf die Normandie konzentrieren konnte. Doch obwohl er stets an zwei oder mehr Fronten kämpfte, hatte Geoffroi sein scheinbar hoffnungsloses Ziel stets weiterverfolgt – wie ein Windhund, der nach einem Bären schnappt.

»Warum zieht Ihr nicht mit mir?« fragte er Vater leichthin. »Ihr habt das letzte Mal mit Sablé gegen mich gekämpft – da ist es doch nur recht und billig, wenn Ihr dieses Mal auf meiner Seite kämpft. Wir dürften nicht lange brauchen, nur bis Weihnachten.« Es war jetzt Ende August. Die Finger, die sein Weinglas umschlossen, waren lang, schmal und feingliedrig, aber vom Leder seiner Zügel mit Kerben durchzogen. Vaters Hände waren ganz anders – er achtete stets darauf, Handschuhe beim Reiten zu tragen. »Ihr habt doch keine anderen Pläne, oder?«

»Nein«, begann Vater vorsichtig, »aber sagt mir, wird die Kaiserin da sein?«

Graf Geoffroi grinste. »Seid versichert, daß Mathilda viele, viele Meilen entfernt sein wird.« Seine Stimme senkte sich zu einem neckenden Flüstern. »Keine Sorge, Guillaume, es kann uns nichts passieren!« Vater griff erneut zu seinem Glas. »Was meint Ihr also?«

Unter seiner unbeschwerten, heiteren Art verbargen sich eine Willenskraft und Zähigkeit, derer sich Vater nicht bewußt zu sein schien. Ich bemerkte, wie wenig Graf Geoffroi trotz der geselligen Atmosphäre aß und trank. Ich wußte, daß Vater nie die Streitigkeiten anderer ausfocht – es sei denn natürlich, ein Bischof war darin verwickelt. Ich war überzeugt, daß der

Graf seinen Charme vergebens versprühte. Vater erhob sich mit einer entschuldigenden Geste und verschwand in Richtung Abtritt, so daß ich mit Graf Geoffroi kurz allein war. Ich warf ihm einen weiteren verstohlenen Blick zu. Die Sonne war schon lange untergegangen, und er saß im diffusen Kerzenlicht da.

Er lächelte mir höflich über den Tisch hinweg zu. Ich beschloß die Gelegenheit wahrzunehmen, eine Frage an ihn zu richten, denn etwas an ihm hatte mich den ganzen Abend lang schon verwirrt. Ich holte tief Luft. »Wollt Ihr denn wirklich die Normandie erobern?«

»Gewiß doch«, erwiderte er leichthin und nahm eine Olive vom Teller.

»Aber wie könnt Ihr so sicher sein?«

»Weil etwas mich treibt, es zu tun.«

Dies war nun vielleicht der letzte Abend meines Lebens, an dem meine Wahrnehmungen noch die eines Kindes waren. Und mit der Direktheit eines Kindes blickte ich ihn an und dachte erneut, daß hier etwas nicht ehrlich klang. Es war fast so, als spielte er eine Rolle.

»Jeder sagt, daß Ihr es wollt«, begann ich. Mit einem Achselzucken stimmte er mir zu und trank einen Schluck Wein. »Aber ich denke, Ihr würdet lieber alles nur erdenklich andere tun.«

Das Glas noch am Munde, hielt er inne und betrachtete mich mit einer Aufmerksamkeit, die nur wenig mit seiner bisherigen neckenden Art gemein hatte. Ich sah, wie er schluckte und der Wein langsam seine Kehle hinabrann. Dann runzelte er ein wenig die Stirn und schickte sich an, etwas zu erwidern. Nun aber kam mein Vater zurück, unmelodisch summend und ein wenig torkelnd, und der Augenblick war vorbei.

Das Mahl ging dem Ende zu, und ich fragte mich, wie Graf Geoffroi die Ablehnung meines Vaters aufnehmen würde. Doch zu meiner Überraschung versprach dieser, die folgenden Monate an seiner Seite zu kämpfen. So hatte der Graf also genau das bekommen, was er gewollt hatte. Und mir wurde erst bewußt, daß ich ihn fasziniert anstarrte, als er seine blauen Augen auf mich heftete, mir zum Abschied die Hand küßte und mir ein Lächeln schenkte, das so ganz anders war als der Blick, den er Vater zugeworfen hatte.

Am nächsten Morgen eilte ich die Treppe hinunter in der Hoffnung, seine hochgewachsene Gestalt bei der Messe zu sehen. Zu meiner Enttäuschung erfuhr ich, daß er bereits fort war – wie ich annahm, um weitere Truppen auszuheben. Eine Woche später brach Vater von Poitiers aus mit seinen Männern auf und brüllte uns, Petronilla und mir, laute Abschiedsgrüße zu mit dem Versprechen, zu Weihnachten zurück zu sein.

Doch das Laub an den Bäumen hatte sich kaum verfärbt, als er heimkehrte. Der Ritter aber, der an jenem Abend langsam durch das Schloßtor ritt, war ein anderer als bei seinem Aufbruch. In seinem Sattel zusammengesunken wie ein undichter Sack Getreide, wirkte er mit einem Mal alt und kraftlos. All die Erleichterung, die ich bei seiner Heimkehr empfunden hatte, schwand dahin, denn ich mußte drei- oder viermal fragen, warum er so früh zurückgekehrt war.

»Der Feldzug ist zu Ende«, knurrte er, entließ sein Gefolge mit einer gereizten Geste und griff nach der Weinflasche, die ihm der Kämmerer anbot. »Völlig sinnlos weiterzumachen, jetzt, wo Geoffroi fort ist ... Vielleicht ist es auch besser so.«

»Fort? Was soll das heißen, fort? Wo ist er, was ist passiert?« Aber er verlangte bereits nach mehr Wein und stammelte zusammenhangslos von Blut und Tod und Dreck. »Vater! Sagt es mir!« Ich zerrte an seinem schmutzbedeckten Ärmel, und er riß sich für einen Augenblick zusammen.

»Wie? Was hast du gefragt? Ach, sie haben ihn nach Saint-Jouin getragen.«

Er wandte sich wieder seinem Wein zu.

»Ihn getragen? Was ist passiert, Vater?« Möge Gott verhüten, daß dieser edle Mensch tot oder schwer verwundet, verstümmelt oder erblindet war durch ein schreckliches Mißgeschick.

»Nun, sein Fuß macht ihm zu schaffen ... wurde von einem Pfeil durchbohrt ... Du hättest ihn schreien hören sollen, als er ihm herausgezogen wurde ...« Er sah mich sonderbar verstimmt an. »Weißt du, daß dieses verdammte Ding um Haaresbreite mich getroffen hätte?« Dann aber schien er wieder in sich zusammenzusacken. »Er ist außer Gefahr, wird vielleicht nicht einmal hinken – sie haben ein teuflisches Glück, diese Angeviner –, was mehr ist als das, worauf die restlichen armen Teufel hoffen können.« Er nahm einen kräftigen Schluck und murmelte: »So viele, so viele ...«

Ich wandte mich erleichtert ab. Mein Blick begegnete Petronillas neugierig aufgerissenen Augen. »Nun gib Vater endlich einen Kuß«, herrschte ich sie an, und sie schnitt eine Grimasse.

Der Herzog angelte aus seinem Wams zwei zerknitterte golddurchwirkte Bänder, drückte sie uns in die Hand und stolperte im schwindenden Licht über den Hof. Die Diener, die von seiner Rückkehr überrascht worden waren, eilten mit brennenden Fackeln herbei, um ihm zu leuchten. »Hab' ich euch aus Paris mitgebracht«, murmelte Vater verlegen und wandte sich ab.

»Paris! Was habt Ihr dort gemacht?« fragte ich verwundert.

Er aber fuhr mich unwirsch an. »Hör auf mit deinen ewigen Fragen, Eleonore! Ich ... ich brauche ein Bad.«

Und als eine Fackel flüchtig sein Gesicht erleuchtete, sah ich zu meinem Erstaunen Tränen in seinen Augen. Dennoch sollte er mir niemals, weder jetzt noch später, vom Niederbrennen Lisieux' noch von der Belagerung Le Saps erzählen. Trotz aller Vitalität hatte er weniger Erfahrung in der Kriegführung als die meisten anderen Herrscher seiner Zeit. Aquitanien galt als so rebellisch und unregierbar, daß seit Generationen niemand mehr gewagt hatte, in das Land einzufallen. Der Normandie-Feldzug hatte ihn schwer erschüttert, denn die Söldner Stephens von Blois hatten lieber alle Dörfer, alle Städte niedergebrannt, als sie in angevinische Hände fallen zu lassen. Und die Angeviner hatten sich bei ihren Vergeltungsmaßnahmen zu Grausamkeiten hinreißen lassen, die sie vermutlich gar nicht beabsichtigt hatten.

All das hatte schreckliche Auswirkungen auf Vater, wie sich schon unmittelbar nach seiner Ankunft zeigte. Nachdem er in letzter Zeit immer launischer geworden war, schien ihn nun aller Lebenswille zu verlassen. Ich sah ihn lustlos in seinem Essen stochern und mager werden. So geduldig, wie ich nur konnte, ertrug ich seine gereizte Kritik an allem und jedem in seiner Umgebung und sein noch viel kränkenderes Verlangen, allein zu sein. Gleich nach seiner Rückkehr kursierten im Herzogspalast seltsame Gerüchte. Angeblich wachte er nachts schreiend und schweißgebadet auf, phantasierte von Feuer und Blutvergießen und vom Wahnsinn des Krieges. Erneut war ich in Sorge um ihn.

Doch der Alltag hielt wieder Einzug, und unsere Inspektion der Ernte führte uns erneut gen Norden ins Anjou, wo Vater beschloß, Graf Geoffroi an seinem Krankenbett in Saint-Jouin zu besuchen. Als wir die sanfte Anhebung hinaufritten und die gewaltige Abteikirche in Sicht kam, fragte ich mich mit wachsender Angst, was uns wohl erwarten mochte. Würde er wie der Herzog verdrießlich sein, verfolgt von den Schreckensbildern des Krieges? War seine Wunde sauber verheilt, oder würden wir ihn verkrüppelt vorfinden, verrückt vor Schmerzen, denn wie sehr hatte Vater sich verändert – und er war schließlich nicht verwundet worden. Warum, so fragte ich mich plötzlich, war er, um zu genesen, in den Süden gekommen? Saint-Jouin war immerhin sehr weit von der Normandie entfernt.

Ich sah den Herzog, der finster und unnahbar dreinblickte, verstohlen an und fragte: »Vater, warum hat sich Graf Geoffroi nicht nach Le Mans oder Angers zurückgezogen, nachdem er verwundet worden war?«

Er lachte grimmig. »Weil Mathilda dorthin gegangen wäre. Sieht so aus, als hätte Geoffroi vor ihr Reißaus genommen. Furchtbares Weib. Wie ich Geoffroi kenne, hat er gewiß ein halbes Dutzend guter Gründe.« Damit versank er wieder in düsteres Schweigen.

Ich biß die Zähne zusammen und war auf alles gefaßt.

Als wir bei ihm eintrafen, schien er aber unverändert. Er saß in der Herbstsonne des Klostergartens, einen Kelch strohfarbenen Weines neben sich, den bandagierten Fuß bequem auf ein Kissen gebettet. Er war in ein Buch vertieft und ließ dabei geistesabwesend eine Münze über den Handrücken rollen. Das Gold glitt glitzernd auf und ab von Knöchel zu Knöchel, während er sanft und melodisch eine Weise vor sich hin summte.

Er sprang auf, als er uns erblickte, und sprach bald angeregt von dem Gefecht bei Le Sap und darüber, wann seiner Meinung nach ihre Taktik versagt habe. Ein größerer Gegensatz zu Vaters Düsterkeit war kaum denkbar, denn er war voller Begeisterung und Ideen und bediente sich seines Stockes mehr als Ausdrucksmittel denn als Stütze. Ich löste meinen Blick – nur mühsam – von seinem Gesicht und versuchte herauszufinden, was er gelesen hatte.

»Ihr scheint zu all dem Blutvergießen, zu all der Gewalt zurückkehren zu wollen, Geoffroi«, unterbrach ihn Vater finster. »Gott weiß, warum ...«

»Na, wenigstens einer«, erwiderte Graf Geoffroi schmunzelnd.

Entzückt und zugleich ein wenig schockiert, konnte ich ein Kichern kaum unterdrücken, woraufhin Vater sich mit ernster

Miene zu mir wandte: »Jetzt aber in die Kapelle mit dir, Eleonore. Du hast heute morgen die Messe versäumt.«

»Ihr auch, Vater!«

»Eleonore!« erwiderte er warnend.

Der Graf schaute mich belustigt an und warf mir hinter Vaters Rücken mit einer raschen Bewegung die Goldmünze zu. Da ich nie eigenes Geld besessen hatte, versteckte ich das Goldstück beglückt in meinem Ärmel und verließ die beiden Männer. Während sie durch den Kreuzgang davonschritten, stützte Geoffroi sich auf Vaters Schulter. Sein Hinken war für mich kaum erkennbar.

Als wenige Stunden später die Sonne unterging, machte ich mich auf den Weg zum Gästetrakt, um mich für das Abendessen umzukleiden. Die neuen Gebäude waren mir jedoch nicht vertraut und zudem noch zur Hälfte von Baugerüsten umgeben. So eilte ich eine Turmtreppe hinauf, nur um dann festzustellen, daß ich mich verirrt hatte. Auf der Suche nach dem richtigen Weg lief ich die Stufen wieder hinab und nahm in meiner Eile eine Gestalt nicht wahr, die, verborgen durch die Krümmung der Wendeltreppe, mir langsam entgegenkam. Fast im selben Moment, da wir uns erblickten, stießen wir auch schon zusammen. Es war nur dem größeren Gewicht des Mannes zu verdanken, daß ich nach hinten und nicht mit dem Kopf voran die kantige Steintreppe hinabstürzte.

»Herrgott!« stieß der Mann hervor.

»Au!« Mein schmerzerfüllter und überraschter Aufschrei wurde durch eine Schulter in blauer Seide, bestickt mit Löwen, ein wenig gedämpft. Oder waren es Leoparden? fragte ich mich benommen, als ich in das Gesicht des Grafen von Anjou blickte. Seine saphirfarbenen Augen betrachteten mich aus nächster Nähe, während ich unter ihm auf den staubigen Steinen lag.

Ich war zu sehr außer Atem, um etwas zu sagen, und versuchte, mich aufzurichten.

»Um Himmels willen, rührt Euch nicht, sonst stürzen wir zusammen hinab!« murmelte er.

Trotz meiner mißlichen Lage und meiner unsäglichen Verlegenheit begriff ich sofort, was er meinte. Die Treppe war so steil wie eine schroffe Felswand. Ich zwang mich, möglichst still zu liegen, und versuchte, mich zu beruhigen, während wir beide nach Atem rangen. Da ich unter ihm lag, hätte ich mich im übrigen sowieso kaum bewegen können. Ich hörte auf, mich zu winden, und in der plötzlichen Stille, in der nur unser beider Atem zu hören war, kam mir mit einem Mal zum Bewußtsein, wie schlank und fest sein Körper war.

Ich war sonderbar verstört, als das Schweigen andauerte, und mein Mund fühlte sich so trocken an, daß mir das Sprechen schwerfiel. Steif starrte ich über seine Schulter und sagte schließlich krächzend: »Bitte steht augenblicklich auf, Graf!«

Er antwortete nicht sofort. Ich fühlte, wie seine Brust sich hob und senkte und sein Herz auf meinem klopfte.

»Madame«, erwiderte er nach einer Weile mit einer Stimme, die sonderbar und etwas höher klang als gewöhnlich, »Madame, das würde ich gern, doch ich fürchte, unsere Gürtel haben sich verheddert. Wir scheinen an der ... an den Hüften zusammengehakt zu sein!« Er wand sich ein wenig. »Und dieser verdammte ... dieser Stock klemmt zwischen meinen Beinen, so daß ich keinen Halt auf den Steinen bekommen kann.«

»Nun, dann macht Euch los!« Meine lauten Worte tönten schrill, selbst für meine Ohren.

»Ich versuche es doch! Rührt Euch nicht.«

Seine Stimme klang so beherrscht, daß ich wieder einmal fürchtete, er mache sich über mich lustig. Doch während ich nach den Schlüsseln tastete, die an meinem Gürtel hingen, berührte ich statt dessen den Griff eines Dolches in einer Metallscheide und stellte fest, daß er recht hatte: Wir waren tatsächlich ineinander verkeilt wie zwei sich paarende Hunde. Plötzlich wurde mir die Komik unserer Lage bewußt, und ich begann leise, aber hilflos zu lachen. Er blickte bestürzt auf mich herab. »O Gott, bitte hört auf – ich bitte Euch!« stammelte er, und seine Lippen zuckten. Dann konnte auch er nicht mehr an sich halten. Ich vergaß die scharfen Steinkanten unter Rücken und Hüften und meine eingeklemmte Hand, als wir, von Lachen geschüttelt, gefährlich wackelten. »Scht! Man darf uns nicht hören«, flüsterte er dicht an meinem Ohr, und ich verspürte die Süße seines warmen Atems. »Sie würden es nicht verstehen, wenn sie uns so sähen. Also still jetzt.«

Ich verstummte und fühlte nur seinen Hals an meiner Wange, seine Haarsträhne auf meinen Lippen und sog den von ihm ausströmenden Geruch nach Kräutern und Wein und der würzigen, frischen Luft ein. Für eine kurze Weile lagen wir reglos da, bis er langsam begann, seinen Gürtel aufzuschnallen, ohne mir dabei den Ellenbogen in die Rippen zu stoßen. »Ihr müßt mir helfen«, sagte er. »Ich habe nur eine Hand frei.«

Vorsichtig tastete ich erneut nach dem Wirrwarr von Metall zwischen uns, doch meine Hand streifte statt dessen den langen, straffen Muskel seines Schenkels. Ich errötete heftig. Dann fanden meine Finger den Dolch und die verhakten Schlüssel und zogen sie zur Seite. Er nahm sie mir ab und hantierte an ihnen herum, bis sein Gürtel sich davon gelöst hatte. »Endlich«, murmelte er erleichtert, »das dürfte genügen.« Danach rollte er behutsam beiseite und kam auf die Füße, wobei sein Stock mit beängstigender Geschwindigkeit hinabfiel und mit lautem Krachen unten aufprallte. Er schaute einen Augenblick nachdenklich hinter ihm her, ergriff dann meine beiden Hände und half mir auf. »Seid Ihr verletzt?« erkundigte er sich.

»Nein«, erwiderte ich rasch, noch immer etwas außer Atem. »Nein, es geht – danke.« Mein Rücken fühlte sich wund an, und ich hatte eine Beule am Kopf. Das war das ganze Ausmaß meiner Verletzungen – aber meine größte Sorge war, erneut in hilfloses Lachen auszubrechen. Er indes sah mich nur auf sonderbare Weise an, und mir wurde ein wenig schwindelig.

»Glaubt Ihr, daß ich meinen Gürtel verloren geben muß?« fragte er sanft.

Ich sah an mir herab und erblickte das vergoldete Leder, dessen Schnalle sich in meinem Oberteil verfangen hatte. »O nein, er hat sich nur in meinem Kleid verhakt.« Plötzlich wurde ich nervös, zerrte seinen Gürtel frei und zerriß dabei den Stoff meines Gewandes. Da standen wir im letzten Abendlicht, befangen und stumm. »Wohin ... wohin wolltet Ihr gehen?« fragte er schließlich.

»Ich war auf der Suche nach meinem Gemach. Mein Vater hat einen Großteil der Gebäude umbauen lassen, und ich finde mich nicht mehr zurecht.«

»Oh.«

Erneutes Schweigen. Da er eine oder zwei Stufen unter mir stand, befanden sich unsere Gesichter auf gleicher Höhe. Ich glaubte noch nie in solche Augen gesehen zu haben.

»Euer Kleid ist ganz staubig. Hier, ich ...« Er hatte schon die Hand gehoben, um mir beim Abklopfen behilflich zu sein, ließ sie dann aber wieder sinken.

»Ich ... ich muß mich fürs Essen umkleiden«, stammelte ich, schob mich an ihm vorbei und eilte die Stufen hinab.

Am nächsten Morgen ging ich in den Kräutergarten und pflückte Lorbeerblätter für Bruder Laurentius, als ich unvermittelt am Arm gepackt und ins Refektorium gezerrt wurde. »Vater! Was ist denn? Laßt mich los ... Ihr tut mir weh!«

»Schweig!« herrschte er mich an.

Aufgebracht und widerstrebend ließ ich mich durch die Tür auf eine Bank stoßen und fragte mich, was der Grund für seine schreckliche Laune sein mochte.

»Was hast du zu deiner Rechtfertigung zu sagen, Fräulein?« Er starrte mich zornig an.

»Wozu?«

»Wozu? Was glaubst du wohl, zum Teufel? Ich will's dir sagen! Du schleichst dich davon, triffst dich vor meiner Nase heimlich mit Männern und fragst noch: ›Wozu?‹ Du ...«

»Vater, bitte, ich verstehe nicht.«

Er wandte sich von mir ab. »Herrgott noch mal, Eleonore, du setzt alles aufs Spiel!« Er war ganz offensichtlich zornig, aber völlig durcheinander. »Du solltest wissen, daß an keinem Ort leichter Gerüchte entstehen als im Kloster. Überall hört man sie tuscheln: von Gestalten, die in Treppenhäusern verschwinden, von Gelächter und Kichern. Sogar dein Kleid soll zerrissen gewesen sein, Kind! Ja, erröte nur. Du bist schlimmer als deine Großmutter.«

Im Gang hinter ihm bewegte sich etwas, und ich erkannte schemenhaft die unverwechselbare Gestalt des Grafen Geoffroi. Ich schüttelte einmal kurz den Kopf in seine Richtung – mehr wagte ich nicht. Er blieb, wo er war, während ich Vaters Wutausbruch über mich ergehen ließ.

»Alles läßt sich regeln, wenn ich die Sache jetzt beenden kann. Also sag mir, wer es ist, und ich nagele die Eier des Hurensohns an meinen Schild! Wer auch immer es sei«, fügte er drohend hinzu.

Meine Gedanken überschlugen sich. »Es ist nicht, was Ihr denkt, Sire! Es war ...« Plötzlich hatte ich einen Einfall. »Es war einer der Stallburschen.«

Er starrte mich fassungslos an und ließ sich unvermittelt neben mir auf der Bank nieder. »Einer der Stallburschen? Nicht einmal ein Ritter? Oh, Eleonore.«

Mein Blick schweifte unruhig zum Gang, und mein Kopf dröhnte bei der schrecklichen Vorstellung, was er Graf Geoffroi antun könnte; der aber blieb stumm und regungslos, wo er war.

»Nein, Sire! Es war alles ganz anders. Ich ließ im Stall nachsehen, wie es meinem Pferd ging – es war nach dem gestrigen Ritt in Schweiß gebadet. Ich fürchtete, es könne Fieber haben. Statt mich durch meine Zofe zu benachrichtigen, besaß der Narr die

Dreistigkeit, persönlich an mich heranzutreten. Er erklomm die Treppe zu meinem Gemach, und als ich ihn sah, wurde ich so zornig, daß ich ihn schlug!«

»Du hast ihn geschlagen?«

»So ist es.«

»Wo?«

»Auf der Treppe.«

Meine Antwort schien ihn zu verwirren. »Das meinte ich nicht, Eleonore ...« Er verstummte. Da ich erkannte, daß ich auf dem besten Wege war zu gewinnen, fuhr ich rasch fort.

»Ich weiß, es war nicht recht, aber ich war in Sorge um mein Pferd, und er war ein Dummkopf, und ... und es tut mir sehr leid. Er wollte mir nichts Übles – er war nur ... einfältig.« Ich hielt dies für einen Meisterstreich.

Es folgte ein langes Schweigen. Ich betete, er möge mir glauben, obwohl ich selbst nicht wußte, weshalb ich die – gewiß unschuldige – Wahrheit vor ihm verbarg.

»Wer war es?«

»Was?«

»Herrgott noch mal, Eleonore – wer war es?«

»Wie in aller Welt soll ich wissen, welcher es war – sie sehen für mich alle gleich aus! Ist das von Belang?«

Wieder ein langes Schweigen, während ich den Atem anhielt, bis er mit ruhiger Stimme fragte: »Und du schwörst, daß sonst nichts war?«

»Das war alles, Vater. Was hätte denn sonst noch gewesen sein können?«

Ein kurzes Zögern. »Was ist mit deinem Kleid?«

»Mein Kleid?«

»Frag nicht so dumm! Dein Kleid, Eleonore! Es war zerrissen.«

»Ach, das ist an dem Gerüst passiert. Seht – ich habe mir dabei auch die Hand zerkratzt.«

Er blickte mich unverwandt an und wollte mir ganz offensichtlich glauben. »Zeig Bruder Laurentius deine Hand. Er wird eine Salbe oder irgend etwas anderes dafür haben. Und das war alles, Eleonore?«

»Ja, Vater.«

Er seufzte und holte tief Luft. »Dann wollen wir nicht mehr davon sprechen.« Ich sandte ein stummes Dankgebet gen Himmel, und die Gestalt im Gang entfernte sich. Vater sprach nun davon, wie wichtig es sei, daß mein Ruf unbefleckt bliebe. »Ich hatte es noch nicht erwähnen wollen, doch ich denke, du solltest jetzt mehr über gewisse Umstände erfahren. Du weißt, daß der König wieder krank ist?«

Ich fragte mich, worauf er hinauswollte, während meine Gedanken noch immer bei Graf Geoffroi waren. Mit einem Mal ergab alles einen Sinn: die unbegründete Reise nach Paris, Vaters Sorge und sein erneutes Vertrauen in mich – und vor allem diese neue, sonderbare Angst vor einem Skandal. »Ihr wollt mich mit Prinz Louis vermählen!« rief ich.

Er schaute verblüfft drein und fragte dann in scharfem Ton: »Wieviel weißt du?«

»Nichts. Ich habe nur zwei und zwei zusammengezählt. Das ist alles.«

Er runzelte die Stirn, dann lächelte er plötzlich so charmant wie früher. »Als Königin von Frankreich wirst du dich behaupten, Kind. Wenn ich nicht mehr bin, wirst du einen starken Gemahl brauchen, um dieses Land zu regieren, und eine Krone wird da sicherlich helfen. Um das zu verstehen, brauchst du nur an die Kaiserin zu denken«, fügte er hinzu.

»Mathilda – warum?« Nun war es an mir, mit scharfer Stimme zu fragen.

Er lief unruhig auf und ab. »Sie hockt in Angers und erläßt Verfügungen, wie ein Betrunkener Wasser läßt, und brüllt Befehle wie Gott der Allmächtige – aber sie käme nicht zurecht, wenn Graf Geoffroi ihr nicht den Rücken stärken würde.«

Nun war ich neugierig geworden. »Wie ist sie?«

Er schüttelte sich. »In ihrer Nähe gefriert einem das Blut in den Adern. Wußtest du, daß sie sogar in Le Sap aufgetaucht ist, obwohl Geoffroi mir das Gegenteil versichert hatte? Sie kann keinem Streit aus dem Weg gehen ... Trotzdem ist sie eine schöne Frau.«

»Oh.« Das war nicht, was ich hören wollte.

»Und sonst hast du mir nichts zu sagen? Bekommt dein alter Vater keinen Dank dafür, daß er dich zur nächsten Königin von Frankreich macht?«

Ich erhob mich, umarmte ihn – einen Tag zuvor noch wäre ich aufgesprungen – und drückte ihm einen Kuß auf die Wange. »Ich danke Euch, Vater.«

Doch er war noch nicht fertig. »Nun, willst du mir keine Fragen stellen?«

»Fragen – worüber?«

»Über Prinz Louis natürlich!«

Doch es war nicht Louis, um den meine Gedanken kreisten.

Das Essen mit den Mönchen wurde, wie es der Brauch verlangte, schweigend eingenommen. Graf Geoffroi, der neben Vater Platz genommen hatte, warf mir einen fragenden Blick zu, um sich zu vergewissern, daß alles in Ordnung war. Ich nickte rasch und errötete bei der Erinnerung an all die Lügen, die er aus meinem Munde gehört hatte. Wie üblich wurde beim Essen aus der Heiligen Schrift vorgelesen. Plötzlich hatte ich keinen Appetit mehr. Vater verschwand danach und verbrachte den langen Nachmittag damit, zusammen mit dem Landvogt die Register für die Ernte zu überprüfen. All seinen Männern – ganz besonders den Stallburschen, wie ich bemerkte – gab er den Befehl, auf den Feldern mitzuhelfen.

Ich vertrieb mir die Zeit, indem ich das Klostergelände erforschte. Hier war, bis auf das Summen der Bienen im herbstlichen Lavendel und Thymian, kein Laut zu hören. Plötzlich erblickte ich Graf Geoffroi, der mit raschen, wenn auch etwas unregelmäßigen Schritten auf die alten Stallungen zustrebte. Ich sagte mir, daß ich ihm eine Erklärung schuldig war, und überquerte den Hof.

Er striegelte gerade einen wunderschönen Fuchs, als ich eintrat und leise die Tür hinter mir schloß. Hier und da hatte das sanfte Sonnenlicht Ritzen in den Holzwänden dieses langgestreckten alten Raumes gefunden, und Staubkörnchen schwebten träge in seinen Strahlen. Es war dämmerig und warm hier im Stall, und es roch nach geöltem Leder und Pferd. Dieser Ort war so weit entfernt vom übrigen Kloster, als gehörte er zu einer anderen Welt. Das einzige Geräusch, das an mein Ohr drang, war das gleichmäßige Bürsten.

Plötzlich wurde ich schüchtern und verlegen. Ich tat überrascht, ihn hier zu sehen. Doch er ließ sich wohl nicht täuschen, denn unvermittelt sagte er: »Ihr wollt sicher Euer Reitpferd in Augenschein nehmen?«

Offensichtlich spielte er auf eine meiner unzähligen Lügen von heute morgen an. Ich war tief gekränkt. »Ich ... ich ...«

Er blickte kurz auf, und seine Stimme wurde sanfter. »Entschuldigt«, sagte er mit einer leichten Verbeugung. »Meine körperliche Unversehrtheit und ich stehen in Eurer Schuld, Madame.« Er zeigte sein wundervolles Lächeln. »Mein Knappe hat meinen Stock vom Fuß der Treppe geholt. Er ist ein schlauer Bursche, dieser Aedwine, und als er sah, wie Ihr von Eurem Vater fortgezerrt wurdet, kam er sofort, es mir zu berichten.«

Bei der Vorstellung, daß selbst die Diener über mich spotteten, wurde mir vor Verlegenheit noch heißer. Er bemerkte meine Bestürzung. »Keine Sorge, er ist loyal und ein sehr netter Junge – für einen Engländer. Er wußte, ich würde nicht dulden, daß man Euch beschuldigt.« Er hielt inne. »Also eilte ich herbei, um ein unschuldiges Mädchen zu beschützen, und fand eine junge Frau, die ganz und gar in der Lage ist, für sich selbst zu sorgen.«

Nun machte er sich wirklich über mich lustig, und sein ironischer Unterton zwang mich zu einer Antwort. »Irgend etwas mußte ich doch sagen – nach dem ... nach dem, was er Euch anzutun drohte.«

»Ihr habt recht. So etwas könnte einem wirklich den ganzen Tag verderben ...«

»Spottet nicht über mich – ich weiß, was es bedeutet.« Da ich ganz rot geworden war, wagte ich ihn nicht anzusehen.

Diesmal erwiderte er ganz ernst: »Ja, natürlich.« Erneutes Schweigen. »Was hättet Ihr getan, wenn er auf einen der Stallburschen losgegangen wäre?«

»Ich hätte dem Burschen Gold zugesteckt und ihn so schnell wie möglich davongeschickt, wenn ich gekonnt hätte.«

Er machte sich wieder an seinem Pferd zu schaffen. »Gut. Man muß sich um seine Untergebenen kümmern. Ihr werdet eine gute Königin sein.«

Ich blickte erstaunt auf. »Woher wißt Ihr davon?«

»Oh, das weiß ich schon seit einer Ewigkeit. Wen solltet Ihr sonst heiraten? Nur der Papst scheint diesseits der Alpen über mehr Land zu herrschen als Euer Vater – und den Papst könnt Ihr ja schlecht heiraten, oder?« Wieder entstand eine kurze Pause. Er warf mir einen verstohlenen, aber verschmitzten Seitenblick zu. »Wie geht's Euren Prellungen?«

Ich fand es auf einmal sehr warm im Stall. »Sie schmerzen ein wenig – und Eure?«

»Mein Schienbein macht mir noch zu schaffen, aber es läßt sich ertragen. Äußerlich ist nichts zu sehen – zum Glück für meine ... hm ... meine Zukunft und den Schmuck auf Guillaumes Schild. Nicht auszudenken, wenn ich den Tag als Achilles begonnen und als Abélard beendet hätte!«

Seine Augen sprühten, und trotz meiner Verlegenheit konnte ich nicht umhin zu lächeln. Ich suchte verzweifelt nach einem neutralen Gesprächsstoff und hörte mich zu meiner Bestürzung fragen: »Wie geht es der Kaiserin?«

Sein Lächeln erstarb augenblicklich, und er machte sich erneut, diesmal heftiger, an seinem Pferd zu schaffen. »Verschleißt ihr Siegel und schlägt die Kinder, denke ich«, antwortete er gleichgültig.

»Vater sagt, sie sei schön.«

Er hielt plötzlich mit dem Bürsten inne, sah mich aber nicht an.

»Nie im Leben war sie so schön wie Ihr – oder wie Ihr sein werdet.«

Ich mußte kräftig schlucken. Doch jetzt waren Geräusche von draußen zu hören. Warnend legte er einen Finger auf seine Lippen und zog mich ins Dunkel des Stalles. Die Tür flog auf. Zwei Pferdeknechte traten ein, von denen einer sich bitter darüber beschwerte, daß ihn der Herzog grundlos geohrfeigt hatte. Noch immer murrend, führten sie Vaters Roß hinaus auf den Hof und schlossen die Tür hinter sich.

Wir standen dicht beieinander in dem warmen Stall voller Heu, und er hielt mich noch immer bei den Schultern. Plötzlich beugte er sich herab und küßte mich, was ich im stillen gehofft – und gefürchtet – hatte. Noch nie war ich von einem Mann geküßt worden. Ich rang nach Luft und vergaß ganz, durch die Nase zu atmen und die Augen zu schließen. Ich stand einfach nur da, hörte mein Blut in den Ohren pochen, spürte erstaunt seine Zunge an meinen Zähnen und fühlte, wie mir die Knie weich wurden. So standen wir eine Weile und blickten uns schließlich erstaunt in die Augen. »Ist Euch nicht wohl?« erkundigte er sich.

»O doch, doch!« Ich lachte, und er küßte mich erneut, langsamer diesmal, während wir sanft gegen die Wand sanken. Sein Mund war warm, und seine geöffneten Lippen waren zart und unglaublich weich. Ich fühlte, wie die Spitze seiner Zunge die meine berührte, und diese sonderbare Liebkosung weckte die herrlichsten Wonnen in mir. Es war göttlich! Ich spürte, wie sich meine Lippen an seinen bewegten und begierig seinen Kuß erwiderten. Dann glitten seine Hände hinab zu meinen Hüften, und als er dabei eine meiner Prellungen berührte, zuckte ich leicht zusammen.

»Entschuldigt«, murmelte er und zog mich an sich. Meine Arme lagen um seine Taille, ohne daß ich wußte, wie sie dorthin gelangt waren, und ich spürte erneut seinen stählernen Körper. Halb erstickt vor Erregung, wurde ich mir eines Pulsierens zwischen meinen Beinen bewußt, das ich beunruhigend, aber köstlich fand. Und noch deutlicher fühlte ich, wie etwas seltsam Hartes sich gegen mich preßte. O Gott, schon wieder dieser Dolch! dachte ich glücklich und wollte ihn in meiner Unschuld umfassen, um dann erschrocken festzustellen, daß er gar keinen bei sich trug.

Zu meiner noch größeren Verwirrung wich Geoffroi augenblicklich zurück und sprach in scharfem Ton: »Nein, Eleonore! Nein, dies ist ein zu gefährliches Spiel.«

»Oh«, seufzte ich, »hört nicht auf!« Verwirrt und bestürzt, wie ich war, sehnte ich mich nach seiner Wärme. »Küßt mich noch einmal!«

Er aber hielt mich auf Armeslänge entfernt und sah mir stirnrunzelnd in die Augen. »Nein, das werde ich nicht. Ich werde nicht einmal sagen, wie gern ich es täte. Und das würde ich weiß Gott.« Er lächelte kurz. »Nein, ich spreche es nicht aus. Es bleibt besser ungesagt. Im Morgengrauen breche ich auf nach Le Mans.«

»Aber Mathilda ist doch in Angers«, erwiderte ich schmollend.

»Gewiß. Genau deshalb reise ich nach Le Mans ..., aber das tut nichts zur Sache.« Er verstummte. Noch immer hielt er mich an den Schultern, als könnte er sich nicht recht entscheiden. »Eleonore, Ihr sollt eines wissen.« Sein Blick war ernst, doch dann lächelte er versonnen. »Oh, Eleonore! Wenn Ihr je einen Freund braucht, dann genügt ein Wort, und ich eile zu Euch.«

Damit küßte er meine Stirn und war schon fort.

Ich sank ins süß duftende Heu und weinte mir die Augen aus.

Kapitel 2

✤ Es gab keine genauen Heiratspläne. Meine Verlobung mit Prinz Louis blieb geheim, denn der gewaltige Machtgewinn, der sich aus der Verbindung unserer Ländereien mit Frankreich ergeben würde, war dazu angetan, in den kommenden Jahren für Rebellion und Zwietracht zu sorgen. Um ehrlich zu sein – ich versuchte mir einzureden, daß es nicht zu der Heirat kommen würde. Doch ich wußte, es war sinnlos, darauf zu hoffen, und gegen Anfang des neuen Jahres begann ich mich auf die Übersiedelung nach Paris zu freuen.

Inzwischen trat Vater seine lang aufgeschobene Pilgerreise nach Santiago de Compostela an, um den letzten Teil der geheimnisvollen Buße anzutreten, die Abt Bernard ihm abverlangt hatte. Zu meiner Verwunderung hatte ihn die Aussicht auf dieses Vorhaben erheblich aufgeheitert. Er hatte uns, Petronilla und mir, sogar erlaubt, ihn zu Pferd bis nach Bordeaux zu begleiten. Von dort wollte er den Weg dann allein über das Gebirge und anschließend nach Galizien fortsetzen.

Trotz des kühlen Februarwindes waren wir eine fröhliche Gesellschaft. An seinem letzten Abend in unserem Schloß L'Ombrière vertraute mir Vater bei seinem Abschied die endgültigen und entmutigenden Ergebnisse seiner Verhandlungen mit der Krone an. Er hatte mich zum königlichen Mündel gemacht, und nun würde nicht mehr er, sondern König Louis mein gesetzlicher Vormund sein.

»Warum habt Ihr das getan, Sire?« fragte ich verwirrt. »Ich stehe unter Eurem Schutz und werde bald verheiratet sein.«

»Der Weg nach Santiago ist weit.« Der Ausdruck seiner grauen Augen war ungewöhnlich verhalten. »Und die Kluft zwischen unseren Wünschen und unserem Schicksal scheint zu wachsen, je älter wir werden.«

So hatte er noch nie mit mir gesprochen, und ich stellte mir zum ersten Mal die Frage, ob ihn seine nächtlichen Alpträume mehr quälten, als er zugab. Doch sein Gebaren ließ keine weiteren Diskussionen zu. Seine Gedanken schienen bereits auf den Weg gerichtet zu sein, den er mit Pilgerrock und Wasserflasche durch die Pyrenäen antreten würde. Petronilla und ich hatten ein Kichern unterdrücken müssen, als er erstmals in diesem für uns grotesken Aufzug erschien, aber sein Ernst beschämte uns im gleichen Maße, wie seine plötzliche Frömmigkeit uns verblüffte.

»Nun also, meine Lieben«, hatte er gesagt, »im Juni werde ich wohl zurück sein mit viel Zeit, um Pläne für den Sommer zu schmieden. Inzwischen übergebe ich euch, wie immer, der Obhut eures Erzbischofs. Ich hoffe, ihr wißt euch zu betragen.«

Die Sänger und Jongleure, die Hunde und Papageien, die auf dem Weg von Poitiers nach Bordeaux so unterhaltsam gewesen waren, blieben mit uns zurück. Ich sah meinem Vater voller Sorge nach, wie er mit nur einem halben Dutzend Rittern und ein paar Dienern aufbrach – er, der selten mit weniger als sechzig Gefolgsleuten gereist war. Irgendwie schien er zerbrechlicher und zum ersten Mal verwundbar in der Menge, die zum Abschied die Straße säumte. Aber er gab uns seinen Segen, empfahl uns dem alten Erzbischof Geoffroi und trat seine lange, beschwerliche Pilgerreise vom südlichen Stadttor aus an.

Nur einmal blickte er zurück, und dieser Blick verfolgt mich noch heute.

Aber es gab so viel Ablenkung, und ich war fast fünfzehn Jahre alt. Trotz der Fastenzeit und der zügelnden Hand des Erzbischofs machten Petrel – wir nahmen Vaters Bemerkung als Kosenamen für meine Schwester – und ich uns daran, in L'Ombrière für Unterhaltung zu sorgen. Aus der Provence war eine Gruppe von Sängern eingetroffen mit einem Repertoire nie gehörter Lieder und neuer Tänze, die man uns beibrachte. Und es mußten – wenn auch heimlich – Vorbereitungen für meine voraussichtliche Vermählung getroffen, Juwelen ausgewählt und Kleider entworfen werden. Von Zeit zu Zeit kam Nachricht von Vater. Er schien recht zufrieden und erfreute sich, Fastenzeit hin oder her, an den ortsüblichen Speisen und Sehenswürdigkeiten entlang des Pilgerweges.

Trotz seiner Abwesenheit war das Osterfest in Bordeaux üppig und verschwenderisch wie immer, und ich genoß die Gelegenheit, die Feierlichkeiten in dieser quirligen, lebhaften Stadt anführen zu dürfen. Deshalb war ich um so verärgerter, als noch vor Ende dieser schönen Zeit unser Vormund eingriff und Musik und Tanz ein Ende bereitete. Es waren in der letzten Woche täglich Abgesandte aus Paris eingetroffen. Obwohl ich nie herbeizitiert worden war, um ihre Nachrichten zu vernehmen, erkannte ich an ihren ernsten Mienen bei den Unterredungen mit Vaters Seneschall, daß der König wohl wieder erkrankt war oder sogar im Sterben lag.

Nach einer Woche wachsender Anspannung stellte ich Erzbischof Geoffroi im Garten zur Rede und verlangte, die Wahrheit zu erfahren. Er starrte mich so lange schweigend an, daß ich mich schon zu fragen begann, ob er senil geworden sei; dann aber sagte er ruhig: »Madame, wollt Ihr so gut sein und Euch setzen?« Und er geleitete mich zu einer Grasbank in einer Laube, hübsch und abgelegen. »Madame – Eleonore –, was ich Euch zu sagen habe, muß erst einmal völlig geheim bleiben. Ihr dürft es niemandem sagen, nicht einmal Aelith.« Er brachte es noch immer nicht fertig, sie Petronilla zu nennen.

»Geht es um den König, Euer Exzellenz?«

»In gewisser Weise. Ihr wißt, Eleonore, daß es der Plan des Herzogs war, rechtzeitig in Compostela einzutreffen, um dort die glorreiche Auferstehung unseres Herrn zu feiern.« Dies war seine Art zu sprechen, und ich machte mich auf eine lange Vorrede gefaßt, ehe er zum Kern der Nachricht kommen würde. »Am Siebten dieses Monats – vor drei Wochen also – erreichte Euer Vater Pamplona, und am nächsten Morgen kam er in einen Landstrich, der als ungesund und fieberträchtig bekannt ist.«

Mir wurde am ganzen Körper kalt, und der Gesang der Amseln im Garten kam mir plötzlich schrill und mißtönend vor. Die Stimme des Erzbischofs stockte. »Man hatte ihn vor dem Fisch aus dem Fluß dort gewarnt, aber er bestand darauf, sich satt zu essen, und Karfreitag wurde er krank. Trotzdem schleppte er sich weiter, um sein Gelübde zu erfüllen, am Ostersonntag in Compostela zu sein. Er brach, wenn ich recht verstanden habe, am Galiläa-Tor zusammen. Glaubt mir, mein Kind, er starb eines herrlichen Todes vor dem Hochaltar, wo er jetzt begraben liegt.«

Ich hörte seine Worte – später konnte ich mich an jedes einzelne genau erinnern, so deutlich, wie ich noch das Geißblatt riechen kann, das sich dort im späten Sonnenlicht um das Spalier rankte. Doch ich war wie betäubt, und alles um mich her schien sich verlangsamt zu haben. Mein Vater war achtunddreißig und stark wie ein Löwe – wie konnte er tot sein? Ich kämpfte den plötzlichen Anfall von Schmerz nieder, indem ich mich fragte, wie ich es Petronilla beibringen sollte. »Petrel ... Ich muß ...«

Doch der Erzbischof unterbrach mein Stammeln und ermahnte mich, ich müsse das Geheimnis, auch wenn es mir schwerfalle, so lange als möglich wahren. Wenn bekannt würde, daß Guillaume X., Herzog von Aquitanien und Graf von Poitou, tot sei, wäre dies ein Signal für jeden unzufriedenen Vasallen – und deren gebe es ja viele –, sich zu erheben und Machtansprüche zu stellen. Ich versuchte, meinen Schmerz zu unterdrücken und aufmerksam zu lauschen, als er fortfuhr. »Deshalb schlägt Euch König Louis vor, seinen Sohn unverzüglich zu ehelichen. Jeder Tag, den Ihr unverheiratet bleibt, Euer Gnaden« – ich war bekümmert, mit Vaters Titel angesprochen zu werden, und mir wurde zum ersten Mal bewußt, daß ich nun Herzogin von Aquitanien war –, »jeder Tag mehrt die Gefahr einer Entführung und erzwungenen Ehe durch den erstbesten skrupellosen Ritter, der in Eure Nähe kommt. Deshalb müssen wir, um Eurer Sicherheit willen, das Geheimnis so lange wie möglich wahren.«

Solche Worte über Gefahren und Bedrohungen schienen innerhalb der sicheren Mauern von Bordeaux widersinnig und unwirklich. Als ich protestieren wollte, entsann ich mich des Schicksals der Emma von Cognac, die Vater mit unerhörter Leichtigkeit entrissen worden war. »Und, was noch wichtiger ist, jeder Tag vergrößert die Möglichkeit, daß meine Ländereien der Krone verlorengehen. Ist es nicht so, Erzbischof?«

Darauf konnte er mir nichts erwidern, und in dem kurzen Schweigen, das folgte, hallten seine früheren Worte in meiner Erinnerung wider. »Ihr sagt, Vater sei bereits beerdigt worden? Mit welcher Zeremonie? Es muß also bereits Leute geben, die davon wissen.«

»Seine Gnaden traf wie jeder andere fremde Herr in Compostela ein. Seine Leibwache war klug genug, die Gefahr zu erkennen, die diese Katastrophe uns bereiten könnte, und ersuchte den Erzbischof, seine Identität geheimzuhalten. Er wurde anonym, aber mit den ihm geziemenden Ehren bestattet. Seine letzten weltlichen Gedanken galten Euch, Euer Gnaden, daß Eure Hochzeit stattfinden und Eure Person wohlbehütet sein möge.«

Nun konnte ich meine Tränen nicht länger zurückhalten. Obwohl ich von Schluchzern geschüttelt wurde, ließ er sich so energisch vernehmen, daß ich vor Schreck das Weinen vergaß. »Nein! Keine Tränen. Ihr könnt es Euch nicht gestatten, Eurem Kummer freien Lauf zu lassen. Jetzt noch nicht. Es ist unerläßlich, daß Ihr Eures Vaters Wünsche erfüllt, selbst wenn es bedeutet, allein zu leiden. Zum Trauern wird noch genug Zeit sein – später.« Er blickte zur Seite. »Mehr Zeit, als Ihr Euch vorstellen könnt, mein Kind ...«

Seltsamerweise machte mir die Tatsache, als Kind angeredet zu werden, meine neue Würde bewußt, und ich entgegnete reichlich kühl: »Ich werde mich Vaters Wünschen beugen. Niemand wird etwas erfahren. Niemand. Doch nun laßt mich bitte allein. Auf der Stelle.«

Er zögerte und wirkte ein wenig verletzt, doch dann war er klug genug, sich zu entfernen. Nun sank ich hemmungslos schluchzend ins Gras und blieb dort liegen, bis die Vögel verstummten und die Luft kühler zu werden begann. Wie sehr ich mich auch bemühte, ich konnte keinen klaren Gedanken fassen. Vaters Tod drängte alles andere beiseite und machte es mir unmöglich, zu denken oder zu planen oder auch nur zu entscheiden, wie ich die Nachricht vor Petrel geheimhalten sollte.

Ich war außerstande, irgend jemandem entgegenzutreten. Als meine Beine mich wieder trugen, schlich ich ins Bett und tat, als schliefe ich. Aber erst nach vielen Stunden sank ich in einen erschöpften Dämmerschlaf. Ich träumte, ich würde ertrinken, mich in warmem, trübem Wasser überschlagen, immer tiefer sinken – vorbei an den Leichen meiner Mutter und des kleinen Guillaume, meines Vaters, der mir etwas sagen wollte, und der Gestalt von Graf Geoffroi, der totenbleich aussah und nach mir griff ...

Ich erwachte, weil Petrel mich heftig schüttelte.

»Alles ist gut, Eleonore! Alles ist gut. Du hast nur einen bösen Traum gehabt. Schlaf wieder ein ... Es war nur ein Alptraum. Du wirst genau wie Vater!«

Es fehlte nicht viel, und ich hätte ihr auf der Stelle alles gesagt. Aber im Licht des Mondes sah ihr hübsches Gesicht so unschuldig aus, daß der Wunsch, sie zu beschützen, stärker war als mein Bedürfnis, meine Last mit jemandem zu teilen. Und so ließ ich mich statt dessen von ihr trösten und fand schließlich im Morgengrauen ein wenig Schlaf.

Am nächsten Tag verbrannte ich zum Befremden meiner Umgebung das fliederfarbene Kleid, das ich beim Erhalt der Nachricht von Vaters Tod getragen hatte. Ich konnte seinen Anblick nicht mehr ertragen, und es war die einzige Form von Trauer, die mir zu jenem Zeitpunkt möglich war.

Trotz aller Geheimhaltung nahmen die Ereignisse einen raschen Lauf. Vaters Tod erwies sich als großartige Neuigkeit für den König, der meine Hochzeitsgesellschaft noch vor meinem Gespräch mit dem Erzbischof auf den Weg geschickt hatte. Sie wurde von seinem Berater, Abt Suger, und vom Grafen der Champagne angeführt. Ihre imposante Größe – mehr als fünfhundert Ritter, Würdenträger und Geistliche mitsamt ihren Dienern – galt auch der Sicherheit von Prinz Louis in meinen »gesetzlosen Ländern«, wie die Franzosen sie sahen, und nicht nur meiner Ehre. Dennoch war der Geleitzug, der sich über staubige Straßen nach Bordeaux schlängelte, ungeheuer eindrucksvoll; ja, es umgab ihn sogar eine Aura des Geheimnisvollen, da die Hitze jenes trockenen Sommers ihn bald zwang, sich bei Nacht fortzubewegen.

Anfang Juli hatten sie Limoges erreicht, und Suger hielt es nun für ungefährlich, der Welt die Nachricht von Herzog Guillaumes Tod zu verkünden. Unterdessen hatte ich es schon Petrel mitgeteilt, die keine Närrin war und seit Wochen ahnte, daß etwas Schreckliches geschehen sein mußte. Noch nie war mir etwas so schwergefallen, und wir hielten uns in unserer Verzweiflung eng umschlungen und gelobten uns, so lange wie möglich zusammenzubleiben. Insgeheim beschloß ich, sie zu beschützen und alles zu tun, um ihr Leben glücklich zu machen – denn ich war nun für sie verantwortlich.

Als der Zug schließlich in Bordeaux eintraf, stand die Sonne im Zenit, und wir hatten uns wieder so weit erholt, daß wir über die zarten Pariser Pflänzchen lachen konnten, die unter unserer südlichen Sonne welkten. Der Geleitzug war an jedem Haltepunkt der Reise weiter angewachsen – nicht nur um die Adligen, die sich ihm anschlossen, um dem Thronerben und seiner zukünftigen Gemahlin zu huldigen, sondern auch um ein immer größeres Gefolge: Händler, Musikanten, Ringkämpfer, Jongleure, alle möglichen Quacksalber und Scharlatane und dazu verschiedene Arten von Schurken, die selbst den Bewohnern von Bordeaux bislang unbekannt waren. Der Zug war inzwischen viel zu groß, um in der Stadt unterzukommen. Und so schlugen sie ihre Zelte am anderen Ufer der Garonne auf, die in diesem Jahr niedriger war, als ich es jemals erlebt hatte. Von unserem alten Dachgarten aus konnten Petrel und ich die Zelte und Feuer bestens überblicken.

Prinz Louis' königliche Farben und seidene Banner waren leicht auszumachen. Wir fragten uns, welche der winzigen hellgekleideten Gestalten, die dort unten umherschwärmten, die seine sein mochte. Sie auseinanderzuhalten und zu bestimmen, wurde für uns zu einer Art Spiel und für mich zu einer willkommenen Ablenkung von meinen neuen Pflichten. Und so lehnten wir uns einige müßige Augenblicke über die Brüstung und spotteten über das Schauspiel unter uns.

»Welcher, glaubst du, ist der Graf der Champagne, Petrel?«

»Der alte Thibault? Ich weiß nicht. Das ist mir auch egal. Für mich hört er sich an wie ein Tugendbold.«

»Der Erzbischof sagt, er sei ein umsichtiger und gerechter Mann.«

»So ist es ... Still, kannst du sie hören? Ich finde, sie klingen alle wie Katzen!« Das stimmte. Die Sprache, die in Paris und im Norden gesprochen wurde, war hart und schrill, verglichen mit der unseren. Nun wurde auch Petrels Stimme schrill: »Oh, schau dir mal den mit der Augenklappe an!« Und sie beugte sich gefährlich weit zwischen den Zinnen vor.

Ich zog sie am Gürtel zurück. »Sei vorsichtig! Wo denn?«

»Dort drüben, neben der Fahnenstange ... Nein, weiter drüben, Eleonore!«

»O ja, ... sehr vornehm. Schöne Beine hat er auch. Wer von ihnen mag wohl Abt Suger sein?«

»Solltest du nicht nach Louis Ausschau halten?« fragte sie boshaft. Ich hatte ihr den Schwur abgenommen, strengstes Stillschweigen über das Thema Geoffroi zu wahren; deshalb konnte sie bisweilen nicht widerstehen, mich ein wenig zu nekken.

»Halt den Mund, Petrel! Wie viele es sind! Es riecht nach gutem Essen. Sie braten wohl einen Ochsen.«

»Ich wüßte gern, wer er ist.«

»Der Ochse?«

»Nein, du Dummkopf, natürlich der mit der Augenklappe.« Sie blickte nachdenklich drein, zupfte plötzlich an meinem Ärmel und deutete nach unten. »Schau mal, da! Das muß Suger sein ... Nein, dort drüben, der mit dem weißen Haar, die Tonne auf Beinen ... Er hat den Arm um einen Novizen oder wer es sonst ist gelegt – sieht aus, als wollte er dem armen Kerl das Gehen beibringen«, spöttelte sie.

Mich aber überkam das ernüchternde Gefühl, daß dieser arme Kerl wohl mein zukünftiger Gemahl war ...

Und so war es auch. Am nächsten Tag, im großen Saal von Schloß L'Ombrière, wurden wir einander von dem lebhaften, korpulenten, kleinen Abt feierlich vorgestellt, der ganz offensichtlich darauf brannte, die Stadt zu besichtigen. Dennoch zog er sich geduldig auf einen Stuhl in der Ecke zurück, murmelte etwas vor sich hin und betrachtete mit offensichtlichem Vergnügen die Kacheln und Wandbehänge, während Louis und ich, allein gelassen, die ersten Worte wechselten, um uns kennenzulernen.

Noch nie hatte ein König von Frankreich, geschweige denn sein Thronfolger, seit den Tagen Karls des Großen – das war vor etwa dreihundert Jahren gewesen – sich so weit südlich ins Herzogtum Aquitanien vorgewagt. Aus der Entfernung hatte der Prinz unruhig, wenn nicht gar nervös gewirkt. Louis war siebzehn, also kaum zwei Jahre älter als ich. Als ich ihn nun aus nächster Nähe betrachtete, wirkte er recht gutaussehend auf mich, wenn auch auf asketische Weise. Er war schlank, schlicht gekleidet und zu meiner Erleichterung recht hochgewachsen – Petrel und ich waren so groß wie viele der Höflinge, und ich hatte schon befürchtet, ich könnte ihn unschicklicherweise überragen. Sein blondes Haar war fein und fiel in Strähnen über seine großen blaßblauen Augen. Abgesehen von einer Schramme, die er sich beim Rasieren zugefügt hatte – eine völlig überflüssige Sache, wie ich vermutete –, war seine Haut ohne Makel, wenn auch etwas farblos. Je länger ich allerdings sein Gesicht betrachtete, um so deutlicher vermißte ich etwas darin. Während ich in jene wässerigen Augen blickte, kam es mir vor, als wäre er völlig abwesend.

Stockend hatte er seine förmliche Begrüßung vorgebracht, dann stumm dagestanden und mich angestarrt, als wäre ich ein Wesen mit zwei Köpfen. Ich war beunruhigt, lächelte aber tapfer, entbot ihm meinen Willkommensgruß und forderte ihn auf, neben mir und Petronilla Platz zu nehmen.

Suger hüstelte, was gewiß eine Ermahnung war, und Louis begann sogleich, hastig zu reden. »Ich, ich möchte Euch mein aufrichtigstes Beileid zum Tode Eures Vaters ... Eures eben erst verschiedenen Vaters aussprechen, Madame.«

Seine Worte waren ernst, klangen aber eher einstudiert als aufrichtig. Zudem schien sein Gesprächsstoff damit erschöpft, aber immer noch starrte er mich an. So entschloß ich mich, höflicher Förmlichkeit mit höflicher Förmlichkeit zu begegnen. Dabei kam mir zugute, daß ich mich in Französisch verständigen mußte – denn Prinz Louis sprach mein Okzitanisch nicht. »Danke, Euer Gnaden. Es war ein harter Schlag für uns.«

Er antwortete nicht, sondern ließ stumm den Blick zwischen Petronilla und mir schweifen.

Ich wich Sugers hellen und betont gleichgültigen Augen aus und unternahm einen zweiten Versuch. »Erzählt mir von Eurer

Reise hierher in den Süden – ich hoffe, die Trockenheit hat Euch nicht zu sehr zu schaffen gemacht.«

Er sah mich verwirrt an. »Nun, ich hatte genügend Wasser ...«

Suger trommelte mit den Fingern auf sein Knie. Louis schien sich beunruhigt zu fragen, ob er vielleicht ein Zeichen übersehen hätte. Ich hatte ein schreckliches Bedürfnis zu kichern und klammerte mich mit wachsender Verzweiflung an das höfische Zeremoniell. »Ich bin froh, daß es keinen Mangel für Euch gab, Euer Gnaden. Gefällt Euch unser Aquitanien?«

Er warf Suger einen nervösen Blick zu. »Hm, genau kann ich es nicht sagen – Ihr müßt wissen, wir sind bei Nacht gereist.«

Petronilla gab ein ersticktes Glucksen von sich.

»Ich hoffe wenigstens, daß meine Untertanen Euch und den Euren ein herzliches Willkommen bereitet haben?«

Mit dieser Frage wurde er fast allein fertig.

»Wie? O ja, gewiß. Äußerst herzlich. Ja, danke, sehr ... äh ...« Seine Augen schweiften umher, während er nach dem Wort suchte. »Sehr herzlich.«

Verzweifelt sah er zu Suger hinüber, der ihm pflichtbewußt zu Hilfe kam. Petrel warf einen verschmitzten Blick zum Papageienkäfig, der im Fenster hing, und ich hob warnend die Augenbrauen.

»Besonders hat Euch die Stadt Limoges gefallen. Ist es nicht so, Sire?« ließ sich der Abt jetzt mit Nachdruck vernehmen.

»Welche war ... O ja – dort, wo wir den Tod Eures Vaters bekanntgaben! Ach, schönes Wetter habt Ihr hier. Sehr ... trokken.«

»Nun, wir wollen die Damen nicht allzusehr ermüden«, unterbrach Suger, der sich erhoben hatte und nun die Hand auf Louis' Schulter legte. Der Prinz sprang auf, als wäre er einer Hinrichtung entkommen, und die beiden verabschiedeten sich, nachdem sie meine Einladung angenommen hatten, ins Schloß zu ziehen.

»O mein Gott! Hast du das gehört?« platzte Petronilla heraus, sobald sie außer Hörweite waren. »Aus welcher Höhle ist denn der gekrochen?«

»Sei gefälligst still. Schließlich muß ich ihn heiraten.« Die Bemerkung ernüchterte meine Schwester sofort. »Er war für die Kirche bestimmt, Petrel. Deshalb ist er so scheu. Er verbringt seine Zeit mit dem Studium und Gebeten. Aber dem können wir schnell Abhilfe schaffen.«

»Hoffentlich.«

Der Papagei kreischte.

»Und du bist gefälligst auch still!« schimpfte ich.

In dieser stickigheißen Nacht lag ich wach und versuchte angestrengt, nicht an die saphirblauen Augen von Graf Geoffroi zu denken – und an all das, was ihn von dem gehemmten Knaben unterschied, den ich heiraten sollte. Um ehrlich zu sein, war ich schon die ganze Zeit bemüht, Graf Geoffroi aus meinen Gedanken zu vertreiben. Nicht, daß je etwas gewesen wäre ... Nein, ich würde nicht an ihn denken ... Zuletzt hatte ich gehört, daß er ohne merklichen Erfolg weitere Überfälle in die südliche Normandie unternommen hatte und seine Truppen von Krankheit und Ruhr verfolgt waren. Er schien sein Leben nun auf dem Pferderücken zu verbringen ... Ich erinnerte mich an die winzigen Striemen, die die Zügel auf seinen langen, schlanken Fingern hinterlassen hatten, und wie seine Hände ... Aber nein, ich wollte nicht an ihn denken! Lieber lenkte ich meine Gedanken in eine andere, gleichfalls verbotene Richtung und fragte mich, wie schön Mathilda wirklich war. Und wie stets beruhigte es mich, als ich kurz vor dem Einschlafen daran dachte, daß sie eine alte Frau von fast vierunddreißig war.

Unsere Hochzeit fand zwei Wochen später statt, als selbst ich all der Feste, Jagdgesellschaften und Feierlichkeiten überdrüssig war. In der Kathedrale vollzog Erzbischof Geoffroi die Zeremonie, die dadurch getrübt wurde, daß sich eine der Spitzen von Louis' neuen Schuhen im Saum seines Umhangs verfangen hatte und er die ganze Zeit versuchte, sie unbemerkt herauszuwinden. Natürlich war die Aufmerksamkeit aller auf seine zuckenden Bewegungen gerichtet, und sogar der Erzbischof kam an einer Stelle vom Text seiner Ansprache ab.

Ich bemühte mich krampfhaft, auf keinen Fall zu Petronilla hinüberzusehen. Nach der Trauungszeremonie begaben wir uns zur Messe ins Mittelschiff der Kathedrale. Als Louis zum ersten Schritt ansetzte, stellte ich mich auf den Saum seines verflixten Umhangs, und er war sofort befreit.

Er warf mir einen übertrieben dankbaren Blick zu. Durch die Reihen der Hochzeitsgesellschaft ging ein allgemeiner, kaum unterdrückter Seufzer der Erleichterung.

Die Messe endete mit unserer eiligen Krönung zum Herzog und zur Herzogin von Aquitanien. Damit standen nun all meine Ländereien mit beinahe ihren gesamten Einkünften unter Louis' Kontrolle. Ich war leider nicht lange alleinige Titelinhaberin gewesen, doch für Bedauern war wenig Zeit, denn es lag bereits Unruhe in der Luft. Die letzten beiden Wochen waren nicht nur den Feierlichkeiten gewidmet gewesen, sondern hatten auch dazu gedient, meine wichtigsten Vasallen aufzufordern, Louis – ihrem neuen Herrn – die Treue zu schwören. Einige der einflußreichsten, unter ihnen der mächtige Graf von Toulouse, hatten den Treueid verweigert. Darum war man der Ansicht, daß wir aus Gründen der Sicherheit möglichst bald den Süden verlassen sollten. Unmittelbar nach der Krönungszeremonie zogen wir also in nördliche Richtung nach Poitiers. Für eine Hochzeitsgesellschaft waren wir ziemlich schwer bewaffnet. Die Reise würde Tage dauern; glücklicherweise lag jedoch auf halbem Wege die sichere Festung Taillebourg.

Meine Beziehung zu Suger erwies sich von Beginn an als gespannt, was sonderbar war, da ich ihn bewunderte und sogar irgendwie mochte. Sein Einfluß auf Louis aber war ungeheuer groß, und es störte mich, wie schnell und mit welcher Selbstverständlichkeit er über meine Lande bestimmte. Da der König abwesend war, hatte er gleich bei seiner Ankunft das Kommando übernommen und traf im Laufe unserer Reise sämtliche Entscheidungen. Er schlichtete Streitigkeiten und vermittelte kraft seiner Persönlichkeit zwischen unseren verschiedenen Trossen.

Er bestimmte auch den Termin unserer Hochzeitsnacht.

Von dem Augenblick an, da wir die Kathedrale verließen, wachte er wie ein Hofhund über Louis. Jedesmal, wenn wir unser Nachtquartier erreichten, machte er auf demütigende Weise deutlich, daß sein Schutzbefohlener die kirchliche Vorschrift einhalten würde, die besagte, daß der Vollzug der Ehe erst volle drei Tage nach der Hochzeitszeremonie stattfinden dürfe.

Als man mich mit dieser Regel vertraut machte, versteckte Louis sich hinter ihm und warf mir schmachtende Blicke zu. Doch er widersprach nicht.

»Gewiß aber«, wagte ich einzuwenden, »wird die Notwendigkeit, die Ehe zu bestätigen, einen solchen Brauch außer Kraft setzen. Das kanonische Recht selbst sagt, daß der Vollzug ebenso wie die Einwilligung eine Ehe erst gültig machen!« Ich hatte Vater mit dem Bischof von Poitiers über einen ähnlichen Punkt streiten hören und wußte um die Bedeutung.

»Euer Gnaden«, ließ sich Suger ruhig, aber sichtlich verärgert vernehmen, »Ihr könnt die Auslegung der Gesetze von Mutter Kirche getrost in meine Hände legen. Schlaft also wohl«, fügte er spitz hinzu und schob Louis aus dem Gemach, nachdem dieser mir einen Blick höchster Verwunderung zugeworfen hatte. Ich kam zu dem Schluß, daß mein junger Gemahl dem Abt wohl noch nie im Leben widersprochen hatte.

»O weh«, sagte Petronilla leise und drückte meine Hand.

Zwei Abende später erreichten wir schließlich Taillebourg. Kaum befanden wir uns innerhalb der sicheren Festungsmauern, begannen die eigentlichen Festlichkeiten. Der Besitzer des Schlosses, Geoffroi de Rançon, war an Vaters Hof ein und aus gegangen. Er fühlte sich sichtlich geschmeichelt, daß wir unser Eheleben unter seinem Dach beginnen würden, und veranstaltete ein verschwenderisches und ausgelassenes Fest. Zum ersten Mal seit unserer Vermählung waren alle entspannt, selbst Louis.

Petrel hatte, wie alle übrigen, zuviel Wein getrunken, und als es Nacht wurde, geleiteten mich die Damen hinaus, um mich fürs Bett umzuziehen. Sie kleideten mich in mein neues Nachtgewand aus elfenbeinfarbener Seide, parfümierten mich, daß mir der Duft fast den Atem nahm, und bürsteten mein Haar, bis mir die Kopfhaut brannte. Unter immer eindeutigeren groben Scherzen wurde ich schließlich ins Bett gesteckt, um meinen Gemahl zu erwarten.

Da erscholl Lärm vor der Tür, und Geoffroi de Rançon – oh, warum mußten sie nur alle Geoffroi heißen? – und der Graf von Vermandois erschienen mit mehreren betrunkenen Edelmännern, die Louis ins Schlafgemach schoben. Die Damen kicherten, als dem Prinzen der samtene Umhang von den Schultern gezogen wurde und er im langen Unterhemd dastand. Unter lauten Rufen wurde Louis aufgefordert, neben mich ins Bett zu klettern. In seiner unendlichen Verlegenheit war er kaum imstande, sich zu bewegen.

»Nun macht schon und gebt ihr einen Kuß«, ertönte eine betrunkene Stimme. »Ich würde mich nicht so zieren.«

»Und nicht nur auf die Lippen«, lallte ein anderer, dessen Stimme sich verdächtig nach unserem Gastgeber anhörte. Der arme Louis wurde feuerrot, beugte sich aber über mich und küßte mich kurz und ungeschickt auf den Mund. Hochrufe und obszöne Segenswünsche wurden ausgesprochen; dann schoben die Damen die Edelmänner aus dem Gemach. Einige protestierten lauthals: »Wir wollen aber zusehen!«

Petronilla ging als letzte. »Erzähl mir, wie es war«, flüsterte sie, küßte mich und stolperte hinaus.

Um uns breitete sich Schweigen aus. Selbst nervös, nun da wir allein waren, warf ich Louis einen verstohlenen Seitenblick zu, aber er rührte sich nicht. Er saß starr da, blickte einfach vor sich hin, als wollte er den Rest der Nacht so verharren. Ich beschloß, etwas zu unternehmen, und bot ihm den Becher mit dem Liebestrank an, den man uns hingestellt hatte. Er tat einen kräftigen Zug, verschluckte sich und mußte husten. Hinter der Tür war unterdrücktes Lachen zu hören, gefolgt von einem gedehnten »Pst«. Ich glitt tiefer unter die Decke, doch Louis blieb steif sitzen.

»Wollt Ihr nicht die Kerzen löschen, Louis?« schlug ich vor.

Sichtlich erleichtert tat er es und ließ sich endlich bequem in die Kissen sinken. Ich hielt das zunächst für einen Fortschritt, bis mir klarwurde, daß er betete.

Großer Gott, dachte ich verzweifelt, ich werde ihn verführen müssen. Wie ich das anstellen sollte, war mir nicht klar, zumal man mir versichert hatte, die Männer – selbst die jungen – wüßten immer, was zu tun sei. Doch die Zeit verstrich, und es schien nichts zu geschehen. Ich rückte ein wenig näher zu ihm hin. »Bitte, Louis, wollt Ihr nicht Euren Arm um mich legen? Ich bin etwas ängstlich.«

Ein Arm kroch langsam um mich, und ich schmiegte mich hinein. Seine Hände und Füße waren eiskalt. »Ihr seid so schön«, stammelte er. »So ... so rein.«

Beinahe hätte ich laut aufgestöhnt – so würden wir niemals etwas zuwege bringen! Ich hatte nur eine unklare Vorstellung davon, was mich erwartete; meine alte Amme hatte wohl als einzige bedacht, daß mir die Mutter fehlte, die mich in die Dinge des Lebens hätte einweihen können. Bei diesem Gemahl aber, der nur aus Knien und Ellenbogen zu bestehen schien, überfiel mich Mutlosigkeit. Trotzdem mußte einer von uns beiden handeln. »Warum küßt Ihr mich nicht, Louis?«

Wieder tat er, wie ihm geheißen, aber so ungeschickt, daß mir plötzlich mit Bestürzung klarwurde, was ich von Anfang an hätte wissen müssen – auch er war noch Jungfrau. Diese Erkenntnis, so bestürzend sie war, erklärte wenigstens seine Tatenlosigkeit. Ich bemühte mich weiter und hoffte inständig, daß er, wenn ich ihn noch mehr ermunterte, endlich handeln würde. Ich rückte näher und schmiegte meine Brüste an ihn. Zunächst zuckte er zurück, als hätte man ihm einen Stich versetzt, dann aber begann er, sehr behutsam meinen Körper zu erkunden.

Während ich so bei ihm lag, wünschte ich mir, etwas von der Erregung zu verspüren, die ich vor fast einem Jahr bei Graf Geoffrois Kuß im Stall empfunden hatte. So sollte es schließlich sein, oder nicht? Doch während Louis allmählich immer aktiver wurde, empfand ich nichts von der Wärme und dem wunderbaren Taumel, der mich damals in Graf Geoffrois Armen ergriffen hatte. Wenn ich überhaupt etwas verspürte, dann höchstens so etwas wie Langeweile. Plötzlich, als ich eben darüber nachdachte, was ich morgen anziehen und ob ich auf die Jagd gehen sollte, verlor Louis die Beherrschung und gebärdete sich wie ein ausgehungerter Hund, der einen Knochen erblickt.

Unvermittelt schlug er die Decke zurück und warf sich auf mich. Sein lautes Keuchen drang in mein Ohr, während mein eigener Atem durch sein Gewicht ins Stocken geriet. Im Dunkeln stieß er ungeschickt gegen meine Oberschenkel, zerriß fast mein Nachthemd und zerkratzte meine Wange mit seinen spärlich sprießenden Barthaaren. So sehr war ich mit meiner unbequemen Lage beschäftigt, daß ich auf den plötzlichen ziehenden Schmerz nicht vorbereitet war, als er in mich eindrang. Ich schrie auf und versuchte ihn fortzustoßen, aber zum Glück, wenn auch zu meinem Befremden, war alles so schnell vorbei, wie es begonnen hatte.

Einen Moment lang hatte er sich über mir auf und ab bewegt, im nächsten schon heftig gezuckt und einmal laut aufgestöhnt;

dann war er erschlafft auf mich herabgesunken. Ich lag eingeklemmt, wund und mit zusammengebissenen Zähnen unter ihm und starrte völlig fassungslos auf den Baldachin. Sollte das, dieser abscheuliche Vorgang, das gewesen sein, was mein Großvater in Gedichten gepriesen hatte? fragte ich mich. »Ihr erdrückt mich, ich bekomme keine Luft«, keuchte ich unter Tränen. »Geht von mir herunter!« Und ich versetzte ihm einen kräftigen Stoß.

»Es tut mir leid. Es tut mir so leid, Eleonore«, stammelte er und ließ sich zur Seite rollen. »Bitte weint nicht. Ich schäme mich – ich bin ein Tier. Verzeiht.«

»Schon gut, es mußte ja sein«, begann ich und stellte dann fest, daß neben mir niemand mehr war. Louis kniete bereits vor dem kleinen Marienbild in der Ecke des Gemachs, flüsterte immer wieder: *»Mea culpa, mea culpa«* und erflehte Vergebung für die Sünde, die Ehe vollzogen zu haben.

Und das war, wie ich bald herausfinden sollte, ganz der wahre Louis. Schüchtern und unentschlossen, handelte er überstürzt, ging dabei zu weit und verbrachte die restliche Zeit damit, sich in qualvollen und übertriebenen Reuegefühlen zu ergehen. Enttäuscht, mit einem unbestimmten Gefühl der Erniedrigung, zog ich unter meinem Kissen das Tuch hervor, das meine Amme dort versteckt hatte, klemmte es zwischen meine Beine, um den klebrigen Strom und das brennende Unbehagen aufzufangen, und zwang mich zu schlafen.

Nachdem am nächsten Morgen das Laken mit meinem jungfräulichen Blut feierlich begutachtet worden war, begann mein neues Leben. Unsere erste öffentliche Handlung bestand darin, Hochzeitsgeschenke auszutauschen. Zu diesem Zweck versammelten wir uns im großen Saal, in dem noch deutlich die Spuren der gestrigen feuchtfröhlichen Feierlichkeiten zu erkennen waren. Louis schenkte mir verschiedene Juwelen aus der königlichen Schatzkammer, die atemberaubend schön waren. Als ich ihn jedoch bat, mir etwas über sie zu erzählen und zu erläutern, warum er gerade diese Steine für mich ausgewählt hatte, brachte er keinen Ton heraus. Ganz offensichtlich hatte er sie noch nie zuvor gesehen.

Sogleich schritt Suger ein und überspielte diese Taktlosigkeit. »Vielleicht möchte Euer Gnaden uns Eure Ansicht kundtun«, sagte er. »Welcher Stein, glaubt Ihr, vereinigt in sich die höchsten Tugenden?«

Ich blickte von ihm zu Louis und dann auf die glitzernde Reihe vor mir. Meine Augen wurden magisch von einem Paar funkelnder leuchtendblauer Steine angezogen, die auf einem Samtkissen lagen.

»Welcher der schönste ist?« fragte ich gleichmütig. »Eine leichte Frage. Der Saphir ist allen überlegen, denn er ähnelt dem Himmel bei schönem Wetter.«

Beifälliges Gemurmel war zu hören, und Suger sagte freundlich: »Eine gute Antwort.« Doch es bereitete mir keine Freude, ihn beeindruckt zu haben, denn obwohl er meine Schlagfertigkeit auf die Probe gestellt hatte, war meine Antwort von Herzen gekommen. Louis, der bemerkt hatte, daß er taktlos gewesen war – ohne zu wissen, in welcher Hinsicht –, musterte schweigend seine Fußspitzen.

Nun war die Reihe an mir. Ich hatte aus der Schatzkammer von Poitiers einen Kristallstein, groß wie ein Straußenei, ausgewählt, den ich hatte aushöhlen, in Gold fassen und zu einem Krug verarbeiten lassen. Er war mit Perlen und Juwelen und dazu mit feinen Emailleplättchen besetzt, die Louis' Lilien darstellten, das königliche Wappen Frankreichs. Ich war ungeheuer stolz auf das Ergebnis. Für mich war es Ausdruck all dessen, was ich von meinem zukünftigen Leben in Paris erhoffte.

Ich ließ meinen Knappen vortreten. »Sire, nehmt dies als Unterpfand unserer Ehe von Eurer Gemahlin und Herzogin.«

Der inzwischen schon leicht gereizte Louis betrachtete das Geschenk mit gerunzelter Stirn. »Ah! Und was genau ist das, Eleonore?«

»Es ist ein Krug für Euren Wein, Louis – oder was immer Ihr zu trinken wünscht.«

»Eigentlich pflege ich keinen Wein zu trinken.«

»Dann eben für Euer Bier ...«

»Ich mag kein Bier ...«, entgegnete er weinerlich.

»Dann eben Wasser, irgendwas! Oder stellt Blumen hinein.« Oder wascht Euch daraus, fügte ich im stillen hinzu. Ich war gekränkt und kam mir wie eine Närrin vor. Suger, dessen Augen beim Anblick des Kruges aufgeleuchtet hatten, ergriff erneut das Wort.

»Was für eine hübsche Idee. Und in der Tat eine noble Gabe, Euer Gnaden!« rief er aus und schaute nachdrücklich zu Louis hinüber, der sich endlich entsann, was sich gehörte.

»O ja, wirklich. Ich danke Euch sehr, meine Liebste. Ich werde Euer Geschenk in Ehren halten.«

Nunmehr völlig niedergeschlagen, sah ich mit an, wie mein Geschenk fortgetragen wurde.

Alles in allem war es kein glückverheißender Beginn.

Eine Woche später standen wir auf den Zinnen der Stadtmauer von Poitiers und blickten über die Weingärten westlich des Flusses. Wenige Tage zuvor waren wir, stürmisch umjubelt von der Bevölkerung, in die Stadt geritten. Noch bevor die Begeisterung des Volkes für ihren neuen Herrn hatte verblassen können, war Louis zum Grafen von Poitou gekrönt worden. Und nun, zu dieser frühen Stunde, als die Sonne noch tief über den Weinbergen hing, war auch Louis sichtlich bewegt von der Schönheit seines neuen Besitzes.

Suger seinerseits sprühte vor Begeisterung und stellte endlos Fragen. »Und hinter jenen fernen Hügeln liegt das Talmont, nicht wahr?« bemerkte er und suchte den Horizont mit den Augen ab.

Ich gab keine Antwort. Dort, im Talmont mit seinen reichen Jagdgründen und Flüssen, waren vor sieben Jahren meine Mutter und mein kleiner Bruder gestorben. Allein schon der Name erfüllte mich mit Schmerz. »Ich würde diese Gegend gern genauer erkunden«, fuhr Suger unbekümmert fort.

In Tagträumereien versunken, bemerkte er Rançons besorgten Blick nicht. »Das dürfte im Augenblick nicht ratsam sein, Abt«, erlaubte er sich zu bemerken. »Es wurde von Unruhen entlang der Küste berichtet.«

»Unruhen? Was für Unruhen?« gab Suger unwirsch zurück und kniff dabei seine blauen Augen zusammen. »Ihr habt mir selbst versichert, daß dieses Gebiet für Prinz Louis sicher ist.«

»Dieses schon, Abt.« Rançon trat unbehaglich von einem Fuß auf den anderen. Schließlich war er kaum älter als Louis, und die Verantwortung für eine so erlauchte Gesellschaft war ihm eine schwere Last. »Aber mit dem Talmont verhält es sich anders. Sein Gebieter Guillaume de Lézay ist unberechenbar. Deshalb halte ich es für dringend ratsam, dieses Gebiet zu meiden.«

Louis sah mich aufgebracht an und rief mit schriller Stimme, noch ehe Suger antworten konnte: »Was kann mir ein kleiner Aufstand anhaben? Meine Edelmänner und ich werden schon mit ein paar aufsässigen Poitevinern fertig! Ich denke, wir sollten gleich aufbrechen – auch ich verspüre Lust zu jagen. Ja, brechen wir auf!«

Suger blickte schweigend von Louis zu mir und dann auf seine Füße, die in Sandalen steckten. Dieses Mal versagte seine vielgerühmte Klugheit. Er räusperte sich, wandte sich dann Louis zu und sprach mit betont gleichmütiger Stimme: »Sehr wohl, Euer Gnaden.« Und zu Rançon sagte er: »Ihr habt es gehört! Trefft also die notwendigen Vorbereitungen für den morgigen Jagdausflug.«

Rançon verbeugte sich, warf mir aber einen verstohlenen Blick zu. Sobald sich eine Gelegenheit ergab, trat ich zu ihm und fragte leise: »Was geht dort vor sich?«

Geoffroi de Rançon holte tief Luft und sagte ruhig: »Nun ja,

Euer Gnaden, Lézay war schon immer ein merkwürdiger Kauz ... Das heißt, er ist ...«

»Schon gut, auch Vater hat sich stets über ihn lustig gemacht. Er ist nicht zur Hochzeit erschienen, nicht wahr? Wißt Ihr, warum?«

Er wurde verlegen. »Nun, möglicherweise wegen der Falken.«

»Welche Falken?«

»Hm, Seine Gnaden, der Prinz, weiß es noch nicht, und ich wäre, hm ...«

»Schon gut! Ich werde es niemandem sagen. Nur was?«

»Lézay hat die neuen Falken des Königs gestohlen. Sie wurden von Dänemark gesandt – schneeweiß, äußerst selten und sehr kostbar –, und Guillaume nahm sie aus den königlichen Käfigen. Er ist versessen aufs Jagen und konnte einfach nicht widerstehen. Deshalb fürchtete er sich wohl zu erscheinen.«

Das war unglaublich.

»Selbst das hätte ihn nicht abhalten dürfen, Louis zu huldigen – das ist viel zu wichtig! Und warum diese Geheimnistuerei?«

Er blickte noch verlegener drein. »Nun, wir glaubten, wir Poiteviner müßten einander beistehen, Madame.«

Es gab also noch andere außer mir, denen Louis nicht imponiert hatte.

»Ich verstehe. Und was sollen wir jetzt tun? Lézay wird doch nicht gewalttätig werden, oder?« Wieder trat er von einem Fuß auf den anderen. »Nun, sagt schon.«

»Wer kann das schon wissen. Wenn er sich in die Enge gedrängt und bedroht fühlt ...«

»Dann muß ich wohl versuchen, Seiner Gnaden diesen Jagdausflug auszureden, nicht wahr?« Ich seufzte.

Ich versuchte es wirklich, aber Louis war durch nichts von seinem Vorhaben abzubringen. Ich geriet außer mich und redete heftig auf ihn ein, als er aufbrechen wollte. »Louis, bitte seid vorsichtig! Lézay ist unberechenbar …«

Er warf die Hundeleine, die er eben im Begriff war zu entwirren, zu Boden und rief: »Das sagt Ihr andauernd, Eleonore – aber Ihr nennt mir nicht den Grund!«

»Oh, Louis, er ist so … sonderbar. Bitte bleibt hier.«

»Ich verstehe!« erwiderte er mit einem selbstgefälligen Lachen. »Ihr habt Angst um mich! Doch es gibt nichts zu befürchten. Kleines, törichtes Ding!«

»Ich bin nicht töricht!« gab ich so heftig zurück, daß er zusammenzuckte. Ich war um Haltung bemüht. »Wenn Ihr denn gehen müßt, wollt Ihr dann nicht wenigstens Eure Rüstung anbehalten – für mich?«

»Seid nicht tö… Seid unbesorgt, meine Liebste.« Ich zuckte stets zusammen, wenn er mich so nannte – es klang so unnatürlich und, wie ich fand, eine Spur zu gewöhnlich. »In voller Rüstung jagt man nicht – das ist unpassend! Und außerdem fürchte ich mich vor nichts …«

Dabei blickte er so ängstlich drein, daß ich zu begreifen begann, woher sein Bedürfnis rührte, mich zu beeindrucken. »Nehmt wenigstens mehr Ritter zu Eurem Schutz mit, Louis. Dann wäre mir wohler.«

Ironischerweise nahm Suger, der all dies in Gang gesetzt hatte, letztlich nicht an dem Jagdausflug teil. Mit übertriebenem Takt erklärte er, dies sei etwas für junge Männer und er wolle ihnen den Spaß nicht verderben. So kam es, daß der Abt und ich zusammen im Schloßgarten saßen, als drei Tage später plötzlich die Jagdgesellschaft mit Triumphgeschrei zurückkehrte.

Erstaunt betrachteten wir die Ritter, an ihrer Spitze ein ungekämmter Louis, wie sie schmutzbedeckt Schwerter und Lanzen schwangen und laut schreiend in den Schloßhof ritten.

»Wir haben sie geschlagen! Wir haben sie geschlagen!« schrie Louis immerzu.

»Wen geschlagen, Louis? Wovon redet Ihr?«

Er sprang vom Pferd und kam atemlos auf mich zugerannt. Er roch nach Schweiß und Pferd und war so aufgeregt, wie ich ihn noch nie erlebt hatte. »Eure Poiteviner, die, jawohl! Wir haben sie geschlagen!«

»Das habe ich bereits gehört. Aber nun sagt mir endlich, Louis – was ist passiert?«

»Euer Gnaden!« meinte Suger streng, und Louis, der ihm einen schuldbewußten Blick zuwarf, wurde ein wenig ruhiger.

»Euer Lézay hat uns angegriffen – das ist passiert. Kam aus seinem Schloß geritten und attackierte uns, wir aber haben sie abgewehrt. Wir haben sie geschl ...«

»Ja, schon gut. Wo ist er?«

»Oh, keine Sorge, der ist gut untergebracht. In seinem eigenen Kerker eingesperrt. Alle anderen sind tot – nun ja, fast alle. Aber keiner der unsrigen! Diesem elenden Rebellen werde ich eine Lektion erteilen.«

»Alle tot? Wie viele, um Himmels willen?«

»Ich weiß nicht genau. Zwanzig vielleicht.«

Zwanzig meiner Vasallen tot. Es brodelte in mir. Ich mußte vorsichtig sein.

»Keiner der Eurigen – ich meine keiner der unsrigen – ist umgekommen?«

»Nicht einer! Trotzdem wird er dafür büßen müssen.«

Meine anwesenden Ritter scharten sich um mich, und ihr Zorn über Louis' Geringschätzung war deutlich zu spüren. Ich überlegte hastig. »Hört zu, Louis, warum wollt Ihr ihn nicht laufenlassen? Schließlich ist keiner der Euren verwundet ...«

»Ihn laufenlassen? Er hat mich angegriffen, Eleonore! Mich! Eines Tages werde ich König sein – wißt Ihr, was das bedeutet?«

»Gewiß, Louis.« Ich hatte eine plötzliche Eingebung. »Ihr könntet königliche Gnade walten lassen.«

»Warum? Ich habe ihn doch eben erst gefangengenommen.« Er blickte verständnislos drein.

»Es war nur eine Idee ...«

»Ritter kämpfen mit Waffen, nicht mit Ideen!«

Meine eigenen Ritter begannen zu murren, und Suger beobachtete uns mit scharfem Auge. »Es würde bedeuten, daß Ihr, Louis, mit Milde regieren und meinen Vasallen Sicherheit geben wollt ...«

»Es sind jetzt meine Vasallen«, sagte er mit überraschender Kälte, »nicht Eure. Hier«, fügte er mürrisch hinzu, »ich habe Euch eine Trophäe mitgebracht.« Er griff in seinen linken Stiefelschaft, brachte einen goldenen Ohrring zum Vorschein und legte ihn in meine Hand. Ich aber ließ das Schmuckstück entsetzt zu Boden fallen: Es klebte Blut daran und eine Strähne schwarzen Haares.

»Louis, woher habt Ihr das? Mein Gott! Ihr habt es vom Ohr eines toten Ritters gerissen, nicht wahr?« Mir drehte sich der Magen um.

»Was habt Ihr denn? Er konnte doch nichts mehr fühlen! Ich dachte, er würde Euch gefallen. Was also ...«

Suger ergriff seinen Arm. »Euer Gnaden, Ihr habt einen großen Sieg errungen, und jetzt müßt Ihr Gott dafür danken. Kommt, Euer Gnaden.« Und er führte ihn eilig zur Kapelle.

Bestürzt sah ich sie gehen. Ich war mir jedoch bewußt, daß die französischen Edelmänner mich beobachteten und meine neue Loyalität ebenso geprüft wurde wie Tage zuvor mein Urteilsvermögen angesichts der Juwelen. Deshalb zwang ich mich, mit gemessenen Schritten hineinzugehen, statt zur nächsten Wasserstelle zu rennen und meine Hände vom Schmutz des Geschenkes reinzuwaschen, das nun im staubigen Hof glitzerte.

Während Louis im großen Saal noch immer seinen Sieg feierte, traf ein Bote aus Paris ein, um den Tod seines Vaters zu melden. Er war vorher schon so krank gewesen, daß er nicht an unserer Hochzeit teilgenommen hatte. Verstört legten die Musikanten ihre Instrumente beiseite, und die Paare, die eben noch lachend getanzt hatten, sahen einander entsetzt an. In diesem bestürzten Schweigen erinnerte ich mich an den Schock, den die Nachricht vom Tod meines Vaters bei mir ausgelöst hatte. Mich erfaßte ein heftiges Mitgefühl für Louis, das all meine vorherigen Bedenken beiseite drängte. »O Louis, es tut mir so leid ...«, begann ich.

Er aber blickte zu Suger hinüber, und alles, was er sagte, war: »Das bedeutet, daß ich jetzt König bin!«

Und dabei huschte ein leichtes Lächeln über sein Gesicht.

All meine Zweifel kehrten zurück, als mir klarwurde, wie wenig ich ihn kannte. Es war Abt Suger, der ehrlich um den König trauerte, der sein Freund und Herr gewesen war. Tränen rannen ihm über die Wangen, als er und ich vor Louis niederknieten – die ersten, die ihm als unserem neuen Herrscher huldigten.

Suger nahm noch im Schloß von Poitiers alle Familien- und Staatsangelegenheiten in die Hand. Kaum hatten wir meine Onkel Raoul und Hugues sowie unsere Staatsdiener in Aquitanien und Poitou in ihren Ämtern bestätigt, eilte der Abt mit Louis gen Norden, um die Hauptstadt in Besitz zu nehmen, noch ehe Revolten diesen unerfahrenen König bedrohen konnten.

Mich ließ man zurück – zu meiner eigenen Sicherheit, wie es hieß.

Ich war seit zwei Wochen verheiratet, aber schon einen Tag nach ihrem Aufbruch hatte ich es so gut wie vergessen. Ich fühlte mich noch als Eleonore von Poitiers, nicht als Königin von Frankreich, und was Louis betraf – nun, so konnte ich mir kaum mehr sein Gesicht vorstellen. Zwar kannte ich ihn erst kurze Zeit, doch ich hatte das beklemmende Gefühl, daß es nichts weiter kennenzulernen gab. Ich bedauerte weniger die Trennung von ihm als die Tatsache, daß ich seinen ersten königlichen Einzug in Paris nicht miterleben würde. Außerdem war ich erbost, weil Suger mich vor der Abreise zu einer Unterredung unter vier Augen beiseite genommen hatte.

»Euer Gnaden, bei allem Respekt«, begann er – und mir sank

schon der Mut, denn was auf eine solche Formulierung folgt, ist stets etwas Respektloses –, »und ich meine es im Guten« – mein Herz sank noch tiefer –, »aber Eure Art, Euch zu kleiden, schickt sich nicht, Madame.«

»Wie bitte?«

»Sie schickt sich nicht für ...«

»Wofür?«

»Für Paris, Euer Gnaden. Für den Königshof. Eure Kleidung ist zu offenherzig.« Er machte eine vage Handbewegung. »Zu tief ausgeschnitten, zu eng anliegend ...«

»Ich kleide mich nicht anders als die übrigen Damen in Poitiers, Sire. Besser wohl, aber nicht anders! Und unsere Moden waren für uns stets dienlich und schicklich.«

»Verzeiht mir, aber ich bin mir sicher, daß Euer Gnaden nicht wünscht ...« – und hier wählte er seine Worte mit berechnender Deutlichkeit –, »vor Ihren eigenen Untertanen anstößig zu erscheinen.«

Damit verneigte er sich und ging. Rasend vor Zorn blieb ich zurück, denn ich hatte weder mich noch meine Heimat verteidigen können.

Bei genauer Überlegung war ich sogar noch glücklicher, von Suger befreit zu sein, als von Louis. Unser kurzer Wortwechsel hatte meinen Verdacht bestätigt, daß ich nicht um meiner Sicherheit willen in Poitiers zurückgelassen wurde, sondern nur, weil ich und mein Hofstaat ihm in einer solch schwierigen Zeit zur Last gefallen wären. In meinem Zorn verkündete ich, daß auch wir so bald wie möglich nach Paris reiten würden.

»Aber Euer Gnaden«, warnte Rançon, »das könnte gefährlich werden. Sowohl Suger als auch der König waren der Meinung ...«

»Sollte es zu Unruhen kommen, wird der König die Wachsoldaten benötigen, die er für mich zurückgelassen hat. Und außerdem, lieber Rançon, ist mein Platz jetzt an der Seite meines Gemahls.«

Dagegen konnte er nichts vorbringen, und so fügte er sich. Auch wenn ich die Macht über meine Ländereien an Louis abgetreten hatte und nur eine unzüchtige Südländerin war, würden meine poitevinischen Edelmänner noch immer eher ihrer Herzogin als ihrem König gehorchen. Das war ein kleiner, aber wohltuender Sieg.

Ich schickte de Mauzé, Vaters Seneschall, mit meinen Instruktionen nach Bordeaux zurück und machte mich daran, das Poitou und meine Ländereien zu verlassen. Wer konnte wissen, für wie lange?

Zwei Wochen später befand ich mich – in Trauerkleidung für einen König, den ich nie gekannt hatte, und unleugbar erholt nach zwei Wochen ohne Louis – vor den weißen Stadtmauern von Paris.

»Sieh nur, Petrel!« rief ich, während ich mein Pferd zügelte. Meine Hofdamen stöhnten, weil wir schon wieder anhielten. »Hinter diesen Mauern ist alles – neues Wissen, neue Poesie, eine neue Menschenwelt. Und das alles ist unser – ein völlig neues Leben! Es wird wunderbar!«

»Nun«, meinte sie mit einem geheimnisvollen Lächeln, »ich jedenfalls habe die Absicht, mich zu amüsieren.« Sprach's und gab ihrem Pferd die Sporen.

Weder der Anblick des finsteren Palastes auf der Île-de-la-Cité, der unverkennbar noch aus der Zeit Karls des Großen stammte – meines Ahnherrn –, noch mein Wiedersehen mit Louis konnten meine Zuversicht trüben. Er hatte nicht mit meiner frühen Ankunft gerechnet und wirkte besorgt und unsicher.

»Aber Eleonore«, stieß er überrascht aus, »wir haben Euch noch gar nicht erwartet. Eure Gemächer sind noch nicht fertig.«

»Oh, das macht nichts, Louis! Ich kann doch die Euren teilen.«

»Das ist unmöglich, Eleonore! Das geziemt sich nicht!«

»Louis, wir sind vermählt!«

Er blickte völlig verstört drein. »Gewiß, aber ... Ihr seid noch nicht gekrönt!«

»Ach, macht Euch doch nicht lächerlich. Ihr scheint nicht besonders erfreut über mein Kommen zu sein.«

»Das ist es nicht, aber ... Nun, Ihr müßt das mit Mutter klären ...« Damit eilte er zur Tür und kam rasch zurück, um mir einen flüchtigen Kuß auf die Wange zu drücken.

Alle anderen bereiteten mir einen begeisterten Empfang. Zwei Wochen lang fanden in Paris zu unseren Ehren aufwendige Feierlichkeiten und Turniere statt. Ich genoß die Farbenpracht, die Musik und die vielen neuen Eindrücke. Begeistert wie ich war, glaubte ich, das Fest würde niemals enden. Schließlich hatte mein Leben eben erst begonnen, und es würde so sein, wie ich es mir erträumt hatte ...

Doch es änderte sich natürlich sehr bald. Nach knapp einem Monat kehrte Louis ins Kloster von Notre-Dame zurück, um seine Ausbildung wiederaufzunehmen, und überließ die Staatsgeschäfte Suger und den übrigen Ratsmitgliedern. Die Festlichkeiten hörten abrupt auf, und die Priester reisten ab. Ich selbst befand mich im Wettstreit mit Louis' Mutter, welche von beiden Königinnen über den König herrschen sollte.

Die Königinwitwe Adelaide hatte ganz offensichtlich gehofft, für immer über ihren gefügigen Sohn bestimmen zu können. Aber ich hatte, trotz meiner Zweifel an ihm, andere Vorstellungen. Zu Adelaides Entsetzen machte ich mich daran, sowohl Louis als auch den Palast mehr nach meinem Geschmack zu verändern.

Sogleich beklagte sie sich mit kehliger Stimme. »Louis! Louis! Dieses Kind will mich aus meinen Gemächern vertreiben!«

»Nun, Mutter ...«, begann er sanft, aber ich fiel ihm ins Wort.

»Madame, ich bin jetzt die Königin. Ihr habt einen eigenen Palast.«

»Louis, bitte sag ihr, daß es immer meine Gemächer gewesen sind!«

»Eleonore, es sind ...«

»Einen Augenblick, Louis. Wenn ich recht verstanden habe, sind es immer die Gemächer der Königin gewesen. Deshalb liegen sie neben denen des Königs. Ich werde nicht in einem anderen Flügel des Palastes wohnen, während Ihr Tür an Tür mit ihm wohnt! Louis ist mein Gemahl, Madame, nicht der Eure.«

»Louis! Sag ihr ...«

Louis, der Streitereien haßte, lächelte unbehaglich und zog sich aus der Affäre, indem er uns mitteilte, wir müßten das unter uns klären. Damit verließ er eilig den Raum. Zornig sahen wir ihm nach und starrten uns haßerfüllt an. Doch schließlich war sie es, die ging. Nach drei Monaten zog sie sich – verzweifelt über das poitevinische Chaos, wie sie es nannte – nach Compiègne zurück, wo sie in skandalöser Eile wieder heiratete.

Petrel und ich werteten das als Erfolg und machten uns daran, den Palast moderner zu gestalten.

Louis war gleichgültig gegenüber der Baukunst und jeder Art von Komfort und Behaglichkeit. Sein alter Palast aber konnte meinen Hofstaat nicht beherbergen; zudem war es dort selbst im Sommer feucht und niederdrückend. Mein Ersuchen um Veränderungen stieß indes auf taube Ohren. Alle verfügbaren Staatsgelder und die gesamte Arbeitskraft der königlichen Maurer und Architekten, so hieß es, stünden im Dienste von Sugers großem Vorhaben – dem Wiederaufbau seiner Abtei Saint-Denis. Für Louis war allein schon der Gedanke, einen Teil davon zur Instandsetzung eines nur weltlichen Gebäudes abzuzweigen, schiere Gotteslästerung. Außerdem erfuhr ich zu meiner Empörung, der Umbau sei nicht durchzuführen, weil im Staatshaushalt für den privaten Bedarf des Königs nur wenig Geld vorgesehen sei. Also erkundigte ich mich im geheimen nach Louis' Finanzlage und entdeckte, daß er keineswegs mittellos war. Vielmehr besaß er ein stattliches Einkommen, das zum großen Teil vom Gewinn aus den Weinbergen herrührte, die jedes freie Fleckchen Land außerhalb der Stadtmauern bedeckten. Gewiß, der Wein war dünn und sauer im Vergleich zu dem der milderen Lagen im Loire-Tal und dem Bordelais, doch der König hatte weder Zoll noch Frachtkosten zu entrichten, und er vergeudete weiß Gott kein Geld für Hofhaltung oder Vergnügungen. Er verfügte also über genügend Mittel – man mußte nur an sie herankommen. Ich dachte nach und beschloß, es anders zu versuchen.

»Louis«, sagte ich eines Morgens nach der Messe zu ihm, »ich würde so gerne die Arbeiten in Saint-Denis besichtigen. Sie sollen so beeindruckend, so voller neuer Ideen sein! Wollt Ihr mich mitnehmen?«

»Gewiß«, antwortete er, beglückt über jedes Interesse an Kirchenangelegenheiten, »der Abt wäre erfreut.«

Zwei Tage später erblickte ich zum ersten Mal das Wunderwerk von Saint-Denis und begriff sofort das große Aufheben, das darum gemacht wurde. Unendlich rein und schimmernd in der Sommersonne, schien die Abtei einen Augenblick lang gleichzeitig gen Himmel emporzuschweben und sanft zur Erde hinabzusinken. Die Spannung zwischen ihren zerbrechlichen Säulen und den durchbrochenen Mauern ließ den Eindruck entstehen, daß die ganze Konstruktion in der Luft vibrierte. Die Harmonie der Proportionen hatte auf mich – selbst durch die Gerüste hindurch – eine zutiefst ergreifende Wirkung. Ich schaute den ungewöhnlich aufgeregten Suger an und hatte das Gefühl, als sähe ich auch ihn zum ersten Mal. »Wie ist das nur möglich?« flüsterte ich, bereit, alles zu verzeihen. »Ihr habt ein Abbild des Himmels erschaffen, Abt!«

Und ausnahmsweise schien ich einmal das Richtige gesagt zu haben.

»Wartet, bis Ihr die Fenster gesehen habt, Madame!« erwiderte er stolz lächelnd. »Ihre Juwelen werden in Gottes heiligem Lichte erstrahlen.«

Und er nahm uns in seinem Eifer beim Arm, um uns sein Werk vorzuführen. Louis, die Höflichkeit in Person, betrachtete jedes Detail etwa gleich lang, ob es nun zum alten Gemäuer gehörte oder zum erhabenen neuen. Ich bezweifelte, daß er überhaupt den Unterschied erkannte. Doch ich war so tief beeindruckt, daß ich darüber fast meine ursprüngliche Absicht vergaß, Suger ein paar Maurer abspenstig zu machen. Aus Ehrfurcht vor dieser Schönheit zog ich meine Juwelen von den Fingern und warf sie in den Mörtel – zum Erstaunen der Maurer, die vor uns knieten und ihre Kellen noch immer umklammert hielten.

»Euer Gnaden!« stieß Suger überrascht hervor.

»Eleonore!« rief Louis, weniger berührt von der Anmut des weißen Stein- und Glasgebildes vor ihm als von meiner impulsiven Geste; und so folgte er meinem Beispiel, streifte ebenfalls seine Ringe von der Hand und warf sie fort.

»So werden wir vom Materiellen ins Geistige geführt«, flüsterte der Abt, und ich begriff, wenn ich Arbeitskräfte haben wollte, mußte ich Suger für mich gewinnen – und zwar jetzt gleich.

»Ich wünschte, ein wenig von Gottes Licht fiele auch in unseren Palast«, seufzte ich am Ende unseres Rundgangs. »Er ist eines Königs, dessen Reich solche Schätze hervorbringt, nicht würdig. Ließen sich diese Prinzipien nicht auch auf die Île übertragen? Oh, stellt Euch nur vor! Das Herz von Paris könnte ein einziger steinerner Lobgesang zu Gottes Ehren sein.«

Insgeheim fragte ich mich, ob ich nicht zu weit gegangen war.

»Zu Gottes Ehren, Madame?« Sugers Blick war durchdringend, wenn auch nicht unfreundlich.

Die Schamröte schoß mir ins Gesicht, und ich hörte mich mit unvermuteter Ehrlichkeit antworten: »In Wahrheit kann man dort nicht leben, Abt.« Louis war außer Hörweite. »Der König weiß es nicht, aber er hat dort auch noch nicht viel Zeit verbracht. Die Senkgruben quellen über, und immer wenn sich der verstorbene König im Palast aufhielt, erkrankte er an der Ruhr. Man munkelt, dies sei die Todesursache gewesen.«

Sugers blaue Augen waren fest auf meine geheftet. Zum ersten Mal, seit wir uns kannten, hatte ich das Gefühl, daß meine Worte Eindruck auf ihn machten. Ich erwiderte standhaft seinen Blick. »Ich bin sicher, keiner von uns wünscht, daß Louis das gleiche Schicksal ereilt.«

Mit meiner Ehrlichkeit hatte ich weit mehr erreicht als mit meinem schäbigen Versuch, den Abt hinters Licht zu führen. Schon eine Woche später wurden die Senkgruben geleert. Bald darauf begannen die Arbeiten in unseren Gemächern. Im Herbst und frühen Winter erfroren wir fast, doch innerhalb weniger Monate war der Palast umgebaut und wie verwandelt. Und nie wieder versuchte ich, Suger zu überlisten.

Meine Sorge um Louis war ehrlich. Er lebte bescheiden wie ein Novize, betete und studierte so hart, daß er stets bleich und häufig geschwächt war. Ein solches Verhalten befremdete mich, und ich beklagte mich ausführlich bei Petronilla darüber.

»Ich verstehe das nicht, Petrel. Sein Leben ist so gänzlich verschieden von dem, das Vater und Großvater geführt haben. Was hat man davon, König zu sein, wenn man lebt wie ein Mönch? Ich hatte gehofft, in ihm doch noch den Krieger zu entdecken. Aber sieh ihn dir an! Er läßt jedem Narren, der die Priesterweihe empfangen hat, den Vortritt ...«

»Ich weiß«, sagte sie. »Wie gestern abend bei der Segnung: Er ließ jeden sich vordrängen.«

»So ist es; diese Kanoniker betrachten es als ihr Recht. Alle nutzen sie seine Gutmütigkeit aus.«

»Gutmütigkeit?« rief sie verächtlich. »Wohl eher Einfältigkeit.«

»Das genügt, Petrel«, sagte ich streng, obwohl ich ihr teilweise recht geben mußte. »Übrigens, wo treibst du dich in letzter Zeit herum? Ich sehe dich kaum mehr.«

»Oh, überall und nirgends ... Es ist nicht leicht, in diesem Mönchsbau ein wenig Unterhaltung zu finden. Man muß sie sich schon suchen.«

Mein Problem mit Louis war nicht zu lösen. Wie sehr ich mich auch bemühte – er rann mir wie Wasser durch die Finger und wich jedem ernsthaften Gespräch aus. Trotz all seiner irritierenden Eigenschaften besaß er eine entwaffnende Liebenswürdigkeit und Demut. Mit der Zeit behandelte ich ihn wie einen netten, aber etwas langweiligen jüngeren Bruder. Dabei sah ich ihn nur selten, und selbst wenn er, was noch seltener vorkam, das Lager mit mir teilte, eilte er doch stets schuldbewußt in die Kathedrale von Notre-Dame zurück, um an der Morgenandacht teilzunehmen.

Dies wurde rasch zu einer festen Gewohnheit in unserem Eheleben. Eines Morgens, als er wie üblich aus meinem Gemach schleichen wollte, erklärte ich ihm, daß er mich zu etwas wie einer besseren Hure gemacht habe.

Er war äußerst empört. »Solche Wörter dürftet Ihr gar nicht kennen! Außerdem seid Ihr meine Gemahlin, und ich ... ich liebe Euch!«

»Ach, wirklich? Und woran sollte ich das merken? Ihr beschämt mich, Louis, wenn Ihr Euch davonschleicht, als wäre ich die Frau eines anderen!« Er rang nach Luft. »Niemals sehe ich Euch – kaum seid Ihr aus dem Bett, liegt Ihr schon auf den Knien, so als hätte ich die Pest. Verachtet Ihr mich denn so sehr?«

Er stand mit offenem Munde da, derart verwirrt und elend, daß ich trotz allem Mitleid mit ihm bekam. »Oh, Louis, Ihr könnt nicht König und gleichzeitig Mönch sein. Ihr müßt Euch entscheiden, ganz gleich, was Suger sagt.« Ich gab ihm einen Kuß, und seine Miene erhellte sich ein wenig. »Tanzt doch wenigstens heute abend mit mir.«

»Natürlich, wenn es Euch Freude macht«, erwiderte er erleichtert und voller Vertrauen, daß alles gut werden würde.

Ich aber machte mir weiter Sorgen um ihn. Durch Petrels Verachtung wurde ihm klar, daß er nicht gerade der Gemahl war, den ich mir erträumt hatte, und er nahm meine Worte ernst, daß er sich zwischen Krone und Kloster entscheiden müsse. Als sich Poitiers im Spätherbst weigerte, Frankreichs Oberherrschaft anzuerkennen, und sich zur unabhängigen Gemeinde erklärte, reagierte er völlig übertrieben und eilte gleich zu den Waffen. Obwohl er die Stadt ohne Blutvergießen einnahm, wollte er mir erneut beweisen, wie stark er sein konnte, und ersann eine kleinmütige Rache. Nicht genug damit, das Heer der Stadt aufzulösen, zu entwaffnen und durch eigene Leute zu ersetzen, schickte er die angesehensten Bürger der Stadt – meine Untertanen, viele unter ihnen meine Freunde – ins Exil und nahm ihre Kinder als Geiseln. Entsetzt verlangte ich von ihm, sie gehen zu lassen.

Er war verdutzt. »Warum? Ich habe sie doch eben erst gefangengenommen.«

»Weil es sinnlos ist, Louis. So sind sie nun mal. Vater hat es einfach nicht zur Kenntnis genommen, und bis Weihnachten war gewöhnlich alles wieder im Lot ...«

»O nein, Eleonore! Für Euch mögen es vielleicht nur eine Handvoll Untertanen sein, aber Ihr dürft eines nicht vergessen: es sind Rebellen, ein jeder von ihnen.«

Wir führten diese Auseinandersetzung nicht zum ersten Mal, und ich wollte schon zum Angriff übergehen, als sich Suger plötzlich einschaltete. »Euer Gnaden, wenn Ihr diese Bürger mit einer Geldstrafe belegen ließet, würdet Ihr sie für ihre Kampagne zahlen lassen und dort treffen, wo es sie am meisten schmerzt – an ihrem Geldbeutel ... Sie sind schließlich keine Edelleute.«

Das war auch Suger nicht, und ich warf ihm einen durchdringenden Blick zu. Er mochte jetzt ein Kirchenfürst sein, von Geburt war er jedoch ein Bauer. Es überraschte mich, ihn so reden zu hören. Louis indes blickte verschlagen drein. »Ihr meint, wir lassen sie ihre Kinder zurückkaufen?«

Bei dieser Bemerkung geriet selbst Sugers Zuvorkommenheit ein wenig ins Wanken, und ich bemerkte, daß sein Vorschlag bloß eine List gewesen war, um Louis' Aufmerksamkeit auf sich zu lenken. »So deutlich wollte ich nicht werden, Sire, aber es würde die Angelegenheit beenden.« Ohne mich weiter zu beachten, entfernten sie sich, um das weitere Vorgehen zu beratschlagen. Ich blieb allein zurück und sann darüber nach, wie wenig Macht mir über meine eigenen Ländereien und ihre Geschicke geblieben war.

Törichterweise richtete sich mein wachsender Ärger gegen Petronilla, die sich mit fast fünfzehn Jahren all meinen Versuchen widersetzte, einen Ehemann für sie zu finden. Das dauerhafte Problem war Raoul de Vermandois, Louis' Cousin, dessen Augenklappe und schöne Beine sie schon vom Dachgarten in Bordeaux aus so bezaubert hatten.

Wenn sie sich in den Kopf gesetzt hatte, einen ungeeigneten Gemahl für sich zu finden, hätte sie keine bessere Wahl treffen können. Raoul war nicht nur einäugig und vermählt, sondern schon über fünfzig und Großvater. Gewiß, er hatte sich gut gehalten, und die Augenklappe sah tatsächlich verwegen aus, aber es war doch gegen alle Vernunft. Also versuchte ich, mit der Erfahrung meines beachtlichen Alters von nicht einmal siebzehn Jahren die Situation in Ordnung zu bringen. Ich nutzte unsere Reise nach Bourges, wo ich Weihnachten gekrönt werden sollte, zu einer Unterredung mit ihr.

»Das kann doch zu nichts führen, Petrel«, beschwor ich sie und trieb unsere Pferde vor die der anderen Damen. »Überhaupt, was soll das Ganze? Niemand wird dich zwingen, jemanden zu heiraten, den du nicht willst – jedenfalls nicht, solange ich ein Wörtchen mitzureden habe ...«

Sie warf mir einen bitteren Blick zu und sagte leise: »Eleonore, das verstehst du nicht.«

Aber irgendwie ließ mich das Thema nicht los. »Es wird schon darüber geredet, weißt du? Am Ende wird er zu seiner Gemahlin zurückkehren, und du stehst da wie eine Närrin – eine Närrin, die für niemanden mehr als Ehefrau in Betracht kommt.«

»Sei still, Eleonore«, gab sie so heftig zurück, daß ich tatsächlich verstummte und den Rest des Tages in eisigem Schweigen neben ihr herritt.

Die Krönungsfeierlichkeiten waren nur eine allzu kurze Ablenkung von meiner unbefriedigenden Ehe. Bereits um Neujahr wurde Louis unruhig. Jedesmal, wenn er das Bett mit mir teilte, fragte er ungeschickt, ob es noch immer keine »Anzeichen« gebe, denn auch nach sechs Monaten Ehe war ich noch nicht schwanger, und seine Enttäuschung wuchs.

Darum versuchte er sich der Welt auf andere Art zu beweisen und besann sich der Episode mit Guillaume de Lézay. Nach den Aufständen von Poitiers und Orléans hatte ich diesen Vorfall fast vergessen, in Louis aber gärte er weiter. Bald war ich so zornig auf ihn wie auf Petrel, und als er immer wieder auf das Thema zurückkam, herrschte ich ihn irgendwann an.

»Wenn Ihr's nicht vergessen könnt, so laßt Lézay mit einer Warnung ziehen – zum Bereuen hatte er in seinem Verließ wohl genügend Zeit – oder richtet ihn als Rebellen hin!« Und laßt mich endlich damit in Ruhe, fügte ich in Gedanken hinzu.

»Ja, aber wenn ich ihn laufenlasse, versucht er's vielleicht noch einmal.«

»Das glaube ich kaum. Er soll ein gebrochener Mann sein, Louis.«

»Ach, ja? Aber trotzdem bleibt er ein Rebell.«

»Hört endlich auf mit dem ewigen ›Ja, aber‹; unternehmt lieber etwas! Und seht zu, daß Ihr's nicht wieder verpfuscht wie in Poitiers. Das werdet Ihr nie wiedergutmachen können.«

Er schnappte nach Luft und erwiderte mit schriller Stimme: »Ich ... ich sehe, daß Ihr überhaupt nichts von Politik versteht.«

»Politik ist nicht schwer, Louis. Ihr seid es, den ich nicht verstehe.«

»Schon gut! Kein Grund, so gereizt zu sein. Und ich denke, Ihr werdet Euch nicht länger um solche Angelegenheiten kümmern, wenn Ihr endlich Kinder habt.«

»Wenn Ihr Euch weiterhin wie ein Mönch gebärdet, sehe ich nicht, wie es dazu kommen sollte.«

Nach diesem Wortwechsel schwiegen wir beide entsetzt. Louis, der wegen der Anspielung auf seine Männlichkeit errötet war, eilte aus dem Raum.

An einem kalten Morgen, etwa eine Woche später, verkündete er, er habe Lézay nach Paris schaffen lassen und wolle mir nun zeigen, wie er mit Rebellen umzugehen pflege. Ich wurde mit meinem halben Hofstaat in den eisigen Palasthof beordert. Dort mußten wir mit ansehen, wie mein unglückseliger Vasall – er war so bleich und krank von der Haft, daß ich ihn kaum wiedererkannte – in Ketten zu einem Block gezerrt wurde. Louis warf einen herausfordernden Blick auf die poitevinischen Zuschauer, bevor er plötzlich das Schwert hob und dem Ritter mit einem einzigen fürchterlichen Hieb die gebundenen Hände abhackte.

Nach einem Augenblick fassungslosen Schweigens folgte eine Flut von Schreien, die meine oder Lézays hätten sein können – und dann tiefe Dunkelheit.

Ich erwachte aus meiner Ohnmacht und starrte verständnislos in den bleiernen Himmel. Louis stand über mich gebeugt und rief außer sich: »Ihr dürft nicht sterben! Nicht sterben! Was habe ich denn getan? Es war doch nur die Strafe für das Stehlen meiner Falken. Wacht auf, Eleonore! Bitte wacht auf!« Schließlich wurde er von meinen entsetzten Hofdamen beiseite gedrängt.

Lézay schrie und blickte fassungslos auf den roten Strom, der aus seinen Handgelenken quoll. Noch nie hatte ich soviel Blut gesehen und gerochen, und beim Anblick der hervorstehenden Knochen krampfte sich mir schmerzhaft der Magen zusammen. Weitere Hofdamen fielen in Ohnmacht, und meine Ritter, die erbost waren über die mir angetane Schmach und die Verstümmelung eines Landsmannes, griffen schon nach ihren Schwertern. Zwei oder drei waren nur mit Mühe davon abzuhalten, die königlichen Wachen, wenn nicht gar Louis selbst, anzugreifen. Andere bemühten sich, mich von diesem blutigen Schauplatz zu bringen, bevor noch Schlimmeres geschah. Ich aber versuchte, standhaft zu bleiben. Wenn ich den armen Guillaume de Lézay auch nicht retten konnte, so wollte ich doch wenigstens bezeugen können, was man ihm antat. Doch dann wurden seine Handgelenke mit flüssigem Teer bestrichen, und sein durchdringendes Gebrüll und der Gestank von verbranntem Fleisch wurden unerträglich. Ich taumelte in eine Ecke und spie mir gleichsam die Seele aus dem Leib, während Louis, das blutige Schwert noch immer in der Hand, verwirrt das von ihm verursachte Durcheinander betrachtete und nicht begreifen konnte, was er wieder falsch gemacht hatte.

Zwei Tage hütete ich danach das Bett. Jedesmal, wenn ich an die Szene im Palasthof dachte, fühlte ich mich elend. Vor allem aber wollte ich allein sein, um nachdenken zu können. Louis' Racheakt hatte mich entsetzt, doch zu meinem Befremden mußte ich erfahren, daß Suger mich für die unbesonnenen Handlungen des Königs verantwortlich machte und sie auf meine »Einmischung« zurückführte.

Diese Anschuldigung bestürzte mich zutiefst. Jeder meiner Vorschläge zu irgendeiner Angelegenheit des Staates oder der Verwaltung war vom König oder vom Abt abgewiesen worden, so daß ich nur noch selten Entscheidungen traf, die wichtiger waren als die Speisefolge oder die Wahl der Tischtücher für die königliche Tafel. Als Erbin von Aquitanien hatte ich größere Verantwortung gekannt, und ich gestand mir endlich ein, was ich bereits seit einem halben Jahr wußte: Mein neues Leben war hohl und leer.

Verzweifelt bestrebt, diese Leere zu füllen, stürzte ich mich auf Musik und Tanz. Ich beschloß, die modernste Unterhaltungskunst in Paris einzuführen – keine leichte Aufgabe an unserem frommen Hofe. Je mehr ich versuchte, meine leeren Stunden auszufüllen, desto mehr galt ich als frivol, und mit den Monaten wuchs mein Gefühl der Entfremdung.

Da ich spürte, daß ich es niemandem recht machen konnte, wandte ich mich dem Studium zu. Als ich aber im Sommer an den Philosophielesungen in den Palastgärten teilnahm, zog ich noch mehr Mißbilligung auf mich. Louis' anfänglicher Ärger über diese meine neuste »Laune« verwandelte sich rasch in Gleichgültigkeit. Deshalb konnte ich tun, wonach mir der Sinn stand – so lange jedenfalls, wie es ihn nicht störte.

Die Vorlesungen des berühmten Abélard waren so beliebt, daß selbst ich kaum einen Sitzplatz fand. Er war ein schöner, alter Mann, und die Hälfte der Hofdamen hatte sich in ihn verliebt. Die fürchterliche Strafe für seine Liebe zu Héloïse hatte sie nicht etwa abgestoßen oder zu beleidigenden Äußerungen verführt, sondern ihn vielmehr zum Ziel ihres Begehrens gemacht.

Er war einfach betörend, wohl um so mehr, als er auf tragische Weise für jede Leidenschaft unerreichbar war. Nur einmal in diesen Sommertagen trafen mich seine Augen – er vermied es nun, Frauen anzublicken –, und sie waren grün wie die meinen, aber, ach, so zurückhaltend. Während ich ihm lauschte und ihn beobachtete, dachte ich bei mir, daß er nie ein sehr einfacher, wohl aber ohne Zweifel ein bedeutender Mensch gewesen war. Während die anderen Damen seufzten und von Héloïse und verbotener Liebe tuschelten, versuchte ich, ihm meine ganze Aufmerksamkeit zu schenken und in der begrenzten, mir zur Verfügung stehenden Zeit möglichst viel zu lernen.

Die Nachmittage waren lang und warm, und eine leichte Brise trug süße Düfte vom Fluß zu mir herüber. Als ich einmal an meinem angestammten Platz unter einem Quittenbaum saß, schweiften meine Gedanken umher, bis ich nicht länger den Reden des Abélard zuhörte, sondern klar und deutlich die Worte vernahm, die Graf Geoffroi vor zwei Jahren ausgesprochen hatte:

»Nicht auszudenken, wenn ich den Tag als Achilles begonnen und als Abélard beendet hätte!«

Ich war damals so begierig gewesen, Erfahrungen zu sammeln, so betört von ihm, daß ich nun kaum glauben konnte, welcher Gefahr ich mich ausgesetzt hatte, als ich mich so unschuldig in die Arme des anziehenden Grafen von Anjou geworfen hatte. Wäre er nur ein wenig skrupelloser gewesen, mein Leben wäre, noch ehe ich erwachsen war, ruiniert und ich nicht mehr zu verheiraten gewesen ...

Wieder versuchte ich, mich auf die Worte des großen Lehrmeisters zu konzentrieren. Gerade ermahnte er seine Schüler, alles in Frage zu stellen, was anzunehmen man sie gelehrt hatte. Nur so würden sie ihre eigene Wahrheit finden. Ich war beschämt über meine Unaufmerksamkeit, denn das war, wenn ich es recht begriff, etwas ganz Außergewöhnliches. Alles in Frage stellen? Meinte er wirklich alles? Lächelnd versuchte ich, mir die Reaktion Sugers auf einen derart radikalen Gedankengang vorzustellen. Ich erkannte, was Abélard befähigte, sogar über die furchtbare Demütigung seiner Kastration hinwegzukommen und immer noch halb Paris zu bezaubern.

So verging ein Jahr, und bei aller Mühe, mich selbst zu beschäftigen, ließ mir Petronillas wachsende Leidenschaft für Raoul weiterhin keine Ruhe. Ich sah es als meine Pflicht an, sie daran zu hindern, ihre Zukunft zu zerstören, wie ich es mit Geoffroi getan hätte – wäre nur die Möglichkeit für mich dagewesen. Schließlich hatte ich mir bei Vaters Tod geschworen, ihr ein glückliches Leben zu ermöglichen, und dazu war ich auch noch immer fest entschlossen. Ob es ihr nun paßte oder nicht.

Im Sommer 1139 unternahmen wir einen Ausflug nach Rambouillet südwestlich von Paris. Obwohl ich Raoul natürlich nicht daran hindern konnte, uns zu begleiten, wollte ich die Reise nutzen und Petrel überreden, ihn nicht mehr zu treffen. Die Wälder von Rambouillet waren im Sommer ein herrlicher Ort, um dort eine Woche oder mehr zu verbringen, und das Schlößchen – kaum mehr als eine geräumige Jagdhütte – schien klein genug, um jeden im Auge zu behalten. Ich hatte jedoch nicht die grenzenlose Freiheit der umliegenden Wälder bedacht.

Zwei Tage nach unserer Ankunft – es war ein schwüler Nachmittag – schlenderte ich dort allein umher, als mein Auge auf einen leuchtenden Fleck fiel, der sich im Grün bewegte. Nur wenige Meter entfernt stand Petronilla an einen Baum gelehnt, und Graf Raoul küßte sie. Heftiger Zorn erfaßte mich, und als ich mich zum Gehen wandte, knackte ein Ast unter meinem Fuß.

»Was war das?« fragte Petronilla wachsam und blickte auf.

»Nur ein Vogel, mein Liebes«, murmelte Raoul, und ich mußte bestürzt erkennen, daß ich in einer Falle saß, aus der ich mich nicht unbemerkt würde davonstehlen können.

Er küßte sie wieder, legte eine Hand auf ihre Brüste und zog sie mit der anderen fest an sich. Sie wand sich und flüsterte etwas, das ich nicht verstehen konnte. Schließlich beugte er sich vor und begann, sie zu entkleiden. Seine Hand glitt zwischen ihre hübschen Beine; leise stöhnte sie auf. Er machte sich an seiner eigenen Kleidung zu schaffen, und dann verschwanden ihre Hände aus meinem Blickfeld.

Fasziniert und entsetzt sah ich zu, wie die beiden, selbstvergessen und nur ihrer Lust hingegeben, sich hin und her wiegten, bis Petronilla in einer Art Schluchzer aufschrie und ihr Kopf auf Raouls Schulter sank. Dann ordneten sie ihre Kleider und schlenderten Arm in Arm davon.

Noch lange blieb ich stehen, wo ich war – verwirrt, fröstelnd und fürchterlich einsam.

An jenem Abend zerrte ich Petronilla in mein Gemach und fragte sie, was um Gottes willen sie sich dabei denke. Es war wie eine scheußliche Parodie des Verhaltens, das Vater einst mir gegenüber gezeigt hatte.

»Laß mich in Ruhe!« schrie sie aufgebracht und machte sich von mir frei.

»Du kleine Schlampe! Ich habe dich mit diesem alten Mann in die Wälder verschwinden sehen. Es ist abscheulich, gräßlich! Er ist älter als Vater!«

»Was hat das damit zu tun?«

Ich fühlte mich etwas überrumpelt. »Nun, alles – etwa nicht?«

»Unsinn! Du weißt gar nicht, wovon du redest, Eleonore. Nur weil der gute Louis nichts taugt, willst du, daß auch ich unglücklich bin. Also halt dich da raus!«

Ich starrte sie wie benommen an. Hatte sie recht – ließ ich eine Verbitterung, die mir bisher kaum bewußt war, an ihr aus? Von Kummer und Scham übermannt, sank ich aufs Bett. Petrel legte den Arm um mich, und wir brachen beide in Tränen aus.

»Wir müssen zusammenhalten, wie wir es uns gelobt haben«, flüsterte sie schluchzend, und ich strich ihr das blonde Haar aus der Stirn.

»Liebst du ihn wirklich, Petrel?«

Sie nickte so niedergeschlagen, wie ich sie noch nie gesehen hatte.

»Dann sollst du ihn auch heiraten. Ich weiß nicht, wie wir das anstellen sollen, aber du bekommst ihn. Mein Ehrenwort.«

Das war natürlich leichter gesagt als getan, und die Szene im Wald hatte mir viel zu denken gegeben. Meine gemeinsamen Nächte mit Louis während der zwei Jahre unserer Ehe waren weniger eine Enttäuschung als ein völliges Rätsel. Ich war zu der Überzeugung gelangt, daß die Lieder von Liebe und Verlangen, die ich allabendlich im großen Saal hörte, dichterische

Phantasien waren. Die Gefühle, die sie beschrieben, gab es in Wirklichkeit nicht. Selbst wenn die Hofdamen miteinander flüsterten und anzügliche Scherze machten, glaubte ich, es sei nur ein Spiel, ein bedeutungsloser Brauch. Ich lachte aus Gewohnheit mit ihnen, aber das war auch alles. Petrels Verhalten im Wald hatte mir eines schlagartig klargemacht – entweder sie war verderbt, oder Louis stellte es einfach nicht richtig an. Eigentlich wußte ich genau, daß sie nicht verderbt war: Lang unterdrückte Erinnerungen an jenen Nachmittag im Stall von Saint-Jouin waren der Beweis.

Aber ich durchlebte inzwischen den ewigen Konflikt zwischen Frau und Gebärerin. Jeden Monat wurde ich von Ärzten befragt und untersucht, um herauszufinden, wie es um einen Erben bestellt war, bis mein Leib nicht mehr mir selbst gehörte. Ich kam mir vor wie eine Zuchtstute, und die Demütigung wuchs nur noch, als mir klarwurde, daß eine unfruchtbare Stute als schlechtes Geschäft galt und die geringe Aussicht auf eine mögliche Liebe zwischen Louis und mir dahinschwand. Doch ich war es jedermann schuldig, nicht zuletzt mir, es weiter zu versuchen.

So kehrten Petrel und ich wieder versöhnt nach Paris zurück, und ich versuchte es erneut mit Louis. Wenn er nachts zu mir kam, beschwor ich in Gedanken die Szene im Wald. Nichts, was er in dieser oder in den folgenden Nächten tat, rief bei mir ein Wimmern, geschweige denn ein Stöhnen der Leidenschaft hervor. Aber wenigstens empfand ich nicht mehr das übliche trockene Unbehagen, und im folgenden Frühling war ich endlich schwanger.

Außer sich vor Freude, lief Louis wie ein Hund hinter mir her, regte sich unnötig auf und fragte immerzu, ob ich mich auch wohl fühle. Von einem Wohlfühlen konnte keine Rede sein, denn wenn ich nicht gerade reizbar war wie eine Löwin, war ich von einer Mattheit erfüllt, die mich mürrisch und weinerlich machte. Trotzdem überschüttete er mich mit Geschenken und Amuletten, um einen Sohn zu bekommen, und lag jede Minute, die er nicht mit mir verbrachte, auf den Knien in Notre-Dame.

Nach bald vier Monaten wachsender Niedergeschlagenheit und Langeweile verspürte ich einen dumpfen Schmerz in meinem Unterleib, und an einem regnerischen Herbstmorgen quoll ein plötzlicher Blutschwall zwischen meinen Beinen hervor. Von Panik ergriffen, schrie ich nach meiner Amme, und nach einer qualvollen Stunde lag da ein mitleiderregender Klumpen grauen Fleisches, der ein Mädchen hatte werden wollen, leblos auf dem blutgetränkten Laken.

Das Schweigen, das auf dieses doppelte Versagen folgte, war eisig.

Drei Tage vergingen, bis der König sich dazu durchringen konnte, mich aufzusuchen. Inzwischen hatte ich mich etwas erholt, litt aber noch immer an einer dumpfen Traurigkeit und Verwirrung wegen dieses Verlustes. Denn was konnte man betrauern als jenes erfolglose Bemühen und ein Stück seltsamer, halbfertiger Materie?

Louis sah elend aus. Aschfahl und tränenüberströmt stand er am Fuße meines Bettes, und mein Herz schlug ihm plötzlich entgegen. Wir waren allein, und ich streckte die Arme nach ihm aus, um ihn zu trösten und selbst getröstet zu werden. Er aber blieb starr und regungslos stehen, straff wie ein gespannter Bogen. »Warum habt Ihr mir das angetan?« fragte er schließlich mit halberstickter Stimme.

»Was wollt Ihr damit sagen?«

»Ich habe Euch alles gegeben ... Euch umsorgt, und Ihr habt es umgebracht ...«

»Louis!«

»Und nicht einmal ein Junge war es.«

Es war, als hätte er mich geschlagen. »Wie könnt Ihr so etwas sagen? Wie könnt Ihr sagen, ich hätte sie umgebracht ... Das ist ungeheuerlich ...«

Mit Tränen in den Augen deutete er mahnend mit dem Finger auf mich. »Beim nächsten Mal rührt Ihr Euch nicht. Dafür werde ich sorgen. Meinen Erben bringt Ihr nicht um ...«

»Louis, hört auf!«

Ich griff nach seiner Hand, er aber entzog sie mir und wankte aus dem Zimmer. Ich sank auf das Kissen zurück. Am liebsten wäre ich gestorben.

Als ich mich genügend erholt hatte, um mich wieder am Hofe zu zeigen, mußte ich feststellen, daß während meiner Genesung eine gewisse Veränderung stattgefunden hatte. In ihrer Enttäuschung über ihre Königin tat meine Umgebung nun so, als hätte nie die Chance für einen Erben bestanden. Natürlich brachte man mir immer noch Höflichkeit entgegen. Man verneigte sich vor mir, gehorchte mir – aber ich war in meinem eigenen Palast gleichsam unsichtbar geworden. Nur dank meiner Jugend und meines wachsenden Zornes konnte ich mir angesichts dieser Ablehnung etwas von meiner alten Lebensenergie erhalten.

Ich würde sicher noch öfter schwanger werden, redete ich mir ein, und eine neue Rolle für mich finden. Ganz gewiß. Bis dahin sollte niemand meinen Kummer sehen.

Oberflächlich betrachtet, kehrte im folgenden Jahr wieder Normalität ein. Louis' Trauer und Unversöhnlichkeit schwanden dahin, und seine Hoffnung auf einen Sohn wuchs langsam wieder. Verstellung aber wird zur Gewohnheit. Während ich nach außen hin immer überzeugender spielte, alles sei gut, zeigte ich der Welt ein immer kälteres Gesicht.

Dann erfaßte Paris ein neuer Schauer. Mein alter Widersacher Bernard de Clairvaux verkündete, er habe in den Lehren des Verführers Abélard die Stimme Satans vernommen, und so wurde dieser bedeutende Mann der Ketzerei bezichtigt. Auf der

Stelle waren neue Ideen und diejenigen, die sie verbreiteten, gefährlich. Die Stadt Paris schien kleiner zu werden.

Als meine Niedergeschlagenheit zunahm, suchte ich nach neuen Wegen, sie zu lindern.

Mit Begeisterung ging ich wieder auf die Jagd und schlug die Warnungen der Hebammen in den Wind, ich würde möglichen Nachwuchs gefährden. Ich bezweifelte das, denn trotz meiner rasch fortschreitenden Genesung von der Fehlgeburt hatte sich meine Monatsregel nicht wieder eingestellt. Das aber behielt ich für mich, denn ich verspürte kein Verlangen nach weiteren schmerzhaften und entwürdigenden Untersuchungen durch die Ärzte des Königs. Und so gab ich jeden Monat Petrels blutbefleckte Wäsche als meine eigene aus, und sie waren nicht klüger als zuvor. Sie legten weiter Amulette in mein Bett, um die Empfängnis zu begünstigen – neuerdings Kastanien mitsamt ihrer rauhen Schale, was sich als etwas unbequem erwies. Sie empfahlen Louis, Zwiebeln, Lauch und Fenchelwein zu sich zu nehmen, doch alles ohne Erfolg. Und als das Jahr um war, kümmerte es niemanden mehr, ob ich nun jagen ging oder nicht.

Auf diese kalten, zermürbenden Tage folgte ein irrwitziger Sommer. Louis erklärte plötzlich Toulouse den Krieg, um die verlorenen Ländereien meines Großvaters für sich zu gewinnen. Wie nicht anders zu erwarten, endete es in einer Katastrophe. Nur wenige hatten überredet werden können, sich ihm anzuschließen. Schon bald kehrte er unverrichteter Dinge nach Poitiers zurück, wo Petrel, Raoul und ich den Sommer verbrachten. Hier erhielten wir auch die erstaunliche Nachricht, daß Louis mit dem Kirchenbann belegt worden war. Während der König Krieg gespielt hatte, hatten Raouls verstoßene Gemahlin und ihr Onkel, Thibault de Champagne, Papst Innozenz ersucht, die ihnen von meiner Familie angetane Schmach zu sühnen.

Der Vorwand für Louis' Bestrafung war ein Disput bei der Ernennung eines Bischofs. Petrel und ich aber durchschauten den wahren Grund – ein gemeinsamer Versuch von Thibault, Abt Bernard und dem noch immer gekränkten Papst, mit Aquitanien abzurechnen. Doch was auch immer die Ursache gewesen sein mochte – das Ergebnis war die Exkommunikation des Königs.

Entgegen allen Erwartungen bot Louis jedem die Stirn und weigerte sich nachzugeben. Das tat auch Raoul, der jetzt Vorkehrungen traf, seine Ehe für ungültig erklären zu lassen und Petronilla zu heiraten. Dazu benötigte er die Unterstützung von drei Bischöfen, die er auch umgehend fand. Als sich aber herausstellte, daß einer von ihnen sein eigener Bruder war – Simon, Bischof von Noyon –, gab es weitere Schwierigkeiten. Weder der Papst noch der Graf, noch die verstoßene Gemahlin fanden dies zulässig, und ihre Einwände wie auch mein voreiliges Versprechen an Petronilla, daß sie Raoul heiraten würde, sollten Folgen haben, die niemand hatte voraussehen können.

Die unmittelbarste war, daß im Sommer 1142 auch Raoul und Petrel wegen ihrer schändlichen Beziehung exkommuniziert wurden. Das war ein schwerer Schlag für uns. Trotz aller Wirren war ich zutiefst gerührt, denn je größer der Widerstand gegen ihre Vermählung wurde, um so mehr wuchs Petronillas Liebe zu Raoul – und um so deutlicher wurde mir die Leere meines eigenen Lebens bewußt. Auf der ganzen Welt gab es nur Petrel, die ich wirklich liebte und brauchte.

Fürwahr, es waren seltsame Zeiten. Das päpstliche Urteil bekümmerte uns alle, doch der Kirchenbann verursachte auch Probleme praktischer Art. Das vorrangige bestand darin, daß Raoul als Großseneschall von Frankreich und folglich unser höchster Administrator nun von all jenen Edelleuten gemieden wurde, die sich mit dem einflußreichen Thibault gut standen. Die Folge war, daß Steuern und Truppen verweigert wurden und so das Chaos im Königreich noch wuchs.

Im Laufe des Winters wurde die Lage wirklich ernst, und bei der schlecht besuchten Weihnachtsfeier am Hofe war Louis noch verzagter als gewöhnlich. »Ich bin es jetzt leid mit diesem

Thibault«, klagte er. »Ich habe alles darangesetzt, um diesen Mann zu besänftigen. Und seht Euch das Elend an – ich kann kaum mehr eine Kirche betreten, und für Raoul ist halb Frankreich nicht mehr zugänglich. Seneschalle sollten Recht sprechen und meine Steuern eintreiben, aber nicht sich exkommunizieren lassen! Ich fürchte, ich muß ihn durch einen anderen ersetzen lassen.«

»Das könnt Ihr nicht, Louis! Das wäre ja so, als würdet Ihr Thibault recht geben. Nein, Raoul muß im Amt bleiben!«

Louis blickte unsicher drein. »Hm. Mag ja sein, aber irgendwer muß doch die Arbeit tun ...«

»Dann laßt Raoul inoffiziell und nur für eine begrenzte Zeit ersetzen ...«

»Ja, ja, aber durch wen? Es ist nicht einfach, einen zu finden, der ...« – und er zählte die Punkte an seinen Fingern ab, während er fortfuhr zu sprechen – »... der sich im Recht auskennt, der es anzuwenden weiß, der nicht zu unserem Hofstaat gehört und der nicht abhängig ist von Blois und der Champagne.«

Ich schlug verschiedene Edelmänner vor, die alle geeignet gewesen wären, aber er lehnte sie mit einem höhnischen Lächeln ab. Er hörte mir in diesen Tagen gar nicht mehr richtig zu. So beschloß ich, er solle die Angelegenheit und seine übrigen Schwierigkeiten selbst lösen.

Doch dann geschah die Sache mit dem Städtchen Vitry.

Louis, der seinem Zorn Luft machen wollte, war mit einigen Truppen losgezogen, um in Thibaults Ländereien zu plündern. Doch als er die Ortschaft Vitry erreichte, geschah ein entsetzliches Unglück. Seine Männer hatten soeben die Hütten in Brand gesteckt, und die Bauern waren in ihre Kirche geflüchtet, um gottergeben, wie so oft, das Ende abzuwarten. Plötzlich erhob sich aus dem Nichts ein kräftiger Wind, und entsetzt mußte Louis mit ansehen, wie die alte Kirche in Flammen aufging. Ohne eingreifen zu können, erstickte er fast an der umherfliegenden Asche, während der Gestank von tausend brennenden Menschenleibern aus der Ruine aufstieg und bis zu dem Hügel drang, wo er, der König, allein stand.

Augenblicklich ließ er sein Heer im Stich und floh zurück nach Paris. Dort verweigerte er tagelang Nahrung und Wasser und phantasierte im Delirium von Feuer, Verdammnis und Todesgeruch. Vitry und die Hölle schienen für ihn nicht mehr zu unterscheiden zu sein. Suger und ich bangten um seinen Verstand, wenn nicht gar um sein Leben. Selbst in seinen klaren Augenblicken gab er allein sich die Schuld an dem Unglück und glaubte, er sei nun für ewig verdammt.

Als sechs Monate dieser selbstauferlegten Qualen verstrichen waren, erbot sich der Papst, den Kirchenbann aufzuheben, wenn Louis Thibaults Länder verließ. Der König willigte sofort ein. Aber kaum hatten sich die Kirchenpforten knirschend wieder für ihn geöffnet, da verkündete Innozenz, die Vergebung hinge jetzt nur noch davon ab, daß Raoul zu seiner Gemahlin zurückkehre. Er wußte, daß Raoul und meine Schwester im geheimen geheiratet hatten und sich, da Petrel schwanger war, in ihre ererbten Ländereien im Burgund begeben wollten. Dort konnten sie abwarten, bis Gras über die ganze Angelegenheit gewachsen war. Deshalb war diese Forderung besonders grausam. Ich witterte Abt Bernards Rachegeist dahinter. So legte denn Louis erneut seine Rüstung an und kehrte voll Zorn in die Champagne zurück.

»Ich tue das für Euch«, sagte er verbittert, als er von mir Abschied nahm.

Ich hatte geglaubt, daß unsere Beziehung kaum schlechter werden könnte, doch nun ging mir Louis ganz bewußt aus dem Weg und suchte die Einsamkeit oder die Gesellschaft von Suger. Es hieß immer noch, er sei mir völlig ergeben. Seine vermeintliche Liebe zu mir war aber so voller Bitterkeit über das Ausbleiben eines männlichen Erben, daß ich nur seinen Groll spürte.

Und außerdem trug er nun – für mich unsäglich abstoßend – als selbstauferlegte Buße für die Tragödie von Vitry ein härenes Hemd. Sein Körper war schon bald mit Flohstichen und kleinen, übelriechenden Pusteln übersät, und mir graute regelrecht vor seinen seltenen nächtlichen Besuchen.

Er war mittlerweile mehr eine Strafe für mich als ein Ehemann, und es schien, als könnte nur ein Wunder uns aus diesem hoffnungslosen Kreislauf von Rache, Krieg und Schuld erlösen.

Papst Innozenz hatte so viele Gewitterblitze auf uns herabgeschleudert, daß wir es kaum zu glauben vermochten, als er selbst von einem getroffen wurde und starb. Sein Nachfolger Zölestin erkannte auf den ersten Blick, wenn eine Sache sich verbraucht hatte, und hob den Bann zu jedermanns Erleichterung auf.

Es war ein qualvolles, verwirrendes Jahr, das wir mit dem Gefühl hinter uns ließen, übermäßig gealtert zu sein. Und seit der Abreise von Raoul und Petrel fühlte ich mich so verlassen und einsam wie nie zuvor in meinem Leben. Als der Sommer in einen frühen und trüben Herbst überging, kamen mir die Fehlschläge meines Pariser Lebens und der Preis, den ich für unsere jüngsten Prüfungen hatte zahlen müssen, mehr und mehr zu Bewußtsein.

Ich sah Louis nur noch bei zufälligen Begegnungen im Palast oder wenn er sich der Hofgesellschaft zum Abendessen im großen Saal anschloß. Und an einem solchen Abend, als er sich verabschiedete, um in Notre-Dame zu beten, sagte er beiläufig zu mir: »Eleonore, wollt Ihr Euch bitte übermorgen zur Vereidigung des neuen Seneschalls bereit halten? Alle werden zugegen sein.«

Mit anderen Worten, außer mir waren längst alle auf dem laufenden. Ich wollte ihn fragen, für wen er sich denn letztendlich entschieden habe, doch da war er auch schon fort. So dachte ich nicht länger darüber nach und stellte lediglich Überlegungen zu meiner Kleidung an – was in diesen Tagen von größter Bedeutung war, da meine Erscheinung die einzige Möglichkeit war, den kläglichen Rest meines Ansehens aufrechtzuerhalten.

So erschien ich, prachtvoll in Rot und Gold gekleidet, eben noch rechtzeitig zur Zeremonie. Allem zum Trotz war ich wild entschlossen, der Hofgesellschaft nichts von meinen wahren Gefühlen zu zeigen. Ich nahm meinen Platz neben Louis im überfüllten, lärmenden Saal ein und hörte, wie um Ruhe gebeten und die offizielle Note verlesen wurde: »Geoffroi, Graf von Anjou und Maine, Herr der Touraine, tretet vor.«

Ich glaube, mir stockte damals vor Schreck der Atem.

Die Menge wich zur Seite, und ich erblickte ihn: ein Funkeln von Blau und Gold und Haare wie Flammen. Auf der Schwelle hielt er einen Moment inne, bevor er durch den Saal schritt – und in mein Leben zurückkehrte.

Er war anders, als ich ihn in Erinnerung hatte. Mit den Jahren hatte sich das Bild von seiner Schönheit in meiner Vorstellung verwischt und sich fast in einer Art Nebel verloren. Dieser Nebel aber löste sich in jenem Augenblick auf, und mein erster klarer Gedanke war, daß er kein bißchen mehr hinkte, wie mein Vater es vorausgesagt hatte. Und obwohl bald sieben Jahre vergangen waren, seit er aus der Stalltür von Saint-Jouin geschritten war, hätten es genausogut nur sieben Tage gewesen sein können. Mit seinen neunundzwanzig Jahren wirkte er kräftiger und breitschultriger, und sein Gesicht ließ ein paar Falten erkennen, die es zuvor noch nicht gegeben hatte – sonst aber schien er fast unverändert. Da war dieselbe Anmut, dieselbe Gleichgültigkeit, was seine Wirkung auf andere betraf, und dieselbe Ausstrahlung, die alle übrigen zu bloßen Schatten werden ließ. Ich konnte die Augen nicht von ihm wenden, mich nicht an ihm satt sehen, als er, wie immer eiligen Schrittes, auf uns zukam. Nach einem kurzen, köstlichen Blick zwischen uns hielt er die Augen nur noch auf den König gerichtet.

Ich war eben erst einundzwanzig, und doch kam es mir vor, als sei ich schon seit einer Ewigkeit Königin von Frankreich.

Kapitel 3

»Ihr könnt Euch nicht vorstellen, wie schwer das letzte Jahr gewesen ist«, klagte Louis schon zum dritten Mal beim abendlichen Festessen zu Ehren des neuen Seneschalls. »All diese Kriege, Kirchenbanne, Aufstände und was nicht alles ...« Er griff nach seinem Becher, und Geoffroi, der zu seiner Rechten saß, warf mir einen Blick zu. Die Spur eines verschwörerischen Lächelns blitzte dabei in seinen saphirblauen Augen auf. Doch bevor es ihm gelang, das Thema zu wechseln, fuhr Louis mit seinem Klagelied fort und lamentierte mit monotoner Stimme über Probleme in der Verwaltung. »Nicht einmal der Abt kann ermessen, wie mühsam es ist ... Und dann meine Richter ...«

Ich saß derweil völlig stumm daneben, gefangen zwischen einem fast lächerlichen Glücksgefühl und einem wachsenden Zorn auf Louis, der fest entschlossen schien, Geoffroi den ganzen Abend mit seinem Gejammer in Anspruch zu nehmen. Als sich der König dann endlich unter Entschuldigungen und mit dem Wunsch, Geoffroi möge den Abend weiterhin genießen, erhob, um sich nach Notre-Dame zu begeben, war ich das reinste Nervenbündel.

Kaum war Louis gegangen, wurde die Stimmung im Saal gelöster, was übrigens keine Ausnahme war. Die unteren Tische wurden für den Tanz beiseite geräumt, und die Diener eilten herbei, um Geoffrois Weinbecher zu füllen. Ich wagte einen verstohlenen Blick über Louis' leeren Platz hinweg. Den ganzen Abend schon stellte ich mir bangen Herzens die Frage, wie deutlich sich Geoffroi jener kurzen Begegnungen mit dem lästigen jungen Mädchen in Saint-Jouin-de-Marnes entsann. Aber was, um Himmels willen, sollte ich sagen?

In den Jahren, die seither vergangen waren, hatte er sein früheres Versprechen größtenteils eingelöst und nach dem mißglückten Beginn mehr von der Normandie erobert, als irgendwer es unter diesen Umständen für möglich gehalten hätte. Mathilda hingegen hielt sich, gewiß zu seiner Erleichterung, für mehrere Jahre in England auf, und das mit wechselndem Erfolg. Immerhin war es ihr gelungen, den Thronräuber Stephen vorübergehend gefangenzunehmen. Geoffroi hatte sich den darauf folgenden Wirrwarr zu beiden Seiten des Kanals zunutze gemacht; eine Burg nach der anderen war ihm zugefallen. Nun beherrschte er zusätzlich zu seinen eigenen ererbten Ländereien das gesamte Gebiet zwischen Bayeux und der Seine, und sein Ruhm mehrte sich von Jahr zu Jahr.

Und zudem war er ein außergewöhnlich gutaussehender Mann.

Sobald Louis fort war, drängten sich rund ein Dutzend Damen um unsere Tafel und stießen sich gegenseitig mit dem Ellenbogen beiseite bei dem Versuch, Geoffrois Aufmerksamkeit auf sich zu lenken. Mehr belustigt als entsetzt über ein solches Gebaren, wußte ich jedoch nicht, wie ich mich selbst verhalten sollte. Als ich endlich den Mund auftat, um eine unverfängliche Bemerkung zu machen, wurde eine *estampie* angekündigt, und Geoffroi reichte mir die Hand, um den Tanz anzuführen.

Beifall ertönte, als wir die eifrigen Schönheiten beiseite drängten und die Stufen hinabstiegen, um unsere Plätze einzunehmen.

Die Estampie war einer der beliebtesten Tänze jener Tage. Er begann gemächlich mit dem Surren der Zungenpfeife und dem gedämpften Schlag des Tambourins, das Tempo langsam und gemessen. Jedes Paar stand sich, Hand in Hand, mit ausgestreckten Armen gegenüber – möglichst weit auseinander und doch zusammen. Ein Instrument nach dem anderen fiel in die sich wiederholende Weise ein, und das Trommeln wurde eindringlicher. Geoffroi tanzte mit der ihm eigenen unbekümmerten Anmut, und der Rhythmus begann mich schon einzulullen. Plötzlich aber schwoll die Musik an, wurde lauter und schneller, so daß wir uns jetzt beim Drehen um die Taille fassen mußten. Gelächter erhob sich, Fackeln flackerten auf, während der Saal um uns herumwirbelte. Zum ersten Mal seit Monaten lachte ich wieder sorglos. Und während die Musikanten noch lauter und noch schneller spielten, drehten auch wir uns schneller, bis Geoffroi nur noch ein schwindelerregender Fleck leuchtender Farbe war. Dann brach die Musik urplötzlich mit einem schrillen Akkord ab, so daß wir nun keuchend und wie trunken dastanden. Gelächter und Rufe nach Wein wurden laut, und man strebte in die Ecken oder suchte zum Tändeln die Schatten der Säulen auf.

Während die anderen lärmten und tranken, blieben Geoffroi und ich noch immer Hand in Hand stehen und rangen nach Atem. Wir hatten nur Augen für uns. Schließlich begann eine *danse royale.* Wir hatten bisher lediglich ein paar förmliche Grußworte ausgetauscht, und als Geoffroi jetzt endlich sprach, sagte er etwas, was ich nicht erwartet hatte: »Ihr habt, wie ich hörte, Euer Kind verloren. Das tut mir von Herzen leid.«

Dabei blickte er mich freundlicher an, als es irgendwer seit Jahren getan hatte, und ich fühlte, wie mir Tränen in die Augen stiegen. Dann zeigte er wieder sein gewohntes Lächeln, und in seiner Wärme schmolzen mein Kummer und meine Sorgen dahin wie Schnee in der Sonne.

»Kommt«, rief ich, »laßt uns wieder tanzen!« Plötzlich hätte ich durch den Saal fliegen können.

Den ganzen nächsten langen Tag sehnte ich nur den Abend herbei, denn dann würde ich ihn wiedersehen. Zum Glück blieb Louis in Notre-Dame, so daß mein Platz direkt neben Geoffroi war, als die Stunde endlich kam.

Er war bei bester Laune und äußerst gesprächig, gab Geschichten über die komischen Seiten von Belagerungstaktiken zum besten und hielt mit einer Leichtigkeit hof unter Fremden, als wäre er der König. Eine der Geschichten handelte von einer kürzlich erfolgten Erstürmung einer Burg mit höchst unzulänglichen Kriegsmaschinen. Es war, so betonte er, seine letzte Chance, die Festung zu nehmen.

»Es war wirklich lächerlich – da belagerten wir diese Menschen, aber diejenigen, denen Wasser und Nahrung ausging, waren wir. In zwei, vielleicht drei Tagen hätten wir aufgeben müssen. Nur noch eines unserer Kriegsgeräte war einsatzbereit – ein völlig altersschwaches, das wohl noch aus Rolands Tagen übriggeblieben war, und so klapprig, daß es bei einem scharfen Blick gewiß zusammengebrochen wäre.«

»Und was habt Ihr getan?« fragte die hübsche, naive Faydide, deren Mund und Augen vor Bewunderung weit geöffnet waren.

»Das einzige, was uns übrigblieb«, erwiderte er und heftete seine strahlenden Augen auf sie, »war, zu beten, daß die Holzwürmer Händchen hielten, wenn wir losfeuerten.«

Alle brachen in Gelächter aus. »Und – haben sie's getan?« fragte Faydide gespannt.

»Haben sie was?«

»Na, Händchen gehalten.«

»Ach, Faydide«, stöhnte jemand, und ich lachte mit den anderen sowohl über Geoffrois Scherz als auch über das verwirrte Gesicht des jungen Mädchens. Er blickte mich an und lächelte.

»Und ist die Burg gefallen, Graf Geoffroi?« fragte ich.

»Gewiß, Madame, sie fiel.«

Während des ganzen Mahles blieben die Augen aller, auch die meinen, auf ihn gerichtet. Ich dachte bei mir, daß er sich seiner Wirkung auf Menschen durchaus bewußt war, ohne freilich den geringsten Wert darauf zu legen. Was ihn so anziehend machte, war nicht nur sein gutes Aussehen oder sein sprühender Charme, sondern etwas tief in seinem Innern, das ihn auf eine Stufe über die anderen zu stellen schien. Doch bei all seiner Fröhlichkeit, all seiner brennenden und verzehrenden Lebenskraft kam es mir so vor, als bliebe er auf seltsame Weise isoliert und zurückhaltend. Und wie bei jenem Abendessen vor sieben Jahren ertappte ich mich dabei, daß ich ihn anstarrte, und wie damals unterbrach sein lächelnder Blick meine Träumereien. Aber es war ein Lächeln, das eine seltsame Anspannung erahnen ließ.

Als die Tafel abgeräumt war, wurde wieder getanzt. Ich führte die Damen bei einer *moręsca* an, die ich ihnen beigebracht hatte, sehr zum Mißfallen von Louis, der den Tanz aufreizend fand. Damit hatte er nicht ganz unrecht. Die Herren standen in einem Kreis um uns herum und klatschten in die Hände, während wir uns zu wiegen begannen. Mir entging nicht, daß Geoffrois Blick auf mir ruhte, und auch nicht die silbrige Narbe, die ich an seinem rechten Handgelenk entdeckt hatte, als sein Ärmel zurückgefallen war. Ich konnte mich genau erinnern, daß er sie in Saint-Jouin noch nicht hatte. Sie sah in der Tat so frisch aus, daß mir der Gedanke kam, der ständig klagende Louis sei nicht der einzige, für den das vergangene Jahr manche Gefahr bereitgehalten hatte. Nur zu gerne hätte ich gewußt, auf welche Weise ihm diese Wunde zugefügt worden war, wie weit sie sich über den Arm erstreckte und ob er noch andere Narben hatte, alte oder neue ... Beim letzten Trommelschlag sanken wir auf die Knie, und als Beifall und Jubel verklungen waren, half er mir wieder auf die Füße, fast so wie damals auf der staubigen Treppe im Kloster – und wieder war da ein verschwörerisches Lächeln. Aber ich wußte, ich durfte ihm nicht zeigen, daß ich seinen Blick verstand, denn morgen würde er den Königshof verlassen, um seinen neuen Verpflichtungen als Seneschall nachzukommen. So wandte ich mich ab. Bald darauf zog ich mich zurück, nachdem ich mich mit betonter Kühle, die ich keineswegs empfand, verabschiedet hatte.

Ich hatte mich damit abgefunden, ja, ich war fast erleichtert, daß ich ihn nicht mehr allein sehen würde. Als ich ihm nun am nächsten Morgen kurz nach der ersten Messe ausgerechnet in den Stallungen begegnete, war ich nicht darauf gefaßt. Zuerst konnte ich ihn hören, bevor ich ihn durch den Frühnebel zu sehen vermochte – und fast prallten wir aufeinander. Er führte an jenem Morgen sein Pferd ins Freie und plauderte mit seinem Knappen – es war derselbe Aedwine von vor sieben Jahren –, als er plötzlich innehielt, ebenso überrascht wie ich.

Unsere Augen begegneten sich. Geoffroi drückte die Zügel dem jungen Mann in die Hand, der bereits mit Umhängen, Helmen sowie einem Schwert beladen war und sich hastig vor mir verneigte, bevor er nun auch noch das Pferd abführte. Wir vernahmen ein Klirren, als etwas zu Boden fiel, und einen leisen Fluch. Doch dann wurde alles vom Dunst verschluckt, und wir waren allein in der weißen Welt.

»Ich dachte, Ihr wäret schon fort, Sire«, stammelte ich und verstummte. Mir war bewußt geworden, daß mein Versuch, Abstand zu wahren, fehlgeschlagen war. Sein Haar hatte sich in der feuchten Luft leicht gekräuselt. Das meine auch.

»Der König wollte vor meinem Aufbruch seine Anweisungen an mich noch einmal wiederholen. Sonst wäre ich in der Tat längst fort, Madame.« Wir sahen uns einen langen Augenblick an, bevor er ganz ruhig fortfuhr: »Was ich Euch damals sagte, war aufrichtig gemeint. Ich bin Euer Ritter geblieben und werde es immer sein.«

Er ergriff meine Hand und küßte nicht den königlichen Ring, sondern die weiche Innenfläche, legte dabei etwas hinein und verschwand im weißen Dunst. Es war ein Zweiglein späten Ginsters, etwas trocken zwar, aber noch immer duftend.

Diesmal gab es keine Tränen.

Zu meinem Verdruß kam Louis an diesem Abend zum ersten Mal nach vielen Wochen zu mir. Ich war sehr erleichtert, als sich herausstellte, daß er nur reden wollte. Er war ungewöhnlich gedankenverloren und schien gar nicht zu erwarten oder zu wünschen, daß ich auf seine Grübeleien einging. »Ich hoffe, ich habe richtig gehandelt«, murmelte er, während er auf und ab schritt.

»Inwiefern, Louis?«

»Daß ich Anjou ernannt habe.«

Ich spitzte die Ohren. »Ach«, sagte ich möglichst beiläufig. »Was ängstigt Euch? Ich glaubte, Ihr wäret erleichtert, endlich eine Entscheidung getroffen zu haben.«

Er hörte wie immer nicht richtig zu. »Eine große Auswahl hatte ich schließlich nicht. Der Posten fällt meist dem Grafen von Blois oder von Anjou zu.« Das hatte er mir gegenüber nie erwähnt. »Und unter den gegebenen Umständen konnte ich ihn ja wohl kaum Thibault geben! Außerdem ist es nur eine zeitlich begrenzte Berufung, und geeignet ist er ja dafür. Nur ...«

»Nur was, Louis?«

Louis blieb plötzlich stehen. »Er ist nicht beständig«, knurrte er. »Wie jeder von ihnen.« Bei der Wahl seiner Worte zuckte ich zusammen. »Was ist denn?« fragte er irritiert und sah mich zum ersten Mal an.

»Nichts, Louis, bitte redet weiter.«

Er warf mir einen seltsamen Blick zu, fuhr dann aber fast im Plauderton fort. »Ihr wißt doch, daß sie von Luzifer abstammen.«

»Wie? Ach, Louis, was für ein Unsinn!«

»Es ist aber so. Sein Ururgroßvater oder sonstwer von ihnen vermählte sich mit einer Dämonin. Hat sich verführen lassen von ihrer Schönheit«, fügte er mit einem weiteren Seitenblick auf mich hinzu. »Statt auf die Hostie zu schauen, flog sie eines Tages bei der Messe zum Fenster hinaus.« Er bekreuzigte sich hastig. »Ihre Teufelskinder jedoch ließ sie zurück ...«

»Aber Louis, das ist doch ...«

»Versteht Ihr denn nicht? Deshalb sind sie alle so scharfsinnig und so schön.« Er senkte vertrauensvoll die Stimme. »Sie sind keine echten Christen.«

Ich starrte ihn fassungslos an, während er wieder auf und ab zu schreiten begann und seine Vorstellungen weiter ausbreitete.

»Sie sind alle in Sünde empfangen worden.«

»Was wollt Ihr damit sagen, Louis?«

»Seht Euch nur das Haar an! Seht Euch nur das Haar an!«

Ich wußte nicht, was er meinte, aber mir wurde klar, daß Geoffroi auch in Louis' Gedankenwelt gedrungen war. Ich fragte mich, woher wohl all dieser Unsinn stammte, und suchte ihn zu widerlegen. »Louis, sein Vater ist König von Jerusalem! Und die Söhne seiner Schwester sind Eure Patenkinder. Wie könnten sie ...«

Aber er ging über meine Bemerkung hinweg und sprach mehr zu sich selbst, wobei er gedankenverloren die Flohstiche unter seinem härenen Hemd kratzte.

»Und unkeusch ist er auch«, murmelte er verbittert. »Drei Söhne sind ihm noch nicht genug. Nein, er muß auch noch einen Bastard haben ...«

Ach, wirklich? dachte ich und hörte ihm nun genau zu.

»Seine Großmutter war eine berüchtigte Metze – sie verführte König Philippe und war der Grund für seine Exkommunikation ...« Wieder sah er mich so sonderbar an. Obwohl ich sein taktloses Geschwätz über berüchtigte Großmütter verabscheute, versuchte ich, seine Gedanken von Geoffroi abzulenken.

»Aber er hat sie doch geheiratet – sie wurde Königin von Frankreich!«

»Niemand hat sie gekrönt«, erwiderte er schmollend. »Es gibt doch nichts als Ärger mit diesen Angevinern. Sie benutzen ihre Schönheit, um vorteilhafte Ehen einzugehen, um die Menschen zum Schlechten zu verleiten und dabei immer mehr Land hinzuzugewinnen ...«

»Wenn Ihr das tatsächlich glaubt, warum habt Ihr ihn dann zu Eurem Seneschall gemacht?«

»Weil ...« – er warf mir einen listigen und abstoßend verschlagenen Blick zu –, »weil es der beste Weg ist, ihn im Auge zu behalten. Er besitzt jetzt so viel Land, daß er uns, wenn es ihm in den Sinn kommt, in große Schwierigkeiten bringen könnte. Er baut sich ein Königreich auf – denkt an meine Worte!«

Daraufhin verstummte er, und ich zuckte unwillkürlich zusammen, als er sein grobes Gewand ablegte und mir der üble Geruch seines mit Geschwüren übersäten Körpers in die Nase stieg. Aber er kletterte ins Bett und legte sich sogleich auf seine Seite, als hätte er vergessen, daß ich da war. Während er langsam in den Schlaf sank, hörte ich ihn murmeln: »... ihn im Auge behalten ...«

Tief besorgt um Geoffroi beschloß ich, daß Louis eine Ruhepause brauchte. Und zwar sofort.

Die Jagdsaison nahte, und ich konnte Suger, der mit der Einrichtung der fast fertiggestellten Abteikirche von Saint-Denis beschäftigt war, davon überzeugen, daß dem König nach all den Belastungen des vergangenen Jahres eine Abwechslung guttun würde. Er willigte auf der Stelle ein. Ich überließ es ihm, Louis zu überreden, für mehrere Wochen in den Wäldern von Senlis auf die Hirschjagd zu gehen und vielleicht seine Mutter in Compiègne zu besuchen.

Louis murrte zwar, fügte sich dann aber Sugers Vorschlag. So brachen wir Mitte Oktober auf und überließen dem Abt in unserer Abwesenheit die Staatsgeschäfte.

Es war die denkbar beste Erholung für Louis. Schon nach wenigen Tagen verlor er den starren, schuldbeladenen Gesichtsausdruck der letzten Monate. Er lächelte sogar, wenn ich einen albernen Scherz machte – er verstand zwar nie die Pointen, hatte es aber gelernt, den scherzhaften Tonfall herauszuhören, um nicht begriffsstutzig zu erscheinen. Außerdem war es für uns beide wohltuend, Paris eine Zeitlang zu verlassen und die frische Herbstluft genießen zu können. Aber alles, was diese Tage uns an Erholung gebracht hatten, war schnell dahin, als wir in Compiègne am Hofe von Louis' Mutter eintrafen.

Königin Adelaide, die nur noch selten nach Paris kam, schien erfreut, ihren Sohn zu sehen. Doch schon bald überhäufte sie ihn mit Vorwürfen wegen seines härenen Hemdes, das sie abstoßend und so gar nicht königlich fand. Mir selbst war es inzwischen gleichgültig geworden.

»Mein Gott, Louis, wie seht Ihr denn aus!« kreischte sie, sobald wir drei uns allein in ihrem auffällig bunt bemalten und überheizten Privatgemach befanden. »Ihr gleicht ja einem Gespenst und riecht abscheulich.«

Er ließ die mißbilligende Musterung mit äußerstem Unbehagen über sich ergehen. Ich wünschte, sie hätte mit ihren tadelnden Worten gewartet, bis ich mich zurückgezogen hatte. Aber nichts konnte sie aufhalten, und meine Gegenwart war doppelt demütigend für Louis.

»Ihr müßt dieses ... dieses Ding auf der Stelle verbrennen!« Sie zerrte an einem vorstehenden Haarbüschel seines Büßerhemdes.

»Mutter, das versteht Ihr nicht«, murmelte er und schob es verlegen unter seinen Brokatärmel.

»Ganz gewiß verstehe ich das nicht, und ich hoffe, es nie zu tun. Euer Vater hätte solch einen Unsinn niemals erwogen! Und was hat es Euch genutzt? Sechs Jahre und immer noch kein Erbe.«

»Ja, aber ...«

»Glaubt Ihr, Euer Vater hätte all die Mühen auf sich genommen, Eleonore für Euch zu gewinnen, wenn er gewußt hätte, daß Ihr sie kaum beachtet?«

»Aber ich, ich ...«, stammelte er. Er fühlte sich zu gedemütigt, um mich auch nur anzusehen.

»Und warum dann keine Kinder? Eine Fehlgeburt hatte sie, aber weiter nichts. Großer Gott, Louis – fast alle Kanoniker Eurer kostbaren Notre-Dame haben Söhne. Das Kloster ist voll davon. Legt dieses Ding ab, mein Sohn, und Ihr werdet geneigter sein, Eure Pflicht zu erfüllen – sofern Ihr es vermögt! Vielleicht kann Simon Euch Vernunft beibringen ...«

Bei aller Taktlosigkeit war Adelaide dennoch die vollkommene Verkörperung ihrer eigenen Erkenntnis, daß Liebe und Buße nicht zusammengehörten. Trotz ihres unnatürlich gefärbten schwarzen Haares und ihrer engen Gewänder war sie ganz offensichtlich in der Wärme ihrer zweiten Ehe aufgeblüht. Doch Louis fühlte sich durch ihre Vorwürfe tief verletzt und beschloß, eine ganze Woche früher als geplant nach Noyon abzureisen, dem Sitz seines kürzlich erst wiedereingesetzten Cousins, Bischof Simon, der mit der Annullierung von Raouls Ehe solchen Wirbel ausgelöst hatte.

Adelaides Schelte tat jedoch ihre Wirkung, denn in der Nacht vor unserer Abreise aus Compiègne trat Louis verstohlen an mein Bett. »Eleonore ...«

»Ach, Louis, was ist denn?« Ich hatte beim Abendessen schlecht durchgebratenes Fleisch zu mir genommen – Adelaides Küche ließ zu wünschen übrig. Daher fühlte ich mich unwohl und wollte nichts, als allein gelassen zu werden.

»Eleonore ...« Er streckte die Hand aus und drückte sie gegen meinen Bauch.

»Seid so gut, Louis, und laßt mich in Ruhe. Ich fürchte, ich werde krank.«

Meine Weigerung aber verletzte ihn noch mehr. »Nein, ich lasse Euch nicht in Ruhe!« herrschte er mich an. »Ihr könnt Euch mir nicht verweigern – ich bin der König, Euer Gemahl.«

Er riß mein Nachtgewand hoch und stemmte das Knie zwischen meine Schenkel, drückte meine Beine auseinander und drang rasch und schmerzhaft in mich ein. Ich versuchte, mich zu wehren, aber meine Übelkeit und der Geruch seiner eiternden Pusteln lähmten mich. Dazu kam noch, daß die Hälfte unseres Gefolges in den Korridoren und den angrenzenden Gemächern untergebracht war. Deshalb konnte ich nicht schreien oder die Stimme erheben, was er genau wußte. Mir blieb nichts anderes übrig, als mich einfach damit abzufinden – und auch mit den nachfolgenden Prellungen und blauen Flecken.

In meiner unbändigen Wut konnte ich mich tagelang kaum dazu überwinden, auch nur ein Wort an ihn zu richten. Und er, erfüllt von Schuldgefühlen und Selbstvorwürfen, schlich um mich herum wie ein geprügelter Hund. Ich aber wollte mich nicht besänftigen lassen, und als wir schließlich weiterreisten, stellte ich voller Bitterkeit fest, daß er wieder ganz der alte war.

In dem Landstrich, den wir durchritten, brannten allerorts Herbstfeuer. Ihr beißender Rauch machte unseren Weg fast unkenntlich, bis sich plötzlich vor uns die Kathedrale von Noyon jenseits des Tales erhob. Louis befahl anzuhalten, wandte sich zu mir und sprach mit einem albernen Lächeln. »Seht Ihr diese Stadt dort, Eleonore?«

O Gott, er wollte sich wieder wichtig tun ...

»Sie ist kaum zu übersehen, Louis.«

»Dort wurde Hugo Capet, der Begründer unseres Hauses, zum König von Frankreich gekrönt. Vor hundertfünfzig Jahren, Eleonore.«

Ich nahm sein selbstgefälliges, eitles Lächeln wahr, und meine Prellungen brannten vor Empörung. Nun, ich konnte ihn auch ein wenig verletzen und setzte zum Gegenschlag an. »Ach, wirklich, Louis? Und zweihundert Jahre davor wurde mein Vorfahr, Karl der Große, zum König von Neustrien gekrönt – ebenfalls dort.«

Louis, der höchst ungern daran erinnert wurde, daß mein Geschlecht das erlauchtere war, errötete und gab seinem Pferd mit einem tückischen Tritt die Sporen. Aber es war nur eine armselige Rache für den Schmerz und die Demütigung, die er mir zugefügt hatte, und wir ritten hartnäckig schweigend weiter. Erst als wir die Stadttore erreichten, erfuhren wir, daß der Graf von Anjou dort weilte, um als Großseneschall von Frankreich Petitionen entgegenzunehmen und in unserem Namen Recht zu sprechen.

Diese Nachricht brachte mich aus der Fassung. Einerseits war ich erzürnt, denn der einzige Zweck dieser Reise war es gewesen, Louis' Gedanken von Geoffroi und der Bedrohung abzulenken, die er in ihm sah, und nun stießen wir unmittelbar auf ihn. Andererseits schlug mein Herz höher, und ich betete, daß ich Zeit haben würde, mich zu waschen und meine staubigen, verräucherten Kleider zu wechseln, bevor wir ihn sahen. »Louis, wußtet Ihr, daß er hier ist?« erkundigte ich mich unwirsch.

»Nein, gewiß nicht. Er sollte noch in Soissons sein.«

»Aber das liegt doch über dreißig Meilen von hier entfernt, oder?«

Er murmelte etwas Unverständliches, und wir ritten in den Hof des Bischofspalastes ein. Louis stieg vom Pferd und strebte schon auf den großen Saal zu. Erst als er bemerkte, daß ich nicht folgte, blieb er stehen und drehte sich um. »Beeilt Euch, Eleonore!« rief er gereizt. »Wollt Ihr nicht mit hereinkommen?«

Ich blieb starr auf meinem Pferd sitzen. »Wie, jetzt gleich, Louis?«

»Ja, sofort! Da er schon hier ist, will ich ihn sehen, bevor die Sitzung zu Ende ist. Also sputet Euch!«

Der große Saal war alt und sehr finster trotz der Fackeln, die schon zu dieser nachmittäglichen Stunde an den Wänden brannten. Meine Augen mußten sich erst an das Dunkel gewöhnen, aber als ich Geoffroi schließlich am Ende des Saales auf dem Bischofsthron sitzen sah, war mir, als erblickte ich eine andere Welt. Vor ihm, auf einem seidenbedeckten Tisch, lag das Richterschwert, dessen Klinge, wie auch sein Ring und seine Gürtelschnalle, im Schein der Fackeln funkelte. Alles Licht im Raum schien auf ihn gerichtet zu sein. Der Zorn, der seit Compiègne in mir genagt hatte, schwand bei seinem Anblick dahin.

Gedämpftes, aber eindringliches Stimmengewirr erfüllte den Saal. Geoffroi selbst war von zahlreichen Schreibern und Gerichtsdienern umgeben, die die Kläger geflissentlich hereinführten, wenn ihr Fall zur Verhandlung kam. Er blickte zunächst nicht auf, sondern saß ruhig da, die ganze Aufmerksamkeit auf die jeweilige Angelegenheit gerichtet. Dann beugte sich jemand, offenbar der Sekretär des Bischofs, herab und flüsterte ihm etwas zu.

Geoffrois Kopf schoß hoch. Er sowie alle, die noch nicht standen, erhoben sich von ihren Bänken und verneigten sich, während wir in der plötzlichen Stille auf sie zuschritten. Indes sah er nicht den König an, sondern starrte mit einer Mischung aus Erstaunen und fast komischer Bestürzung auf meine Person. Selbst als er Louis' Fragen zu den Tagesereignissen beantwortete, kehrten seine Augen immer wieder zu mir zurück. Schließlich erschien Bischof Simon und lud uns in sein Empfangszimmer ein, damit wir uns vor dem Essen erfrischen konnten. Sogar beim Verlassen des großen Saales fühlte ich Geoffrois bohrenden Blick im Rücken.

Der weltmännische Bischof von Noyon – Raouls Bruder und Louis' Cousin – schien erfreut, unser Gastgeber sein zu dürfen. Er bewirtete uns mit einer Fülle von köstlichen Gerichten und den besten Weinen seines Kellers. Auch überließ er Louis seine höchst komfortablen Gemächer. Ich hegte allerdings den Verdacht, daß seine überschwengliche Gastfreundschaft einen ziemlich selbstsüchtigen Grund hatte: Wir beide gaben ihm den Vorwand, sich nicht um den Grafen von Anjou kümmern zu müssen, der ja erst kürzlich des Bischofs Bruder abgelöst hatte. Er war ganz deutlich verstimmt über Geoffrois Autorität und schien sich in seiner Gegenwart so unbehaglich zu fühlen, daß er an jenem Abend nur kurz bei uns weilte und sich schon bald zurückzog.

Und so geschah es, daß König und Königin sowie ihr Seneschall allein im eleganten Empfangszimmer des Bischofs vor dem brennenden Kamin zu Abend speisten. Louis, den die Vorwürfe seiner Mutter immer noch schmerzten und der mehr an Wasser als an schwere Weine gewöhnt war, trank mit prahlerischer Unerschrockenheit, wie um mir zu beweisen, daß er selbst mit dem Teufel zu speisen wagte.

Ich dagegen saß zwischen kostbaren Wandbehängen und goldenem Tafelgeschirr und wünschte, ich wäre weiß Gott wo, nur nicht hier. Schon vor Stunden hatte mich die Aussicht, mit diesen beiden Männern in ein und demselben Raum zu sein, schier verrückt gemacht; und tatsächlich hatte das Mahl geradezu etwas Alptraumhaftes. Auch Geoffroi, der ungewöhnlich schweigsam war und dazu kaum etwas aß, war mir keine Hilfe.

Louis bemerkte wie immer nichts von der Stimmung ringsum. Zugleich machten der Wein und, wie ich vermutete, der Schock über seine Gewalttätigkeit mir gegenüber ihn redseliger als gewöhnlich. Schon bald plapperte er Unsinn und brach in so schrilles Gelächter über Nichtigkeiten aus, daß die Diener des Bischofs dieses seltsame Schauspiel gebannt zu beobachten schienen.

Ich selbst plauderte allzu munter daher, und obwohl ich den Klang der eigenen Stimme verabscheute, war ich außerstande aufzuhören. Während die Kerzen niederbrannten und der Abend sich dahinschleppte, sprach Louis immer undeutlicher, bis sein Oberkörper mit einem Mal vornüber auf den Tisch sackte und sein Ärmel durch eine Weinlache schleifte. Die plötzliche Stille wurde nur von tiefen Schnarchtönen unterbrochen. Entsetzt schaute ich auf ihn hinab. Es dauerte eine Weile, bis ich mit einem tiefen Atemzug die Augen auf Geoffroi heftete.

Er war fast ebenso blaß wie Louis und blickte mich so durchdringend an, daß ich die Augen senken mußte und voller Unbehagen die reglose Gestalt zwischen uns betrachtete.

»Er ist bewußtlos«, sagte Geoffroi mit seltsam tonloser Stimme. Diesmal hielt ich seinem Blick stand. Die Pupillen seiner

Augen waren ungewöhnlich groß und schienen mich aufsaugen zu wollen.

»Hier kann er nicht bleiben«, sagte ich nervös, um Zeit zu gewinnen. »Die Mönche dürfen ihn nicht in diesem Zustand sehen.«

»Dann müssen wir ihn fortbringen.« Er stand auf, hob Louis hoch und zuckte zurück von dem üblen Geruch, der dem härenen Hemd entströmte. Während er ihn behutsam in das angrenzende dunkle Schlafgemach trug, schnaubte Louis nur einmal kurz auf. »Wir sollten ihm die Stiefel ausziehen«, sagte Geoffroi ruhig, und jeder von uns beiden streifte einen ab, bevor wir Louis zudeckten.

Er war in der Tat bewußtlos. Doch unsicher und befangen, wie wir waren, blieben Geoffroi und ich eine halbe Ewigkeit am Fußende des Baldachinbettes stehen und starrten auf ihn hinab. Jede Handlung schien jetzt unnatürlich langsam zu erfolgen. Wie Schlafwandler kehrten wir in das Empfangszimmer zurück und zogen den schweren Vorhang hinter uns zu. Mein Herz saß mir wie ein Klumpen im Hals. Ich konnte kaum mehr atmen, während ich ins Feuer starrte, und war außerstande, einen Gedanken zu fassen.

Schweigen.

Als seine Hand mich berührte, war es wie ein Schock. Seine Finger glitten über meinen Nacken und meine Schulter, dann drehte er mich zu sich herum. Unsere Münder fanden sich, während seine Arme sich um mich schlossen. Wir hielten uns umfangen, und als er mich noch fester an sich zog, schwankten wir einen Augenblick und sanken hinab auf den Boden. Ich fühlte seine Hände auf meinen Brüsten und das altvertraute Gewicht auf mir, und in einem plötzlichen Taumel überkam mich der Wunsch, alles zu vergessen bis auf den Geruch seines Körpers und die Begierde, die fast schmerzhaft meinen Körper durchschoß. Wie im Fieber küßte er mein Gesicht und meinen Hals und begann schon, die Schnüre meines Kleides zu lösen.

Es wäre leicht. Ach, so leicht ... Aber diesmal war ich es, die ihn fortstieß, die allzu deutlich erkannte, welchen Wahnsinn wir da begingen. Bevor es zu spät war, raffte ich mich auf und rannte, ohne daß auch nur ein einziges Wort gefallen war, den dunklen Korridor hinunter in mein Gemach – und ließ ihn ernüchtert und allein auf dem kalten Boden zurück.

Am nächsten Morgen schleppte sich Louis zur Messe in die Kathedrale. Er war bleich und zuckte bei jedem Geräusch zusammen. In einen schwarzen Mantel gehüllt, ging Geoffroi an seiner Seite und stützte ihn, schaute dabei aber über die gebeugten Köpfe der anderen Männer hinweg unverhohlen zu mir herüber. Und dieser eindringliche Blick sagte mir, daß alles weitere zwischen uns nun von mir abhing. Ich war hin- und hergerissen zwischen heftiger Erregung und äußerster Ratlosigkeit.

Ich wußte, ich hing an einem Faden; der geringste Ruck, und ich würde fallen. Doch wohin – in die Abgründe der Liebe? O gewiß, aber was dann? Und was würde ich wagen, was konnte ich tun, wo doch Louis stets an meiner Seite war? Königinnen von Frankreich hatten keinen Geliebten, oder wenn doch, konnten sie es nicht mehr erzählen ... Und trotzdem, welches Wunder! Ich wußte nun: mein Verlangen, das ich mir kaum einzugestehen gewagt hatte, wurde erwidert, und das wog alles andere auf. Plötzlich leuchtete die Welt ringsum, und meine Seele frohlockte.

Aber da war immer noch das Hindernis Louis.

»Oh, Eleonore, es geht mir nicht gut«, stöhnte er, als ich ihm draußen im Hof begegnete. Er sah wirklich schrecklich elend aus. Sein Gesicht war grünlich weiß.

»Das erstaunt mich nicht, Louis. Nach den Mengen, die Ihr gestern abend getrunken habt.«

»Nein, nein, diese letzte Flasche war schuld, sie muß verdorben gewesen sein ... Ich kann unmöglich reiten.« Er blickte schaudernd zu seinem gesattelten Pferd und wäre fast auf dem Pflaster gestolpert.

»Nun, wir wollen abwarten, wie Euch nach einem üppigen Frühstück zumute ist«, sagte ich gehässig. Er sah mich entsetzt an und rannte in eine Ecke des Hofes, um sich ausgiebig zu erbrechen.

»Es hat keinen Sinn«, keuchte er, als die Mönche mit fliegenden Meßgewändern und sorgenvollen Mienen herbeigeeilt kamen und ihn nach drinnen geleiten wollten. »Ich kann nicht nach Senlis reiten. Geht Ihr, und ich komme in ein oder zwei Tagen nach ... Ich muß mich hinlegen, auf der Stelle.«

Wieder überkam ihn ein heftiger Brechreiz. Beglückt von der Aussicht auf ein paar Tage Freiheit, wandte ich mich ab, als ich plötzlich in Geoffrois leuchtende Augen blickte. Da stand er, kraftvoll und vor Leben sprühend, zwischen all den grauen Mönchen – eine Flamme inmitten von Asche – und war so gefährlich tatendurstig, daß ich wußte, der Faden würde für immer zerreißen.

Was würde ich nicht wagen?

Doch ich wandte die Augen ab und zwang mich, meine Aufmerksamkeit erneut auf das wachsende Durcheinander im Hof zu lenken. Bischof Simon kam aus der Kathedrale geeilt, und ich winkte ihn herbei. Verständlicherweise war er aufs höchste beunruhigt.

»Euer Gnaden, was ist mit dem König? Daß ihm nur in meinen Mauern nichts zugestoßen ist! Ich ... Oh!« Er erschauerte vor kaum verhohlener Abscheu und Sorge, als Louis sich zum dritten Mal geräuschvoll erbrach.

»Bitte sorgt Euch nicht zu sehr, Bischof.« Ich senkte die Stimme. »Seine Gnaden hat nur gestern abend Eure Gastfreundschaft mehr als für ihn üblich genossen.« Ich blickte ihn bedeutungsvoll an, und er seufzte erleichtert.

»Nur ein Katzenjammer? Dem Herrn sei Dank! Ich fürchtete schon, er könne sterben an ... Das heißt, ich ...« Er brach voller Verlegenheit ab.

Nein, dachte ich bei mir, keine Angst, die Peinlichkeit eines königlichen Todes bleibt Euch erspart. Ich zwang mich zu einem Lächeln. »Der König wünscht bis zu seiner Genesung hierzubleiben. Ich bin sicher, Ihr habt nichts dagegen einzuwenden, Bischof?«

Ich fing flüchtig Geoffrois Blick auf.

Simon geriet vor Erleichterung ins Schwitzen, als er sah, wie Louis zur Krankenstube geleitet wurde. Rasch gewann er seine Haltung zurück. »Natürlich nicht, Madame. Und ich hoffe, daß auch Ihr uns weiter die Ehre gebt.«

Mein Herz pochte heftig.

»Danke, Bischof, aber ich bleibe nicht.«

Wieder war seine Erleichterung deutlich zu spüren – zwei Gefolge zu bewirten war eine kostspielige Angelegenheit ... Geoffroi kam näher und stand nun dicht hinter ihm. Seine saphirblauen Augen waren auf mich geheftet.

Das Pochen wurde zu einem Hämmern.

Es gibt Zeiten im Leben, in denen man mit einem Schritt Meilen überwindet. So war es für mich in Noyon, denn während ich meine Worte an Bischof Simon richtete, galt ihre Bedeutung allein Geoffroi. »Ich werde, wie geplant, nach Senlis reisen. Der König möge in ein paar Tagen folgen, aber nicht, bevor Ihr sicher seid, daß keine Gefahr mehr für seine Gesundheit besteht. Völlig sicher, Bischof.«

Er verneigte sich, und ich blickte über ihn hinweg zu Geoffroi, dessen Gesicht plötzlich wie eine Maske war. Nachdem ich getan hatte, was in meiner Macht stand, ging ich davon, um Vorbereitungen für meinen Aufbruch und für Louis' verlängerten Aufenthalt zu treffen.

Eine Stunde später ritten mein Gefolge und ich durch die Klosterpforten und machten uns auf den Weg zum königlichen Jagdschloß von Senlis. Als wir Noyon hinter uns gelassen hatten, gab ich meinem Pferd die Sporen und galoppierte so tollkühn davon, daß die anderen kaum folgen konnten. Die Herbstfeuer glichen nun geheimnisvollen Nebeln, die sterbenden

Blätter Klumpen von Gold und rubinrotem Glas. Alles um mich herum war von überwältigender Schönheit, und ich lachte vor lauter Ausgelassenheit, fühlte mich wieder jung und wußte, daß alles möglich war. Wenigstens ein paar Tage lang würde ich, was auch immer geschähe, frei sein – frei von Louis, von Paris und seinem erdrückenden, todlangweiligen, von Priestern wimmelnden Hof. Ich flog dahin in der kühlen Herbstluft, scheuchte ein paar Kinder auf, die am Wegesrand Beeren pflückten, und hörte nicht auf die Bitten meiner Ritter, das Tempo zu drosseln. Als wir schließlich in Senlis ankamen, waren alle außer mir erschöpft, hungrig und übler Laune.

Unsere Unterkunft, die ich zum ersten Mal sah, hatte sich früher noch stolz Palast genannt, war aber seit dem tödlichen Jagdunfall von Louis' Großvater nicht mehr benutzt und erst kürzlich mit zusätzlichen Treppen, neuen Abtritten und Kaminen ausgestattet worden. Sie schmiegte sich an den Rand des dunklen Waldes und war so klein und abgelegen, daß ein Großteil unserer Jagdgesellschaft wegen fehlender Zimmer entweder in den Ställen schlafen oder sich ein Quartier im Dorf suchen mußte. Meine Hofdamen schimpften über den mangelnden Komfort, richteten aber rasch den schönsten Raum für mich her und bereiteten ein Mahl für mich, bevor ich alle entließ, selbst meine Kammerzofe Amaria. Ich wollte allein sein.

Unzählige Gedanken wirbelten mir durch den Kopf. Seit den Ereignissen von Noyon war erst ein Tag vergangen, aber mir schien es ein halbes Leben zu sein. Gestern noch war die Vorstellung, Geoffroi zu lieben, nicht mehr als ein Traum gewesen, eine bloße Möglichkeit, so fern wie die Rückkehr zu meinem früheren Leben im Poitou. Nun war diese Vorstellung nicht nur möglich, sondern unvermeidlich geworden, und ich begehrte ihn mit einer Leidenschaft, die mich selbst erstaunte.

Ich warf mich aufs Bett, starrte auf die Holzbalken und versuchte, mich an seine Berührung zu erinnern und mir vorzustellen, was nun geschehen würde. Aber es gelang nicht – nichts in meinem bisherigen Leben hatte mich darauf vorbereitet. Eines wußte ich ganz sicher: was auch geschehen mochte, ich war die Seine. Und vielleicht war ich es schon immer gewesen. Vielleicht hatte er mir mit seinem ersten Kuß ein Siegel aufgedrückt, denn nun gab es nichts mehr, das mich von ihm fernhalten konnte – weder Gemahl noch König oder Krone. Da lag ich nun im Mondlicht, umarmte mich selbst und lächelte vor mich hin wie eine Närrin, bis ich in einen tiefen, traumlosen Schlaf fiel. Mir war, als hätte er nur einen Augenblick gedauert, doch ich erwachte erst bei Tageslicht, wunderbar ausgeruht, von neuer Kraft erfüllt. Und vor allem von einem schrecklichen Hunger nach Leben.

Die Jagd an diesem Morgen war herrlich. Die Ritter spürten einen jungen Eber auf und erlegten ihn nach einer vierstündigen Hatz. Erschöpft, aber zufrieden über unseren Jagderfolg, kehrten wir in das Schloß zurück. Doch bald nach unserer Ankunft sank mir das Herz, denn es wartete schon ein königlicher Bote. Zu meiner Erleichterung aber teilte er mir mit, der König habe beschlossen, von Noyon aus direkt nach Paris zurückzukehren, da er das dringende Bedürfnis verspüre, sich zum Fasten nach Notre-Dame zu begeben. Ich sah hier und da ein wissendes Lächeln – Louis' schwacher Magen beim Genuß von Wein war berüchtigt – und bemühte mich, mir meine Freude nicht anmerken zu lassen. Ich schickte alle, bis auf eine kleine Eskorte, zurück nach Paris, richtete mich für einen mehrtägigen Aufenthalt ein und nahm meine Umgebung in mich auf. Es war sehr einfach und eng, meine Hofdamen waren verärgert, und über allem lag der scharfe Geruch von Eberfleisch.

Ja, ich hatte Senlis schon außerordentlich liebgewonnen.

Als ich am Abend desselben Tages von einem einsamen Spaziergang zurückkehrte, tauchte aus dem Wald eine Gestalt mit Umhang und Kapuze auf. »Habt keine Angst, Madame«, flüsterte eine Stimme auf englisch. Ein Zweig mit Blättern wurde mir in die Hand gedrückt, und schon war die Gestalt wieder im Wald verschwunden.

Aedwine.

Ich schob den Zweig rasch in meinen Ärmel, betrat mein Quartier, ging an Amaria vorbei, eilte die Stufen hinauf und schloß die Tür, bevor ich ihn hervorholte.

Die *planta genista.*

Ich wußte, was das bedeutete. Da gab es keinen Zweifel.

Schnell schickte ich alle, bis auf drei Ritter und Amaria, ins Dorf und ließ mir ein Bad bereiten. Da man mich sowieso längst als verrückte Südländerin betrachtete, rief diese neueste Laune kein besonderes Mißtrauen hervor, und nach einer Stunde oder zwei war ich gebadet und parfümiert – und zitterte vor Unruhe.

Vielleicht habe ich es falsch verstanden, sagte ich mir immer wieder, um mich vor Enttäuschungen zu bewahren, und er wird nicht kommen ... Aber dann dachte ich an den Ginsterzweig, den ich unter mein Kissen gelegt hatte, und wußte, daß dem nicht so war. Er hatte meine Botschaft in Noyon verstanden und war gekommen.

Ich hatte Amaria aufgetragen, Feuer im Kamin zu machen, und sie dann in ihre Bettkammer nach unten geschickt. Für mich selbst hatte ich gestern das Turmzimmer gewählt und erst später festgestellt, daß es, neben einer neuen inneren Treppe, die es mit den unteren Räumen verband, noch eine Außentreppe hinab zur Umwallung gab. Nun, solch ein glücklicher Zufall würde unserem Vorhaben dienlich sein. Ich stellte eine Kerze ans Fenster, entriegelte die obere und untere Außentür des Turmes und wartete.

Als es schon völlig dunkel war, vernahm ich ein schwaches Geräusch auf der Treppe, so als führe eine Schwertklinge leicht über Gestein. Einen Augenblick später öffnete sich die Tür mit einem Knarren. Da stand er – Geoffroi. Die Kapuze seines dunklen Umhangs war zurückgeschoben, der Blick ernst und eine Spur unsicher, als fürchtete er, kühl zurückgewiesen oder gar festgenommen zu werden.

»Verriegelt die Tür«, flüsterte ich und ging einen Schritt auf ihn zu. Er blieb zunächst stehen, so als könnte er sich meiner noch nicht ganz sicher sein. »Ich habe sie alle fortgeschickt«, fuhr ich fort. »Nur Amaria ist noch da, und sie kann uns nicht hören.« Er schwieg noch immer, und ich zögerte. Mein Herz schlug gegen meine Rippen, daß es fast schmerzte. »Aedwine?«

»Aedwine wird nichts verraten«, sagte er schließlich leise.

Ich konnte nur sein Gesicht sehen, das über dem dunklen Umhang sehr blaß wirkte, und sein dichtes rotgoldenes Haar, das fast bis auf seine Schultern herabfiel. Immer noch rührte er sich nicht.

»Eleonore«, begann er, »Ihr müßt nicht ...«

»Ich liebe dich«, fiel ich ihm ins Wort. Ich trat näher und ergriff seine Hände. »Ich habe dich immer geliebt.«

Wir standen im Halbdunkel und sahen uns lange in die Augen. Dann zog er mich an sich und küßte mich. Zunächst streiften seine Lippen die meinen nur, doch schon diese zarte Berührung erfüllte mich mit köstlichen Gefühlen. Das gleiche galt wohl auch für ihn, denn er wich sofort zurück und betrachtete mich mit großem Ernst, als schwebte er über einem Abgrund.

»Wir sind dem Tod geweiht, wenn man uns entdeckt«, sagte er.

»Ist es von Bedeutung?«

Er dachte eine Weile nach. »Nein«, lachte er leise, erstaunt über seine eigenen Worte. »Das ist es nicht.«

Und das war alles.

Ich hatte mich bis dahin nie nach einem Kuß gesehnt. Was ich in Noyon verspürt hatte, war zu verwirrend gewesen, zu überwältigend, um in dieser Einfachheit gesehen zu werden. Aber nun, als er sich wieder herabbeugte und die Spitze seiner

Zunge sanft meine Lippen teilte, schien ich dahinzuschmelzen. Mein Mund öffnete sich unter dem seinen, wurde feuchter und unendlich viel weicher, und ich begann zu zittern wie Espenlaub. Ich war ein Wirrwarr von Widersprüchen – mein ganzer Körper bebte, aber ich war mir deutlich dessen bewußt, was wir da taten. Mein schwirrender Kopf konnte nicht denken, und doch war ich wacher und lebendiger als jemals zuvor. Ich bestand nur noch aus Gefühlen für ihn, und trotzdem beobachtete ich das Geschehen von irgendwoher aus der Ferne. Es war verwirrend – es war einfach. Alles, was ich in der Welt brauchte, war dieser Mund, diese Zunge, diese göttlich zarten Lippen.

Dieser so zärtliche, so forschende Kuß wurde plötzlich dringlicher, und als er mich fest an sich zog, überschlug sich mein Herz. Der warme Druck seines Mundes und seiner mich umschließenden Arme war das Süßeste, was ich je erfahren hatte, und ich spürte, wie alle Angst, alle Scheu von mir abfiel. Ohne von mir zu lassen, tastete seine Hand blind nach dem Türriegel, schob ihn zu und sperrte die Welt aus.

Aber wir waren noch immer angespannt und bebten. Er nahm mein Gesicht in seine Hände, und wir blickten uns tief in die Augen, so eindringlich, als würden wir die Zukunft darin lesen. Mit jedem Atemzug wurde uns die Bedeutung des Geschehens klarer bewußt, während wir gleichzeitig die Kontrolle darüber verloren.

Er schloß die Augen, und sein Atem ging flach und rasch, als er flüsterte: »Küß mich, Eleonore!«

Meine Hände waren in den Falten seines Umhangs verloren, während er wartete, die Lippen feucht und halb geöffnet. Ich sah, wie seine langen, dichten Wimpern ein wenig zuckten. Auch seine fein geschwungenen Brauen betrachtete ich. Sie waren golden und die einzelnen Haare so hell an den Spitzen, daß sie sich aufzulösen schienen. Ich hatte wohl noch nie solche Schönheit erblickt und stellte mich auf die Zehenspitzen, um diesen Kopf zu wiegen und ein wenig herabzuziehen, so daß ich zuerst seine Lider küssen konnte. Sie waren zart wie Nachtfalter und flatterten leicht unter meinem Mund. Dann streifte ich einmal, zweimal seine Lippen, bis wir uns seufzend in die Arme fielen. Plötzlich waren wir erfüllt von dem Verlangen, uns näher zu sein und unseren Gefühlen freieren Lauf zu lassen.

Unsere Hände flogen zur Schnalle seines Umhangs, und als er am Boden lag, stieß Geoffroi ihn rasch mit dem Fuß zur Seite und löste seinen Schwertgürtel. Unsere Münder waren noch immer im Kuß vereint, als wir begannen, uns gegenseitig die Kleider vom Leib zu reißen; dann gestanden wir uns dabei mit wirr gestammelten Worten unsere gegenseitige Liebe. Das Bett war zu weit entfernt, und so ließen wir uns gleich vor dem Kamin, wo wir standen, auf das dicke, weiche Bärenfell sinken. Seiner Haut entströmte ein leichter Duft nach Zitronenthymian und Melisse, und sie zu fühlen war einfach göttlich. Doch mit einem letzten Rest an Willenskraft schob ich ihn sanft von mir fort, um alles ein wenig hinauszuzögern.

»Warte«, flüsterte ich, »laß mich dich betrachten.«

Er hielt einen Augenblick inne, streifte dann seine letzten Kleidungsstücke ab und kniete vor mir auf dem Fell. Meine Augen verschlangen ihn gleichsam.

Seine Nacktheit hätte eigentlich schockierend sein müssen, aber sie war es nicht, erzwang seine außergewöhnliche Schönheit doch eine Loslösung, eine vorübergehende Entfernung von ihm. Es war, als wäre er nicht aus Fleisch und Blut, sondern eine Statue vom Portal einer Kathedrale – ein Adam vor dem Sündenfall oder ein unerklärlicherweise nackt vorgefundener Engel im Garten Eden –, und ich konnte ihn ohne die erwartete Scheu oder Zurückhaltung betrachten.

Sein Körper war sehr straff, und seine Muskeln waren so fein gegliedert, daß er zugleich grazil und kräftig wirkte. Seine Haut war hell und besaß eine rosige Frische, die Gesundheit verriet, und das hauchzarte Vlies auf Brust und Gliedern hatte einen goldenen Schimmer. Mein Blick fiel auf die silbrige Narbe, die sich über seinen rechten Unterarm schlängelte. Ich berührte sie zögernd und fragte, woher sie stammte.

»Eine Schwertwunde, die schnell verheilt ist«, antwortete er zerstreut, wobei er mich genauso eingehend musterte wie ich ihn und schließlich meine Hände in die seinen nahm.

Meine Augen glitten an seinem Körper hinab. Seine Rippen warfen geheimnisvolle blaue Schatten, seine Hüften waren unglaublich schmal, darüber der feingemeißelte Muskelrand des Kriegers. Sein Bauch mit dem zarten, sich nach unten ausbreitenden Streifen rotgoldenen Haares war flach und hart, und aus dem Lockennest erhob sich der feste, faszinierende Schaft aus Fleisch, der meine Augen anzog und meine Sinne schärfte, den zu berühren ich indes nicht wagte. Seine Schönheit war makellos, und er besaß keine Narben außer der an seinem Arm und dem von einem Pfeil verursachten Wundmal am rechten Fuß. Tief bewegt blickte ich ihm wieder in die Augen und sagte ihm, er sei schön.

»Oh, Gott, und du erst«, erwiderte er mit stockender Stimme. »Ich hatte ja keine Vorstellung ... keine Vorstellung. Ich wußte, daß du schön bist, aber nicht so wundervoll schön. Ich begehre dich so sehr, daß ich es kaum ertragen kann ...« Aber als wir uns aufeinander zu bewegten, fiel das Licht des Feuers auf die Prellungen an meinen Schenkeln und Handgelenken. »Jesus Maria!« rief er entsetzt und wich zurück. »Das habe ich dir doch nicht in Noyon angetan, oder? Das ist nicht möglich ...« Er drehte meine Hände und starrte mit aufgerissenen Augen auf die blaßblauen Flecken.

»Nein, nein, natürlich nicht.«

Noch immer außer sich, neigte er den Kopf und bedeckte meine Handgelenke mit Küssen.

»Es ist nichts, weniger als nichts«, sagte ich sanft und berührte sein Gesicht. Keiner von uns wollte Louis' Namen aussprechen, und ich lächelte Geoffroi an, bis sein Zorn und sein Ärger verebbten. Seine Augen fielen auf die Blutergüsse auf meinen Schenkeln, und er berührte sie zögernd mit den Fingerspitzen.

»Ich werde dir nie weh tun, Eleonore«, flüsterte er. »Ich schwöre es. Eher sterbe ich.«

Dann beugte er sich herab und küßte die Flecken auf meinen Schenkeln. Als ich bei dem Gefühl zu zittern begann, glitten wir zusammen auf das Fell, und ich hörte auf zu schauen, hörte auf zu denken, fühlte nur noch und gab mich ganz seiner Berührung hin.

Die Welt schrumpfte auf einen vom Feuerschein erhellten Raum zusammen, als er mit seinen Lippen, seiner Zunge, seinen Fingerspitzen meinen ganzen Körper liebkoste. Und nach und nach schmolz meine angespannte Erregung in aufnehmende Wärme, bis ich nur noch pures Verlangen war.

Ich ließ meine Finger über die Muskeln seines Rückens gleiten, küßte seine Schultern und sein Haar, sog den würzigen Duft der Kräuter und des Waldes in mich auf, durch den er geritten war, um alles für die Liebe aufs Spiel zu setzen. Erinnerungen stiegen in mir hoch. Erinnerungen an die Küsse im Stall von Saint-Jouin. Und während ich an diesen kostbaren Augenblick zurückdachte, war mir, als sei seit damals keine Zeit verstrichen, als sei zwischen damals und heute nichts von Bedeutung gewesen.

Meine Hände wanderten langsam über seine Brust, und meine Fingerspitzen begannen zu prickeln, während sie diesen Körper Stück für Stück erforschten – die kühle Seide der Haut, das warme Nachgeben des Fleisches, die Härte der Knochen darunter –, bis ich glaubte, in ihm ertrinken zu können. Ich ließ meine Finger um seine Brustwarzen kreisen und die Treppe seiner Rippen hinabspazieren, bis sie seine langen, festen Schenkel erreichten. Er nahm meine Hand und küßte sie, bevor er sie um sein pulsierendes Geschlecht legte, das hart war wie das Geweih des Hirsches und zart wie der Bast, den er im langen Sommer abstreift.

Er rang nach Luft, als meine Hand ihn berührte, und führte sie zu einem langsamen Rhythmus, wobei er die ganze Zeit mein Gesicht, meine Lippen küßte, bis er zart, ganz zart, meine Schenkel auseinanderschob und mich zu streicheln begann. Ich bäumte mich auf mit einem Rest an Widerstand, doch er flüsterte mir beruhigende Worte ins Ohr, küßte mich zärtlich und liebkoste mich weiter, bis auch die letzte Spur von Scheu dahinschwand und ich eine neue Wärme, einen stärkeren und tieferen Strom von Gefühlen verspürte, daß ich glaubte, vor Lust aufschreien zu müssen. Wieder preßte er seinen Mund auf den meinen und küßte mich im selben intensiven Rhythmus, als plötzlich der Feuerschein explodierte, das Pulsieren zerbarst und ich mich an ihn preßte, verloren in einem nie gekannten Gefühl, das mir den Atem zu einem Schrei entriß.

Nie zuvor hatte ich solche Empfindungen gekannt. Ich schien zu schweben und zu fliegen, an die Erde zu stoßen und sie gänzlich zu verlassen, die Spur von allem zu verlieren. Und als ich dann eine Ewigkeit oder nur Sekunden später die Augen aufschlug und ihn anlächelte, war es von einem Ort aus, der dem Himmel nahe war. Ich hielt ihn noch immer umschlungen, als er sich auf mich legte und mit einem einzigen köstlichen Stoß in mich eindrang. Jetzt war all mein Gefühl auf ihn konzentriert. Ich zog ihn noch fester an mich, preßte das Gesicht in die Beuge seines Halses und bewegte mich mit ihm im Rhythmus seines Herzschlages. Ich flüsterte seinen Namen, während er sich immer tiefer und drängender in mir bewegte, und hörte entzückt die sanften und stöhnenden Laute, die er dabei von sich gab. Bald verlor er alle Kontrolle und vergrub den Mund in meinem Haar, um den Schrei zu dämpfen, als er seinen Samen mit plötzlicher Heftigkeit in mich ergoß.

Lange blieben wir so liegen, wollten nichts tun, das den Zauber um uns herum brach. Allmählich wurden wir uns wieder unserer Umgebung bewußt. Wir stellten fest, daß uns kalt war. Er zog sich aus mir zurück und lächelte, auf einen Ellenbogen gestützt, zärtlich auf mich hinab. Dann wickelten wir uns in das Bärenfell und kicherten wie kleine Kinder, eng aneinander geschmiegt.

»Ach«, sagte er, »wenn du wüßtest, in welchem Zustand ich mich befand, seit ich Aedwine losgeschickt habe! Alles, woran ich denken konnte, warst du – ob ich dich richtig verstanden hatte und ob du mich wolltest oder nicht. Ich glaubte sterben zu müssen, wenn ich dich nicht haben könnte ...« Er beugte sich herab, um meine Schulter zu küssen, und lachte, während die Worte aus ihm herauspurzelten wie Goldstücke aus dem Ärmel eines Magiers. »Heute morgen beim Gericht lobte ich einen Mann, der einen Steuereintreiber halb umgebracht hatte, und erließ ihm die Steuern für zehn Jahre – dann verurteilte ich sein Opfer zu einem Jahr Kerker! Die anderen standen mit offenen Mündern da, und ich mußte den Schreiber bitten, das letzte Urteil noch einmal vorzulesen. Sie glaubten, einem Verrückten ausgeliefert zu sein!«

»Der verrückte Angeviner«, murmelte ich und küßte das Grübchen in seinem Kinn.

»So ist es. Ich glaube, sie fragten sich, ob ich wirklich derjenige war, für den ich mich ausgab – sie waren entsetzt, die armen Seelen! Aber nicht halb so entsetzt wie ich selbst. Ich war sicher, den Verstand zu verlieren, solltest du mich zurückweisen. Ich bin von Sinnen, seitdem du in Noyon vor mir davonliefst, Eleonore. Ich glaubte, den gröbsten und ungeschicktesten Fehler gemacht zu haben, der dich für immer abschrecken würde.«

»Nein, Liebster, ich denke, du hast uns vor dem Wahnsinn bewahrt.« Und als ich ihn anblickte, wußte ich, daß es wirklich so war. Es gab hundert Dinge, die ich fragen wollte; trotzdem wußte ich nicht, wo ich anfangen sollte, und die Antworten spielten auch keine Rolle mehr. Ich hatte meine Antwort bekommen.

Eines aber gab es noch, das ich wissen wollte. »Geoffroi ...«

»Hm?« Er knabberte an meinem Ohrläppchen, ein köstliches Gefühl, das mich erschauern ließ. »Weißt du, daß dein ganzer Körper das allerhübscheste Rosa angenommen hat?« sagte er.

»Das liegt daran, daß du das Blut in meinen Adern zum Tanzen gebracht hast ...« erwiderte ich. »Und wo wir schon davon sprechen, Geoffroi ... Als du mich berührt hast, was ist da geschehen?«

Er lächelte verführerisch und küßte mich zärtlich. »Du meinst, als ich dich zum Höhepunkt brachte? Nun, laß mich das so erklären, Liebste ...«

Und er hob mich auf und trug mich zum Bett, wo wir so eng aneinander geschmiegt lagen wie zwei Federn auf einem Möwenflügel. Und während er die herrlichsten Dinge zu mir sagte, trieb ich hin und her zwischen wachsender Leidenschaft und Gelächter über den liebenswerten Unsinn, den er von sich gab. Keiner von uns wollte in seinem Glück einen Augenblick an den Schlaf verlieren, und so redeten wir, um gegen die tiefe Erschöpfung anzukämpfen, die uns schließlich übermannte: Wir flüsterten Worte der Liebe, bis der Schlaf uns schließlich überkam, und alles war Frieden.

Ich wurde von seinen Küssen im Dunkeln geweckt, und nichts anderes existierte in der Stille außer der Wärme, dem Geruch unserer Körper und dem Bedürfnis, uns im anderen zu verlieren. Wir waren zugleich körperlos und ganz Gefühl und verschmolzen miteinander, und die letzten Grenzen zwischen uns lösten sich für immer auf. Die Lust wuchs, und ich wußte, daß am Ende etwas Wundervolles auf mich wartete. Ich war eine Welle – bereit, sich an Geoffrois Körper zu brechen. Und als es geschah, trug alles zu ihrer Wucht bei: seine flüsternde Stimme, die sanfte Wärme seines Atems, unterbrochen von plötzlichem Keuchen, der Druck seiner Lippen auf meinem Hals, auf meinem Kinn, meinen Ohrläppchen und meinen Augenlidern, seine langen Finger, die sich in meinem Haar vergruben, und der

Geruch seiner Haut. Jetzt, da wir uns zusammen mit wachsender Heftigkeit bewegten, klang seine Stimme im Dunkeln wie eine Beschwörung: »Komm, Eleonore, komm mit mir, komm, meine Liebste ...« Seine Worte erregten mich so sehr, berührten mich so sehr, daß wir zusammen in einer letzten Verschmelzung unserer Körper explodierten, die mich völlig ermattet und weinend unter ihm zurückließ.

Als er das Salz meiner Tränen schmeckte, küßte er meine Augenlider und Lippen und murmelte, tief bewegt wie ich selbst, sanfte, fast wortlose Laute der Liebe und des Trostes. Doch die ersten Strahlen der Sonne hatten, einer Warnung gleich, unser Fenster erreicht und ließen sein Haar aufflammen. Ich hielt ihn stumm umarmt. In stillschweigendem Einverständnis sprachen wir nicht von dem, was wir eben erlebt hatten, sondern lagen nur so lange und so eng wie eben möglich beisammen. Schließlich drehte er sich zum Fenster, um zu ermessen, wieviel Zeit uns noch blieb. Es blieb keine. Der Augenblick für seinen Aufbruch war gekommen, und ich fürchtete ihn wie den Tod. »Nein! Geh noch nicht!« rief ich.

»Es muß sein, wenn es eine weitere Nacht geben soll«, sagte er ruhig.

»Geoffroi ...«, begann ich, aber die Worte wollten nicht kommen. Ich fragte mich plötzlich, ob die Sprache nicht in unseren Köpfen, sondern vielmehr in unseren Körpern und Herzen zu Hause war.

»Ich weiß, ich weiß, Liebste«, flüsterte er. »Von nun an gehöre ich dir, und du gehörst mir, und niemand kann etwas daran ändern.«

Im zunehmenden Licht konnte ich ihn nun deutlich sehen – die kantige Schönheit, geglättet durch die Sinnlichkeit der Liebe. Als ich beobachtete, wie er sich anzukleiden begann, schläfrig und ein wenig unbeholfen nach dieser ermüdenden Nacht, konnte ich es kaum über mich bringen, ihn gehen zu lassen. Aber wir wollten nicht riskieren, ertappt zu werden, und so schlang er nach einem letzten Kuß den Umhang um seine Schultern und stieg die noch dunkle Treppe hinab.

Trotz der Kälte eilte ich ans Fenster und lauschte, bis seine Schritte verhallt waren; dann kletterte ich wieder zurück in die Wärme, die wir geschaffen hatten. Ich zog die Decken über den Kopf, sog tief den Geruch seines Körpers ein, der noch immer, warm und ungewöhnlich würzig, meine Haut durchtränkte, und blieb vor mich hindämmernd liegen, bis der Vogelgesang aus dem Wald anschwoll und die Welt ringsum erwachte.

Doch es war eine Welt, die sich, wie ich, für immer verändert hatte.

Eine Stunde später trug Amaria auf Zehenspitzen das Frühstück herein und entfachte das Feuer im Kamin.

»Geht es heute zurück nach Paris, Madame?« fragte sie hoffnungsvoll, denn ihr war die harte Arbeit zuwider, die auf Reisen getan werden mußte.

»Nein, heute noch nicht. Der gestrige Ritt hat mich allzusehr erschöpft«, erwiderte ich und unterdrückte ein Schmunzeln. »Wir bleiben noch eine weitere Nacht. Mach mir Wasser für ein Bad warm.«

»Aber Ihr habt doch gestern abend erst gebadet!«

»Tu, wie dir befohlen, Mari.« Sie schien gekränkt. »Bitte«, fügte ich hinzu, denn ich wollte in meiner Glückseligkeit niemanden verletzen.

Wir verbrachten den Tag zu Pferde in den kalten, feuchten Wäldern. An mehr kann ich mich nicht erinnern. Ich weiß nur, daß all meine Gedanken auf die Freuden der vergangenen Nacht gerichtet waren und an jene, die ich mir von der folgenden erhoffte. Ich war eingehüllt in ein Laken der Liebe, beschützt von meinem eigenen Hochgefühl, und konnte an nichts weiter denken – weder an Paris noch an Louis, noch an die Folgen unseres Handelns. Der Tag verging wie in einem glücklichen, verschwommenen Traum. Selbst als wir unterwegs einem Fremden begegneten, dauerte es einen Augenblick, bis ich erkannte, daß es Aedwine war.

Er verneigte sich höflich und murmelte: »Die besten Wünsche für Euch alle – für heut' nacht!«, bevor er seinen Weg fortsetzte.

»Die Menschen hier scheinen nicht bei Verstand – der Narr kann Tag und Nacht nicht auseinanderhalten!« schnaubte jemand verächtlich.

»Bauerntölpel!« sagte ein anderer. »Noch dazu hat er einen fremden Akzent.«

Ich aber hatte die Botschaft verstanden und nahm die nicht länger aufzuschiebende morgige Abreise zum Vorwand, um alle schon vorzeitig zu entlassen.

In dieser Nacht erschien Geoffroi, kaum daß es dunkel und die Kerze am Fenster zu sehen war. Trotzdem verging ich bereits vor Ungeduld, und er hatte eben erst den Raum betreten, als wir uns schon in den Armen lagen und uns lachend und küssend die Kleider vom Leib rissen. Die Unsicherheit und das Zögern von gestern waren vorbei, und wir waren so voller Erwartung, daß wir gierig übereinander herfielen und uns in einer Raserei liebten, die zwar köstlich war, aber allzu kurz. Anschließend setzte er sich auf und betrachtete mich, wie ich atemlos, aber selig vor dem Kamin lag.

»Deine Schultern schimmern wie Perlen«, sagte er träge lächelnd und streichelte sie mit dem Handrücken, bevor er sich herabbeugte und sie, wie auch meine Lippen, zärtlich küßte. Er setzte sich wieder auf, blickte auf mich herab und runzelte leicht die Stirn. »Heb den Kopf«, murmelte er, ließ die Hände unter meinen Nacken gleiten, zog plötzlich mein langes Haar unter mir hervor und breitete es fächerförmig aus.

»Was tust du da?«

»In Avignon sah ich einst ein geschnitztes Bildwerk«, sagte

er – ich war erstaunt, daß er so weit südlich gewesen war, und beschloß, ihn irgendwann danach zu fragen –, »von einer Frau, die von der Sonne umkleidet war. So wenigstens sah es aus. Es war sehr alt. Vielleicht war es Venus oder die Medusa. Sie war sehr schön. Du hättest es sein können, Eleonore.«

»Medusa! Versteinert mein Blick dich etwa?« neckte ich ihn und strich über seinen Schenkel.

»Nein, aber du machst mich genauso hart«, erwiderte er ruhig und bedeckte mich wieder mit Küssen.

Es war kälter als in der vergangenen Nacht, und so gingen wir ins Bett und liebten uns ein weiteres Mal, sehr viel langsamer diesmal. Mit jedem neuen Kuß und jeder neuen Liebkosung schien ein weiterer Teil von mir zum Leben erweckt zu werden, bis jede Pore meiner Haut sich ihm öffnete. Ich wollte ihn umhüllen, alles von ihm in mich aufnehmen und ihn für immer umfangen halten. Ich bedeckte seinen ganzen Körper mit Küssen, und mein Mund kehrte immer zu seinen Lippen zurück wie ein eben erst flügge gewordener Vogel zu seinem Nest. Dann ließ ich die Zunge, wie ich es schon die ganze Zeit hatte tun wollen, behutsam über die Narbe auf seinem Arm gleiten. Ich fragte mich, wie sehr die Wunde geschmerzt haben mochte, und ihre rauhe Oberfläche erregte mich heftig.

Ich glaube, ich wäre in ihn hineingekrochen, wenn ich es vermocht hätte.

Verrückt vor Liebe, spürte ich, wie seine Finger erneut zwischen meine Schenkel glitten und mich weiter streichelten, als er schon in mich eingedrungen war. Die Empfindung war so überwältigend, daß ich wieder die Sterne explodieren fühlte. Ich konnte, als er zu seinem Höhepunkt kam, nicht länger sagen, ob es seine Lust oder die meine war, die ich empfand, während wir unsere Schreie zu dämpfen versuchten.

Völlig ermattet, aber zu glücklich, um schlafen zu können, lagen wir warm in unserem Federreich und plauderten. »Ich konnte kaum die Augen von dir wenden, als Louis mich zum

Seneschall ernannte«, sagte er und streichelte mein Haar. »Du warst so strahlend, so wunderschön – ich konnte nicht begreifen, warum nicht alle dich ansahen. In meiner Vorstellung warst du immer noch das hübsche« – er sah mich von der Seite an – »und erstaunlich scharfsichtige junge Mädchen im Stall, und da standest du nun: die schönste Frau, die ich jemals gesehen hatte.«

»Ich glaube kaum, daß du nach Saint-Jouin noch einen einzigen Gedanken an mich verschwendet hast.«

»Nun, dann irrst du dich eben«, erwiderte er und zog mich sanft an sich. »Wie auch immer, ich wußte nicht, was ich tun sollte, als du plötzlich in Noyon erschienst. Mir war, als hätte ich dich aus der Luft herbeigezaubert. Es war ein solcher Schock, daß ich beinahe auf der Stelle geflüchtet wäre.«

»Gott sei Dank ist es anders gekommen – sonst wäre dies nicht geschehen.« Wir hingen beide eine Weile unseren Gedanken nach.

»Stell dir vor, wie erschrocken ich war, als bei der Ernennung zum Seneschall dein Name verlesen wurde.«

Er blickte mich erstaunt an. »Soll das heißen, du wußtest es gar nicht?«

»So ist es.«

»Aber ich dachte ...«

»Was? Was dachtest du?« Ich wickelte eine Locke seiner wundervollen Haare um den Zeigefinger. »Sag es mir!«

»Nun, ich glaubte später, meine Ernennung zum Seneschall sei deinem Einfluß zu verdanken gewesen.«

Ich hätte beinahe gelacht.

»Einfluß? Ich habe keinen Einfluß, um irgend etwas zu bewirken. Ich bin ein Niemand an diesem Hof, so jedenfalls kommt es mir vor ... Wer hört schon auf eine unfruchtbare Königin. Nein, es war alles Louis' Idee oder, besser gesagt, Sugers. Doch wer immer die Idee gehabt hat – in dem Moment, als du eintratest, änderte sich alles.«

Wir schwiegen eine Weile. Mein Kopf lag auf seiner Brust, und ich lauschte seinem Herzschlag. Mir schien, als sei es das wunderschönste und wichtigste Geräusch auf der Welt ... Seine Worte aber brachten mich bald in die Wirklichkeit zurück. »Bist du sicher, daß du unfruchtbar bist, Eleonore?«

Ich war plötzlich angespannt und erwiderte vorsichtig: »Sicher kann ich natürlich nicht sein. Aber nach sechs Jahren bin ich noch immer ohne Kind, und seit meiner Fehlgeburt ist gar nichts mehr gewesen. Vielleicht habe ich einen körperlichen Schaden davongetragen.«

Doch seine Antwort fiel auch diesmal – wie so oft – überraschend aus. Er zog mich fester an sich, küßte mein Haar und liebkoste mich zärtlich. »Nun«, sagte er schließlich, »vielleicht ist es so sicherer für dich.«

»Ja, vielleicht ...«

»Komm, sei nicht traurig. So gibt es immerhin eine Sache, um die wir uns nicht sorgen müssen.« Er lehnte sich gefährlich weit aus dem Bett, griff nach seinem Gürtel und öffnete die Ledertasche, die daran befestigt war. »Hier, bevor ich es vergesse ... Das habe ich heute abend im Wald gefunden – es müssen die letzten in diesem Jahr sein.« Und er zog einen Stoß grüner und goldener Blätter heraus, auf denen wie in einem Nest wilde Himbeeren lagen. Sie waren winzig und weich wie Moos, und vor dem Hintergrund der weißen Laken leuchtete ihr Rot noch intensiver. »Hier«, sagte er und steckte mir gleichzeitig vier oder fünf in den Mund, so daß ich mich fast verschluckte. »Ich glaube, nach Sahne brauchen wir nicht rufen zu lassen.«

»Geoffroi, hör auf!« kicherte ich. »Das sind zu viele!« Der Saft lief schon mein Kinn hinunter.

»Ach, das ist gar nichts!« grinste er und leckte ihn ab. Seine Zunge war rosafarben wie die einer Katze, nur viel, viel weicher. Er verteilte den Rest der Beeren über meinen Körper und kitzelte mich, während er sie eine nach der andern mit den Lippen aufnahm und mit seiner geschickten Zunge in jeden Winkel gelangte. Lange bevor alle gegessen waren, konnten wir uns schon nicht mehr halten vor Lachen. Wir waren bedeckt von ihrem süßen Saft und versuchten, etwas Wein zu trinken, verschütteten ihn aber vor lauter Kichern und fielen uns wieder hoffnungslos in die Arme.

»Erzähl mir von deinen Söhnen, Geoffroi«, sagte ich, als ich wieder zu Atem gekommen war.

»Ach, weißt du, ich kenne sie kaum«, sagte er nachdenklich. »Jedesmal, wenn ich sie sehe, sind sie so sehr gewachsen, daß ich sie kaum auseinanderhalten kann. Ich habe Henri – er ist der älteste – seit über einem Jahr nicht gesehen ...«

»Und warum nicht?«

Nun war er derjenige, der angespannt war.

»Mathilda drängt mich, ihr weitere Truppen nach England zu schicken. Anscheinend denkt sie, daß ich sie entbehren kann – ich habe damals für jeden Feuer löschen müssen. Wie auch immer, sie machte mich ganz verrückt mit ihren Forderungen und schickte schließlich Robert, ihren Halbbruder – kennst du ihn? –, um mich zu überzeugen. Er ist der einzige, den ich respektiere. Er half mir, ein paar Burgen einzunehmen, und ich schickte ihn daraufhin mit vierhundert Rittern und ihren Männern zurück – und mit dem jungen Henri, um ihre Moral zu heben. Ich glaube, er amüsiert sich dort und erinnert jeden daran, daß er der nächste Herzog der Normandie sein wird.«

»Und du willst nicht selbst dorthin reisen?«

»Nach England? Großer Gott, nein! Das wäre tatsächlich Wahnsinn. Ich würde alles aufs Spiel setzen, was ich in der Normandie gewonnen habe – für nichts und wieder nichts. Übrigens gelingt es Mathilda ständig, einen Schritt vor und zwei zurück zu tun. Und früher oder später überwirft sie sich mit jedem. Meist früher«, fügte er gedankenverloren hinzu.

Aber ich hatte nicht das geringste Bedürfnis, über Mathilda zu sprechen, und lenkte das Thema erneut auf seine Söhne. »Und wie heißen die anderen?«

»Geoffroi – er ist acht – und Guillaume, der ein Jahr jünger ist. Ein reizender Junge ...«

»Und was ist mit dem anderen?«

»Welcher andere?«

»Du hast doch noch einen weiteren Sohn, oder?«

Er betrachtete mich mit einem milden Lächeln. »Wie hast du davon erfahren?«

»Louis hat es mir erzählt.« Es war mir nicht angenehm, Louis schon wieder ins Spiel gebracht zu haben, und ich begann meine Neugier zu bereuen.

»Sein Name ist Hamelin«, sagte er leichthin. »Er lebt in Le Mans.« Ich erinnerte mich, daß er vor sieben Jahren dorthin geeilt war, und verspürte plötzlich einen Stich unvernünftiger Eifersucht. »Er ist sechs. Und dann ist da noch Marie«, fügte er hinzu, »... und Emma.«

Seine Worte versetzten mir erneut einen Stich, und ich mußte kräftig schlucken. »Aha. Und wer ist die Mutter?«

»Niemand, den du kennst und jemals kennen wirst.« Er kniete sich vor mich hin, und das Laken glitt von seinem Körper, als er mein Gesicht in die Hände nahm und mich mit Küssen bedeckte. »Es spielt keine Rolle, Eleonore ... Aber warum sollte der König Interesse daran haben?«

»Vielleicht ist er neidisch – er weiß zwar, daß du, wie ich, von Karl dem Großen abstammst, aber er ist überzeugt, daß du ein halber Dämon bist.« Ich bereute jetzt wirklich, jemals das Thema zur Sprache gebracht zu haben, denn es gab so viel anderes, was wir besprechen konnten – und sollten. »Er vertraut dir nicht, Geoffroi.«

»Ich weiß«, sagte er mit einem gequälten Lächeln, »und dies eine Mal scheint er recht zu haben, nicht wahr? Aber lassen wir das Vertrauen beiseite – es mußte ja einen Grund für ihn geben, mich plötzlich zum Seneschall zu ernennen. Vor allem wenn du nichts damit zu tun hast ... Vielleicht denkt er, daß ich auf diese Weise zu beschäftigt bin, um noch mehr Land einzunehmen.

Ich bin nämlich, wie die Dinge liegen, schon ins Vexin eingefallen.«

Er ist klug und geschickt, dachte ich stolz, dann aber überfiel mich heftige Angst. »Geoffroi, Liebster, du wirst doch kein Risiko eingehen?«

Er blickte auf meinen nackten Körper und sah mir dann in die Augen.

»Kein Risiko? Ist das dein Ernst, Eleonore?« fragte er mit einem fast grimmigen Lachen.

Er hatte recht. Was wir getan hatten – was wir taten –, reichte aus, um uns wegen Hochverrats zehnmal an den Galgen zu bringen. Doch in meiner wahnsinnigen Liebe glaubte ich, daß es das Risiko wert war. Für dieses wilde Glücksgefühl, sagte ich mir, würde ich keine Gefahr scheuen. Nicht einmal den Tod. Aber ich hatte nicht die Absicht zu sterben – nicht solange das Leben solche Freuden für mich bereithielt.

»Sei unbesorgt«, fuhr er fort, »der König weiß nicht, wie schlecht er bedient ist. Ich würde mir das im Anjou gewiß nicht gefallen lassen – doch ich kann alles, was er mir aufträgt, doppelt so schnell erledigen wie jeder andere und werde wieder in der Normandie sein, bevor die Saison« – er meinte die Zeit für Kriege – »erneut begonnen hat ...«

Im Augenblick hätte ich seelenruhig mit ansehen können, wie die ganze Normandie und alles andere, was mich von ihm trennte, für immer im Meer versank.

Er hatte sich unterdessen auf den Bauch gelegt und auf die Ellenbogen gestützt. Mit ernster Miene blickte er mich an, während er zu mir sprach. Trotz meiner Scheu wanderten meine Augen über die sanften Konturen seiner schmalen Hüften und die kleinen Schweißperlen, die sich über dem Beckenknochen gesammelt hatten. Er war der erste Mann, den ich völlig nackt sah, und sein gänzlicher Mangel an Schamhaftigkeit verwunderte und entzückte mich. Louis würde sein langes Leinenhemd niemals ablegen. Ich hatte es längst aufgegeben, ihn mit der Frage zu necken, was er darunter zu verbergen suchte. Geoffroi hingegen schlenderte manchmal nackt durchs Zimmer, nahm diesen oder jenen Gegenstand auf, um ihn eingehend zu betrachten, und bewegte sich, während er mit mir sprach, zum nächsten hin, ohne sich seiner Anmut und Schönheit bewußt zu sein.

»... und so erschlug der böse Riese die Prinzessin und rannte fort mit dem anmutigen Ritter!«

»Wie?« Ich sah ihn verblüfft an.

»Gib's zu, Liebste, du hast die ganze Zeit nicht zugehört«, lachte er.

Ich war völlig verstört. Übermannt von einer Mischung aus Liebe und Furcht, umschlang ich ihn. »Geoffroi, ich liebe dich so! Ich kann – ich will – nicht ohne dich leben. Ich habe ohne dich nicht wirklich existiert.«

Er nahm mich bei den Schultern, blickte mir scharf in die Augen und sprach mit ungewohnt harscher Stimme: »Das darfst du nicht einmal denken, Eleonore. Es gibt keine Zukunft für uns. Keine. Allein der Gedanke ist Verrat.« Ich wandte das Gesicht zur Seite und brach in Tränen aus, überwältigt von allem, was geschehen war. »Es gibt keine Zukunft«, fuhr er mit sanfterer Stimme fort. »Du mußt ein anderes Lebensziel finden. Vielleicht gibt es weitere Nächte für uns, vielleicht auch nicht. Also mach dir bitte nichts vor, Liebste.«

Die Wahrheit und die unvermeidbare Grausamkeit seiner Worte schnitten mir ins Herz. Ich wollte es einfach nicht glauben. »Petronilla und Raoul haben auch einen Weg gefunden ...«

»Petronilla und Raoul spielen keine wesentliche Rolle. Und bedenke, was selbst sie angerichtet haben.« Er hatte recht. »Nein«, sagte er bitter, »Mathilda wird ewig leben, und ...« Er brachte es nicht über sich, laut den Wunsch nach des Königs Tod auszusprechen.

Ich stellte fest, daß mir der Gedanke keine Gewissensbisse bereitete, und war entsetzt. Was war in den letzten drei Tagen mit mir geschehen?

Ich hatte die ganze Zeit unverwandt auf die fast niedergebrannte Kerze gestarrt. Plötzlich wurde mir bewußt, wie spät – oder besser, wie früh – es war. Er würde bald, sehr bald aufbrechen müssen. Wir hielten uns fest umschlungen, und er küßte mich, als wollte er mir die Seele aus dem Körper pressen. Ach, nimm sie doch, dachte ich bei mir, ich habe sie sowieso längst an dich verloren. Und wir liebten uns ein letztes Mal mit verzweifelter Heftigkeit.

Der graue Tag war schon gefährlich weit fortgeschritten, als er sich schließlich ankleidete und nach einer letzten langen Umarmung zur Turmtreppe wandte. »Weine nicht«, flüsterte er und machte sich mit einem traurigen Lächeln auf den Weg nach unten.

Ich stand am Fenster und sah ihm nach, bis er im Wald verschwunden war. Dann kroch ich wieder ins Bett und verfluchte den anbrechenden Tag.

Als Amaria hereinkam und mich beim Ankleiden fragte, ob es heute endlich nach Hause gehe, brachte ich nichts als ein bedrücktes Nicken zustande. »Dann packe ich jetzt die letzten Dinge ein.« Damit steuerte sie auf das Bett zu, um die Laken abzustreifen.

Plötzlich sah ich die Gefahr. »Nein!« rief ich erschrocken. »Laß nur. Wir kommen hierher zurück. Die Diener hier sollen sich darum kümmern. Dann sind sie beschäftigt.«

Verständlicherweise war sie höchst befremdet, bedachte mich aber lediglich mit einem altjüngferlichen Blick und einem »Gewiß, Madame«, bevor sie sich der Kleidertruhe zuwandte.

»Ach, hol uns zuerst etwas heißen Tee; wir wollen ihn am Kamin trinken. Die anderen können warten!«

Mari, die aus Poitiers stammte und mich in den Norden begleitet hatte, war seit Petronillas Abreise meine engste Vertraute, fast eine Freundin geworden. Mit einem Lächeln eilte sie in die Küche. Ich streifte unterdessen rasch die Laken ab, warf sie in eine Ecke und betete, daß niemand die feuchten Spuren der Liebe zwischen den Himbeerflecken entdecken würde.

In raschem Tempo ritten wir nach Paris zurück und trafen ein, als eben die Stadttore zur Nacht geschlossen werden sollten. Schon der Anblick des Palastes war mir nun verhaßt, und ich war fast erleichtert zu erfahren, daß der König in seiner Mönchszelle in Notre-Dame weilte. Fast im selben Augenblick aber verwandelte sich meine Erleichterung in Zorn bei dem Gedanken, daß wir vielleicht eine weitere Nacht in Senlis hätten riskieren können. Dann aber erschien Louis doch noch, zerstreut wie immer, aber sichtlich erfreut, mich zu sehen.

»Ihr seht sehr ... sehr nett aus«, sagte er unsicher und musterte mich rasch von oben bis unten.

Ich suchte nach einer Antwort, konnte jedoch an nichts anderes denken, als wie ich ihn von mir fernhalten sollte. Selbst ein ungeschickter Kuß auf die Wange wäre mir nach meinen Nächten mit Geoffroi geradezu unzüchtig vorgekommen. »Fühlt Ihr Euch jetzt besser, Louis?«

»Oh, ja. Das ist Suger zu verdanken.« Mit Sicherheit eine ordentliche, lange Strafe für den übermäßigen Weingenuß, dachte ich bei mir. »Habt ... habt Ihr mir verziehen?« fragte er nach einer Pause.

»Was denn, um Himmels willen?«

»Was? Nun, mein rücksichtsloses Verhalten.« Sein linkes Augenlid begann zu zucken. Ich mußte sehr verdutzt dreingeblickt haben, denn er fuhr unbeholfen fort: »Nein! Ihr habt recht. Ich sollte es offen bekennen: daß ich mich Euch aufgedrängt habe! Das war unverzeihlich.«

Ich konnte mich kaum an den Vorgang erinnern – er hätte aus einem anderen Leben sein können, so wenig berührte er mich in diesem Augenblick. »Nun, wenn es unverzeihlich ist, dann habt Ihr jetzt ein Problem, Louis.«

Er sah mich so verwirrt an, daß ich ihn nicht länger verletzen wollte. Es war zu leicht und zu grausam. War diese Vergewaltigung nicht Auslöser für alles Nachfolgende gewesen? Denn hätte er mich nicht so erniedrigt, wäre ich vielleicht nicht mutig genug gewesen, um Geoffroi in Noyon die gewagte Einladung zu übermitteln. Ich bemerkte, daß Louis den Tränen nahe war. »Das war nicht so gemeint. Ich vergebe Euch, Louis – vorausgesetzt natürlich, Ihr tut es nicht wieder.«

»Gewiß! Niemals! Oh, ich danke Euch, ich danke Euch, Eleonore!«

Ich wandte mich zum Gehen, wollte nur fort von ihm, aber nun, da ihm verziehen war, begann er aufgeregt zu plappern. »Ihr wißt doch, daß er schon den Zeitpunkt festgelegt hat, Eleonore!«

»Wer? Und wofür?«

Jetzt sah er verwundert drein. »Nun, Suger natürlich – für die Einweihung von Saint-Denis!«

Oh, verschont mich damit, dachte ich und brannte vor Ungeduld, endlich allein zu sein. »Ach, wirklich? Und wann?«

»Im nächsten Juni natürlich! Ist das nicht großartig?«

»Großartig, Louis.«

»Nun, ich kann nicht länger bleiben; ich habe noch zu tun. Gute Nacht, Liebste.« Ich hätte schreien können. »Ich bin froh, daß Ihr wieder da seid«, fügte er im Hinausgehen hinzu.

Kapitel 4

⚜ Die Wochen bis zum Weihnachtsfest schleppten sich dahin. Das kirchliche Verbot, sich während der Adventszeit der Fleischeslust hinzugeben, sorgte zu meiner großen Erleichterung dafür, daß sich Louis mir nicht näherte. Er war der einzige mir bekannte Mann, der solche Gebote niemals brach. Dieses Mal hatte ich allen Grund, dafür dankbar zu sein.

Mit Louis hatte ich nur die lästige und seelenlose Gleichförmigkeit der Ehepflichten kennengelernt. Leidenschaft und Begehren waren mir an seiner Seite fremd geblieben. Die Innigkeit und Vertrautheit, das köstliche, von Gelächter erfüllte, freizügige Miteinander – denn das war die Liebe mit Geoffroi – hatten mich erstaunt. Der Geschlechtsakt bedeutete für mich plötzlich nicht länger eine zu erduldende Unannehmlichkeit, sondern die süßeste und erstrebenswerteste aller Freuden. Was wir auch taten, was wir redeten, geschah mit einem Verständnis, einer Offenheit, die vor unserer Liebesnacht in Senlis undenkbar gewesen wäre. Und so waren nun die Tage von meiner Sehnsucht nach ihm bestimmt. Es war, als hätte ich meine Haut abgestreift und würde mit meinem wunden Leib alles brennender und direkter empfinden – Schmerz sowie Lust, Furcht und Glück. Es war berauschend. Es war erschreckend. Ich war aufgewacht. Und nun, da ich nur noch bei ihm sein wollte, haßte ich Louis, haßte ich Mathilda, haßte ich alles und jeden, der uns trennte.

An den endlosen Herbstnachmittagen ritt ich durch die Landschaft jenseits der Stadtmauern. Abends lauschte ich mit ganz anderen Ohren als früher der Musik und Poesie, die im großen Saal dargeboten wurden und deren Sehnsucht und Liebesschmachten ich nicht länger belächelte. Ein Großteil meines Silbers ging an Troubadoure und fahrende Sänger, die der bedrückenden Stimmung von Paris trotzten und an unseren von Priestern beherrschten Hof einen Hauch südlicher Wärme brachten. Louis mißbilligte das natürlich, sagte es mir aber nicht ins Gesicht. Diese ritterlichen Sänger waren nun meine einzige angenehme Gesellschaft, denn, wie ich es Geoffroi schon gesagt hatte, es hielten nur wenige am Hofe der Mühe wert, die Freundschaft zu einer kinderlosen Königin zu pflegen.

Doch gleichzeitig mit dieser aufreibenden Liebeskrankheit wuchs mein Zorn, daß man mir mit einer unerwünschten Krone auch ein verfehltes Leben aufgebürdet hatte. Ich erkannte jetzt, daß Geoffroi, wenn auch uneingestanden, immer schon in meinem Bewußtsein und ein Teil meiner Gedankenwelt gewesen war. Warum hatten sich unsere Lebenswege gekreuzt, wenn ich ihn nicht haben konnte? Er war der einzige Mann, den ich je geliebt hatte – und Geoffroi wiederum verabscheute die Frau, die man ihm im gleichen Alter aufgezwungen hatte. Ich verbrachte Stunden mit Tagträumereien und Wunschvorstellungen, machte ihn zum Herzog von Aquitanien und mich zur Gräfin von Anjou, machte uns zu gemeinsamen Herrschern über unsere vereinten Länder ... Und doch blieb immer die Erkenntnis, daß wir die Vergangenheit nicht würden ändern können. Geoffroi hatte mir nur allzu deutlich vor Augen geführt, daß wir keine gemeinsame Zukunft hatten. Uns blieb nichts, als uns von der Gegenwart zu nehmen, was wir erhaschen konnten, und das war mit großen Gefahren verbunden.

Meine Gemütsverfassung schwankte zwischen der Freude zu wissen, daß ich nicht länger allein war, und der Angst vor der schmerzlichen Öde eines Lebens ohne ihn.

Ich wollte Petronilla bitten, mir zu Weihnachten Gesellschaft zu leisten, aber Louis protestierte sofort. »Wir können sie nicht am Hofe dulden, Eleonore. Nicht jetzt – es wäre zu provozierend.«

»Provozierend? Sie ist meine Schwester, Louis! Und ich möchte das Kind sehen, solange es noch klein ist.«

Sein Blick verdüsterte sich, und aus seinen Augen sprach Neid, denn Petronilla hatte einen kräftigen, gesunden Sohn zur Welt gebracht, der nach seinem Vater Raoul benannt war. »Nun, ja, er mag Euer Neffe sein ...«

»Und Euer Cousin, Louis ...«

»Euer Neffe, Eleonore, aber genaugenommen ist er ein Bastard, bis Seine Heiligkeit ihre Ehe anerkennt.«

Ich war wie vor den Kopf geschlagen. »Ich kann es nicht glauben – Ihr selbst seid beim Papst doch zu ihren Gunsten eingeschritten, oder habt Ihr das bereits vergessen?«

»Auf jeden Fall kann ich nicht vergessen, daß Eure Schwester der Grund für meine Exkommunikation war«, fuhr er mich an.

So war das also.

»Ich verstehe. Wenn Ihr sie nicht herkommen laßt, werde ich sie besuchen.«

»Aber Ihr könnt doch das Weihnachtsfest am Hofe nicht versäumen!«

»Warum nicht? Niemand wird mich vermissen.«

»Ich schon«, sagte er niedergeschlagen, und mir fehlten vorübergehend die Worte. »Eleonore, Ihr wißt, daß Ihr nicht nach Burgund reisen könnt. Doch wenn Ihr sie so gern sehen wollt, könnte sie wohl für ein paar Tage kommen, aber allein. Kein Säugling und kein Raoul. Noch nicht ...«

»Aber ...«

»Kein Aber! Nur Petronilla oder gar keiner.«

Und so reiste Petronilla die hundert Meilen nach Paris, um mir Gesellschaft zu leisten. In den Wochen bis zu ihrer Ankunft ging mir Louis aus dem Weg. Er hieß Petrel nicht einmal willkommen, als sie mit ihrem kleinen Gefolge, erschöpft von der beschwerlichen Reise, kurz vor Weihnachten eintraf. Aber ich rächte mich und brachte sie, nun, da die Adventszeit endete, in meinen Gemächern unter. Da der Palast zu Weihnachten immer unzählige Gäste beherbergte, war es nicht abwegig, daß ich meine Räume mit ihr teilte. So konnte ich Louis noch etwas länger von mir fernhalten.

Sie sah großartig aus, denn alle Bitterkeit war von ihr abgefallen. Dabei war sie stark in Anspruch genommen, ob nun mit ihrem Säugling, ihrem Gemahl – denn das war er, was die Kirche auch sagen mochte – oder ihren Ländereien. Die Ironie der Umstände war mir durchaus bewußt: Ich war Königin von Frankreich, die größte Erbin meiner Zeit, besaß, wie es hieß, Schönheit und Intelligenz und beneidete doch meine jüngere Schwester, die vom Hofe verbannt sowie Mutter eines Bastards war und die in einer nicht anerkannten Ehe lebte mit einem Mann, der fast dreimal so alt war wie sie selbst!

Ihr Leben mochte verheerend erscheinen und war doch paradiesisch – verglichen mit der Tristesse meiner eigenen Existenz.

Zu Weihnachten war das Leben am Hofe so geschäftig, daß Petrel und ich erst in Ruhe miteinander reden konnten, nachdem wir uns in meine Gemächer zurückgezogen hatten. Dort waren wir fern von all den Kammerfrauen, den jungen Rittern und Geistlichen, die in der Hoffnung auf Beförderung nach Paris geströmt waren. Es war wie in alten Zeiten: das Bett mit ihr teilen und den so vertrauten und lange entbehrten Kamillenduft ihres Haares einatmen zu dürfen.

Und wie früher kam sie gleich zur Sache. »Was ist mit dir, Eleonore?«

Ich blickte sie an und versuchte, meiner Stimme eine beiläufige Note zu geben. Bedauerlicherweise mußte ich ständig auf der Hut sein, sogar bei ihr.

»Was meinst du damit?«

»Du bist so verändert, irgend etwas stimmt nicht mit dir. Du bist doch nicht etwa krank? Du bist so schrecklich abgemagert. Was fehlt dir?«

Ich wich ihrer Frage aus und erkundigte mich statt dessen, ob nach Raouls Geburt ihre Monatsblutung wieder eingesetzt habe.

»Nun – immer noch ein wenig unregelmäßig, aber das ist ja nicht anders zu erwarten ...« Flink wie immer hakte sie sogleich nach. »Soll das heißen – deine noch nicht? Aber die Fehlgeburt liegt doch schon so lange zurück!«

»Ich weiß, ich weiß.«

Petrel dachte eine Weile angestrengt nach, dann ergriff sie meine Hand. »Es gibt andere Dinge im Leben. Du kannst dich sogar glücklich schätzen. Ich habe einen ganzen Tag in den Wehen gelegen und bin immer noch ganz wund. Der Ritt hierher war kein Vergnügen – aber nein, ich bereue nicht, gekommen zu sein, also schau mich nicht so an! Ich bin sicher, daß alles gut wird und du die Söhne bekommst, die du brauchst. Wie stellt sich denn der gute Louis so an – oder sollte ich das nicht fragen?«

»Wie wohl? Ich glaubte, einen König geheiratet zu haben, und fand im Bett einen Mönch vor. Und das ist noch das einzig Gute an ihm.«

»O je!«

»Du sagst es.«

Erschöpft von der Reise, schlief Petrel bald darauf ein. Ich lag neben ihr, lauschte auf ihren ruhigen Atem und fühlte mich durch ihre bloße Gegenwart getröstet, bis ich selbst einschlummerte, um von Geoffroi zu träumen.

Mit Petrel an meiner Seite begann ich Gefallen an Weihnachten zu finden – selbst an der endlos langen Mitternachtsmesse. Die überfüllte Kathedrale war mit Girlanden und Wandteppichen geschmückt, und es brannten so viele Kerzen, daß die Besucher sich wegen der Hitze bald mit ihren langen Ärmeln Luft zufächelten. Diese Bewegung machte die Hunde unruhig, die innerhalb des Westportals angebunden waren; einer von ihnen befreite sich von seiner Kette, lief hechelnd das Kirchenschiff entlang zum Chor und fiel heulend in die Darbietung der Chorsänger ein, die dadurch aus dem Takt gerieten. Jeder bemühte sich, sein Lachen zu unterdrücken, um sie nicht noch mehr zu verunsichern. Das Ganze artete zu einer Posse aus, als Suger seinen gestrengen Blick durch die Menge schweifen ließ und selbst die Hunde verstummten.

Nach der Messe gingen die meisten nach Hause. Viele der jungen Höflinge aber blieben auf; sie streunten um den Palast herum, bewarfen sich mit Schneebällen und ließen die ruhigeren Seelen nicht zum Schlafen kommen. Dank der allgemeinen Feststimmung und der aufmunternden Gegenwart von Petrel fühlte ich mich besser als je seit den Tagen von Senlis. Und als Louis Petrel am Weihnachtstag sogar willkommen hieß, sah ich dem Fest beinahe freudig entgegen.

Als sich der Palast in der Vorwoche mit Festgästen gefüllt hatte, hatte ich vergebens nach Geoffroi Ausschau gehalten. Als Seneschall war er verpflichtet zu erscheinen. Doch es wurde berichtet, daß die Straßen im Westen völlig verschneit waren, und ich kam zu dem traurigen Schluß, daß er wohl in seinem geliebten Le Mans seinen eigenen Hof hielt. Und so war sein Erscheinen während des Festmahles am Weihnachtstag für mich ein richtiger Schock. Er schritt leichtfüßig durch die Reihen der angetrunkenen Possenreißer geradewegs auf die erhöhte Tafel des Königs zu. Sein kupferfarbenes Haar schimmerte, und auf seinem blauen Seneschall-Umhang, der mit goldenen Lilien übersät war, glitzerten noch Schneekristalle. Er sah atemberaubend aus, und ich konnte meine plötzliche Freude kaum verbergen.

Wie stets erregte sein Erscheinen Aufsehen und gab Anlaß zu den bei diesem Fest erlaubten Spötteleien. Einer der Knappen pfiff lüstern hinter ihm her und rief: »Seht Euch dieses Haar an! Hatte Euer Vater Rost in den Rohren?«

Alles brach in Gelächter aus, und er schmunzelte nachsichtig, war er doch solche Neckereien – und die Aufmerksamkeit – gewohnt.

»Donnerwetter!« stieß Petronilla hervor. Als sie ihn aber erkannte, warf sie mir einen beunruhigten Blick zu und verstummte.

Louis, der nach weihnachtlichem Brauch seine Krone auf dem Haupt trug und ausnahmsweise sein härenes Hemd abgelegt hatte, stand leicht schwankend auf, um ihn zu begrüßen. »Wir glaubten schon, Ihr hättet Euch unserem Befehl widersetzt, Seneschall.«

»Nein, Euer Gnaden«, entgegnete Geoffroi leichthin. »Ich wurde lediglich durch heftiges Schneetreiben aufgehalten. Und durch einen Boten aus England. Beide von ähnlicher Wärme, wie zu befürchten war.«

Er hatte mich noch keines Blickes gewürdigt, während ich ihn mit den Augen verschlang. Er schien einen Schwall klarer, frostiger Luft in den dampfenden, von Essensgerüchen erfüllten Saal gebracht zu haben. Ich war so glücklich, ihn einfach nur sehen zu dürfen, daß all mein Bedauern über die uns verwehrte gemeinsame Zukunft vergessen war. Ich verging vor Liebe.

Er fuhr plötzlich zusammen und murmelte etwas Unverständliches.

»Was gibt's, Graf?« wollte Louis wissen, der sich so ungeschickt auf seinen Sitz fallen ließ, daß seine Krone verrutschte.

Aus seinem weiten Ärmel zog Geoffroi ein zappelndes Hündchen hervor, das nach seiner Hand schnappte.

»Ein Geschenk für die Königin, Sire«, sagte er, noch immer zu Louis gewandt. »Meine beste Windhündin hat letzten Monat geworfen, und dies hier ist ihr Erstgeborenes.«

Das winzige Geschöpf zappelte in seinen Händen, und er streichelte es sanft und redete, begleitet von einem allgemeinen sentimentalen »Ahhh!«, beruhigend auf es ein. Die anderen Hunde kamen herbei, schnupperten aufgeregt und begrüßten den Neuankömmling in ihren Reihen mit eifrigem Schwanzwedeln und Bellen.

»Seht nur, Eleonore!« rief Louis. »Ist er nicht entzückend?« Und er winkte unsicher mit der Hand, als er vom Stimmengewirr übertönt wurde. »Nun, so überreicht ihn der Königin.«

Geoffroi neigte kurz seinen Oberkörper und beugte sich dann über die Tafel, und ich erhob mich zitternd, um das Geschenk entgegenzunehmen. Unsere Hände berührten sich kurz – die seinen brannten, obwohl seine Ärmel noch steif waren vor Eis –, als er mir das sich sträubende Hündchen in die Arme legte. Daraufhin trat er zurück und sagte förmlich: »Gesundheit und ein langes Leben meiner gnädigen Herrin.« Hier und da ertönte feuchtfröhlicher Beifall.

»Ich danke Euch, Graf Geoffroi. Welch reizendes Geschenk!« Das kleine Ding besaß ein mattsilbernes Fell und war äußerst feingliedrig. »Habt Ihr dem Wurf schon Namen gegeben?«

»Ja, Madame, allen bis auf diese Hündin. Das Vatertier heißt Jäger, und so habe ich die anderen Welpen nach den Jagdgründen von Frankreich benannt – Vincennes, Pierrefonds und Morienval.«

Wieder ertönte Applaus, und selbst Louis war begeistert von diesem charmanten Einfall. Geoffroi sah mich nun zum ersten Mal offen an, und mir war, als müßten alle sehen, was ich in seinen saphirblauen Augen lesen konnte.

»Dann, lieber Graf, will ich sie nach dem schönsten unserer Jagdgründe benennen – Senlis.«

Erneut Beifall, und mein Blick traf auf sein bezauberndes Lächeln.

»Jemand soll dem Sene ... dem Schenesch ... Graf Geoffroi seinen Platz überlassen«, befahl Louis stammelnd. Geoffroi begab sich ans andere Ende der Tafel, während ich das zitternde Bündel fest auf dem Schoß hielt.

»Was führst du im Schilde?« fragte Petronilla argwöhnisch.

Am nächsten Morgen, dem Stephanstag, fand eine der bedeutendsten Jagden des Jahres statt. So zwangen wir uns, trotz unserer Benommenheit früh aufzustehen, um uns der Jagdgesellschaft anzuschließen oder sie zu verabschieden. Obwohl es die ganze Nacht geschneit hatte und sehr kalt war, schien die Hälfte der Hofgesellschaft entschlossen, an der Jagd teilzunehmen. Um die Kälte zu vertreiben, wurde heißer Wein in großen Mengen getrunken.

Im Hof herrschte ein Gewimmel von aufgeregten Hunden, dampfenden Pferden und verschlafenen Höflingen, alle in Grün und Weiß gekleidet. Ich schaute mich vorsichtig um und erblickte Geoffroi, der in seinem weißen Pelzumhang prächtig aussah und lauthals lachte. Petrel war mit heftigen Kopfschmerzen erwacht und hatte erklärt, sie könne sich nichts Schlimmeres vorstellen, als sich auf einem Pferd zu Tode rütteln zu lassen. Daher war sie im Bett geblieben. Louis dagegen, weiß wie der Schnee ringsumher und sicher kaum besser dran als Petrel, machte sich die Mühe aufzustehen und wurde nun sogar in den Sattel gehoben.

Sobald er bereit war, trabten wir mit klirrendem Geschirr über die Brücke dem Wald entgegen, der zwei oder drei Meilen vor der Stadt lag. Ich ritt an der Spitze des Zuges neben Louis, dem der Kopf schmerzte und die Augen in der eisigen Luft tränten. Bald hatten wir den Saum des dunklen Waldes erreicht. Geoffroi ritt an der Seite seiner Schwester, der Gräfin von Flandern. Der Klang seiner Stimme, während er angeregt mit ihr plauderte, peinigte und verstörte mich. Seit dem Augenblick, da er gestern den großen Saal betrat, war ich außer mir vor Ungeduld. Ich mußte einen Weg finden, um eine Weile mit ihm allein zu sein.

Nach einer kurzen Pause, in der die Jagdführer die Losung eines Hirsches prüften und sich beratschlagten, wann sie die Hunde loslassen sollten, bemerkte ich, daß sich Geoffroi einer anderen Gruppe angeschlossen hatte, die nicht weit von mir entfernt war.

Jeder hielt fiebrig und erwartungsvoll sein Pferd im Zaum. Dann endlich ertönte das Jagdhorn, und alle preschten los. Ich verlor Geoffroi, der mit seinem weißen Umhang im Schnee kaum sichtbar war, für eine Weile aus den Augen, dann aber tauchte er wieder auf. Wir tauschten einen kurzen, tiefen Blick, bevor er erneut in den Wald ritt. Dabei streifte er einen Ast, der mit einem leichten Ächzen seine weiße Last genau über dem armen Louis entlud, der daraufhin sogleich zu keuchen und zu husten begann.

»Vielleicht solltet Ihr besser umkehren, Louis«, sagte ich. »Ihr wißt doch, wie schnell Ihr Euch erkältet.«

»Nein, nein, das kommt gar nicht in Frage. Macht kein Aufhebens, Eleonore. Es ist meine Pf... Pflicht teilzunehmen.« Er nieste dreimal hintereinander, wobei ihm mehrere dienstbare Hände den Schnee von den Kleidern klopften, und ein besorgter Page legte einen weiteren Umhang um seine Schultern. In der Ferne ertönte erneut das Horn, und wir galoppierten davon, in der eisigen Luft nach Atem ringend, bis unser Tempo durch dichtstehende Eichen gebremst wurde.

Geoffroi ritt nun in einer anderen Gruppe, mit der er fröhlich plauderte, als ich plötzlich begriff, was er vorhatte ... Wir hielten erneut an, um Fährten zu prüfen und gewürzten heißen Wein zu trinken, der in Kisten warm gehalten wurde, die mit Stroh ausgelegt waren. Louis nieste wieder, war jedoch nicht zur Umkehr zu bewegen. Ich war so glücklich, daß mir sogar seine Gegenwart nichts ausmachte.

Nicht alle Pferde waren dem Schnee und den tiefhängenden Zweigen gewachsen, die unseren Weg behinderten. Als die Jagdgesellschaft sich immer mehr aufsplitterte, blieb Geoffroi zwar diskret auf Abstand, aber doch stets nahe genug, daß ich ihn nie aus den Augen verlor. Nach drei Stunden hatten sich nicht wenige hoffnungslos verirrt, die viel zuviel Wein getrunken und dabei zu wenig gegessen hatten. Ich zügelte mein Pferd, blieb ein wenig hinter meinen Begleitern zurück und stahl mich dann mit einem Blick zu Geoffroi davon, während es wieder heftiger zu schneien begann.

Nur wenige Augenblicke später folgte er mir, wobei er vorsichtig umherspähte, ob niemand uns gefolgt war. Ohne ein Wort banden wir unsere Pferde an einen Baum und suchten nach einer möglichst geschützten Stelle, bevor wir uns in die Arme fielen und unsere Gesichter mit eisigen Küssen bedeckten. Wir lachten, weinten, küßten uns, und gleichzeitig sprudelten uns wirre Worte über die Lippen.

»Ich hatte mir geschworen, dich ... dich in Ruhe zu lassen«, keuchte er unter Küssen, »daß es zu gefährlich für dich ist, aber ...« – er streifte seine pelzbesetzten Handschuhe ab, schob die Hände unter meinen Mantel und drängte sich an mich –, »aber ich kann es nicht, nein, ich kann es nicht.«

Wir verloren das Gleichgewicht und fielen der Länge nach in den Schnee. Wir versanken fast darin und waren so aufgeregt und glücklich, wieder zusammen zu sein, daß wir nur mit Mühe auf die Füße kamen und uns lachend die Kleider abklopften. Plötzlich warf er mich erneut in den Schnee und bedeckte uns beide mit seinem weißen Umhang.

»Was ist?« fragte ich, als er darunter hervorlugte und dann in ersticktes Lachen ausbrach.

»Ich habe eine Bewegung gesehen, aber es war nur ein Hase.«

»Oh, wo ist er?« Wir lagen ganz still da und beobachteten das seltsame Wesen, das sich fast blau vom Schnee abhob, während es am Boden nach etwas Eßbarem suchte. Ich blickte Geoffroi von der Seite an; mit seinen von der Kälte geröteten Wangen sah er aus wie ein kleiner Junge. Er begegnete meinem Blick. »Ich habe dir etwas mitgebracht«, sagte er fast schüchtern.

»Du hast mir schon Senlis geschenkt«, sagte ich und küßte ihn auf den Mund. »Ich habe sie sehr gern. Aber ich will nur dich.« Ich küßte ihn erneut.

Doch er legte mir einen Smaragd von solch unergründlichem Grün in die Hand, daß seine zarte goldene Fassung zu brennen schien. »Es sind deine Farben, Eleonore, aber kein Stein kann es mit deinem Feuer aufnehmen – oder mit deiner Schönheit, Liebste.« Er legte mir den Schmuck um den Hals, und seine Finger waren steif vor Kälte, selbst als ich sie küßte.

Hinter uns waren plötzlich weiche Hufschläge zu hören, und wir fuhren schuldbewußt zusammen. Geoffrois Hand schnellte zu seinem Schwert, und wir hielten den Atem an. Aber was sich uns näherte, war kein berittener Höfling oder Jäger, sondern der Hirsch, den wir den ganzen Morgen verfolgt hatten. Er blieb einen verzauberten Moment lang reglos stehen: Seine Flanken dampften; und seine feuchten Augen waren auf uns geheftet, bevor er sein großes Haupt schüttelte und mit kräftigen Sprüngen das Weite suchte. Ich berührte das Juwel an meinem Hals und schaute Geoffroi an. »*Hoc me Caesar donavit.* Und ich gehöre Caesar ...«, flüsterte ich.

Er beugte sich herab, um meinen Hals zu küssen – wußte er doch genau, daß es nicht Louis war, auf den ich anspielte. Dann wandte er den Blick von mir ab und sah dem fliehenden Wild nach. »Sie sind ihm gewiß dicht auf den Fersen und werden bald nach dir suchen«, sagte er ruhig.

»Ach, eine kleine Weile noch. Küß mich.«

Und er lag auf mir im Schnee, spürbar erregt trotz der eisigen Kälte. Winzige Wassertropfen fielen von seinem Haar auf meine Augenlider und Wangen. Meinen ganzen Körper durchrieselte ein Prickeln, als wir plötzlich, gefährlich nah, die ersten Geräusche eines Suchtrupps vernahmen. Geoffroi riß mich hoch. Wir rannten zu unseren Pferden und erreichten sie mit knapper Not, als der erste Reiter in Sicht kam.

»Versuch, ein Treffen zu arrangieren!« flüsterte ich ihm voll heißer Begierde zu, als er mir aufs Pferd half, das er dann am Zügel zu den Reitern führte.

»Madame! Dem Himmel sei Dank! Wir wußten zuerst gar nicht, daß Ihr verlorengegangen seid, und glaubten, Ihr hättet Euch einer anderen Gruppe angeschlossen«, sagte einer, und

Maurienne fügte mit der üblichen bissigen Note hinzu: »Seht da, Graf Geoffroi! Uns war gar nicht bekannt, daß Ihr Euch an der Suche beteiligt. Der König ist heimgeritten, wißt Ihr ...«

Dann blickte er mich stirnrunzelnd an, als gäbe es etwas Befremdliches an mir, das er sich nicht erklären konnte. Es konnte nur das Geschmeide an meinem Hals sein. »Gut denn«, sagte ich leichthin. »So wird sich der König keine Sorgen gemacht haben.« Und als ich mich nun zur Seite wandte, schob ich den Smaragd mit einer raschen Bewegung unter den Kragen. »Habt Dank für Eure Hilfe, Seneschall. Jetzt komme ich allein zurecht.«

Geoffroi verneigte sich ehrerbietig, und nur ich wußte, wie heftig sein Herz pochte und wieviel Mühe es ihn kostete, unter dem feuchten weißen Pelz sich die Handschuhe über die Finger zu streifen, die jetzt völlig taub waren vor Kälte.

Voller Tatendrang und mit plötzlichem Heißhunger ritt ich zurück. Louis lag längst im Bett, einen erhitzten Stein zu seinen Füßen, und so wurde unser lärmendes Fest im großen Saal an jenem Abend nicht durch seine mißbilligende Gegenwart gestört. Die ganze Hofgesellschaft beteiligte sich an einer immer betrunkeneren und vulgäreren Version von »Blindekuh«. Die Schwierigkeit bestand darin, daß Mitspielern zuerst ein und dann beide Arme mit einem Seidenband hinter dem Rücken gebunden wurden. Dadurch wurden die Zusammenstöße immer heftiger, und mehrere Damen prallten mit solcher Regelmäßigkeit auf Geoffroi, daß ich mich fragte, wie sie es anstellten, so geschickt zu mogeln. Auch Petronilla gelang es einmal, und als sie zu mir an die hohe Tafel zurückkam, bemerkte sie hinterlistig: »Heute abend wirst du mir alles beichten.«

»Was denn?«

»Oh, das weißt du ganz genau! Auch wenn sie alle blind wie Fledermäuse sind – ich bin es nicht!«

Ich sah sie ernsthaft bestürzt an. »Ich weiß nicht, wovon du sprichst, Petrel.«

»Eleonore! Du und seine Schwester, ihr seid die einzigen Frauen, die sich heute abend nicht auf ihn gestürzt haben. Er ist der attraktivste Mann in ganz Paris, und du hast nicht einmal zu ihm hingesehen. Also, heute nacht kannst du's deiner kleinen Schwester erzählen.«

Da gab es kein Entrinnen mehr, sosehr ich es auch versuchte. Petrel wußte, was ich damals für Geoffroi empfunden hatte. Sie hatte meine wechselnden Launen seit ihrer Ankunft richtig zu deuten gewußt. Aber ich durfte den Grund dafür nicht einmal ihr verraten, und deshalb blieb ich möglichst lange im Festsaal in der Hoffnung, daß sie für ein nächtliches Gespräch zu müde wäre.

Doch es half nichts. Sobald wir allein im Schlafgemach waren, begann sie mich mit Fragen zu bedrängen. Nach ein paar müßigen Versuchen, sie abzulenken, gab ich plötzlich dem Verlangen nach, über ihn zu sprechen, und erzählte alles – fast alles.

Sie lauschte mir mit großen Augen. »Im Jagdschloß? Mit all den Menschen dort? Erstaunlich. Und wie war es?«

»Mein Gott, Petrel!«

»Erzähl doch weiter – wie ist er? So aufregend, wie er aussieht? Nun sag schon!«

Ich bemühte mich, Würde zu bewahren, trommelte aber schließlich mit den Fersen auf die Bettdecke.

»Ach, Petrel, und wenn ich morgen deswegen sterben müßte, es wäre die Sache wert gewesen.«

»So großartig ist er? Siehst du, ich habe dir doch gesagt: Fruchtbarkeit ist nicht alles!«

Plötzlich fühlte ich mich ernüchtert, nachdem ich es laut ausgesprochen hatte, und fragte sie: »Er muß mich doch lieben, nicht wahr?«

Auch Petrel war ernst geworden. »Wenn er so viel aufs Spiel setzt, wie du erzählst – ja, dann muß er dich lieben. Oder er wünscht seinen Tod herbei. Denn solltet ihr überrascht werden, wird man es nicht bei einer Strafe wie für Abélard bewenden lassen. Ihr müßt beide ein wenig verrückt sein. Manch einer sagt ja, seine ganze Familie sei verrückt ...«

»Er ist nicht verrückt – nur etwas lebendiger als alle anderen.« Aber Petrels Worte hatten mich beunruhigt, und wir schwiegen eine Weile.

»Du mußt sehr, sehr vorsichtig sein, Eleonore«, sagte Petrel schließlich. »Ein Ausrutscher und ...« Sie brauchte den Satz nicht zu Ende zu sprechen. »Und was die Fruchtbarkeit anbetrifft – was würdest du tun, wenn ...«

»Ich glaube nicht, daß es geschehen könnte, Petrel. Dabei wünschte ich es so sehr.«

»Aber wenn ein rothaariges Kind dabei herauskommt, bist du wohl eine Erklärung schuldig.« Wir blickten uns an und kicherten trotz aller Besorgnis. »Wann war es das letzte Mal, daß ihr ... Na, du weißt schon?« fragte sie.

Ich gab es auf, ihr etwas verschweigen zu wollen. »In Senlis.«

»Dann muß es dich wohl ganz verrückt machen, ihn wie jetzt in deiner Nähe zu wissen! Kann ich irgendwie helfen?«

Ich wollte sie nicht einbeziehen, war aber zu versessen, um auf die Stimme der Vernunft zu hören. »Was könntest du denn tun?«

»Na, zum Beispiel im Ankleidezimmer schlafen ...«

»O nein! Nicht hier, das würde ich niemals wagen ... Oder doch?«

»Nun, in sein Zimmer kannst du nicht gehen, oder? Und draußen ist es zu kalt ... Nebenbei bemerkt, ist es kein so großes Problem. Raoul und ich haben es geschafft, und du hast nichts bemerkt, stimmt's?« Ich sagte nichts dazu. »Überlaß das nur mir.« Sprach's und blies die Kerzen aus.

Kapitel 5

✤ Am nächsten Abend ging es gemäßigter zu als an den zügellosen Tagen davor. Sogar Louis gesellte sich im großen Saal ein Weilchen zu uns, um anschließend wieder sein Krankenbett aufzusuchen. Ich denke, er genoß diese Tage auf seine Art, mit endlosen Gebeten und innigen Gesprächen mit Gott – kurz, er führte das Leben eines betagten Kirchenmannes statt das eines Königs von dreiundzwanzig. Bevor er sich zurückzog, sah ich ihn kurz mit Geoffroi sprechen und betete, daß er ihn nicht vorzeitig mit einem Auftrag auf die Reise schickte.

Petrel bemerkte meine Unruhe und schlenderte mit einem Becher Wein hinüber zu Geoffroi. Wenige Augenblicke später warf er mir einen überraschten Blick zu, während Petrel seelenruhig zu mir zurückkam.

»Nun?« zischte ich.

»Er ist wirklich charmant«, sagte sie.

»Petrel!«

»Und sieht dabei so gut aus. Diese Augen! Ein Blick, und man schmilzt dahin!«

»Petrel, laß das!«

Sie nippte genüßlich an ihrem Wein – ich hätte sie umbringen können. Und nachdem sie sich langsam die Lippen abgewischt hatte, flüsterte sie: »Laß heute nacht die hintere Treppentür unverriegelt. Ich werde dafür sorgen, daß unsere Kammerzofen nicht im Weg sind ...«

Mit einem tiefen Atemzug schloß ich die Augen und streichelte Senlis, die mir schon ans Herz gewachsen war.

Müdigkeit vorschützend, verließen Petrel und ich bald den großen Saal. Trotz meiner fieberhaften Vorfreude befremdete es mich, daß Petrel fast so aufgeregt war wie ich selbst.

»Du hättest sehen sollen, was er für Augen machte, als ich ihn fragte, ob er den Weg zu deinem Schlafgemach kennt! Er fürchtete wohl, es könne eine Falle sein. Trotzdem scheut er keine Gefahr«, fügte sie beeindruckt hinzu. Dann machte sie sich daran, im Ankleidezimmer ein Nachtlager herzurichten und ein Kohlenbecken anzuzünden, um die Kälte ein wenig zu lindern. Mir wurde bewußt, wie nah sich ihre Bettstatt an der meinen befand. Sie schien meine Gedanken zu ahnen, denn sie gähnte herzzerreißend. »Mach dir meinetwegen keine Sorgen. Ich bin so müde, daß ich auf der Stelle einschlafe. Komm, ich will dein Haar bürsten.« Und wir ließen uns vor dem Kamin nieder. Sie fand ganz offensichtlich Gefallen an der Situation, ich dagegen war aufs höchste angespannt.

»Wie spät ist es, Petrel?«

»Ich weiß nicht, auf jeden Fall ist es noch früh ... Erzähl mal, wie alles angefangen hat.« Sie sprühte Rosenwasser in mein Haar und begann es durchzubürsten. Ich war vorher zu beschämt gewesen, ihr von Noyon zu erzählen; jetzt aber beichtete ich.

Sie hätte fast die Bürste fallen lassen. »Er hat sich auf dich gestürzt, und der König war gleich nebenan? Einfach großartig. Klingt fast nach Raoul ...«

»Er hat sich nicht auf mich gestürzt! Nicht richtig. Anschließend bin ich noch fortgelaufen, danach aber wußte ich, daß es kein Entrinnen mehr gab. Wie spät ist es jetzt?«

»So gedulde dich doch, wir sind kaum eine halbe Stunde hier. Glaub mir, er kommt ganz bestimmt«, fügte sie mit einem albernen Kichern hinzu.

»Sei nicht geschmacklos, Petrel«, sagte ich und warf meinen Schwamm nach ihr. »Wie spricht man über ihn?«

»Über Graf Geoffroi? Diejenigen, die nicht völlig hingerissen von ihm sind, halten ihn für gefährlich. Sie behaupten, er strebe ein eigenes Königreich an. Und sie halten ihn für – überspannt.«

»Überspannt? Wieso denn das?«

»Kennst du vielleicht viele Edelmänner, die lesen und schreiben können? Dazu noch in Französisch, Okzitanisch und Latein?« Woher wußte sie das nur – mir war es nicht bekannt. »Sie glauben, er sei viel zu klug. Gestern sah ich einen Priester sich bekreuzigen, als er an ihm vorbeiging. Manche nennen ihn hinter seinem Rücken sogar Luzifer – sie glauben, sein Haar sei in der Hölle versengt worden.«

»So ein Unsinn. Er ist, er ist ...«

»Ja, ich weiß – mir brauchst du nicht zu sagen, wie du ihn findest. Übrigens sind sie stark beeindruckt, wie er sich gegen Mathilda behauptet.«

»Er hat sie doch seit Jahren nicht gesehen!«

»Eben.«

Ich war fassungslos: Petrel war erst fünf Tage hier und wußte bereits mehr über ihn als ich. »Woher weißt du das alles, wenn man fragen darf?«

»Ach, von den Hofdamen«, erwiderte sie leichthin. »Er ist die große neue Herausforderung, weißt du: fest vermählt, aber mit einer Frau, die auf der anderen Seite des Kanals lebt ... Keine von ihnen kann verstehen, warum sie erfolglos bei ihm sind. Aber wir wissen es, nicht wahr?«

Die Musik unten im großen Saal war verstummt, und ich hörte die Gäste durch die dunklen Korridore zu ihren Gemächern stolpern. Petrels gleichmäßiges Bürsten war das einzige, das meine angespannten Nerven etwas zu beruhigen vermochte, während ich mich immer wieder fragte, wann oder ob er überhaupt käme.

Es muß gegen Mitternacht gewesen sein, als Senlis zur Tür lief und heftig daran zu kratzen begann. Petrel ließ Geoffroi rasch herein. Das überglückliche Hündchen sprang aufgeregt an ihm hoch und leckte sogar sein Gesicht ab, als er es auf den Arm nahm. Er war zunächst verwirrt, als er statt meiner Petrel erblickte, die barfuß in ihrem Nachtgewand dastand und lächelte.

»War die Jagd in der letzten Zeit erfolgreich, Graf?« fragte sie spöttisch, und ihre Augen funkelten. Geoffroi, sonst nie um eine Antwort verlegen, sah selbst ein wenig gejagt aus. Als er mich endlich erblickte, blieb er wie angewurzelt stehen, vergaß sogleich Senlis, die nun aufgeregt seinen rechten Arm hinaufkrabbelte, und hatte nur Augen für mich. »Petrel«, sagte ich mit Nachdruck, weil sie immer noch lächelnd dastand.

»Zeit, zu Bett zu gehen, nicht wahr, Graf Geoffroi?« sagte sie seufzend und drückte mir einen Kuß auf die Wange. Dann nahm sie Senlis an sich, die inzwischen triumphierend auf Geoffrois Schulter Platz genommen hatte, und schlenderte zum Ankleidezimmer. »Schlaft gut«, zwitscherte sie mit einem bedeutungsvollen Augenzwinkern, bevor sie den Vorhang hinter sich zuzog.

Geoffroi blickte mich fragend an.

»Keine Sorge«, sagte ich. »Wir können ihr voll und ganz vertrauen.«

Er erwiderte nichts darauf, und ich fragte mich bestürzt, ob ihn meine vermeintliche Unbekümmertheit schockierte. Dann aber lächelte er und sagte: »Ich hätte nicht zu hoffen gewagt, dich noch einmal allein zu sehen. Ich darf nicht lange bleiben – es ist zu gefährlich für dich.« Und er schlang die Arme um meine Taille und zog mich fest an sich. »Eigentlich hätte ich gar nicht kommen dürfen.«

Hinter dem Vorhang war ein unterdrücktes Kichern zu hören. »Oh, sag das nicht«, flüsterte ich und erstickte jedes weitere Wort mit Küssen.

Zwei Stunden später überprüfte ich den Korridor und entließ Geoffroi widerstrebend ins Dunkel. Kaum war ich erschöpft in mein Bett gesunken, kam Petrel herein. »Ist er fort?« fragte sie betont unschuldig, bevor sie unter die warme Decke schlüpfte.

»Du hast doch wohl nicht gelauscht, Petrel?«

Sie gähnte. »Natürlich nicht ... Ich habe fest geschlafen ... Beide Male.«

Ich sah sie aufgebracht an und beschloß, daß dies nicht noch einmal geschehen dürfe.

Doch ich hätte mir diese Gedanken sparen können, denn schon am nächsten Tag erhielt Geoffroi den Auftrag, Berichten über Unruhen in Pontoise nachzugehen, und war bald nach der Messe fort. All meine Lebensfreude war dahin. Als ich obendrein noch erfuhr, daß Geoffroi plante, seinen Feldzug in der Normandie bald wiederaufzunehmen, hatte selbst Petrel größte Mühe, mich halbwegs aufzumuntern. Ich versuchte, nicht daran zu denken, wie lange ich ihn wohl nicht wiedersehen würde.

Petrel blieb bis zum Dreikönigsfest und machte sich auf den langen Ritt zurück ins Burgund, bevor die Straßen völlig unpassierbar wurden. Sie war beladen mit Geschenken für ihren kleinen Sohn, der ihr bereits nach einer Woche bei uns unendlich gefehlt hatte.

Kaum war sie fort, nahm Louis seine sporadischen nächtlichen Besuche bei mir wieder auf. Inzwischen war ich darüber hinaus, mich vor seinen unbeholfenen, selbstsüchtigen Anstrengungen zu ekeln. Ich war sogar dankbar, daß er gar nicht zur Kenntnis nahm, mit welcher Kälte ich darauf reagierte.

Doch seine Unbeholfenheit sorgte dafür, daß unser Beisammensein nie von langer Dauer war. Noch immer hatte sich meine Monatsblutung nicht eingestellt, und auch von Geoffroi war ich nicht schwanger – welche Wahrscheinlichkeit bestand dann erst bei Louis?

Kapitel 6

⚜ Durch die ungewöhnliche Kälte und die heftigen Schneefälle jenes Winters war ich an den Palast gefesselt. So faßte ich den Entschluß, schreiben zu lernen. Natürlich konnte ich schon seit Kindertagen lesen, nun aber hatte ich den Ehrgeiz, mich weiterzubilden. Louis fand das befremdlich. »Aber dafür haben wir doch Schreiber!« sagte er kopfschüttelnd. »Überhaupt ziemt es sich nicht für eine Frau.«

»Wer sagt das?«

»Was?«

»Ich fragte: Wer sagt das?«

»Na, alle! Ich sage es!«

»Das ist kein Grund!«

»O doch, das ist es!«

»Nein, ist es nicht.« So hätten wir stundenlang streiten können. Aber fest entschlossen, wie ich war, setzte ich meinen Willen durch.

»Nun, auf diese Weise seid Ihr beschäftigt, solange ich fort bin«, stimmte er schließlich widerwillig zu.

Fort? Das war eine unerwartete und erfreuliche Neuigkeit.

»Warum? Wohin geht Ihr, Louis?«

»Ich ziehe Truppen nach Driencourt ab; das ist an der normannischen Grenze, Eleonore ...«

»Ich weiß, wo das ist, Louis«, gab ich unwirsch zurück, während mir fast der Atem stockte vor Angst, er könnte gegen Geoffroi zu Felde ziehen.

Er aber setzte gleich hinzu: »Ich glaube, ich sollte unseren Seneschall ein wenig unterstützen.«

Bei dieser erstaunlichen Nachricht atmete ich erleichtert auf.

»Und ich dachte, Ihr befürchtet vielmehr, Graf Geoffroi könnte die ganze Normandie einnehmen. Warum wollt ihr ihm jetzt plötzlich zu Hilfe eilen? Das ist doch nicht etwa eine Falle?«

Louis blickte gekränkt drein. »Eine Falle? Was meint Ihr damit? Nein, Stephen von Blois scheint alles daranzusetzen, England zu halten, und wir können es nicht zulassen, daß seine Familie, vor allem jemand wie Graf Thibault ...« – Thibault war noch immer Louis' Feind und auch meiner, um so mehr vielleicht, weil wir ihn wegen Petronillas Heirat schlecht behandelt hatten –, »wir können es nicht zulassen, daß er sich mit seinem Bruder verbündet, um auch noch die Normandie einzunehmen. Sie würden uns einkesseln! Nein, wir müssen einen Keil zwischen England und die Normandie treiben. Deshalb werde ich Graf Geoffroi beistehen.«

Dies war eine für Louis außergewöhnlich lange und zusammenhängende Ausführung, und er schien äußerst stolz darauf zu sein. Ich ging davon aus, daß Suger dahintersteckte.

»Ich verstehe, Louis, aber habt Ihr ihn gewarnt ... Ich meine, habt Ihr ihm mitgeteilt, daß Ihr kommt?«

»Ich habe gestern einen Boten entsandt. Sicher wird er für meine Unterstützung dankbar sein.«

Dankbarkeit wird das letzte sein, was Geoffroi dabei fühlen wird, dachte ich bei mir.

Louis' Bestreben, die Normandie und England nicht vereint zu sehen, hing natürlich davon ab, wie fest Stephen sein gestohlenes Königreich im Griff hatte. Zwar hatte Mathilda in letzter Zeit eine Reihe von Niederlagen erlitten, aber sie war noch keinesfalls am Ende. Nun, da Geoffroi die Normandie wirkungsvoll kontrollierte, hatten sie einen uneinnehmbaren Stützpunkt, von dem aus sie ihren Kampf um die englische Krone wiederaufnehmen konnten. Sollte Stephen nicht plötzlich Talent zum Regieren eines Königreiches vorweisen – das er bislang sorgsam verborgen hatte –, so schien es unausweichlich, daß die Angeviner schließlich siegen würden.

Natürlich behielt ich das für mich und wünschte Louis nur viel Glück, während ich im stillen hoffte, seine Unterstützung möge Geoffrois Feldzug nicht um allzu viele Wochen verzögern.

So verließ der König Paris, um für Geoffroi zu kämpfen. Dieses eine Mal wünschte ich, ihn begleiten zu können. Doch statt dessen verfolgte ich meinen eigenen Sieg und lernte schreiben. Louis hatte es mir nur unter der Voraussetzung erlaubt, daß ich es niemandem erzählte – er hatte meinetwegen bereits genug Peinlichkeiten erdulden müssen. Und so wurde ein tugendhafter Kanonikus von Notre-Dame beauftragt, mir beizubringen, was für den König Teufelswerk war.

Zum Glück lernte ich rasch. Schon nach wenigen Tagen konnte ich allein mit Pergament und Tinte umgehen und beobachtete gebannt, wie sich die Worte auf der Seite entwickelten und mit ihnen meine Gedanken. Kein Wunder, daß sie diese Kunst für sich behalten, dachte ich bei mir, denn ohne sie sind wir kaum mehr als Kinder. Meine neuerworbene Fähigkeit verhalf mir obendrein zu einer bisher unbekannten Ungestörtheit, konnte ich doch auf die Gegenwart von Schreibern und Sekretären verzichten. Und sie war natürlich eine weitere geheime Verbindung zu Geoffroi, für den ich wegen seines Lerneifers einen fast schon übertriebenen Respekt empfand.

Selbst Suger konnte mich nicht mehr einschüchtern, denn mir war klargeworden, daß Wissen tatsächlich Macht bedeutet und daß man um so weniger von den Ansichten und – vielleicht wichtiger noch – von der Zustimmung anderer abhängig ist, je größer die eigenen Kenntnisse sind. Doch ich stellte meine neuerworbene Selbstsicherheit nicht zur Schau: Abélard, der durch sein Wissen so stark, aber auch so schrecklich verwundbar gewesen war, diente mir als warnendes Beispiel.

Es gab viel, worüber ich in jenen Tagen nachzudenken hatte. In manchen Nächten fuhr ich schweißgebadet aus dem Schlaf und dachte an die Gefahren, die uns bei all unserer Tollkühnheit drohten. Anfangs, nach den langen Jahren der Einsamkeit und Öde am französischen Hofe, war ebendieses Gefahrenmoment ein vager, aber nicht zu leugnender Bestandteil meiner Liebe zu Geoffroi. Die einzigen Male, da ich mich wirklich lebendig gefühlt hatte, waren die Momente der Wonne – und der Gefahr – an seiner Seite gewesen. Aber das hatte sich geändert. Seit Weihnachten war mir klargeworden: das, was als so heftige, blinde Leidenschaft begonnen hatte, war zu dem tiefsten Gefühl geworden, das ich jemals empfunden hatte. Mit dem Heranreifen der Liebe begann ein anderes Problem. Denn nun kämpfte mein Verlangen nach ihm mit der schrecklichen Angst, ihn womöglich in Gefahr zu bringen.

Wie leicht hätten wir bei jedem unserer Treffen entdeckt werden können! Und während die Folgen für mich vielleicht nur Schmach und Kerker gewesen wären – die Aquitanier waren verpflichtet, sich zu erheben, sollte Louis mich hinrichten wollen –, waren die für Geoffroi nicht auszudenken. Folter, Verstümmelung und langes, qualvolles Sterben wären die Vergeltung für diesen Verrat. Wie ich Louis kannte, hätte er vielleicht all das sogar selbst – mit eigener Hand – getan. So kam es in meinem Innern zu einem aufreibenden Kampf zwischen Verlangen und Liebe.

Doch trotz aller Ängste siegte nun das Verlangen.

Überdies hatte sich die Welt für mich geteilt. Auf der einen Seite befanden sich der Graf von Anjou und ich, auf der anderen alle übrigen Menschen. Meist hielt ich das Kräfteverhältnis für recht ausgeglichen, aber es unterstrich auch die große Veränderung, die in mir stattgefunden hatte: Ich brauchte die anderen nicht länger. Ich mußte auch nicht Königin von Frankreich sein, um einen Sinn in meinem Leben zu sehen. Die Liebe zu Geoffroi hatte die engen Grenzen meiner Welt gesprengt, und ich sah mit plötzlicher Deutlichkeit, daß das, was im Leben vorgeschrieben schien, keineswegs unvermeidlich war.

Hätte ich den Priestern geglaubt, hätte ich ihn niemals geliebt und so niemals die Wonnen kennengelernt, ohne die das Leben fade ist. Ich war zuvor tatsächlich nur halb lebendig gewesen. Nun aber sah ich ringsum am Hofe Menschen, die sie ganz einfach nicht kannten und nie kennen würden. Seine Augen, so nahm ich an, waren schon seit langem geöffnet. Das war der Grund, weshalb die Menschen ihn fürchteten – nicht wegen irgendwelcher unsinniger Luzifer-Geschichten. Er machte ihnen angst, weil er die von anderen gesetzten Grenzen nicht fraglos respektierte.

Kurz, ich hatte erkannt, daß nicht ich draußen war, sondern der Rest der Welt. Wie ich diese Erkenntnis mit meinem Leben innerhalb der engen Grenzen bei Hofe in Einklang bringen sollte, wußte ich allerdings nicht.

Im Augenblick aber lebte ich nur für die Stunden unseres nächsten Beisammenseins und fragte mich, warum ich nicht gen Norden reiten und mich Louis zur Unterstützung unseres Seneschalls anschließen sollte. Zu Sugers Entsetzen machte ich Pläne zum Aufbruch, sobald die Schneefälle dies erlauben würden. Um des lieben Friedens willen versprach ich, zunächst verschiedene Abteien und Klöster zu besuchen, Privilegien zu erneuern und kleine Zuschüsse zu bewilligen, um die Loyalität der Gründungen entlang der normannischen Grenze zu fördern, bevor ich mit Louis in Pontoise zusammentreffen würde. Driencourt und Lyons-La-Forêt waren bereits an Geoffroi gefallen. Ich hoffte, er würde nun die Gelegenheit nutzen, seinen König persönlich zu verabschieden, indem er ihn durch das normannische Vexin zu unserem Treffpunkt eskortierte.

Als ich in Pontoise eintraf, war meine Ernüchterung groß. Das Schloß wirkte zwar imposant, war jedoch nicht mehr als ein Fort, ein finsteres Quartier für abgehärtete Soldaten, viereckig und trutzig, aber primitiv, eiskalt und ohne eine Spur von Komfort. Während ich noch grübelte, ob mir die Zeit blieb, unseren Treffpunkt zu verlegen, hörte ich, daß der König in Sicht sei. Ich eilte aufs Dach und blickte auf die Straße unter mir – mehr eine Schlammrinne, die durch unsere Gepäckwagen aufgewühlt worden war, während die unbetretenen Felder zu beiden Seiten vom schmelzenden Schnee silberweiß glitzerten. Die Banner der sich nähernden königlichen Truppen waren die einzigen Farbtupfer meilenweit. Fieberhaft suchte ich sie eines nach dem anderen ab und entdeckte bald, was ich mir gewünscht hatte – das Blau und Gold von Anjou.

Er war gekommen.

Mit klopfendem Herzen eilte ich in den düsteren, staubigen Saal hinunter, in dem es von eifrig den Besen schwingenden Dienern wimmelte, und richtete mich für den Empfang her. Als Louis dann aber allein hereinkam, wußte ich sofort, daß irgend etwas nicht stimmte. Er war verstört und hinkte ein wenig. »Oh, Eleonore ...«, murmelte er, so als hätten wir uns erst vor wenigen Augenblicken, nicht vor Wochen, getrennt.

»Was ist geschehen, Louis? Ihr hinkt ja – niemand hat mir gesagt, daß Ihr verwundet seid.«

Er blickte verlegen drein. »Ich bin nicht verwundet.«

»Aber warum hinkt Ihr dann?«

»Wenn Ihr's wissen wollt – das verdammte Pferd hat sich auf meinen Fuß gestellt; jetzt ist er geschwollen.«

Armer Louis. Pferde erkannten sofort, daß er sie nicht im Griff hatte. Wie oft hatte eines ihn fast abgeworfen, sein Bein an eine Mauer gequetscht oder war unter allzu tief hängenden Baumzweigen galoppiert, so daß man es am liebsten an einen Leitzügel genommen hätte.

»Ich verstehe. Vielleicht würde Euch ein Bad guttun. Ich lasse Euch eines bereiten – ich bin sicher, sie können selbst an einem finsteren Ort wie diesem etwas Wasser aufwärmen. Es läuft ja genug von den Wänden herab, um eine ganze Garnison zu baden ...« Aber er hörte gar nicht zu. »Louis, war es der Graf von Anjou, der mit Euch eingetroffen ist?«

»Wie? Ja, ja. Er kümmert sich um die Unterbringung ... unserer Männer, wißt Ihr. Er ist immer mit irgend etwas beschäftigt.« Ich hörte Bitterkeit aus seinem Tonfall heraus, und meine Beunruhigung wuchs.

»Ist alles in Ordnung, Louis? Es ist doch nichts passiert?«

»Ich verstehe nicht, wovon Ihr redet. Wo ist unser Bett? Ich möchte mich hinlegen.«

Ich sorgte dafür, daß er möglichst rasch zu Bett gehen konnte, und machte mich dann ungeduldig auf die Suche nach Geoffroi. Ich fand ihn draußen, wie Louis gesagt hatte. Er war eifrig damit beschäftigt, die mitgeführten Truppen unterzubringen, Nachschub anzufordern und sich um all das zu kümmern, was Sache des Königs gewesen wäre. Der Burghof wimmelte von Menschen, und Geoffroi schien besorgt. Seine Stirn war gerunzelt, während er seine Befehle erteilte. In meiner übergroßen Freude, ihn zu sehen, schien seine finstere Miene jedoch nicht mehr als ein Schatten auf der Sonne zu sein. Als er mich gewahrte, ließ sein plötzlich funkelnder Blick mein Herz höher schlagen. Er entließ seine Leute, kam auf mich zu und kniete auf dem eisigen Boden nieder, um meine Hand zu küssen. Da wir jedoch alles andere als allein waren, versuchte er mir zwischen formellen Begrüßungsworten etwas zuzuflüstern.

»Kannst du dich vom König entfernen? Jede Stunde treffen mehr Menschen ein, und bis heute abend wird es im Schloß brechend voll sein. Hier sind wir nirgends ungestört.«

»Seid herzlich willkommen hier in Pontoise – *Ich weiß nicht, ich kenne mich hier nicht aus, bin noch nie hier gewesen!* Und laßt Euch zu Eurem Sieg gratulieren, *Graf. Du hast mir so sehr gefehlt ... Kannst du vor dem Essen ausreiten?*«

Obwohl wir flüsterten, kam es mir vor, als müßte jeder uns hören können, doch in unserer Erregung fiel es uns schwer, unsere Stimmen noch weiter zu dämpfen.

»*Unmöglich* ... Ich danke Euch, Madame, aber ohne die Gegenwart Seiner Gnaden wäre es nicht das gleiche gewesen – *er hätte beinahe alles zunichte gemacht! Man muß ständig ein Auge auf ihn haben und darf ihn nicht alleine lassen* ...«

»Graf Geoffroi, ich würde gern einen Bericht Eurer Taten und die Seiner Gnaden hören. Könntet Ihr einen Augenblick für mich erübrigen? *Wo denn nur?*«

»Herzlich gerne, Madame. Dürfte ich noch die Unterbringung der Soldaten abschließen? *Vielleicht in den Ställen* ...«

»Selbstverständlich! *Sobald du kannst* ...«

Aber es war zwecklos. Wir konnten nicht jeden fortschicken, ohne äußerstes Mißtrauen zu erregen. So schlenderten wir umher, die Königin von Frankreich und ihr Seneschall, und boten der Welt ein offizielles Gesicht dar, während wir eindringlich, aber leise aufeinander einredeten.

»Was ist zwischen dir und Louis vorgefallen?« fragte ich.

Er stöhnte leise auf. »Oh, du würdest es nicht glauben – oder vielleicht doch. Er traf zwei Tage nach Ende des Waffenstillstandes in Driencourt ein. Wir hatten Gefangene ausgetauscht, und alles lief vorzüglich. Ich hatte die Gelegenheit genutzt, um einen der ausgetauschten Soldaten zu ... na ja ... zu überreden, das Seitentor am Montagabend geöffnet zu lassen. Auf diese Weise hätten ein paar unserer Männer hineinschlüpfen und die Burg einnehmen können, und wir wären sogleich weiter nach Lyons gezogen.

Am Montagmorgen kam Louis ins Feldlager geritten und wollte die Burg sogleich erstürmen lassen. Es gelang mir schließlich, ihn zu beschwichtigen und zu überzeugen, daß dies nicht nötig sei. Tatsächlich fanden wir das Tor um Mitternacht geöffnet vor. Eben wollte ich einige unserer Männer hineinschicken, als Louis sich erregt einmischte. ›Aber das ist niederträchtig!‹ kreischte er. ›Einen solchen Betrug auszunutzen ist Teufelswerk!‹«

Ich war überrascht, wie gut er Louis' Stimme nachzuahmen verstand, und blickte ihn verblüfft an.

»Und er befahl uns zu bleiben, wo wir waren, und hielt uns eine Standpauke über die Moral der Kriegführung! Ich sage dir, Eleonore, wir waren alle sprachlos.« Er hatte sich mir im Gehen plötzlich zugewandt, sein Mantel war steif von Morast und Reif. Nur mit Mühe konnte ich dem Drang widerstehen, ihn in die Arme zu schließen und zu wärmen – ihm unter diesen Umständen so nahe zu sein war eine Tortur. »Bis ich mich davon erholt hatte, war das offene Tor entdeckt worden und unsere Chance zunichte. Am nächsten Morgen sahen wir den Soldaten an der Burgmauer hängen.«

»Oh, Geoffroi, wie schrecklich!« Mir wurde mit Unbehagen bewußt, daß wir viel zu laut redeten.

»Ja, selbst Louis war betroffen, obwohl er sagte, es geschehe ihm recht. Trotzdem war nicht alles vergebens.« Ein Lächeln huschte über seine Züge. »Ich hatte vorsorglich noch einen zweiten Gefangenen bestochen – für den Fall, daß sich einer eines anderen besinnen sollte. In der folgenden Nacht versuchten wir's noch einmal – diesmal aber sorgte ich dafür, daß Louis fest schlief. Am Mittwoch waren wir ohne weitere Verluste auf dem Weg nach Lyons. Aber ich hatte alle Mühe, meinen Zorn auf den König zu zügeln.«

Unser angeregtes Gespräch hatte inzwischen zu große Aufmerksamkeit erregt. Es war Zeit, sich zu trennen. Zwar hatte niemand uns verstehen können – dazu herrschte zu großer Lärm ringsumher –, aber wir durften unser Glück nicht aufs Spiel setzen. So verabschiedeten wir uns in aller Förmlichkeit.

Während des abendlichen Tanzes – ich hatte in weiser Voraussicht ein paar Musikanten aus Paris mitgebracht – erzählte mir Geoffroi von weiteren »Heldentaten« des Königs. Obwohl er gelöster war als am Nachmittag, konnte ich noch immer die Anspannung in seinen kalten Fingern spüren, wenn sie beim Drehen die meinen ergriffen. Wir tanzten mehr, um uns warm zu halten, als um des Feierns willen.

»Als wir Lyons-La-Forêt erreichten, wurde es sogar noch schlimmer«, sagte er. »Ich hatte schon einen Monat vorher Truppen dorthin geschickt, um die Versorgungswege abzuschneiden und den Boden für die Kriegsmaschinen zu ebnen. Als wir eintrafen, wurde gerade die Katze vorbereitet.«

»Die Katze?« Ich sah ihn beunruhigt an, und er lächelte.

»Das ist ein hölzerner Turm, den man ans Mauerwerk rollt, damit die Soldaten direkt auf die Zinnen klettern können.«

»Bei uns in Aquitanien wird das Gerät Bär genannt.«

»Ach, wirklich? Und warum?« Er sah mich neugierig an.

»Das weiß ich nicht.«

»Wie auch immer, unsere Katze war eindrucksvoll, vierzig Fuß hoch, stabil, aber leicht. Und noch nie benutzt worden ... Der Burggraben war zugefroren, und wir rollten sie am nächsten Tag heran. Wir hatten schon fast die Ostmauer erreicht, als sie von ein paar Feuerpfeilen getroffen wurde ...«

Der Tanz trennte uns einige Trommelschläge lang. »Nun sag bloß nicht, Louis ist in Panik geraten?« fragte ich, als wir wieder zusammenkamen. »Seit Vitry fürchtet er jedes Feuer.«

»Ja, er ist wirklich in Panik geraten. Ich hatte ihn an der ruhigeren Westseite postiert, damit er in Sicherheit und nicht im Wege war. Aber er kam immer wieder ganz aufgeregt herüber. Und als er dann die Flammen sah, hielt er die Ölfässer für Wasser und ...«

»O Geoffroi, er hat doch nicht etwa ...«

»Doch, er hat ...« Der Tanz war zu Ende, und Geoffroi setzte ein Lächeln auf, während er mir zuraunte: »Das Ding war im Handumdrehen niedergebrannt und brach durch die schmelzende Eisdecke. Es war eine Katastrophe.«

Nun war es an mir aufzustöhnen. »Aber trotzdem hast du die Burg eingenommen?«

»Oh, gewiß – die Verteidigungsposten haben so gelacht, daß

sie von den Zinnen in den Burggraben fielen. Doch ich mußte trotz der Kälte die Nacht im Wald verbringen, denn ich wußte: wäre er mir unter die Augen gekommen, ich hätte ihm etwas angetan, was ich später bereut hätte. Es waren dreißig Männer in diesem Turm, Eleonore; es ist ein Wunder, daß keiner verbrannte – oder ertrank.«

Wir kehrten zu unseren Plätzen an der Seite des Königs zurück. In Geoffrois Gegenwart sah Louis immer wie ein schuldbewußtes Kind aus. Er hatte allen Grund dazu.

Die Nacht, die ich so sorgfältig geplant hatte, wurde ein Reinfall. Jeder Versuch, Geoffroi allein zu sehen, schlug fehl. Die Festung war vollgepackt mit Soldaten, die, eingewickelt in ihre Mäntel, auf dem Boden des großen Saales kampierten und sich um einen Platz in der Nähe der Feuerstelle stritten. Obwohl wir es ein Stockwerk höher etwas bequemer hatten, konnte von Ungestörtheit nicht die Rede sein. Louis und ich hatten ein richtiges Bett, waren aber von unseren Dienern und Rittern nur durch einen Vorhang getrennt. Zu meiner großen Qual lag Geoffroi nicht mehr als zehn Fuß von mir entfernt.

Törichterweise war ich auf eine Situation wie diese überhaupt nicht vorbereitet. Zu allem Überfluß begann Louis, näher an mich heranzurücken. Fern von Paris und dem Einfluß von Notre-Dame war er stets geneigter, sich um einen Erben zu bemühen. Ich tat mein Bestes, um ihn abzuwehren, und flüsterte ihm zu, daß der halbe Hof uns hören würde. Er aber erwiderte nur, daß es sein Recht sei, und warf sich auf mich, daß die Balken des Bettes sich bogen.

Im Raum, der eben noch erfüllt war von Husten, Gemurmel und dem Rascheln der Strohsäcke, war es totenstill geworden. Man hätte das Summen einer Fliege hören können – wenn Fliegen die feuchte Kälte der Burg überlebt hätten. Die Demütigung konnte kaum größer sein. Ich lag da und erduldete stumm, was nicht zu verhindern war. Dabei hätte nicht viel gefehlt, und ich hätte mich losgerissen und nach Geoffroi geschrien, der so nahe war, daß ich glaubte, seinen Atem zu hören.

Unsere Blicke waren sich nur einmal kurz begegnet – in dem Moment, als Louis den Vorhang zur Seite zog, um mit mir ins Bett zu klettern. Geoffrois Augen hatten mir alles gesagt, was es über Schmerz und Eifersucht, Wut und Hilflosigkeit zu sagen gab. So lag ich, verfolgt von diesem Blick, die ganze Nacht schlaflos da und weinte vor nie gekanntem bitterem Zorn.

Es war alles ein fatales Mißgeschick gewesen.

Die einzige Gelegenheit zu einem Gespräch unter vier Augen ergab sich bei der Vorbereitung für die Abreise, kurz nach der Messe am nächsten Morgen. Obwohl Geoffroi mit hundert anderen Dingen beschäftigt war, bot er an, sich um mein Pferd zu kümmern. Er war angespannt und blaß, als hätte er, genau wie ich, die ganze Nacht nicht geschlafen. Es schien unvorstellbar, daß wir uns trennten, ohne einen Augenblick allein gewesen zu sein und ohne zu wissen, wann wir uns wiedersehen würden.

Doch bei aller Erschöpfung brauste er heftig auf, als er die blauen Flecken an meinen Handgelenken entdeckte, die Louis mir, ähnlich wie in Compiègne, in der Nacht zugefügt hatte. Er warf über meine Schulter hinweg einen vernichtenden Blick auf Louis und sagte – wieder einmal viel zu laut –: »O Gott, Eleonore, er hat dich verletzt. Der elende Kerl hat dich verletzt!« Er nahm meine Hände in die seinen. »Geht es wieder? Ich hörte dich weinen und konnte nichts tun. Nichts, sosehr ich auch wollte.«

Ich entzog ihm meine Hand und blickte besorgt um mich. Aber alle waren zu sehr mit der Vorbereitung für die Abreise beschäftigt, um uns zu beachten, zumal wir durch die Pferde halb verdeckt waren.

»Scht, nicht so laut. Natürlich geht es wieder. Aber sei vorsichtig! O Geoffroi, es tut mir so leid. So hatte ich das nicht geplant. Bitte sag jetzt nichts mehr.«

Doch während er vorgab, Sattel- und Zaumzeug zu überprüfen, durchbohrte er den König noch immer mit wütenden Blikken. »Ich würde ein Jahr meines Lebens für eine weitere Nacht mit dir geben, Eleonore.«

»So etwas darfst du nicht sagen, Geoffroi. Denn ich wünsche mir so viele Nächte mit dir, daß du dein ganzes Leben verwetten müßtest.«

Er zerrte so heftig an den Bauchgurten meines Pferdes, daß das arme Tier wieherte und leicht scheute. Geoffroi glühte vor Zorn und unterdrückter Begierde. Ich muß zu meiner Schmach gestehen, daß ich in diesem Moment von einem Gefühl wachsender Erregung ergriffen wurde. Seine blauen Augen schienen Feuer zu sprühen, und ich wurde von dem Strom wilder Kraft mitgerissen, der von ihm ausging. Ich glaube, ich hatte ihn noch nie so heftig begehrt. In seinen Blicken konnte ich lesen, daß es ihm ebenso erging. Wir schauten umher – niemand war in der Nähe oder beobachtete uns. Er zog mich hinter ein Pferd, das hoch mit Gepäck beladen war, preßte mich an sich und küßte mich ungestüm. Das war ungemein gefährlich, aber so erregend, daß ich fast das Gleichgewicht verlor und heftig bebte, als er die Hände um meine Taille legte, um mir auf mein Pferd zu helfen.

»Ich könnte dich mit Haut und Haar verschlingen«, flüsterte ich ihm zu. Er sah mich verblüfft an, hielt mich einen Augenblick in der Luft, bevor er mich behutsam in den Sattel hob. Dann wich die Anspannung in seinen Zügen und machte einem Lächeln Platz, so warm wie eine Liebkosung.

»Oh, meine Eleonore«, seufzte er, »keine einzige Frau auf der Welt ist wie du.«

Und plötzlich war alles wieder gut. Es würde ein nächstes Mal geben. Wir würden dafür sorgen. Ich galoppierte durchs Tor davon und fühlte mich irrsinnig glücklich. Hätte ich jedoch gewußt, wie viele Monate bis dahin vergehen sollten, hätte ich wohl geweint.

Letztlich war das Jahr 1144 für Geoffroi weit wichtiger als für mich. Im April hatte Rouen, und damit der Rest der Normandie, vor ihm kapituliert, was ihm zusätzlich zu seinem Grafentitel die Herzogskrone einbrachte. Ein Schauer der Erregung erfaßte den Hof ob dieser plötzlichen Machterweiterung, und während ich mich noch für ihn freute, überkam mich ein Gefühl der Angst. Abt Bernard war nach Paris zurückgekehrt. Ich sah, wie sich sein Blick bei der Nachricht von Geoffrois Krönung verfinsterte, und hörte seine düstere Prophezeiung, daß von Satans frei umherlaufendem Sohn nichts Gutes kommen würde.

Louis dagegen schien sonderbar unberührt von dieser Entwicklung. Die Neueinweihung von Saint-Denis – Glanzpunkt von Sugers Ehrgeiz und Kunstverständnis – sollte im Juni stattfinden. Louis' Begeisterung für die Pläne zu den bevorstehenden Feierlichkeiten war weit größer als sein Interesse für das Schicksal der Normandie. Das ganze Frühjahr hindurch war er immer wieder alle Einzelheiten der Zeremonie durchgegangen, bis ich es nicht mehr hören konnte.

Ich stand diesem Ereignis eher skeptisch gegenüber. Da der Umbau abgeschlossen war, würde Suger zweifellos nach Paris zurückkehren und damit auch den letzten mir verbliebenen Einflußbereich übernehmen. Daher war ich über seine Rückkehr alles andere als erfreut. Doch wenigstens würden die Feierlichkeiten einen Zustrom neuer Gesichter mit sich bringen, denn alle würden da sein, wie Louis mir versicherte. Alle außer Geoffroi. Als Seneschall war er natürlich eingeladen, doch er soll gelacht haben bei der Vorstellung, die letzten Schritte zur Sicherung seines Herzogtums zu unterlassen, um einer Kirchenfeier beizuwohnen.

Das hatte ich aus einer völlig unerwarteten Quelle erfahren. Als die Gäste in den Wochen vor der Einweihungsfeier zu Hunderten nach Paris strömten, war mir die Aufgabe zugefallen, eine

Gruppe von Fremden zu unterhalten. Louis hatte sie gnädigst in den Palast eingeladen, sie aber dann sich selbst überlassen, weil er nach Saint-Denis zurückkehrte.

Unter ihnen befand sich ein gewisser Baron Hardouin de Saint-Mars, dessen Ländereien sich nördlich der meinen entlang der Loire erstreckten. Sein bemerkenswert gutes Aussehen und die Art, wie er mich anstarrte, hatten meine Aufmerksamkeit erregt. Er war etwa Mitte Dreißig, groß, hager und immer in Schwarz gekleidet, was seine faszinierende Blässe noch unterstrich. Seine Augen waren haselnußbraun und schweiften rastlos umher, als wäre er ohne sicheren Beweis von nichts überzeugt und würde selbst dann noch einen Rest von Skepsis bewahren. Kurz und gut, er interessierte mich, und ich lud ihn ein, an der Abendtafel neben mir Platz zu nehmen.

Da mein rechter Tischnachbar, der Bischof von Langres, wie gewohnt, bald sinnlos betrunken sein würde, konnte ich dem bleichen Baron meine ganze Aufmerksamkeit zuwenden. Nach einem höflichen, doch oberflächlichen Geplauder über die Schönheit der neuen Abteikirche fragte ich ihn, ob er von Saint-Mars aus zu uns geritten sei.

»Nein, aus der entgegengesetzten Richtung, von Arques aus, Madame.«

Arques war die einzige Festung in der Normandie, die Geoffroi noch Widerstand leistete. Ich versuchte, meine Neugier zu verbergen. »Oh, ich verstehe«, sagte ich. »Habt Ihr Anfang des Jahres an der Seite Seiner Gnaden, des Königs, gekämpft?«

Er schien die Angewohnheit zu haben, vor jeder Antwort eine vorsichtige Pause einzulegen.

»Eigentlich nicht, Madame, obwohl ich schon seit Jahren an der Seite des Grafen von Anjou – oder sollte ich sagen: Seiner Gnaden, des Herzogs? – kämpfe.«

Das war ein Glückstreffer. »Dann kennt Ihr ihn wohl gut?«

»O ja, wir wurden am selben Tag zum Ritter geschlagen. Aber alle Aufmerksamkeit richtete sich allein auf ihn – selbst mit vierzehn glänzte keiner wie er bei den Turnieren, und keiner sah so prächtig in Purpur und Gold aus wie er.«

Ich konnte nicht umhin, sein verschmitztes, aber freundliches Lächeln zu erwidern, und versuchte ihn zu veranlassen, weiter zu erzählen. »Und schon nach einer Woche war er der Gemahl einer Königin. Eine höchst vorteilhafte Heirat!« merkte ich an.

Sein Lächeln schwand, und die Pause war länger als gewöhnlich. »So lautet die allgemeine Ansicht, Madame.«

Ich aber hatte mit der allgemeinen Ansicht nichts im Sinn und wollte mehr wissen. »Ihr als sein Freund müßt doch besonders erfreut darüber gewesen sein.« Nun erzählt doch schon weiter, beschwor ich ihn im stillen und blickte ihm fest in die Augen.

Er erwiderte meinen Blick und fuhr dann fort. »Fünfzehn von uns wurden damals zum Ritter geschlagen, und er war bei weitem der jüngste. Wir alle bedauerten ihn, daß er eine so alte Frau heiraten mußte. Ihr dürft nicht vergessen, selbst der älteste von uns war erst neunzehn. Aber als wir sie an König Henrys Seite erblickten und sie so blendend aussah, änderten die meisten von uns ihre Meinung.«

»Ihr aber nicht, Sire?«

»Nein, ich nicht. Ich wußte mehr über sie als die meisten anderen.« Er nahm einen kräftigen Schluck Wein. »Was konnte Geoffroi noch tun, da er ihr Gemahl war? Jedem war bewußt, daß er bei weitem der Begabteste und Glänzendste von uns allen war, aber er hatte einen vergifteten Becher gereicht bekommen. Er heiratete eine Pflicht, keine Frau. Ihr versteht gewiß, wie wir ihn damals beneideten, als sein Vater Graf Fulko ihm alles überließ und nach Jerusalem zog. Bedenkt doch: mit fünfzehn Jahren alles zu besitzen, ohne daß der Vater sterben muß!« Eine erneute Pause. »Dennoch hat er einen hohen Preis bezahlt – es war hart ...«

»Aber Ihr habt zu ihm gehalten.«

Er blickte mich verwundert an. »Selbstverständlich! Er hat, wie jeder von uns, seine Fehler, aber Ihr kennt ihn ja, Madame – hättet Ihr an meiner Stelle anders gehandelt?«

Ich fragte mich, ob er etwas wußte, aber sein Blick war offen und ernst. Trotzdem beschloß ich, die Frage zu übergehen. »Mathilda scheint er nicht beeindrucken zu können.«

»Sie hat mehr von einer Belagerungsmaschine als von einer Frau.« Seine Stimme war schneidend geworden. »Als wäre sie nur dazu geboren, Schaden anzurichten. Oh, verzeiht mir, Madame.«

»Ich weiß Ehrlichkeit zu schätzen ... Fahrt fort.« Und ich ließ mehr Wein kommen.

Derart ermutigt, vertiefte er sich immer mehr in seine Erzählung, wobei er geistesabwesend ein Stück Brot zerkrümelte. »Es wäre weniger übel gewesen, wenn sie anerkannt hätte, was er erreicht hat. Durch ihre Starrköpfigkeit hat sie alles Gewonnene wieder verloren. Nach Stephens jahrelangen kläglichen Versuchen, England zu regieren, hat London ihr als Königin einen herzlichen Empfang bereitet, aber innerhalb von nur wenigen Wochen hat sie alles zunichte gemacht. Ihr hättet sie hören müssen – sie forderte Geld von jedermann und erteilte nur brüllend ihre Befehle ... Jede Bitte oder Anfrage beschied sie mit einem unduldsamen ›Nein! Nein! Nein!‹, und sie ruinierte die ganze Stadt in weniger als einem Monat!« Ich konnte sehen, daß die Erinnerung ihn jetzt noch schmerzte. »Selbst Brien FitzCount ist unschlüssig geworden, und er ist ihr ...« Er verstummte abrupt.

»Ihr was?« fragte ich leise.

Wieder sah er mir in die Augen; diesmal aber mit einem Anflug von Lächeln.

»Ihr treuester Verbündeter, Madame.«

Weiter wollte er nicht gehen.

So, so, dachte ich bei mir.

»Unterdessen mußte Geoffroi ein Herzogtum erobern, das

größer ist als sein eigenes Land und Anjou immer feindlich gesinnt gewesen war – und daheim mußte er Schwierigkeiten meistern, an denen der Erfahrenste gescheitert wäre.« Er sah mir geradewegs in die Augen. »Alle, die Groll gegen seinen Vater gehegt hatten, glaubten, einen Jungen wie ihn in die Tasche stecken zu können, und kaum war Fulko fort, verbündeten sie sich gegen Geoffroi, sogar sein eigener Bruder – aber das wißt Ihr vermutlich. Sie alle griffen ihn sogleich an. Ich brauche wohl nicht zu erwähnen, daß Mathilda ihm keine Unterstützung anbot. Nun, Geoffroi ging zum Gegenangriff über, und ihr Aufstand schlug fehl wie alle anderen. Am Ende fiel ihm alles zu.«

Das war nicht abzustreiten, und ich beschloß, diesem Mann, der Geoffroi so gut kannte, eine etwas gewagte Frage zu stellen. »Glaubt Ihr, er ist unglücklich, Baron?«

»Unglücklich?« Er blickte verdutzt drein, als wäre das Wort ein sehr undurchsichtiges, und dachte eine Weile nach. »Das ist schwer zu sagen, Madame. Ich glaube, ich kenne ihn ganz gut, aber ob er unglücklich ist ... Er hat viele Seiten und gibt doch so wenig von sich preis. Er lacht über Probleme und packt sie trotzdem an. Ich weiß mit Sicherheit, daß er den Krieg haßt.« Er hielt mein Schweigen für Zweifel. »Wirklich, es ist so! Es mag widersinnig klingen, aber ich glaube, daß er sich deshalb für die technische Seite der Kriegführung so sehr interessiert – das richtige Gerät, richtig genutzt, kann eine Festung schnell zu Fall bringen, ohne daß Menschen getötet werden müssen. Viele glauben, er liebt den Krieg, weil er so erfolgreich ist, aber das Gegenteil ist der Fall. Wirklich. Er besitzt zu viel Vorstellungskraft, um Freude daran haben zu können ...«

Der schlafende Bischof an meiner Seite ließ ein lautes Schnarchen vernehmen. Der Baron zuckte zusammen, als fürchtete er, zuviel gesagt zu haben. Er schaute mich wieder auf diese seltsame Weise an. »Was gibt es, Baron?«

»Oh, verzeiht, Madame! Habe ich Euch angestarrt?«

»Das habt Ihr. Ist mein Haar in Unordnung oder etwas anderes?«

»Nein, Ihr seht ... entschuldigt, Euer Gnaden ... Ihr seht wunderschön aus. Wißt Ihr, Ihr erinnert mich an jemanden.«

»Und an wen?«

Nun war er wirklich verlegen. »An eine Dame, die ich einst kannte, in Maine ... Ich fürchte, ich habe zuviel gesagt. Verzeiht.«

Wie konnte ich ihm zu verstehen geben, daß seine Worte wahre Labsal für mich gewesen waren?

»Ganz und gar nicht, Sire. Im Gegenteil, unser Gespräch hat mir sehr viel Freude bereitet. Ich hoffe, wir haben noch einmal dazu Gelegenheit, bevor Ihr abreist nach ... Wohin eigentlich? Wieder nach Arques?«

»Nein, diesmal nach Hause. Geoffroi sagte, wenn Arques nicht innerhalb von zwei Wochen einzunehmen sei, wolle er die Belagerung erst einmal beenden. Ich glaube, es reicht ihm einfach. Trotzdem bleibt er wohl in der Normandie. Er hat, weiß Gott, genug in Rouen zu tun.«

Ich nahm diese nützliche Information zur Kenntnis und wünschte ihm eine gute Nacht.

Frühmorgens am Barnabastag ritt ich nach Saint-Denis, begleitet von Louis' Mutter, die für eine Woche aus Compiègne hergekommen war. Den ganzen Weg über machte sie bissige Bemerkungen über meine Kinderlosigkeit. Früher hätte mich das bekümmert, nun aber ließ ich sie einfach reden und dachte bei mir, sie könne sich glücklich schätzen, daß ich nicht schwanger war.

Louis hatte die Nacht bei seinen verehrten Mönchen in Saint-Denis verbracht. Nachdem Adelaide und ich in der bereits stickigen Kirche Platz genommen hatten, waren wir wie alle anderen entsetzt: An der Spitze der Prozession erblickten wir einen König, der nicht Krone und Hermelin trug, sondern bußfertiges Grau und Mönchssandalen.

Und dazu war er mit Asche bedeckt.

Alle hielten den Atem an, und Adelaide zischte vor Wut: »Das geht zu weit, sogar für Louis.«

Er selbst sah elend aus, das heißt glückselig. Ich erkannte hinter dieser offenkundigen und arroganten Zurschaustellung der Macht der Kirche nicht die geschickte Hand von Suger, sondern die von Abt Bernard.

Die Menge drängte sich nach vorn, um zu sehen, was dieses Befremden ausgelöst hatte. Die meisten warteten schon seit über sechs Stunden stehend im heißen Kirchenschiff, in dem sich der Geruch von Schweiß mit dem Duft von Weihrauch und vom Bienenwachs der unzähligen Kerzen vermischte. Als die Menschen sich noch enger um uns drängten und uns den letzten Rest Luft abschnitten, wurde mir so schwindelig, daß ich der Ohnmacht nahe war und unter großem Aufsehen in die Sakristei gebracht werden mußte.

Das riß Louis aus seinem Traum von geheiligter Erniedrigung. Er beugte sich aufgeregt über mich und sprach mit einer Zärtlichkeit, wie ich sie seit Monaten nicht von ihm gehört hatte. »Eleonore, seid Ihr etwa schwanger? Endlich schwanger, meine Liebste?« Es fiel mir schwer, in seine zugleich hoffnungsfrohen und hoffnungslosen Augen zu schauen.

»Nein, Louis. Es ist nur die Hitze, weiter nichts ...« Und auf der Türschwelle sah ich Bernard de Clairvaux, der segnend die Hand hob und dabei doch irgendwie grimmig zufrieden wirkte. Der arme Louis zog sich, nachdem der kurze Hoffnungsschimmer dahin war, gleich wieder in den Schutz seiner gewohnten Bußfertigkeit zurück.

Des Königs rituelle Darbietung von Demut – um es nicht Erniedrigung zu nennen – war das Ergebnis von Bernards Reminiszenzen an den Brand von Vitry. Der Abt brauchte nur, wenn es ihm gerade in den Sinn kam, darauf zu sprechen zu kommen, und Louis winselte wie ein geschlagener Hund. Außerdem scheute er sich nicht, Sugers Erfolg bei der Einweihung seiner schönen Kirche zu schmälern, indem er in aller Öffentlichkeit zu einer Erklärung über Louis' Streit mit Graf Thibault ansetzte und den reumütigen König wie eine Kriegstrophäe zur Schau stellte.

Bernard, der für mich zu einer Nemesis – zur Göttin der strafenden Gerechtigkeit – geworden war, schien äußerst zufrieden mit seiner Unterwerfung des Königs zu sein. Schließlich trat er auf den ergebenen Louis zu und zelebrierte eine dramatische und rührende Versöhnung. Danach zogen sich die beiden zurück, während der Rest der Gesellschaft sich dankbar zum Essen ins Refektorium begab.

Da Suger dafür zuständig war, konnten wir mit einem üppigen Mahle rechnen.

»Was, glaubt Ihr, wird er Louis dort drinnen sagen?« fragte mich Adelaide zwischen zwei Gängen.

»Das weiß der Himmel, aber sicher wird er zur Feier des Tages ein neues härenes Hemd tragen, wenn er herauskommt ...«

Schließlich erschien Louis mit einem glückseligen Lächeln um die Lippen und der erstaunlichen Nachricht, daß Bernard jetzt mit mir sprechen wolle.

»Der Abt kann mich aufsuchen, wann immer er es wünscht, Louis.«

Er war entrüstet. »Nein, nein! Ihr müßt zu ihm gehen, Eleonore!«

Ich wollte schon fragen, warum, beschloß aber, meine Kräfte zu schonen, denn ich fühlte mich noch immer etwas geschwächt nach meinem Zusammenbruch. »Nun gut, Louis, ich gehe.«

Bernard erwartete mich in der Krypta. Als ich an den Kelchen, Schalen und anderen vergoldeten Gefäßen vorüberging, die im Dunkeln der neuen Schatzkammer schimmerten, fiel mein Auge auf einen mir wohlbekannten Gegenstand: Etwas abseits auf einem kleinen Sockel stand der Krug aus Bergkristall, den ich

Louis vor sieben Jahren als Hochzeitsgeschenk überreicht hatte. Was in aller Welt hatte er hier zu suchen? Ich trat näher und bemerkte zu meinem Erstaunen, daß am Fuß des Kruges eine Widmung angebracht war. Ihr zufolge war er ein Geschenk von mir an Louis gewesen, der ihn wiederum Abt Suger und der Abtei Saint-Denis vermacht hatte.

Mir stockte fast der Atem. War das die Wertschätzung, die Louis mir entgegenbrachte? Soviel zu seiner zärtlichen Geste vorhin ...! Ich begann mich zu fragen, warum ich mich jemals um ihn bemüht hatte, als ich mich plötzlich an das Leuchten in Sugers Augen beim Anblick des Kruges erinnerte. Hatte er seine Vergebung für Vitry von einer zusätzlichen Schenkung für die Schatzkammer abhängig gemacht? Oder hatte Louis mein so sorgfältig ausgesuchtes Geschenk aus freien Stücken angeboten, um die Anerkennung eines Menschen zu gewinnen, dessen Liebe ihm wertvoller war als die meine? Und wann hatte die Schenkung stattgefunden? Meine zornigen Gedanken wurden von einem rauhen Husten unterbrochen. Ich blickte auf und bemerkte Abt Bernards hagere Gestalt am hinteren Ende der Krypta.

Während ich auf ihn zuging, war ich wegen dieser Entdeckung ebenso verstört wie vorher wegen meines Unwohlseins. Als Zisterzienser hielt Bernard die Pracht der neuen Abteikirche für zutiefst anstößig. Er hatte sich nicht bemüht, seine Verachtung für ihre Schönheit zu verbergen – die den Geist ablenkt –, und betrachtete mich nun, als wäre ich ein Teil davon. So war seine Stimmung noch frostiger als sonst, während ich in meiner Erregung plötzlich auf einen Streit brannte.

»Seid gegrüßt, Abt. Dies ist ein großer Tag für Saint-Denis und für Frankreich«, sagte ich forsch.

»Man hat Caesar gegeben, was Caesar gebührt. Hätte man doch nur Gott gegeben, was Ihm gebührt ...«

Herr im Himmel! Das würde noch schwieriger werden, als ich erwartet hatte!

Aus der Nähe betrachtet, sah Bernard schrecklich aus und roch noch übler – er verlieh dem Geruch der Heiligkeit sozusagen eine neue Bedeutung. Er mußte eiternde Geschwüre unter seinem Gewand haben und dazu Verdauungsbeschwerden. Ich stellte mir mit Abscheu die Frage, ob Louis' Buße zu einem ähnlichen Ergebnis führen würde. Offensichtlich hatte man ihm Blutegel gesetzt, denn alle Farbe war von ihm gewichen – er war grau wie sein schmutziges Gewand. Es war schwer, sich vorzustellen, daß er früher einmal ein gutaussehender Mann gewesen war. Doch selbst jetzt besaßen seine wässerig blauen Augen etwas Bezwingendes, und ich fragte mich, was er mir zu sagen hatte, als er meinen Gedanken gleichsam Stimme verlieh: »Was ist es, was Ihr mir sagen wollt, Madame?«

O nein, dachte ich bei mir und sah ihm fest in die Augen. Ich bin kein törichtes Mädchen mehr – Ihr werdet mich nicht so leicht überlisten! Während mir das Wiedersehen mit Geoffroi nach so vielen Jahren den verlorenen Frohsinn der Jugend zurückgegeben hatte, erinnerte mich der Anblick von Bernard daran, wie viele Erfahrungen ich in meinem Leben schon gemacht und wieviel Bitterkeit auch ich erfahren hatte. »Ihr wart es doch, die mich herbatet, Abt. So sagt mir denn, was Ihr mit mir zu besprechen habt.«

Er wirkte leicht überrascht, heftete dann aber sein skeptisches Auge auf mich und meine Kleider und unternahm einen weiteren Versuch. »Alle Weiber sind Fallstricke Satans. Selbst das Geschmeide einer Königin hat nichts von der Schönheit der Schamröte einer Jungfrau.«

»Ach, wirklich?« sagte ich und zupfte eine Falte meines Ärmels zurecht.

»Wehe der Schönheit, die man am Morgen an- und am Abend wieder ablegt!«

Ich fühlte eine Bosheit in mir aufsteigen, die sich mit seiner messen wollte. »O ja, Abt. Da fällt mir ein – wie geht es Eurer Schwester Omberline? Ich hoffe, gut. Sie ist doch noch ... tätig?«

Er stieß einen Zischlaut aus, als würde er gleich die Fassung verlieren, wurde dann aber bedrohlich ruhig.

»Ich gebe Euch eine letzte Gelegenheit, Madame. Habt Ihr mir etwas zu sagen?«

»Zu welchem Thema? Das Wetter war schön in letzter Zeit.«

»Zu Vitry, Madame! Vitry! Vitry-le-Brulé!«

»Der Wind, Abt. Ein tückisches Drehen des Windes mit unglückseligen Folgen.« Ich hatte nicht vor, mich in diese Falle locken zu lassen.

Ein erneutes Zischen, noch gefährlicher diesmal. »Der übelste je gekannte Angriff auf unsere Mutter Kirche, Madame!«

»Mag sein, Abt, aber seid Ihr tatsächlich der Ansicht, daß Louis den Winden befehlen kann?« Ich erinnerte mich an eine amüsante Geschichte, die Geoffroi mir von einem englischen König erzählt hatte, der seinen Untertanen zeigen wollte, daß selbst er die Elemente nicht lenken konnte, und fügte hinzu: »Etwa wie ein Bootsmann der Lüfte?«

Ich fragte mich, ob ich diesmal nicht zu weit gegangen war, denn plötzlich schoß Röte in das fahle Gesicht des Abtes. »Wollt Ihr mich etwa belehren, Madame? Jahrelang habe ich die Ausschweifungen Eures Gemahls, die er fast täglich begangen hat, mit seinem jugendlichen Alter entschuldigt« – Ausschweifungen, mein Louis? –, »jetzt aber werde ich meine ...« – er lächelte furchterregend, wobei er seine gelben Zähne zeigte und die Augen in die meinen bohrte –, »werde ich meine geringen Möglichkeiten zu nutzen wissen, um die Wahrheit über Euch zu offenbaren.«

Kalte Angst ergriff mich, mehr für Geoffroi – und was man ihm antun konnte – als für mich selbst. Aber was konnte Bernard wissen? Hatte er meine Gedanken lesen können, meine Erinnerungen an Senlis, wie wir nackt und eng umschlungen beieinander lagen? Gewiß nicht.

Doch er fuhr sogleich fort. »Ihr seid es gewesen, die dieses abscheuliche Sakrileg angeregt hat. Ihr und andere von Eurem

Schlag triebt ihn von seinen Knien ins Schlachtfeld! Durch Eure selbstsüchtige Unterstützung der Wollust Eurer Schwester habt Ihr dieses Unglück verursacht.«

Er wußte es nicht! Wir waren in Sicherheit. Immer noch lamentierte er über Petrel und Raoul und machte sie für Vitry verantwortlich. Er versuchte, uns zu beherrschen durch ein Ereignis, das ein tragischer Unglücksfall gewesen war. Ich zitterte fast vor Erleichterung und fühlte plötzlich, wie mein Zorn langsam nachließ.

»Ja, Menschen von meinem Schlag! Nur allzu gerne habt Ihr Euch auf die Verwandtschaft mit meinem Vater berufen, wenn es Euch gelegen kam. Und außerdem muß ich Euch daran erinnern, daß Louis ein König ist. Es ist nicht nur erforderlich, sondern Gottes Wille, daß er wie ein König handelt. Ich bedauere nichts, absolut nichts!«

Und plötzlich, wie ein Blitz aus heiterem Himmel, kam mir die Erkenntnis: Ich hatte ihn und seine Vorgehensweise durchschaut. Bernard suchte durch sein einschüchterndes Schweigen und seine hypnotisierenden Blicke den Eindruck von Allwissenheit, von direkter und vertrauter Verbindung zu Gott zu vermitteln. Aber er war nichts weiter als ein geschickter Blender, der mit seiner übertriebenen, widerwärtigen Selbstkasteiung Auge und Geist zerstreute und dorthin zu lenken verstand, wohin es ihm beliebte. Und seine übernatürliche Zuversicht? Nichts als der unerschütterliche Glaube an Bernard de Clairvaux – so lange schon war er es gewohnt, von Königen angehört zu werden, daß jede Spur von Selbstzweifel in ihm erloschen war.

Er war nichts als ein wandelndes Vorurteil mit einer starken Persönlichkeit – so spitz und schmal wie ein vergifteter Speer. Und mindestens ebenso gefährlich.

Mit dieser neuen Erkenntnis ausgerüstet, beschloß ich, ihn mit seinen eigenen Waffen zu schlagen. »Solltet Ihr jedoch wünschen, daß ich Buße tue für Vitry, Abt, so will ich es tun …«

Der triumphierende Blick, den ich von seinen Besuchen bei meinem Vater kannte, leuchtete in seinen Augen auf.

»Allerdings unter einer Bedingung.«

»Und was glaubt Ihr von Gottes Gnade erbitten zu dürfen?«

»Oh, nicht von Gott, Abt – nur von Euch.« Diesen Unterschied würde er wohl noch erkennen können. »Daß Ihr den Papst ersucht, die Ehe meiner Schwester anzuerkennen und ihren Sohn für ehelich zu erklären.«

Er stieß einen Laut größter Abscheu aus und sprach mit kaum verhülltem Zorn. »Seid dankbar, daß ich Euch nicht mit dem Kirchenbann belege, Madame.«

»Soll ich das als ein Nein auffassen, Abt?«

»Faßt es auf, wie Ihr wollt.«

Ich wandte mich ab und ging.

Kapitel 7

⚜ Natürlich bestand kaum Aussicht, daß ich meinen Willen würde durchsetzen können. Überglücklich, mit seinen Prälaten wieder gänzlich versöhnt zu sein, schloß Louis nun auch mit Graf Thibault Frieden. Petronilla und Raoul blieben offiziell unverheiratet, und, wie ich es mir gedacht hatte, Suger kehrte mit fliegenden Fahnen an den Hof zurück. Einige wenige Änderungen waren vorgenommen worden, um sicherzustellen, daß im wesentlichen alles beim alten blieb.

Darüber hinaus hatte ich am Tag meiner Auseinandersetzung mit Bernard die befremdliche Entdeckung gemacht, daß Louis' Mutter im Gegensatz zu mir ein königliches Siegel besaß und damit auch die Befugnis, Dekrete zu erlassen. Als Witwe des verstorbenen Königs und Neuvermählte hatte Adelaide also bis heute noch mehr Macht, als ich je besessen hatte.

Darin erkannte ich wieder einmal das Werk Bernards und vielleicht auch Sugers, hinter dessen Weltgewandtheit und Liebenswürdigkeit ich einen Unwillen entdeckte, meine Existenz ernsthaft anzuerkennen. Nicht, daß er mich als Mensch verabscheute – im Gegenteil –, doch er behandelte mich wie ein nettes, aber lästiges Kind.

Bernards Mißachtung dagegen war offener, direkter. Er haßte alles Weibliche, und je mehr meine Schönheit und Eleganz gepriesen wurden, desto stärker wuchs seine Abscheu mir gegenüber. Dabei übertraf meine Bildung bei weitem die von Adelaide, und ich wußte, ich war nicht ohne Talente. Warum also wurde ich so an den Rand gedrängt?

Nachdem ich mir diese Frage immer wieder gestellt hatte, kam ich zu dem Schluß, daß man mir als Südländerin wohl grundsätzlich mißtraute. Für diese Kirchenmänner des Nordens war ich eine Ketzerin – und mehr noch als Mitglied des Hauses von Poitou, das in ihren Augen für frivole Dichtung und zügellosen Luxus stand. Kurz, ich war für sie, als was ich mich selbst längst sah: eine Außenseiterin. Und als solche war ich der letzte Mensch, mit dem sie ihre Macht geteilt hätten.

Trotzdem versuchte ich immer wieder, Louis Zugeständnisse abzuringen. Doch jedesmal, wenn ich bat, eine aktivere Rolle spielen zu dürfen, schlossen sich seine farblosen Lippen fest wie eine Auster. Nach monatelangem Ringen, im guten wie im bösen, war seine einzige Antwort ein bitteres: »Als Mutter eines Erben könnten wir vielleicht etwas Geeignetes für Euch finden ...«, und somit war ich zum Schweigen gebracht. Ich fühlte mich in Paris so ausgeschlossen, so fehl am Platze wie damals in Pontoise, jener anderen reinen Männerdomäne. Und wenn Louis seine Gewalt über mich nun auch nicht mehr so roh und öffentlich zur Schau stellte wie damals in dem knarrenden Bett, war die Botschaft für mich doch genauso klar.

Dennoch fuhr er fort, mich zu umschmeicheln – natürlich nur an jenen Tagen, an denen die Kirche es erlaubte –, und rief so am Hofe gönnerhaftes Lächeln für seine vermeintliche sklavische Abhängigkeit von einer unfruchtbaren Königin hervor. Mir selbst blieb nichts anderes übrig, als mich weiter fortzubilden, abzuwarten und immer bereit zu sein, jedwede Chance auf Macht – und Liebe – wahrzunehmen.

Ich hatte mich mit Geoffroi seit sechs langen Monaten nicht mehr allein treffen können und begann mich zu fragen, ob ich jemals wieder Gelegenheit dazu haben würde. Nun da seine Eroberung der Normandie erfolgreich abgeschlossen war, hatte sich Louis plötzlich von der Größe seiner Ländereien beunruhigt gezeigt und war auf Bernards Anordnung an der Seite Thibaults gen Süden geritten – ohne die geringste Erklärung für den plötzlichen Aufbruch abzugeben. Gerüchten zufolge waren sie unterwegs in die Touraine, und ich hoffte verzweifelt auf

Nachricht. Sollte Louis beschlossen haben, Geoffroi als Rivalen und nicht als Verbündeten zu betrachten, so standen ungeahnte Schwierigkeiten ins Haus.

Manchmal war mir, als hätte ich meine Liebesabenteuer mit Geoffroi lediglich geträumt. Nur selten wußte ich, wo er sich gerade aufhielt, und da ich von allen Staatsangelegenheiten ausgeschlossen war, mußte ich auf indirektem Weg versuchen, etwas in Erfahrung zu bringen. »Zufällige« Begegnungen mit Suger waren die beste Gelegenheit, vor allem, wenn er müde und geistesabwesend war und ihm deshalb winzige Brocken an Neuigkeiten entschlüpften.

Eine solche Gelegenheit ergab sich an einem heißen Julimorgen kurz nach seiner Rückkehr aus Saint-Denis. Mit sorgenvoller Miene schritt er auf und ab. Immer wieder las er dabei einen Brief. Ein rascher Blick, und ich hatte das daran hängende Siegel der Normandie erkannt. Ich ergriff die Gelegenheit. »Guten Morgen, Abt!«

»Guten Morgen, Euer Gnaden.« Er schenkte mir ein höfliches, fast charmantes Lächeln. »Welch schöner Tag!«

»Und so heiß! Ein echter Sommertag, wie in Bordeaux, doch ohne die erfrischende südliche Meeresbrise.«

»So ist es, Madame ...« Er trocknete sich die Stirn.

»Ich überlege schon, ob ich nicht für eine Weile die Stadt verlassen und die Landluft genießen sollte.«

»Ein reizender Einfall!« Er verneigte sich leicht. Ich reckte den Hals, um den Herkunftsort des Briefes erkennen zu können; er stammte aus Chaumont im Vexin. Nun, das war eine Erleichterung – wenn Geoffroi in der Normandie war, mußten die Gerüchte falsch sein, Louis wolle sein Land im Süden angreifen.

»Ich könnte vielleicht gen Norden reisen, dann gen Westen durch das Vexin – es soll eine so hübsche Gegend sein, nicht wahr?«

Er blickte mich beunruhigt an. »Das Vexin, Madame?«

»Ja! Ich kenne Gisors noch nicht – sehr beeindruckend, wie man hört.«

»Nein!«

»Nicht? Das überrascht mich, Abt.«

»Ich will damit sagen, Madame, daß Ihr die Grenzgebiete zur Normandie meiden solltet.«

»Aber die Normandie ist doch – endlich – befriedet! Und da sie von unserem eigenen Seneschall regiert wird, wäre ich dort schließlich in Sicherheit, oder?«

Los, beißt an! flehte ich im stillen. Er sah mich irgendwie überrascht an. Ich erwiderte seinen Blick so kindlich und unschuldig, wie ich nur konnte, vermied dabei aber angestrengt, noch einmal auf den Brief in seiner Hand zu sehen. Endlich schien er zu einer Entscheidung zu kommen. »Ich kann es nicht verantworten, Euch im Augenblick nach Norden reisen zu lassen, Madame. Der Graf – der Herzog der Normandie – hat seine Stellung als Seneschall aufgegeben.«

»Du lieber Himmel! Und warum hat er das getan?« Das konnte niemanden verwundern, nicht einmal Louis, aber ich brauchte dringend Informationen und stellte mich unwissend.

Suger deutete auf den Brief und seufzte sorgenvoll. »Nun, er hat das Gefühl, daß seine Treuepflichten nicht zu vereinbaren sind. Obwohl – ich sehe nicht, daß Geoffrois Zugewinn notwendigerweise ein Verlust für den König sein muß. Nein, da muß es einen anderen ...« Seine Augen verengten sich, und er verstummte abrupt.

»Einen anderen was?« Ich hoffte, ich klang nicht allzu einfältig.

Aber seine sorgenvolle Miene wich augenblicklich einem nachsichtigen, väterlichen Lächeln. »Nun, einen anderen Mann geben, der seinen Platz einnehmen kann.«

Verflixt, heute würde ich wohl nichts weiter aus ihm herausbekommen!

Er hatte das aufgerollte Pergament in seinem Ärmel verschwinden lassen und verneigte sich ungeduldig. »Würdet Ihr mich jetzt entschuldigen, Madame? Guten Tag.« Damit entfernte er sich, drehte sich aber noch einmal mit einem Lächeln um. »Darf ich Euch als Zufluchtsort vor der Hitze Pontoise empfehlen?«

»Nein, ganz gewiß nicht!« flüsterte ich ihm nach. Wie brachte er es nur immer wieder fertig, alte Wunden aufzureißen? Doch immerhin hatte ich ein paar wertvolle Informationen erhalten und bewunderte insgeheim Geoffrois geschickte Vorgehensweise, auch wenn mich ihre Folgen mit Verzweiflung erfüllten.

Tatsächlich hatte ich langsam das Gefühl, wahnsinnig zu werden, wenn ich ihn nicht bald wiedersehen würde. Als ich in der zweiten Augustwoche Aedwines blonden Schopf unter den Gästen im großen Saal entdeckte, traute ich meinen Augen kaum. Fieberhaft machte ich mich auf die Suche nach Geoffroi, aber er war nicht da. Aedwine schmunzelte und verbeugte sich – als Engländer legte er nie den nötigen Respekt an den Tag. In Anbetracht dessen, was er wußte, konnte ich ihn allerdings kaum tadeln. Es verging jedoch eine halbe Ewigkeit, bis ich ihn allein sprechen konnte.

»Herzlich willkommen, Aedwine. Seid Ihr allein?«

»Bedauerlicherweise ja, Madame.«

Senlis, die seinen Geruch erkannte, begann aufgeregt zu bellen, und ich versuchte sie zu beruhigen, um die Aufmerksamkeit nicht auf die Gegenwart des jungen Mannes zu lenken.

»Aber ich bringe eine Nachricht.« Er zog ein kleines, gefaltetes Stück Pergament aus seinem Gürtel hervor und steckte es unter das diamantenbesetzte Halsband von Senlis, während er sie streichelte und hervorhob, wie groß sie geworden sei.

»Aedwine, wo ist er?« flüsterte ich aufgeregt.

»In Andely, Madame, stromaufwärts von Rouen.« Mehr als fünfzig Meilen von hier, dachte ich sogleich.

»Mein Herr hat mir aufgetragen, auf jede Antwort, die Ihr für ihn hättet, zu warten.« Er schmunzelte wieder. »Er sagte, ich solle es mir nicht einfallen lassen, ohne eine Antwort zurückzukommen.«

Da sich andere Gäste näherten, mußte ich zwei qualvolle Stunden warten, bis ich Gelegenheit hatte, Geoffrois Nachricht zu lesen. Dann nämlich hatte Senlis begonnen, auffällig an ihrem Halsband zu kratzen, was ich als Vorwand nutzte. Ich brachte sie in den Hundezwinger, wo ich dann rasch das Pergament aus seinem Versteck zog und seinen Inhalt geradezu verschlang. Die Botschaft war mit einem winzigen, verborgenen Siegel verschlossen und nicht von einem Sekretär, sondern von ihm selbst in seiner kantigen Handschrift angefertigt und verschlüsselt, für den Fall, daß sie abgefangen würde. In der Form eines kurzen lateinischen Gedichtes beschrieb sie die Schönheit einer weißen Hirschkuh – *dama dama* –, die seit alters her durch die lieblichen Wälder streifte: Wie konnte der Dichter auf der Jagd nach einer so kostbaren Beute eine weitere Woche überleben?

»Und ich gehöre Caesar…«

Ich begriff. Geoffroi würde mich in sieben Tagen in Senlis erwarten. Entgegen aller Vorsicht küßte ich mehrmals das Pergament, bevor ich es unter meinem Gewand an meiner Brust verbarg. Dann kehrte ich in den Palast zurück, um Vorbereitungen für einen nachmittäglichen Ausritt zu treffen. Ich hatte einen Auftrag auszuführen.

Als ich Aedwine am nächsten Morgen nach der Messe im Hof begegnete, reichte ich ihm einen kleinen goldgelben Ginsterzweig, den ich am Vortag gepflückt hatte.

»Gebt ihm das – er wird es verstehen.« Er nickte stumm, und als er meine Hand küßte, steckte ich ihm eine Goldmünze zu. »Wie geht es ihm, Aedwine? Geht es ihm gut?« fragte ich beschwörend.

Nach einem kurzen Schweigen antwortete er leichthin: »Ausgezeichnet, Madame, ausgezeichnet – er ist, wie gewöhnlich, an vier Orten gleichzeitig …«

Solange er nur in Senlis war, wenn ich dort eintraf … Und ich war fest entschlossen, daß nichts mich daran hindern sollte, zum vereinbarten Zeitpunkt dort zu sein. Ich rechnete freilich auch nicht mit Widerstand. Meine Rolle bei Hofe war so unwesentlich, daß meine Abwesenheit kaum Aufsehen erregen würde. So widerstand ich meinem Impuls, Aedwine mehr über seinen Herrn auszufragen, und wünschte ihm statt dessen eine sichere Reise zurück nach Andely.

Von Louis, der von seiner geheimnisvollen Mission zurückgekehrt war, erhielt ich ohne weiteres die Erlaubnis zur Durchreise durch die Oise-Landschaft. Er nutzte sogar die Gelegenheit, mir Briefe für verschiedene Bischöfe und Äbte in der Region anzuvertrauen. Auch Suger war einverstanden, ging er doch davon aus, daß ich seinen Rat beherzigt hatte. Nur Bernard de Clairvaux, der keine Neigung zeigte, in sein Kloster zurückzukehren, demonstrierte griesgrämig seine Mißbilligung. So ritt ich wenige Tage später über die Seine-Brücke hinaus aus Paris. Die Reiseroute hatte ich absichtlich vage gelassen. Mir war, als wäre ich soeben dem Fegefeuer entkommen, um in die blühenden Gefilde des Himmels zu gelangen.

Ich erledigte rasch meine kleinen Aufträge und eilte dann über Chantilly auf die weiten Wälder von Senlis zu. Nachdem ich meinen Begleitern aufgetragen hatte, sich im Dorf selbst Unterkunft zu suchen, ritt ich frohgemut in den kleinen Innenhof ein. Es schien alles unverändert, und ich hätte am liebsten den Boden geküßt, denn auf der gestampften Erde vor der Eingangstür lagen Dutzende von kleinen Ginsterzweigen.

»Seht Euch das an!« sagte Amaria und trat ärgerlich mit der Spitze ihres Reitstiefels darauf. »Wir hätten ihnen mehr Zeit für die Vorbereitungen lassen müssen. Dieser Ort ist Eurer nicht würdig. Ich verstehe nicht, warum Ihr ...«

»Oh, hör auf zu jammern, Mari. Du bekommst doch hier ein eigenes Zimmer, nicht wahr? Laß mir ein Bad bereiten, und wasch mir die Haare.«

Mit dem Gefühl, etwas Verruchtes zu tun, legte ich einige Zweige des duftenden Ginsters in mein Badewasser und wusch den Staub und die Anstrengung des langen Rittes von mir ab. Anschließend fühlte ich eine Tatkraft in mir, wie ich sie seit dem Weihnachtsfest nicht mehr verspürt hatte.

»Du lieber Himmel!« rief Amaria aus, als sie mich abtrocknete. »Wie mager Ihr geworden seid! Diese Rippen!« Sie drehte mich herum. »Und Euer Rücken; man könnte Kohl darauf raspeln. Ihr habt seit Tagen fast nichts gegessen – das ist nicht gut. Ich lasse Euch eine Eierspeise zubereiten.«

»Unsinn, ich fühle mich bestens!« Aber als ich mich im polierten Metallspiegel erblickte, konnte ich ihre Besorgnis ein wenig verstehen. »Nun ja, eine kleine Portion vielleicht«, räumte ich ein, und sie sah mich erleichtert an. »Aber dann schicke ich dich fort. Ich möchte allein sein.«

Die Tage waren nun länger als bei meinem vorigen Aufenthalt in Senlis, und die Zeit verstrich mit solch unerträglicher Langsamkeit, als klebte die Sonne am Himmel fest. Dann endlich, endlich verschwand sie hinter den Bäumen. Mit wachsender Erregung beobachtete ich, wie die Farben ringsum verblaßten und dem Samt der Nacht, die ich so herbeisehnte, Platz machten.

Ich ordnete an, daß man eine große Menge guten, kräftigen Weines aus dem Keller heraufbrachte, und überließ ihn den etwas überraschten Wachposten mit dem Wunsch, den Aufenthalt hier zu genießen. Bevor ich mich zurückzog, sorgte ich dafür, daß sie mehrmals auf meine Gesundheit tranken. Ich hoffte, daß ihre Sinne alsbald so betäubt sein würden, wie meine geschärft waren.

Nachdem ich in mein Turmzimmer zurückgekehrt war, verschloß ich die Tür, eilte die hintere Turmtreppe hinunter, um den Riegel zurückzuschieben, und versuchte dann, zur Ruhe zu kommen. Ich bürstete mein Haar und sagte mir immer wieder, daß wir dieses Mal leiser sein müßten. Und beherrschter. Und vorsichtiger ...

Kaum war es dunkel geworden, vernahm ich Geräusche auf der Treppe und sprang auf. Meine Nerven waren zum Zerreißen gespannt. Langsam öffnete sich die Tür, und als erstes kamen zwei Hände zum Vorschein, die einen Strauß rosafarbener Rosen umfaßten, dann ein rotgoldener Haarschopf, und schon war Geoffroi im Zimmer und ich in seinen Armen. Ich rief, schrie fast seinen Namen – alle Vorsicht war vergessen. Er hob mich auf und wirbelte mich unter Gelächter und Küssen umher, bis uns schwindelte und wir, verstrickt in seinen Mantel, auf die verstreuten Rosen niederfielen.

Geoffroi strotzte vor Kraft. Seine letzten Erfolge hatten ihn der Sorgen von zehn Jahren unerbittlicher Mühen enthoben, und seine Unbeschwertheit in dieser Nacht war ebenso köstlich wie gefährlich. Etwas beunruhigt noch, gelang es mir, sein Lachen mit Küssen zu dämpfen – seine Lippen waren seltsam trokken und heiß –, aber nichts konnte seinen Übermut zügeln. Er drehte mich um, und als ich auf dem Bauch lag, begann er sogleich, mich langsam auszuziehen. Dabei küßte er jedes freie Stückchen Haut, flüsterte süße, kaum verständliche Worte und zerrte sich gleichzeitig seine eigenen, bewußt schlicht gehaltenen Kleider vom Leib. Und ich ließ alle guten Vorsätze, alle Hoffnung auf Beherrschung fahren – lag einfach nur da zwischen den Rosen in einem Zustand unendlicher Glückseligkeit.

Er war jetzt einunddreißig, schöner und gestählter als je zuvor, und die Kriegsjahre schienen nur wenige Spuren auf seinem Körper hinterlassen zu haben. Um so mehr erschrak ich, als er nun sein Hemd abstreifte und auf seiner rechten Schulter eine große, tiefdunkle Prellung mit einer kaum verheilten Wunde in der Mitte sichtbar wurde. »Mein Gott«, flüsterte ich entsetzt, »was ist nur passiert?«

»Mach dir keine Sorgen, Liebste«, antwortete er rasch. »Es

war meine eigene Schuld.« Aber als ich die Hand nach der Wunde ausstreckte, ergriff er sie schnell und küßte sie. »Du hättest mal den anderen Burschen sehen müssen ...«

»Geoffroi, bitte versuch, ernst zu sein.«

Seine Augen verfinsterten sich ein wenig. »Oh, das bin ich, glaube mir.«

»Und wie ist es passiert?«

»Beim Schwimmen im Fluß, in der Nähe von Andely ...«

»Beim Schwimmen? Wie hat das beim Schwimmen passieren können?« So etwas Verrücktes hatte ich noch nie gehört.

»Die Strömung ist dort recht gefährlich, weißt du?« erwiderte er, und seine Augen funkelten wieder.

»Geoffroi, ich kenne mich aus mit Wunden. Also sag mir um Gottes Willen die Wahrheit!«

Er nickte. »Na gut! Aber es ist nichts, was dich beunruhigen soll ... Erinnerst du dich noch an die Hitze vor etwa zwei Wochen?« Ich nickte. »Du kannst dir nicht vorstellen, wie lästig es ist, im Sommer Kettenhemden zu tragen – man tut es nur, wenn es unbedingt notwendig ist. Wir hatten einen langen Ritt hinter uns und glaubten uns in sicherem Gelände ... Und da konnte ich dem Wasser einfach nicht widerstehen. Aedwine meinte, ich sei verrückt.«

»Und ich denke, da hatte er wohl recht.«

Er lachte. »Na, na ...« Wir knieten Hand in Hand vor dem leeren Kamin. Ungeduldig zog er mir das Hemd über den Kopf, nahm mich nackt in die Arme und küßte mich. Wir erschauerten vor Wonne, nach so vielen Monaten wieder die Haut des anderen fühlen zu können. Ich ließ trotz meines Schreckens den Kopf an seine Brust sinken und sog den Geruch seines Körpers tief in mich ein. »Als wir uns in der Sonne trockneten, wurden wir von ein paar Soldaten angegriffen; das ist alles ... Du riechst wunderbar«, murmelte er und zog mich noch enger an sich.

Doch ich wollte es genauer wissen. »Aber von welchen Soldaten? Die Normandie ist doch besiegt.«

»Die Normandie wohl. Frankreich nicht.« Er schien das auch noch lustig zu finden und lachte erneut.

Mir aber verschlug es den Atem, und ich starrte in seine Augen, deren Funkeln mir jetzt sonderbar vorkam. »Du meinst, es waren Louis' Männer?«

»Sie trugen keine Farben, doch ich bin sicher, es waren die seinen«, sagte er ein wenig bedrückt, weil er mein Entsetzen bemerkte. »Aber mach dir trotzdem keine Sorgen. Ich weiß schon, was ich tue, wenn so etwas noch einmal vorkommt.«

»Aber was ist geschehen? Wie wurdest du verletzt?«

»Ein Pfeil hat mich getroffen, und es hat stark geblutet. Das ist alles.« Trotzdem zuckte er zusammen, als ich vorsichtig die Wunde berührte und den Gedanken zu verdrängen versuchte, wie nahe er dem Tod an jenem sonnigen Flußufer gewesen war.

»Geoffroi, wußten sie, daß du es warst – hatten sie es bewußt auf dich abgesehen?«

»Ich bin nicht sicher, Eleonore, ich bezweifle es. Und selbst wenn, ist der Auftrag gewiß nicht von Louis gekommen. Das ist nicht seine Art, nicht wahr?« Es kam mir so unwirklich vor, daß wir hier hockten und in aller Ruhe über den versuchten Mord an ihm sprachen. »Schau nicht so sorgenvoll drein, Liebste. Wir hätten doch irgendwer sein können, die da nackt in der Sonne lagen. Wahrscheinlich hielten sie uns für Söldner, für Freiwild. Ich hätte vorsichtiger sein müssen«, fügte er hinzu und küßte meine Lippen, »doch schließlich ist es ihnen ja mißglückt.«

Ich aber starrte auf die häßliche Wunde und wußte, daß er mich nur beruhigen wollte. »Hat es sehr weh getan?« fragte ich zitternd.

Er lachte etwas gequält. »Natürlich, Liebste. Es tut immer weh. Es wird sogar jedesmal schlimmer, weil man weiß, was kommen wird. Aedwine hat mich zusammengeflickt ...«

»Er hat mir nichts davon gesagt.« Ich löste mich aus seiner Umarmung.

»Ich hatte es ihm ausdrücklich verboten. Du sollst dir keine

Sorgen machen um mich. Nun komm schon.« Und er zog mich wieder an sich.

»Nein, warte!« sagte ich. »Louis hat dich schon einmal angegriffen, stimmt's? Die Gerüchte sind wahr – er ist in die Touraine eingefallen ...«

»Er hat es versucht ..., kam aber nur bis Amboise. Ein uralter Trick: Mach dir einen Feind zum Freund, indem du einen gemeinsamen Gegner erfindest – in diesem Fall mich. Louis und Thibault glaubten, ich wäre zu weit entfernt, um ihnen Schwierigkeiten machen zu können. Aber sie irrten sich. Ich ritt, so schnell ich konnte, nach Amboise und fing sie ab.«

»Aber wie konntest du das tun, ohne jeden erkennen zu lassen, daß du Louis angreifst? Schließlich hast du den Treueid geleistet ...«

»Nichts leichter als das!« lachte er und küßte mich. »Wir trugen alle Jagdgewänder und waren mit Pfeil und Bogen statt mit Schwertern bewaffnet. Sollte Louis die Kettenhemden, die wir darunter trugen, bemerkt haben, so hat er sich das nicht anmerken lassen.« Seine Augen funkelten.

»Schade nur, daß du dein Hemd nicht getragen hast, als du wieder nach Norden zogst«, sagte ich. Immer noch starrte ich auf seine Schulter. »Du hättest die Wunde ordentlich behandeln lassen müssen ...«

»Um diese Gelegenheit hier zu versäumen?« fragte er und küßte meinen Hals. »O nein, das hat noch Zeit. Jetzt aber, Eleonore, jetzt möchte ich mich nur in deinem Haar vergraben ...«

Ich fragte mich, ob seine euphorische Stimmung nicht eine Folge seiner Verletzung sein könnte, und ich entzog mich ihm einen Augenblick, um ihm Wein einzuschenken. Er trank und schien sich ein wenig zu beruhigen. Ich schmiegte mich wieder in seine Arme. »Ist es ungefährlich, entblößt in der Sonne zu liegen?« fragte ich, von der Goldfarbe seiner Haut betört.

»O ja, du solltest es versuchen. Vater tut es, glaube ich, ständig in Jerusalem. Es soll im Heiligen Land große Mode sein. Sie liegen nackt auf den Dächern, bis ihre Haut so dunkel ist wie die der Ungläubigen.«

»Warum?«

»Warum?« Sein Lächeln war jetzt samten wie seine Stimme. »Weil es ein herrliches Gefühl ist, von der Sonne gewärmt und vom Wind liebkost zu werden.«

Seine Hand tat gerade das gleiche bei mir. Was brauchte ich die Sonne, wenn er da war? Trotzdem erschien mir das Heilige Land plötzlich in einem völlig neuen Licht. »Das hört sich verlockend an, Geoffroi. Ich glaube, ich werde es ausprobieren – mit dir.«

»Ich fürchte, das hätte wenig Sinn.«

»Und warum?« hauchte ich.

»Weil ich immer versucht wäre, dich mit meinem Körper zuzudecken, meine weiße Hirschkuh.«

Seine Zärtlichkeiten waren drängender, unsere Küsse leidenschaftlicher geworden, und so spielten wir wieder das alte Spiel, das uns seit Paris derart gefehlt hatte. Aber selbst als wir aufs Bett sanken, ließ mich die Angst nicht los, er könnte sich an seiner verletzten Schulter stoßen.

»Na gut.« Er grinste und zog mich wieder auf den Boden, so daß ich nun auf ihm lag. »Es führt nicht nur ein Weg nach Rom.«

Ich strich mir das Haar aus dem Gesicht und blickte lachend auf ihn herab, beglückt, ihn aus diesem ungewohnten Winkel betrachten zu können. Unter seiner sanften Führung begann ich, ihn zu liebkosen, seine sonnengebräunte Haut zu streicheln und zu küssen, die so seltsam, so verführerisch nach Salz schmeckte. Bald empfand ich nichts mehr als die Wonnen seines Körpers – ich vergaß alle Angst, alle Sorge –, während wir uns immer wilder zusammen bewegten. Als wir zum Höhepunkt kamen und ich seinen schweißbedeckten Körper sich mir entgegenwölben fühlte, war die Lust so überwältigend, daß ich mich auf seine Brust warf.

»Vorsichtig!« keuchte er. »Oder willst du mich zerbrechen?«

»So könnte ich dich hierbehalten, und niemand würde es erfahren!« lächelte ich und war selbst erstaunt über meine eigene frivole Schlagfertigkeit.

»Vielleicht keine schlechte Idee ... Das könnte die Sache wert sein!«

Er strich mir durchs Haar und flüsterte mir Worte der Liebe ins Ohr, während wir noch immer dalagen und uns aneinanderschmiegten. Als ich mich von ihm löste, um nach einer Decke für uns zu greifen, sah ich ein dunkles Rinnsal von seiner Schulter tröpfeln.

»Geoffroi!« schrie ich und bemerkte endlich, was meine Lust mir verschleiert hatte. »O Gott, die Wunde ist ja entzündet!« Entsetzt schaute ich auf ihn hinab; plötzlich war ich starr vor Furcht.

Er legte eine Hand auf die Wunde und sah ungläubig auf das dunkle Blut, das zwischen seinen Fingern hindurchquoll.

»O Gott, Eleonore, das tut mir leid. Schnell, wasch es mit Wein ab.« Ich ergriff ein Tuch und tat, wie geheißen, und haßte mich für den Schmerz, den ich ihm zufügte. »Ich muß jetzt gehen. Sofort.« Er versuchte, sich zu erheben, taumelte aber, und alle Farbe wich aus seinem Gesicht.

»Nein! Ich lasse dich nicht gehen. Sieh dich doch an – du würdest es nie schaffen.«

Aber er griff nach seinen Kleidern. »Ich kann nicht bleiben – wenn man mich hier fände, würde das dein Ende bedeuten ...«

»Wenn dir etwas zustieße, wäre es mir gleichgültig, was aus mir wird. Aber es wird nichts geschehen – ich werde dir helfen. Du darfst nicht gehen, Geoffroi.«

Sein Blick trübte sich, und er wankte ein wenig. Dann schloß er zwei-, dreimal kurz die Augen, als versuchte er, Ordnung in seine Gedanken zu bekommen, und sagte rasch: »Nun gut, aber du mußt tun, was ich dir sage. Gibt es hier Salbei?«

»Salbei? Ja, ich benutze ihn, um meine Zähne zu pflegen.«

»Nein, mehr. Sehr viel mehr.«

»In den Küchen – dort müßten sie ...«

»Besorge, soviel du kannst, und mach einen Umschlag daraus. So ... so wird es auf dem Schlachtfeld gemacht ... Und wenn nicht, dann ... Salomons Siegel ...« Seine Stimme verlor sich, und er wurde totenbleich. »... versuchen sie zu ... zu ...«

Ich mußte schnell handeln. »Gut, gut, Liebster. Ich versuche es. Aber du mußt dich hinlegen.« Ich küßte rasch seine Stirn. »Guter Gott, du glühst ja!«

Voller Panik wickelte ich das Tuch um seine Schulter, schlüpfte in mein Kleid und eilte barfuß die Treppe hinunter. Erst jetzt fiel mir ein, daß die Diener im Küchentrakt schliefen und ich nicht hineingehen konnte, ohne den größten Verdacht zu erregen.

Es gab, das wurde mir klar, nur eine Person, der ich mich anvertrauen konnte, und das war Amaria. Ich klopfte an ihre Tür und trat in ihre Kammer, noch ehe sie antworten konnte.

Sie richtete sich im Bett auf. »Was gibt es, Madame?«

»Amaria, haben wir noch irgendwo Salbei?«

»Salbei. Jetzt?«

»Ja, sofort.«

»Wir haben sicher noch welchen, aber ...«

»Dann hole ihn, ich bitte dich.«

»Aber es ist stockfinster! Ich werde alle aufwecken.«

»Versuch dein Bestes, und sei möglichst leise. Und bring mir, soviel du kannst, such in allen Küchen, und bring mir auch Wasser – rasch!«

Sie zog sich hastig an und warf mir dabei einen Blick zu, als fürchtete sie um meinen Verstand. Sei froh, daß ich dich nicht um Salomons Siegel gebeten habe, dachte ich bei mir. Als ich die Treppe hinaufeilte, fragte ich mich, ob ich nicht im Begriff war, hysterisch zu werden.

»Du bekommst ihn gleich«, sagte ich zu Geoffroi, obwohl ich Zweifel hatte, daß er mich wahrnahm. Er sah fiebriger aus und schien das Bewußtsein zu verlieren. Ich berührte sein Gesicht; seine Haut brannte. Oh Gott, das konnte nur ein schlimmer Traum sein ...

Kurz darauf jedoch erschien Amaria auf der Türschwelle und ließ, als sie Geoffroi nackt und blutverschmiert auf meinem Bett erblickte, vor Schreck prompt die Wasserschale fallen.

»Kein Wort, Mari«, flüsterte ich und riß ihr den Salbei aus der Hand, bevor auch der zu Boden fiel. »Bring neues Wasser.«

Sie aber stand nur fassungslos da.

»Geh!« Sie sah mich ängstlich an, eilte davon und kam umgehend mit einem weiteren Gefäß voll Wasser zurück. »Nun verriegle die Tür und koch den Salbei über dem Kohlenbecken; wir wollen einen Salbeiwickel bereiten. Er ist verwundet«, fügte ich überflüssigerweise hinzu.

Doch Amaria rührte sich nicht, sondern starrte mit offenem Mund auf Geoffroi. »O Madame!«

»Sei still, Mari, und mach dich ans Werk!«

Wir legten angefeuchtete Tücher auf seine brennende Haut, und innerhalb von einer halben Stunde hatten wir den dampfenden, reinigenden Salbei zu einem dunklen Brei gestampft, den wir auf die Wunde auftrugen. Geoffroi biß vor Schmerz die Zähne zusammen, als das üble schwarze Blut aus seiner Schulter gezogen wurde. Wir wiederholten den Vorgang so lange, bis die Wunde sauber war, und legten dann einen Verband darauf, den wir aus Streifen eines Seidengewandes hergestellt hatten.

Noch ehe wir damit fertig waren, war er in einen tiefen Schlaf gefallen.

Da wir nichts weiter für ihn tun konnten, zog ich die grünen Vorhänge um das Bett zu und begleitete Amaria, nachdem ich die Tür hinter mir verriegelt hatte, in ihre Kammer.

Ich hatte keine Vorstellung, was ich ihr sagen sollte, aber zu meiner Verblüffung umarmte sie mich und sagte: »Jetzt verstehe ich, warum Ihr den kleinen Hund so sehr liebt!«

Und plötzlich konnte ich mich nicht mehr beherrschen.

Überwältigt von den Gefühlswirren der vergangenen Stunden, sank ich auf ihr Bett, und sie legte tröstend den Arm um mich. »Ich wußte wohl, daß es jemanden gab, doch ich hätte nie erraten, daß er es war.« Ich war zu erschöpft, um deshalb beunruhigt zu sein, und sie fuhr fort. »Wir alle verdienen ein wenig Glück, Madame – ganz gleich, was die Priester sagen. Sie können nicht alles wissen.« Sie lächelte mir aufmunternd zu. »Macht Euch keine Sorgen; er wird wieder gesund. Und wenn Graf Geoffroi morgen früh noch zu schwach ist, um fortzureiten, können wir ihn in meinem Bett verstecken – das heißt, wenn Ihr keine Einwände habt, Madame.«

Einwände? Ich war von ihrer Freundschaft und Großherzigkeit überwältigt. Aber einen klaren Gedanken konnte ich immer noch nicht fassen. »Er ist jetzt Herzog«, murmelte ich zerstreut. »*Dux Normannorum* ... Ich muß jetzt wieder zu ihm gehen.« Aber meine Glieder waren schwer wie Blei, und ich begann zu weinen.

Mari strich mir über den Rücken, wie um ein Kind zu trösten. »Ist schon gut. Ihr habt nur getan, was all die anderen Damen gern getan hätten. Aber sie sind keine Poitevinerinnen!«

Wir schauten einander an und mußten trotz allem lächeln.

»Niemand darf jemals davon erfahren, Mari.«

»Ich werde niemandem etwas erzählen, Madame. Ich schwöre es.«

Ich eilte zurück zu Geoffroi, der in einen tiefen und heilsamen Schlaf gesunken war.

Im Licht des Mondes hielt ich Wache bei ihm. Trotz meiner Angst empfand ich eine seltsame Zufriedenheit, weil er die ganze Nacht an meiner Seite schlief. Es war eine kostbare Gelegenheit, ihn ungestört betrachten zu können, denn wenn Geoffroi wach war, verwirrte er meine Sinne stets so sehr, daß ein sachlicher Blick in seiner Gesellschaft kaum möglich war. Nun aber, da die Kraft dieses Geistes ruhte, konnte ich sein bleiches, schönes Antlitz mit aller Muße studieren und meine müden Gedanken frei schweifen lassen.

Geblendet vor Liebe, betrachtete ich seinen Körper als eine paradiesgleiche Landschaft, den Inbegriff von Schönheit, der mir den Weg zu den Freuden des Lebens wies. So hatte ich mich, ohne es zu bemerken, zur Gotteslästerin entwickelt, denn dieser schlanke Körper in seiner Kraft und Anmut war mir zur wahren Kathedrale geworden, in der ich meine Andacht verrichtete, und diese saphirblauen Augen waren die Fenster, die auf den Himmel blickten. Jetzt hingegen, da der Mond am nächtlichen Himmel aufstieg, fühlte ich, daß ich ihn in einem neuen, schärferen Licht sah.

Ich begriff, daß er seine Schönheit wie einen Schutzschild vor sich trug und sie nicht dazu benutzte, andere anzuziehen, sondern, ganz im Gegenteil, um sie auf Abstand zu halten. Die Sonne blendet, doch trotz ihrer wohltuenden Wärme kann man nicht direkt in sie hineinschauen. Und nun, da diese Schönheit schlief und bar der Macht ihrer Persönlichkeit vor mir lag, entdeckte ich in ihr eine Verletzlichkeit, die mich auf nie gekannte Weise anrührte. Ich wurde mir der Verwundbarkeit allen Fleisches bewußt und war sowohl gerührt als auch verängstigt, denn es ließ das Risiko, das wir soeben auf uns genommen hatten, um so größer erscheinen.

Wie ein Echo meiner Gedanken huschte ein leichter Schatten über seine Gesichtszüge. Wir hatten das Schicksal diesmal auf eine Weise herausgefordert, daß ich mich zu fragen begann, welche weiteren Risiken ich um seinetwillen noch auf mich zu nehmen bereit wäre. Vielleicht würde ich es erst wissen, wenn es zu spät war. Aber ganz gewiß war es töricht von mir gewesen anzunehmen, ich könnte das alles ohne Amarias Mitwisserschaft und Hilfe bewältigen, und noch ernüchternder war für mich die Erkenntnis, daß wir ihr nun ausgeliefert waren.

Doch als ich nun bei Geoffroi lag, seinem ruhigen Atem lauschte, an die Wärme und Schönheit seines erregten Körpers und an die Lust dachte, die wir einander schenkten, hatte ich weder den Willen noch den Wunsch, dem allen ein Ende zu bereiten.

Für nichts und niemanden.

Als der Morgen dämmerte, lief ich nach unten, um Amaria zu wecken, aber sie war bereits angekleidet und erwartete mich. »Mari, kannst du bei ihm bleiben? Ich werde sagen, du seist krank, aber ich muß mich heute morgen blicken lassen.«

»Natürlich, Madame. Was soll ich tun?«

»Erst einmal sieh zu, daß die Tür verschlossen ist. Ich glaube, er ist fieberfrei, aber ich möchte ihn nicht allein zurücklassen. Gib ihm viel zu trinken, aber nichts zu essen. Ich bringe dir später selbst etwas hinauf.«

»Nein, Madame, das solltet Ihr nicht für mich tun!«

»Sei nicht albern. Komm jetzt.«

Ich ritt in Begleitung mehrerer Ritter durch die Wälder, und mit jedem Augenblick, den ich fern von ihm war, wuchs meine Ungeduld. Gegen Mittag hielt ich es nicht länger aus und gab vor, eine Ruhepause einlegen zu müssen. So konnten meine Begleiter einen unbeschwerten Nachmittag verbringen.

Sobald ich allein war, eilte ich die Treppe zu meinem Gemach hinauf und betete aus tiefstem Herzen, er möge gesund und in Sicherheit – und vor allem noch immer dort sein. Ich befürchtete, er könnte fortgeritten sein – mehr zu meinem als zu seinem eigenen Besten –, um anderswo zu genesen, und dieser Gedanke war mir unerträglich.

Aber meine Tür war noch verschlossen, und Mari ließ mich sofort eintreten. Das Zimmer war lichtdurchflutet und erfüllt vom scharfen, reinigenden Geruch des Salbei. Das Bett war mit frischen Laken versehen, seine Vorhänge waren beiseite gezogen, und mitten darin saß ein zufrieden lächelnder Geoffroi. Der gefährliche Glanz war aus seinen Augen verschwunden, und ich hätte vor Erleichterung weinen mögen.

Zum ersten Mal in meinem Leben war ich in Amarias Gegenwart verlegen, doch Geoffroi sagte schnell: »Sieht so aus, als müßten wir die Kissenschlacht später fortsetzen, Mari – aber vergiß nicht, wo wir stehengeblieben sind ...« Da wußte ich, daß er wieder ganz der alte war.

»Aber ich habe wirklich nur seinen Verband gewechselt, Madame! Ich habe nicht ... Ich wollte nicht ...« Die arme Amaria war feuerrot geworden und sah mich verwirrt an.

»Ist schon gut, Mari ...«, begann ich. Aber Geoffroi unterbrach mich und ahmte dabei meinen Tonfall vorzüglich nach: »Ja, Mari, so ist er nun einmal. Beachte den armen Kerl einfach nicht, dann wird er schon aufhören.«

Amaria lächelte verträumt, und ich wußte, Geoffroi hatte eine weitere Verehrerin gefunden. Ich entließ sie schließlich mit herzlichen Dankesworten und verschloß die Tür hinter ihr. Der Nachmittag war warm, und Geoffroi bei mir zu haben war himmlisch.

»Ich muß mich rasieren«, sagte er und streckte sich im Bett aus. »Und außerdem habe ich einen Heißhunger.«

»Du solltest aber noch nichts essen.«

»Ich habe auch nicht ans Essen gedacht, meine Schöne«, erwiderte er verschmitzt.

»So, so. Du willst dir wohl einen weiteren Fieberanfall einhandeln.«

»Das ist deine Schuld, schließlich hast du mich die ganze Nacht mit deiner Leibwäsche gefesselt ...« Er zerrte an dem Seidenstoff auf seiner Schulter.

Ich setzte mich aufs Bett, und er versuchte sogleich, mich an sich zu ziehen. »Oh, nein! Du mußt dich ausruhen. Eine Nacht wie die letzte dürfen wir nicht riskieren.«

»Ich würde tausend Nächte für dich riskieren«, sagte er rasch und küßte meine Hand. »Du siehst müde aus. Habe ich dir so viel Kummer gemacht?«

»Oh, Geoffroi, was sollen wir nur tun?«

»Die nächsten paar Tage genießen, so gut wir können – sonst nichts«, antwortete er ruhig.

»Und was dann? Soll ich ruhig mit ansehen, wie du von meinem Gemahl angegriffen wirst?«

Er blickte mich entrüstet an. »Louis kann mich nicht besiegen! Er versteht nichts von Strategie.«

»Es muß ja nicht seine Strategie sein, die dich zu Fall bringen kann. Er mag zwar arglos und ohne Schläue sein, aber nicht seine Vertrauten.«

Er drehte eine meiner Locken um seine Finger. Plötzlich erinnerte ich mich, wie er vor langer Zeit in Saint-Jouin die Goldmünze über seinen Handrücken hatte rollen lassen. Ich besaß die Münze immer noch ...

»Woran denkst du?« fragte er.

»Wie lange ich dich schon liebe und an die Zeit im Stall.«

»Warst du nicht das ungezogene Mädchen?«

Die Anspannung der vergangenen Tage machte sich jedoch bei mir bemerkbar. »Ich liebe dich schon seit fast einem Jahrzehnt, und die Tage, die ich mit dir verbracht habe, sind an einer Hand abzuzählen. Das kann doch nicht recht sein! Ich wünschte, wir wären damals in Saint-Jouin davongelaufen.«

»Mathilda hätte wohl etwas dagegen einzuwenden gehabt.«

»Verfluchte Mathilda! Verfluchter Louis! Verflucht seien sie alle!«

Er nahm mich sanft in die Arme. »Nun, nun, meine Liebste! Beruhige dich! Wer weiß, was die Zukunft uns noch bringt!« Solche Worte von ihm, der bis jetzt jeden Hoffnungsschimmer abgetan hatte! Doch dieses eine Mal war ich klug genug, nichts zu erwidern.

Als ich ruhiger geworden war, fragte er mich: »Was hast du seit unserer letzten Begegnung in Paris getrieben?«

»Getrieben? Herzlich wenig. Ich mußte Bernards Predigt über den Sold der Sünde über mich ergehen lassen.«

Geoffroi lachte. »Das Problem mit dem Sold der Sünde ist,

daß er selten die Kosten deckt. Und wo wir schon von Sünde sprechen ...«

Ich blieb jedoch fest entschlossen, ihm noch Ruhe zu gönnen, und wollte von Liebesspielen nichts wissen. Als er im Scherz sagte, er wollte sein Schwert zwischen uns legen wie die keuschen Liebenden in alten Sagen, mußte ich lachen und hätte um Haaresbreite nachgegeben. Schließlich aber gab er sich geschlagen, legte die Hand aufs Herz und beteuerte, ich könne so sicher vor ihm sein, als wäre ich Mathilda. »Oh, Eleonore, entschuldige!« fügte er sogleich zerknirscht hinzu. »Das hätte ich nicht sagen dürfen. Mein Verstand muß auch unter dem Fieber gelitten haben.«

»Ist sie denn wirklich so schrecklich?« fragte ich neugierig.

Er ließ die Hände sinken. »Noch schrecklicher. Einmal bin ich sogar vor ihr fortgelaufen.«

»Du – fortgelaufen? Wie das?«

»Nun ja, am Ende habe ich es doch nicht getan, aber ich war nahe dran – ich war damals ja erst sechzehn!« Er schauderte. »Das Wort Unterhaltung ist ihr fremd – sie schreit nur, die anderen müssen gehorchen. Jede Antwort ist zwecklos ... Der einzige Mensch, den sie je geschätzt hat, ist Thierry, Sybillas Gemahl, weil er Deutsch mit ihr spricht. Er braucht weniger lang vor ihr zu knien als jeder andere ...«

»Aber erzähl mir, was du getan hast?«

»Ich habe sie zu ihrem Vater zurückgeschickt.«

»Zu König Henry – großer Gott, das war eine Heldentat.«

»Ja, aber er drohte immer wieder, sie zurückzuschicken, und so entschloß ich mich zum einzig Möglichen: zu einer Pilgerfahrt nach Santiago de Compostela. So würde ich wenigstens neun Monate fort sein, vielleicht noch länger, wenn ich es fertigbrächte, eingeschneit zu werden. Jerusalem wäre noch besser gewesen, aber dort war ja schon mein Vater.« Er klang völlig ernst.

»Armer, kleiner Geoffroi!«

»Sei nicht so sarkastisch. Wie auch immer, ich überwand mich schließlich und rief sie zurück. Wir kamen zu einer Übereinkunft.«

»Und zwar?«

»Sie hatte begriffen, daß ich sie haßte, und ich, daß sie mich genauso haßte. In diesem Sinne war unser Verhältnis ausgeglichen. Aber wir hatten Verantwortung übernommen ...« Er sah mich verschmitzt an. »Sprichst du von ihr, um mich abzulenken?«

»Du hast doch damit angefangen!«

»Das ist mehr, als sie jemals für mich getan hat.«

Er lächelte zärtlich und streckte die Hand nach mir aus, und so versuchte ich's mit einem weiteren Ablenkungsmanöver. Und tatsächlich gab es noch etwas anderes, was ich unbedingt wissen wollte. »Sag, warum bist du nicht König von England geworden, als der gute alte Henry starb? Das war doch sicher der Grund, aus dem du Mathilda geheiratet hast?«

Geoffroi verzog das Gesicht. »Ich habe niemals wirklich damit gerechnet. Natürlich war ich die ersten Wochen geblendet, nachdem die Barone geschworen hatten, mich als Miterbe des Thrones anzuerkennen – wem wäre es anders ergangen? Aber sie hatten Mathilda vor Jahren schon einmal abgelehnt, weil sie mit einem Ausländer verheiratet war – und die Eide waren ihnen aufgezwungen worden. Sie haben in mir nie etwas anderes als einen Außenseiter gesehen.« Ich sah ihn aufmerksam an. Er empfand es also auch so ... »Für Normannen und Engländer war ich ein Fremder, und keiner würde mich unterstützen, geschweige denn mir eine Gunst erweisen. Sie benutzten mich als Vorwand, um Mathilda erneut abzulehnen. Und dazu war meine Schwester mit einem ehemaligen Thronanwärter vermählt, was ihr Mißtrauen noch vergrößerte. Ich mußte abwägen, eine Wahl treffen. Und ich entschied mich für die Normandie.«

»Die Normandie ist der Schlüssel für England, nicht wahr?«

fragte ich nachdenklich. »Nimm den englischen Baronen dort ihre Ländereien fort, und sie lassen Stephen zugunsten dessen fallen, der sie ihnen zurückgibt.«

Er sah mich verblüfft an und schenkte mir dann ein so warmes Lächeln, daß ich kaum widerstehen konnte, mich in seine Arme zu werfen. Er nahm mich sanft bei den Schultern, küßte mich und sagte: »Du hast in einem Augenblick erfaßt, was Mathilda niemals begriffen hat. Genau so ist es. Beherrschst du diese Länder, so beherrschst du die Krone.« Er seufzte. »Aber erst einmal mußte ich sie erobern, und dieser gräßliche alte König verweigerte mir die Grenzkastelle, die ich als Basis benötigte, obwohl sie Teil des Ehevertrages waren. Sieben Jahre wartete ich, bis ich ihn ihretwegen angriff. Inzwischen waren in der ganzen Normandie private Kriege ausgebrochen, und alles hätte verlorengehen können. Sollte ich für nichts und wieder nichts an Mathilda gebunden sein? Doch dann starb er überraschend.«

Das war höchst interessant. Natürlich hatte ich die üblichen Geschichten gehört, wie Mathilda die Krone verloren hatte, aber hier bekam ich die Dinge aus einem ganz anderen Blickwinkel erklärt. »Und England ging statt dessen an Stephen«, sagte ich.

»Ja, es war ein unglaubliches Gemauschel. Stephens Bruder organisierte alles von seinem Bischofssitz in Winchester aus – Stephen allein wäre nie dazu fähig gewesen!« Er lachte auf. »Bist du ihm jemals begegnet?«

»Einmal. Ich fand ihn recht charmant – sehr gut aussehend.«

Geoffroi warf mir einen raschen, prüfenden Blick zu. Ganz ohne Eitelkeit war er also nicht.

»Worüber lächelst du?«

»Nichts, Liebster. Bitte erzähl weiter.«

»Du sagst, wie charmant er war – gewiß. Mit einem Vaterunser konnte er eine Nonne so bezaubern, daß sie bereit gewesen wäre, ihre Klostertracht abzulegen. Aber weiter reichten seine

Fähigkeiten nicht, zumindest nicht, um die Pläne zur Machtergreifung selbst in die Tat umzusetzen.«

»Und wie nahm Mathilda es auf, als ihr erfuhrt, daß er gekrönt worden war?«

Er verzog das Gesicht. »Hast du es nicht bis Poitiers gehört? Na, sagen wir es mal so – die zertrümmerten Möbel kosteten mich ein Vermögen.«

»Hat sie dir die Schuld gegeben, Geoffroi?«

»Natürlich. Weißt du, sie war schwanger mit Guillaume, und es war gerade die Zeit, in der ihr Frauen euch besonders krank und übel fühlt.« Er hielt inne, als fürchtete er, mich mit seiner Bemerkung verletzt zu haben. »Auf jeden Fall war eine Kanal-Überquerung bei Sturm das letzte, was man sich in einem solchen Zustand wünscht. So zögerte sie verständlicherweise, und damit änderte sich alles. Und ich war natürlich der Verantwortliche – mein Kind, meine Schuld. Sie hat nie begriffen, warum ich nicht alles habe stehen und liegen lassen, um an ihrer Stelle in England zu kämpfen.«

»Vater hat immer gesagt, man könne nicht gleichzeitig an zwei Fronten kämpfen.«

»Er hatte recht. Denn sonst opfert man gute Männer für schlechte und vergeudet nur seine Ressourcen. Aber Mathilda begreift so etwas nicht. Erst als ich mich allein auf die Normandie konzentrieren konnte – ohne Aufstände im Anjou, ohne Streitigkeiten mit ihrem Vater –, war ich erfolgreich. Man gewinnt nur, wenn man bei einer Sache bleibt, ganz gleich, wie langweilig sie ist – und glaub mir, Eleonore, es würde sogar einen Erzengel zu Tode langweilen!«

»Weil etwas mich antreibt, es zu tun«, murmelte ich vor mich hin.

Er blickte mich verdutzt an. »Was war das?«

»Das hast du bei unserer ersten Begegnung in Saint-Jouin gesagt, als ich fragte, wie du so sicher sein kannst zu gewinnen.«

Er sah mich nachdenklich an. »Ah ja. Dieses kluge Mädchen

damals.« Er nahm mich in die Arme und zog mich an sich. »Du hast mich von Anfang an durchschaut, nicht wahr? Und ich hielt mich für so gescheit.«

»Das warst du auch. Du hast Vater überzeugt. Ich war sicher, er würde nicht mit dir ziehen.«

»Das war ich auch. Ich war so überrascht, daß ich meine Pläne ändern mußte!« Er hielt inne. »Ich war sehr betrübt, als ich von seinem Tod erfuhr. Achtunddreißig ist viel zu jung zum Sterben ...«

Wir schwiegen eine Weile, und ich fand es sonderbar, in den Armen eines Mannes zu liegen, der nicht einmal der meine war, und so unbefangen über Vater zu reden. Es schien das Normalste von der Welt zu sein, und mir wurde plötzlich bewußt, daß ich ihm völlig vertraute.

Geoffroi kam jetzt auf den Verlust von England zurück. »Für Mathilda war es sehr hart. Mir selbst machte es weniger aus, denn ich glaube nicht, daß ich gerne König sein möchte. Schon als Graf und Herzog habe ich viel zu wenig Zeit für mich selbst. Wieviel weniger wäre es, wenn ich auch noch über England herrschen müßte. Ich würde nie mehr ein Buch lesen können ...« Er lächelte verschmitzt. »Geschweige denn, eine weiße Hirschkuh jagen. Außerdem müßte ich mit Mathilda zusammenleben, und welche Krone wäre das wohl wert?«

Es war Zeit, seinen Verband zu erneuern. Ich hatte Honig mitgebracht, um die Wunde damit zu behandeln. Zum Glück verheilte sie sauber, auch wenn sie noch immer schmerzte. »Wenn es so weh tut«, fragte ich, als ich vorsichtig den neuen Verband auflegte, »wie kannst du da wieder aufs Schlachtfeld zurückkehren? Es muß ein Greuel sein.«

»Nein, das ist es erst, wenn du getroffen wirst. Denn du glaubst nie, daß der Pfeil dich trifft – vielleicht den Mann neben dir oder hinter dir, aber nie dich.« Er lachte. »Wenn der Papst solches Gottvertrauen hätte! Und du glaubst es so lange, bis es dich erwischt. Danach denkst du stets, daß alles auf dem Schlachtfeld sich ausschließlich gegen dich richten wird. Nebenbei bemerkt, ist es schwer, einen Ritter wirklich zu verletzen. Es sei denn, er ist so töricht, seine Rüstung abzulegen.«

»Das scheinst du dir ja fast zur Gewohnheit gemacht zu haben. Ein Wunder, daß du damals in Le Sap nicht den Fuß verloren hast, als der Pfeil dich traf. Wo waren deine Kettenpanzer für Füße und Beine?«

»Ich hatte sie abgelegt, weil sie das Pferd wild machten. Es war ein junges Tier, noch nicht kampferfahren. Die Kettenpanzer an meinen Beinen reizten es so sehr, daß es sich ständig aufbäumte, und so tauschte ich sie gegen Lederstiefel ein.«

»Du hättest besser das Pferd wechseln sollen.«

»Völlig undenkbar. Es war ein Geschenk von Mathilda, weißt du. Sie wäre zutiefst gekränkt gewesen, wenn ich das Reittier gewechselt hätte.«

Schon wieder Mathilda. »Ich verstehe«, sagte ich kühl.

»Nein, du kennst die Hintergründe nicht. Sie war nämlich dieses eine Mal um Versöhnung bemüht. Es war nicht ihre Schuld, daß es so fehlschlug.«

»Warum mußte sie sich versöhnlich zeigen?« fragte ich argwöhnisch.

Er verzog den Mund, und seine Augen blitzten böse auf. »Nun, die drei nach Guillaumes Geburt gesetzlich vorgeschriebenen Monate ehelicher Enthaltsamkeit waren abgelaufen, und sie hatte die Güte, mir unmittelbar vor der Schlacht mitzuteilen, drei Söhne seien genug und sie wolle keine weiteren Kinder haben. Mit anderen Worten, sie hatte beschlossen, nicht mehr mit mir zu schlafen.«

»Sie muß wirklich verrückt sein«, entfuhr es mir unwillkürlich.

»Sicher ... Oh, sei vorsichtig, das tut weh! Weißt du, der Hengst sollte ein Trostpflaster sein.«

»Sehr geschmackvoll!«

»Stimmt. Feinfühligkeit ist nicht gerade ihre Stärke. Ich kämpfte also mannhaft meine Enttäuschung nieder und bestieg statt dessen den jungen Hengst.«

»Du bist abscheulich!« kicherte ich und küßte ihn.

»Einer von uns mußte in dieser Lage Haltung wahren. So nahm ich das Pferd an, unerfahren wie es war.«

Ich warf ihm einen neugierigen Blick zu. »Und es tat dir überhaupt nicht leid – nicht im geringsten?«

Er hielt meinem Blick stand, und aus seinen Augen war alle Spaßhaftigkeit verschwunden. »Nein, sie ist Gift.«

»Kein einziger Punkt, der für sie spricht?« Ich fragte mich bestürzt, warum ich so hartnäckig war, aber eine innere Stimme flüsterte: Erkenne deinen Feind ...

Er überlegte kurz. »Sie ist tapfer, das muß ich ihr lassen. Und willensstark. Sie arbeitet hart, aber ... außer sich selbst und ihren Rechten läßt sie nichts gelten. Sie hat Gott auf ihrer Seite. Deshalb spielt es für sie keine Rolle, wie hoch der Preis für ihren Sieg ist. Sie hat keinen Weitblick, kein inneres Funkeln – hier.« Er tippte auf seine rechte Schläfe. »Keine Phantasie ... Wie ich schon sagte, es ist leicht, tapfer zu sein, wenn man keine Vorstellung vom Versagen hat, keinen Gedanken daran verschwendet, daß der Pfeil für einen selbst bestimmt sein könnte ..., und kein Mitgefühl kennt, wenn er einen anderen trifft.«

Er küßte meine Stirn, und sein Blick erhellte sich wieder. »Du hättest sie sehen sollen nach Le Sap. Sie war so verärgert, daß ich verwundet worden war. So erzürnt, als hätte ich – als hätte jeder, der verletzt worden war – es selbst verschuldet! Sie war aufgebracht. Ja, das ist das Wort – aufgebracht. Weißt du, der Pfeil ging geradewegs durch meinen Fuß hindurch und heftete mich an die Flanke meines Pferdes. Das arme Tier mußte von seinen Leiden erlöst werden, nachdem man mich von ihm befreit hatte.« Er blickte mich lächelnd an. »Ich erinnere mich noch genau, wie sie immer wieder von dem zuckenden Pferd zu mir herüberschaute, und ich wußte, wußte genau, daß ihr lieber gewesen wäre, man hätte mir die Kehle durchgeschnitten.«

»Oh, Geoffroi!«

»Es ist wahr. ›Das kostbare Tier, das kostbare Tier!‹ hörte ich sie murmeln.«

»Wie konnte sie nur ...«

»Ja, Eleonore, du brauchst also kein schlechtes Gewissen zu haben. Es gibt und gab nie etwas zwischen Mathilda und mir, was du zerstört hättest.« Er schloß zärtlich die Hände um mein Gesicht und küßte es. »Um die Liebe zu finden, mußte ich erst auf einer Treppe stolpern.« Er lachte plötzlich auf. »Ob Eros je zuvor einem Menschen in den Fuß geschossen hat?«

Inzwischen hatten wir beide mehr als genug von Mathilda und machten den halbherzigen Versuch, ein wenig zu schlafen. Da wir beide erschöpft waren, er vom Fieber und ich von meiner Krankenwache, machte es mir wenig aus, daß wir dies eine Mal enthaltsam blieben. Ich konnte meine Begierde nach ihm ohnehin nie ganz stillen, deshalb war ein weiterer Tag zu ertragen. Wir dämmerten so dahin, doch als wir bemerkten, daß wir beide nicht richtig schlafen konnten, erzählte ich ihm, wie ich schreiben gelernt hatte. Er war begeistert. Wie immer erkannte er rasch, welchen Vorteil wir daraus ziehen könnten.

»Wer weiß davon?«

»Louis natürlich und ein junger Kanoniker, der schwören mußte, es für sich zu behalten. Sonst niemand.«

»Du mußt dir ein spezielles Siegel anfertigen lassen – nein, ich werde es besorgen –, und dann können wir uns schreiben. Großartig! Was soll auf dem Siegel abgebildet sein?«

Ich überlegte kurz. »Ein Eichhörnchen mit einer Nuß.«

»Eine besondere?«

»Unsinn! Es soll den süßen Inhalt verkörpern.«

»Meines soll eine Ginsterschote darstellen. Nicht sehr einfallsreich, aber ich will nicht mit deinen anderen Liebhabern verwechselt werden.«

»Weißt du, ich glaube, sie haben recht – du bist der Teufel in Menschengestalt!« Ich küßte ihn, wenn auch sehr verhalten, und schließlich schliefen wir eng umschlungen ein.

Als uns die Sonne am Morgen weckte, schien er wieder völlig hergestellt zu sein. Uns blieben ein paar köstliche Augenblicke der Zweisamkeit, bevor er sich im kühlen Frühnebel davonstahl.

Zwei Tage später wurde ich nach Paris gerufen. Geoffroi kehrte zu seinem neuen Regierungssitz nach Rouen zurück und machte sich an die langwierige Aufgabe, in seinem von Kriegen geschundenen Herzogtum die Ordnung wiederherzustellen. Als ich mich auf den Heimweg machte, ließ mich allein die Gewißheit, daß wir einander schreiben konnten, trotz allem lächeln.

Kapitel 8

⚜ Ohne Geoffroi war mein Leben trostlos und monoton wie der Winterhimmel. Doch solange die Möglichkeit auf ein Wiedersehen bestand, konnte ich alles ertragen. Louis war nach seiner Aussöhnung mit Bernard ruhiger geworden. Er besänftigte sein schlechtes Gewissen durch den Wiederaufbau der zerstörten Stadt Vitry. Dadurch wurden seine Stimmungsschwankungen und sein Mißmut etwas erträglicher. Obwohl das Zusammensein mit ihm von meiner Seite genauso wenig erwünscht war wie früher, empfand ich nicht mehr den gleichen Abscheu in seiner Nähe. So kamen wir einigermaßen friedlich miteinander aus bis zum Weihnachtsfest, an dem sich zwei wichtige Dinge ereigneten.

Als erstes erhielten wir die Nachricht, daß Geoffrois Vater, König Fulko von Jerusalem, vor Monaten bei einem Jagdunfall ums Leben gekommen war. Das Schicksal des Heiligen Landes lag nun in den schwachen Händen seines jungen Sohnes Baudouin, Geoffrois Halbbruder. Louis, der alles, was das Heilige Land betraf, mit größter Ehrfurcht zur Kenntnis nahm, war zutiefst erschüttert, sein Kommentar indes höchst banal. »Welche Schande«, murmelte er. »Ich kannte den Grafen, als ich ein Kind war. Er war ein gestrenger Mann, zu mir aber war er freundlich. Nur mit Namen hatte er Schwierigkeiten – er nannte mich immer Lothaire oder Laurent, weiß Gott warum ...«

Geoffrois Gedanken würden, das wußte ich, ganz andere sein. Ich fragte mich, an welche Eigenschaften seines Vaters, den er so lange nicht gesehen hatte, er sich erinnern mochte und ob sein Andenken einen bitteren Beigeschmack hatte.

Das zweite wichtige Ereignis, für mich jedenfalls, war die

Wiederkehr meiner Fruchtbarkeit. Ich hatte ein wenig an Gewicht zugenommen, und jedermann sagte mir, wie gut ich aussähe. Aber das plötzliche Einsetzen meiner Monatsblutung war dennoch ein gewaltiger Schock für mich. Ich hatte mich damit abgefunden, keine Kinder bekommen zu können, und war völlig durcheinander, denn wenn ich nun doch empfängnisfähig war, bedeutete das, daß ich sowohl von Geoffroi als auch von Louis schwanger werden könnte.

Dieser Gedanke ließ mich zwischen Freude und Furcht schwanken – ein Kind mit einem Haar von der Farbe walisischen Goldes würde schwer zu erklären und seine Herkunft allzu offensichtlich sein, wie Petronilla so treffend bemerkt hatte. Da ich noch nicht damit umzugehen wußte, beschloß ich, mein Wissen möglichst lange für mich zu behalten, und hoffte, daß die Zeit eine Lösung bringen würde.

Bernards griesgrämige Gegenwart warf einen Schatten auf die Weihnachtsfeier, vor allem, als er Louis und mich vor versammeltem Hofe fragte, was wir uns in dieser Zeit der heiligen Geburt am dringlichsten von Gott erhofften. Angesichts einer solch empörenden Ungeheuerlichkeit konnten wir nur mit dem allgemeinen Wunsch nach einem Erben antworten. Er versprach, für dessen Erfüllung täglich zu beten. Bei diesen Worten warf er mir ein eisiges Lächeln zu, so daß ich mich zunehmend unwohl fühlte und mich zu fragen begann, woher der alte Gauner wissen konnte, daß es jetzt wieder möglich war.

Da Louis glaubte, Gottes Unterstützung zu haben, begann er, mich nachts wieder aufzusuchen. Er war zwar so unbeholfen wie eh und je, aber eingedenk Bernards Segnung höflich und nicht mehr gewalttätig. Und so lag ich denn ergeben unter ihm, dachte an Geoffrois lodernden Körper und fragte mich, wie Louis mit seinen schüchternen Zuckungen hoffen konnte, zum Ziel zu gelangen.

Um so größer war deshalb mein Schock, als mir klarwurde,

daß ich zum ersten Mal seit fünf Jahren wieder schwanger war. Dies war nun allerdings ein Geheimnis, das nicht lange verborgen bleiben konnte. Ich teilte Louis an einem Nachmittag im späten Februar mit, wie es um mich stand. Seine Reaktion darauf war, daß er zunächst Gott, hernach Bernard und schließlich mir dankte und dann in Windeseile einen Plan erstellte, wie ich mich bis zur Geburt zu ernähren und zu verhalten hatte.

Er stattete mir einen Besuch in meinen Gemächern ab, um mich mit den Einzelheiten vertraut zu machen. »Also, Eleonore«, begann er, mit dem Rücken an das Kaminsims gelehnt, und entrollte das Pergament, »ich denke, es wird das beste sein, Ihr bleibt im Bereich des Palastes, bis er geboren ist ...«

Ich saß an meinem Schreibtisch, und bei seinen Worten brach mir die sorgfältig geschärfte Spitze meiner Feder ab. »Aber, Louis, es sind noch fast sieben Monate bis dahin, und ich will ...«

»Reiten untersage ich Euch strengstens – und wenn Ihr unbedingt irgendwohin wollt, dann nur in einer Sänfte und nur in kurzen Etappen ...«

»Louis, Ihr wißt, ich werde verrückt, wenn man mich im Palast einsperrt.«

»Ich weiß nichts dergleichen. Ich weiß nur, daß es keine Wiederholung des letzten Males geben darf. Also, wo war ich stehengeblieben? Ihr werdet soviel wie möglich schlafen, und zwar immer nur auf Eurer rechten Seite – diesmal muß es ein Knabe werden! Darüber hinaus werdet Ihr jede Gefahr meiden ...« Seine Stimme verhärtete sich ein wenig. »Und wenn ich Euch deshalb einsperren muß ...«

Ich hatte einen merkwürdigen Geruch bemerkt und schaute mich suchend um. Auch Senlis, die auf meinem Schoß lag, begann zu schnuppern und leise zu knurren. Ich folgte ihrem Blick zum Kamin und sah, daß Louis' langer Ärmel über dem Kaminrost hing und der Pelzbesatz schwelte. Eingedenk seiner Angst vor Feuer, wollte ich ihn nicht erschrecken.

»Louis ...«

»Bitte unterbrecht mich nicht, Eleonore. Laßt mich ausreden.«

»Aber, Louis ...«

»Nein, dies eine Mal werdet Ihr mir ohne Widerspruch gehorchen! Jetzt setzt Euch wieder hin!«

Obwohl er mir schrecklich wichtigtuerisch vorkam, versuchte ich es noch einmal. »Louis!«

»Schweigt, Eleonore! Auch Euer Hund soll ruhig sein.«

Ich gab auf.

»Wo war ich stehengeblieben? Ach ja. Ihr dürft nicht riskieren, daß jemand das Kind verwünscht; kein Krüppel, kein Zwerg darf Euren Weg kreuzen.« Senlis knurrte noch lauter. »Auch werde ich kontrollieren lassen, wen Ihr empfangt. Übrigens, es ist stikkig hier; Ihr solltet öfter lüften. Nun, seht mich nicht so an. Es ist doch alles zu Eurem Besten – und zum Besten meines Sohnes.«

»Oh, Louis! Darum geht es nicht – seht doch!« Und ich zeigte auf seinen Ärmel, dessen Saum gerade aufflammte. Louis stand reglos mit offenem Munde da, Senlis bellte wie wild, aber noch bevor Louis aufschreien konnte, hatte ich den Inhalt des Wasserkruges in seine Richtung geschüttet. Nicht ein Tropfen verfehlte ihn. Und es erfüllte seinen Zweck.

Obwohl er unverletzt war, bat ich ihn, sich auf mein Bett zu legen, und ließ ein anderes Gewand sowie einen Krug mit heißem Wein bringen. Bald wimmelten die Pagen um ihn herum, und der arme Louis war derart verstört und so dankbar, weil ich ihn gerettet hatte, daß es mir gelang, wenigstens einige der schweren Angriffe auf meine Freiheit zu meinen Gunsten zu ändern.

»Nun, Louis«, sagte ich, hocherfreut über diese Wendung, »wenn ich schon eine Gefangene sein muß, dann sorgt Ihr wohl besser für meine Zufriedenheit.«

»Ihr könnt alles haben – alles, was Ihr wollt, Eleonore«, rief er, ein Auge ängstlich auf den Kamin geheftet.

»Ich möchte erst einmal mehr Bücher haben, keine Psalter, sondern weltliche, Louis ... Außerdem Schreibutensilien, eine Menge Federn und Pergament. Und mehr Musik, sehr viel mehr! Musik wird das Kind, wie auch mich, beruhigen«, fügte ich hinzu, bevor er protestieren konnte. »Und da wir schon mal dabei sind ...«

So wurde ich zu einer Art Vorzugsgefangenen, der jeder noch so kleine Wunsch erfüllt wurde. Meine eilig neudekorierten Gemächer waren bald voll von Musikern und ihren Instrumenten, von Büchern und Ziergegenständen, von Vögeln in Käfigen – Louis hatte keinen Sinn für Ironie –, von Früchten, Kräutern und Pflanzen, die man in aller Eile aus dem warmen Süden herbeigeschafft hatte und deren Duft mich schmerzlich an meine Heimat erinnerte. Von all diesen Zugeständnissen war die Versorgung mit Pergament für mich das wichtigste, denn etwa einen Monat nach meinem Abschied von Geoffroi in Senlis hatte Amaria mir verstohlen ein kleines Päckchen übergeben. Darin lag ein herzförmiges Kästchen, in dem sich ein Silbersiegel mit einem eingravierten Eichhörnchen befand, das an etwas nagte, das verdächtig wie eine Ginsterschote aussah. Beigefügt war ein kleiner Brief, der Geoffrois eigenes, geheimes Siegel trug. Natürlich wurde kein Name darin erwähnt, doch die Zusicherung seines Wohlergehens und seiner Liebe waren wärmender als jedes Herbstfeuer, und nun besaß ich die Möglichkeit, ihm zu antworten.

Ich war deshalb um so verärgerter, daß ich ihm in einem meiner ersten Briefe von dem Kind berichten mußte, das ich von Louis erwartete. Aber er mußte es erfahren – und zwar von mir.

Aber wie sollte ich es ihm beibringen? Bisher waren meine Briefe nur voller Liebe und Sehnsucht gewesen – kindliche Versuche, zu Pergament zu bringen, was ich im Herzen fühlte. Doch jetzt ... Jedesmal, wenn meine Hand zum Schreiben ansetzte, stellte ich mir seine Reaktion auf meine Nachricht vor.

Meine Aufgabe war um so schwerer zu bewältigen, als ich ständig sein Bild und eine denkwürdige Episode unserer letzten Nacht in Senlis vor Augen hatte.

Es war an jenem Abend kälter geworden, und wir hatten vor dem Feuer gelegen, Geoffroi auf dem Rücken, den Kopf auf einem Kissen, und ich halb auf ihm, halb neben ihm in einem trägen Gewirr von Gliedern.

Im Bewußtsein, daß wir uns am nächsten Morgen trennen müßten, hatte ich ihn widerwillig gefragt, ob er in die Normandie zurückkehren würde.

»Wahrscheinlich bin ich in wenigen Stunden auf dem Weg nach Rouen«, antwortete er mit einem verschlagenen Lächeln, »obwohl ich mir eigentlich erst Mirebeau im Süden vorknöpfen sollte. Das ist eine alte Geschichte.«

»Mirebeau ...« Der Name kam mir bekannt vor. »Vater hat dort einmal gekämpft.«

»Ja, ich weiß.« Er gähnte, seine Augen waren geschlossen. »Gegen mich.«

»Wie? Das ist nicht dein Ernst.«

»O doch.«

»Warum?«

Er gähnte erneut. »Ach, Blazon hatte sich gegen mich erhoben, und ich belagerte ihn dort. Er bat deinen Vater, seinen Lehnsherrn, um Hilfe, und Guillaume kam und stellte sich mir entgegen.«

»Aber das ist schon lange her.«

»Fünfzehn, nein, sechzehn Jahre. Du warst damals noch ein kleines Ding.« Er versetzte mir einen leichten Nasenstüber.

»Und du, du kannst damals höchstens fünfzehn gewesen sein, Geoffroi!«

»Ja ... Ich habe aber trotzdem gesiegt.«

Er schloß erneut die Augen; ich aber war verblüfft. »Warte – wenn Vater sein Lehnsherr war, dann muß das Schloß mir gehören!« Ich erinnerte mich mit einem Mal ganz deutlich. »Das heißt, es ging um mehrere Schlösser ... Mirebeau, Chinon und ... Loudun!« Ich war richtig stolz auf mein Gedächtnis. »Vater als Graf von Poitou erhob Anspruch auf alle.«

Seine Augen hatten sich wieder geöffnet. »Sie gehören mir noch immer«, sagte er, jetzt gar nicht mehr schläfrig.

»Nun, das mußt du wohl sagen«, neckte ich ihn, »denn du würdest die Kontrolle über alle deine Länder südlich von Fontevrault verlieren, wenn sie mir gehörten!«

»Wir haben diese Schlösser erbaut, Eleonore. Also gehören sie jetzt mir.«

»Auf strittigem Grenzland? Ich denke, du bist mir für sie den Lehnseid schuldig, Geoffroi, als Vasall der Gräfin von Poitou!« Während unseres Gespräches hatte ich ihn bis hinunter zum Bauchnabel geküßt, ohne freilich weiterzugehen, und sah ihn jetzt herausfordernd an. »Ja, du bist mir einen Lehnseid schuldig, Liebster.« Und entzückt über diesen Gedanken, brach ich in Gelächter aus.

Aber zu meiner Verwunderung schwieg er eine Weile. Als er schließlich antwortete, war jeder neckende Ton aus seiner Stimme verschwunden. »Gut«, sagte er ruhig, erhob sich und zog mich an den Armen hoch. Dann kniete er, nackt wie er war, vor mir nieder und legte seine Hände zwischen die meinen. Das Licht der Flammen spielte sanft auf seiner Haut, als er feierlich diese Worte sprach: »Ich, Geoffroi, durch Gottes Gnaden Herzog der Normandie und Graf von Anjou, Herr über Maine und Touraine, zolle Euch Lehnspflicht für die Schlösser Chinon, Loudun und Mirebeau und alle dazugehörenden Ländereien und Rechte. Und ich erkenne Euch, Eleonore« – und er hob die Augen zu mir, und seine fieberblassen Züge waren schockierend in ihrer Schönheit –, »als meine Lehnsherrin an, deren Leben, Leib und Besitz ich bereit bin zu schützen, wenn sie bereit ist, mich als ihren Vasallen anzuerkennen, dessen Leben, Leib und Besitz sie schützt, wofür ich ihr in allen Dingen dienen werde.«

Ergriffen von dieser Szene und im Bewußtsein, daß sich das Gleichgewicht unserer Beziehung verschoben hatte – zu wessen Gunsten, konnte ich noch nicht sagen –, blickte ich auf ihn hinab. Wie so oft in Augenblicken der Unsicherheit, versuchte ich zu scherzen. »Ich habe kein Stückchen Erde als Unterpfand, das ich Euch, wie der Brauch es verlangt, überreichen könnte.«

»Mehr als dieses Unterpfand brauche ich nicht«, entgegnete er ruhig, zog mich näher zu sich und küßte mich, fast feierlich, zwischen die Schenkel, bis ich mit weichen Knien in seine Arme sank und wir uns schweigend und verstört umschlungen hielten ...

Die Erinnerung an jene Nacht ließ mich nicht los – zu guter Letzt waren Tränenspuren auf dem Pergament zu sehen, und ich versuchte verärgert, sie wegzuwischen. Wie nur sollte ich einem solchen Mann mitteilen, daß ich das Kind eines anderen unter meinem Herzen trug? Aber ich mußte meine Worte auf das elende, durchnäßte Blatt zwingen. Als es dann endlich vollbracht war, zitterte meine Hand noch lange. Meine Gedanken kreisten immer wieder um diese seltsame, geheime Zeremonie, deren Nachhall stärker wurde, je länger ich von ihm getrennt war.

Ich fühlte mich in dieser Schwangerschaft bei weitem nicht so elend wie in der ersten, war aber dennoch fast erleichtert, daß Geoffroi nicht sehen konnte, wie ich allmählich plump und langsam wurde. Meine Umgebung versicherte mir immer wieder, daß ich meinen Zustand, selbst im sechsten und siebten Monat, mit Anmut trug. Aber wie konnte ich das glauben? So viele andere Frauen am Hofe waren ununterbrochen schwanger und sahen selten bezaubernd aus. Darüber hinaus war ich trotz meiner Gefühle für Louis bald durchaus zufrieden mit meinem Zustand. Schließlich hatte ich ja bereits alle Hoffnung aufgegeben, je ein Kind zu bekommen, und obwohl ich es nicht als das

Wunder ansah, das Bernard uns glauben machen wollte, so betete ich nun doch inbrünstig wie alle anderen um einen männlichen Thronerben.

Was mir vor allem half, die langen Wochen des Eingesperrtseins und der gnadenlosen Überwachung zu ertragen, waren die Briefe, die Geoffroi und ich austauschten. Das war überraschend einfach, unterhielt er doch entlang der alten römischen Straßen, die Le Mans und Rouen mit Paris verbanden, regelmäßige und offene Verbindungswege, auf denen die Einschleusung eines verschwiegenen Kuriers – meist war es Aedwine – kein großes Problem darstellte.

Die Wochen vergingen, und ich wartete, halb sehnsüchtig, halb ängstlich, wie Geoffroi auf die Nachricht von meiner Schwangerschaft reagieren würde, aber wie immer überraschte er mich. Gewiß, die Antwort ließ etwas länger als gewöhnlich auf sich warten und trug – ungewöhnlich für Geoffroi – Anzeichen dafür, daß sie nochmals sorgfältig geschrieben war, doch die Botschaft war nicht weniger liebevoll als sonst. Er bekundete echte Freude über meine Nachricht und versicherte, nun würde mir sicher der Respekt erwiesen, den ich längst verdient hätte. Darüber hinaus aber machte er keine Anspielung darauf, und in seiner Zurückhaltung entdeckte ich eine Spur von Eifersucht, die mich gleichermaßen erfreute wie auch bekümmerte.

Er war eifrig damit beschäftigt, die Normandie wieder zu einem regierbaren Staat zu machen, nachdem man sie in jahrzehntelangen Schlachten ausgeblutet hatte. Immer häufiger erbat er meine Meinung zu Dingen, über die Louis niemals mit mir diskutiert hätte. Schließlich fragte Geoffroi mich sogar um Rat, bis ich mich mit den Problemen und Aussichten des Herzogtums so vertraut fühlte wie mit der Führung meines eigenen Hofstaates. Ich malte mir aus, wie ein tatsächliches Zusammenleben mit ihm hätte aussehen können – eine Partnerschaft, die auf Liebe und Freundschaft aufgebaut wäre, wie ich sie nie kennengelernt hatte und wohl auch nie kennenlernen würde, außer auf dem Papier. So schwelgte ich in meiner Einsamkeit in den süßesten und unerreichbarsten Träumen.

Dieses Mal konnte ich das Kind austragen. Louis' strenge Vorschriften wie auch meine Träume hatten wohl Gutes bewirkt, und als Mitte September die Wehen einsetzten, unterwarf ich mich der Tortur eines königlichen Kindbettes. Während der immer schmerzhafteren Stunden der Wehen war ich umgeben von Reliquien und Amuletten, von Dutzenden von Hebammen, die aus dem Nichts erschienen und mir größtenteils völlig fremd waren. Sie eilten umher, lösten die Knoten aus den Bettlaken und Vorhängen, zogen Nadeln aus Kleidern – kurz, sie vollführten eine Fülle wohlwollender Zaubereien, nahmen jedoch so wenig Notiz von mir, daß ich manchmal um Aufmerksamkeit schreien mußte. Ihre Antwort auf mein Flehen nach Linderung der Schmerzen bestand darin, eine Nonne kommen zu lassen, die mir aus dem Leben der heiligen Marguerite vorlas, der Schutzpatronin der Geburten. Louis hatte einmal in seinem Leben gut vorgesorgt. Ich schrie um so lauter.

Eine Stunde vor Sonnenuntergang erblickte meine Tochter endlich das Licht der Welt. Ein Mädchen war natürlich nicht die Antwort auf Bernards oder Louis' oder gar meine eigenen Gebete, aber es lebte, war gesund und erstaunlich hübsch. Die allgemeine Enttäuschung über mein zweites Versagen war jedoch offensichtlich. Die Hebammen schlichen mißmutig davon, wußten sie doch, daß ihr Lohn lächerlich sein würde im Vergleich zu dem Gold, das ihnen bei der Entbindung eines gesunden Knaben zugestanden hätte; und die Dankgebete in der Kapelle fielen äußerst kurz aus. Aber wenigstens ließ man mich, die ich zu erschöpft war, um enttäuscht zu sein, eine Weile in Ruhe.

Louis nahm die Nachricht überraschend gefaßt auf. Ich hatte mit einem Zornesausbruch und mit Ablehnung des Kindes gerechnet. Doch Suger mußte ihm ins Gewissen geredet haben, denn als er nun das Geburtszimmer aufsuchte und ihm seine Tochter gezeigt wurde, küßte er mich auf die Stirn und sagte stockend, aber für mein Empfinden tapfer: »Sie ist ein hübsches kleines Ding, nicht wahr? Ich denke, wir sollten sie Marie nennen. Ja, Marie.«

Er hatte die Königin des Himmels in so vielen Gebeten um die glückliche Geburt eines Erben angefleht, daß er das Kind kaum anders nennen konnte. Doch als sich die winzigen rosigen Finger blindlings um seinen Daumen schlossen, zog er hastig seine Hand zurück und eilte aus dem Zimmer.

Bald darauf wurde Marie mir fortgenommen. Louis hatte ein ganzes Heer von Ammen engagiert, um das Kind zu nähren und zu umhegen; und es war nicht nur überflüssig, sondern auch unerwünscht, daß ich die Kleine im Kinderzimmer aufsuchte. Ich sah sie selten und war nie mit ihr allein, so daß sie mir fremd wurde wie ihr Vater.

Louis war in seiner Enttäuschung mager geworden und streifte oft wochenlang wie ein Gespenst durch den Palast. Dabei legte er sein härenes, nun von Flöhen wimmelndes Hemd niemals ab, was mir seine Nähe unangenehmer machte als je zuvor. Er war jedoch wild entschlossen, einen Sohn zu bekommen, und so blieb mir nichts anderes übrig, als mich mit zunehmendem Abscheu auf seine erneuten Versuche gefaßt zu machen.

Doch ich stellte fest, daß schon der Gedanke daran mir einfach unerträglich war: Wie würde da erst die Realität sein? Nach der Geburt hatte ich immerhin drei Monate Schonfrist und setzte alles daran, Louis und dem bedrückenden Hofe zu entfliehen. Vor allem aber wollte ich seine nächtlichen Besuche so weit wie möglich hinausschieben. Darum schlug ich vor, mich für eine Weile in ein Kloster zurückziehen zu dürfen. Louis war überrascht, willigte aber ein – bis ich ihm sagte, wohin ich zu gehen wünschte.

»Fontevrault! Aber das ist Meilen entfernt – und liegt nicht einmal in unserer Krondomäne, Eleonore!«

»Das weiß ich, Louis, aber ich möchte dorthin. Die Nonnen werden mich freudig empfangen.«

»Aber es ist so weit, und die Jahreszeit ist nicht günstig für eine solche Reise. Warum geht Ihr nicht in eines unserer Klöster? Dort könnt Ihr genausogut beten.«

»Doch keines genießt das Ansehen von Fontevrault, Louis. Außerdem möchte ich mit der Äbtissin Petronilla sprechen: Ihr kennt ihren Ruf als weise Frau – und die ganze Klostergemeinschaft wird dafür beten, daß es beim nächsten Mal ein Knabe wird. Bedenkt, wieviel wirkungsvoller das ist!«

Dieses Argument überzeugte Louis, und er war sogar einverstanden, daß meine Schwester mich begleitete. Ich hatte sie lange nicht gesehen und sehnte mich nach ihrer Gesellschaft. Außerdem würde es amüsant sein, ihr Zusammentreffen mit der älteren, religiösen Namensvetterin zu beobachten.

Der tatsächliche Grund, der mich nach Fontevrault führte, war freilich alles andere als religiöser Natur. Ich hatte Geoffroi nun seit fast einem Jahr nicht gesehen und in dieser Zeit verzweifelte innere Kämpfe mit mir ausgetragen. Jedesmal war ich zu dem Ergebnis gekommen, daß es besser wäre, wenn wir uns nicht mehr sehen würden – ein absurder Entschluß unter diesen Umständen. Jeder Brief an ihn sollte der letzte sein, war es aber natürlich nicht. Und nun brauchte ich ihn mehr denn je. Auch wenn wir während meiner Schwangerschaft und meines Gefangenendaseins im Palast geographisch getrennt waren, hatten wir einander durch unseren Briefwechsel besser kennengelernt und waren uns in diesen langen Monaten der Trennung sehr viel nähergekommen.

Aber ein Jahr ist ein Jahr, und ich hatte allmählich das Gefühl, verrückt zu werden, wenn ich ihn nicht bald allen Risiken zum Trotz wiedersehen würde. Sein letzter Brief stammte aus Saumur, südöstlich von Angers – und Saumur war, wie ich wußte, nur einen Tagesritt von Fontevrault entfernt ... Und so schrieb ich zurück und machte den Vorschlag, uns dort in der Nähe zu treffen, wo immer es ihm sicher schien. Wir würden uns auf seinem Territorium befinden, was ungefährlicher wäre als sonst. Seine Antwort kam schnell und war ebenso kurz wie begeistert:

Südlich der Abtei liegt ein Schloß. Es ist klein, ohne Komfort und Deiner keineswegs würdig, aber ich werde es herrichten lassen, und es soll uns zum Paradies werden. Begib Dich rasch dorthin, und ich werde auf der Stelle kommen. Mach Dir wegen des genauen Tages keine Sorgen; mein Herz wird wissen, wenn Du in der Nähe bist.

Wie hätte ich diesem Vorschlag widerstehen können?

Und so machte sich Petronilla erneut auf die lange Reise. Wir trafen uns in Orléans und reisten weiter, bis wir Geoffrois Territorium erreichten, und ritten dann in südwestlicher Richtung auf Fontevrault zu. Petronilla, die nach dem kleinen Raoul nun auch eine Tochter hatte, schien meinen geringen Kontakt zu Marie bedauerlich zu finden, sprach aber klugerweise nur wenig davon. Dafür äußerte sie ihr Erstaunen darüber, wie schnell ich mich trotz meiner fast dreiundzwanzig Jahre von der Geburt erholt hatte. Natürlich war es nicht angenehm gewesen, aber die Schmerzen waren weit geringer ausgefallen, als man es mir beschrieben hatte. Marie war gesund, aber winzig und zart, und ohne Komplikationen zur Welt gekommen.

Anstatt über Säuglinge sprachen wir also von Politik, Poesie und, wenn wir ganz unter uns waren, von Geoffroi. »Was wirst du jetzt tun?« fragte sie.

»Jetzt?«

»Jetzt, wo du schwanger werden könntest, ist alles anders – diese Angeviner sind fruchtbar, weißt du?«

Obwohl es fast frevlerisch schien, gerade auf dem Weg zum Kloster von solchen Dingen zu sprechen, ergriff ich die Gelegenheit, um mich kundig zu machen. »Kannst du mir irgend etwas raten, Petronilla?« fragte ich und begann etwas zu zittern, denn ich fror in der Kälte des späten Novembers. Das Kloster, das soeben in Sicht gekommen war, schimmerte rein und unberührt weiß inmitten des bewaldeten Tales, und ich fühlte mich ein wenig unbehaglich.

Petronilla blickte sich vorsichtig um. »Du meinst, um zu verhindern ...?«

»Ja. Pst, nicht so laut!«

»Nun, ich habe da von etwas gehört.«

»Na, sag schon!«

»Willst du's wirklich wissen?«

»Petronilla!«

»Also gut, dann ... Eine Möglichkeit – so habe ich gehört – ist ein Pflaster aus Schierling ...«

»Schierling? Das ist doch ein ganz übles Kraut!«

»Ich habe dich gewarnt. Also willst du's jetzt wissen oder nicht?«

Ich gab keine Antwort.

»Du bereitest ein Pflaster aus Schierling und legst es auf seinen ...«

»Ich will es doch lieber nicht so genau wissen.«

»Ich habe dich gewarnt ... Aber wie ich hörte, können ihre Eier davon grün werden.«

»Ich bin auch gleich grün, weil mir schon ganz schlecht ist.«

»Und was die anderen Methoden betrifft ... Sie sind alle so abscheulich, daß ich sie nicht einmal erklären mag – weder dir noch deinem phantastischen Geoffroi.«

Und dieses eine Mal klangen ihre Worte fast prüde. Enttäuscht und leicht angewidert, ließ ich das Thema fallen.

Die große Abtei erinnerte mich ein wenig an Saint-Jouin-de-Marnes. Auch sie war erst kürzlich kunstvoll wiederaufgebaut worden. Die Steinmetzarbeiten schienen noch ganz frisch – so frisch, daß uns eine dicke Staubwolke empfing, als wir auf die Tore zuritten. Die Dimensionen im Innern nahmen mir fast den Atem. Rund um die gewaltige Abteikirche gruppierten sich die üblichen klösterlichen Nebengebäude, hier jedoch in zweifacher Ausführung, denn Fontevrault beherbergte sowohl eine Gemeinschaft für Mönche als auch für Nonnen. Ihre Einrichtungen waren getrennt, unterstanden aber derselben Autorität – und zwar einer Frau. Diese Tatsache hatte Anlaß zu Gerüchten von moralischer Freizügigkeit gegeben. Ein Verdacht, der sich noch dadurch erhärtete, daß auch reuige Dirnen aufgenommen wurden. Daß es außerdem auch vielen Leprakranken und anderen Aussätzigen Unterkunft gewährte, wurde von den Verleumdern als bedeutungslos abgetan. Ob nun freizügig oder nicht – sicher war, daß es in der kurzen Zeit seines Bestehens das Ausmaß und die Erhabenheit eines Palastes erreicht hatte.

Ich hatte es eilig, der Äbtissin Petronilla meine Aufwartung zu machen und mich dann rasch zu dem kleinen Schloß in der Nähe zu begeben. Meine Zusammenkunft mit ihr fiel daher so kurz aus, wie es anstandshalber möglich war ... Sie zeigte sich zutiefst enttäuscht, weil ich nicht im Kloster wohnen wollte. Doch sie hatte Verständnis dafür, da der Gästeflügel im Umbau begriffen war, und versicherte mir, ich würde in Roiffé gut untergebracht sein. Der Graf von Anjou sei ihr großer Gönner und habe sicher alles bestens für mich vorbereitet. Das sei wichtig, denn es stehe ein Kälteeinbruch bevor – sie spüre es in ihren Knochen ...

Und so schied ich von ihr mit dem Versprechen, am folgenden Tag zur Messe zu erscheinen. Meine Schwester war wütend, weil ich sie nicht mitnehmen wollte – und sie noch dazu die Zimmer mit der Äbtissin teilen sollte –, aber ich wollte nicht riskieren, daß sich die Vorgänge vom letzten Weihnachtsfest in Paris wiederholten.

Roiffé war in einem halbstündigen Ritt zu erreichen. Als wir näher kamen, fielen die ersten Schneeflocken des Jahres vom

Himmel herab. Das Schloß lag auf dem einzigen Hügel weit und breit. Durch seine vorteilhafte Lage beherrschte es die Straße südlich der Festungen Loudun und Mirebeau – jenen Landstrich, um den Geoffroi und ich uns vor einem Jahr im Spaß gestritten hatten. Es war aus dem gleichen weißen Kalkstein erbaut wie Fontevrault und schimmerte sanft in der Abenddämmerung. Mit klopfendem Herzen ritt ich auf das Torhaus zu.

Natürlich war er nicht da. Ich wurde von seinem Verwalter herzlich begrüßt, der mir mitteilte, sein Herr habe von Saumur aus angeordnet, daß alles im Schloß zu meiner Verfügung stehe, und mir außerdem seine besten Wünsche für einen angenehmen Aufenthalt übermitteln lassen. Nun, das würde sich zeigen ...

Während es draußen ohne Unterlaß schneite, richtete ich mich im Schloß häuslich ein. Es erstreckte sich hufeisenförmig um einen Hof mit Werkstätten, Ställen, Hundezwingern und einer kleinen Kapelle, während der Bergfried – wenn man ihn denn so nennen konnte – die Ostseite einnahm und die weite Ebene unterhalb der Mauern überblickte. Trotz der Kälte draußen war es warm und behaglich und erstaunlich elegant im Schloß, das so geschützt lag, daß es mit großzügigen Fenstern versehen war. Mein Gemach befand sich über dem Festsaal und ging auf den Innenhof hinaus.

Nach einem frühen Abendessen gab ich vor, müde zu sein, und zog mich in mein Zimmer zurück. Ich war aufgeregt und doch fast gehemmt bei dem Gedanken, Geoffroi nach so langer Zeit wiederzusehen. Schließlich mußte sich mein Körper nach der Geburt verändert haben, und ich wurde das Gefühl nicht los, ich könnte ihn enttäuschen. Außer Amaria hatte ich alle Hofdamen in Fontevrault zurückgelassen. Sobald ich für die Nacht hergerichtet war, schickte ich sie in ihre kleine Kammer nebenan; es war kaum mehr als ein Stück Flur, doch es mußte für sie reichen. Als ich schließlich allein war, setzte ich mich, in ein Fell gehüllt, auf einen Stapel von Kissen vors Fenster und wartete.

Die Stille war vollkommen – der Schnee lag nun wie eine Decke über dem Land und dämpfte jedes Geräusch. Am Himmel hing ein Silberteppich von Sternen, und der Widerschein des Vollmondes erleuchtete alles so klar, daß ich von meinem Fenster aus sogar die Spur eines kleinen Tieres erkennen konnte, das den Hof überquerte.

Die Welt unter mir war nichts als Schwarz und Weiß, ohne Farbe, ohne Tiefe: Dort war die Kapelle, hoch und schmal, dort waren die Ställe und die Hundezwinger, breit und niedrig, und dort war ein Mann – ein Mann? Ja, und zwar ein ganz bestimmter Mann! Ich mußte mich zwingen, dieser großen, in Umhang und Kapuze gehüllten Gestalt, die über den Schnee huschte, nicht laut zuzurufen. Ein Hund bellte aufgeregt, und ich vernahm ein leises, befehlendes Pfeifen, worauf wieder völlige Stille herrschte, und die Gestalt verschwand.

Ich sprang von meinem Fenstersitz auf, schloß die Läden und stand dann zitternd vor dem Kaminfeuer, versuchte, ruhig zu bleiben und zu proben, was ich sagen sollte. Aber mein Kopf war leer. Außerdem war es nicht mehr wichtig, denn ganz plötzlich war er da – ohne Dramatik, ohne Intrige. Er kam ganz einfach zur Tür herein, schloß sie hinter sich zu, blieb einen Augenblick stehen und sah mich an. Dann lagen wir uns in den Armen, und es bedurfte keiner Worte mehr.

Er war starr vor Kälte, und sobald ich mich wieder in der Gewalt hatte, half ich ihm, seinen Umhang abzulegen, der aus weißem Fell war, besetzt mit geöltem Leder, wetterfest, aber völlig steif von Reif und gefrorenem Schlamm. Überglücklich stellte ich fest, daß es derselbe Mantel war, den er bei der Jagd am Stephanstag getragen hatte. Ich begann seine Hände und Arme zu reiben, um ihn zu wärmen, aber er zog mich an sich, und wir hielten uns lange fest umschlungen. Dann nahm er mein Gesicht in die Hände. »Oh, Eleonore, fast genügt es, dich nach so langer Zeit einfach nur anzuschauen.« Doch er küßte mich trotzdem, ein süßer, endloser Kuß, der mir Tränen in die Augen trieb.

Ich fühlte, wie eine ungeheure Lebenslust mich durchströmte, und öffnete die Augen. Doch beim Anblick, der sich mir bot, fing ich an zu kichern.

»Was gibt es zu lachen?« fragte er ein wenig gekränkt.

»Dein Mantel!« Ich deutete in die Ecke, wohin er ihn geworfen hatte. Er war durch das Eis völlig hart geworden und sackte nun langsam, wie ein Betrunkener, in sich zusammen. »Er ist ganz steif vor Kälte.«

»Das bin ich auch, aber die Kälte hat damit nichts zu tun ...« Er riß mir meinen Fellumhang vom Leib und warf mich lachend aufs Bett. Ich zitterte – und wie bei ihm hatte es nichts mit Kälte zu tun –, als wir uns nach so langer Zeit zum ersten Mal wieder liebten.

»Kann uns jemand hören, Geoffroi?« flüsterte ich. Er hatte mich ganz unter die Decken gezogen, das Gesicht in meinem Haar vergraben.

»Keine Seele«, hauchte er zurück. »Mach dir keine Sorgen, dies ist mein Haus. Dieses Mal sind wir völlig in Sicherheit.«

Und ich vergaß alles. Wir wälzten uns in dem großen Bett umher, lachten und waren unbeschreiblich erregt. Als er schließlich in mich eindrang, hätte ich weinen können vor Lust. Er murmelte so viele süße und köstliche Worte, daß ich kaum wahrnahm, als er erneut sagte, ich solle mir keine Sorgen machen. Ich hatte nicht die geringste Sorge in der Welt, während ich mich, dem Wahnsinn nahe durch seine Liebkosungen, mit ihm bewegte und wünschte, es würde nie enden. Dann kam ich zum Höhepunkt, blind gegen alles außer ihn, so daß der Schock um so größer war, als er sich mitten in jenen letzten göttlichen Augenblicken aus mir zurückzog und seinen Samen, statt in mich, über meine Schenkel und meinen Bauch ergoß.

»Warum hast du das getan?« stammelte ich keuchend. Ich

fühlte mich irgendwie verletzt und körperlich vernachlässigt; ich wollte ihn wieder in mir spüren, dort, wohin er gehörte.

»Wenn du von ihm schwanger geworden bist, könntest du's auch von mir werden«, sagte er, noch immer schwer atmend. »Und du weißt, das darf nicht geschehen.«

Die Gedanken wirbelten mir durch den Kopf. In meinem wahnsinnigen Begehren hatte ich alle Vorsicht, alle Furcht über Bord geworfen. Zum Glück hatten wir nicht beide die Kontrolle verloren. Ich zog ihn trotz der klebrigen Pfütze wieder zu mir herab, hielt ihn umfaßt und wußte doch, daß nichts mehr so sein würde wie früher.

»Sei nicht traurig«, sagte er zärtlich. »Wir sind doch beieinander, oder? Komm, wir wollen uns etwas säubern.« Und er holte eine Schüssel mit Wasser und das Leinentuch, das am Kaminfeuer hing, und begann, mich behutsam damit abzutupfen, während ich dalag und ihn nur anschaute.

»Hast du das schon einmal gemacht?« fragte ich. Plötzlich war ich neugierig geworden.

»Na ja, ein oder zwei Mal vielleicht.« Er klang mit einem Mal etwas verlegen. Ich versuchte, meine Eifersucht und aufkommende Traurigkeit niederzukämpfen. Sei doch dankbar für seine Selbstbeherrschung und Rücksichtnahme, redete ich mir ein.

»Ich weiß, wie dir zumute ist«, sagte er unerwartet. »Aber alles wird gut. Unsere gemeinsame Zeit ist zu kostbar, um sie mit Bedauern zu füllen ...« Er kam zu mir ins Bett und wiegte mich in seinen Armen, bis ich mich wieder gefangen hatte. Trotz meiner wirren Gefühle wußte ich, daß er recht hatte – und in seiner Gegenwart konnte ich nicht anders als glücklich sein. »Weißt du«, sagte er plötzlich belustigt, »heute abend bin ich zum ersten Mal in eines meiner eigenen Schlösser eingebrochen! Das war ein richtiger Spaß ...«

»War es schwierig?«

»Eigentlich sollten meine Schlösser ja uneinnehmbar sein,

aber es ist ein Kinderspiel, fürchte ich, wenn man weiß, wie man es anstellen muß.«

»Ich habe dich im Hof gesehen.«

»Tatsächlich? Dabei bin ich herumgeschlichen. Ich wußte, die Hunde könnten ein Problem sein.«

»Der weiße Umhang war ein kluger Einfall.«

»Den habe ich von Mathilda abgeschaut. Vor ein oder zwei Jahren gelang ihr die Flucht in solch einem Mantel, als sie in Oxford belagert wurde. Mir war jede List recht, die mich schneller zu dir bringen würde – sogar wenn sie von Mathilda stammt.«

»Erzähl mir, wie du hereingekommen bist.« Ich schmiegte mich in seine Arme und genoß seine Nähe und Wärme.

»Durch unterirdische Gänge. Das ganze Tal ist mit Tunneln durchlöchert. Als kleiner Junge habe ich oft in ihnen gespielt. Einer führt von der Kirche zur Kapelle. Es ist eine Mutprobe, aber wenn man die Dunkelheit aushält, ist es sehr nützlich – besonders wenn man offiziell noch in Saumur ist ...«

Ich blickte mich im Zimmer um, denn plötzlich konnte ich es gar nicht fassen, daß ich hier war – in einem seiner Schlösser, in seinem Bett, in seinen Armen.

»Ich kann es nicht glauben, daß du hier bist, Eleonore«, sagte er ruhig und überraschte mich wieder einmal damit, daß er meine eigenen Gedanken aussprach. »Es macht mich unglaublich glücklich.« Er küßte mich zärtlich, stand dann auf und holte aus einem kleinen Schrank eine Flasche Wein und ein einziges Glas. Ich sah ihm begehrlich nach. Er hatte wirklich einen vollkommenen Körper. »Wir müssen aus einem Glas trinken. Stört dich das?«

»Stören? Ich trinke von deinen Lippen, wenn du willst, Liebster.«

Er schenkte uns ein. »Weißt du«, sagte er, »ich glaube, ich muß morgen Fontevrault einen offiziellen Besuch abstatten.«

»Ist das vernünftig?«

»Warum sollte ich nicht. Schließlich bin ich oft dort. Wir könnten ausreiten. Möchtest du?«

»Oh, Geoffroi, können wir das wagen?«

»Sicher. Wir können auf die Jagd gehen, und dann würde ich abends diskret nach Saumur zurückkehren ...«

»Über Roiffé ...«

»Über Roiffé.« Und er küßte meine Augenlider.

»Ich kann dir gar nicht sagen, wie gern ich das tun würde, Geoffroi.« Langsam schlummerte ich ein und wachte erst wieder auf, als er sich aus meinen Armen löste und ankleidete. Der Morgen dämmerte noch nicht.

Er küßte mich zärtlich und schmunzelte dann. »Bis später in Fontevrault.« Und schon war er fort.

Er erschien tatsächlich. Ich besuchte die Morgenmesse in der Abteikirche an der Seite einer verstimmten Petronilla, die ohne Unterbrechung redete.

»Ganz ehrlich, Eleonore – wenn ich sie vorher gekannt hätte, dann hätte ich den Namen Petronilla nie gewählt. Sie schnarcht wie ein Bischof. Und die Gebete sind endlos. Aber der Wein hier ist ausgezeichnet.«

Das sollte er auch, dachte ich und verkniff mir ein Lächeln. Schließlich stammte er von Geoffrois Weinbergen.

»Du siehst aus wie eine Katze, die vom Rahm genascht hat. Ich weiß auch, von welchem«, flüsterte sie, stieß mir mit dem Ellenbogen in die Rippen und lächelte schließlich. »Wir anderen hatten es letzte Nacht nicht so gut ...«

»Pst!«

Kaum waren wir in den frostigen Morgen hinausgetreten, als die Tore aufsprangen und Geoffroi und ein halbes Dutzend Gefolgsmänner in den Außenhof geritten kamen. Petrel warf mir ein strahlendes Lächeln zu und zwinkerte verschmitzt. »Oh, gut! Das wird etwas Leben in unser Dasein bringen!«

Irgendwie hatte er es fertiggebracht, in den wenigen Stunden seit unserem Abschied sich zu baden, zu rasieren und umzukleiden sowie noch ein paar Begleiter um sich zu scharen, als käme er soeben aus Saumur. Vielleicht hilft ihm tatsächlich der Teufel, dachte ich mit einem wollüstigen Schauer.

Männern war der Zutritt zum Frauentrakt des Klosters strengstens untersagt. Aber für den Grafen von Anjou war eine Ausnahme vereinbart worden, hatten seine Zuwendungen an Ländereien und Gold Fontevrault doch erst zu dem gemacht, was es jetzt war. Während seine Ritter nicht weiter als bis zu den Ställen vordringen durften, wurde Geoffroi von der Äbtissin persönlich willkommen geheißen und hereingebeten.

Wir schritten durch den schlichten, hellen Kreuzgang, saßen bald bei der Äbtissin und tauschten artig Höflichkeiten aus. Dabei mußte ich an mich halten, um nicht in Gelächter auszubrechen, denn mir schien, als seien Geoffroi, Petrel und ich das sündhafteste Dreigespann, das jemals den Empfangsraum einer Äbtissin entweiht hatte. Kurz und gut, mir schwindelte fast vor Glück, und ich war aufgeregt wie ein Kind. Die Nonnen, von denen die meisten über das Jahr als einzigen Mann nur den Priester zu sehen bekamen, hatten Geoffroi gleichsam mit Blicken verschlungen. Manche hatten errötend hinter einer Säule hervorgelugt, andere waren wie erstarrt stehengeblieben und wieder andere einfach davongelaufen. Man konnte es ihnen nicht verübeln – er strahlte eine Männlichkeit aus, die wie ein für alle weit sichtbares Leuchtfeuer loderte. Als eine der Nonnen auf unserem Weg fast die Besinnung verlor, warf er mir einen belustigten Blick zu, wie um zu sagen: »Nun, ich kann es nicht ändern ...« Ich lachte laut auf und konnte nur mit Mühe einen Hustenanfall vortäuschen. O je, was würden sie von ihrer Königin denken?

Geoffroi hatte die Äbtissin innerhalb von wenigen Augenblicken bezaubert. Er sagte, sie sei in ihrer Güte gewiß gewillt, die Ehre mit ihm zu teilen, ihre Herrscherin zu unterhalten, und die Jagdgründe in den Wäldern von Fontevrault seien auch einer Königin würdig ... Und deshalb, wenn sie uns entschuldigen würde ... Sie schaute ein wenig unschlüssig drein, bis Geoffroi ihr alles Wild, das wir erlegen würden, freundlichst anbot und die neben ihr sitzende Kellermeisterin lebhaft seiner Bitte zustimmte. So konnten wir aufbrechen, begleitet von guten Wünschen.

Ich war bereits im Jagdgewand und mußte nur noch meinen leichten Mantel und meine Schuhe gegen etwas Wetterfesteres auswechseln, bevor wir das Kloster verließen. Es war ein herrlicher Morgen, kalt, aber klar.

Der ausgedehnte Wald vor uns hatte an diesem Tag etwas Magisches an sich.

Der Herbstwald schien in Flammen zu stehen, und Geoffroi war gleichsam ein Teil davon. In seinen ledernen Jagdkleidern glitt er auf seinem kastanienbraunen Hengst durch die Bäume hindurch wie ein vom Wind getragenes Blatt. Er fand Pfade, wo es keine gab, und Spuren, die niemand sonst zu entdecken vermochte. Er hatte das Wild schon aufgespürt, bevor ein anderer von uns es auch nur ahnte. Seine Ritter waren offensichtlich mit seinen Fähigkeiten vertraut, für mich aber leuchtete er wie Orion, und ich platzte fast vor Stolz.

Petrel lachte belustigt. »Wenn du dein Gesicht sehen könntest«, neckte sie mich.

Der sonst dunkle und feuchte Waldboden schimmerte unheimlich nach dem Schneefall, und der Nachtfrost hatte ihn so hart gefroren, daß er unter den Pferdehufen knirschte wie splitterndes Glas. Alles, was ich ringsum sah, schien heller und farbiger an diesem Tag – die Vogelbeeren und Hagebutten leuchteten röter als Blut, und die herabgefallenen Kastanien und Eicheln schimmerten wie altes poliertes Holz. Unsere Pferde glichen Drachen, während der Dampf von ihren geblähten Nüstern und Flanken hochstieg. Jedem Laut folgte ein sanftes Echo, als wäre er ins Leben verliebt. Ich fühlte mich wie im Himmel, und allein ihn zu betrachten machte mich glücklich.

Plötzlich schlugen die Hunde an, und Geoffroi ließ sie sofort frei. Wie Speere schossen sie davon und hatten bald den Hirsch umzingelt, der in einer kleinen Lichtung stand. Geoffroi schoß einen Pfeil ab, der dem Tier augenblicklich in die Brust fuhr, so daß es schon tot war, noch ehe es in den Schnee fiel. Er pfiff die Hunde zurück, und allgemeiner Jubel erhob sich. Es war die schnellste und sauberste Art des Tötens gewesen, und ein Hochgefühl ergriff uns alle. Er überließ das Ausweiden des Hirsches seinen Rittern, von denen einer Kelche mit Wein herumreichte, den wir, erhitzt und durstig trotz der Kälte, gierig tranken.

Sobald die Hunde ihre Belohnung erhalten hatten und der Hirsch an einem kräftigen, zurechtgeschnittenen Ast aufgehängt worden war, schickte Geoffroi seine Leute mit der Beute nach Fontevrault vor. Nur er, Petrel, Aedwine und ich blieben zurück.

Nach der morgendlichen Anstrengung war er nicht im geringsten erschöpft. Lächelnd sah er mich an und sagte: »Komm, ich will dir meinen Wald zeigen.« Und er führte mich tiefer in die Wälder von Fontevrault, wo er mir hier einen gefrorenen Teich, dort eine sonnendurchflutete Lichtung zeigte – und überall die dunklen, lockenden Eingänge von Höhlen und Gängen, halb verborgen hinter Gestrüpp und Farnen. Wo kein Schnee lag, war der Boden sandig wie am Rand des Meeres, so daß ich fast erwartete, das Tosen der Wellen zu vernehmen. Aber statt dessen hörte ich das Echo von Steinen, als wir immer wieder an Felsspalten und noch schwärzeren Gängen vorbeiritten. Unsere Pferde glitten eine Böschung hinunter. Geoffroi ergriff rasch meine Zügel und führte mich in eine Höhle, die so hoch war, daß wir ohne Schwierigkeiten hineinreiten konnten. Drinnen war es warm und trocken, und er lenkte sein Pferd dicht neben das meine.

»Jetzt befindest du dich im Herzen von Anjou, Eleonore«, sagte er ruhig, und das Echo warf meinen Namen zurück.

»Ich war immer schon hier, Geoffroi. Seit ich dich zum ersten Mal sah.«

Er schaute mich an und nickte langsam, wie in Gedanken versunken, nahm meine Hand und küßte sie, einmal nur, mit großer Anmut. Dann ritten wir wieder hinaus in den sonnengesprenkelten Wald und zurück nach Fontevrault.

Er geleitete Petrel und mich ins Kloster, machte der Äbtissin seine Aufwartung und verabschiedete sich, um – angeblich – nach Saumur zurückzukehren. Als er sich über meine Hand beugte, flüsterte er: »Bis heute abend. Läßt du mir etwas zu essen übrig?« Und so betete ich wieder in der großen Kirche, speiste gemeinsam mit den Nonnen und ritt nach Roiffé zurück. Meine eigenen Gefolgsleute waren inzwischen gelangweilt und begierig, ihre gewohnten Pflichten wiederaufzunehmen. Ich aber war glücklich wie nie zuvor, und mein Pferd tänzelte über den leuchtenden Boden von Anjou.

Ich ließ mir eine Mahlzeit auf mein Zimmer bringen, streckte mich auf meinem Bett aus und blätterte in einem Buch, das ich neben meinem Lager gefunden hatte. Es war seltsamerweise ein Kräuterbuch. Beim Aufklappen fiel mein Blick als erstes auf Salomons Siegel. Ein flüchtiger Schatten verdüsterte mein Glücksgefühl, fühlte ich mich doch an Geoffroi in fiebrigem und schmerzerfülltem Zustand erinnert, aber ich konnte die Erinnerung rasch verdrängen. Wir hatten diesen Sturm überstanden und würden gewiß auch andere meistern ... Wie lange ich so in Gedanken verloren dagelegen hatte, weiß ich nicht, doch plötzlich merkte ich, daß Geoffroi in meinem kleinen Zimmer stand und mich gerührt betrachtete.

Er setzte sich zu mir aufs Bett, nahm meine Hände und küßte sie. »Nie warst du so schön wie heute im Wald«, sagte er. Wir schwiegen eine Weile und betrachteten einander in vollkommener Zufriedenheit. Dann begann sein Magen zu knurren. »Verzeih mir! Ich habe seit dem Morgengrauen nichts gegessen«, lachte er und machte sich über den kalten Rehbraten und den

Wein her. Er trug noch immer sein ledernes Jagdgewand. Mir wurde bewußt, daß er mir, bei aller Pracht von Blau und Gold und seiner üblichen Eleganz, so am besten gefiel.

Als er sein Mahl beendet hatte, sah er mich verschmitzt an, während er mit einem Apfel spielte. »Was hältst du von Fontevrault?« fragte er und lehnte sich, den Weinkelch in der Hand, mit angezogenem Knie an den Bettpfosten.

»Es ist anders, als ich es mir vorgestellt habe. Ich finde es eher sonderbar.«

»Das ist es auch ...«

»Es herrscht eine merkwürdige Atmosphäre ..., eine außergewöhnliche Spannung ...«

»Weil all die jungfräulichen Geschöpfe – beiderlei Geschlechts – darin eingepfercht sind und sich doch nie begegnen.«

Ich lachte und stieß mit der Fußspitze an sein Beinkleid aus Leder. »Du hast sicher großen Einfluß auf sie. Sie sind dir zu Füßen gefallen.«

»Und ich dachte, es war die königliche Gegenwart. An mich sind sie längst gewöhnt! Das jedenfalls behauptet meine Schwester.«

»Sybilla?«

»Nein, die andere, Mathilda – sie ist die älteste. Sie lebt hier als Nonne. Wußtest du das nicht?«

»Nein, wie seltsam.«

»Warum?«

»Ich weiß nicht ... Eine keusche Angevinerin scheint ein Widerspruch in sich zu sein.«

»Du bist frech heute abend.« Er streichelte wie geistesabwesend mein Bein und lächelte. Nie hatte ich ihn so entspannt gesehen. »Sie ist gerne dort – konnte es kaum erwarten, von zu Hause fortzukommen, während es mir schwerfiel, Le Mans zu verlassen.«

»Dann warst du also glücklich als Junge?«

Er sah mich verwundert an. »Ich denke schon, jedenfalls

meistens. Angers hingegen war mir verhaßt – es ist ein finsterer Ort. Doch Le Mans – oh, du würdest es lieben, es ist die schönste aller Städte. Leider verbringe ich dort nur noch sehr wenig Zeit. Aber sobald ich die Dinge in Rouen geregelt habe, werde ich öfter heimkehren können.« Er schien in Gedanken an ferne Zeiten versunken.

»Ich liebe deine Briefe, Geoffroi, deine Art zu schreiben.«

»Nun, schließlich kann ich sie kaum vom jungen Maurice schreiben lassen ...«

»Ist das dein Sekretär?«

»Einer von meinen Schreibern, ein besonders diskreter. Doch selbst er wäre vor Scham gestorben, hätte ich ihn gebeten, zu Pergament zu bringen, was ich für dich empfinde. Aber auch das ist nur ein armseliger Ersatz dafür, bei dir zu sein ...« Und dabei schenkte er mir ein strahlendes Lächeln. »Ich möchte im Augenblick nirgendwo anders sein.«

Ich schlang meine Arme um ihn, und wir sanken aufs Bett, liebten uns, langsam, genußvoll und – leider auch – vorsichtig. Doch ich sagte mir, daß es kein Paradies ohne Schlange gibt, und bemühte mich, kein Bedauern, sondern nur Dankbarkeit zu empfinden.

»Deine Schulter ist gut verheilt«, sagte ich später und strich über seine überraschend glatte Narbe.

»Nun, ihr wurde ja auch die liebevollste Pflege zuteil«, murmelte er schläfrig. »Übrigens muß ich morgen früh aufbrechen, Eleonore.«

Das hatte ich schon befürchtet, nachdem er nicht darüber gesprochen hatte.

»Was ist geschehen?«

»Rings um Montreuil brauen sich Schwierigkeiten zusammen. Nichts Beunruhigendes, aber man muß sich darum kümmern. Solche Herde breiten sich aus, wenn man sie nicht gleich im Keim erstickt. Es tut mir sehr leid.«

»Ist schon gut. Ich muß sowieso vor dem Weihnachtsfest zurück sein. Das heißt, morgen oder übermorgen werde ich ohnehin abreisen. Kannst du über Weihnachten nicht nach Paris kommen?«

»Louis würde mich wohl kaum willkommen heißen. Wenn ich kann, werde ich in Le Mans sein, bei den Jungen.«

»Zu Hause ...«

»Ja, Eleonore.« Er stützte sich auf einen Ellenbogen und sah mich eindringlich an. »Wo ist deine Heimat? In Poitiers oder in Bordeaux?«

Ich küßte seine linke Schulter, seine Brust und die zarte Leiter aus Rippen und Muskeln, hinter der sich sein Herz verbarg, und sagte ihm die Wahrheit. »Sie ist hier, Geoffroi. Bei dir.«

Er blickte mich an, und der Ausdruck in seinen Augen war seltsam, fast verstört; dann aber nahm er mich wieder in die Arme. Geborgen wie in Abrahams Schoß, schlief ich, bis der erste Vogelgesang an unser Ohr drang.

Diesen Blick jedoch konnte ich nicht vergessen, ja, er beunruhigte mich auf dem Rückweg mit jeder Meile ein wenig mehr. Geoffroi hatte mich im Morgengrauen verlassen, um nach Montreuil zu reiten. Obwohl er mir etwas niedergeschlagen vorgekommen war, schien er doch sonst ganz der alte gewesen zu sein. Nun war ich mir dessen nicht mehr so sicher.

Ich hatte noch einen weiteren Grund zur Sorge. Meine Monatsblutung war fast schon eine Woche überfällig. Anfangs hatte ich diese Verzögerung begrüßt, denn beim Reisen ergaben sich andernfalls Schwierigkeiten, und ich hätte früher zurückkehren müssen. Allmählich aber wuchsen meine Bedenken. Petrel hatte mich zwar mit der Versicherung getröstet, daß drei Monate nach Maries Geburt die Periode durchaus noch unregelmäßig sein könne. Als dann am siebten Tag die Blutung doch einsetzte, wurde ich von gegensätzlichen Gefühlen gepeinigt. Inzwischen war ich nämlich fast überzeugt gewesen, ein Kind von Geoffroi empfangen zu haben – eine Vorstellung, die ein fiebriges Hochgefühl in mir geweckt hatte, auch wenn mir gleichzeitig völlig klar war, daß ich es unmöglich als Louis' Kind würde ausgeben können. Ein einziger Blutstropfen aber beendete all diese Überlegungen. Als ich in Paris einritt, fühlte ich mich nicht erleichtert, sondern eher enttäuscht.

Niemand indes nahm meine Stimmung zur Kenntnis, denn der ganze Hof war in heller Aufregung. Soeben waren Berichte eingetroffen, denen zufolge die christliche Stadt Edessa, zwischen Euphrat und Tigris gelegen, schon vor einem Jahr in die Hände der Türken gefallen war. Seit Fulkos Tod waren Nachrichten aus dem Heiligen Land immer unregelmäßiger zu uns gedrungen. Die Erkenntnis aber, wie wenig wir über die Ereignisse dort auf dem laufenden waren, erwies sich nun als niederschmetternder als die Schreckensnachricht selbst. Die Königreiche der Kreuzritter waren zwar seit ihrer Gründung vor sechsundvierzig Jahren, als Jerusalem zurückerobert und den Ungläubigen entrissen worden war, immer schon gefährdet gewesen. Doch die Botschaft vom Fall Edessas und die damit einhergehende Bedrohung der Heiligen Stadt selbst war zutiefst schockierend.

Ebenso zermürbend war Louis' Wandlung. Er hatte geradezu Feuer gefangen und erklärte aller Welt, es sei seine, ihm von Gott gegebene Pflicht, das Heilige Land von den räuberischen Türken zu befreien.

»Das ist ein Zeichen, Eleonore! Seht Ihr denn nicht?« rief er mir gleich bei meiner Ankunft zu. »Ein Zeichen von Gott!«

»Aber wofür, Louis?« Ich hatte ihn nie so aufgewühlt gesehen.

»Ein Zeichen Seiner Vergebung natürlich! Wenn es mir gelingt, das Heilige Land zu retten, kann ich das Heil erlangen. Und es wäre so, als hätte es Vitry nie gegeben!«

Ich sah ihn an und versuchte, das Gehörte zu begreifen. Ich war immer noch zu sehr mit den eigenen Gedanken befaßt und verspürte nicht das geringste Verlangen, mich mit einem veränderten Louis zu beschäftigen. Doch es blieb mir keine andere Wahl, als mich mit ihm auseinanderzusetzen, und so blickte ich in seine gefährlich glühenden Augen. »Ihr glaubt doch nicht, Louis, daß Gott dies alles nur für Euch herbeigeführt hat?«

Aber er hörte mir gar nicht zu, sondern lief auf und ab, Augen und Hände gen Himmel gerichtet. »Oh, das ist meine Chance! Eine Chance für ganz Frankreich, von Sünden reingewaschen zu werden. Wir werden Gottes Werk vollenden!«

»Louis«, sagte ich wohl zum hundertsten Male, »Vitry war ein Unglücksfall, es brannte zufällig nieder, es war nicht Eure Schuld. Ihr habt jahrelang Buße dafür getan – könnt Ihr das nicht endlich begreifen?«

»Habt Ihr nicht gehört, Eleonore? Es ist ein Zeichen ...«

Und er glaubte es wirklich – oder war durch Bernard dazu gebracht worden. Er war bereits fest entschlossen, ein Heer auf die andere Seite der Erde zu führen, um sich von einer Sünde zu befreien, von der niemand außer ihm selbst überzeugt war, daß sie auf ihm lastete. Ich war verblüfft, wie fest er daran glaubte, dann wütend über seine Einfalt und schließlich neugierig, wie er vorgehen würde.

Das Weihnachtsfest 1145 benutzte der verwandelte Louis, um seine Vasallen für die Sache zu gewinnen – vor allem meine Poiteviner, wie ich bemerkte. Viele seiner eigenen Ritter, die seine Empörung teilten, gelobten sogleich, ihm nach Jerusalem zu folgen, und ganz Paris brodelte vor Aufregung, während große Taten versprochen und Eide abgelegt wurden.

Niemand legte größere Begeisterung an den Tag als Louis' Bruder, der Graf von Dreux. Robert war ein sonderbarer junger Mann – recht groß, blond, mit hellen Augen und äußerlich Louis sehr ähnlich. Doch er wurde von so ganz anderen Kräften getrieben als dieser, daß es oft schwer war, die beiden überhaupt für Brüder zu halten. Bei fünf Söhnen zur Fortführung des königlichen Geschlechts war Robert als eher überflüssig erachtet worden. Er empfand bitteren Groll darüber, keine wirkliche Macht zu besitzen, von der er glaubte, sie am besten von allen ausüben zu können. Vielleicht, sagte die heimtückische Stimme Bernards, vielleicht ist diese heilige Mission dazu angetan, seine Kräfte auf ein fruchtbareres Betätigungsfeld zu lenken. Es gab noch manch anderen ruhelosen jungen Mann ohne eigene Ländereien, der im Blut der Ungläubigen eine Möglichkeit für Ruhm, Gold und Erfüllung sah und bereit war, sie zu ergreifen.

Die einzige Gegenstimme im lauten Geschrei nach heiliger Rache gehörte seltsamerweise Suger, der sich bemühte, Louis von solch gefährlicher Unternehmung abzuhalten. Er ließ verlauten, es gebe auch hier zu Hause eine Menge von Ketzern zu töten, wenn das sein Bestreben sei. Natürlich meine Ketzer, dachte ich, denn ich wußte, daß er auf den kürzlich erfolgten Aufruhr der Aquitanier anspielte. Louis aber, der in diesen Tagen immer störrischer wurde, lehnte seine Ratschläge ab und erwiderte mit ungewöhnlicher Zuversicht, Gottes Stimme habe ihn gerufen – und das genüge als Erklärung.

Noch nie hatte ich Suger so verstört gesehen, und in dem Maße, wie sein Einfluß auf Louis schwand, wuchs der von Abt Bernard. Gemeinsam schmiedeten sie Pläne, wie sie Gottes großes Unternehmen in die Tat umsetzen wollten. In meinen Augen beruhte Sugers Ablehnung auf der Furcht, Louis könne in der Ferne sterben, ohne einen männlichen Erben zu hinterlassen. Auch ich machte mir zum ersten Mal Gedanken darüber, was geschehen würde, sollte er nicht zurückkehren. Ich erträumte mir für ihn einen ruhmreichen und glücklichen Tod in der Heiligen Stadt, Auflösungen daheim und eine Allianz mit der Normandie. Doch ich wußte, daß ich nur träumte. Die heiligen Stätten mußten gerettet werden – da hatte Louis sicher recht –, auch wenn er sich übertrieben in seine Gefühle hineinsteigerte.

Je sicherer es wurde, daß Louis gehen und mindestens ein Jahr lang fort sein würde, desto mehr freundete ich mich mit dem Gedanken an. Sein neuer Fanatismus war mir zunehmend zuwider, und aus der ursprünglich geplanten Pilgerreise waren rasch wahrhafte Kriegsvorbereitungen geworden. Sein Eifer war alarmierend. Nun gut, soll er doch ins Morgenland ziehen und bei der Gelegenheit eine angevinische Krone und seine Seele retten! Die Aussicht, ein oder zwei Jahre von ihm befreit zu sein, erschien mir immer verlockender.

Seit meinem Aufenthalt in Roiffé war mir seine Gesellschaft immer unerträglicher geworden. Diese kurzen Tage, in denen ich Geoffroi ohne Furcht vor Entdeckung und Verrat in aller Öffentlichkeit hatte sehen können, hatten mir einen flüchtigen Eindruck von einem Leben mit ihm vermittelt. Schon aus seinen Briefen hatte ich mir eine vage Vorstellung machen können, es aber tatsächlich zu erleben war köstlicher und verwirrender gewesen, als ich es jemals für möglich gehalten hätte.

Ich hatte ihn entspannt und glücklich gesehen, und mir war in den Wochen danach klargeworden, wie unnatürlich sich unsere Beziehung in Zukunft gestalten würde, wenn wir sie aufrechterhalten wollten. Das Lockern der Einschränkungen hatte sich als zweischneidiges Schwert erwiesen; es hatte mir einen kurzen Einblick ins Paradies gewährt – und gezeigt, wie unerreichbar es war. Ich wußte, daß auch er es so empfunden hatte, denn ich hatte schließlich den traurigen Ausdruck in seinen Augen verstanden: Er war meine Heimat, aber ich konnte nur von einem fernen Berg darauf blicken und mich nie frei darin bewegen, und das wußte er.

Mir wurde noch etwas anderes klar. Um unsere Beziehung fortzuführen, würden wir so tun müssen, als hätte es diese Tage in Roiffé nie gegeben, als hätten wir nie einen Blick ins Paradies getan. Sonst wäre es einfach zu schwer, es zu ertragen.

Im Lichte der kommenden Ereignisse wurde Paris zunehmend unwirklich und Louis zu einem lästigen, summenden Insekt, das meine Gedanken störte. Ich konnte es nicht erwarten, ihn loszuwerden. Um die Dinge zu beschleunigen, ermutigte ich ihn in seiner Begeisterung für den Kreuzzug. Die Reaktion seiner französischen Vasallen beglückte ihn, weshalb er die Gleichgültigkeit meiner Poiteviner um so weniger begreifen konnte. Ihr Hauptanliegen bestand darin, möglichst angenehm zu leben, und Streitigkeiten weit entfernter Städte interessierten sie nicht im geringsten. Doch obwohl Louis uns wenig verstand und noch weniger liebte, brauchte er uns, um ein Heer aufzustellen, das stark genug war, um Edessa zu befreien und die Türken zu vertreiben. Als ich ihm nun versicherte, daß ich wie kein anderer mein Volk umstimmen könnte, wenn man mich nur ließe, willigte er überraschend ein.

So führte ironischerweise ausgerechnet mein verzweifelter Wunsch, von ihm fortzukommen, dazu, daß er mich zum ersten Mal mit einer wichtigen Aufgabe betraute. Ich ahnte etwas von der Macht, die ich hätte ausüben können, hätte ich ihm einen Sohn geboren. Nun, ich wollte keine weiteren Kinder von ihm haben, und je länger ich dem Hofe fernbliebe, desto länger würde ich ein intimes Beisammensein hinauszögern können. Meine eigene Begeisterung für die Sache begann zu wachsen.

Schließlich würde es das ganz große Abenteuer unserer Zeit sein.

KAPITEL 9

⚜ AN JENEM OSTERFEST schien sich alle Welt in Vézelay zu versammeln, um Abt Bernard den Heiligen Krieg ausrufen zu hören. Man erwartete, daß ein jeder, entsprechend seinen Möglichkeiten, dem Ruf Folge leisten würde. Dennoch übertraf die Menschenmenge, die ins Burgund strömte, alle Erwartungen. Die große Kirche vermochte sie nicht zu fassen, darum predigte Bernard im Freien auf einem Hügel inmitten der ersten Frühlingsblumen.

Seine Wortgewalt peitschte die schweigende Menge auf, und alles brach in frenetischen Jubel aus, als er mit messerscharfer Stimme rief: »Verflucht sei der, dessen Schwert nicht mit Blut bedeckt sein wird!«

Louis war wie in Ekstase. Natürlich war er der erste, der vor dem Abt im Staube lag, und als die Menge sah, wie ihr König das Kreuz nahm, erscholl ein ohrenbetäubendes »Nach Jerusalem! Nach Jerusalem!« Nun rissen Männer, Frauen und selbst Kinder sich darum, ihre Unterstützung anbieten zu dürfen. In der allgemein herrschenden Aufregung spendeten viele meiner Hofdamen und ich alle Wertgegenstände, die wir bei uns trugen, und erklärten uns ebenfalls zu Kreuzfahrern. Die Schreiber kamen gar nicht nach, die Namen der Spender und den Wert der Schätze an Gold und Juwelen festzuhalten, die glitzernd in den Truhen verschwanden. Der lange Tag endete mit einem blutroten Sonnenuntergang, und der vormals so grüne, blumenbedeckte Hügel war nur mehr Morast und Unrat.

Suger sah die unaufhaltsam wachsende Bewegung mit zunehmender Besorgnis.

Ich ritt von Vézelay direkt nach Poitiers, um meine widerstrebenden Barone – nur wenige waren nach Burgund gekommen – für Louis' Sache zu gewinnen, und mußte zu diesem Zweck all meinen Charme und meine Überredungskunst aufbieten. Auch wenn sie den König haßten, der für sie immer noch als ein Eindringling galt, war ich doch ihre Herzogin, und so gaben sie schließlich nach. Als ich nach über einem Monat wieder in Paris eintraf, hatte ich eine Liste mit Namen dabei, die doppelt so lang war wie die von Louis. Bei ihrem Anblick stand er mit offenem Munde da. Anschließend musterte er mich fast ehrfürchtig. »Aber das ist ja ein Wunder! Was habt Ihr ihnen denn gesagt, Eleonore?« flüsterte er.

»Wie? Ach, ich habe mir ein Beispiel an Bernard genommen ...«, erwiderte ich vage. Ich hatte nicht die Absicht, ihm zu gestehen, daß ich ihnen blumenreiche Geschichten über die Wunder und Schönheiten des Orients erzählt hatte, die selbst Engel zu Tränen gerührt hätten. Überdies hatte ich noch ein paar allgemeine Andeutungen über interessante fortschrittliche Gebräuche fallenlassen, wie etwa das Sonnenbaden.

Nach diesem durchschlagenden Erfolg durfte ich an den meisten Sitzungen zur Vorbereitung des Kreuzzuges teilnehmen. Louis schien mich nun für seinen geeignetsten Botschafter zu halten und fragte mich fast zaghaft, ob ich bereit sei, im Sommer weitere Unterstützung zu mobilisieren. Beglückt über meine neue Rolle – und die Möglichkeit, Paris wieder den Rücken zu kehren –, willigte ich sogleich ein und wählte sorgfältig die attraktivsten Hofdamen zu meiner Begleitung aus. Leider konnte ich Petrel nicht überreden, aber die hübsche, wenn auch etwas dümmliche Faydide kam eilig aus Toulouse angereist, dankbar, ihrem unerfreulichen Gemahl für eine Weile zu entkommen. Sie und die anderen Damen verliehen unserer kleinen Delegation einen verführerischen Hauch von Schönheit, und so machten wir uns Anfang Mai auf den Weg, begleitet und beschützt von Kreuzrittern.

Die erste unter meinen Damen war die Gräfin von Flandern, Geoffrois Schwester Sybilla. Obwohl Louis Pate ihrer Kinder und sie selbst oft bei Hofe war, hatte ich sie bisher gemieden. Nicht, daß sie nicht liebenswürdig gewesen wäre – im Gegenteil, sie besaß den typisch angevinischen Charme –, doch sie war Geoffroi so ähnlich wie eine Zwillingsschwester, und ihr Anblick bereitete mir Unbehagen. Sie war jedoch schön und klug, und deshalb kam es nicht in Frage, sie aus unserer Gruppe auszuschließen, die eine anziehende Wirkung ausstrahlen sollte.

Meine Kühle ihr gegenüber wird sie vor ein Rätsel gestellt haben, und obwohl meine Einladung sie verblüffte, willigte sie auf der Stelle ein – wohl auch ein wenig vom Kreuzzugsfieber angesteckt. Kaum waren wir unterwegs, schien sie meine Gesellschaft zu suchen. Und ich hatte den Eindruck, als schätzte sie mich um meinetwillen und nicht nur als ihre Königin. So gab ich bald meine Versuche auf, ihrem Charme zu widerstehen, auch wenn jeder Blick aus ihren saphirblauen Augen meine Sehnsucht nach Geoffroi noch vergrößerte.

Unsere leicht errungenen Erfolge beim Anwerben bisher unwilliger Adliger schmeichelte und freute uns, und als es wärmer und grüner wurde, überkam uns ein Übermut, der wenig mit Frömmigkeit zu tun hatte. Auf der Reise nach Südwesten hatten wir die glitzernde Vienne passiert und näherten uns Thouars, als Sybilla leichthin bemerkte: »Wir sind jetzt nahe bei Montreuil, nicht wahr? Mein Bruder hält sich augenblicklich dort auf.«

Sie sprach selten von ihm und sah ihn oft jahrelang nicht, weshalb ich um so überraschter war. Seit Wochen hatte ich nichts mehr von Geoffroi gehört und geglaubt, die Schwierigkeiten in Montreuil wären schon lange beigelegt. »Woher wißt Ihr das, Sybilla?« erkundigte ich mich vorsichtig.

»Es hat dort einen Aufstand gegeben. Thierry erwähnte, daß

Geoffroi weitere Truppen dorthin verlegt hat, um die Sache selbst in die Hand zu nehmen. Wahrscheinlich hält er sich in der Nähe von Fontevrault auf.«

Heiliger Auftrag hin oder her: meine Gedanken überschlugen sich. Wenn ich diesmal auch gewiß nicht zu ihm gehen konnte – vielleicht konnte er zu mir kommen? »Warum laßt Ihr ihn nicht wissen, daß Ihr hier seid, Sybilla?« fragte ich scheinheilig. »Vielleicht könnte er Euch besuchen.«

Sie sah mich mit ihren blauen Augen an. »Und Ihr hättet nichts dagegen, wenn er ohne die Erlaubnis des Königs Eure Grenze überschritte?«

Sie hatte ganz offensichtlich keine Ahnung, wie viele meiner Grenzen er bereits – völlig ungehindert – überquert hatte. »Oh, durchaus nicht. Ich teile Louis' Vorbehalte gegen ihn keineswegs.«

Sybillas Blick wurde wehmütig. »Seit der Nachricht von Vaters Tod habe ich ihn nicht mehr gesehen. Es wäre schön, es jetzt nachzuholen. Wir standen uns in der Familie schon immer am nächsten. Er ist nur ein Jahr jünger als ich, müßt Ihr wissen.«

Oh, das wußte ich.

Zwei Tage später ritt Geoffroi an der Spitze einer kleinen Gruppe von Rittern in Thouars ein. Wir hatten soeben die dunkle Kirche Saint-Medard verlassen, wo wir dem Treuegelöbnis der letzten Rekruten beigewohnt hatten, als sie die Straße zum Schloß entlangkamen.

»Oh, seht nur«, rief Faydide aus, »da ist ja Euer hinreißender Bruder! Wie bin ich froh – jetzt ist nicht mehr alles so fromm ...« Und sie kniff sich kräftig in die Wangen, bis sie leicht gerötet waren, und zog an ihrem Gewand, um mehr Dekolleté zu zeigen.

»Seid nicht so schamlos, Faydide«, murmelte ich und blinzelte ins Sonnenlicht, bis ich ihn mit pochendem Herzen herannahen sah.

Er glich Apoll, sein Kettenpanzer glitzerte in der Sonne, und sein helles Haar wehte im heißen Wind. Erstaunt stellte ich fest, daß ich ihn noch nie in seiner Rüstung gesehen hatte, obwohl er die letzten zehn Jahre doch vorwiegend auf dem Schlachtfeld zugebracht hatte. Selbst jetzt trug er seinen Helm nicht, er hatte ihn locker an seinem Sattel befestigt. Großer Gott, dachte ich, kann er denn nie seine ganze Rüstung tragen?

Mit viel Geklirr von Schwertern und Schilden stiegen sie von ihren Pferden und knieten vor mir nieder. Als Geoffroi mir formell die Hand küßte und höfliche Worte an mich richtete, hatte ich alle Mühe, nicht zu strahlen. Seine Hände waren rauh und heiß von den Kettenhandschuhen. Nun, da ich ihn aus der Nähe betrachten konnte, erkannte ich, daß er von der Sonne verbrannt war und ein wenig erschöpft wirkte. Trotzdem kam es mir vor, als hätte ich nie etwas Schöneres gesehen, und ich fragte mich, wie ich die langen Monate ohne ihn hatte überstehen können.

Als er sich erhob, bemerkte er das angenähte Kreuz auf der Schulter meines Gewandes und warf mir einen erschrockenen Blick zu. Aus meinen höchst weltlichen Gedanken gerissen, errötete ich und sagte rasch: »Eure Schwester, Herzog«, wobei ich Sybilla herbeiwinkte, um meine Verwirrung zu überspielen. Er trat zu ihr, umarmte sie, und sogleich begannen sie, miteinander zu plaudern – sie konnte ebenso gesprächig sein wie er.

Unter den Augen der staunenden Menge setzten wir unseren Weg fort und kehrten zum Herrenhaus zurück, wo wir, statt in dem spartanischen Schloß, untergebracht waren. Während ich mit halbem Ohr ihrem Geplauder lauschte, versuchte ich mir die Zimmerverteilung des Hauses vorzustellen, um eine Möglichkeit für ein heimliches Treffen zu finden.

Geoffroi fragte Sybilla nach ihrem Gemahl und ihren Söhnen und erzählte ihr, was er von König Baudouin, ihrem Bruder im fernen Heiligen Land, in Erfahrung gebracht hatte. Ich bemerkte, wie er ein oder zweimal mein Kreuzfahreremblem betrachtete, und mir wurde unbehaglich zumute. Zudem verspürte ich einen Anflug von Eifersucht angesichts der Vertrautheit, die sich trotz der langen Trennung sogleich wieder zwischen den beiden einstellte. Dann aber warf er mir einen tiefen, strahlenden Blick zu, der mir sagte, daß sich nichts geändert hatte. Beruhigt überließ ich sie ihrem Geplauder.

An diesem Abend speisten wir im Freien. Ich fragte Geoffroi, was ihn so lange in Montreuil zurückgehalten habe.

»Es war recht bedrohlich«, begann er zögernd. »De Berlai ...«

»Doch nicht der gefürchtete Gerald!« rief Sybilla mit Abscheu.

»Doch, der gefürchtete Gerald – er fing wieder mit seiner alten Masche an und hat Saumur geplündert ...«

»Einen Augenblick mal«, unterbrach ich ihn. »Gerald de Berlai ist Louis' Seneschall für das Poitou. Ihr sagt, er hat in Euren Ländereien geplündert?« Beide hefteten gleichzeitig ihre saphirblauen Augen auf mich. Mir schwindelte fast unter ihrem vereinten Blick.

»Tut mir leid, aber so ist es, El ... Madame«, antwortete Geoffroi so sachlich, wie es unter den gegebenen Umständen möglich war.

»Aber davon ahnte ich nichts!« rief ich, obwohl ich natürlich nichts daran hätte ändern können, auch wenn ich's gewußt hätte.

Er blickte finster drein. »Nein, und mir sind die Hände so gut wie gebunden. Denn würde ich ihn, des Königs Bevollmächtigten, angreifen, griffe ich damit Louis an. Tue ich es aber nicht, fährt Gerald fort, Menschen zu töten, und behauptet weiter, ich hätte kein Recht, mich ihm entgegenzustellen, weil Louis mich nicht als Herzog der Normandie anerkannt hat. Und jetzt befestigt er seine Burg – meine Burg –, und die ist fast uneinnehmbar.« Er warf mir ein kurzes Lächeln zu. Wir dachten beide daran, wie er vor fast sechs Monaten in Roiffé eingedrungen war, um bei mir zu sein. »Wie auch immer, ich glaube, wir haben die Angelegenheit zunächst einmal beigelegt. Ich hoffe es jedenfalls, denn sie hat mich schon zuviel Zeit gekostet.«

Er war sichtlich angespannt, und Sybilla blickte so betroffen drein wie er – sie sahen sich unglaublich ähnlich im flackernden Licht der Laternen. »Dafür hatte ich Gelegenheit, eine Weile mit Henri zusammenzusein«, fügte er hinzu, und seine Miene erhellte sich ein wenig.

»Ich habe ihn seit Jahren nicht gesehen«, sagte Sybilla. »Er muß jetzt zwölf sein. Wie ist er?«

»Du kennst Henri ja – ihm fehlt nur noch ein wenig Selbstvertrauen!« Sie tauschten ein wissendes Lächeln. »Nein, es geht ihm sehr gut. Er konnte es kaum erwarten, von seinen Erziehern in Angers fortzukommen.« Er schloß mich in sein Lächeln ein. »Er hat seine Ausbildung bei mir vollendet, Eleonore.« Ich sah nervös zu Sybilla hinüber und fragte mich, ob ihr seine vertraute Anrede aufgefallen war, aber sie machte Amaria ein Zeichen, noch mehr Wein zu bringen. »Der Hof seiner Mutter ist zu begrenzt für seine Fähigkeiten. Er ist sehr begabt, besonders für die Rechtsprechung und Sprachen ...«

»Ganz wie sein Vater«, fiel Sybilla ihm ins Wort.

»O ja – nur, daß er nicht so attraktiv ist.«

»Eingebildeter Gockel!« Sie versetzte ihm einen leichten Fußtritt, und beide lachten.

Es herrschte eine seltsame Atmosphäre. Sie spielten eine Rolle und gaben sich – genau wie ich – entspannt und glücklich. Aber wir fühlten uns unbehaglich, und jeder verbarg die eigenen Gedanken und Gefühle.

»Ich habe ihm die Verantwortung für Montreuil übertragen.«

»Aber dafür ist er doch noch zu jung, Geoffroi!« erwiderte Sybilla besorgt.

»Gewiß, aber Montreuil ist derzeit recht sicher, und es wird ihm guttun, einmal das Sagen zu haben. Außerdem ist es mir so möglich, ein paar Tage zu bleiben«, erklärte er und warf einen raschen Blick in meine Richtung. Sogleich fügte er hinzu: »Wenn es recht ist.«

Sei vorsichtig, flehte ich insgeheim. Sybilla darf es nicht erfahren ...

Aber Sybilla gähnte plötzlich. »Entschuldigung. Ich bin völlig erschöpft. Seid Ihr gekränkt, Madame, wenn ich mich zurückziehe?«

»Natürlich nicht, Sybilla. Schlaft gut. Auch ich werde nicht mehr lange aufbleiben.«

Ich war erstaunt, daß sie schon so früh ging, denn sie hatte sich sehr auf das Zusammensein mit Geoffroi gefreut, aber ich versuchte nicht, sie aufzuhalten. Schließlich würden wir auf diese Weise um so eher alleine sein ... Und ich fügte betont laut hinzu: »Aber vorher möchte ich noch einen Spaziergang am Fluß machen. Würdet Ihr Amaria und mich begleiten, Herzog?«

Er stimmte murmelnd zu, und wir schlenderten davon. Sobald wir den Lichtkreis der Laternen hinter uns gelassen hatten, blieb Mari, die den Hinweis verstanden hatte, zurück. Als ich sicher war, daß wir nicht mehr gesehen werden konnten, schlang ich die Arme um seinen Hals, drängte mich unter Küssen an ihn und sagte ihm, wie sehr ich ihn liebte.

Doch zu meinem Erstaunen war Geoffroi sehr zurückhaltend. Trotz der angespannten Atmosphäre der letzten Stunden war ich ganz versessen auf ihn und wollte keine Zeit verlieren. Da ich seinen Gesichtsausdruck im Sternenlicht nicht zu erkennen vermochte, flüsterte ich mit wachsender Besorgnis: »Was ist, Geoffroi? Begehrst du mich nicht mehr?« Schon der Gedanke versetzte mich in Panik.

Er aber hielt mich auf Armeslänge von sich fort und erwiderte sanft: »Oh, ich begehre dich mehr denn je. Aber was hat dieses Kreuz zu bedeuten? Du willst doch nicht etwa nach Jerusalem gehen?«

Ich war fassungslos und erleichtert zugleich. Ich hatte nicht bedacht, daß er es so deuten könnte. »Ist das alles? Nein, natürlich nehme ich nicht daran teil. Ich wollte nur meine Unterstützung bezeugen. Wie könnte ich dich je verlassen?«

Er strich mir zärtlich übers Gesicht, lächelte und sah plötzlich sehr jung aus. »Verzeih«, sagte er, ebenso erleichtert wie ich. »Es war nur, als würde ich eine Nonne berühren!«

»Ich glaube, du warst zu lange in Fontevrault, Liebster!« flüsterte ich. »Ich will dir zeigen, wie nonnenhaft ich bin.« Und ich begann, seine Kleider abzustreifen.

»Was – hier?«

»Wo sonst? Ich teile mein Gemach mit Mari und Sybilla. Und Mari sorgt dafür, daß wir ungestört sind.«

Er schüttelte langsam den Kopf. »Es ist zu gefährlich. Wir müssen vorsichtig sein«, begann er und zog mich plötzlich an sich. »Du hast mir so gefehlt, Eleonore, ... so schrecklich gefehlt ...« Und er küßte mein Gesicht, mein Haar, meinen Hals, und ich sog wieder gierig den Duft seiner Haut ein. »Roiffé liegt schon so lang zurück, daß ich fast vergessen habe, wie schön du bist.«

Er hatte sich über meine Brüste gebeugt, und sein Mund wanderte zwischen beiden hin und her, als wolle er sie gleichzeitig küssen. »Ich habe die ganze Zeit von dir geträumt – es ist schrecklich ... herrlich ...« Und wir sanken unter blühenden Obstbäumen ins Gras. Es war himmlisch, ihm wieder nahe zu sein, und ich begehrte ihn mit fast schmerzhafter Heftigkeit. Wir hatten keine Zeit, uns ganz zu entkleiden. Er schob meine Kleidung hoch, glitt meinen Körper hinab und küßte mich zwischen den Schenkeln, immer wieder, bis ich kaum mehr an mich halten konnte.

»Schnell, Geoffroi, ich kann nicht warten.«

»Ich auch nicht ...«

Er drang in mich ein, und wir bewegten uns zusammen, bis ich vor Lust zitterte und zum Höhepunkt kam. Aber wie in Roiffé zog er sich fast augenblicklich aus mir zurück und ergoß seinen Samen außerhalb von mir. Und wieder empfand ich diese schreckliche Leere, als wir, nach Atem ringend, dalagen.

»Ich fühle mich wie eine Soldatenmetze«, schluchzte ich schließlich. In meiner Enttäuschung wollte ich ihm weh tun, ihn gleichsam dafür bestrafen, beherrschter und weniger leidenschaftlich zu sein als ich. Doch ich hatte die Worte kaum ausgesprochen, als ich sie auch schon bereute.

Geoffroi nahm mich in die Arme und wiegte mich zärtlich – wie ein kleines Kind. »Sag so etwas nicht, Eleonore«, flüsterte er sanft in mein Ohr. »Sag so etwas nicht.«

Und obwohl wir einander fest umschlungen hielten, waren wir wieder in getrennten Gedanken gefangen.

»Wir sollten uns ein wenig säubern«, meinte er schließlich unbeholfen. »Sybilla darf keinen Verdacht schöpfen. Sie ist so wachsam wie ein Luchs, mußt du wissen.« Und so liefen wir zum Flußufer, um die Spuren der Liebe abzuwaschen, bevor wir uns auf den Rückweg machten.

Geoffroi blieb noch vier Tage, doch ich hatte nur selten Gelegenheit, ihn allein zu sehen. Obwohl er es zu verbergen suchte, entdeckte ich eine mir ganz fremde Unruhe an ihm. Gerald de Berlais wüste Zerstörungen rund um Montreuil hatten ihn vor nicht zu vereinbarende Pflichten gestellt, und dieses Dilemma machte ihm zu schaffen.

An einem der Nachmittage, als wir uns unerwartet allein im Garten trafen, blieb er so unzugänglich, daß ich den letzten Rest der mir verbliebenen Geduld verlor. Unsere gemeinsame Zeit war kurz und kostbar. Das hatte er selbst gesagt, und so geriet ich über seine Unachtsamkeit in Zorn.

»Ich wünschte, du wärst etwas weniger angespannt, Geoffroi«, sagte ich vorwurfsvoll.

»Wie? Oh, entschuldige«, seufzte er und rieb sich die Augen. »Vielleicht sollte ich mich einfach betrinken.«

»Du – dich betrinken?« Der Gedanke war so ungeheuerlich,

daß ich meine Niedergeschlagenheit vorübergehend vergaß. »Das kann ich mir beim besten Willen nicht vorstellen.« Jeden anderen Mann – selbst Louis – hatte ich von Zeit zu Zeit sturzbetrunken gesehen. Geoffroi jedoch war mir immer als ein Mensch von zu hoher Gesinnung erschienen, um zu solch plumpen Mitteln zu greifen.

»Oh, ich war schon betrunken ...«, sagte er finster und starrte auf seine Fußspitzen. Er hockte auf der niedrigen Gartenmauer, die langen Beine vor sich ausgestreckt und die Fußknöchel übereinandergeschlagen – so, wie er oft dasaß. Seine Handflächen waren auf die rauhe Steinkante gestützt.

»Wann?«

»Oh, Eleonore!«

»Wann zuletzt?«

»Ach, laß, es ist doch gleichgültig.« Er schien peinlich berührt, ich aber ließ nicht locker.

»Sag es mir.«

»Nein. Hör endlich auf.« Seine Stimme klang nun wütend.

»Geoffroi!«

Er warf mir einen zornigen Blick zu, aber als er schließlich antwortete, klang er matt und resigniert, ohne jede Spur seiner gewohnten Ironie. »Es war an dem Tag, als dein Kind zur Welt kommen sollte.«

Eine innere Stimme riet mir, sofort das Thema zu wechseln, doch sein Anflug von Zorn hatte meinen entzündet, und mir wurde plötzlich klar, was mich so zermürbte. Ich wollte, daß er mir seine Liebe eingestand. Oh, sein Körper sagte es mir auch ohne Worte, aber er sprach es so selten aus, daß ich manchmal an seinen Gefühlen zweifelte. Und nun verspürte ich ein brennendes Verlangen, ihn sagen zu hören: Ich liebe dich, und ich brauche dich.

»Und warum hast du dich an diesem Tag betrunken?«

»Herrgott, Eleonore, warum wohl?«

»Sag es mir!«

Nach einem langen, bedrückenden Schweigen sagte er mit gesenktem Blick und leiser Stimme: »Weil ich den Gedanken nicht ertragen konnte, daß du Schmerzen erleiden mußtest. Weil ich nicht wußte, was geschah, und ich kein Recht hatte, es zu erfahren. Weil du, wenn du einen Sohn bekämest, mir vielleicht für immer unerreichbar gewesen wärest. Weil es sein Kind ist – nicht meines. Weil selbst Mathilda fast im Kindbett gestorben wäre – und sie hat eine eiserne Natur. Weil ich, sollte ich gezwungen sein, ohne dich zu leben, einen Weg finden müßte. Daß ich aber den Verstand verloren hätte, wenn du gestorben wärest.« Er blickte auf. Seine Augen waren so hoffnungslos wie seine Stimme. »Willst du noch mehr hören, Eleonore?«

Wie schwere Steine hatten mich seine Worte getroffen, und ich war außerstande zu antworten.

»Nun gut«, sagte er. Mein bestürztes Schweigen nahm er als Zustimmung. »Ich betrank mich, weil ich dich allzusehr liebe und nicht zugeben konnte, wie sehr – nicht einmal vor mir selbst.«

Ich konnte diese Litanei des Schmerzes nicht länger ertragen und legte die Finger auf seine Lippen. Er küßte sie fast geistesabwesend, doch ich zog sie zurück, weil ich fürchtete, man könne uns beobachten. Bis zu diesem Moment hatte ich geglaubt, wir wären offen und ehrlich miteinander. Ich Närrin! Worte schaffen ihre eigene Wirklichkeit, und ich hatte ihn aussprechen lassen, was niemals hätte laut gesagt werden dürfen. Alles hatte sich in diesem Augenblick geändert. Wenn ich nun auch ohne jeden Zweifel wußte, daß er mich ebenso brauchte wie ich ihn – was brachte es uns ein, außer noch größerer Verzweiflung?

Er erhob sich, las einen Kieselstein vom Boden auf und warf ihn zornig über den Garten hinweg in den dahinter liegenden Wald. Ein Vogel schoß wild flatternd in die Lüfte. Geoffroi fuhr sich durchs Haar und stieß einen tiefen Seufzer aus. Ich saß noch immer in schockiertem Schweigen da. Er redete hastig, zusammenhanglos und fast wie zu sich selbst weiter.

»Manchmal erscheint es mir so sinnlos, als würde alles, was wir zu erreichen versuchten, uns letztendlich nur auseinanderbringen. Wir träumen von Ordnung und Gerechtigkeit, aber unsere einzige Hinterlassenschaft ist Unordnung. Und was die Gerechtigkeit angeht ...«, sagte er beinahe lachend. »Sieh doch nur, wie weit es mit uns gekommen ist! Gerechtigkeit verlangt Wahrheit, die Kirche Glauben und der König Loyalität. Man kann nicht allen dreien dienen – wir aber müssen es irgendwie!« Noch nie hatte ich ihn so verzweifelt erlebt. »Die reinste Wahrheit in meinem Leben ist, daß ich dich liebe, Eleonore. Doch indem ich das ausspreche, verrate ich meinen König und mißachte die Kirche. Aber meine Liebe zu leugnen wäre der größere Verrat, an dir und an der Wahrheit. Heißt das etwa, daß mein Leben – und auch deines – eine Lüge ist? Das ist gewiß nicht, was wir gewollt haben ...«

Er wandte sich um und sah mir fest in die Augen. »In jener Nacht damals in Pontoise, als ich dich nicht haben konnte und er dich verletzte, bewußt verletzte, da wollte ich ihn umbringen, Eleonore. Ich lag da, hörte ihn sprechen, hörte das verdammte Bett knarren und knarren ... und wollte ihn töten. Auch wenn er mein König ist. Ich hielt mein Schwert schon in der Hand! Weißt du, was das bedeutet? Wem gehört jetzt meine Loyalität? Nicht ihm!« Er spie die Worte geradezu aus. »Nicht Louis. Nur der Krone, die er trägt, solange er lebt.«

Nervös und angespannt vor Verzweiflung lief er nun vor mir auf und ab. »Ich bin jetzt dreiunddreißig und habe mein ganzes Leben für die Rechte anderer gekämpft. Vater vertraute mir alles an, als ich fünfzehn war, damit er ins Heilige Land gehen konnte. Er sagte, ich solle über die Ländereien herrschen – und ob ich nicht auch noch die Normandie und England für uns gewinnen könnte? Und, weißt du, das schlimmste war – ich wußte, daß ich es konnte. Aber dadurch nahm ich auch in Kauf, was es mich kosten würde ... So habe ich die nächsten sechzehn Jahre damit verbracht, für Mathilda und dann für Henri zu kämpfen, denn ich wußte, ich würde ihm alles Eroberte übergeben, sobald ich ihn für reif genug hielt.

Und es machte mir nichts ... Es machte mir nichts ... Eine Krone für meinen Sohn war mir Gewinn genug. Aber es geschah nie für mich: Ich wußte, daß sie's mir nicht einmal danken würden. Mathilda käme es nie in den Sinn, und Henri würde es nicht bemerken, weil er nichts anderes gekannt hat. Dann wäre ich wieder dort, wo ich angefangen habe.« Er lachte bitter. »Ich war nur ein Beschäler für Mathildas Stammbaum – Zuchthengst und Kriegsroß in einem. Vater opferte mich meinen eigenen Kindern ... Aber ich beklagte mich nicht. Ich fand mich ab mit all den Anforderungen an mich und meine kostbare Zeit. Das einzige, was ich je für mich allein haben wollte, warst du. Und dich kann ich nicht haben.«

Er blickte mich durchdringend an, und mein eigener Schmerz machte mich barsch und seltsam streitbar. »Ein paar gestohlene Nächte sind erbärmlich, verglichen mit einer Königskrone ...«

»Zum Teufel mit der Krone! Der einzige Friede, den ich im Leben gekannt habe, war die Zeit, die ich mit dir verbracht oder von dir geträumt habe. Und es waren Träume, mußten es sein und mußten es bleiben. Versteh doch, Eleonore – ich liebe dich so sehr, wie ich meine eigenen Kinder liebe. Du bist ebenso ein Teil von mir, wie sie es sind, und ich weiß nicht, was aus uns werden soll. Ich weiß es nicht ...«

Er sah mich flehend an, und in diesem Augenblick, da er meiner so sehr bedurfte, ließ ich ihn allein in seiner Not. Es fehlten mir einfach die Worte. Ich war wie gelähmt und konnte nichts tun, als ihn in die Arme zu nehmen.

Doch das war diesmal nicht genug.

Ich hätte ihm einen Strohhalm hinhalten müssen, um ihm aus diesem Chaos der Gefühle, in das ich ihn selbst gestoßen hatte, wieder herauszuhelfen. Statt dessen blickte ich ihn an, bis meine Augen in Tränen schwammen, doch er fand keinen Trost darin, keine Antwort. Nur offen gezeigten Schmerz.

Plötzlich küßte er teilnahmslos meine Stirn, wandte sich ab und steuerte auf die Stallungen zu. Erst jetzt, zu spät, fand ich meine Stimme wieder.

»Geoffroi!« rief ich, ohne mich darum zu kümmern, ob man uns hören könnte. »Geoffroi! Komm zurück ...«

Aber er kam nicht, sondern ritt, Köcher und Bogen eilig über den Rücken geworfen, durchs Tor auf den Wald zu.

Schluchzend und völlig kopflos rannte ich hinterher, gepeinigt von der Angst, er würde nie zurückkommen, weil ich versagt hatte. Kurz darauf, schon im Wald, blieb ich, nach Atem ringend, stehen und sah mich suchend nach allen Seiten um. Dann stolperte ich weiter und rief seinen Namen, aber meine Stimme wurde von den Bäumen gedämpft, und ich war mutterseelenallein.

Ich lehnte mich an einen moosbewachsenen Baumstamm, vergoß bittere Tränen und schalt mich eine Närrin. Wie hatte ich so selbstsüchtig und anmaßend sein können zu glauben, nur ich allein würde leiden? Warum hatte ich nicht begriffen, daß seine Zurückhaltung nichts anderes als ein letzter und lebenswichtiger Schutzschild gewesen war? Und warum hatte ich in jener Nacht in Senlis nicht gespürt, wie verletzlich er war? Und nun hatte ich ihn in einem erschöpften und wehrlosen Augenblick in die Enge gedrängt und aus Hochmut und Neugier den Deckel auf dem Gefäß des Schmerzes lüften wollen, der nur gebändigt werden konnte, wenn man nicht daran rührte. Oh, warum hatte ich nicht zufrieden sein können mit dem, was ich hatte?

Von Reue und Scham erfüllt und steif vor Kälte, saß ich noch immer in der Lichtung, als Sybilla Stunden später zu Pferde des Weges kam. Verblüfft blickte sie mich an, wandte sich rasch an ihre Begleiterinnen, bevor diese mich sehen konnten, und hieß sie vorauszureiten. Kaum daß sie fort waren, sprang sie vom Pferd und eilte zu mir.

»Ist alles in Ordnung, Eleonore?« fragte sie, kniete neben mir nieder und ergriff meine Hände. »Was ist passiert? Ihr seht elend aus – und seid halb erfroren. Ist etwas mit dem Kind passiert?«

Ich verstand gar nicht, was sie meinte.

»Wie? Nein, nein. Nichts ist passiert, Sybilla«, log ich. Ihre Reitkleider waren durchnäßt. Die meinen wohl auch. Wie lange mochte ich schon hier gesessen haben?

»Ich bin Geoffroi eben im Wald begegnet, doch er hat nicht anhalten wollen. Er sah völlig erschöpft aus.« Noch bevor ich etwas erwidern konnte, fuhr sie fort. »Ein schönes Trio sind wir, Eleonore. Keiner von uns dreien kommt auf die Idee, bei Regen ein Dach über dem Kopf zu suchen! Laßt uns heimreiten; ein Schluck Wein wird Euch aufwärmen.«

Und sie half mir auf ihr Pferd und führte mich zum Herrenhaus zurück.

Als Geoffroi am Abend erschien, warf er mir einen reumütigen Blick zu, doch wir hatten erst am nächsten Morgen Gelegenheit, allein miteinander zu reden, nachdem die Diener den Saal verlassen hatten. Zu meinem Erstaunen bat er mich um Verzeihung.

»Dir verzeihen? Ich bin es, die dir Abbitte schuldet! Es war selbstsüchtig von mir, dich so zu bedrängen. Ich hätte es dir nicht verübeln können, wenn du nicht zurückgekommen wärst.«

»Nein, nein. Ich war nur müde und etwas beunruhigt – diese Sache mit Berlai hat mir zugesetzt ...«

»Es tut mir leid, Geoffroi.«

»Es muß dir nichts leid tun, Liebste.«

Es fiel mir immer noch schwer, in seine sanften Augen zu sehen. »Ich bin mir wie Pandora vorgekommen ...«

Er wußte sofort, was ich meinte. »Nein! Unsinn ...«

Ich nahm seinen Arm, und wir traten in die Fensteröffnung, um nicht gesehen zu werden. »Geoffroi«, sagte ich zärtlich, »ich liebe dich, und ich hätte nie an dir zweifeln oder denken dürfen, daß es für dich leichter ist als für mich. Ich kann dich nur um Verzeihung anflehen.«

Mit Bestürzung nahm ich erneut ein gewisses Unbehagen in seinen Augen wahr.

»Bitte, sprich nicht mehr davon. Ich habe dir einmal beteuert, daß du mein bist und ich der Deine und daß nichts etwas daran ändern kann. So war es, so ist es, und so bleibt es. Auch ich habe nachgedacht.« Er schaute mich ernst an. »Liebe und Loyalität gehören zusammen. Meine Loyalität gilt dir, und wir müssen einen Weg finden, einander treu zu bleiben. Es wird nicht leicht sein, doch wir müssen es versuchen.«

Ich nickte langsam und begann zu begreifen, was mit uns geschah, und ich hoffte aus tiefstem Herzen, daß ich es rechtzeitig verstanden hatte. Er lächelte mir aufmunternd zu, und der Glanz in seinen Augen hatte etwas Beruhigendes.

Da bemerkte ich, daß er ein Buch bei sich trug. Ich nahm die Gelegenheit wahr, das Thema zu wechseln, und fragte: »Was liest du da?«

Auch er schien erleichtert. »Henri hat es aus Bristol mitgebracht. Es ist die Geschichte Englands. Ich dachte, es könne nicht schaden, ein wenig über das Land zu wissen, wenn ich ihm beibringen soll, es zu regieren.«

Nun war es an mir, in Sorge zu sein, daß er fortgehen könnte. »Du willst doch nicht dorthin reisen?«

»Gott bewahre, nein! Das hieße, den Fuchs in den Gänsestall zu setzen! Sie würden es schon als Invasion betrachten, wenn ich nur in Küstennähe gesichtet würde. Ist ja auch verständlich, daß sie mißtrauisch sind, wenn Herzöge der Normandie über den Kanal segeln – nach dem letzten Mal ... Außerdem ist es Henris Land«, fügte er mit einem skeptischen Blick auf das Buch hinzu.

»Wer hat es geschrieben?« fragte ich.

»Ein Waliser, der lustigerweise Geoffrey heißt – fast wie ich.«

»Und was sagt er? Ist es lehrreich?«

Er hob das Buch, wie um seinen Wert einzuschätzen. »Ich werde nicht recht schlau daraus – ich habe noch nie von den Personen darin gehört. Es geht vor allem um einen König namens Artus – Henri ist ganz begeistert von ihm –, und wenn man den Berichten glaubt, war er noch bedeutender als Karl der Große. Er soll halb Europa erobert haben ...«

Das sagte er so aufgebracht, daß ich erleichtert lachte, denn es schien, als wäre die Krise überwunden und als liebte er mich noch immer. »Du Armer! Mußt das alles lernen wie ein Schuljunge. Darf ich es auch lesen?«

Er sah mich erfreut an. »Selbstverständlich. Aber zuerst will ich es zu Ende lesen. Keine Angst, das wird nicht lange dauern bei all der Zeit, die ich neuerdings schmollend im Wald verbringe ...« Er zwinkerte mir verschmitzt zu, und ich stellte fest, daß wir ganz allein im Saal waren.

»Es hat gestern geregnet. Ist dir nicht kalt gewesen, Liebster?«

Er zog mich lächelnd an sich. »Überzeug dich selbst ...«

Erst in der Nacht, bevor er nach Montreuil zurückkehren mußte, hatten wir noch einmal Gelegenheit, uns allein zu sehen. Sybilla hatte sich bei ihrem Ritt durch den Regen einen Husten zugezogen und schlief bei den anderen Hofdamen, um mich nicht zu wecken. Mari erbot sich, nach ihr zu sehen. So hatte ich schließlich ein Zimmer – und ein Bett – für mich allein. Geoffroi hineinzuschmuggeln war nicht leicht, doch es gelang. Aber wir mußten sehr leise sein, da die anderen uns sonst hätten hören können, und es war wohl ein Segen, daß wir diesmal nicht viel zu bereden hatten. Dennoch war eine gewisse Anspannung zwischen uns spürbar, als der Abschied nahte.

Schon vor diesem ungewöhnlichen Gefühlsausbruch war es

mir jedesmal schwerer gefallen, mich von ihm zu trennen. Schließlich wußte ich nie, wann – oder ob – ich ihn wiedersehen würde. Trotz all ihrer köstlichen Süße war die Liebe mit ihm zu einem Akt der Verzweiflung geworden, einer Verzweiflung, die aus den langen Trennungen herrührte und all der Ungewißheit, die damit einherging. Denn wir waren uns durchaus der Gefahr bewußt, die unseren Glücksmomenten innewohnte – je größer die Wonnen unserer gemeinsamen Stunden waren, um so größer würde auch der Schmerz der Trennung sein und um so größer das Risiko, das wir für die folgende Begegnung eingehen würden. Überdies war die heutige Nacht besonders kurz, denn schon vor dem Morgengrauen mußte Geoffroi bei seiner Truppe sein.

In weiser Voraussicht hatte Geoffroi seinen Kettenpanzer und sein Schwert schon mitgebracht, damit ich ihm, wenn es Zeit wurde, beim Anlegen würde helfen können. Und seltsamerweise trug diese banale Verrichtung dazu bei, die Unbefangenheit wiederherzustellen, die wir verloren hatten. Diese Aufgabe erwies sich nämlich als weit schwieriger, als ich sie mir vorgestellt hatte, zumal wir geräuschlos vorgehen mußten.

Im Lichtschein der letzten herabgebrannten Kerzen stand ich hinter ihm wie ein eifriger Page, der sich nützlich machen will. »Ich habe mir immer schon gewünscht, einmal so etwas zu tun!« flüsterte ich, obwohl meine Hilfe seinen Aufbruch nur beschleunigen würde.

Er blickte mich über die Schulter an. »Ach, wirklich? Dann reich mir bitte mein Kettenhemd, Eleonore.«

Ich eilte zur Truhe, wo er es am Abend abgelegt hatte, und versuchte, es mit beiden Händen anzuheben, aber es war nicht zu bewegen, sondern gab nur ein schwaches Klirren von sich. Da ich dachte, es müsse sich irgendwo verhakt haben, unternahm ich einen zweiten Versuch, aber auch dieser war vergebens. Fassungslos starrte ich auf das seltsame Gebilde.

Als ich hinter mir ein verdächtiges – und allzu vertrautes –

Geräusch vernahm, drehte ich mich rasch um und sah, wie Geoffroi sich vor unterdrücktem Lachen geradezu schüttelte. Er trat zu mir, nahm mich in die Arme, küßte mich und flüsterte: »Armer Liebling. Tut mir leid, aber ich konnte es nicht lassen. Das Hemd ist doppelmaschig, deshalb ist es so schwer. König Henry schenkte es mir, als ich zum Ritter geschlagen wurde, und es kostete ihn ein Vermögen. Gewöhnlich halten es zwei starke Knappen hoch, damit ich hineinschlüpfen kann.«

»Du gemeiner Kerl machst dich über mich lustig!« Nun wußte ich wenigstens, warum er das Hemd so ungern trug.

Immer noch lachend, hob er es auf, legte es flach aufs Bett, kniete nieder und wand sich hinein wie eine Schlange. Mir blieb nichts weiter zu tun, als es an den Stellen glattzuziehen, wo es sich in dem gepolsterten Unterhemd verhakt hatte. Mit zerzausten Haaren und einem Grinsen im Gesicht stand er auf, warf seinen Umhang über die Schultern und befestigte sein Schwert am Gürtel. Dann suchte er nach seinem Helm, der einfach nicht zu finden war. Da der Morgen schon dämmerte und er aufbrechen mußte, gaben wir die Suche auf. Ohne ein weiteres Wort küßte er zärtlich meinen Mund und stahl sich davon. Ich fragte mich, wie er – wie überhaupt einer von ihnen – sich in solchen Gebilden bewegen, sich sogar auf ein Pferd setzen und kämpfen konnte.

Kapitel 10

⚜ Nach Abschluss unserer Rekrutierungsreise durch meine Länder kehrten wir nach Paris zurück, das ganz im Fieber des bevorstehenden Ereignisses stand. Aufgrund der von Louis erhobenen Kreuzzugsteuer flossen Gelder in Mengen. Die Händler hatten alle Hände voll zu tun, sie in Weizen, Gerste, Hafer und sonstige Güter einzutauschen, die das Heer zur Verpflegung benötigte. Die Lagerhäuser füllten sich, und die Vorfreude wuchs mit jedem Tag. Louis selbst entwickelte eine erstaunliche Tatkraft, die er dazu nutzte, Fürsten der ganzen Christenheit zu bewegen, sich ihm anzuschließen. Gegen Ende des Jahres konnten er und Bernard de Clairvaux den größten Erfolg verbuchen, als sie Konrad, den Kaiser des Heiligen Römischen Reiches, für ihre Sache gewannen. Es hatte den Anschein, als würde sich halb Europa im folgenden Sommer auf den Weg machen.

Nicht jedoch Geoffroi. Sein Name war auf keiner Liste der Kreuzfahrer zu finden. Ich entsann mich seines nervösen Lachens, als Sybilla ihn in Thouars fragte, was er von all dem halte. »Die päpstlichen Dekrete kommen nicht über meine Grenzen! Ich halte sie mitsamt ihren Gesandten von meinen Ländereien fern. Nein, diese Sache ist etwas für Träumer, wie Vater und den König ...« – er warf Sybilla einen kurzen, bedeutungsvollen Blick zu – »... und, wie es scheint, für Thierry. Nicht aber für mich. Ich habe hier weiß Gott genug zu tun.«

Doch Geoffrois Machtstellung als Herzog der Normandie war Louis und seinen Beratern weiterhin ein Dorn im Auge. Der König konnte sein Reich schlecht für Monate oder Jahre verlassen, wenn die längste Grenze von einer nicht anerkannten Autorität kontrolliert wurde. So sah er sich trotz aller Euphorie genötigt, in dieser Angelegenheit zu einem Entschluß zu kommen.

»Was wollt Ihr deswegen unternehmen, Louis?« fragte ich, als wir eines Morgens die Kapelle verließen. »Ihr könnt es nicht aufschieben. Graf Geoffroi herrscht über die Normandie, ob es Euch gefällt oder nicht. Was nützt es also, ihm die Anerkennung zu verweigern? Ihr werdet ihn nur gegen Euch aufbringen ...«

»Ich habe lediglich abwarten und sehen wollen, was geschieht«, fiel er mir ungeduldig und überdrüssig ins Wort. »Schließlich spielt es keine Rolle, wer die Normandie besitzt – ob Blois oder Anjou –, solange sie nicht auch England besitzen; und die Dinge sind in einem ständigen Auf und Ab, so daß alles geschehen könnte ... Einmal ist Stephen obenauf und dann wieder die verfluchten Angeviner – verzeiht, ich wollte sagen Mathilda.«

»Nun, dann ist es doch sinnlos, Thibault zum Herzog der Normandie zu erklären!«

»O nein, ich weiß, daß Graf Geoffroi sie errungen hat und nicht wird hergeben wollen.«

Wohl kaum, dachte ich bei mir.

Louis blieb seufzend stehen. »Es wäre so viel einfacher, wenn sie alle mit mir nach Jerusalem zögen!«

»Das würde aber das Problem nicht lösen, sondern nur aufschieben, Louis. Ihr müßt Euch entscheiden. Und zwar sofort.«

Und eine Gelegenheit bot sich bald, denn der Papst rief eine heilige Waffenruhe für die Christenheit aus. Alle kriegerischen Handlungen waren fortan untersagt und somit alle Kreuzfahrer und ihre Vasallen vor Angriffen geschützt. Jeder, der ihnen mit Gewalt drohte, wie gerechtfertigt sie auch sein mochte, mußte mit sofortiger Exkommunikation rechnen. Dieser Status erzwungenen Friedens erlaubte es Geoffroi, ungestraft nach Paris zu kommen, und Louis konnte ihn als Herzog der Normandie anerkennen, ohne daß eine der beiden Seiten das Gesicht verlor.

So wurde der Graf von Anjou zum Osterfest 1147 formell eingeladen, um für das Herzogtum den Lehnseid abzulegen. Und zu unserer Überraschung erschien er auch tatsächlich.

Bis dahin aber hatten wir die längste Trennungszeit zu überstehen. Nachdem meine Rekrutierungsreise abgeschlossen war, hatte ich keinen triftigen Grund mehr, Paris zu verlassen. Die ständig zunehmenden Pflichten, die Louis mir überließ – meistens Dinge, die einer raschen und entschlossenen Erledigung bedurften –, fesselten mich an den Hof.

Auch Geoffroi war beschäftigter als sonst. Bald nach seiner Abreise aus Thouars war er nach Rouen zurückgekehrt, um die Zügel seiner Herrschaft wieder in die Hand zu nehmen. Er verbrachte seine Zeit teils dort, teils in Angers, mit gelegentlichen Abstechern nach Le Mans. Seine letzte vorrangige Aufgabe war die Reformierung der Münzprägung gewesen, die nach der Entstehung rivalisierender Münzanstalten während der Kriege zu einem Chaos geführt hatte. Mit Briefen hatten wir die Verbindung zwischen uns aufrechterhalten können. Doch die einzige Gelegenheit zu einem Wiedersehen ergab sich erst im November, fast fünf Monate nach Thouars.

Ich war nach Saint-Denis gereist, um Sugers Rat in einer nebensächlichen Angelegenheit einzuholen. Obwohl ich natürlich genausogut sein Erscheinen bei Hofe hätte verlangen können, hatte ich lieber die Möglichkeit genutzt, von dort fortzukommen. Und um meine Freiheit auf ein bis zwei Wochen auszudehnen, hatte ich wieder einmal den alten Vorwand benutzt, die Klöster in der Umgebung aufsuchen zu wollen. Bald befand ich mich nur noch einen Morgenritt von Senlis entfernt. Da ich wußte, daß Geoffroi in Gisors im Vexin weilte, nahm ich das beträchtliche Risiko auf mich, ihm auf ungewöhnlichem Wege und durch einen noch nicht erprobten Boten eine Nachricht zu übersenden. Ich teilte ihm mit, ich könne höchstens bis Samstag bleiben und bat ihn, wenn eben möglich zu kommen.

Nun, ich wartete bis Sonntagmorgen, obwohl ich schon

längst in Paris erwartet wurde – aber kein Zeichen von Geoffroi. Auch mein Bote war nicht zurückgekehrt. Ich konnte nur mutmaßen, daß er entweder Geoffroi nicht gefunden hatte oder abgefangen worden war. Wie auch immer, mein Brief schien sein Ziel nicht erreicht zu haben. Da ich meine Abreise keine Minute mehr aufschieben konnte, machte ich mich auf den Weg nach Paris. Mir war elend vor Enttäuschung und Angst. Natürlich war mein Schreiben anonym und verschlüsselt gewesen, aber man konnte keinem Boten vollständig vertrauen, auch wenn er nichts von der zu überbringenden Nachricht wußte. Ich rechnete mit dem Schlimmsten und war wütend auf mich, ein so törichtes und großes Risiko eingegangen zu sein, das uns teuer zu stehen kommen konnte.

Wir waren schon eine ganze Weile durch den mir unendlich traurig und düster erscheinenden Herbstwald geritten, als plötzlich eine Gruppe von Reitern aus dem Nebel vor uns auftauchte. Obwohl die Hufe ihrer Pferde die Blätter aufwirbelten, erkannte ich ihren Anführer sofort. Er riß so heftig an den Zügeln, daß sein Pferd sich aufbäumte und sein Umhang aus roter Seide sich blähte. Es war natürlich Geoffroi.

Meine Niedergeschlagenheit war auf der Stelle verflogen. Plötzlich nahm ich die weiche Feuchte des Nebels wahr, sah, wie Sonnenstrahlen ihn an Stellen durchbrachen, und roch den Humus unter den goldenen Blättern. Ich fühlte mich wieder lebendig.

Aber wozu? Es gab nichts, was wir in solcher Gesellschaft hätten tun können, als uns höflich zu begrüßen. Seine Eskorte, die er gewiß in Chantilly hatte entlassen wollen, um allein nach Senlis zu reiten, bildete mit meinem eigenen Gefolge aus Rittern und Hofdamen eine solide Phalanx von Zeugen. Nach fünf Monaten der Trennung mußten wir uns also mit dem Austausch von leeren, höfischen Floskeln begnügen.

Es war schrecklich.

Selbst in Pontoise hatten wir wenigstens Gelegenheit zu einem Wortwechsel unter vier Augen gehabt. Die jetzige Begegnung aber – ohne die Aussicht, uns zu erklären – war einfach unerträglich. Nur unsere Augen konnten sprechen, doch ihre Botschaften waren getrübt durch die hilflose Wut über vereitelte Möglichkeiten. So trennten wir uns schon nach wenigen Augenblicken – wie nach einem zufälligen Wiedersehen der Königin von Frankreich mit ihrem einstigen Seneschall, das sich auf unerklärliche Weise im Hoheitsgebiet ihres Gemahls zugetragen hatte.

Auf dem Weiterritt haderte ich im stillen mit meinem Schicksal, denn der Trost, ihn wiedergesehen zu haben, und die Gewißheit, nicht entdeckt worden zu sein, wurde durch die Hoffnungslosigkeit unserer Lage zunichte gemacht.

Wenige Tage später erhielt ich einen Brief von ihm, in dem er erklärte, was sich zugetragen hatte. Mein Bote war tatsächlich abgefangen und von Banditen im Wald angegriffen worden – und zwar von denselben Söldnern, die Geoffroi vor mehr als einem Jahr zur Eroberung von Arques ausgeschickt und inzwischen längst entlassen hatte.

Die entscheidenden Stellen seines Briefes lauteten:

Dein Bote ... wurde vor Chaumont überfallen, ausgeraubt und, da man ihn für tot hielt, im Wald liegengelassen. Erst nach einem Tag und einer Nacht gelang es ihm, sich in die Stadt zu schleppen. Glücklicherweise wurde er von einem Knappen im Dienste von Hardouin de Saint-Mars aufgegriffen und zu seinem Herrn gebracht. Er hatte Deine Botschaft sorgfältig im Futter seines Stiefels versteckt, wo sie den Überfall heil überstand. Sie gelangte durch den besagten Knappen unversehrt in meine Hände. Ich erhielt sie am Freitagabend und ritt sogleich nach Osten – aber zu spät, wie sich herausstellte. Dein Bote wird gut versorgt und angesichts seiner Pflichterfüllung gebührend entlohnt, während seine Angreifer bereits ihre gerechte Strafe bekommen haben.

Das Geschehene ist unendlich schwer zu ertragen. Die Erinne-

rung daran, Dich so plötzlich im Wald vor mir zu sehen – wie ein fleischgewordener Nebelstreif –, läßt mich nicht mehr los, ebenso wenig wie der Schmerz, bei Dir und doch von Dir getrennt gewesen zu sein. Ich existiere – mehr ist es nicht – bis zu unserem nächsten Beisammensein.

Diese irritierende Anhäufung von verwegenen, aber mißglückten Unternehmungen mußte ich weiter ertragen, bis Geoffroi fünf Monate später nach Louis' formeller, sehr kühler Einladung zu Ostern in Paris einritt.

Trotz der allgemeinen Aufregung am Hofe wegen des bevorstehenden Aufbruches der Kreuzfahrer gab Geoffrois Besuch Anlaß zu viel Neugier und Rätselraten. Alle hatten erwartet, er würde mit großem Gepränge erscheinen, um seinen neuen Status als Herzog zur Schau zu stellen. Doch weit gefehlt: Die einzige Abweichung von seinem üblichen Verhalten war, daß er bewaffnet blieb – selbst während der kurzen Zeremonie.

Es widerstrebte Louis ebensosehr, Geoffrois lang verweigerte Huldigung entgegenzunehmen, wie es Geoffroi widerstrebte, sie ihm darzubieten, was zur Folge hatte, daß die Zeremonie genauso kurz wie frostig verlief. Louis bestieg den Thron im großen Saal. Geoffroi, der erst am Morgen in Paris eingetroffen war, kniete zu seinen Füßen nieder, legte die Hand in die des Königs und sprach die erforderlichen Worte. Louis übergab ihm den symbolischen Klumpen Erde, und Geoffroi war fortan in Louis' und in jedermanns Augen, was er schon seit drei Jahren war – Herzog der Normandie, Graf von Anjou und Maine sowie Herr über die Touraine. Doch Louis wollte diesen Abweichler vom Kreuzzugsgedanken ebensowenig aufhalten, wie dieser zu bleiben begehrte, und so erhob Geoffroi sich sogleich, verneigte sich kurz vor Louis und verließ den Saal.

Ich wohnte diesem eisigen Vorgang unbemerkt bei und mußte an die heimliche erotische Huldigung denken, die Geoffroi mir in Senlis dargeboten hatte. Der Wortlaut war derselbe gewesen, aber mir kam dieser kalte, berechnende Handel blasphemischer vor als unsere damalige Liebeshuldigung. Als Geoffroi die Hände in die meinen gelegt hatte, war es zwar schockierend, aber recht gewesen. Der jetzige Vorgang jedoch schien die Parodie auf ein Gebet zu sein, ein bloßes nüchternes Geschäft, bei dem es weder Vertrauen noch Achtung gab. Und Geoffroi, das wußte ich, fühlte ebenso wie ich, denn als er den Saal verließ, sah ich ihn den Klumpen Erde verächtlich zu Boden schleudern und in einer Wolke ungewohnten Zornes davonschreiten.

Ängstlich fragte ich mich, welche Schwierigkeiten sich da noch anbahnen mochten.

In dem Durcheinander, das in diesen letzten Wochen vor Aufbruch der Kreuzfahrer am Hofe herrschte, war es nicht schwierig, Geoffroi zu treffen. Außer bei den Besprechungen, die den Kreuzzug betrafen, sah ich Louis überhaupt nicht, und glücklicherweise hatte er sich seit seinem Entschluß, das Kreuz zu nehmen, auch nicht mehr meinem Bett genähert. So hielt ich mein Schlafgemach für den sichersten Ort im ganzen Palast, um eine Nacht mit Geoffroi zu verbringen. Er hielt es für unendlich gefährlich, riskierte es aber dennoch.

Dies Beisammensein war äußerst seltsam: Die kurz wiedergefundene Heiterkeit jener letzten Nacht in Thouars war dahin, und es herrschte zwischen uns fast so etwas wie Gewalttätigkeit. Es war, als zweifelten wir plötzlich an all dem, was wir voneinander wußten und wollten. Leidenschaft war nicht länger ein Ziel an sich. Wir liebten uns auf fieberhafte, fast gehetzte Weise, so als sei es das letzte Mal, als wollten wir es rasch hinter uns bringen. Und später lagen wir schweigend und eng umschlungen da. Was hätten wir auch sagen können? Etwa: Ist das alles? Liegt vor uns ein Leben mit heimlichen, flüchtigen Begegnungen, jede gefährlicher und unbefriedigender als die letzte, oder ist dies schon die letzte? Unser Zusammensein war plötzlich so schmerzlich wie das Getrenntsein. All die Vorzeichen von Unbehagen und Trennung, die wir in Thouars wahrgenommen hatten, schienen traurige Wirklichkeit geworden zu sein, und wie um diese noch zu verdeutlichen, wurden wir um Haaresbreite entdeckt.

Das Durcheinander, das ihm geholfen hatte, unbemerkt durch den Palast zu schlüpfen, wurde uns beinahe zum Verhängnis. Denn als ich behutsam meine Tür öffnete, um mich zu vergewissern, ob die Luft rein war, übersah ich im Flur zwei Zisterziensermönche, die in ihren weißen Gewändern vor den gleichfalls weißen Wänden fast unsichtbar waren. Ich hatte die Tür schon weit geöffnet, um Geoffroi hinauszulassen, und mußte ihn sogleich zurück ins Zimmer stoßen, als die beiden vorübergingen und sich offenen Mundes vor ihrer Königin verneigten, die nur mit einem dürftigen Laken über ihrer Nacktheit im Türrahmen stand. Einer von ihnen, das wußte ich, hatte Geoffrois Schatten auf dem Boden vor sich bemerkt. Ich hielt seinem Blick kühn stand, doch das änderte nichts daran, daß er ihn gesehen hatte.

Doch selbst diese drastische Warnung war nicht genug. Kaum allein, zerbrach ich mir schon den Kopf, wie ich es anstellen könnte, daß wir uns beide noch einmal ungestört sahen. Ich sehnte mich verzweifelt nach ihm, war unersättlich und doch so ungehalten und angespannt, wenn wir zusammen waren, daß ich kaum zuhörte, da ich schon mit der Planung unserer nächsten Begegnung beschäftigt war. Es war wie ein Fieber, dieses Bedürfnis, mich in ihm zu verlieren. Als ich zwei Tage später erfuhr, daß er sich anschickte abzureisen, suchte ich im ganzen Palast nach ihm und zog ihn, als ich ihn endlich gefunden hatte, aus dem Korridor in ein staubiges, nicht mehr benutztes Treppenhaus, wo ich ihn auf der Stelle haben wollte.

Entrüstet packte er mich bei den Schultern und schüttelte mich.

»Laß das, Eleonore! Nicht hier – das ist doch Wahnsinn. Hör

sofort auf! Was ist denn, du siehst ganz verstört aus.« Er hielt mich auf Armeslänge von sich, musterte mich und zog mich dann fest an sich. »Oh, Liebste, was hast du? Du bist ja ganz außer dir. Sag mir, was ist ...«

Ich aber fand keine Worte und schmiegte mich nur schluchzend an seine Brust. An die kalte Steinmauer gelehnt, streichelte er mein Haar und versuchte vergebens, mich zu trösten. »O Gott, was tun wir einander nur an?« seufzte er, und der Schmerz in seiner Stimme peinigte mich mehr als alles andere. Wie lange war ich taub gegen diesen Schmerz gewesen und blind gegen die Spuren der Anspannung, die sich in dieses kluge, schöne Gesicht eingegraben hatten? Ich fühlte mich im gleichen Maße elend wie besessen. Was war nur los mit mir? Ich war doch bei ihm, und war das nicht, was ich angestrebt, wonach ich mich gesehnt hatte?

Aber die Risse, die schon in Roiffé zutage getreten waren, hatten sich vertieft; und schließlich war er es, der aussprach, was wir beide erkannt, aber nicht zuzugeben gewagt hatten – nicht einmal vor uns selbst. »Es ist nicht genug, Eleonore, oder? So kann es für uns nicht weitergehen. Nicht ohne die Hoffnung auf etwas mehr.« Und ich begegnete seinem Blick, der nackt war und ohne Illusionen. »Es muß doch am Ende noch etwas mehr geben.«

Aber was könnte es für uns geben? Was?

Ich war der Verzweiflung nahe und schluchzte. »Ich ... ich weiß nicht. Ich halte es nicht aus. Ich liebe dich so ...«

Und ich riß mich von ihm los und floh aus dem Treppenhaus – direkt in die Arme von Louis und Suger.

Der Abt war verblüfft, verneigte sich aber übertrieben höflich, während Louis murmelte: »So eilig! Es gibt wohl noch viel zu tun ...« Dann musterte er mich genauer. »Was habt Ihr? Ihr seht ja aus, als hättet Ihr geweint. Ihr habt geweint, nicht wahr, Eleonore?«

»Natürlich nicht, Louis. Ich habe nur etwas im Auge. Es ist so staubig hier …« Ich wich in die Türöffnung zurück und brachte dabei ein verzerrtes Lächeln zustande. Suger erwiderte es etwas unbehaglich, wobei er an mir vorbei ins Treppenhaus lugte, das, wie er wohl wußte, schon lange nicht mehr benutzt wurde. Ich stand reglos da und versperrte mit dem Rücken die Öffnung, voller Angst, daß Geoffroi in diesem Augenblick erscheinen und alles entdeckt werden würde.

»Nun, an Eurer Stelle würde ich das Auge baden. Ihr scheint ja ganz durcheinander. Was hattet Ihr eigentlich hier zu tun? Ich kann mich an diese Treppe gar nicht erinnern …«

Mit einem unergründlichen Blick legte Suger ihm jedoch die Hand auf die Schulter und drängte ihn, den Weg fortzusetzen, wobei er ihm die Unterbringung der Gefolgsleute des Papstes erläuterte. Ich war augenblicklich vergessen und sah die beiden gleich darauf um eine Ecke verschwinden. Ich eilte in mein Gemach zurück, und bei dem Gedanken an die Gefahr, in die ich uns gebracht hatte, trat mir der Angstschweiß auf die Stirn.

Geoffroi hatte recht gehabt: Es war tatsächlich Wahnsinn gewesen.

So konnte es nicht weitergehen.

An jenem Abend hatten Louis und ich einen fürchterlichen Streit. Er war durch die viele Arbeit, die er bei seinem Übereifer schlecht zu delegieren verstand, am Rande der Erschöpfung, während ich in meiner elenden und unglücklichen Stimmung selbst mit dem Erzengel Gabriel gestritten hätte, wäre er mir erschienen. Der Streit begann mit einer Bagatelle, eskalierte aber rasch, als ich bemerkte, daß Louis kaum zuhörte. Meine Nerven versagten, und ich schrie: »Jesus Maria, nun hört mir doch einmal zu!« Dabei riß ich ihm das Dokument, in dem er eben las, aus der Hand. Er blickte mich erst verblüfft an, aber dann packte auch ihn die Wut, und er wählte diesen Augenblick, um mir zu sagen, daß er Suger und nicht mir die Regierungsgeschäfte in seiner Abwesenheit überlassen würde.

Ich traute meinen Ohren nicht. »Das könnt Ihr mir nicht antun, Louis! Außerdem wünscht es Suger nicht einmal. Und auch Nevers nicht! Ich bin die einzige, die es will, Louis!«

»Ihr bekommt Euren Willen aber nicht! Eine Frau kann Frankreich nicht regieren.«

»Aber ich bin zum Regieren erzogen worden! Übrigens hat Eure Mutter es getan – sie hat sogar ihr königliches Siegel behalten!«

»Das ist etwas anderes. Sie hat Söhne.«

»Weil sie Euren Vater zum Gemahl hatte!« fauchte ich zurück. Er wurde totenbleich, aber das kümmerte mich nicht. »Ich will Regentin sein, Louis. Das seid Ihr mir schuldig.«

»Nein, das werdet Ihr nicht sein. Und außerdem schulde ich Euch gar nichts.«

»Und all die Arbeit, die ich übernommen habe? All die Fürsten, die ich für den Kreuzzug gewonnen habe?«

Er blickte mich verdutzt an. »Ich brauchte die Hilfe! Ich kann nicht alles allein tun!«

»Louis! Ihr habt mich getäuscht. Ihr habt mich glauben lassen, ich trüge Verantwortung.« Alle Anspannung, alle Verzweiflung der letzten Tage kochte plötzlich in mir hoch, und ich zitterte am ganzen Leib vor Zorn, der kaum etwas damit zu tun hatte, ob ich nun Regentin sein würde oder nicht.

»Was Ihr geglaubt habt, ist Eure Sache. Es wird Suger sein oder keiner. Bernard will es so. Außerdem hat der Papst befohlen, daß er das Amt annimmt.«

»Das ist untragbar! Ich lasse es nicht zu, daß man mich einfach so übergeht!«

»Ach, wirklich«, entgegnete er verächtlich. »Was wollt Ihr tun? Mit mir nach Jerusalem ziehen?« Er schien das für einen gelungenen Scherz zu halten, ich jedoch nicht.

»Ja, zum Teufel, das werde ich!«

Und wir starrten uns in dem Schweigen, das folgte, voller Entsetzen an.

KAPITEL 11

⚜ OBWOHL ICH SELBST kaum glauben konnte, was ich da ausgesprochen hatte, wußte ich doch sofort, daß es die einzig mögliche Lösung war. Denn in Abwesenheit Louis' und des halben Hofes hätte ich gewiß den Rest meiner Selbstbeherrschung gegenüber Geoffroi verloren und mit Sicherheit Unheil über uns gebracht, wie es ein paar Stunden zuvor beinahe geschehen wäre. Wenn ich ihm fernbleiben und diesen zwanghaften Wahnsinn beenden wollte, war es wohl die einzige Möglichkeit, bis ans andere Ende der Welt vor ihm zu fliehen. Ich hatte, weiß Gott, zwei Warnungen erhalten, die deutlicher nicht hätten sein können; eine dritte würde es wohl nicht geben. Und obwohl mir der Gedanke, ihn zu verlassen, fast das Herz brach, klammerte ich mich an meinen plötzlichen Entschluß wie ein Ertrinkender an einen Strohhalm.

Aber ach, es war schwer. Entsetzlich schwer. Die ganze Nacht lag ich wach und kämpfte gegen mein Verlangen, in Geoffrois Gemach zu schleichen, ihm von meiner Entscheidung zu erzählen und ihm ein letztes liebevolles Lebewohl zu sagen – als würde dieses letzte Beisammensein alles wiedergutmachen und den Schmerz heilen. Aber ich mußte nur an den Ausdruck in seinen Augen im Treppenhaus zurückdenken – an diese unglückliche Mischung aus Liebe, Loyalität und Verzweiflung –, um mir klarzumachen, daß ich meinen Entschluß nicht rückgängig machen durfte. Selbst in meinem derzeitigen Zustand wußte ich – ein einziges Wort, eine einzige Berührung genügten, um alle guten Vorsätze zunichte zu machen. Und so zwang ich mich zu bleiben, wo ich war. Ich sah mit an, wie die graue Morgendämmerung einem Krebsgeschwür gleich in mein Zimmer kroch, und stellte mir vor, wie ihr stärker werdendes Licht ihn aus Paris und für immer – bliebe ich meinem Entschluß treu – von mir fortführen würde.

Zum ersten Mal in meinem Leben war ich ohne jede Hoffnung.

Zu meinem großen Mißvergnügen stattete Louis mir kurz nach der ersten Gebetsstunde einen seiner seltenen Besuche ab. Amaria, die in etwa wußte, was geschehen war, und mich, so gut sie konnte, zu trösten versuchte, erklärte ihm energisch, ich sei unpäßlich. Zu ihrer Empörung aber trat er trotzdem ein. Er war, wie ich bemerkte, für einen Ausritt gekleidet, wohl nach Saint-Denis, und begann sogleich unbehaglich auf und ab zu gehen.

»Ihr seht schrecklich aus, Eleonore. Was ist los? Bereut Ihr Euren Entschluß bereits?«

»Kein Grund, gehässig zu sein ... Nein, ich begleite Euch, Louis. Nichts wird mich daran hindern. Nichts.«

Er starrte mich unverwandt an. Wenn mein Gesicht nur im entferntesten etwas von meinen Gefühlen verriet, mußte es in der Tat grauenvoll anzusehen sein. »Eure Augen sind ganz rot. Ich sagte Euch doch, Ihr solltet sie baden«, fuhr er fort und schaute aus dem Fenster in den Nieselregen. Dann schien er zu einer Entscheidung gekommen zu sein, was selbst in diesen Tagen eine Seltenheit für ihn war. »Also gut! Wenn Ihr wirklich entschlossen seid, solltet Ihr Euch darum bemühen, ein paar gleichgesinnte Hofdamen um Euch zu scharen. Mit mir könnt Ihr nicht reisen – es ist schließlich eine heilige Pilgerfahrt – und mit den Dienern auch nicht. Also sucht Euch ein paar passende Begleiterinnen.« Er sah mich genauer an und fragte zögernd: »Stimmt etwas nicht, Eleonore?«

Ich versuchte, meine Gedanken zu ordnen, was mir kaum gelang, denn mein Innerstes schrie nur »Geoffroi! Geoffroi!«. »Was sagtet Ihr? O ja, Ihr habt völlig recht, Louis. Das wird nicht schwer sein. Sybilla kommt mit und Florina und verschiedene andere ...« Er murrte ungnädig, da die meisten dieser Damen aus Petrels Umfeld stammten und somit in seinen Augen sofort verdächtig waren. »Ich werde Anstandsdamen haben. Ihr braucht Euch keine Sorgen zu machen.«

Er blickte schuldbewußt drein; ich hatte offensichtlich den wahren Grund erkannt. Doch ich merkte, daß er an diesem Thema nicht weiter interessiert war und sich bereits zum Gehen anschickte. »Ich werde die nächsten beiden Nächte fort sein. Versucht, diese Angelegenheit zu regeln, bis ich zurück bin. Ihr solltet übrigens mehr schlafen. So, wie Ihr ausseht, könnt Ihr nicht nach Jerusalem reiten.«

Seltsamerweise empfand ich durch mein plötzliches Engagement für die Kreuzzüge eine gewisse Erleichterung. Wenn mein Motiv auch unehrenhaft war, so diente es doch dem Zweck, uns vor den Gefahren meiner Torheit zu bewahren – und so hielt ich an meinem Entschluß fest.

Zu meiner Überraschung löste die Nachricht, daß auch ich nach Jerusalem reisen würde, eine letzte Welle von Kreuzzugsgelübden aus. Ich war offensichtlich beliebter, als ich jemals angenommen hatte. Nun blieb mir nichts weiter übrig, als mich in das Vorhaben zu stürzen, und ich tat es mit vollem Einsatz. Die Zeit wurde knapp, und ich fühlte mich für das Wohlergehen meiner Begleiterinnen verantwortlich. Papst Eugenius hatte erklärt, alle Hemmnisse für die Frömmigkeit müßten zurückbleiben – ich kannte das Edikt nahezu auswendig –, und es dürften keine Falken oder Jagdhunde, keine Musikinstrumente oder Mätressen, keine elegante Kleidung oder Teppiche mitgenommen werden. Doch er hatte die Sache wohl nicht zu Ende gedacht. Wenn wir so viele Menschen verköstigen mußten, brauchten wir auch Falken und Hunde, einschließlich Senlis, um Wild zu erlegen. Und es war einfach undenkbar, ein Jahr oder mehr ohne Musik auszukommen.

Trotz meines großen Kummers begann die allgemeine Erregung auch mich anzustecken. Ich tat mein Bestes, um Geoffroi aus meinen Gedanken zu verbannen und mich nur auf das zu konzentrieren, was vor mir lag – die neuen Länder, die neuen Menschen, die Wärme des Orients und der Glanz der christlichen Königreiche ... Ich würde Jerusalem sehen ... und Antiochia, das von Onkel Raymond regiert wurde, den ich seit Vaters Tod nicht mehr gesehen hatte.

Ja, ich würde an nichts anderes denken. Um unser beider willen. Was machte es da, daß ich nicht länger schlafen konnte – es nicht wagte, um nicht von ihm zu träumen. Was machte es da, daß ich keine Freude mehr am Essen oder an der Gesellschaft anderer hatte und so mager wurde, daß meine Kleider lose an mir herabhingen? Ich würde meinen Schmerz durch unermüdliche Beschäftigung abtöten.

Um Louis meinen guten Willen zu zeigen und mich abzulenken, wollte ich unser wichtigstes Ziel mit ihm besprechen. Zu diesem Zweck suchte ich ihn in dem Raum auf, den wir das Kartenzimmer getauft hatten und der eine Wand besaß, auf der eine riesige Weltkarte gemalt war. Jerusalem prangte in ihrer Mitte, und unsere geplante Reiseroute war in Gold eingezeichnet. Louis konnte hier Stunden zubringen, fasziniert von den Nixen und den phantastischen Menschenrassen, die an den Rändern abgebildet waren.

Er blickte leicht verärgert auf, weil ich ihn aus seinen Träumereien gerissen hatte. »Unser Ziel? Was fragt Ihr? Wir wollen natürlich Jerusalem retten. Was gibt es da zu besprechen?«

»Aber wie denn genau?«

»Wie?«

»Ja, wie?«

»Nun ja, wir werden ganz einfach dort sein – und kämpfen!«

»Ja, aber wo?« wollte ich wissen.

»Im Heiligen Land!« Er wurde ungeduldig. Ich ebenso.

»Aber es ist doch ein großes Land mit unterschiedlichen Völkern. Mit richtigen Menschen, Louis – nicht solchen mit Fischschwanz oder ohne Kopf.«

Er deutete triumphierend auf die Zeichnungen am Rand der Karte, um mir zu beweisen, daß ich mich irrte, aber ich ging über seine Geste hinweg. »Und wen genau werden wir bekämpfen?« Bei keiner der vielen Besprechungen war unser Feind wirklich beim Namen genannt oder gesagt worden, was geschehen sollte, wenn wir dort waren.

Louis sah mich an wie ein törichtes Kind und sagte dann langsam und überdeutlich: »Die Un-gläu-bi-gen, Eleonore!«

Oh, Louis, verschone mich ... »Und sie rücken von Edessa aus gegen Jerusalem an?«

»Nun, noch nicht, nicht eigentlich ... Aber sie könnten.«

»Aha.« Ich versuchte es auf anderem Wege. »Wo werden wir wohnen, Louis? Schließlich werden nicht alle, die mitreisen, kämpfen wollen. Wir müssen doch für ihre Sicherheit sorgen. Ziehen wir wirklich nach Edessa?« Die goldene Linie auf der Karte war jenseits von Byzanz auffällig vage. »Wäre Antiochia kein vernünftigerer Stützpunkt? Es ist zwar weit bis Jerusalem, aber immer noch näher als von Edessa aus. Und da Onkel Raymond dort herrscht, ist es ein poitevinischer Hof, und ...«

Wie von Panik ergriffen, blickte Louis auf, griff blindlings nach mehreren Pergamentrollen auf dem Tisch und sagte gereizt: »Seht, Eleonore, ich habe noch zu tun. Wichtiges zu tun ...« Damit eilte er zur Tür hinaus.

Seine Ausflüchte lösten ein tiefes Unbehagen in mir aus, doch ich versuchte, es zu verdrängen. Ich konnte jetzt keine Zweifel gebrauchen.

Ein Ereignis aber, das sich kurz vor unserem Aufbruch abspielte und letztendlich den Ton für unser Unternehmen angab, hätte mir eine Warnung sein sollen. Papst Eugenius war eigens nach Paris gekommen, um das abreisende Heer zu segnen. Man hatte beschlossen, die Messe in der Kirche Sainte-Geneviève zu lesen. Louis, der mit Vorliebe die Rolle des Demütigen spielte, bat darum, am Altar dienen zu dürfen. Er hatte sich zu diesem Zweck den Bart abrasiert, was als Akt tiefster Demut galt, und war in den schlichtesten aller Chorröcke gekleidet. Er sah sehr jung aus und war noch blasser als gewöhnlich.

Leider flößte der Papst nicht jedem solch heilige Scheu ein wie ihm. Eugenius weilte schon seit mehreren Wochen in Paris, und der Reiz des Neuen war schnell verflogen, zumal seine Beherbergung mit enormen Kosten verbunden war und sein Hofstaat an allem etwas auszusetzen hatte. So kam es, daß vor der Messe im Kirchenschiff von Sainte-Geneviève ein Streit zwischen Eugenius' Gefolge und einigen Ordensbrüdern um die Frage des Vortritts entbrannte. Von meinem Standort aus konnte ich deutlich sehen, wie Louis wegen dieser offenkundigen Respektlosigkeit immer aufgeregter wurde. Eugenius, der schwerhörig war, fuhr unbekümmert mit der Messe fort, während die Stimmen immer lauter wurden und einer der päpstlichen Sekretäre einen Ordensbruder mit der Faust stieß, dieser ihn zurückstieß und das Wortgefecht bald in eine Rauferei ausartete. Und das mitten in der Kirche.

Niemand wußte, was dagegen zu tun war, bis Louis ehrfürchtig sein Weihrauchfaß niederlegte, sich vor dem Altar verneigte und fest entschlossen auf die Streithähne zuschritt, die nun mit Fäusten aufeinander einschlugen. »Aufhören!« rief er. »Doch nicht vor Seiner Heiligkeit!« Aber rasiert und schlicht gekleidet, wie er war, blieb Louis unerkannt. »Verschwinde, Milchgesicht!« zischte ein gereizter Ordensbruder und holte zum Schlag aus. Der Hieb landete direkt auf der königlichen Nase. Louis torkelte zurück, während das Blut auf seinen weißen Altarrock tropfte.

»Großer Gott! Er hat den König getroffen!« rief jemand. Und ein anderer antwortete: »Großer Gott, tatsächlich ...« In dem entsetzten Schweigen, das folgte, hörte man Louis »Verdammt noch mal!« rufen und sah seine Bestürzung, vor dem Papst einen Fluch ausgestoßen zu haben.

Armer Louis. Sein Onkel, de Maurienne, fluchte weit heftiger. Er stürzte sich auf die verdatterten Ordensbrüder, packte zwei davon an ihren Kapuzen und stieß sie die Kirchenstufen hinunter. Dem einen versetzte er einen gezielten Fußtritt, der andere rannte um sein Leben. Ich versuchte, Louis zu helfen, das Blut zu stillen, das aus seiner geschwollenen Nase quoll. Doch er stammelte immer wieder: »Warum hat er das getan, Eleonore? Warum hat er das getan?«

»Sprecht lieber nicht. Ich denke, wir sollten etwas Kaltes auf Eure Nase tun und Seine Heiligkeit fortfahren lassen.« Und als ich den widerstrebenden Louis zur Tür führte, teilte sich die verwirrte Menge vor ihm wie das Rote Meer vor Moses.

Am nächsten Tag entließ Louis alle Ordensbrüder von Sainte-Geneviève. Der gute Wille der Kreuzfahrer hatte seine Grenzen, selbst der ihres Anführers. Trotzdem brachen wir, begleitet von den guten Wünschen des Papstes und einer jubelnden Menge, auf den Tag genau drei Jahre nach der Einweihung von Saint-Denis in das ferne Jerusalem auf. Das heilige Banner Karls des Großen flatterte majestätisch im Wind. Ich weinte, und Ritter wie auch Bischöfe warfen mir bewundernde Blicke zu, bewegt von meiner Tapferkeit und Hingabe. Doch ich weinte nicht um das Heilige Land, sondern weil mir nach all den Planungen und Vorbereitungen, nach all der Hektik und Inanspruchnahme bewußt wurde, was ich da eigentlich tat.

Ich hatte versucht, alle Gedanken an Geoffroi auszulöschen, doch nun mußte ich den kaum zu bezwingenden Drang niederkämpfen, auf der Stelle kehrtzumachen und zurückzugaloppieren – weit über Paris hinaus zu den steilen Hängen und goldenen Sandufern der Loire, um einem Mann zu folgen, der alles war, was ich je begehrt hatte. Ich hatte ihn ohne ein Wort, ohne eine Warnung verlassen, aus Furcht vor jeder weiteren Begegnung ... Und was hätte ich sagen können? Adieu? Es gibt kein leereres Wort, wenn es alles ist, was zu sagen bleibt.

Und er füllte mein Herz, meinen Geist so sehr, daß ich kaum einen Gedanken für meine kleine Marie hatte, die vielleicht schon vier Jahre alt wäre, wenn ich sie nächstes Mal wiedersehen würde – falls ich sie überhaupt jemals wiedersähe –, denn wie mein Vater viele Jahre zuvor rechnete ich kaum damit zurückzukehren. Vielleicht hatte ich es nicht verdient. Doch ich sah wieder die von Liebespein gezeichneten Augen meines Geliebten vor mir, und ich wußte, dies war der einzig mögliche Weg, um unseren gesunden Menschenverstand und unsere Liebe zu erhalten – und das, was uns von unserer Ehre geblieben war. So zwang ich meinen Geist, nicht mein Herz, sich auf die uns allen bevorstehende Aufgabe zu konzentrieren.

Zweiter Teil

KAPITEL 12

ICH RITT MIT MEINEM GEFOLGE an der Spitze des Zuges und machte den Weg frei für die Soldaten, die von Louis angeführt wurden. Ihnen wiederum folgte ein schier endloser Troß aus Pilgern, Händlern, Gepäckkarren und Viehherden. So kam es, daß Louis und ich uns von Beginn der Reise an nur selten sahen. Je weiter wir uns von Paris mit all seinen Enttäuschungen und Rückschlägen entfernten, desto heiterer wurde die Stimmung unter meinen poitevinischen Rittern und ihren Damen.

Alle waren voller Stolz, weil sie ihr bequemes Leben zu Ehren Gottes aufgegeben hatten. Sie vertrieben sich die Zeit mit Jagd und Gesang, waren fröhlich und ausgelassen. Mir jedoch erschien alles so, als ob es nicht real sei. Ich ritt zwar mit ihnen, plauderte mit ihnen und beteiligte mich an ihren Unternehmungen, doch die ganze Zeit hatte ich das Gefühl, neben mir zu stehen, mir von außen zuzusehen und zuzuhören. Von der wirklichen Eleonore war ich gleichsam getrennt. Sie war ganz woanders, viele Meilen entfernt, mal in Senlis, mal in Roiffé, und manchmal ritt sie an den Ufern der Loire entlang – auf der Suche nach dem Herrn über diesen stattlichen Fluß ...

Doch mit den Wochen begann ich allmählich, mich voll und ganz auf die Gegenwart einzulassen. Je schwieriger eine Rückkehr wurde, desto mehr fiel die Anspannung von mir ab.

Der Anführer meines Gefolges war Geoffroi de Rançon, den ich seit meiner Hochzeitsreise, die nun schon zehn Jahre zurücklag, nicht mehr gesehen hatte. Der damals erst Fünfzehnjährige war so reif und erwachsen erschienen, daß ich nun baß erstaunt war, einen nicht einmal dreißig Jahre alten Mann vor mir zu haben. Als er kurz vor unserer Abreise bei Hofe eingetroffen war, hatte er mich mit großen Augen angesehen, und in den folgenden Wochen erkannte ich, daß er mehr als nur freundschaftliche Gefühle für mich hegte. In meinem aufgewühlten Zustand unterdrückten Verlangens versuchte ich mir immer wieder einzureden, daß dies im Grunde doch recht erbaulich sei. Sybilla erklärte ich, dies würde unserer Reise eine gewisse Würze geben. Doch von einer solchen Gefühllosigkeit konnte ich mich nicht einmal selbst überzeugen, und so tat ich, als bemerkte ich nicht, daß er mehr für mich empfand, als es sich für einen treuergebenen Vasallen ziemte.

Trotz unserer großen Zahl kamen wir bei dem guten Wetter zügig voran und überquerten nach etwas mehr als zwei Wochen bereits den Rhein. Zurück ließen wir einen Haufen Räuber, die es auf unsere Vorräte abgesehen hatten, und verärgerte deutsche Händler, die uns mit geballten Fäusten unverständliche Drohungen nachriefen. Unser Heer, das zum größten Teil aus einfachen Leuten bestand, hatte schon gelernt, seine Rechte als Wallfahrer durchzusetzen, und verhandelte energisch, wenn es ans Bezahlen der völlig überteuerten Waren ging ...

Jeder Tag der Reise war anders und doch gleich. Während die Wochen wie hinter einem Schleier verstrichen, fiel die Erstarrung, die mich bis dahin schützend umhüllt hatte, allmählich von mir ab. Ich begann, die dumpfe Routine der einfachen Mahlzeiten und unbequemen Unterkünfte zu begrüßen, da sie mich ablenkte. Und je mehr ich mich für die alltäglichen Belange interessierte, desto ferner und unwirklicher schien mir Paris.

Täler wurden zu Hügeln und Hügel zu Bergen. Als wir schließlich die unbewohnten Ebenen Ungarns erreichten, merkte ich, daß ich von der ständigen Herausforderung, gesund und munter zu bleiben, um meinem Gefolge Mut zu machen, ganz in Anspruch genommen war.

Ende August waren wir im Balkan und bekamen alsbald zu spüren, daß wir dem undisziplinierten Heer des deutschen Kaisers folgten. Unsere Vorräte gingen zur Neige, und unsere Bemühungen, für Nachschub zu sorgen, waren nicht eben von Erfolg gekrönt. Die wenigen Händler, die überhaupt mit uns verhandelten, gaben vor, sie hätten nichts mehr zu verkaufen. Unser Hunger war so groß wie unser Argwohn – jeder dachte nur noch ans Essen –, und genau das weckte meine Lebensgeister.

Ich bat Geoffroi de Rançon um eine Unterredung.

»Geoffroi, was unternimmt Louis in dieser Angelegenheit? Wenn wir haushalten, haben wir noch Mehl für zwei Wochen. Wein ist überhaupt keiner mehr da, und die Hälfte der Pferde bekommt seit Tagen nur wenig Hafer.«

Er sah mich mit großen Augen an. »Ich weiß, Madame. Die Vorhut des Königs hat jeden Abend eine andere Erklärung dafür, warum sie mit leeren Händen zurückkehrt. Diese Männer scheinen den Bauern zu glauben, die behaupten, sie hätten nichts ... Doch ich finde, sie sehen alle recht wohlgenährt aus.«

»Wir sollten ein paar eigene Kundschafter ausschicken, denke ich. Aber nicht solche wie die des Königs, hört Ihr, Rançon. Nein, ich habe folgenden Plan ...«

Während einer Rast am folgenden Tag spürte Rançon vier der schäbigsten und verwahrlostesten Gesellen des Pilgerheeres auf. Er ließ sie auf der anderen Seite des Flusses zurück, an dem wir haltgemacht hatten. »Nun, ich denke, Madame, ich habe gefunden, wonach Ihr sucht. Drei von ihnen kommen aus Bordeaux, der vierte aus Marseille.« Als er zu ihnen hinübersah, meinte er kopfschüttelnd: »Wirklich schreckliche Zeitgenossen.«

»Was haben sie gemacht, bevor sie sich uns anschlossen?« wollte ich wissen und warf ebenfalls einen Blick auf sie.

»Zwei fuhren zur See, die beiden anderen ... nicht«, zierte er sich.

»Kommt, Rançon, Ihr könnt es mir ruhig sagen!«

»Nein, wirklich nicht.«

»Doch, Ihr könnt!«

»Ich kann es nicht.«

»Ich bestehe darauf!«

Er holte tief Luft. »Nun gut, Ihr habt es so gewollt, Madame. Der eine war Kuppler in einem der größten Bordelle von Bordeaux und der andere ein Söldner, bis er sich bei einer Messerstecherei die rechte Hand schwer verletzte.«

Er hielt den Söldner für den Schlimmeren von beiden. Doch ich war hoch erfreut. »Ausgezeichnet! Genau das, was wir brauchen. Gut gemacht, Rançon. Die wird keiner so leicht hinters Licht führen!«

Mit den Füßen scharrend, standen die vier nachlässig da und beäugten uns genauso mißtrauisch, wie wir vor ihnen auf der Hut waren, denn es waren wirklich abscheuliche Gesellen. Einer, vermutlich der Kuppler, pulte mit einem Dolch in seinen Zähnen und hatte sich augenscheinlich in seinem ganzen Leben noch nie gewaschen. Die anderen unterhielten sich und riskierten dabei hin und wieder ein paar verschlagene Blicke in unsere Richtung. Der größte unter ihnen aber, den ich für den Söldner hielt, da er ein verschlissenes ledernes Panzerhemd mit verrosteten Eisenbändern trug, besaß noch einen Rest von militärischer Haltung. Ich befahl Rançon, ihn mir vorzustellen.

»Ihr beliebt zu scherzen, Madame!«

»Nein, keineswegs. Geht und bringt ihn auf der Stelle her!«

Er warf mir einen flehenden Blick zu, doch dann winkte er mit einer knappen Geste den erstaunten Grobian herbei, der durch das seichte Wasser des Flusses zu uns hinüberwatete.

»Euer Gnaden, das ist Gilles de Meynac. Auf die Knie, Mann!« herrschte er den Söldner an und stieß ihn grob in die Seite.

»Nein, erheb dich, Gilles.«

Der Mann sah Rançon prüfend von der Seite an, gerade so, als wolle er Maß nehmen, und erhob sich langsam. Seine Unterlippe war vernarbt, und flüchtig konnte ich einen Blick auf seine versehrte Hand werfen, an der zwei Finger fehlten – und ich roch den widerlichen Gestank, der von ihm ausging. Nun, selbst die Ritter verströmten in jenen Tagen keinen Wohlgeruch. Ich holte tief Luft und machte mich daran, ihn zu umgarnen.

»Gilles, hat mein Vasall, Sire de Rançon, dir und deinen ... Gefährten schon gesagt, was ihr tun sollt? Sprich frei heraus.«

Er sah mich zum ersten Mal direkt an und räusperte sich, bevor er antwortete. Überraschenderweise klang seine Stimme vertrauensvoll. »Ja, das hat er, Mada ... Euer Gnaden. Wir sollen Euch ... einiges besorgen.«

»So ist es. Wir benötigen Vorräte für das Heer, und ihr vier verfügt über Mittel, sie zu besorgen. Die Männer Seiner Gnaden des Königs sind gute Ritter, doch ihre ... Talente unterscheiden sich von euren.«

Er grinste und rieb sich geschmeichelt die Nase. Er war nicht dumm und wurde nun immer selbstsicherer. »Ihr braucht nichts weiter zu sagen, Madame.« Rançon versetzte ihm einen Tritt. »Verzeihung ..., Euer Gnaden. Ich weiß genau, was Ihr meint. Darauf verstehen sich meine Gefährten und ich am besten. Seht, es besteht kein Grund, warum Ihr ...« – womit er sich einen weiteren Tritt einhandelte –, »... warum Euer Gnaden die Reise hungrig fortsetzen sollte. In diesen Hügeln gibt es reichlich zu essen, und wir werden es Euch holen – und dem König gegenüber kein Wort darüber verlieren, nicht wahr?«

Ich spürte, Rançon war kurz davor zu explodieren, und so warf ich ihm einen mahnenden Blick zu. Immerhin, genau so einen Mann hatten wir gesucht. »So ist es, Gilles. Nun, ich überlasse das ... hm Vorgehen gänzlich dir und deinen Gefährten, doch bitte bedenkt, aus welchem Grund wir unterwegs sind.«

Einen Augenblick lang wirkte er ratlos, doch dann bekreuzigte er sich rasch mit seiner versehrten Hand. »Ja, Ma ... Euer Gnaden.«

Ich holte noch einmal tief Luft und reichte ihm meine Hand zum Kuß. Er ging leichtfüßig in die Knie, und sein schmieriger Bart streifte meinen Handschuh. »Du darfst gehen, und berichte später Sire de Rançon, was ihr erreicht habt. Ich wünsche dir viel Glück, Gilles.«

Rançon gab Gilles etwas Gold; dieser entfernte sich und ging zu seinen Gefährten zurück, die ihn auf der anderen Seite des Flusses erwarteten. Sie hatten das ganze Schauspiel gaffend verfolgt, und ich hätte schwören können, ihn murmeln zu hören: »... ich gefalle ihr ...«, als die vier sich davonmachten.

Im folgenden Monat hatten wir stets gut zu essen.

Ich ritt meist in Gesellschaft von Sybilla, die mir – trotz ihrer für mich schmerzlichen Ähnlichkeit mit Geoffroi – schon sehr ans Herz gewachsen war. Von allen, die mich zu meinem Entschluß beglückwünscht hatten, am Kreuzzug teilzunehmen, hatte sie mir am herzlichsten gratuliert, und inzwischen war sie meine engste Vertraute. Ihrer ständigen Gegenwart und ihrem regen Interesse an allem Neuen verdankte ich es, daß ich aus meiner Traurigkeit gerissen wurde und allmählich wieder auflebte. Bis wir byzantinisches Gebiet erreicht hatten, standen wir uns so nahe, daß ich mich manchmal in meine Kindheit in Bordeaux zurückversetzt fühlte, wenn ich mit Petronilla plauderte.

Manchmal vergaß ich über Tage hinweg, daß es Louis überhaupt gab, denn wir reisten nicht nur getrennt, sondern blieben auch im Lager getrennt voneinander. Eingedenk der Tatsache, daß jeder Schritt seines Pferdes ihn der Heiligen Stadt näher brachte, hatte er sich mit gottesfürchtigen, im Zölibat lebenden Männern umgeben, die dafür Sorge trugen, daß seine Gedanken einzig und allein um geistliche Belange kreisten. Einige von ihnen teilten sogar den Prunk des königlichen Zeltes mit ihm.

Unter ihnen war ein abscheulicher Tempelritter namens

Thierry Galeran, ein unangenehmer Zeitgenosse, dessen Einfluß im Laufe der Reise beständig zunahm. Er war, als wir Paris verließen, noch ein völlig Unbekannter und buchstäblich aus dem Nichts aufgetaucht. Im Lager kursierten merkwürdige Gerüchte über seine Herkunft – vor allem über seine Person. Ich erkundigte mich bei Sybilla, was sie von ihm wisse.

»Auch nicht mehr als die anderen, Eleonore. Ihr kennt ja die Templer – sie geben sich gern geheimnisvoll. Es heißt, er sei ein Finanzgenie.«

»Das nahm ich an, als ich hörte, daß Louis ihm die Verwaltung der Reisekasse übertrug, doch da ist noch etwas anderes ... Diese Geschichten, Sybilla – ich weiß, im Orden herrscht das Zölibat, aber stimmt es, daß er, ähm ...«

»Ein Läufer ist, dem die Kugeln fehlen? Ja, das ist mir auch zu Ohren gekommen ...«

Sie sah mich mit ihren saphirblauen Augen an, und wir kicherten wie junge Mädchen. »Ein Eunuch und auch noch stolz darauf? Oh, Sybilla!« Erst in jenem Augenblick entdeckte ich Galerans dunkelbärtiges Gesicht nur eine Pferdelänge von uns entfernt, in der Hand eine Nachricht von Louis für mich. Warnend berührte ich Sybillas Arm, und sogleich fingen wir uns wieder, schämten uns jedoch wegen unserer schlechten Manieren – oder vielmehr dafür, dabei ertappt worden zu sein.

Nach dieser unglückseligen Begegnung wuchs Galerans unverhohlene Abneigung mir gegenüber im gleichen Maße wie seine Freundschaft zum König. Seine Aufgabe als Ratgeber in finanziellen Dingen rechtfertigte, daß er häufig in Louis' Nähe weilte, doch rasch wurde er zu einer Art von persönlichem Leibwächter in der ohnehin schon recht beträchtlichen Zahl von Louis' Beschützern. Er schlief vor dem Eingang des königlichen Zeltes – offiziell, um dafür zu sorgen, daß niemand dem König ein Leid zufügte, in meinen Augen aber eher, um mich und damit die Gegenwart einer verderbten Weibsperson von ihm fernzuhalten. Er war sozusagen Louis' Keuschheitsgürtel in Menschengestalt. Es war eine Ironie des Schicksals, daß er mir damit einen großen Gefallen tat, denn auch ich wollte für die Dauer dieses langen Abenteuers Keuschheit üben. Nur die Erinnerung an Geoffrois Berührungen, die ich zuletzt auf meinem Körper gespürt hatte, sollte mich begleiten.

Der Balkan mit seiner sengenden Hitze und seinem grellen Sonnenlicht machte unsere Durchreise weit anstrengender als erwartet. Je näher wir dem Bosporus kamen, desto seltener begegnete uns eine Menschenseele. Nur eine Handvoll Leute, offensichtlich Gauner, erklärte sich überhaupt bereit, uns etwas zu verkaufen. Städte schlossen sich wie Muscheln, sobald unsere Vorhut gesichtet wurde – als wären wir ein Heer von Fabelwesen, deren bloßer Anblick todbringend war.

Die Gespräche im Lager kreisten jetzt weniger darum, die Pilgerwege offenzuhalten, als vielmehr darum, möglichst viele Fremde zu töten.

Unser Unbehagen wuchs, als wir Adrianopel erreichten und die Sendboten des Kaisers uns in ihrer diskreten, aber höflichen Art beschworen, einen Bogen um Konstantinopel zu machen. Da aber die legendäre Pracht der reichsten Stadt der Welt in den letzten Wochen unser einziger Ansporn gewesen war, weigerten wir uns, diesen Rat zu befolgen. So erreichten wir schließlich am ersten Sonntag im Oktober – rund fünf Monate nach unserem Aufbruch in Paris – die tiefe Ehrfurcht einflößenden Stadtmauern Konstantinopels.

»Herr im Himmel!« flüsterte Rançon, der wie viele andere mit offenem Munde und großen Augen auf die Befestigungsmauern dieser Stadt starrte, die sich in der flirrenden Hitze vor uns erhoben. »Man sieht nicht einmal, wo sie aufhören! Sie scheinen schier endlos.«

Auch ich hatte noch nie zuvor etwas Derartiges gesehen. Schon aus der Ferne wirkten sie höher und mächtiger als alle anderen Befestigungswälle, die wir auf unserer Reise durch Europa erblickt hatten. In strahlendem Weiß und mit rötlichbraunem Sandstein durchzogen, erstreckten sie sich über vierzehn Meilen am Horizont entlang.

»Die würden sogar den Posaunen des Jüngsten Gerichtes standhalten«, murmelte ich tief beeindruckt.

Eine ehrfürchtige Stille hatte das Heer ergriffen. Hunderttausend Menschen standen vor diesen Mauern, doch das einzige Geräusch, das man hörte, war das Raunen des Windes, der den Staub zu unseren Füßen aufwirbelte und uns ins Gesicht blies. Jeder, vom König bis zum Koch, war in diesem Moment überwältigt. Schweigend setzten wir unseren Weg fort, die Augen auf die gewaltigen Stadttore gerichtet.

Über die hohen Mauern hinweg konnte man bereits die Giebel gewaltiger Gebäude und schlanker Türme ausmachen. Sie alle wurden am Horizont von einer riesigen Steinmauer überragt, die sich einen Hügel hinaufschlängelte und eine Fläche umschloß, die selbst wiederum beinahe die Größe einer Kleinstadt hatte. Das gesamte Heer hatte nur Augen für diesen Anblick, während wir uns – in ungewohnter und die gesamte Gruppe einender ehrfürchtiger Verfassung – den riesigen Toren der Stadt näherten und Einlaß begehrten.

Zu unserem Erstaunen wurden sie uns jedoch buchstäblich vor der Nase zugeschlagen. Die Wachen sahen gleichgültig zu uns herab und ließen sich weder durch inständiges Bitten noch durch unsere Drohungen beirren. Angesichts dieser unerwarteten Abfuhr blieb uns nichts anderes übrig, als aufgebracht über unser weiteres Vorgehen zu beraten. Es war unfaßbar. Nachdem wir monatelang unterwegs gewesen waren, monatelang Hitze, Beschwerlichkeiten, Krankheit und Verluste auf uns genommen hatten, wurden wir nun von unseren byzantinischen Verbündeten ausgesperrt, jenen Menschen, denen wir zu Hilfe geeilt waren.

Boten wurden entsandt und eiligst Unterredungen anberaumt. Und während wir wütend und verwirrt zurückblieben, hatten wir genügend Zeit, um über die Gründe für dieses rätselhafte Verhalten zu grübeln.

Mochte die Stadt im Innern auch noch so prächtig sein, ihr Umland war erschreckend verwahrlost. Die Ebene, die sie umgab, glich einer Wüste, und so weit das Auge reichte, säumte Unrat den Weg. Die Armee Kaiser Konrads, von der ich in den folgenden Tagen noch öfter hören sollte, war vor uns hier gewesen und hatte sich derart brutal aufgeführt, daß die Byzantiner nicht mehr gewillt waren, eine weitere Invasion christlicher Verbündeter hinzunehmen. Sogar der Kaiser Konrad zugewiesene Palast war nun kahl bis auf die Mauern. Alles, sogar die Marmorbecken, war herausgerissen und fortgeschleppt worden. Doch kaum hatten Konrads Mannen die Stadttore passiert, hatten sie die Dinge, die sie unterwegs nicht gebrauchen konnten, achtlos weggeworfen.

Dieses barbarische Verhalten der Deutschen war nicht nur durch die offensichtliche Andersartigkeit ihrer Gastgeber hervorgerufen worden, sondern ebenso durch Berichte über den angeblichen Verrat des byzantinischen Kaisers Manuel. Bald kursierten im Lager die wildesten Gerüchte, und so hielt ich es für das beste, Louis aufzusuchen und die Wahrheit in Erfahrung zu bringen. In Begleitung de Rançons und des Barons von Thouars, der übrigens mit Vornamen ebenfalls Geoffroi hieß – mir schien in meiner Einsamkeit keine Pein erspart zu bleiben –, machte ich mich auf den Weg zu Louis. Es war das erste Mal in zwei Wochen.

Louis saß auf einem Schemel in der stickigen Luft seines Zeltes und war in ein Gespräch mit Odo vertieft, seinem Kaplan und Sekretär. Dieser war ein weiterer königlicher Wachhund, den wir hinter seinem Rücken Odius den Widerwärtigen nannten. Der Mönch stammte aus Sugers Kloster Saint-Denis, doch hatte er mit diesem etwa soviel gemein wie Louis mit Gilles de Meynac. Er stand bei Louis, seine Tonsur war mit Pusteln übersät und von der morgenländischen Sonne verbrannt. Offensichtlich bemühte er sich gerade, den König wegen einiger verbrecherischer Vergehen im Heer der Kreuzfahrer zu beruhigen. Doch Louis schien nicht überzeugt und kratzte sich zweifelnd seinen Bart, den er sich auf der Reise hatte wachsen lassen.

»Diese Männer begehen Verbrechen im Namen Gottes, Odo. Unter Androhung von roher Gewalt versuchen sie, den Leuten Vorräte abzutrotzen! Man muß sie bestrafen und an ihrem Anführer ein Exempel statuieren.«

Oh, du meine Güte! Mich beschlich das dumpfe Gefühl, daß ich nur zu gut wußte, von wem hier die Rede war.

»In der Tat, Euer Gnaden, die moralisch Schwachen und Hilflosen werden für ihre Gefährten stets eine Last sein und ein gefundenes Fressen für die Feinde Gottes«, meinte Odo salbungsvoll, der jede Minute dieser Unterredung genoß. Die Versorgung des Heeres oblag größtenteils ihm, und so waren ihm Gilles unbestreitbare Erfolge ein Dorn im Auge gewesen. Der pure Zufall hatte mich zur rechten Zeit hierher geführt.

»Ja«, pflichtete Louis ihm bei, und seine Stimme wurde lauter, als er nun auf ein für ihn unlösbar scheinendes Problem zu sprechen kam: »Aber wie kann ein Kreuzfahrer ein moralisch schwacher Mensch sein? Das ist ein Widerspruch in sich, Odo! Das werden die Byzantiner doch einsehen, oder? Sie können schließlich nicht uns wegen dieser schrecklichen Menschen den Einlaß verwehren, erst recht dann nicht, wenn uns der Kaiser tatsächlich hintergangen hat.«

Louis sah mich am Eingang des Zeltes stehen und sprang auf. Er schien völlig überrascht zu sein, mich hier zu sehen. Mit fahrigen Gesten entließ er seine Männer und meine Begleiter und bat mich, Platz zu nehmen. Wir saßen in der nachmittäglichen Hitze da und tauschten wie zwei Fremde Höflichkeiten aus, bis ich schließlich die Geduld verlor.

»Louis, was um Himmels willen ist in den Kaiser gefahren, und warum sitzen wir hier und warten wie demütige Bittsteller?

Sie sollten uns willkommen heißen! Schließlich sind wir hier, um ihnen zu helfen!«

»Es ist, ähm, ziemlich kompliziert.« Er erschlug eine Mücke, die sich auf seinem Nacken niedergelassen hatte. Alles, was beißen konnte, fühlte sich unwiderstehlich von seinem härenen Hemd angezogen. Das geschah ihm ganz recht.

»Louis, bitte!«

»Nun, zum einen heißt es, Kaiser Manuel Komnenos habe ein Abkommen mit den Türken geschlossen.«

»Aber wie ist das möglich? Wir sind quer durch Europa gereist, um gegen die Türken zu kämpfen!«

»Ich weiß nicht, wie ich mich in dieser Angelegenheit verhalten soll ...«

»Das beste ist sicher, erst einmal mit Manuel zu reden und herauszufinden, ob es wahr ist. Wolltet Ihr mir nicht noch etwas sagen?«

»Ach, ja. Es gibt etwas, was ich überhaupt nicht verstehe, Eleonore. Kaiser Manuels Bote sagte mir, man könne uns nicht in die Stadt lassen, weil sie die Altäre noch nicht gereinigt hätten. Was kann er damit gemeint haben? Glaubt Ihr, es könnte sich um einen Übersetzungsfehler handeln?«

»Das scheint mir sehr wahrscheinlich, Louis.« Altäre waren eine Sache, aber die Vorräte der Truppen gingen zur Neige, und dank Konrad und seiner Armee gab es meilenweit im Umkreis nichts Eßbares zu holen. »Doch wenn man uns noch länger warten läßt, müssen wir für Nachschub sorgen. Wer waren die Männer, über die Ihr mit Odo gesprochen habt?«

»Oh, belastet Euch nicht mit diesen Dingen! Es geht um ein paar rauhe Gesellen – ich kann mir überhaupt nicht vorstellen, was sie bei unserer Sache verloren haben.« Er sah mich durchdringend an. »Es sind übrigens Landsleute von Euch.«

Ich überhörte diesen Seitenhieb. »Nun, wenn das so ist, dann solltet Ihr mich vielleicht doch mit dieser Angelegenheit betrauen. Heißt einer von ihnen zufällig Gilles?«

Er sah mich verwundert an. »Ja, ich glaube schon. Woher kennt Ihr seinen Namen?«

»Oh, im Lager hört man so allerlei, Louis.«

»Er und seine Kumpane werden mehrerer schwerer Verbrechen beschuldigt, Eleonore. Sie haben einen Händler ermordet und müssen dafür nun büßen. So etwas dürfen wir nicht durchgehen lassen!«

Einen Händler? Wahrscheinlich wohl eher einen Dieb, dachte ich bei mir. »Da stimme ich vollkommen mit Euch überein; also laßt mich das machen. Wie Ihr schon sagtet, sind es schließlich meine Untertanen.«

An dieser Stelle unseres Gespräches wurden wir durch die Ankunft eines byzantinischen Gesandten unterbrochen. »Nun gut, dann kümmert Euch um diese Angelegenheit, wenn Euch der Sinn nach ein paar üblen Gesellen steht«, meinte Louis zerstreut und nahm die Verhandlungen mit dem Unterhändler auf.

Ich wies Louis' Wache an, Gilles zu holen, und kehrte in mein Zelt zurück.

Sie brachten Gilles in Ketten zu mir. Er schien geschlagen worden zu sein, doch er wirkte nicht wie ein gebrochener Mann. Ja, er zwinkerte mir sogar verstohlen zu, als ich den Wachen befahl, sich außer Hörweite zu begeben. »Mir ist zu Ohren gekommen, daß du bei deinem Auftrag zu weit gegangen bist, Gilles.«

»Verzeiht, Madame, nein. Es ist weitaus schlimmer.«

»Wie?«

»Man hat mich auch noch auf frischer Tat ertappt.«

Ich hatte alle Mühe, ein Lächeln zu unterdrücken. »Nun, jedenfalls standest du in meinen Diensten, und so kann ich nicht zulassen, daß dich jemand anderer bestraft. Der König will dich tot sehen.«

»Dachte mir schon so was. Das sieht ihm ähnlich, oder?«

»Ja ... ähm, nein, Gilles. Er ist damit einverstanden, daß ich entscheide, was mit dir geschehen soll. Schließlich bist du ein Landsmann.«

Plötzlich grinste er und meinte mit lüsternem Blick: »Oh, und ich dachte schon, er wollte einen seiner Eunuchen auf mich hetzen. Stimmt es übrigens, daß Galeran ein ... – Ihr wißt schon – ist?«

»Schluß damit, Gilles! Hör mir zu. Ich verhänge folgende Strafe: Es sei dir verboten, mit nach Jerusalem zu reisen. Stattdessen machst du dich unverzüglich auf den Heimweg nach Bordeaux.«

Er wirkte hocherfreut, und das konnte er auch sein – Tausende hatten bereits daran gedacht, umzukehren, und Tag für Tag machten sich nicht wenige davon. »Madame!«

Ich gebot ihm zu schweigen. »Du solltest allerdings versuchen, dich auf der Heimreise vor weiteren Schandtaten zu hüten. Und darüber hinaus mußt du versprechen, etwas für mich zu tun.«

»Ich verspreche, ich werde es tun!«

»Aber du weißt doch noch gar nicht, um was es sich handelt.« Er riß sich am Riemen. »Du wirst nach Burgund reisen, zum Schloß einer gewissen Dame, und dort etwas abgeben, das mir gehört. Ich werde dir einen Brief für sie mitgeben, in dem ich sie bitte, dich für deine Dienste in Gold zu entlohnen – auf diese Weise kann ich sicher sein, daß du den Auftrag auch wirklich erledigst, Gilles.«

»Madame!« Er klang ehrlich gekränkt.

»Du wirst für deine Auslagen natürlich auch etwas Geld im voraus erhalten. Komm in zwei Stunden wieder her, dann werden wir alles weitere regeln.«

Ich rief die Wache und befahl, Gilles von seinen Fesseln zu befreien. Er verneigte sich dankbar, wobei er sich die blutigen Handgelenke rieb, und verschwand im Gewühl des Lagers.

Gilles sollte Senlis zu Petronilla bringen. Bei meiner Flucht aus Paris hatte ich beschlossen, Geoffroi zu vergessen, das

Unterpfand seiner Liebe aber hatte ich mit auf meine Reise genommen: so groß war meine innere Zerrissenheit gewesen. Nun war ich stark genug, zu erkennen, daß sie zurück mußte, und ein sonderbarer Zufall hatte mir einen geeigneten Kurier beschert. Wenn jemand sie heil nach Hause bringen konnte, dann war es Gilles. Denn er war nicht nur unglaublich erfinderisch, sondern er würde sie auch mit seinem Leben schützen, weil er wußte, daß Gold auf ihn wartete. Senlis zurückzuschicken und auf den Trost zu verzichten, den sie mir spendete – das würde nicht leicht sein. Doch es fiel mir schon schwer genug, meine Sehnsucht nach Geoffroi zu beherrschen, ohne durch ihre Anwesenheit ständig an ihn erinnert zu werden. Und außerdem, wenn die Vorräte noch knapper werden sollten, war sie zu Hause besser aufgehoben.

Als Gilles zur verabredeten Zeit gewaschen wieder erschien, wirkte er auf seltsame Weise imposant. Ich händigte ihm einen Brief für Petronilla, etwas Geld für die Reise und meine wunderschöne Senlis mitsamt einer kräftigen Leine aus. Verblüfft meinte er: »Aber – das ist ja ein Hund!«

»Gut beobachtet, Gilles.«

Er sah mich verlegen an. »Aber was, wenn der Hund auf der Reise stirbt?« Seine länglichen grauen Augen wurden noch schmaler, als er sich über das Tier beugte. »Das ist ein Windhund, nicht wahr? Die sollen ja ziemlich launisch sein.«

»Kümmere dich gut um sie. Gib ihr regelmäßig zu fressen – und komm ja nicht auf die Idee, bei ihren Mahlzeiten zu knausern! Du wirst mit viel Gold für deine Mühen und Ausgaben entlohnt werden. Und denk daran, Gilles – die Dame, der du das Tier überbringen sollst, kennt Senlis gut und würde es sofort merken, wenn du versuchen solltest, ihr einen anderen Jagdhund unterzuschieben.«

Er sah mich schuldbewußt an – offensichtlich hatte er schon an so etwas gedacht.

»Seid unbesorgt, Madame! Wenn es Euer Hund, Verzeihung, Euer Jagdhund ist, werde ich besonders gut auf ihn achtgeben. Wohl ein Geschenk von jemand ganz Besonderem, was?«

Ich erschrak und merkte, wie ich errötete. Ein diebisches Grinsen umspielte seine Lippen. »Nun, wie ich schon sagte, ich werde mich um das Tier kümmern und« – ich fürchte, an dieser Stelle zwinkerte er mir sogar zu – »natürlich dem König ... oder den heiligen Eunuchen gegenüber kein Wort darüber verlieren. Diesen Dienst bin ich Euch schuldig, Madame«, fuhr er sogleich fort. »Ich, ähm, schwöre es.«

Ich gab mich geschlagen und bot ihm meine Hand. Selbstbewußt und nicht ohne Eleganz kniete er nieder und küßte sie. Nicht zum ersten Mal fragte ich mich, was er – bei seinem gespenstischen Scharfsinn und Geschick – wohl früher gemacht hatte, bevor er sich dazu entschloß, als Söldner sein Dasein zu fristen. Neugierig erkundigte ich mich: »Wovon willst du leben, Gilles, wenn du wieder in der Heimat bist?«

»Oh, da wird mir schon etwas einfallen, Madame«, antwortete er durchtrieben, packte Senlis und schwang sich auf das Pferd, das ich für ihn beschafft hatte. Er winkte mir noch zu, und im nächsten Augenblick waren sie auch schon auf und davon. Ich blieb so lange dort stehen und sah ihnen nach, bis ich Senlis' verzweifeltes Jaulen nicht mehr hörte. Dann ging ich in mein Zelt zurück, und in dem Augenblick vermißte ich schon beide.

Als der Tag sich neigte, waren die Verhandlungen mit den byzantinischen Gesandten erfolgreich zu Ende gegangen, und die schweren Tore Konstantinopels öffneten sich für uns. Zu guter Letzt durften wir doch die prächtigste Stadt der Welt betreten.

Kapitel 13

❧ Konstantinopel! Dagegen war Paris geradezu ein Dorf. Im Innern des gewaltigen, doppelten Mauerringes stiegen die Straßen an, so daß man von jedem Punkt der Stadt stets den mächtigen Bosporus vor Augen hatte, der in der Sonne silbern glänzte. In Konstantinopel wimmelte es von Menschen, wie ich es noch niemals zuvor gesehen hatte; und doch wirkte die Stadt weitläufig und großzügig, barst vor Farben und Formen. Unzählige Kuppeldächer – manche unterteilt wie reifende Früchte, andere prall und ausladend – erhoben sich aus der Stille klösterlicher Höfe. Zwischen ihnen standen – wie Lanzen, die den Himmel durchbohrten – Dutzende von schmalen Türmen, rein und weiß wie Alabaster. Doch was mich am meisten überraschte, war der unbeschreibliche Lärm. Nicht nur das Geschrei der Händler, das Wehklagen der Bettler, das Rattern der Karren und Klappern der Pferdehufe hallten über das Pflaster, sondern auch die Musik, die von überallher zu kommen schien. Aus den verschiedensten Quellen strömte sie rauh und hypnotisch zusammen, verschmolz zu einer einzigen Melodie – wie zur Feier der gewürzdurchtränkten Luft. Dazu gesellte sich das sanfte Plätschern des Wassers aus unzähligen städtischen Brunnen.

Überall herrschte ein reges Treiben. Händler mischten sich unter Magier und Musikanten, Soldaten in eigenartigen Rüstungen eilten vorüber, Männer mit gestreiften Turbanen und schimmernden Gewändern lagerten auf Teppichen im Schatten der Mauern, plauderten, spielten mit Würfeln und Steinen oder sogen gelegentlich an wassergefüllten Gefäßen, während sie das Treiben an sich vorüberziehen ließen. Jenseits des Gewirres enger Gassen führten breite Alleen zu Gärten und symmetrisch angelegten Hainen. An jeder Straßenecke befand sich ein Markt, auf dem Gold glänzte und Seide schimmerte.

Alles vibrierte und pulsierte vor Leben. Der Anblick war einfach überwältigend.

»Was für ein Festtag ist denn heute, Louis?« fragte ich aufgeregt, während wir uns einen Weg durch die Menge bahnten, die uns bestaunte. Solche Dinge wußte er nämlich immer.

»Keiner, soweit ich weiß«, knurrte er, die Oberlippe leicht gekräuselt. »Warum fragt Ihr? Das sieht Euch gar nicht ähnlich.«

»Aber seht doch nur! Jeder hier scheint zu feiern!«

»Ich habe nicht den Eindruck. Außerdem finde ich es abstoßend. Alles ist so ... unordentlich. In meinem ganzen Leben habe ich noch nie einen solchen Radau gehört!«

Sein Gesicht war verkniffen, und unter seinem Sonnenbrand war er so weiß wie die Knöchel seiner Hände, die die Zügel fest umklammerten. Für einen kurzen Augenblick war ich irritiert, aber nun, da wir endlich diesen wunderbaren Ort erreicht hatten, konnte nichts meine Stimmung trüben.

»Schon gut, Louis, bemüht Euch nicht. Ich werde den Kaiser fragen, wenn wir ihn sehen.«

Doch der Kaiser empfing uns nicht. Statt dessen führte uns ein stark nach Parfüm riechender Gesandter mit ölig glänzendem Haar quer durch die Stadt zu den Quartieren, die Kaiser Manuel für uns hatte bereitstellen lassen. Wir alle rangen nach Luft, als er auf einen schimmernden Palast deutete, der in einem Garten von der Größe eines Wildparks lag, von dem aus man das Goldene Horn überblickte. Mit samtiger Stimme verkündete er: »Ich hoffe, diese bescheidene Behausung ist den Bedürfnissen Eurer Hoheiten angemessen.«

»Angemessen?« brachte Louis völlig verwirrt hervor, doch bevor er stotternd nach Worten suchen konnte, unterbrach ich ihn kurzerhand. An einem prächtigen Ort wie diesem durften wir uns nicht provinziell geben. So erwiderte ich dem Gesandten reichlich kühl: »Ich denke, wir werden zurechtkommen, Exzellenz«, bevor ich mich anschickte, das Gebäude zu betreten, in das unser gesamter Königspalast bequem zehnmal hineingepaßt hätte.

Es gab allein zwei Dutzend Kapellen, die alle mit Mosaiken von seltener Schönheit verziert waren – Welten entfernt von den Dingen, die ich zuvor zu Gesicht bekommen hatte. Entzückt fuhr ich mit den Händen über diese Bilder. Ich konnte nicht anders: Ich mußte ihre rauhe Oberfläche spüren, um meinen Augen trauen zu können. Durch den Marmorboden der prächtigen Gemächer zogen sich kleine Kanäle mit leicht parfümiertem Wasser, das die Luft kühlte und einen angenehmen Duft verströmte. Und als sich ein seidenbehangener Raum nach dem anderen auftat, die alle auf lichtdurchflutete Innenhöfe führten, mußte ich an mich halten, um nicht mit offenem Munde zu staunen.

Was wir hier vorfanden, wäre auch so das Prächtigste gewesen, was unser Auge je erblickt hatte. Nach unserer monatelangen beschwerlichen Reise aber war es das Paradies auf Erden. Dennoch verwirrte mich dieser Luxus: Wenn dies der Wohlstand und Reichtum des Orients war, was um alles in der Welt sollten wir hier dann retten? Ich bemühte mich, einen kühlen Kopf zu bewahren, denn in Anbetracht dieser Unterbringung und unseres eigenartigen Empfanges vor den Mauern der Stadt ahnte ich schon, daß hier im Byzantinischen Reich nicht alles so war, wie es auf den ersten Blick erscheinen mochte.

Unsere Ritter und ihre Damen waren jedoch nicht um Zurückhaltung bemüht, sondern liefen in wildem Durcheinander von einem prächtigen Raum zum anderen und riefen: »Ich schlafe hier! Nein, hier! Nein ...!« Insgeheim war ich erleichtert, daß Louis und mir die Qual der Wahl erspart blieb, denn uns führte man in unsere jeweiligen Gemächer.

Die meinen schimmerten in Grün und Gold. Der Baldachin des Bettes war aus feiner, golddurchwirkter Seide, die sich bei jedem Lufthauch bauschte, was den Raum belebte. Ein Dutzend filigraner Fläschchen, jedes mit Golddrähten durchzogen, stand für mich bereit. Sie enthielten Düfte und Öle von verschwenderischem Wohlgeruch. Hinter dem Schlafgemach jedoch lag ein schier atemberaubender Raum. Er war vollständig mit Mosaiken verziert, die Delphine und Fische darstellten, und sein abschüssiger Boden an verschiedenen Stellen mit dünnen Metallgittern versehen; in der Mitte stand eine marmorne Wanne, auf deren Rand eine Schale mit weichen Schwämmen und Stapel von Tüchern aus fein gesponnenem Linnen lagen. An der Wand aber befand sich der faszinierendste Gegenstand von allen – ein langes Stück Glas mit hauchdünn gehämmertem Silber auf der Rückseite. Im Vergleich dazu wirkten unsere polierten Metallspiegel grob und primitiv, und ich beschloß, mir genau so einen für Paris zu besorgen.

Um die Wahrheit zu sagen, am liebsten hätte ich den gesamten Raum mitgenommen.

Sechs Frauen standen mir zu Diensten, und nun deutete eine von ihnen wortlos auf die unsichtbaren Quellen, die sich in den Mauern des Badezimmers verbargen. Zog man an einer seidenen Kordel, sprudelte warmes Wasser hervor, so daß man auf der Stelle stehend ein Bad nehmen oder die Wanne füllen und sich behaglich zurücklehnen konnte. Zuletzt machte sie mich auf eine verborgene, in die Wand eingelassene Tür aufmerksam, hinter der sich der Abort befand, dem unseren zu Hause nicht unähnlich – nur daß der Inhalt nicht in eine Grube geleert, sondern von einem ständigen Wasserstrahl fortgeschwemmt wurde. Ich wünschte sehnlichst, einer von Sugers Architekten wäre jetzt hier und könnte Zeichnungen davon anfertigen, denn bei unserer Rückkehr in den alten Palast auf der Île-de-la-Cité würden nun noch mehr Veränderungen nötig werden.

Mein Unterricht in Sachen Luxus wurde am nächsten Tag

fortgesetzt, als ich den Kaiser und seine Gemahlin traf und sie beinahe für Ikonen gehalten hätte. Ich hatte darauf vertraut, daß mich die Pracht unserer Unterkünfte auf den Besuch über dem Hafen Bukoleon vorbereitet hätte, doch als ich den großen Palast betrat, fühlte ich mich erneut wie eine staunende Provinzlerin. Ein Raum war bis auf eine goldene Kolonnade vollständig mit Lapislazuli ausgelegt. Der Anblick des Thronsaales verschlug mir indes schlichtweg den Atem. In dem riesigen Raum befanden sich Hunderte von Menschen, und doch herrschte vollkommene und gespannte Stille. Und so standen wir inmitten eines lebenden, schillernden Teppichs aus Byzantinern, die mit dem Gesicht zu Füßen eines Paares goldener Statuen lagen.

Ich war erstaunt, als die beiden Figuren mit einem Mal zum Leben erwachten und mit außergewöhnlicher Würde auf uns zuschritten. Bei dem Gedanken an das Gedränge in unseren heimatlichen Sälen, die von Hundegebell erfüllt waren und jedem offenstanden, der dem König seine Aufwartung machen wollte, kam ich mir nun, da ich die beiden erblickte, wie eine Bettlerin vor. Daher war ich geradezu erleichtert, als ich entdeckte, daß die deutschstämmige Kaiserin Irene unter ihrer dicken Schicht aus Schminke eine eher unscheinbare Person war. Kaiser Manuel hingegen hatte ein faszinierendes, kluges Gesicht und dunkle, funkelnde Augen. Der Anblick seines schmalen, eleganten Schnurrbartes beeindruckte mich besonders, da ich seit Monaten nur noch struppige Bärte und zerzaustes Haar zu sehen bekam.

»Seid willkommen, Sire und edle Dame, in Konstantinopel, dem Auge der Welt«, begrüßte er uns feierlich. Ohne die am Boden liegenden Höflinge auch nur eines Blickes zu würdigen, bat Kaiser Manuel uns in ein privates Gemach zu einem, wie er es nannte, »einfachen« Mahl. Fast vier Stunden saßen wir behaglich zurückgelehnt auf goldenen Sesseln und speisten Delphin, Pfauenzunge und zahllose uns völlig unbekannte Delikatessen.

Doch Louis wurde zusehends nervöser, da der Kaiser mit keinem Wort den Kreuzzug erwähnte. Und auch ich fühlte mich unbehaglich, denn selbst wenn die Etikette dies womöglich verbat, kam mir die Weigerung, den Grund unseres Hierseins anzusprechen, bald weniger als ein Zeichen guter Manieren vor, sondern eher wie ein eindeutiges Ausweichmanöver.

Als das Mahl schließlich beendet war, winkte mich die Kaiserin beiseite und sagte: »Kommt, Madame, Ihr seid doch bestimmt neugierig darauf, unsere Stadt kennenzulernen.« Sie musterte mich langsam von oben bis unten und meinte dann lächelnd: »Und sicher wollt Ihr Euch ein paar neue Kleider kaufen. Ja, das solltet Ihr tun.«

Das hätte ich als Affront auffassen können, doch in Wahrheit war ich eher erleichtert, als daß ich mich gekränkt gefühlt hätte. Ihre indirekte Kritik an meinem Äußeren war das Ehrlichste, was bis jetzt gesagt worden war. Und in der Tat war mir in der feuchten und schwülen Luft, die einem entgegenschlug, sobald man die marmornen Paläste verließ, viel zu heiß. So meinte ich freundlich, aber zurückhaltend, daß leichtere Kleidung mir sehr angenehm wäre.

Kaiserin Irene hatte ein ausgedehntes Besichtigungsprogramm vorbereitet und schlug in ihrem etwas unsicheren, doch sehr charmant klingenden Französisch vor, sogleich damit zu beginnen. Argwöhnisch fragte ich mich, ob sie mich wohl überallhin begleiten würde und ob ihre Rolle die einer zuvorkommenden Gastgeberin oder eher die eines Wachhundes war.

»Kommt, kommt, irgendwo müssen wir anfangen!« sagte sie und klatschte leicht nervös in die Hände. Ich beschloß, mich vorerst ihren Vorschlägen zu fügen. »Ich denke, wir sollten mit dem Hippodrom beginnen.«

»Sehr gern«, erwiderte ich etwas unsicher.

Und so brachen wir zu einer kräftezehrenden Stadtbesichtigung auf, in deren Verlauf ich eine Herrlichkeit nach der anderen zu sehen bekam, bis mir der Kopf schwirrte. Und gerade als ich dachte, nun hätte ich wirklich alles von Bedeutung gesehen, sagte Kaiserin Irene liebenswürdig: »Kommt, Ihr habt schon allerlei Erbauliches betrachtet, aber nun ist es Zeit für die Hagia Sophia.«

Dieses riesige Bauwerk hatte schon den ganzen Morgen meine Aufmerksamkeit erregt. Seine wuchtige steinerne Fassade, die sich über alle anderen Gebäude der Stadt erhob, wurde von einer gewaltigen Kuppel gekrönt. Noch nie hatte ich eine solche Kathedrale gesehen – Notre-Dame war vielleicht so groß wie eine der Seitenkapellen –, und so standen wir eine Weile davor, um sie ausführlich zu betrachten, umgeben von der lärmenden und neugierigen Menschenmenge, die uns überallhin folgte. Sichtlich stolz drehte sich Irene zu mir um und meinte lächelnd: »Sie wurde von Kaiser Justinian erbaut, wißt Ihr. Das ist er.« Und sie deutete anmutig auf eine turmhohe Marmorsäule, auf deren Spitze hoch zu Roß eine leuchtende Gestalt thronte. Von diesem Angriff auf meine Sinne ganz benommen, blickte ich wieder auf die Hagia Sophia. »Sie ist so alt wie die Stadtmauern selbst«, erklärte Irene. »Jetzt laßt uns hineingehen.« Und wir schritten durch die meterhohen, beschlagenen Tore.

Ich hatte damit gerechnet, daß die Strahlen der Sonne nicht ins Innere dringen würden, doch durch die Vielzahl der Fenster war der Raum lichterfüllt, und die Kühle, die uns umfing, war nach der Hitze draußen äußerst erfrischend. Ich hatte Mühe, die Eindrücke auf mich wirken zu lassen, und erst nach und nach gelang es mir, die Größe und Faszination dieses Ortes tatsächlich zu erkennen. Nichts, nicht einmal Saint-Denis, war hiermit vergleichbar. Ich stand in einer prachtvollen Höhle aus Marmor, in der jedes Flüstern und jeder Lichtstrahl reflektiert zu werden und in die riesige goldene Kuppel hinaufzufliegen schienen, die über uns wie ein Abbild der Welt schwebte.

»Mein Gott«, hauchte ich ergriffen und konnte doch nur einen winzigen Bruchteil dieser Herrlichkeit in mich aufnehmen.

»Es gibt«, flüsterte Irene nach einer Weile, »ein Gebäude in

Rom – noch älter als dieses –, das ebenfalls eine sehr schöne Kuppel besitzt, aber meiner Ansicht nach gibt es nichts auf der ganzen weiten Welt, was der Hagia Sophia gleichkommt.«

Ich betrachtete meine Begleiterin mit stetig wachsender Bewunderung und kam zu dem Schluß, daß ich noch viel von ihr lernen konnte. Von jenem Augenblick an, denke ich, waren wir einander zugetan. Doch für heute hatte ich wirklich genug gesehen. Die Hitze, die Insekten und der durchdringende Gestank nach verfaultem Fisch, der sich offenbar durch alle Stadtviertel zog, machten mir zu schaffen. Nach einem prüfenden Blick schlug die Kaiserin vor, zum Palast zurückzukehren und ein Bad zu nehmen.

Kaiserin Irenes private Gemächer waren selbst für hiesige Begriffe außergewöhnlich, vor allem ihre Badezimmer. Eines war mit Dampf gefüllt, und zunächst scheute ich vor der Hitze zurück, die ich beklemmend fand. Doch Irene bat mich freundlich, mich zu entspannen, und schlug vor, uns umzukleiden.

»All meine Gewänder sind in den Blachernen-Palästen«, erinnerte ich sie.

Sie lächelte nur. »Ich denke, wir werden schon etwas Passendes für Euch finden.« Und Dienerinnen erschienen mit so wundervollen Roben, daß mir die Wahl schwerfiel. Doch auch hier nahm Irene mir die Entscheidung ab. »Ja, die rote, die rote«, sagte sie und schickte die Dienerinnen fort.

Mit kindlicher Bestürzung sah ich, wie man die übrigen Kleider wieder davontrug, doch Kaiserin Irene sagte: »Ich lasse sie zu Eurem Palast bringen. Seid so gütig und erweist mir die Ehre, sie als Geschenk anzunehmen. Und nun wollen wir baden.«

Und so, in seidene Tücher gewickelt und das Haar unter gestreiften Turbanen verborgen, betraten wir den Dampfraum und verbrachten dort die folgende Stunde, in der wir auf das Göttlichste massiert und verwöhnt wurden. Anfangs war mir etwas beklommen zumute gewesen, als die Diener mich einfach entkleideten, doch da Irene schon nackt war, konnte ich schwerlich protestieren und hatte bald meine Scheu überwunden. Die Gelegenheit, meinen von sengender Sonne, Wind, schlechtem Essen und mangelndem Schlaf geschundenen Körper – meine Haut war trocken wie Pergament, mein Haar wie Stroh – pflegen zu können, war mir sehr willkommen. Und als ich massiert, sanft geknetet und mit Ölen eingerieben wurde, dämmerte ich langsam in einen Halbschlaf hinüber, in dem ich mich der köstlichen Frage hingab, ob ich jemals die Gelegenheit zu einem Sonnenbad haben würde ...

»Laß mich deinen Rücken einreiben«, sagte Geoffroi. »Du hast einen wundervollen Rücken ... Er ist geschwungen wie der Hals eines Schwanes, und genauso weich. Ja ..., laß mich deine Federn streicheln, meine Schöne.«

»Bitte, streichle meine Federn! Oh, ist dein Bogen wieder frisch gespannt, Geoffroi?«

»Ja, und gleich ein weiterer Pfeil in deinem Köcher, Geliebte. Wir beide wissen wohl, wie sehr du es liebst, einen Pfeil in deinem Köcher zu spüren, nicht wahr?«

»Du bist schamlos, Liebster. Komm her ...«

Ich schreckte aus meinem Halbschlaf auf, als Irenes Stimme mich einlud, im Nebenzimmer meinen Körper in ein Bassin mit kaltem Wasser zu tauchen. Ich sah sie verwundert an und wischte mir die Tränen aus den Augenwinkeln. Das Becken sah tief aus, und ich konnte nicht schwimmen, aber da ich noch ein wenig schläfrig und unvorsichtig war, dachte ich: Wenn es Geoffroi damals gefallen hat, ist es bestimmt einen Versuch wert.

Das erfrischend kühle Wasser prickelte auf meiner Haut. Danach wechselten wir in ein Bassin mit warmem, duftendem Wasser, lehnten uns entspannt zurück, und Irene erzählte mir von Konstantinopel, dem Auge der Welt.

»Ich könnte nirgendwo anders mehr leben«, begann sie. »Ich bin noch kein ganzes Jahr mit Manuel verheiratet, doch schon jetzt kommt es mir vor, als gehörte mein altes Leben« – sie war als Bertha von Sulzbach geboren worden – »zu einer anderen Person.«

»Man könnte meinen, Ihr habt Euer ganzes Leben hier verbracht!«

»Oh, nein. Als mein deutscher Schwager, Kaiser Konrad III., und sein schreckliches Heer hier eintrafen – Himmel, ist das wirklich erst ein paar Monate her? –, kam es mir vor, als seien sie die Fremden für mich, nicht das hiesige Volk. Ich kann Euch sagen, in meinem ganzen Leben habe ich mich noch nie so geschämt.«

»Was ist passiert, Irene?«

Sie musterte mich, als überlegte sie, ob sie mir trauen könne. Man durfte sich nicht von ihrem pausbäckigen, runden Gesicht täuschen lassen – sie war eine sehr kluge Frau. »Ich will es Euch erzählen, Eleonore«, sagte sie schließlich. »Ja, ich werde es Euch erzählen. Wir hießen sie als unsere Befreier willkommen, doch sie begannen zu randalieren und zerstörten alles, was wir ihnen überlassen hatten. Sie plünderten, vergewaltigten und töteten sogar – und ich kann immer noch nicht verstehen, warum. Die Hälfte des Heeres schien, seit es Metz verlassen hatte, unentwegt betrunken gewesen zu sein, und als mein Gemahl dies tadelnd erwähnte, lachte Kaiser Konrad nur und drohte, nächstes Jahr wiederzukommen und die ganze Stadt zu plündern. Es gelang mir, zwischen den beiden einigermaßen Frieden zu stiften, aber ich konnte nicht mehr ruhig schlafen, bis Konrad mit seinen Barbaren weitergezogen war.«

Kaiser Konrad war inzwischen fast jedem ein Dorn im Auge, und während ich Irenes Aufzählung all der Greueltaten lauschte, sah ich Kaiser Manuels Zögern, uns in die Stadt zu lassen, in einem anderen Lichte. Es war nicht weiter verwunderlich, daß er von den französischen Barbaren kein anderes Verhalten erwartete als von den deutschen, und nun war es an mir, mich zu schämen.

»Wißt Ihr, Eleonore, unser Wohlergehen hängt an einem seidenen Faden. Viele Gebiete, die früher uns gehörten, werden inzwischen von den Türken kontrolliert. Ich vermute, Ihr habt so allerlei gehört und denkt nun, Manuel habe Euch hintergangen.« Ich wollte protestieren, doch sie unterbrach mich, indem sie matt und nachsichtig die Hand hob. »Aber Ihr müßt verstehen, wir wurden wie Weinschläuche von den verschiedenen Parteien ausgepreßt. Mein Gemahl hat sich in seiner ganzen bisherigen Regentschaft darum bemüht, mit jenen Frieden zu schließen, die uns nach dem Leben und unserem Gold trachteten, und erst vor wenigen Wochen ist ihm dies gelungen. Es mag für Euren Gemahl, der nach ewigem Ruhm strebt, nichts Besonderes sein, aber es bedeutet, daß diejenigen sich nun untereinander bekriegen, die zuvor uns bekämpft haben. Es gibt unter den Ungläubigen eine Redensart, die besagt: ›Der Feind meines Feindes ist mein Freund.‹ Nun, das haben wir uns zu Herzen genommen und uns zunutze gemacht.«

»Ein uralter Trick: Mach dir einen Feind zum Freund, indem du einen gemeinsamen Gegner erfindest, in diesem Fall mich.« Geoffroi hatte dies verstanden, wie so viele Dinge, die mir nicht klargewesen waren ...

An der Verzweiflung, die man trotz ihrer ruhig klingenden Stimme deutlich spürte, erkannte ich sofort, daß wir dieses neugewonnene, schützende Gleichgewicht der Byzantiner beinahe zunichte gemacht hatten.

»Und dann sind wir hereingebrochen und haben sie wieder vereint.«

Sie sah mich durchdringend an. »Ich fürchte, so ist es. Wenigstens Ihr seht es so. Kaiser Konrad war das nicht bewußt – oder gleichgültig.«

Nein, auch Louis würde keine Rücksicht darauf nehmen. »Warum habt Ihr uns überhaupt in die Stadt gelassen und uns nicht einfach vor Euren Mauern verhungern lassen?«

Sie schüttelte den Kopf und lächelte traurig. »Ihr wart hier, und ihr wart so viele. Was hätten wir sonst tun können?«

»Warum seid Ihr so freundlich zu mir?« erkundigte ich mich demütig.

»Weil ich Euch schätze – und weil Ihr so traurig seid.«

»Ich bin nicht traurig!« rief ich und brach in Tränen aus. Nachdem die Strapazen der Reise so plötzlich von mir abgefallen waren, erwachte meine Sehnsucht nach Geoffroi mit solcher Macht, daß ich mich inmitten all dieser Pracht unsäglich einsam fühlte. Er spukte durch meine Gedanken, und alles, was ich erlebt hatte, wirkte auf einmal hohl und ohne jeden Sinn, weil ich es nicht mit ihm teilen konnte. Aber wie kam die Kaiserin darauf, daß ich traurig war? Hatte ich in der kurzen Zeit so viel von mir preisgegeben? Ich sah sie an und erkannte, daß sie in der Tat eine sehr bemerkenswerte Frau war.

Sie küßte mir die Wangen und sah mich mit ihren dunklen Augen ruhig an. Die Höflichkeit verbot es ihr, weiter nachzufragen. »Ich hoffe, Ihr werdet Euren Frieden finden, Eleonore. Doch ich denke nicht, daß es hier sein wird. Hier wird es bald für niemanden mehr Frieden geben.«

Als wir nach etwa zwei Wochen wieder zu unseren Truppen vor der Stadt stießen, fiel mir der Abschied von ihr schwer. Unser nächstes Ziel war nun Antiochia und der Hof meines Onkels Raymond, aber Louis teilte weder meinen Abschiedsschmerz noch meine Vorfreude. Bei aller Arglosigkeit war ihm vage bewußt, daß er von Kaiser Manuel brüskiert worden war, da dieser seinem wiederholten Ersuchen nach Proviant und Truppen nicht nachgekommen war. Überdies hatte er die Pracht von Byzanz als äußerst anstößig empfunden.

Kaum hatten wir die Mauern der Stadt hinter uns gelassen, faßte der Mönch Odo seine Ansichten in der für ihn charakteristischen plumpen Art zusammen: »Sire, das ist Babylon! Falsch und anmaßend in ihrem Reichtum, verdorben in ihrem Glauben – wir müssen uns vor ihrer Niedertracht in acht nehmen.«

Sybilla und ich warfen uns gequälte Blicke zu. »Eure Ansichten scheinen Euch aber nicht daran gehindert zu haben, Kaiser Manuels Gastfreundschaft in Anspruch zu nehmen, Odo«, entgegnete ich mit einem Blick auf seinen mächtigen Wanst.

»Nein, Ihr habt völlig recht, Odo«, meinte Louis und bekreuzigte sich, als er noch einmal zu den Stadttoren zurücksah, die sich hinter uns schlossen. »Vollkommen recht. Das sind alles Ketzer.«

Ich folgte seinem Blick und fragte mich beklommen, ob sie auch nach unserer Abreise die Altäre reinigen würden.

Unter den gegebenen Umständen hätte man meinen können, Louis wolle eiligst weiterziehen. Doch er war unentschlossen, da er täglich die Ankunft neuer Truppen und mit ihnen Gold von Suger erwartete, mit dem wir unsere Kassen würden auffüllen können. Anstatt aufzubrechen, lagerten wir nun zehn weitere Tage in quälender Nähe der großartigen Stadt. Während die Truppen unsere letzten Vorräte vertilgten, debattierten unsere Bischöfe darüber, ob man Konstantinopel nicht einfach – im Namen Gottes – einnehmen solle.

Diese Situation trieb mich schier zur Verzweiflung.

Doch es sollte noch schlimmer kommen, denn am Mittag des fünften Tages schob sich ein großer schwarzer Schatten vor die Sonne, der nach und nach alles verdunkelte, bis uns eine fast vollständige Finsternis umgab. Eine unheimliche Stille machte sich im Lager breit. Tapfere Soldaten sanken auf die Knie, bekreuzigten sich und sprachen laut Gebete. Frauen weinten und klammerten sich voller Angst aneinander.

»Das ist das Ende der Welt!« schrie jemand.

»Wir werden alle sterben!« rief ein anderer mit unheilvoller Stimme durch die Dunkelheit.

Doch keiner fürchtete sich so sehr wie Louis und sein Onkel, Maurienne.

»Lieber Herr Jesus!« rief Louis und packte den Bischof von Langres am Ärmel. »Was hat das zu bedeuten, Bischof? Was geht hier vor? Ist das Ende nah? Oh, Jesus! Das ist die Wiederkunft des Herrn – wir hätten geradewegs nach Jerusalem ziehen sollen! Es ist alles meine Schuld!«

»Euer Gnaden, ich kann es Euch nicht sagen ... Es ist mir unerklärlich«, stammelte der Bischof von Langres, der genauso angsterfüllt war wie jeder von uns. Viele der Ritter riefen unsicher nach Louis, bereit – der Himmel möge ihnen beistehen –, seinem Willen zu folgen, doch er war nicht in der Lage, einen klaren Gedanken zu fassen.

»Gott wendet sich von uns ab!« kreischte Maurienne, der bereits im Staub kniete. »Wir sind verloren. Wir müssen umkehren, bevor es zu spät ist!«

Seine verängstigte Stimme war klar und deutlich in der entsetzten Stille zu vernehmen, und Panik drohte auszubrechen, bis Odius plötzlich lautstark rief: »Euer Gnaden! Gott wendet sich nicht von uns, sondern vom Kaiser ab. Manuel verschwindet in der Dunkelheit. Wir dagegen werden siegen!«

Ich hörte Langres leise ein »Ausgezeichnet, Odo!« flüstern und dann hüsteln, um seine Äußerung zu kaschieren. Ich bemerkte, daß ich wieder Gesichter erkennen konnte und nach und nach das Licht zurückkehrte. Auch Langres war das nicht entgangen, und so ergriff er die Gelegenheit beim Schopf und wandte sich an Louis: »Er hat das Zeichen richtig gedeutet, Majestät. Wir werden siegen. Laßt es uns mit Gottes Feind aufnehmen und diesen Hort der Sünde niederbrennen!«

Das war zuviel für Louis. Mit offenem Munde stand er da, sah immer wieder ratlos vom Bischof zu seinem Onkel. Plötzlich rief jemand fröhlich: »Ich kann wieder sehen! Die Sonne kehrt zurück. Wir sind gerettet!« Ich nutzte die Gelegenheit und versuchte, eine noch größere Katastrophe abzuwenden.

»Der König ist erschöpft«, sagte ich laut. »Nicht wahr, Louis?«

Noch immer von panischer Angst erfüllt, starrte er mich an. »Bin ich das?« Ich versetzte ihm einen kräftigen Rippenstoß. »Oh! Ja, ja, so ist es!«

»Ihr müßt Euch sofort zurückziehen und etwas ruhen. Odo, mein Lieber, warum geleitet Ihr Seine Gnaden nicht zu Ihrem Zelt und tragt dafür Sorge, daß er nicht gestört wird?«

Odius sah mich verwundert an. Seine kleinen dunklen Augen wurden noch schmaler, als er erkannte, daß Louis mir nur zu bereitwillig gehorchte. Doch er nickte kaum merklich und gab mir damit zu verstehen, daß ich für den Augenblick gewonnen hatte.

Die Sonne brannte schon wieder vom Himmel, und Louis ließ sich von Odo und Galeran dankbar in sein Zelt führen. Der Bischof von Langres warf mir einen wütenden Blick zu, aber die Krise war abgewendet, und es wurde nicht zur Plünderung der Stadt geblasen, deren großzügige Gastfreundschaft wir vor wenigen Tagen noch genossen hatten.

Vier Tage später gab Louis schließlich den Befehl zum Aufbruch, und am 26. Oktober machten wir uns auf den Weg nach Antiochia. Wir waren erst wenige Tagesreisen von Konstantinopel entfernt und schlugen gerade unser Nachtlager vor Nicäa auf, als eine kleine Gruppe von Reitern in einer Staubwolke gesichtet wurde. An ihrer Spitze ritt eine hochgewachsene, schlanke Gestalt, deren rötliches Haar im Licht der untergehenden Sonne leuchtete. Obwohl der Mann offensichtlich erschöpft war, hielt er sich mit gestrenger Eleganz. Bei diesem Anblick war ich plötzlich wie erstarrt, und die Knie begannen mir zu zittern. Doch fast im gleichen Augenblick wußte ich auch schon, daß es nicht Geoffroi war. Von der Macht meiner Gefühle erschreckt, rang ich um Fassung und war erleichtert, Sybilla herbeieilen zu sehen. »Wer ... wer ist das, Sybilla?« stammelte ich. Mein Herz hämmerte noch immer so heftig, daß es schmerzte.

Sie sah mich überrascht an. »Kennst du ihn denn nicht, Eleonore? Ach nein, ich glaube, du bist ihm noch nie begegnet. Das ist Friedrich, der Herzog von Schwaben, Kaiser Konrads Neffe – er ist einfach göttlich«, schwärmte sie. Dann aber änderte sich ihr Tonfall: »Doch was macht er hier? Sie sollten uns schon Meilen voraus sein und ... O mein Gott.«

Ihr war nicht entgangen, was auch ich in jenem Moment bemerkt hatte. Mehrere Ritter waren Friedrich entgegengeeilt. Als sie ihm vom Pferd helfen wollten, fiel er ihnen einfach in die Arme, und aus einer Wunde strömte Blut. Das Lazarettzelt befand sich am anderen Ende des Lagers, deshalb befahl ich den Männern, ihn in mein Zelt zu bringen. Dort hätte er es ruhiger und bequemer – und außerdem würden nicht mehr Ritter als nötig ihn zu Gesicht bekommen. Schließlich konnte der Anblick eines schwerverwundeten Anführers sofort die Moral der Männer untergraben. Unverzüglich ließ ich die Ärzte holen. Als Sybilla und ich die nötigen Anweisungen gaben, blickte Friedrich zu uns auf und sagte mit matter, aber charmanter Stimme: »Meine Gebete wurden also erhört – ich bin im Himmel bei den Engeln!« Dann wurde er ohnmächtig.

»Siehst du, was ich meine?« sagte Sybilla. »Er ist einfach hinreißend.«

Eine Stunde später, als seine Wunden gereinigt und verbunden worden waren, sah sich Herzog Friedrich in der Lage, uns die schrecklichen Neuigkeiten mitzuteilen. Einiges hatten wir schon von den wenigen, bemitleidenswerten Gefährten erfahren, die sich in seinem Gefolge ins Lager hatten schleppen können. Wir versammelten uns um ihn und hörten mit Entsetzen, was er zu berichten hatte.

»Wir waren zehn Tagesreisen von Nicäa entfernt, und alles verlief wie gewöhnlich – trotz der üblichen Machenschaften unserer byzantinischen Freunde, was die Vorräte betraf –«, erzählte er mit schwachem Lächeln, »bis wir merkten, daß wir fast kein Wasser mehr hatten. Wir mußten die Rationen weiter einschränken, und das fiel uns nicht leicht, denn die Märsche waren lang und die Infanterie genauso erschöpft wie unsere armen Pferde.« Er verstummte und trank einen Schluck Wein, als hätte ihn die Erinnerung an den erlittenen Durst auf diesen Gedanken gebracht. »Wir waren in der Nähe von Dorylaeum und machten halt, um vor allem den Tieren eine Rast zu gönnen. Plötzlich – wie aus dem Nichts – tauchte das halbe türkische Heer auf. Wie die Wölfe fielen sie über uns her: Viele unserer Männer trugen nicht einmal ihre Rüstung – es war viel zu heiß, und ohne Trinkwasser ...« Ja, das konnte ich nur allzugut nachvollziehen. »Wir kämpften den ganzen Nachmittag ...« Seine Stimme erstarb. »Wir verloren alles. Alles.«

Alles? Meinte er wirklich alles?

Nach einer langen Pause fragte Louis ihn schließlich mit angespannter Stimme: »Wie viele, wie viele fanden den Tod?«

»Das sagte ich doch schon, lieber Cousin«, flüsterte Friedrich.

Sogar Louis zögerte, während alle um uns herum nach Luft rangen und das Ausmaß seiner Worte nicht wahrhaben wollten. Der Umhang glitt von Friedrichs nackten weißen Schultern, als er sich unter Schmerzen aufzurichten versuchte.

»Außer dem Kaiser selbst, seiner Leibwache, etwa hundert bis zweihundert Rittern und ihren Knappen sind wir, die Ihr hier seht, die einzigen, die übriggeblieben sind. Alle Pferde wurden mitgenommen oder getötet, unsere Vorräte, unsere Wagen, Waffen, sogar die Krone ... Alles.«

Er begann zu husten, und ich flößte ihm noch etwas Wein ein, wobei ich seinen Kopf stützte. Ich hatte Mühe, mir das Ausmaß dieser Katastrophe vorzustellen, aber als ich in seine Augen blickte, wußte ich, daß es keinen Zweifel gab. Ein dreißigtausend Mann starkes Heer lag tot im Wüstensand von Dorylaeum.

Das entsetzte Schweigen, das seit Bekanntwerden der Nachricht auf dem Lager lastete, erfaßte auch uns. Hatte Kaiser Manuel die Deutschen in eine Falle gelockt, indem er sie mit zu wenig Proviant versorgte, so daß sie – geschwächt und verwundbar – in einem Kampf unterlagen, der eher einem Massaker glich? War das denkbar?

Wie betäubt saßen wir da, außerstande, die schrecklichen Nachrichten zu begreifen. Und während die Minuten verstrichen, betrachtete ich den einzigen Mann, der diesen Alptraum ehrenvoll überlebt hatte. Friedrich schien in meinem Alter zu sein – sicher war er nicht älter als fünfundzwanzig –, und obwohl er verwundet war und unter Schock stand, konnte man nicht übersehen, daß er eine faszinierende Erscheinung war. Er sah gut aus, doch darüber hinaus machten ihn auch sein scharfer Verstand und sein klares Urteilsvermögen sowie seine überaus galante Art zu einem anziehenden Mann. Kurzum, er verfügte über einen angeborenen Charme, der jeden in seinen Bann zog.

Er lag ruhig auf seiner Bettstatt und ließ uns Zeit, die verheerenden Neuigkeiten zu verarbeiten, bevor er uns mit weiteren Hiobsbotschaften beunruhigte. Und in jenem Augenblick beeindruckte er mich sogar noch mehr.

»Ich bin gekommen, Euer Gnaden«, fuhr er fort und sah Louis dabei durchdringend an, »um Euch inständig zu bitten, dem Kaiser mit Waffen und Vorräten zu Hilfe zu eilen, doch eine noch größere Hilfe wäre es, wenn Ihr gar selbst mitkämet.«

Mein Gesichtsausdruck bei seinem letzten Ansinnen mußte mich verraten haben, denn ich sah, wie sich Friedrichs Augen weiteten, als er meinem Blick begegnete. Obwohl er Schmerzen hatte, spiegelte sich ein Anflug von Belustigung in ihnen. Er war Gott sei Dank nicht in Lebensgefahr, seine Wunde nicht tief, doch er hatte sie sich gleich zu Beginn des Kampfes zugezogen und über den Tag viel Blut verloren. Nun war sein Gesicht grau vor Erschöpfung, also erhob ich mich und bat die Anwesenden, das Zelt zu verlassen.

Als sich in derselben Nacht unsere byzantinischen Führer heimlich davonschlichen, sahen wir unseren Verdacht bestätigt. Ich saß in Louis' Zelt, das er mir zur Verfügung gestellt hatte, und versuchte, mir einen Reim darauf zu machen. Nur eines stand für mich fest: Wir waren in der Fremde zu gutgläubig gewesen. Irenes Freundschaft war, so hatte ich es empfunden, ehrlich gewesen, und auf ihre Art hatte sie mich sogar zu warnen versucht. Doch schlußendlich waren wir der Feind, der andere Feinde in Freundschaft geeint hatte.

Am nächsten Morgen machte Louis, der noch immer tief erschüttert war, sich mit einer Truppe auf, um Kaiser Konrad zu unterstützen. Obwohl noch sehr geschwächt und blaß, bestand Friedrich darauf, ihn zu begleiten. Als sie aufbrachen, sank er vor mir auf die Knie, küßte meine Hand und sprach zum Abschied auf okzitanisch zu mir:

»Habt Dank, edle Dame, daß Ihr mir einen flüchtigen Blick in den Himmel gewährt habt und für die süße Wärme Eures Lagers. Was könnten wir beide, wenn die Umstände andere wären, doch für ein Paradies auf Erden erschaffen ...«

Dann stieg er auf sein Pferd und gesellte sich zu Louis, der dieser Szene mit wachsender Ernüchterung beigewohnt hatte, spielte sie sich doch in einer Sprache ab, die er nie hatte erlernen wollen. Ich blieb zurück, und für einen winzigen Augenblick beschäftigte mich die Frage, wie es kam, daß der eine über so viel und der andere über so wenig Charme verfügte. Doch im Grunde konnte ich an nichts anderes denken als an das große Unglück, das uns widerfahren war.

Louis blieb nur ein oder zwei Tage fort, denn es gab nicht viel, was er oder jemand anderer zur Rettung der deutschen Truppen hätte tun können. Wir konnten sie neu bewaffnen und unsere dürftigen Vorräte mit ihnen teilen, doch die Toten konnten wir nicht wieder lebendig machen. Und so kehrte Louis, aschfahl vom Anblick des Blutbades, aus der Wüste zurück. Er sprach wenig, ordnete lediglich an, zur Vermeidung eines ähnlichen Geschickes eine andere Route als die der Deutschen einzuschlagen, und wählte statt dessen den längeren Weg entlang der Küste nach Antiochia.

Auf diese Weise verloren wir zwei Monate. Doch Louis' Entscheidung erwies sich als richtig, denn um Weihnachten erfuhren wir, daß die Überreste von Kaiser Konrads Armee durch eine Überschwemmung, die ihr Lager und die restlichen Vorräte hinweggespült hatte, noch weiter dezimiert worden waren. Nach diesem Ereignis kehrten die meisten, die dazu noch in der Lage waren, nach Hause zurück und verzichteten auf Jerusalem und die versprochene Vergebung ihrer Sünden. Auch Konrad selbst, der sein Gelübde für so gut wie erfüllt erachtete, machte sich auf den Heimweg.

Wir aber zogen unbeirrt weiter – trotz fortwährender und zum Teil verhängnisvoller Übergriffe durch türkische Reitertruppen und der hartnäckigen Attacken von Sandfliegen, die uns und unsere Pferde quälten. Nicht einmal in den besten Zeiten war der Feind mehr als einen Tagesritt entfernt. Und je weiter wir Konstantinopel hinter uns ließen, desto mehr fühlten wir uns in Gefahr – trotz unserer immer noch großen Armee. Der unvermeidliche große Zwischenfall ereignete sich, als wir an einem späten Nachmittag die letztmögliche Furt erreichten, um den Fluß Mäander zu überqueren.

Auf der anderen Flußseite machten wir eine Schwadron feindlicher Kavallerie aus, die bereits Stellung bezogen hatte. Wir beratschlagten gerade, was zu tun sei, als ein Bote kam und uns aufgeregt mitteilte, daß unserer Nachhut von einem noch größeren Teil des türkischen Heeres der Weg abgeschnitten worden sei. Wir schauten uns um und suchten einen Ausweg. Die Böschung auf dem gegenüberliegenden Ufer war sandig, schmal und zu steil, als daß wir sie leicht hätten erklimmen können. Zu allem Überfluß standen auf seinem Kamm eine Reihe Bogenschützen, die bei unserem Anblick ihre Waffen spannten und nur darauf warteten, ihre Pfeile auf uns abzuschießen. Wir waren von allen Seiten umzingelt, und unsere Feinde wußten das auch.

Erschöpft blickte ich zu den türkischen Truppen hinauf, die sich dunkel gegen den Himmel abzeichneten, und meinte zu Sybilla: »So hatte ich mir den Weihnachtsabend nicht vorgestellt!« Eine Bemerkung, die mutiger klang, als ich mich tatsächlich fühlte.

Doch sie hörte mir nicht zu, und so folgte ich ihrem Blick. Weiter hinten in der Kolonne beratschlagte sich ihr Mann Thierry mit Louis' engem Freund Graf Henri de Champagne, meinem alten Widersacher, und einem anderen Edelmann, den ich nur undeutlich erkennen konnte.

»Ich denke, Thierry ist es leid«, sagte Sybilla ruhig. »Ich kenne diesen Gesichtsausdruck. Sie führen etwas im Schilde ...« Und bevor sie noch ein Wort sagen konnte, scherten die drei Ritter aus der Kolonne aus, preschten auf ihren Pferden zum Fluß und hatten ihn schon fast überquert, bevor die türkischen Bogenschützen auf sie zielen konnten. Durch ihr waghalsiges Tun hatten wir ein paar kostbare Momente gewonnen, bis ein Hagel aus Pfeilen auf sie niederprasselte. Sybilla stockte der Atem, als einer Thierrys Sattel traf und ein weiterer im Ärmel von Graf Henris Kettenhemd steckenblieb, aber da waren die drei auch schon oben auf der Böschung angekommen und schlugen die Bogenschützen in die Flucht. Es war ein brillantes, wenn auch höchst gewagtes Ablenkungsmanöver, doch auf diese Weise war nun zumindest ein Weg für uns frei, was der Nachhut ermöglichte, ins Kampfgeschehen einzugreifen. In weniger als einer Stunde waren die Türken, die uns seit Wochen bedroht hatten, mit beträchtlichen Verlusten geschlagen worden, und wir erlebten unseren ersten und, wie sich herausstellen sollte, einzigen Sieg während des ganzen Kreuzzuges.

Als auch der letzte Türke das Feld geräumt hatte, kam Louis freudestrahlend auf uns zugaloppiert. »Das ist der Sieg, den wir ersehnt haben! Oh, Eleonore, ich weiß genau, was nun zu tun ist!« Sybilla und ich sahen einander hoffnungsvoll an. Würde er das Signal zur Heimkehr geben? »Ja«, rief er, »ich werde eine Münze prägen lassen!«

Ich schloß vor Erschöpfung die Augen.

Seit sechs Monaten waren wir unterwegs, und abgesehen von den wenigen Tagen im luxuriösen Konstantinopel war es eine Zeit der Entbehrungen gewesen. Die Sättel hatten uns wund gerieben, einem jeden taten die Knochen weh, Tag für Tag brannte die Sonne unbarmherzig auf uns nieder, und von der hier unter dem Namen *jusantirya* bekannten Krankheit – der Ruhr – war wirklich keiner von uns verschont geblieben. Dieser kurze Augenblick des Ruhmes hatte sich daher genau zur rechten Zeit ereignet. Wie anfällig Louis gewöhnlich auch sein mochte, mit den Strapazen unseres Abenteuers kam er hingegen erstaunlich gut zurecht. Das ist wieder mal typisch für ihn, dachte ich bei mir, daß er seine Kreuzritter unbesehen in eine Katastrophe führt, während er selbst das alles fast unbeschadet übersteht.

Mein Gefolge hatte bereits seit einer Weile den gefährlichen Platz an der Spitze des Zuges aufgegeben und ritt nun inmitten der Kolonne. Doch das Tempo, mit dem sich die einzelnen Abteilungen des riesigen Heeres fortbewegten, war so unterschiedlich, daß wir mehr als einmal getrennt wurden. Eine feste Regel besagte, daß wir in einem solchen Fall am vereinbarten Ort das Lager aufschlugen – ganz gleich, was auch geschah. In einer mondlosen Nacht aber verloren wir das Heer vollkommen aus den Augen und hatten Mühe, unseren Weg in der Dunkelheit auszumachen. Als wir schließlich unser Ziel auf dem Berg Cadmos erreichten, mußten wir feststellen, daß wir dort oben eine gute Zielscheibe abgaben.

»Hier können wir auf keinen Fall bleiben«, meinte Maurienne, der tags zuvor von Louis' Kontingent zu uns gestoßen war. »Der Untergrund ist nackter Fels – und außerdem sind wir hier dem Feind völlig ungeschützt ausgeliefert. Das kann nicht der ausgemachte Ort sein ...«

»Nein, hier können wir nicht sorglos schlafen. Wir wollen nachsehen, ob sich in der Nähe nicht ein besserer Platz finden läßt«, meinte Geoffroi de Rançon. Man schickte einen Suchtrupp aus, der bald darauf meldete, daß sich hinter der Anhöhe ein Tal befände, das ausreichend Schutz und Wasser bot. Es erschien uns nicht klug, einen so gut zu verteidigenden Ort als Nachtlager auszuschlagen. So entsandten wir einen Boten, der die anderen davon unterrichten sollte.

Doch die Stunden verstrichen, ohne daß das Hauptheer gesichtet wurde. Unruhe machte sich im Lager breit, und als man auch nach Mitternacht noch keine Nachricht hatte, schickten Sybilla und ich ein paar Späher auf die Suche. Nach einer Stunde kehrten sie bleich zurück und berichteten stammelnd, Hunderte lägen tot auf jenem Paß, den wir verlassen hatten. In der Dunkelheit hatten Louis' Truppen dort ein gutes, ungeschütztes Ziel abgegeben. Zudem waren sie schon von ihren Pferden abgestiegen und hatten ihre Rüstungen abgelegt. So war ein langer und verzweifelter Kampf entbrannt, von dem wir im Schutz unseres Tales nichts bemerkt hatten.

Die schlimmste Nachricht jedoch war, daß es kein Lebenszeichen vom König gab. Im Lager herrschte Aufruhr. Rançon rief zu den Waffen, und alle stürmten in ungeordneten Reihen davon, um die Toten zu rächen. Doch der Feind hatte das Schlachtfeld schon verlassen, und es gab niemanden mehr, gegen den man hätte kämpfen können. Überzeugt, daß Louis in der Schlacht den Tod gefunden hatte, beschuldigte Maurienne wahllos jeden, der des Weges kam, statt Suchtrupps auszuschicken. Erst im Morgengrauen, als ein paar Infanteristen einen erschöpften Louis ins Lager führten, legte sich der Aufruhr wieder. Alle Anwesenden sanken auf die Knie und dankten Gott. Doch der Weg, der vor uns lag, war nun von den Türken versperrt.

Natürlich mußte ein Sündenbock gefunden werden. Da Maurienne Louis' Onkel war, gab man Rançon allein die Schuld. Und wer eignete sich besser zum Prügelknaben als ein Poiteviner? Er fiel in Ungnade und mußte die Heimreise antreten –

und ich verlor meinen wichtigsten Schutzherrn. Doch im Grunde hielt man mich für die Schuldige: Rançon wurde vorgeworfen, er habe lediglich für mich und die Damen meines Gefolges Sorge getragen. Doch wenn ich ginge, würden meine Vasallen mit mir gehen, und Louis konnte nicht riskieren, den besseren Teil des Heeres zu verlieren. So bissen sich die Franzosen auf die Zunge und gaben sich mit Rançons Strafe zufrieden. Nun führte Hugues de Lusignan unsere Gruppe an.

Der erste tiefe Riß zwischen Franzosen und Poitevinern tat sich auf.

Über unsere beschwerliche und entmutigende Reise zur Küste möchte ich mich nicht länger auslassen. Es genügt zu erwähnen, daß wir für ein gewaltiges Heer einen recht erbärmlichen Anblick boten, als wir schließlich das Meer erreichten – und damit die Aussicht in greifbare Nähe rückte, uns nach Antiochia einzuschiffen. Und wie so oft war es ein kleiner Zwischenfall kurz vor dem ersehnten Ziel, der unsere ohnehin schon angeschlagene Moral endgültig zunichte machte.

Im Verlaufe dieser strapaziösen Reise, auf der wir Hunger, Durst und Schmerzen litten, hatte sich niemals jemand beklagt – bis auf die kirchlichen Würdenträger. Die Soldaten und Ritter waren Entbehrungen gewohnt, und meine Damen und ich wären lieber gestorben – und einige fanden tatsächlich den Tod –, als sich nach dem Debakel von Cadmos zu beklagen. Doch die Bischöfe, angeführt von dem ewig gereizten Bischof von Langres, waren in ihrer Enttäuschung unerbittlich. Das war nicht die glorreiche Pilgerfahrt der Vergeltung, die ihnen vorgeschwebt hatte, und als wir Attalia erreichten, ereiferten sie sich, da die Byzantiner uns nicht in die Stadt lassen wollten. Es war wie in Konstantinopel.

Louis stattete mir einen seiner seltenen Besuche ab, um seinem Verdruß Luft zu machen. »Wir sitzen in der Falle, Eleonore. Sie wollen uns nicht in die Stadt lassen, und es gibt zu wenige Schiffe, um uns alle nach Saint-Siméon zu bringen. Ihr könnt Euch nicht vorstellen, was sie für die Überfahrt verlangen!«

»Vier Goldmünzen, nicht wahr? Aber man hat mir auch schon von fünf oder sogar zehn berichtet, Louis.«

»Was! Die Überfahrt dauert doch nur drei Tage ... Wie viele von uns können sich das leisten?«

»Praktisch niemand, Louis, es sei denn, Ihr bittet die Bischöfe zur Kasse – bis jetzt haben sie ihr Gold gut zusammengehalten.«

»Ich habe sie schon gefragt, aber sie wollen diese Wucherpreise nicht zahlen.«

»Oh, Louis, Ihr müßt darauf dringen! Oder besser noch, Ihr beschlagnahmt einfach die Schiffe – sorgt um Himmels willen dafür, daß sie uns mitnehmen!«

»Nein, das wäre ja Diebstahl!«

»Nun, ich finde, diese Piraten nehmen eher uns aus, oder?«

»Nein, Eleonore! Wir sind schließlich Pilger!«

Und weiß Gott – genauso meinte er es.

In Gedanken hörte ich wieder Geoffrois wütende Stimme, als er Louis bei der Belagerung von Driencourt nachahmte: *»Einen solchen Betrug auszunutzen ist Teufelswerk!«* Doch nein, ich durfte jetzt nicht an Geoffroi denken, und so unterdrückte ich rasch meinen aufkeimenden Wunsch, Louis zu sagen, was für ein Narr er war. Ich erwartete wirklich nicht viel von ihm, aber seine Unfähigkeit, aus Erfahrungen zu lernen, brachte mich wirklich zur Weißglut. Doch man mußte ihn mit größter Umsicht behandeln; sonst würde er sich ganz in sich zurückziehen. Und so wagte ich es nicht, ihm die Wahrheit ins Gesicht zu sagen.

Seine Weltfremdheit war schon in Paris schlimm genug, doch dort wurde sie von Suger und anderen Beratern aufgefangen, die einen Großteil der Regierungsgeschäfte für ihn erledigten. Hier jedoch war er hin und her gerissen zwischen dem Rat seiner Soldaten einerseits und den Prälaten andererseits. Seine Unentschlossenheit war buchstäblich tödlich. Und je mehr ich an ihm verzweifelte, desto öfter fragte ich mich, ob es klug gewesen war, überhaupt zu dieser Unternehmung aufzubrechen.

Drei ganze Tage konnte er sich nicht zu einer Entscheidung durchringen, bis das hungrige Pilgerheer kurz vor der Revolte stand. Doch erst als die ersten Krankheitsfälle im Lager auftraten, befahl Louis Graf Thierry und Bourbon, es mit der Infanterie noch einmal auf dem Landweg zu versuchen. Er selbst segelte auf einem Fischkutter nach Antiochia. Sybilla und ich waren einander eine Stütze, bis wir auf unser Drängen hin schließlich das erstbeste Schiff bestiegen, das Hugues de Lusignan für uns auftreiben konnte. An Bord dankten wir dem Allmächtigen, daß wir nun in drei Tagen bei meinem Onkel Raymond sein würden.

Doch eine schlechte Mannschaft, heftige Winde und andere Übel sorgten dafür, daß unser mit Ratten verseuchter, lecker Kahn erst drei Wochen später in den Hafen von Antiochia einlief. Inzwischen schrieben wir März 1148. Dabei hätten wir schon vor Weihnachten hier eintreffen sollen.

Kapitel 14

✤ Saint-Siméon lag vor uns im strahlenden Sonnenschein wie ein Stück vom Paradies. Als wir uns dem Ufer näherten und vor Anker gehen wollten, war mir, als hörte ich Engelsstimmen. Nach der Hölle, die wir in den letzten Wochen durchlebt hatten, war ich sicher, daß ich phantasierte.

»Sterbe ich, Sybilla, oder werde ich nur langsam verrückt? Ich höre himmlische Chöre singen.«

»Ich höre sie auch, Eleonore; offensichtlich hört sie jeder. Sieh nur!«

Nachdem das kleine Boot am Pier festgemacht hatte, erblickte ich eine Schar weißgekleideter Kinder, die Blumen, Krüge mit Weißwein und silberne Tabletts mit gewürzten Honigplätzchen trugen. Nach Wochen, in denen wir nur brackiges Wasser und Schiffszwieback bekommen hatten, erschien es mir wie Manna. Vor Erleichterung war ich den Tränen nahe und erlaubte Hugues de Lusignan, mich ans Ufer zu tragen. Matt ließ ich meinen Blick über die mir unbekannten Gestade schweifen.

Vor mir erhob sich ein Hang, der mit scharlachroten und purpurfarbenen Anemonen übersät war. Ihre Blütenkelche leuchteten mit den seidenen Bannern von Aquitanien und Poitou um die Wette, die sanft in einer leichten Brise flatterten. Auf einer Anhöhe in der Ferne konnte ich Mauern und Türme ausmachen, die so mächtig waren, daß ich für einen Augenblick glaubte, wieder in Konstantinopel zu sein. Doch die Farben wirkten verschwommen, und die ganze Stadt war erfüllt von wundervoller Musik.

Nur undeutlich merkte ich, wie mir die Sinne schwanden und ich langsam zur Seite sank.

Gerade noch rechtzeitig wurde mein Sturz von den starken Armen eines gutaussehenden Sarazenen aufgefangen, der mich überraschenderweise bei meinem Namen nannte.

»Eleonore, liebste Nichte! Willkommen in Antiochia!«

Es war Onkel Raymond. Und in seinen Armen verlor ich nun gänzlich das Bewußtsein.

Es war entsetzlich heiß, und ich schlenderte mit Geoffroi am Ufer eines lieblichen Flusses entlang. Wir hielten uns umschlungen und waren überglücklich, zusammen zu sein. Doch bald war mir beklommen zumute, und ich bemerkte, daß ich nackt war und die Menschen uns anstarrten. Ich wandte mich zu Geoffroi, doch der lächelte mich wie ein Fremder an und sagte, ich solle nicht töricht sein. Dann waren wir wieder allein und lagen am Ufer im kühlen Gras. Er küßte mich, dann sprang er in den Fluß und schwamm ein paar Züge, bis plötzlich das Wasser über ihm zusammenschlug und er verschwunden war. Ich schrie, aber kein Laut drang aus meiner Kehle, und so sehr ich mich auch mühte – ich konnte nicht ins Wasser gelangen.

Schreiend wachte ich in einem mir fremden Zimmer auf. Jede Faser meines Körpers war angespannt in der Hoffnung, in Geoffrois Augen zu blicken. Doch er war natürlich nicht da. Es war Sybilla, die sich erschöpft und besorgt über mich beugte.

»Es ist alles gut, Eleonore. Pscht. Es ist alles gut«, sagte sie beruhigend und schloß mich in ihre Arme. Ich war schweißgebadet.

»Wo bin ich, Sybilla?« Meine Kehle war so trocken, daß ich kaum sprechen konnte.

»In Sicherheit. Wir sind in Antiochia im Palast deines Onkels. Du warst krank, aber bald wirst du wieder ganz gesund sein«, sagte sie und strich über mein Gesicht. Sie hielt einen Becher mit einer köstlichen, wohlriechenden Flüssigkeit an meine Lippen, und ich leerte ihn gierig in einem Zug.

»Das ist ja Orangensaft!« rief ich entzückt und wollte gleich mehr.

»So ist es. Die Menschen hier leben praktisch von Orangen – du kannst also ganz unbesorgt sein, es gibt genug davon. Und jetzt leg dich besser wieder hin.«

Sie füllte den Becher ein zweites Mal. Dann holte sie eine silberne Schüssel und einen Schwamm und begann, mir den Schweiß von Gesicht und Körper zu waschen. Wir waren ganz allein in dem abgedunkelten Raum.

»Du hattest drei Tage lang hohes Fieber. Raymonds Leibarzt hat dich untersucht, und selbst Louis hat jede Stunde nach dir gefragt ... Nun, sein Bote.«

Drei Tage? Und ich konnte mich an nichts erinnern. »Wer hat nach mir gesehen?«

»Ich. Und der Arzt natürlich. Er ist Sarazene.« Ich sah sie besorgt an. »Er hat dich in rote Tücher wickeln und in einen geheizten Raum bringen lassen, damit du die Krankheit ausschwitzt. Wir hatten starke Zweifel, aber es hat gewirkt, Gott sei Dank. Oder sollte ich sagen: Allah sei Dank? Nein, wohl besser nicht. Nun, wie dem auch sei, er hat dir wahrscheinlich das Leben gerettet.« Sie klang angespannt und trank nun selbst etwas von dem Saft.

»Aber du mußt völlig erschöpft sein«, murmelte ich. »Warum bist nur du hier? Wo sind die anderen Damen meines Gefolges?«

Sie zögerte. »Ich hielt es für das beste, sie wegzuschicken. Du hast im Fieber gesprochen, weißt du ...«

»Gesprochen? Worüber? Ich kann mich an nichts erinnern.«

»Nein.«

»Sybilla! Was?«

Sie legte den Schwamm beiseite und sah mich fest an.

»Du hast mich Geoffroi genannt und versucht, mich in dein Bett zu ziehen, Eleonore.«

»Oh.« Ich fühlte, wie ich errötete, und hoffte, daß das Fieber es überdeckte.

»Sei unbesorgt, ich habe die anderen weggeschickt, bevor du dich wirklich verraten hast.«

»Dann hast du es also bereits geahnt?«

Sie lächelte mich müde an. »Von Anfang an! Nun, seit du ihn mit meiner Hilfe nach Thouars gelockt hast.«

Thouars ... Es schien eine Ewigkeit her zu sein.

Ich weiß nicht, ob es noch einmal das Fieber war oder die Scham darüber, eine Freundin für meine Zwecke mißbraucht zu haben, was ich nie würde wiedergutmachen können – wie auch immer, mir war unerträglich heiß, und mir brach der Schweiß aus. Warum mußten wir beide nur so kluge Schwestern haben? fragte ich mich und fühlte mich schon wieder erschöpft.

»In Thoaurs war es ziemlich offensichtlich, Eleonore. Da war Geoffroi, der nur Augen für dich hatte, und du warst über die Maßen nervös und fahrig. Außerdem entdeckte ich seinen Helm unter deinem Bett ...«

Mir fiel keine passende Antwort ein. Erst Petrel, dann Amaria und nun Sybilla – offensichtlich war unser Geheimnis bei mir nicht gut aufgehoben.

»Keine von uns«, fuhr sie fort, »heiratet den Mann, den sie sich selbst auserkoren hat, und mein Bruder ist nun mal so, wie er ist. Alle meine Freundinnen finden ihn unwiderstehlich. Und ich weiß, daß er dich liebt.«

Mein Herz schlug höher, als ich sie das sagen hörte. Es war schon sehr lange her, daß ich seinen Namen hatte laut aussprechen dürfen. »Du warst also damals gar nicht erschöpft, Sybilla?«

»Nein, natürlich nicht. Doch da ihr beide ein so großes Risiko auf euch genommen hattet, um euch zu sehen, dachte ich, ich sollte dir eine Chance geben, egal, was ich von der Sache hielt. Und jetzt, denke ich, ist es an der Zeit, daß du mir die ganze Geschichte erzählst.«

Ich fühlte mich töricht und ihrer Freundschaft nicht würdig, als ich sie so fest an mich drückte, wie es mir mein geschwächter Zustand erlaubte. Dann erzählte ich ihr von unserer Liebe, und wie meine wachsende Zuneigung uns in gefährliche Situationen gebracht hatte. Ich erzählte ihr auch, wie ich diese Reise ans andere Ende der Welt in der Hoffnung angetreten hatte, daß eine möglichst große Entfernung zwischen uns das Problem lösen würde – doch mein Bemühen war bisher wohl vergeblich gewesen.

»Wenn nur die Hälfte dessen stimmt, was du im Fieber geredet hast, überrascht mich das nicht.« Sie sah mich ernst an. »Aber ich denke, du solltest weiter versuchen, ihn zu vergessen, Eleonore. Versuch es!«

Was ich ihr nicht erzählte, war, wie die Hoffnungslosigkeit unserer heimlichen Treffen uns auseinandergebracht hatte. Das war etwas, worüber ich nicht zu reden vermochte, auch jetzt nicht. Und so fiel ihr kluger Rat – alles zu tun, um ihn zu vergessen – auf keinen fruchtbaren Boden.

Ein plötzlicher Argwohn überfiel mich: »Sybilla, weiß Geoffroi, daß du es weißt?«

»Natürlich, Eleonore«, erwiderte sie sanft. »Glaubst du, er hätte dich ziehen lassen, wenn er nicht gewußt hätte, daß ich auf dich achtgebe?«

Das war zuviel für mich, und ich brach schluchzend in ihren Armen zusammen. Meine Tränen schwemmten die Monate voller Elend, Einsamkeit und Zweifel hinfort, während sie mich sanft wiegte und mir die Zeit gab, die ich brauchte.

Später stattete mir der Arzt, ein Sarazene namens Achmed, einen Besuch ab. Er sprach ausgezeichnet Französisch und brachte seine Freude – und wohl auch seine Erleichterung – über meine Genesung zum Ausdruck. Er war der erste Ungläubige, mit dem ich ein Wort wechselte, und zu meinem Erstaunen fand ich ihn – mit seinem klugen, lebhaften Gesicht, seiner ernsthaften Art und seinem feierlichen Lächeln – sehr charmant. Er riet mir zu einer speziellen Kost und empfahl mir dringend, mich zu schonen. Dann verneigte er sich leicht und war mit einer merkwürdigen, aber anmutigen Handbewegung auch schon zur Tür hinaus. Ich sah Sybilla verwundert an, aber sie hatte sich wohl schon an seinen Anblick gewöhnt. »Hat er ... etwas gehört?«

»Nein, selbstverständlich nicht. Niemand kennt dein Geheimnis, da bin ich sicher. Und ich werde dich bestimmt nicht verraten. Doch ich denke, du solltest jetzt ein wenig schlafen.«

Und damit war das Thema vorläufig beendet.

Der nächste Besucher war Louis. Er stand unschlüssig in der Tür, und ich setzte mich mit Hilfe einiger Seidenkissen im Rükken auf, um ihn zu empfangen. »Guten Tag, Louis.«

»Es geht Euch also besser?«

»Ja, ich denke schon. Der Arzt meinte, ich könne morgen wieder aufstehen.«

Er wirkte erleichtert. »Gut, je eher wir diesen Ort verlassen, desto besser.«

»Verlassen?« Und ich hatte gedacht, er sei um meine Gesundheit besorgt. »Louis, wovon redet Ihr? Wir sind doch gerade erst angekommen, und ich habe noch nicht einmal Onkel Raymond gesehen.«

»Nein, und das ist auch besser so.«

»Wie bitte?«

Seine Stimme wurde leise, beinahe verschwörerisch. »Er ist zu einem Einheimischen geworden, Eleonore. Sie alle. Es ist abscheulich.« Vorsichtig setzte er sich auf die Bettkante. »Es will mir einfach nicht in den Kopf: Wir alle sind den weiten Weg gekommen, um sie zu retten, und dann sind sie schlimmer als die Ungläubigen! Wir müssen so schnell wie möglich von hier fort – wenn es geht, gleich morgen ... Warum seht Ihr mich so an?«

»Weil Ihr Unsinn redet, Louis. Man könnte meinen, Ihr habt das Fieber!«

Wie von der Tarantel gestochen, sprang er auf. »Ihr meint,

Ihr habt es immer noch?« Sofort bedeckte er Mund und Nase und wich zurück.

»Danke, daß Ihr so um mich besorgt seid, Louis.«

Ein wenig beschämt tat er einen vorsichtigen Schritt in meine Richtung. »Es tut mir leid. Ich weiß, daß es sehr schlimm um Euch stand. Aber jetzt seid Ihr wieder gesund, oder?«

»Ja, doch ich bin noch sehr schwach«, sagte ich und fixierte seine blaßblauen Augen. »Und ich werde nirgendwo hingehen, Louis. Noch sehr lange nicht.«

»Ich verstehe.«

Und ich glaube, dieses eine Mal verstand er mich tatsächlich.

Am nächsten Tag besuchte mich zu meiner großen Freude Onkel Raymond. Seit meinem vierzehnten Lebensjahr hatte ich ihn nicht mehr gesehen. Damals hatte ihn Geoffrois Vater, der König von Jerusalem, den Führern der christlichen Kolonien als Verteidiger und Regent Antiochias empfohlen. Ohne zu zögern, hatte Raymond die Chance ergriffen und war unverzüglich in den Orient aufgebrochen. Es schien schon so lange her zu sein, doch tatsächlich war er kaum älter als Geoffroi und nur etwa acht Jahre älter als ich. Bei seinem Anblick tat mein Herz einen Satz, denn er hatte große Ähnlichkeit mit Vater – wenn man von seinem auffällig bunten Gewand absah.

Sein gesamter Hofstaat trug die seidenen Roben der Ungläubigen, ja sogar Turbane und die landesüblichen Stoffpantoffeln, die *babuschen*. Und ihre Haut war von der Sonne so dunkel, daß ihre Augen und Zähne wie Edelsteine funkelten. Die Schönheit der Dinge ringsumher überraschte mich zwar, doch sie schüchterte mich nicht ein, denn Raymonds Hof konnte sich an Größe und Pracht nicht mit dem von Kaiser Manuel messen. Doch es herrschte eine ungezwungene und heitere Atmosphäre, die wohltuend war und meine Lebensgeister wieder weckte.

Raymond selbst war genau so, wie ich ihn in Erinnerung hatte – eine imposante Erscheinung. Er war wie alle Männer in meiner Familie unglaublich groß und stark. Sein blondes Haar und seinen Bart trug er nach der Sitte des Orients lang, und seine Falkenaugen blinzelten ständig im gleißenden Licht Antiochias. Es tat so gut, ihn wiederzusehen. Längst vergessene Bilder aus der Kindheit kamen mir plötzlich wieder in den Sinn, und ich erinnerte mich an den Kitzel, wenn er mich hoch in die Lüfte warf und lauthals lachend wieder auffing. Und daran, wie er seinen Lehrern davonlief, um jagen zu gehen, und grinsend erklärte, Lernen sei nur etwas für Mönche. Er konnte immer noch nicht lesen. Aber was machte das schon? Er war von Männern umgeben, die sich in Latein, Griechisch, Arabisch und sogar Hebräisch unterhalten konnten. Mit mir sprach er wie in alten Zeiten Okzitanisch, als er mich drängte, ihm alle Neuigkeiten und Gerüchte zu erzählen. Er war überraschend schlecht informiert.

»Da solltest du besser Petrel fragen und nicht mich. Sie weiß einfach alles!«

»Wer ist Petrel?«

»Ach ja, ich meine Aelith – sie hat ihren Namen schon vor einer Ewigkeit in Petronilla geändert!«

»Oh, ich glaube, da gibt es noch einiges, was ich nicht weiß.«

Er nahm mich bei der Hand, und wir spazierten plaudernd durch die Gärten, überglücklich, lange nicht gehörte Namen auszusprechen und jene zu beklagen, die der Rest der Welt vergessen hatte. Es war, als wäre Vater wieder bei mir – jedoch ein unbeschwerter Vater ohne dunkle Seelenqualen. Unsere Gespräche gaben mir mein Selbstvertrauen zurück und zeigten mir meinen Platz in der Welt. Kurz, ich wurde wieder zu Eleonore von Poitiers.

In der nächsten Woche verbrachten Raymond und ich viele Stunden mit Gesprächen über das Leben im Poitou und im Heiligen Land. Rasch gewöhnte ich mich an das verführerisch heitere Leben an seinem Hofe. Louis dagegen wurde immer in sich gekehrter und starrköpfiger. Das ging so weit, daß er mir stets widersprach – selbst wenn ich über Antiochia einen strahlendblauen Himmel sah, behauptete er das Gegenteil. Außerdem wich er jedesmal aus, wenn das Gespräch auf die Türken kam. Und obwohl ich ahnte, daß wir Schwierigkeiten bekommen würden, wollte ich nicht zulassen, daß seine Stimmungen mir das Zusammensein mit meinem Onkel verdarben.

Wie schon Kaiserin Irene in Konstantinopel versuchte auch Raymond, uns die Vielschichtigkeit der Beziehungen von Christen und Sarazenen im Heiligen Land zu vermitteln – und die Probleme, die sich durch den Glaubenseifer der Neuankömmlinge ergeben konnten. Louis' Empörung, als er entdeckte, daß Leibarzt Achmed nur einer von vielen Ungläubigen war, die vertrauensvolle Positionen bei Hofe bekleideten, veranschaulichte dies aufs eindrucksvollste. Es war uns allen sehr rasch klar, daß Raymond trotz seiner nostalgischen Gefühle für das Poitou tatsächlich in diesem wundervollen, aber schwierigen Land heimisch geworden war. Sein Hof war der eines orientalischen Fürsten.

Louis sah uns mißbilligend hinterher, wenn wir plaudernd durch die Terrassengärten schlenderten. Er verbrachte in Antiochia seine Zeit mit Odo und den Tempelrittern und weigerte sich, an einem unserer Gespräche teilzunehmen, wobei er jedoch den Eindruck vermittelte, man habe ihn absichtlich ausgeschlossen. Er bedachte uns mit finsteren Blicken, als mißtraue er uns, und ich sah, wie er sich hin und wieder mürrisch an Thierry Galeran wandte und ihm etwas zuraunte, das ich nicht verstehen konnte. Die Kluft zwischen uns schien sich noch vertieft zu haben, und zum ersten Mal in meinem Leben hatte ich das Gefühl, ausspioniert zu werden.

Doch eines schönen Abends sollte die Kluft noch größer werden.

Während unseres gesamten Aufenthalts hatte Raymond stets für Bankette und abendliche Unterhaltung gesorgt. Doch bewußt hatte er die Zahl der übrigen Gäste klein gehalten und vor allem ortsansässige Poiteviner eingeladen. Erst als er sicher war, daß wir uns eingelebt hatten, gab er ein großes Staatsbankett. Beim Anblick der üppigen Tafel umklammerte Louis plötzlich ganz fest meine Hand. »Mein Gott, seht sie Euch nur an!« zischte er.

Die Tische waren an jenem Abend nicht im großen Saal, sondern auf der Terrasse gedeckt worden, von der aus man einen wunderbaren Blick auf den Berg Silpius hatte. Die mit Seidenkissen gepolsterten Sitzmöbel aus Zedernholz waren so angeordnet, daß sie die abendliche Brise auffingen. Dort hatten es sich Antiochias Höflinge und ihre Damen bequem gemacht, tranken Wein aus silbernen Bechern und tauschten Nettigkeiten aus, während sie das Schauspiel des Sonnenunterganges genossen.

Doch das war es nicht, was Louis' Unmut erregte. Einige der geladenen Ritter hatten hiesige Mädchen aus guten Familien geehelicht. Die Franzosen empörten sich nun darüber, daß man sie bei Hofe nicht nur duldete, sondern auch bei offiziellen Anlässen ganz offensichtlich willkommen hieß, denn an der obersten Tafel, gleich neben Raymond, saß eine Schar dunkelhäutiger Frauen mit ihren hübschen Kindern. Sie tranken und lachten mit ihren christlichen Ehemännern und Freunden.

»Herr im Himmel!« rief hinter uns Maurienne. »Mit diesem Pack werde ich mich nicht an einen Tisch setzen!« Laut fluchend machte er auf dem Absatz kehrt und stürmte davon.

Völlig überrascht mußte Raymond mit ansehen, wie die Hälfte unseres Gefolges in dem allgemeinen Durcheinander Maurienne hastig folgte, wobei die Männer schimpften und sogar verächtlich auf den Boden spien.

»Sie haben völlig recht«, brummte Louis und versuchte, auch mich hinauszugeleiten.

Doch ich schüttelte ihn ab und rief wütend: »Laßt mich in Ruhe, Louis. Ich bleibe hier!«

Er warf mir einen giftigen Blick zu und eilte mit vor Zorn gerötetem Gesicht den anderen nach.

Bleich vor Scham, trat ich in dem nun drückenden Schweigen vor Raymond und bat ihn um Verzeihung. Dabei versuchte ich nicht einmal, Ausflüchte für das Verhalten zu finden, dessen Zeuge er gerade geworden war. Er war offensichtlich schokkiert und zutiefst beunruhigt, während ich mich – wie Kaiserin Irene vor mir in Konstantinopel – für meine Landsleute schämte. Glücklicherweise hatten meine poitevinischen Ritter gezögert, als Louis ging. Sie hatten abgewartet, wie ich reagieren würde, und waren auf der Terrasse geblieben. So wurde das Bankett schließlich fortgesetzt und ein Eklat gerade noch abgewendet.

In den folgenden Tagen taten Sybilla und ich unser Bestes, um die Wogen zu glätten, doch die Gefechtslinien waren eigentlich klar gezogen. Es ging nicht länger allein um den Konflikt Franzosen gegen Sarazenen – es hieß nun ebenso Franzosen gegen Poiteviner, und es schien, als müßte ich mich für eine der Seiten entscheiden.

Am nächsten Tag drängte mich Raymond, mit ihm auf die Jagd zu gehen. Da dies eine willkommene Gelegenheit war, mich von den Franzosen zu entfernen, stimmte ich bereitwillig zu. So ritten wir auf prächtigen Hengsten durch die gepflasterten Straßen von Antiochia, bis wir das schmale Tor von Saint-Georges erreichten.

»Sieh nur, Eleonore!« rief er plötzlich und griff, im Sattel sitzend, mit beiden Händen nach einem eisernen Ring, der oben im Torbogen eingelassen war. Er gab dem Pferd die Sporen und preßte Schenkel und Knie dann so eng um den Leib des wiehernden Tieres, daß es nicht von der Stelle kam. Es war zweifelsohne ein beachtlicher Kraftakt, doch als seine getreuen Untertanen – die auf die Straße geströmt waren, um uns vorbeiziehen zu sehen – ihn höflich, aber artig hochleben ließen, mutmaßte ich, daß er dieses Kunststück schon häufiger zum besten gegeben hatte.

»Das ist wirklich unglaublich, Raymond! Du warst schon immer der stärkste Mann von Poitiers!«

»Von ganz Aquitanien, Eleonore, von ganz Aquitanien!«

Ich mußte über seine jungenhafte Prahlerei lachen.

Kaum waren wir außerhalb der Stadtmauern, ließen wir unsere Begleiter hinter uns und ritten allein. Raymond nutzte die Gelegenheit, um mir seine Pläne zur Stärkung und Rettung des Königreiches im Heiligen Land zu unterbreiten.

»Ich bin alle nur erdenklichen Möglichkeiten durchgegangen, Eleonore, aber nur eine könnte zum Erfolg führen. Wir sollten nicht warten, bis die Türken losschlagen, sondern unsere Kavallerien – deine, meine und die der Franzosen – vereinen und gemeinsam Aleppo, das Herzstück der Ländereien des hiesigen Königs Nureddin, angreifen und ihn dort vernichtend schlagen. Bisher hatte ich zu wenige Männer, um einen solchen Versuch zu wagen, aber mit euren zusätzlichen Truppen könnte es gelingen! Wir werden diesen Schurken den Garaus machen!«

Er sprang vom Pferd und zeichnete mit seiner Schwertspitze eine grobe Karte der Region in den sandigen Boden. Dann stieß er die Waffe tief in den als Aleppo bezeichneten Punkt. Sie schwankte ein wenig im glitzernden Sonnenlicht. Nachdenklich besah ich mir die Karte. »Ich verstehe ... Wenn Aleppo eingenommen ist, dann steht uns der Weg nach Caesarea und zu den kleineren Provinzen entlang der Küste offen ...«

»Und die brauchen wir, denn damit wäre der Weg frei, um Edessa zurückzufordern.« Er umschlang meine Taille und wirbelte mich durch die Luft, wie er es früher getan hatte. »Eleonore, du und dein Heer seid die Antwort auf meine Gebete!«

Der Plan klang vielversprechend: Jerusalem würde geschützt, ein Küstenstrich von hundert Meilen wäre in der Hand der Christen, der Pilgerweg wäre gesichert, und wir alle könnten nach Paris zurückkehren und wären die Helden der Stunde. Ich konnte es kaum erwarten, Louis dies zu unterbreiten. Gleich nach unserer Rückkehr suchten wir ihn auf, fest davon überzeugt, daß der Sieg für uns in greifbare Nähe gerückt war. Wir entdeckten ihn in Raymonds Turmzimmer. Dort stand er mit dem Rücken zum Fenster, von dem aus man auf das bewaldete Tal blickte.

Mit frostigem Schweigen lauschte er meinen Ausführungen; dann stampfte er mit dem Fuß auf: »Nein, nein, nein! Das wird nicht gehen!«

Verblüfft starrte ich ihn an. »Ja, wieso denn nicht?«

»Es wird nicht gehen, das ist alles. Und außerdem ist es viel zu einfach.«

»Die einfachen Pläne sind die besten!«

»Nun, dieser nicht. Wir werden nach Jerusalem ziehen, solange es noch möglich ist. Jerusalem, Eleonore, und nicht Aleppo! Aleppo ist nicht von Belang ...«

»Louis, so hört mir doch zu! Das ist der beste Weg, um Jerusalem zu schützen.«

Ich sah hilfesuchend zu Raymond hinüber. Ihm wurde von einem eben eingetroffenen Boten hastig etwas zugeflüstert, was wohl keinen Aufschub duldete.

»Ihr wißt nicht, wovon Ihr redet, Eleonore!« fuhr Louis mich an.

Ich hoffte auf Raymonds Unterstützung, doch er schwieg beharrlich – ja, wirkte auf einmal wie betäubt, als hätte sich sein Traum in Luft aufgelöst. Louis stolzierte aus dem Raum, nicht ohne ihm noch einen giftigen Blick zugeworfen zu haben. Ich war wie vor den Kopf geschlagen und konnte einfach nicht glauben, was da geschehen war.

»Warum hast du keinen Ton gesagt, Raymond?«

»Lies dies. Ich kenne den Inhalt bereits.«

Er reichte mir eine Pergamentrolle, und ich brach das Siegel. Allem Anschein nach war Kaiser Konrad nicht wie angekündigt nach Deutschland zurückgekehrt, sondern hatte sich statt dessen erneut auf den Weg nach Konstantinopel gemacht. Dort hatte er sich mit Kaiser Manuel geeinigt und, gestärkt von der byzantinischen Gastfreundlichkeit, die Überreste seiner Armee nach Jerusalem geführt. Da sie nur noch wenige waren, war er schnell vorangekommen. Dann war er mit großem Pomp in die Stadt eingezogen und hatte sich als Retter bejubeln lassen – und damit Louis' Rechte als Anführer der christlichen Truppen mißachtet. Nach all den Qualen, die wir in der Wüste durchlitten hatten, war er Louis am Ende zuvorgekommen. Bestürzt sah ich zu Raymond.

»Nun wird Louis nicht länger warten«, meinte er mutlos. »Er wird unsere Sache sofort aufgeben, wenn er davon erfährt.«

»Dann muß ich die erste sein, die mit ihm spricht.«

Ich lief aus dem Zimmer und suchte im ganzen Palast nach ihm. Schließlich entdeckte ich ihn vor der Kapelle, in ein Gespräch mit Thierry Galeran und einigen anderen Tempelrittern vertieft. Die Männer musterten mich mit kaum verhohlener Verachtung. Ich verlangte, Louis allein zu sprechen. Verärgert entließ er seine Ritter. »Nun?«

»Louis, Ihr könnt Raymonds Vorschlag nicht einfach so abtun!«

»Wir sind nicht hier, um uns um Eure Familienangelegenheiten zu kümmern«, meinte er ungehalten.

»Was? Louis, wir sind hier, um Jerusalem zu schützen! Oder etwa nicht?«

»Zunächst und vor allem sind wir Pilger, Eleonore. Ich werde mein Heer nicht leichtfertig gefährden, um für einen Hof dekadenter Mischlinge zu kämpfen, die man wohl kaum als ... als Christen bezeichnen kann!«

Genau dasselbe hatte er auch schon einmal von Geoffroi behauptet, doch diesmal verlor ich die Geduld.

»Louis, wie könnt Ihr so etwas Abscheuliches sagen? Das könnt Ihr nicht wirklich meinen.«

»O doch, ich meine es, wie ich es sage. Sie widern mich an, Eleonore. Und Ihr tut es auch.«

Der letzte Satz traf mich tief. »Ich widere Euch an?«

»Im Grunde Eures Herzens seid Ihr eine von ihnen, nicht wahr? Es gefällt Euch hier in dieser ... dieser Kloake, oder?« Stocksteif stand ich da und sah ihn an. »Es gefällt Euch hier, nicht wahr? Antwortet mir!«

»Ich hasse Euch.« Ich sagte diese Worte so ruhig, daß er glaubte, sich verhört zu haben.

»Was habt Ihr gesagt?« Er neigte den Kopf leicht vor.

»Ich hasse Euch, Louis.« Es bereitete mir ein eigentümliches Vergnügen, diese Worte auszusprechen, und ich hörte mich mit immer lauter werdender Stimme weiterreden. »Ihr habt versucht, mir das Leben aus den Adern zu saugen, weil Ihr nicht zu leben versteht. Ihr habt mich heruntergezogen und dafür gesorgt, daß ich mich armselig fühle. Nun, ich finde, jetzt ist es genug, hört Ihr? Ich hasse Euch, und ich bin es leid! Wenn Ihr Raymond nicht beistehen wollt, dann ist es zwischen uns aus und vorbei.«

Verdutzt sah er mich an und sagte mit einem schrillen, nervösen Lachen: »Wie kann es denn vorbei sein? Ihr seid meine Gemahlin, Eleonore!«

Aber auch darüber hatte ich schon nachgedacht.

Doch bevor Louis seine Meinung hätte ändern können, versetzte uns das Schicksal einen weiteren schweren Schlag. Die meisten der siebentausend Fußsoldaten, die in Attalia Graf Thierrys Obhut anvertraut worden waren, hatten nie den Hafen verlassen. Der Weg über das Festland war ihnen versperrt; und Bourbon und der Graf, die keinen Ausweg aus dieser Lage fanden, schifften sich im Schutz der Dunkelheit ein und überließen die Männer einfach ihrem Schicksal. Viele hatten bereits ihre Waffen versetzt, und nun, da ihre Anführer sie im Stich gelassen hatten, unternahmen einige dennoch den verzweifelten Versuch, auf dem Landwege zu uns zu stoßen. Alle hatten dabei den Tod gefunden. Der Rest war zwischen der öden Küste und den Mauern der Stadt gefangen. Sie litten entsetzlichen Hunger; und viele starben, bis nur noch so wenige übrigblieben, daß sie nicht mal mehr in der Lage waren, alle Toten zu bestatten.

Diese armen Teufel gaben bald auf und schlossen sich den Türken an, nachdem sie für Essen und ein Dach über dem Kopf zum Islam konvertiert waren.

Die Verluste unseres Heeres brachten das Faß zum Überlaufen. Louis, der nichts mit den politischen Wirren im Heiligen Land zu tun haben wollte, verkündete, er werde sofort nach Jerusalem aufbrechen. Doch da hatte Raymonds Langmut ein Ende. Rasend vor Zorn, schlug er wild um sich und zerschmetterte das schwere Zedernholzmobiliar seines Turmzimmers, als wäre es aus Glas. Louis wurde bleich vor Angst und versuchte, sich davonzustehlen. Doch Raymond packte ihn am Kragen und brüllte ihn an, verfluchte ihn, seine Verwandten, Berater, Freunde und seine Armee.

»Was glaubt Ihr, was Ihr damit anrichtet? Wenn Ihr gar nicht vorhattet, uns zu helfen, warum seid Ihr dann überhaupt hergekommen, elender Narr? Habt Ihr eine Vorstellung davon, was das bedeutet? Nureddin hat sich wieder bewaffnet! Ja! Die Türken haben Euer Heer gesehen und rüsten zum Angriff, und nun wollt Ihr gehen! Wir hatten eine Chance – nur eine, aber eine verflucht gute –, und Ihr scheut das Risiko. Nein, Ihr zieht lieber nach Jerusalem, um Eure armselige Seele zu retten, und verdammt damit diejenigen, die zurückbleiben.« Er ließ ihn los – wie ein Jagdhund, der eine Ratte fallen läßt. »Warum seid Ihr bloß hergekommen …«

Er sank in den einzigen noch vorhandenen Sessel und vergrub das Gesicht in den Händen. Bestürzt versuchte ich, ihm Trost zuzusprechen, und hörte, wie Louis, der noch wegen Raymonds Zornausbruch zitterte, angewidert eine Verwünschung murmelte und sich aus dem Zimmer stahl.

Erneut hatten wir nur Verderben gebracht. Louis beging für das Heil seines engstirnigen Gewissens grobe Fehler. Um das Banner zu tragen und Soldat zu spielen, hatte er Tod und Betrug in Kauf genommen. Zutiefst entrüstet über den Verrat unserer Ehemänner, rückten Sybilla und ich noch enger zusammen. Thierrys gleichgültiges Verhalten, als er das Fußvolk im Stich ließ, und Louis' Antwort auf Raymonds Pläne hatten uns beide verändert. Sicher, das Heilige Land mit seinen anderen Werten und Sichtweisen hinterließ bei jedem seine Spuren. Doch ich war nicht willens, jegliche Verantwortung, die wir für Antiochia trugen, einfach zu vergessen – auch wenn Louis dies tat. Ich wollte wissen, wie er darauf beharren konnte, seine Pilgerfahrt fortzusetzen, wo wir die Türken zu einem Krieg gegen Raymond veranlaßt hatten.

»Ich habe eine heilige Pflicht zu erfüllen, Eleonore.«

»Oh? Und wie steht es mit Euren Pflichten Antiochia und den Pilgern gegenüber, die uns folgen wollen? Wohin sollen sie gehen, wenn Jerusalem fällt, weil wir die Türken geeint haben?« Er schwieg. »Und was ist mit Eurem Heer?«

Er antwortete mir mit einem Zitat aus der Bibel. »Wenn sich auch ein Heer wider mich lagert, so fürchtet sich dennoch mein Herz nicht; wenn sich Krieg wider mich erhebt, so verlasse ich mich auf Ihn.«

»Es war nicht Gott, der Euer Heer tötete, Louis! Es wurde von den Männern im Stich gelassen, die von Euch mit seiner Führung betraut waren!«

»Nun, Bourbon und der Graf von Flandern konnten schließlich nicht für jeden die Überfahrt zahlen, oder?« sagte er, als spräche er zu einer einfältigen Person.

»Es waren Tausende! Die beiden hätten jede beliebige Zahl von Schiffen requirieren können, Louis, statt sich auf dem erstbesten Fischkutter einzuschiffen und das Weite zu suchen!«

»Ich verstehe nicht, warum Ihr Euch solche Gedanken um eine Bande Abtrünniger macht! Wenn sie Christus so leicht abschwören konnten, dann waren sie es auch nicht wert, errettet zu werden!«

»Ihr sprecht von unserem Heer! Von Euren Untertanen und den meinen! Sie waren verzweifelt – sie werden es nicht aus freien Stücken getan haben!«

Doch ihr Schicksal schien ihn nicht zu berühren. Wenn die noch in Attalia verbliebenen Truppen vom rechten Glauben abgefallen waren, konnten sie seiner Ansicht nach unmöglich für Antiochia, geschweige denn für Jerusalem kämpfen.

»Im übrigen, Louis, nicht nur Thierry und Bourbon haben sich schuldig gemacht. Ihr wascht, was die Armee betrifft, Eure Hände in Unschuld und verschwendet keinen weiteren Gedanken an sie. Doch letztendlich seid Ihr es, der sie hintergangen hat. Und, Gott steh mir bei, ich auch! Wie viele Poiteviner mögen wohl vor den Toren jener elenden Stadt gestorben sein, Louis? Eintausend, zweitausend? Und wie viele weitere tausend verdursteten in der Wüste? Gott, wie können wir nachts noch ruhig schlafen?«

»Es haben genauso viele Franzosen ihr Leben gelassen, Eleonore!«

»Louis, das ist kein Spiel – wir sprechen hier nicht von Schachfiguren! Ihr könnt sie nicht wieder auflesen und auf ihre Plätze stellen. Sie sind alle tot. Sie starben, weil sie Eurem Aufruf folgten.«

»Sie starben, weil sie Christus verraten haben! Eure geliebten Poiteviner waren doch immer schon Ketzer ...«

Dies schien der Augenblick zu sein, da ich mich zwischen Franzosen und Poitevinern entscheiden mußte. Doch anders als bei jenem früheren Wendepunkt in meinem Leben – vor fünf Jahren in Senlis – mußte ich diesmal nicht mein Gewissen befragen. Dafür sah ich viel zu klar, was zu tun war, und so erklärte ich Louis, daß ich in Antiochia bleiben würde.

»Ich denke, dies habt nicht Ihr zu entscheiden, Madame«, erwiderte er mir kühl.

»Nun, ich werde es dennoch tun. Ihr sagtet doch selbst, ich gehörte hierher.«

Seine Stimme wurde schrill, als er völlig außer sich aufsprang. »Ihr setzt alles daran, mich zu demütigen! Nun, das werde ich nicht länger hinnehmen. Ihr stellt Euch auf die Seite dieses heidnischen Packs, schwatzt mit ihnen, obwohl Ihr sehr wohl wißt, daß ich Eure Sprache nicht verstehen kann. Ihr schwelgt in Luxus wie eine, eine ...« – das Wort kam ihm nicht über die Lippen – »und glaubt, Ihr könntet wählen. Von nun an werden sich die Dinge ändern. Sie werden sich ändern ...«

»Ganz recht, sie werden sich ändern.« Ich machte einen Schritt auf ihn zu und hätte beinahe gelacht, als er zurückwich. »Ich war noch nicht fertig, Louis. Ich möchte, daß unsere Ehe annulliert wird.«

Ich erschrak über meine eigenen Worte. Doch kaum hatte ich sie ausgesprochen, wußte ich, daß sie nicht nur der Wahrheit, sondern auch meinem innigsten Wunsch entsprachen. Ich hatte genug von Louis, genug von Paris, genug davon, am eigenen Hofe verachtet zu werden. »Ich möchte wieder Herzogin von Aquitanien sein. Ich will mein altes Leben zurück.«

Er hatte sich rasch wieder gesetzt, denn meine Worte hatten ihn offensichtlich noch tiefer getroffen als damals die Sache in Vitry. Mit einem Mal wirkte er jung, sehr jung. Doch nun, wo ich einmal begonnen hatte, sprudelten die Sätze nur so hervor. Während Louis sich mit seinen geliebten Tempelrittern beraten hatte, hatte ich mich in Raymonds Bibliothek umgetan, in einigen Werken nachgeschlagen und mit seinem sehr belesenen Bischof gesprochen. »Auf unserer Ehe lastet ein Fluch, Louis. Sogar Bernard de Clairvaux sagt das.« Er sah mich durchdringend an, doch er wußte nicht, daß ich die Ansicht des Abts – wir seien für eine Heirat zu eng miteinander verwandt – schon seit Jahren kannte. Eine Tatsache, die vermutlich auf die Hälfte aller Familien in Frankreich zutraf. Aber inhaltlich gesehen stimmte diese Auslegung, und so bewegte ich mich bei meiner Argumentation auf sicherem Terrain. Wir waren Cousin und Cousine in einem für eine Ehe nicht zulässigen Verwandtschaftsgrad. »Wir werden niemals Söhne haben, weil Gott nicht will, daß ein krankes Kind nach Euch die Regentschaft übernimmt. Louis, wir leben in Sünde.«

Zu meinem Entsetzen füllten sich seine wäßrig blauen Augen plötzlich mit Tränen, und er schluchzte wie ein kleiner Junge. Wut, Raserei, Streit – alles wäre mir lieber gewesen. Er war ganz einfach niedergeschmettert. Ich ging zu ihm und kniete mich neben ihn.

»Louis, hört mich an. Es wäre, als wenn wir niemals verheiratet gewesen wären. Ihr könnt wieder heiraten und die Söhne zeugen, die Ihr Euch wünscht ...«

Doch er hörte nicht auf zu weinen. Ich reichte ihm ein seidenes Taschentuch, das Raymond gehörte. Er zerriß es vor meinen Augen in kleine Fetzen und warf sie verächtlich zu Boden. Dann floh er in die Kapelle und ließ mich allein zurück vor dem Scherbenhaufen meines Lebens.

Kapitel 15

❦ Meine Ankündigung hatte zur Folge, daß Louis unsere Abreise verschob und wir nicht sofort nach Jerusalem aufbrachen. Raymond war über meinen Wunsch fast ebenso entsetzt wie Louis, doch letztlich billigte er jeden Schritt, der mich von den Franzosen entfernte. Vielleicht hatte er sogar auf weitere poitevinische Truppen gehofft, die mir und damit indirekt auch ihm zu Hilfe eilten. Wie auch immer, er bot mir großherzig an, an seinem Hofe zu bleiben, wenn ich es wollte – trotz des Unmuts, den ein solcher Entschluß in Louis' Lager hervorrufen würde.

Sybillas Reaktion war besonnener, und in den folgenden Tagen sprachen wir bei unseren Spaziergängen und Ausritten über nichts anderes. Sie war, wie stets, ganz offen und ehrlich mir gegenüber.

»Was ist damit gewonnen, Eleonore? Selbst wenn Louis dich gehen ließe – was ich mir einfach nicht vorstellen kann, denn auf seine Art vergöttert er dich, ob es dir nun gefällt oder nicht.« Dieser Gedanke jagte mir einen Schauer über den Rücken. »Wohin kannst du gehen, wenn nicht zu einem neuen Ehemann? Im Kloster würdest du sicher nicht glücklich werden, nicht einmal in Fontevrault ...«

»Kloster! Großer Gott, daran habe ich nicht im entferntesten gedacht! Nein, ich dachte ... Nun, ich muß zugeben, ich habe keine Pläne gemacht, denn eigentlich hielt ich den Zeitpunkt noch nicht für gekommen, über dieses Thema zu sprechen ... Nein, du hast wie immer recht, Sybilla. Ich werde heiraten müssen.«

»Und zwar jemanden, der so mächtig ist wie Louis. Vergiß

nicht, du wirst nach deiner Trennung wieder zum Mündel des Königs, und er wird nicht wollen, daß Aquitanien jemandem in die Hände fällt, der ihm an Macht ebenbürtig ist. Also wird er versuchen, dich mit einem Niemand zu verheiraten.« Sie sah mich bedeutungsvoll an. »Und das würdest du doch nicht wollen, wie sehr du dich auch danach sehnst, von ihm frei zu sein ...«

»Ich frage mich, ob das noch von Bedeutung wäre.«

»Was ist eigentlich so schlimm daran, Königin von Frankreich zu bleiben? Schließlich kannst du Louis mehr oder weniger kontrollieren. Und immerhin könntest du leicht auch an einen schlechteren Ehemann geraten, nicht wahr?« Ihre wunderschönen blauen Augen sahen mich ernst an, und ich wußte, sie ließ nichts unversucht, um mich zu beschützen. Doch nun, da die Freiheit zum Greifen nahe war, wollte ich nicht mehr zurück.

Sie ergriff meinen Arm und meinte sanft: »Eine Heirat mit Geoffroi ist nicht möglich; das weißt du.«

»Ich weiß, Sybilla, aber es ist zu spät. Ich muß diese Ehe beenden, bevor ich noch den Verstand verliere.«

Sie seufzte. »Nun gut, jetzt ist es an Louis, den nächsten Schritt zu tun. Und du solltest anfangen zu beten, Eleonore – inbrünstig zu beten.«

Louis hielt sich nach unserer Auseinandersetzung ganze zwei Tage entweder in der Kapelle oder in seinem Schlafgemach auf. Offensichtlich rang er mit seinem Gewissen. Als er sich schließlich, bleich und ungekämmt, wieder blicken ließ, hatte er eine schier unfaßbare Neuigkeit für mich. Falls das Konzil und der Patriarch von Jerusalem zustimmten, würde er den Papst um die Annullierung unserer Ehe bitten. Wie betäubt ging ich hinaus in die Terrassengärten und weinte vor Freude.

Doch meine Freude währte nur kurz. Tief in der Nacht – ich konnte vor lauter Aufregung nicht schlafen – vernahm ich vor meinem Gemach ein merkwürdiges, metallisches Geräusch, und im nächsten Augenblick wurde die Tür aufgerissen. Erschreckt fuhr ich hoch. Im hellen Mondlicht standen drei Gestalten in voller Rüstung vor mir. In dieser Aufmachung war es unmöglich zu erkennen, wer sie waren.

Einer ging auf Sybilla zu, die durch den Lärm wach geworden war, hielt sie fest und preßte ihr die Hand auf den Mund, damit sie nicht schreien konnte. Sie wehrte sich nach Leibeskräften und biß ihren Angreifer sogar, bis er blutete, vermochte aber letztlich nichts gegen ihn auszurichten.

Die beiden anderen hatten es auf mich abgesehen.

Eine schwielige, nach kaltem Schweiß riechende Hand preßte sich auch auf meinen Mund. Der Angreifer hielt mich fest, während der andere mich mit einem Seidenband fesselte, in einen schwarzen Umhang wickelte und fest verschnürte. Rasend vor Wut, trat ich wild um mich, aber vergebens. Gleich darauf wurde ich über eine breite Schulter geworfen und aus meinem Gemach getragen.

Obwohl sie kein Wort sagten, wußte ich doch bald, wer ihr Anführer war: Thierry Galeran. Die Entführung – als das entpuppte es sich später – trug seine Handschrift, denn er pflegte bei allem, was er tat, blitzschnell und skrupellos vorzugehen. Man warf mich auf ein Bündel Stroh und fuhr mich durch die mitternächtliche Stadt. Noch bevor überhaupt Alarm geschlagen werden konnte, hatten die Männer schon das Südtor passiert. Und so verließ ich Antiochia – ohne ein Wort des Abschieds für Raymond, ohne Würde und ohne zu wissen, was mich erwartete –, hintergangen von Louis, dem Mann, in dessen Händen meine Freiheit lag.

Was mir widerfuhr, war jedoch nicht wirklich Louis' Schuld; das wurde mir später klar. Wie versprochen hatte er seinen Vasallen und Prälaten meinen Wunsch unterbreitet, doch sie hatten sich bis auf den letzten Mann dagegen ausgesprochen. Dabei ging es natürlich nicht um mich, sondern um den möglichen Verlust Aquitaniens. Meine Entführung und Verschleppung nach Jerusalem war von den Tempelrittern ersonnen und ausgeführt worden. Gegen diesen mächtigen Zusammenschluß vermochte ich nur wenig auszurichten.

Es dauerte ganze drei Tage, bis Louis sich schließlich in meine Nähe wagte. Wir waren auf der staubigen Straße zur Heiligen Stadt unterwegs, als er mit verschämtem Gesicht neben mir herritt. Aber ich war nicht in der Stimmung, ihm zu verzeihen.

»So also wollt Ihr mich von nun an behandeln – wie eine Gefangene, Sire?« Er konnte mir nicht in die Augen sehen und starrte verlegen auf seinen Sattelknauf. Voller Abscheu bemerkte ich, daß er wieder seine schwarze Pilgerkutte trug, als wolle er verleugnen, daß er – zumindest dem Namen nach – ein König war. »Ihr wart nicht einmal Manns genug, es selbst zu tun, Ihr ... Ihr Franzose!«

Da blickte er schließlich auf. »Es war nicht meine Idee!«

»Nein, natürlich nicht, Ihr seid ja bloß eine Schachfigur in den Händen der Tempelritter. Ein armseliger Bauer – und kein König! Ihr könnt sie nicht einmal strafen, denn dann würden die Leute ja merken, daß nicht Ihr das Zepter in der Hand habt!«

»Hört auf, Eleonore! Es tut mir wirklich leid. Seid mir nicht mehr böse ...«

»Böse?! Ihr belügt mich, macht falsche Versprechungen, laßt mich entführen – und ich soll Euch nicht böse sein? O Louis, das ist nichts, rein gar nichts, verglichen mit dem, was Euch bevorsteht. Das dürft Ihr mir glauben!«

Er sah mich ernstlich beunruhigt an – nicht zu Unrecht.

»Bitte, Eleonore. Wirklich, es war nicht meine Schuld. Ich habe lediglich zu Thierry gesagt, daß ich gern einen Ausweg aus dieser Situation wüßte, und im nächsten Augenblick war schon alles beschlossene Sache ...«

»Und es paßte nur zu gut in Eure Pläne. Bei Gott, Louis, Ihr seid erbärmlich!«

»Eleonore!« Er sah sich rasch um, weil er fürchtete, jemand habe meine Worte gehört. »Wir können den Patriarchen von Jerusalem nur dann um Rat fragen, wenn wir uns auch auf den Weg in die Heilige Stadt machen. Und genau das tun wir ja jetzt.«

Ich war zu wütend, um ihn darauf hinzuweisen, daß es genügte, wenn einer von uns ihn aufsuchte. Statt dessen fragte ich ihn: »Wißt Ihr, wie man diese Straße nennt, Louis? *Via maris.*«

»Die Straße zum Meer«, übersetzte er getreulich. Dazu reichten seine Lateinkenntnisse, die er aus der Bibel hatte.

»Ja, Straße zum Meer. Meer bedeutet Freiheit, Louis, und wenn meine Zukunft nicht Freiheit bedeutet, werdet Ihr es eines Tages bereuen. Das verspreche ich Euch.«

Er starrte mich fassungslos an, und ich gab meinem Pferd die Sporen. »Und macht den Mund zu, Louis. Ihr seht aus wie ein Fisch auf dem Trockenen.« Daraufhin entfernte er sich kleinlaut, um wieder die Kolonne anzuführen, und überließ mich meinem Zorn.

Nach diesem Wortwechsel wurde ich nicht länger wie eine Gefangene behandelt. Aber wohin hätte ich auch fliehen sollen, ohne Vorräte und ohne Geld – über diese Dinge verfügte er – und ohne meine Vertrauten, die alle unter sorgsamer Bewachung standen. Ich bezwang meine Wut, indem ich mir immer wieder sagte, daß es mir eigentlich nicht schlechter gehe als vor meiner Bitte um Annullierung der Ehe. Das Schlimme jedoch war: da ich es nun einmal ausgesprochen hatte, fühlte ich mich tatsächlich wie eine Gefangene. Und so würde es bleiben, bis ich Gelegenheit hätte, meinen Fall darzulegen.

Nach unserer heftigen Auseinandersetzung verhielt sich Louis, als wäre nichts geschehen. Er wirkte bisweilen sogar vergnügt und betrachtete den langen Ritt nach Jerusalem wohl als Erholung von den vorausgegangenen Reisestrapazen. Außerdem bestand er darauf, daß an jedem Wasserloch eine Messe gelesen und überdies der Friedenskuß ausgetauscht wurde. Nun, ich wußte dafür zu sorgen, in jenen Augenblicken nicht in seiner Nähe zu sein ...

Louis schien auch nicht zu bemerken, was seit meiner schmachvollen Abreise von Raymonds Hof getuschelt wurde. Trotz der angestrengten Bemühungen der Tempelritter um Diskretion ging das Gerücht um, ich hätte um die Annullierung meiner Ehe gebeten. Man munkelte so allerlei, was wohl der Grund für unsere ehelichen Schwierigkeiten sein mochte. Die meisten glaubten, Louis sei krank vor Eifersucht, doch man wußte nicht, auf wen. In jedem Fall hatte das ganze Gefolge einen Riesenspaß daran, Vermutungen anzustellen. Nachdem eine Woche verstrichen war, durfte Sybilla mich wieder begleiten. Als wir außer Hörweite waren, berichtete sie mir von den letzten Mutmaßungen. »Alle glauben, daß du einen Liebhaber hattest. Das ist die einzige Erklärung, die ihnen einfällt, denn sie sehen ja, wie Louis dich behandelt.«

»Und an wen denken sie?«

»Oh, ich fürchte, da sind mehrere Namen im Umlauf, angefangen bei Maurienne bis hin zu Nureddin.«

»Maurienne? Sie müssen denken, ich sei krank!« Ich zog versehentlich zu heftig an den Zügeln, so daß mein Pferd ein wenig scheute. »Oder sehr verzweifelt.«

»Ich weiß, was du meinst, aber es ist eigentlich nur ein Spiel, um sich die Zeit zu vertreiben. Ich denke nicht, daß irgend jemand es ernsthaft glaubt, obwohl das Gerücht von der Annullierung noch im Umlauf ist. Sie glauben allerdings, daß du – wie soll ich es sagen? – etwas Besseres kennengelernt haben mußt, da dir jetzt Louis' Schwächen bewußt geworden sind ...« Wir tauschten ein vielsagendes Lächeln, hüteten uns allerdings, Geoffrois Namen laut auszusprechen. »Einige, darunter Hugues, denken, es läge daran, daß Louis sich nicht mit Raymonds Plänen einverstanden erklärt hat.«

»Da ist was Wahres dran. Ich hasse ihn, Sybilla. Ich hasse ihn schon lange, aber ich wagte nicht, es mir einzugestehen, solange ich dachte, für immer an ihn gebunden zu sein ... Weißt du, ich glaube, du hattest recht ... Er wird mich wohl nicht gehen lassen, oder?«

»Nur sehr ungern – und vor allem dann nicht, wenn der Rat sich dagegen ausspricht. Deine einzige Hoffnung ist es, an sein schlechtes Gewissen zu appellieren, denn das hat sich ja schon in der Vergangenheit bewährt.«

Als wir Jerusalem erreichten, ritt ich als vermeintlich freie Frau in die Heilige Stadt und wurde als Königin gebührend willkommen geheißen. Wir waren auf dem schnellsten Weg dorthin gereist, damit Louis endlich das tun konnte, was ihm das wichtigste Anliegen war – sein Gewissen bei einem Gebet in der Grabeskirche zu beruhigen.

Wir suchten die verschiedenen Heiligtümer der Stadt auf. Während ich jedem freundlich zulächelte, kaufte Louis Reliquien, als gäbe es kein Morgen mehr, und glaubte treuherzig jede Geschichte, die man ihm auftischte, mochte sie auch noch so phantastisch klingen. In kürzester Zeit waren wir in der Stadt gerngesehene Gäste. Was mich betraf, so hielt mich allein mein Zorn aufrecht. Natürlich unterließ es Louis, in unserer Eheangelegenheit den Patriarchen zu konsultieren. Er glaubte, alles würde in Vergessenheit geraten, sobald ich dem schändlichen Einfluß des poitevinischen Hofes entronnen sei und die frische Luft atmete, die auch Jesus und seine Apostel einst eingeatmet hatten.

Da hatte er sich getäuscht. Und in der Zwischenzeit litt ich unter der großen Hitze des Morgenlandes.

Wie nicht anders zu erwarten, mißfiel Louis nicht nur Jerusalems verwitwete Königin Melisande und ihr gesamter Hof, sondern auch Fulkos Sohn, der erst siebzehnjährige König Baudouin. Schließlich war der junge Mann ein Angeviner, was in jenen Tagen schon Grund genug war, um sich Louis' Feindschaft zuzuziehen. Ich hingegen fand den hochgewachsenen, schlanken Jüngling sehr charmant. Mit seinem goldblonden Haar ähnelte er seinem Halbbruder Geoffroi auf verblüffende Weise, und zwar in einem Maße, das genügte, um mir meine Einsamkeit wieder schmerzlich bewußt zu machen.

Doch seine Mutter Melisande stellte uns vor ein neues Problem. Fulkos Tod hatte sie verletzlich und ängstlich werden lassen, so daß sie sich stets von neuen Plänen – und neuen Belohnungen – verlocken ließ, sobald ein Machthaber ihr seine Hilfe gegen Nureddin anbot. So kam es, daß sich am Ende alle mehr als Rivalen denn als Verbündete im Kampf zur Rettung des Königreichs Jerusalem fühlten.

Zwei Wochen nach unserer Ankunft machten sich jedoch alle nach Akkon auf. Dort wollte man sich mit anderen Würdenträgern des Heiligen Landes und Kaiser Konrad treffen – der, wie ich angenommen hatte, der letzte wäre, den sie nochmals sehen wollten. Ich war die einzige, die man nicht eingeladen hatte. Im Lichte der späteren Ereignisse war ich dann sehr froh, nicht mit dieser Zusammenkunft und der ganz und gar unheilvollen Politik in Verbindung gebracht zu werden.

Unter dem Vorwand, ich solle Prinz Amalric, Baudouins jüngeren Bruder, beaufsichtigen, ließ man mich in der Obhut eines diskreten, aber furchteinflößenden Wachpostens im Königspalast zurück. Natürlich ließ sich davon niemand täuschen – ich war schlicht und ergreifend Louis' Gefangene.

Mein Zorn wuchs noch, als ich erfuhr, daß Friedrich von Schwaben seinen Onkel Konrad zu den Verhandlungsgesprächen begleitete. Ich hatte vom Balkon des Palastes nur einen flüchtigen Blick auf ihn werfen können, als er mit neuen Truppen vorbeiritt. Überrascht und hocherfreut, ihn wieder bei bester Gesundheit zu sehen, hatte ich ihm zugewunken. Er war vollständig von seinen Verletzungen genesen, die er sich in Dorylaeum zugezogen hatte. Was für ein Bild von einem Mann!

dachte ich bei mir. Erstaunt blickte er hinauf, lächelte, rief mir etwas zu, das ich nicht verstehen konnte, und warf mir ein paar Kußhände zu. Zum ersten Mal seit Wochen lachte ich wieder. Doch schon war er in den engen Gassen der Heiligen Stadt verschwunden, und ich blieb allein mit meinem Schutzbefohlenen in dem fast menschenleeren Palast zurück.

Der junge Prinz Amalric war fast zwölf Jahre alt und ebenso seltsam wie Baudouin charmant. Sicher, auch er würde später ein gutaussehender Mann werden, doch es mangelte ihm ganz offensichtlich an seines Bruders Vornehmheit: Er war stets hochrot im Gesicht und auffallend pummelig – ein richtiger kleiner Dickwanst. Darüber hinaus stotterte er ganz fürchterlich, doch wegen seiner mißtrauischen Art schmolz jedes Mitgefühl rasch dahin.

Und er war höchst sonderbar. Stumm beobachtete er mich eine geschlagene halbe Stunde lang, bevor er das erste Mal das Wort an mich richtete. Unvermittelt sprang er von seinem Platz auf der Fensterbank auf und meinte: »S-soll ich Euch mal etwas L-lustiges erzählen? Der Name meiner Großmutter war Morphia!« Woraufhin er in schallendes Gelächter ausbrach.

Etwas überrascht von diesem Ausbruch, wartete ich, bis er sich wieder beruhigt hatte. Dann beugte ich mich zu ihm hinüber. »Soll ich dir mal etwas Unheimliches erzählen? Der Name meiner Großmutter war Dangéreuse.«

Er sah mich unsicher an und murmelte: »Was für ein dummer Name.«

»Oh, da wäre ich an deiner Stelle nicht so sicher, Amalric.«

Von da an bemühte er sich, auf seine Manieren zu achten. Doch je länger ich in der Gegenwart dieses merkwürdigen Jungen mit seinen unerklärlichen Lachanfällen und eigentümlichen Witzen zubrachte, desto mehr war auch ich geneigt zu glauben, daß etwas an den Geschichten über das angeblich verderbte angevinische Blut stimmen mußte.

Sybilla fühlte sich in seiner Gegenwart noch unbehaglicher

als ich. Bevor sie mit den anderen nach Akkon aufbrach, fragte ich sie nach dem Grund. Freimütig sah sie mich an. »Ja, Eleonore, er macht mich ganz nervös. Ich weiß, er ist noch ein Junge und wird sich möglicherweise ändern, aber ...«

»Aber was?«

Nach einer kurzen Pause meinte sie: »Er erinnert mich zu sehr an meinen Bruder.«

»An Geoffroi?« Ich lachte. »Bestimmt nicht!«

»Nein, Eleonore. Nicht Geoffroi. An Hélie.«

»Ich hatte ganz vergessen, daß du noch einen weiteren Bruder hast.«

»Nun, ich denke, einer ist unter diesen Umständen auch genug.«

Wir lächelten einander verschwörerisch zu.

»Warum beunruhigt dich diese Ähnlichkeit?«

»Weil ... Wegen der Dinge, die sich zwischen beiden zugetragen haben. Weißt du, Eleonore, Geoffroi hat ihn getötet.«

Mir stockte das Herz. Ich konnte nicht glauben, was ich da hörte.

»Das kann doch nicht wahr sein, Sybilla!«

»Ich fürchte doch. Oh, er hat nicht das Schwert gegen ihn erhoben oder ihn niedergestreckt, doch trotz alledem hat er ihn umgebracht.«

»Was ist geschehen ... und wann? Wie kam es dazu?«

Sie beugte sich vor und küßte mich. »Du blickst so betroffen, Eleonore ... Sie waren beide noch sehr jung, und es war wirklich nicht Geoffrois Schuld. Er wollte das bestimmt nicht.«

Mir wurde ganz übel, und ich mußte mich zwingen, ihr zuzuhören.

»Als Vater Geoffroi seine Ländereien übertrug und hierherkam« – nachdenklich sah sie sich in dem Raum um, den Fulko einst hatte erbauen lassen –, »traf er keine Vorkehrungen für Hélie. Er war ja jünger als Geoffroi, und Fulko verfügte lediglich, sie sollten die Angelegenheit unter sich ausmachen. Doch kaum war mein Vater gegangen, beanspruchte der bis dahin so stille Hélie die Provinz Maine – und zwar genau in dem Moment, als Geoffroi sich mit einem großen Aufstand herumschlagen mußte.«

Ich schluckte. »Hatte Hélie denn überhaupt ein Anrecht auf dieses Land?«

»Nein, rechtlich stand ihm genau wie Mathilda und mir lediglich ein Teil davon zu. Es waren die Ländereien meiner Mutter gewesen, und ihre frühere Mitgift stand nun uns, ihren Töchtern, und natürlich Hélie zu. Doch als er gerade mal dreizehn war, wollte er alles, auch unseren Anteil. Es war für uns ein großer Schock, daß er derart berechnend sein konnte.«

Ich begann zu ahnen, warum sie Ähnlichkeiten mit Amalric zu erkennen glaubte. »Was tat Geoffroi in dieser Situation?« fragte ich angespannt, da ich die Antwort fürchtete.

»Was konnte er tun? Hélie schloß sich dem Aufstand an, was Geoffroi zutiefst verletzte. Er besiegte natürlich seinen kleinen Bruder ebenso wie alle anderen und hoffte, Hélie würde seine Lehren daraus ziehen. Doch dem war nicht so. Er schloß sich jedem mächtigen Lehnsherrn an, der gegen Geoffroi aufbegehrte, und kämpfte unter dessen Protektion. Natürlich benutzten sie Hélie für ihre Zwecke. Nun, Geoffroi besiegte ihn jedesmal und ließ ihn schließlich schwören, niemals wieder gegen ihn anzutreten, sonst würde er ihn einsperren. Er dachte, ein paar Monate in Gefangenschaft im Palast von Le Mans oder Angers würden seinem jüngeren Bruder zeigen, wie ernst es ihm war.«

Sie hielt inne, und ich bat einen Diener, uns gekühlten Wein zu bringen. Wir hatten beide eine Erfrischung bitter nötig. »Bitte, erzähl weiter, Sybilla.«

Sie ergriff meine Hand. »Du darfst nicht vergessen, Eleonore, daß Geoffroi zu jener Zeit mit vielen Problemen zu kämpfen hatte. Seine glücklose Ehe, der ständige Druck, die Normandie zurückzugewinnen, während der König all seine Anstrengungen durchkreuzte, und dann noch der Ärger zu Hause ... Und stets das Bewußtsein, im Unterschied zu anderen jungen Thronerben vom eigenen Vater, wenn auch aus der Ferne, beobachtet und kritisiert zu werden.«

»Was geschah mit Hélie?«

»Nun, zu guter Letzt ging er zu weit – er trachtete Geoffroi nach dem Leben!«

Ich sah sie entsetzt an. Das schien mir unvorstellbar.

»Geoffroi nahm ihn gefangen und verbannte ihn nach Tours. Nein, er sperrte ihn nicht in ein Verließ, doch er brachte ihn dennoch sicher unter. Hélie lebte in einem Turm des Schlosses, hatte auch Bedienstete, aber er war ein Gefangener. Erst da wurde uns allen die schreckliche Wahrheit bewußt: Geoffroi konnte ihn unmöglich wieder freilassen. Denn Hélie gestand sich nicht ein, welche Schuld er auf sich geladen hatte, und war sich seiner Niedertracht nicht bewußt. Er war gerissen und, ja, skrupellos. Er würde niemals Ruhe geben ...

Mehrere Jahre verbrachte er dort, doch nach einer gewissen Zeit begann man – ohne unser Wissen –, ihn zu vernachlässigen. Seine Wachen nutzten ihre Stellung aus, und er wurde krank. Vielleicht wußte er, daß er all seine Chancen verspielt hatte, und gab einfach auf. Wer weiß das schon? Als Geoffroi entdeckte, was in Tours vor sich ging, ließ er ihn auf der Stelle frei und bot ihm jede nur erdenkliche Hilfe an, aber es war zu spät. Hélie war ein gebrochener Mann, und wenige Monate später starb er. Geoffroi war entsetzt. Er glaubte, schuld an seinem Tode zu sein.«

»Aber das ist ungerecht! Er muß damals doch selbst noch fast ein Junge gewesen sein!«

»Das ist wahr – als Hélie starb, war er erst siebzehn.«

Siebzehn, so alt wie sein Halbbruder Baudouin jetzt. Und Baudouin wirkte so jung, sehr jung ... Ich sah zu Sybilla, und eine böse Ahnung befiel mich. »Aber du, hast du Geoffroi für schuldig gehalten?«

»Hélie war auch mein Bruder, Eleonore. Aber nein, das tat ich natürlich nicht. Und im übrigen trifft mich vielleicht ebensoviel Schuld wie Geoffroi. Ich hätte mich mehr um Hélie kümmern sollen, aber – das klingt jetzt schrecklich – es war schwer, ihn zu lieben. Es gibt einen Zeitpunkt, an dem Jugend nicht länger alles entschuldigt. Seine Lügen, sein Verrat an Geoffroi, die Gewalttätigkeit gegenüber seinem älteren Bruder ... Nein, es war Vaters Verschulden. Es wäre seine Pflicht gewesen, klare und eindeutige Vorkehrungen zu treffen. Gott weiß, daß er dazu die Möglichkeit hatte ...«

Wir tranken unseren Wein, doch er schmeckte uns nicht. Und erst als Baudouins Diener kamen, um die Lampen anzuzünden, merkten wir, daß es inzwischen dunkel geworden war. Eine weitere Facette des Rätsels, das Geoffroi umgab, war mir enthüllt worden, doch ich konnte sie noch nicht einordnen. In den nächsten Tagen ließ ich einfach alles, was Sybilla mir berichtet hatte, in Ruhe auf mich wirken. Ich stellte fest, daß es an meinen Gefühlen nichts änderte. Nur diejenigen, die keine Verantwortung zu tragen haben, machen auch keine Fehler. Und welche große Sünde hatte er schon begangen? Er hatte Hélie immer wieder eine Chance gegeben und war stets aufs neue von ihm betrogen worden. Nein, es war nicht seine Schuld.

Ich liebte ihn noch mehr für alles, was er durchlitten hatte.

Vielleicht verstand ich ihn auch besser. Doch nun fühlte ich mich schuldig. Er hatte mir nichts von dieser quälenden Bürde erzählt, auch nicht, als er mir in Thouars sein Herz ausschüttete. Und ich hatte geglaubt, alles zu wissen, was ihn bedrückte.

»Der einzige Friede, den ich im Leben gekannt habe, Eleonore, war die Zeit, die ich mit dir verbracht oder von dir geträumt habe.«

Diese Worte brannten nun in meinem Herzen. Ich war sein Trost, seine Rettung gewesen und hatte ihn verlassen. Es war nicht mehr von Bedeutung, daß ich keine andere Wahl gehabt und mich uns beiden zuliebe für diesen Weg entschieden hatte: Ich war es, die ihn im Stich gelassen hatte. Und ich spürte, daß mein Herz an der Geschichte mit seinem Bruder zu zerbrechen drohte.

Schließlich kam ich zu dem Schluß, daß nicht Geoffroi mir ein Rätsel war, sondern die gesamte angevinische Familie. Amalric und sein sonderbares Wesen hatten mir – hier im fernen Jerusalem – einen weiteren kleinen Winkel erhellt.

Und unterdessen wartete ich, verbannt und gefangen in der Heiligen Stadt, während diejenigen, die offensichtlich bedeutender waren als ich, über die Politik im Norden entschieden und vor allem darüber berieten, wie sie unseren bedrohten Verbündeten, Damaskus, am besten schützen konnten.

Eines Abends Anfang August erschien Friedrich von Schwaben wieder vor den Toren Jerusalems. Ich war erfreut und empfing ihn im Garten des Palastes, der nach einem glühendheißen Tag vom Duft des Jasmin und der Lilien erfüllt war. Er küßte mir zur Begrüßung die Hand und nahm mit einer eleganten Verbeugung dankend einen Becher Wein entgegen. Nachdem die Diener die Fackeln angezündet hatten, entließ ich sie, denn ich brannte darauf, seine Neuigkeiten zu erfahren. Amalric leistete uns Gesellschaft und benahm sich verdächtig wohlerzogen.

»Herzog Friedrich, seid willkommen in Jerusalem.«

»Habt vielen Dank, edle Dame. Ich wünschte, ich käme mit Städten, die ich Euch zu Füßen legen, und einer Krone, mit der ich Euer Haupt schmücken könnte. Doch ich scheine dazu auserkoren, der Überbringer schlechter Nachrichten zu sein.«

»Nun, ich denke, was Ihr mir zu sagen habt, sollte für den Augenblick genügen.«

»Ich fürchte, wenn Ihr die Neuigkeiten hört, werdet Ihr anderer Meinung sein: Wir sind gegen Damaskus ins Feld gezogen.«

Damaskus war unser einziger Verbündeter unter den Sarazenen-Staaten. Dort allein hatte man erkannt, daß Nureddin und andere Männer seiner Art auf lange Sicht nur Probleme machen würden. Und so hatte man um des Friedens willen die christlichen Nachbarn akzeptiert. Jeder in Akkon hatte diese friedliebende Stadt beschützen wollen, denn dort gab es nicht nur sagenhafte Schätze. Vielmehr war sie auch von strategischer Bedeutung, ein wichtiger Stützpunkt zwischen Nureddins mächtigem Reich und den christlichen Städten, die sich wie Perlen an der Küste aufreihten.

»Was habt Ihr getan?« Ungläubig rang ich bei dieser Neuigkeit nach Luft und verschüttete den Inhalt meines Weinbechers. Amalric brach in schallendes Gelächter aus. Friedrich sah ihn verständnislos an, ging aber nicht weiter auf das Betragen des Jungen ein – und ich hatte mich inzwischen an solche Szenen gewöhnt. »Entschuldigt. Bitte, fahrt fort!«

»Es war das einzige, was Seine Gnaden, König Louis ...«

»Louis *f-florus!* Die kleine B-blume!« rief Amalric entzückt. Seine Begeisterung für Namen war besorgniserregend, aber angesichts solcher Nachrichten mehr als unpassend.

»Hör auf, Amalric. Es ist Zeit für dich, zu Bett zu gehen.«

»Warum?« fragte er und sah verschlagen von mir zu Friedrich. »Was habt Ihr denn noch vor?«

»Amalric!« begann ich drohend, doch da sprang Friedrich auf.

»Ihr solltet der Königin mit dem Respekt begegnen, der ihr gebührt«, sagte er ruhig. »Und wenn Ihr Euch entschuldigt habt, dürft Ihr zu Bett gehen, Sire.«

Er sah den Jungen durchdringend an, der sogleich zu stottern begann:

»T-tut mir leid, Madame. Gute Nacht. Gute Nacht, Euer Gnaden.« Dann stahl er sich davon. Friedrich und ich sahen einander an und mußten über unseren Zorn lachen.

»Was wolltet Ihr gerade sagen, Herzog?«

Er setzte sich wieder auf die Steinbank, doch rückte er diesmal etwas näher. »Louis und mein Onkel konnten sich auf nichts einigen. Doch sie wollten nicht ohne einen Sieg heimkehren, und ihre Armeen wurden ungeduldig ... Der Graf von Toulouse war eingetroffen und mit ihm neue Truppen, die darauf brannten zu kämpfen.« Die Begeisterung von Neuankömmlingen, dachte ich bei mir.

»Aber warum ausgerechnet Damaskus – diese Stadt ist unser einziger Verbündeter! Dort mag man Nureddin genauso wenig wie wir!«

»Ihr sagt es – unser einziger Verbündeter, und deshalb war man dort auch nicht auf einen Kampf mit uns vorbereitet.«

Dies war ein so abscheulicher Plan, daß wir beide eine Zeitlang schweigend dasaßen. Schließlich brachte ich flüsternd hervor: »Das einzige, worauf wir uns anscheinend einigen können, ist, unsere Freunde zu plündern. Und das im Namen Gottes. Egal, ob Konstantinopel oder Damaskus, überall geschieht das gleiche ... Ich weiß eigentlich gar nicht, warum mich solche Neuigkeiten noch überraschen, Friedrich.«

Bevor er fortfuhr, leerte er einen ganzen Becher Wein und sprach mich zum ersten Mal mit meinem Vornamen an. »Sie sahen uns natürlich schon von weitem. Damaskus war so schön, Eleonore, ein Ort wie aus einer Legende entsprungen, so alt wie die Zeit ... Sie wollten nur Frieden ... Aber was konnten sie anderes tun, als Nureddin zu bitten, zu ihrer Verteidigung herbeizueilen?«

»Der Feind meines Feindes ist mein Freund.«

»Was sagt Ihr da?«

»Die einzige Wahrheit, die ich im letzten Jahr gelernt habe, denke ich.«

»In diesem Fall trifft es sicherlich zu. Eigentlich hätten sie Nureddins Hilfe gar nicht bedurft. Wir kämpften mit dem Rükken zur Wand, während die Kavallerie der Damaszener uns wie schläfrige Fliegen auseinandernahm. Wir verloren eine beschämend hohe Zahl an Männern, und das alles für nichts. Es war noch schlimmer, Eleonore, denn wir verloren unseren guten Ruf. Bis dahin hatten sie uns für unbesiegbar gehalten, doch ihre Furcht schwand dahin, als sie die vielen fliegenumschwirrten Leichen in der Sonne liegen sahen.«

Dorylaeum, Berg Cadmos, Attalia, Damaskus ... Vor meinem geistigen Auge sah ich die zahllosen Toten vor mir, die der Kreuzzug bisher gefordert hatte.

Friedrich fuhr fort: »Wir kamen gar nicht in die Stadt. Doch noch immer denkt Louis, er könne über sie nach Gutdünken verfügen. Er möchte Thierry von Flandern zu ihrem Herrscher machen und glaubt, die Menschen dort zum Christentum bekehren zu können, indem er ihnen sagt, von nun an seien sie Christen. Es ist nicht König Baudouins Schuld. Er ist noch so jung, und viele mächtige Männer versuchen, ihn zu beeinflussen.« Ja, und außerdem ist Baudouin trotz seiner Fähigkeiten nun mal kein Geoffroi, dachte ich bei mir. »Doch wenn er seine Chance ergreift, wird er mit Sicherheit einmal ein guter Herrscher. Diese Angeviner sind – auf die eine oder andere Weise – wirklich bemerkenswert, und es ist wohl besser, sie auf seiner Seite zu haben. Ich denke, da stimmt Ihr mir zu, nicht wahr, schöne Eleonore?«

Ich sah ihn etwas beunruhigt an, da es ihm gelungen war, einen Blick in mein Herz zu werfen. Doch er schien lediglich über Politik zu sprechen und merkte wohl gar nicht, wie vertraulich sein Ton geworden war. Ich mußte wieder an die schrecklichen Ereignisse in Damaskus denken. »Was werdet Ihr nun tun, Friedrich?«

»Mein Onkel gedenkt, nach Hause zurückzukehren. Es ist meine Pflicht, ihn zu begleiten.« Ich erhob mich, und auch er stand auf, als er sagte: »Obwohl ich den Orient mit seiner Wärme und überwältigenden Schönheit nur ungern verlasse.«

Noch ehe ich auch nur daran denken konnte, ihn aufzuhalten, hatte er schon seine Arme um meine Taille geschlungen und beugte sich vor, um mich zu küssen. In letzter Sekunde legte ich meine Finger auf seine Lippen und sagte: »Ich denke, ein flüchtiger Eindruck vom Paradies sollte genügen, nicht wahr,

Friedrich? Gute Nacht, Herzog.« Ich löste mich aus seiner Umarmung und eilte geschwind davon.

Wie stets hatte Sybilla recht gehabt: Er war in der Tat ein sehr anziehender Mann. Und ich hatte schon so viele Monate ohne Liebe auskommen müssen, daß der Wunsch, von seinen Armen gehalten zu werden, mich ihm willenlos zu ergeben und für einen Augenblick sicher und geborgen zu fühlen, übermächtig groß gewesen war. Doch wohin hätte das geführt? Jeder Schutz, jeder Trost wäre pure Illusion. Nein. So außerordentlich und so anziehend er auch sein mochte, er war nicht Geoffroi. So ging ich denn allein zu Bett und weinte mich in den Schlaf.

Unsere »ruhmreichen« Heerführer trafen in der darauffolgenden Woche nach und nach in Jerusalem ein. Kaiser Konrad beschloß entmutigt, den Kreuzzug abzubrechen und nach Hause zurückzukehren. Friedrich und die Überreste seiner Streitkräfte zogen mit ihm. Auch Louis' Bruder Robert brach angewidert den Kreuzzug ab und schiffte sich für die Heimfahrt ein. Louis, der davon Abstand nahm, den Heiligen Krieg fortzusetzen, sandte seine verbliebenen Truppen mit ihm nach Hause. Er zog sich in die Davidszitadelle zurück, seine Residenz in Jerusalem, und murmelte etwas davon, bis Ostern bleiben zu wollen.

Wir waren seit nunmehr sechzehn Monaten fort, und trotz Sugers drängender Bitten beabsichtigte er, noch sechs Monate mit der Rückkehr zu warten? Es gab Gerüchte von Aufständen in Frankreich, doch Louis wollte sich nicht mit diesen Problemen beschäftigen. Auch mein Ersuchen um die Annullierung unserer Ehe schien er hintangesetzt zu haben. Das an sich machte mir Hoffnung, denn er hätte sich vor diesem Schritt nicht gefürchtet, wäre er aussichtslos für mich gewesen. Seine Unentschlossenheit hielt ihn weiter davon ab, das Lager mit mir zu teilen, obwohl er sein Gelübde längst erfüllt hatte: Einerseits konnte er nicht glauben, daß wir nicht rechtmäßig miteinander verheiratet sein sollten, andererseits benahm er sich so, als wenn wir es tatsächlich nicht wären. Meine Verachtung für ihn wuchs mit jedem Tag.

Aber wenigstens blieb mir so erspart, mit ihm und diesem Widerling Galeran, der wie eine Klette an ihm klebte, zusammenleben zu müssen. Ich wollte und wurde in Tankreds Feste untergebracht, die einige hundert Meter entfernt an der Stadtmauer lag. Uns trennte das bunte und quirlige Treiben des Kornmarktes, und ich hatte erreicht, daß Sybilla mir Gesellschaft leistete. Wenn wir nicht ihren Brüdern unsere Aufwartung machten, besuchten wir die Bazare, stets gefolgt von einer hartnäckigen Schar Bewunderer, oder besichtigten zum hundertsten Mal die Sehenswürdigkeiten der Stadt. Wir sprachen auch immer wieder über meine Zukunft. Sybilla hatte weiterhin Zweifel daran, daß Louis mich gehen lassen würde.

»Er vergöttert dich, das ist offensichtlich«, sagte sie, als wir einmal auf unserem Balkon saßen und das geschäftige Treiben auf dem Platz beobachteten: Der Duft von geräuchertem Fisch und Gewürzen stieg zu uns auf, und gerade drängte eine Hochzeitsgesellschaft aus der kleinen Kirche auf den Platz. Wir betrachteten voller Mitgefühl die Braut.

»Wie kann das angehen, Sybilla? Du weißt, er hat sich mir in der ganzen Zeit, die wir fort sind, nicht ein einziges Mal genähert.«

»Aber das ist dir doch recht, oder?«

»Natürlich, aber wie glaubt er denn, zu einem Erben zu kommen? Das ergibt alles keinen Sinn ...«

Und schon brüteten wir wieder über jene Angelegenheit.

»Angenommen, es geht zu deinen Gunsten aus: Was willst du dann tun? Als geschiedene Frau wirst du in Ungnade fallen und bist Freiwild für jeden Entführer in Frankreich oder Aquitanien. Du wirst nie wieder einen Fuß vor die Mauern von Bordeaux setzen können! Du mußt wieder heiraten – mittlerweile denke ich, daß selbst ein Kloster kein sicherer Ort mehr wäre.«

Sie hatte natürlich recht, doch die einzige Person, die ich hätte heiraten wollen, war nicht frei – es sei denn, in den langen Monaten meiner Abwesenheit wäre Mathilda etwas zugestoßen. Scharfsichtig wie sie war, erahnte Sybilla meine Gedanken. »Ich fürchte, sie erfreut sich bester Gesundheit, Eleonore. Es erübrigt sich also, diese Möglichkeit auch nur in Betracht zu ziehen.«

»Weißt du, daß ich sie noch nie gesehen habe?«

»Da kannst du dich glücklich schätzen. Sie ist die unangenehmste Weibsperson, mit der ich je zusammenleben mußte.«

»Das wußte ich ja gar nicht! Wann war das?«

»Gleich nach ihrer Hochzeit. Guter Gott, das ist fast zwanzig Jahre her ...«

»Komm, Sybilla, erzähl mir davon!« Die Hochzeitsgesellschaft unten auf dem Platz war längst vergessen.

Sie lächelte verschmitzt. »Nun, die Hochzeit fand in Le Mans statt. Du hättest Mathilda sehen sollen! Sie schäumte vor Wut und würdigte Geoffroi während der ganzen Zeremonie nicht eines Blickes. Sie war wirklich außer sich! Jedenfalls kehrten wir anschließend zu einem Hochzeitsfrühstück nach Hause zurück. Vater machte alles noch schlimmer, weil er sie dauernd Maud nannte – er konnte sich Namen einfach nicht merken und hatte vergessen, daß sie darauf bestand, Mathilda genannt zu werden. Das war aber auch schon das einzig Weibliche an ihr.«

Plötzlich erschien mir Amalrics Begeisterung für Namen gar nicht mehr so eigenartig.

»Im Laufe des Tages wurde sie immer feindseliger, so daß von einer Feier kaum noch die Rede sein konnte. Aber natürlich mußten sie irgendwann das Schlafgemach aufsuchen. Armer Geoffroi! Er war ja erst vierzehn und hatte es mit einer hochnäsigen Kaiserin von fünfundzwanzig Jahren zu tun, die, wie man wußte, sehr glücklich verheiratet gewesen war. Daher ließen wir die bei solchen Anlässen sonst üblichen derben Späße aus. Sie bekamen das beste Gemach, in dem zu Mutters Zeiten meine Eltern immer geschlafen hatten. Dann überließen wir sie den

Dingen, die da kommen sollten.« Von unten drang fröhliches Gelächter zu uns herauf, als Braut und Bräutigam mit Mandeln und Blumen beworfen wurden.

»Und?«

Ihre Stimme war nur noch ein Flüstern. »Es war verdächtig ruhig: Das Gemach liegt über dem Saal, so daß man meist hört, was dort oben vor sich geht – aber nicht so in jener Nacht. Am nächsten Morgen erzählte mir Geoffroi, daß sie ein Messer gezückt und gedroht hatte, sie würde zustechen, wenn er nicht mindestens zwei Meter Abstand hielte!«

»Unglaublich! Und was hat er gemacht?«

»Er hat es ihr mühelos entwinden und aus dem Fenster werfen können. Wir zwei haben es dann am nächsten Morgen gesucht und am Fuße der Mauer gefunden. Es war ein sehr scharfes Messer ... Du kennst Geoffroi. Er ist nicht der Typ von Mann, der eine Frau zum Beischlaf zwingt, auch nicht, wenn es die eigene ist. So sagte er ihr, sie könne ganz unbesorgt sein, und verbrachte die Nacht im Lehnstuhl. Als er am nächsten Morgen erwachte, saß sie noch immer stocksteif in ihrem Bett!«

»Großer Gott ...«

»Doch nach zwei Wochen meinte Vater zu Geoffroi, so könne es nicht weitergehen, er müsse die Dinge endlich in die Hand nehmen. Allmählich würde die Sache lächerlich. Vater wollte schließlich nach Jerusalem aufbrechen, und außerdem hatte Geoffroi schon Kreuzschmerzen von seinen Nächten im Lehnstuhl. An jenem Abend entstand ein schrecklicher Radau. Die beiden waren wie gewöhnlich nach oben gegangen, und gleich darauf hörten wir, wie das Mobiliar zu Bruch ging. Stell dir vor, Eleonore, sie hat wirklich alles zertrümmert, was sich in dem Gemach befand, sogar einige Dinge, die Mutter gehörten. Da verlor Geoffroi schließlich die Beherrschung. Lediglich der Lehnstuhl war ihrer Zerstörungswut entgangen, und das auch nur, weil er zu schwer war. Für einen Augenblick hielt sie in ihrer Raserei inne. Da kam er zu ihr, packte den Stuhl – du weißt, wie stark er ist – und schmetterte ihn gegen die Wand. Das brachte sie zur Besinnung. Plötzlich erkannte sie, daß sie es nicht mit einem fügsamen Knaben zu tun hatte, sondern mit einem kräftigen jungen Mann, der sie jederzeit hätte nehmen können, wenn er es gewollt hätte.« Sybilla schöpfte kurz Atem.

»Und?«

»Fast augenblicklich gab sie nach, und so wurde die Ehe endlich vollzogen. Und weißt du was? Sie war noch Jungfrau! Sie hatte einfach schreckliche Angst gehabt! Die große Liebe des alten Kaisers war wohl eher die Liebe eines Vaters als die eines Ehemanns gewesen. Wir alle wußten, daß er Jahrzehnte älter war als sie, aber sie hatte gut zum deutschen Hofe gepaßt und war so traurig, nach seinem Tod fortgehen zu müssen, daß jeder dachte, es sei eine Liebesheirat gewesen, die leider kinderlos geblieben war. Jetzt wußten wir, warum sie keine Kinder hatten. Sie wird befürchtet haben, zum Gespött der Leute zu werden, wenn die Wahrheit ans Licht käme. Deshalb hatte sie sich derart widerspenstig gezeigt.« Sybilla sah mich mit ihren hellen, klugen Augen an. »Sie war so stolz und selbstherrlich, daß sie überhaupt nicht versuchte, Geoffroi zu verstehen. Er hätte sie niemals gedemütigt und ihr Geheimnis verraten.«

Ich wußte, daß das stimmte, denn auch mir gegenüber hatte er Stillschweigen bewahrt. Für einen kurzen Augenblick war ich regelrecht eifersüchtig auf Sybilla.

»Dir aber hat er alles erzählt.«

»O ja, wir standen uns damals sehr nah – und irgend jemandem mußte er sich schließlich anvertrauen. Das alles war sicher nicht leicht für ihn. Sie war einfach schrecklich, Eleonore. Und nach diesem schlechten Anfang wurde es keinesfalls besser. Er konnte ihren höhnischen Spott und ihr Gezeter einfach nicht ertragen. Nach wenigen Monaten erklärte er, sie tauge nicht zur Gemahlin eines Grafen von Anjou, und schickte sie zu ihrem Vater zurück!« Diesen Teil der Geschichte kannte ich. »Jahrelang war sie dann fort, aber irgendwann mußte er sie wieder zu sich holen. Sie blieben so lange zusammen, bis die Jungen geboren waren, und den Rest kennst du ja.«

Sie griff nach ihrem Weinglas und betrachtete nachdenklich das zerbrechliche Gefäß. »Weißt du, immer wenn ich an sie denke, höre ich das Splittern von Glas ...«

Solche Gespräche gehörten zu den wenigen Möglichkeiten, uns die Zeit zu vertreiben. Außerdem trösteten sie mich ein wenig über die Trennung von Geoffroi hinweg. Sybillas anfängliche Scheu, von ihm als meinem Geliebten zu sprechen, hatte sich gelegt. Obwohl sie sich sehr um unser Schicksal sorgte, war sie doch fast ebenso glücklich wie ich, über ihn sprechen zu dürfen. Auf diese Weise konnte sie in Erinnerungen an ihr Zuhause und ihre Söhne schwelgen. Ich hatte mich so sehr bemüht, ihn zu vergessen, doch ich wurde von meinen Träumen und sehnsüchtigen Erinnerungen gequält. Alles schien so entsetzlich aussichtslos. In einem schwachen und verzweifelten Moment gab ich meinem Sehnen nach und schrieb ihm einen Brief. All meine unterdrückte Liebe legte ich hinein und bat ihn um Verzeihung, weil ich ihn auf so grausame Weise verlassen hatte. Als ich mir meinen Kummer von der Seele geschrieben hatte, war wieder Ordnung in meine Gedanken eingekehrt. Ich erkannte, daß ich mit diesen wenigen Federstrichen meine ganzen Anstrengungen zunichte machen würde. Zu guter Letzt verbrannte ich den Brief, und meine Tränen hätten beinahe die Flammen gelöscht, bevor er zu armseliger Asche zerfiel.

Als das Osterfest nahte, hatten Sybilla und ich bereits das Gefühl, unser ganzes Leben unter Jerusalems heißer Sonne verbracht zu haben. Ich war fast froh, als am Gründonnerstag ein Brief von Suger eintraf. Er berichtete, auch Louis' Bruder, der inzwischen wohlbehalten nach Frankreich zurückgekehrt sei, rüste zum Aufstand und erhebe – in Abwesenheit des »Mönchs« – Anspruch auf den Thron. Diese Neuigkeiten rüttelten selbst

Louis wach. Schließlich war er der Gesalbte Gottes, auch wenn er öfter den Eindruck erweckte, ein Fehler Gottes zu sein. Er ließ ernstlich nach Schiffen Ausschau halten, die uns nach Hause bringen sollten.

Meine Freude wurde indes durch Sybillas Entschluß, im Heiligen Land zu bleiben, empfindlich getrübt. Thierry hatte sie aufgefordert, mit ihm zunächst im Heiligen Land zu bleiben, da er noch immer Damaskus zu erringen hoffte. Ihr blieb somit keine andere Wahl, und ich mußte mich von meiner liebsten Freundin trennen, ohne zu wissen, ob ich sie jemals wiedersehen würde. Am Abend vor ihrer Abreise saßen wir bis in die späte Nacht in Tankreds Feste, tranken zuviel Wein und weinten uns aus. Zwei Jahre lang waren wir unzertrennlich gewesen und hatten vieles gemeinsam erlebt und durchlitten. Außerdem war sie in diesen fernen Landen meine letzte Verbindung zu Geoffroi gewesen, und daher hatte ich sie natürlich doppelt in mein Herz geschlossen.

Ende April brachen Louis, ich und die Reste des Heeres von Akkon aus auf – von einem ernüchterten König Baudouin sichtlich erleichtert verabschiedet. Im letzten Augenblick war Amalric, stürmisch winkend, erschienen und hatte mir zu meiner Überraschung eine Kußhand zugeworfen. So verließ ich das Heilige Land mit einem wehmütigen Lächeln.

Kapitel 16

⚜ Wir benötigten für die Überfahrt gerade mal zwei Segelschiffe und einige Frachtboote, denn von dem hunderttausendköpfigen Heer, das vor zwei Jahren voller Hoffnung und Zuversicht aufgebrochen war, waren nur noch zweihundert Seelen übriggeblieben. Auch am Ende unserer Reise blieben Louis und ich getrennt: Er und sein Gefolge reisten mit dem einen Segler, mein Geleit und ich mit dem anderen. Beladen mit Priestern und Reliquien, glich sein Schiff einer schwimmenden Kirche und war stets von Weihrauch umweht. Wir, die wir in seinem Schlepptau segelten, fanden den Geruch unsäglich und waren erleichtert, als der Wind schließlich drehte.

Auf dem poitevinischen Schiff indes besserte sich die Stimmung zusehends, sobald die Segel gehißt waren. Jeder hatte in letzter Minute noch etwas für seine Lieben daheim erstanden, und so ächzte das Deck unter der Last der zusätzlichen Truhen voll mit Silbertabletts, Seidenstoffen und Gewürzen. Die Käfige mit Papageien und Äffchen heiterten selbst diejenigen auf, die besonders unter der Seekrankheit zu leiden hatten.

Wir waren wirklich und wahrhaftig auf dem Weg nach Hause.

Die ersten Wochen verstrichen ohne besondere Zwischenfälle. Doch als wir das Kap von Malea erreichten, wären wir beinahe mit Kaiser Manuels Flotte zusammengestoßen, der gegen unseren Verbündeten Roger von Sizilien Krieg führte. Monatelang hatte Louis allen Überredungskünsten Manuels widerstanden, gegen unseren Freund in den Kampf zu ziehen. Nun aber setzte der Kaiser wohl auf direktere Überzeugungsmaßnahmen.

Das riesige byzantinische Flaggschiff steuerte geradewegs auf

Louis' unscheinbares Segelschiff zu, um die Besatzung willkommen zu heißen. Im ersten Augenblick tat sich nichts, und wir hofften inständig, daß man uns nicht erkannt hatte. Niemand konnte auf Anhieb vermuten, daß dieses kleine Gefolge Frankreichs König und seinen Hof darstellte. Wir klammerten uns auch dann noch an diese Hoffnung, als der Ruf einer schmeichlerischen Stimme ertönte: »Edler und gütiger König, Euer kaiserlicher Bruder und Freund aus Byzanz bittet darum, Euch als seinen Ehrengast in Konstantinopel empfangen zu dürfen!«

Es herrschte Totenstille, nur das Knattern der Segel war zu hören.

»Um Gottes willen, Louis, antwortet nicht!« flehte ich.

Hugues de Lusignan, der meine verbleibenden Ritter anführte und stets an meiner Seite war, murmelte: »Ja, ich kann mir genau vorstellen, wie diese Gastfreundschaft aussähe – sie würde ewig währen! Wir können nur vorgeben, Kaufleute zu sein, und möglichst schnell das Weite suchen.«

Die Einladung wurde bei auffrischendem Wind wiederholt. Die byzantinischen Schiffe setzten noch mehr Segel und schickten sich sogar an, ihre Enterhaken zu benutzen, als sie dem wartenden Schiff zuriefen.

»Louis, gebt vor, sie nicht zu verstehen, und segelt weiter!« rief ich verzweifelt. »Hugues, sagt dem Kapitän, er soll den Kurs ändern und sich absetzen. Es müßte doch ein leichtes sein, diesen behäbigen Schiffen davonzufahren. Louis wird uns sicher folgen.«

In dem Augenblick wurde auf Louis' Schiff das königliche Banner mit Frankreichs Lilie gehißt. Über das Deck unseres Schiffes ging ein ungläubiges Raunen.

»Um Himmels willen, was macht er bloß?« rief Hugues entsetzt. »Da können wir uns ja gleich ergeben!«

Doch Louis konnte sich einfach nicht vorstellen, daß ein christlicher Herrscher Krieg gegen einen Glaubensbruder führen würde, der die heilige Waffenruhe befolgte. Er hatte aus den

Intrigen und Machenschaften der letzten zwei Jahre rein gar nichts gelernt.

Unser Kapitän sah wieder zu uns hinüber, und Hugues rief ihm zu: »Fahrt weiter!« Doch kaum hatte er dies ausgesprochen, als aus dem Ausguck ein Aufschrei ertönte. Hugues ergriff meinen Arm und deutete mit dem Ruf: »Seht! Wir sind gerettet!« auf die sizilianische Flotte, die gerade unter voller Beflaggung das Kap umrundet hatte und nun die byzantinischen Schiffe verfolgte. Sogar von Louis' Gefolge drang ein schwacher Hochruf zu uns herüber. In großer Hast versuchten die Byzantiner, die Anordnung ihrer Schiffe und ihren Kurs zu ändern, doch da hatte König Rogers Flotte sie beinahe erreicht.

Wir wollten ihnen gerade begeistert zujubeln, als Faydide entsetzt aufschrie: »O nein! Sie haben das Boot mit all meinen schönen Geschenken gekapert!« Hilflos mußten wir mit ansehen, wie die Byzantiner eines der Begleitschiffe enterten und die Besatzung Mann für Mann einfach über Bord warfen. Wie die Korken eines Fischernetzes trieben die Matrosen im Kielwasser, doch es gelang uns, sie alle zu retten. So schätzten wir uns glücklich, unter dem Schutz unserer neuen sizilianischen Eskorte die Reise nach Palermo fortzusetzen. Als wir wieder die Segel hißten, sahen wir Louis an der Reling lehnen. Als sei nichts geschehen, winkte er mir fröhlich zu.

»Nicht zu fassen!« knurrte Hugues und ließ sich entgeistert auf eine der Taurollen fallen.

Der Zwischenfall hatte zur Folge, daß der Geleitzug neu aufgeteilt wurde. Louis hielt es für sicherer, unser Gefolge und das Gepäck gleichmäßig auf die vier verbleibenden Schiffe zu verteilen. Wir kamen seinem Wunsch nach, doch die Poiteviner und Franzosen bestanden darauf, getrennt zu bleiben. In dieser Anordnung fuhren wir wieder hinaus auf das offene Meer – Sizilien und unserer Sicherheit entgegen. Das jedenfalls glaubten wir.

Nach zwei Tagen aber gerieten wir in ein Unwetter, wie es keiner von uns je zuvor erlebt hatte. Die See war spiegelglatt und ruhig gewesen, doch im nächsten Augenblick prasselten schon die ersten Regentropfen auf uns herab. Gleich darauf zog sich der Himmel zu, und es brach ein Sturm los, dessen Windböen unsere kleine Flotte wie Nußschalen auf den Wellen tanzen ließen. Innerhalb kürzester Zeit waren die anderen Schiffe hinter dem hohen Wasserwall verschwunden, der sich vor uns auftürmte. Wir waren wie gelähmt vor Angst, und uns beschlichen Zweifel, ob wir den nächsten Morgen erleben würden.

Acht endlose, quälende Stunden wurde unser Schiff im Orkan hin und her geworfen, und es neigte sich oft mehr als bedenklich in die tiefschwarze See, während die Planken bedrohlich knarrten. Unzählige Male stieg es auf einer Welle empor, die den Himmel zu berühren schien, um gleich darauf mit einem heftigen Ruck in die Tiefe zu stürzen. Vor Angst wurden wir schier wahnsinnig – wir mußten über den Rand der Welt hinausgesegelt sein. Gegen Mitternacht zerbarst der Mast, und alles schien verloren. Haushohe Wellen überspülten das Deck, trieben unsere schweren Eichen- und Zederntruhen mit einem ohrenbetäubenden Lärm von Reling zu Reling. Immer mehr Wasser drang in den Kielraum, so daß sogar die ermatteten poitevinischen Ritter wie gemeine Matrosen mit jedem nur brauchbaren Gegenstand – vom Helm bis zum Jagdhorn – versuchten, den Schiffsrumpf leerzuschöpfen.

Jene furchtbare Nacht schien nicht enden zu wollen, doch im Morgengrauen ließ der Sturm plötzlich nach, und die See wurde ruhiger. Völlig erschöpft suchte sich ein jeder, außer der Schiffswache natürlich, einen Platz zum Schlafen. Wir waren einfach nur froh, überlebt zu haben: Das war das einzige, was zählte.

Stunden später, als die Sonne schon wieder unbarmherzig auf das zerstörte Schiff herabschien, erhoben wir uns schwerfällig und besahen die Schäden. Ungeduldig suchten wir den Horizont nach des Königs Schiff und unserer Eskorte ab, doch es war nichts zu sehen. Wir sichteten weder Land noch andere Schiffe – es gab nur uns auf dem endlos blauen Meer.

Faydide fand als erste die Sprache wieder. »Der König ist tot!« rief sie wehklagend. »Er ist über den Rand der Welt hinausgesegelt, und uns wird es genauso ergehen ...«

»Redet keinen Unsinn! Er ist irgendwo da draußen«, fiel ich ihr ins Wort, und es klang zuversichtlicher, als ich es selbst empfand. »Über den Horizont kann man nun mal nicht hinaussehen, was aber nicht heißt, daß dahinter nichts mehr ist. Ihr werdet sehen, wir haben sie bis Einbruch der Dunkelheit gefunden.«

Ich verbot alles Gerede über den Tod, und zu meiner Erleichterung schien diese Maßnahme zu fruchten, denn sie fingen sofort an, über den Verlust der Frachtboote und damit unserer ganzen Habseligkeiten zu klagen und sich besorgt zu erkundigen, wie es eigentlich um unsere Verpflegung bestellt war. Unterdessen konnte die Schiffsmannschaft – die ebensowenig wußte, wo wir uns befanden – nichts weiter tun, als das Schiff ohne Mast dem Wind und den Wellen zu überlassen. Obwohl es niemand aussprach, hatten wir uns unserem Schicksal ergeben.

Doch statt zu verzweifeln, war ich von einer seltsamen Heiterkeit erfüllt. Auf dem Höhepunkt des Orkans, als wir dem Tod ins Auge sahen, hatte ich auf mein Leben zurückgeblickt und festgestellt, daß ich nichts bereute, außer – Geoffroi zu verlieren. Und ich sah ihn und mich in einem neuen Licht. Mein Bemühen, ihn zu vergessen, war von Anfang an fehlgeleitet gewesen – so unreif und selbstsüchtig wie meine Liebe. Ich hatte geglaubt, mein Davonlaufen sei ein Zeichen dafür gewesen, wie wichtig er mir war. Doch nun wußte ich, daß ich mir auch in diesem Punkt etwas vorgemacht hatte. Aus purer Verzweiflung war ich vor Gefühlen geflohen, mit denen ich nicht umzugehen verstand.

Stets hatte er eine größere innere Reife besessen als ich. Oh, ich hatte ihn geliebt, liebte ihn noch immer, doch bei dieser Liebe hatte für mich stets meine Person im Mittelpunkt gestanden – wie ich fühlte, was ich wollte. *»Ich habe dich über die Maßen geliebt«*, hatte er in Thouars gesagt. Ich hatte die Bedeutsamkeit dieser Worte gar nicht verstanden. Ich hatte kein Maß gekannt, und wir beide hatten den Preis für eine solche Liebe bezahlt. In einer Beziehung wie der unseren – in der die Liebenden einander so heftig begehren, sich aber nur selten sehen – konnte es keine Sicherheit geben. Er hatte das gewußt, aber ich in meiner selbstsüchtigen Art hatte es nie zuvor so gesehen. Nun war ich reifer geworden, doch es war zu spät.

Am meisten verachten wir das an anderen, was uns an uns selbst stört. Jetzt wußte ich, warum mich Louis' Unreife stets so aufgebracht hatte: Ich hatte geahnt, daß ich mit einem ähnlichen Problem zu kämpfen hatte. Von uns dreien war Geoffroi der einzige wirkliche Erwachsene, und deshalb hatte er den Schmerz wohl auch am tiefsten empfunden.

In dieser traurigen Erkenntnis lag für mich dennoch ein Trost. Ich würde ihn wohl niemals wiedersehen, aber durch meine Abreise war Geoffroi mehr denn je ein Teil von mir geworden. Denn erst jetzt, da ich nichts mehr von ihm verlangen, nichts mehr von ihm erhoffen konnte, war meine Liebe von wirklichem Wert. Unter anderen Umständen hätten wir den Himmel auf Erden haben können, aber das hatte ich damals nicht bedacht und unsere Liebe weggeworfen. Wenn ich nun die Verantwortung dafür übernehmen könnte, würde ich vielleicht einen Weg finden, mit den Folgen meines Tuns zu leben.

Mit dieser neuen Einsicht fühlte ich mich von der Vergangenheit befreit und konnte dem, was kommen würde, ins Auge blikken. Es gab auf der Welt nur noch diese kleine, in der Sonne dahintreibende Insel – sonst nichts. Ein vorübergehendes Gefühl eines vorübergehenden Zustandes, der für mich aufregend und neu war. Das Meer verwandelte sich, war nicht mehr bedrohlich und gefährlich, sondern ein Teppich aus Diamanten. Mir war mit einem Mal leicht ums Herz, und meine plötzliche Zuversicht wirkte auf die anderen ansteckend. Was hatten sie noch zu verlieren? Und schon bald machte Hugues wieder ein fröhliches Gesicht. Ja, sogar die einfältige und schöne Faydide, die es nicht sonderlich eilig hatte, zu ihrem betagten Ehemann zurückzukommen, begann über das Erlebte zu scherzen. Vor allem Hugues legte einen Galgenhumor an den Tag, den ich ihm niemals zugetraut hätte. Und ich spürte, wie eine fast gefährliche Erregtheit von mir Besitz ergriff. Alles konnte passieren.

Die Schiffsmannschaft, die uns beobachtete, hielt uns für verrückt und wurde zunehmend unruhiger. Immer wieder sahen sie verstohlen zu uns hinüber, tuschelten dabei und versuchten sich durch verstohlene Handbewegungen gegen den bösen Blick zu schützen. Nun, trotz aller Überspanntheit war ich keine kopflose Törin – und verdoppelte die Wachen um die Truhe mit unserem Geld. Wie gesagt, alles konnte passieren. Drei Tage lang trieben wir dahin, und als schließlich Land in Sicht kam, stellte sich eine gewisse Ernüchterung ein, denn wir wußten weder wer noch was uns erwarten würde.

Wir fuhren an der Küste entlang, bis wir schließlich eine kleine, mit Palmen und weißgekalkten Häusern bestandene Bucht erreichten. Scharen dunkelhäutiger Menschen strömten bei unserer Ankunft neugierig herbei und boten lauthals ihre Waren oder eine Unterkunft an. Nachdem die Seeleute sich kurz beratschlagt hatten, schlugen sie vor, wir sollten nur mit dem Nötigsten von Bord gehen und für ein oder zwei Tage in der Stadt Quartier beziehen, während sie sich an die dringlichsten Reparaturen machen würden. Einer von ihnen verstand die Sprache der Einheimischen, zumindest so viel, um in Erfahrung zu bringen, daß wir uns in unmittelbarer Nähe der Stadt Tunis befanden. Kurz, wir waren weder in Sizilien noch in Zypern gelandet, sondern in Afrika.

Diese alarmierende Nachricht ließ uns innehalten und beratschlagen: Wir waren vierzig Personen, zwei Drittel davon Ritter mit ihren Knappen. Doch solange wir bewaffnet waren, konnten wir selbst mit einer so kleinen Gruppe das Risiko auf uns nehmen, an Land zu gehen. Da ich jedoch jegliches Vertrauen in die Schiffsmannschaft verloren hatte, beschloß ich, mehr Gepäck mitzunehmen, als ich benötigte. Ich traute den Matrosen durchaus zu, uns auszurauben, sollte sich die Gelegenheit dazu bieten.

Wie recht ich mit meinem Argwohn hatte, erfuhr ich am nächsten Morgen, als Faydide mich mit einer Hiobsbotschaft weckte: Die Besatzung war im Schutze der Dunkelheit mit unseren Besitztümern an Bord davongesegelt. Unsere beiden Wachen hatten sie mit durchtrennter Kehle am Ufer zurückgelassen. Bestürzt berieten wir uns und beschlossen, auf schnellstem Wege nach Tunis weiterzureisen. Hugues übernahm die Vorbereitungen und machte sich daran, Pferde für uns zu besorgen. Zum Glück hatte ich ja die Geldtruhe retten können, auf der ich zur Sicherheit mein Nachtlager eingerichtet hatte, und konnte ihn ausreichend mit Münzen versehen.

Erst nach Stunden kehrte er zurück; sorgenvoll verzog er sein schönes, sonnengebräuntes Gesicht.

»Was habt Ihr, Hugues? Konntet Ihr niemanden zu einem Ritt überreden?« erkundigte ich mich spöttisch.

»Wie bitte? Oh! Nein, Madame, für die Weiterreise ist gesorgt ...«

»Sehr gut! Wann brechen wir auf?«

»Sobald man sie getränkt hat. Offensichtlich dauert das ein paar Stunden.«

»Ein paar Stunden? Was sind denn das für sonderbare Pferde?«

Er führte mich zu einem Pferch hinter den Häusern, und dort standen ein paar Esel und gut zwei Dutzend Kamele, die beachtliche Mengen Wasser soffen. Hugues starrte die Tiere verunsichert und gleichwohl fasziniert an.

»Kamele sind ganz außergewöhnliche Tiere«, klärte er mich

auf. »Ein jedes ist so stark wie ein Ochse und in der Lage, bis zu hundert Liter Wasser auf einen Schlag zu trinken! Mir wurde gesagt, sie wären genau das, was wir bräuchten – und die Weibchen geben unglaublich viel Milch, so daß wir ganz sicher nicht verdursten werden!« Mein Gesichtsausdruck mußte mich verraten haben, denn er beeilte sich hinzuzufügen: »Natürlich werden wir darauf nicht angewiesen sein. Wenn wir des Nachts reisen, wie man mir geraten hat, Madame, werden wir lediglich zwei oder drei Tage benötigen ... Bestimmt.«

Natürlich hatte ich schon Kamele gesehen, aber der Gedanke, diese Tiere zu reiten und womöglich sogar von ihnen trinken zu müssen, war zumindest gewöhnungsbedürftig. Unschlüssig betrachtete ich die Kamele und meinte dann zu Hugues: »Nun gut, warum nicht? Wir haben uns in den letzten zwei Jahren stets an neue Sitten anpassen müssen, und unsere schweren Pferde kommen hier auch nicht sonderlich gut zurecht, nicht wahr? Gut, Hugues, dann gebt Order zu packen. Wir haben eine interessante Reise vor uns. Fürs erste werden wir zu zweit auf einem Tier reiten – wie die Tempelritter.«

Er war über meine Entscheidung sichtlich erleichtert, und die Anspannung wich aus seinen dunklen Augen.

Wir luden den größten Teil des Gepäcks auf die Maultiere, so daß tatsächlich immer zwei von uns auf einem Kamel ritten. Kaum einem gelang es, sich ständig oben zu halten. Doch der weiche Sand milderte unsere Stürze, so daß wir meist mit ein paar blauen Flecken davonkamen. Die Strapazen der letzten zwei Jahre hatten uns abgehärtet, und die leicht überspannte Stimmung, die seit dem Orkan von uns Besitz ergriffen hatte, hielt auch während der ersten Nacht unserer Reise an.

Aus Gründen der Sicherheit hatten wir beschlossen, daß die Damen ihr Kamel mit einem Ritter teilten, der sie im Falle eines Übergriffes durch die Sarazenen beschützen konnte. Dies war zumindest die offizielle Begründung. Ich teilte mein Reittier mit

Hugues, und nachdem wir gelernt hatten, uns auf unserem schaukelnden Wüstenschiff gegenseitig oben zu halten, schlugen wir uns besser als die meisten anderen.

Unsere beiden arabischen Führer, die uns für ein bescheidenes Entgelt nach Tunis bringen würden, schlugen vor Tagesanbruch Zelte auf und empfahlen uns, unsere erste Ruhepause für ein Nickerchen zu nutzen. Aufgekratzt wie wir waren, befolgte jedoch kaum einer diesen Ratschlag. Zwischen den Zelten war ein aufgeregtes Hin und Her zu vernehmen, begleitet von gedämpftem Kichern und Wispern. Meine Poiteviner machten ihrem Ruf alle Ehre, und ich argwöhnte, daß seit Jerusalem wenigstens die Hälfte von ihnen mit jeder Dame oder jedem Ritter des Gefolges das Lager geteilt hatte.

Das war, so vermutete ich, auf die Hitze und die sinnlichen Seidengewänder zurückzuführen, die wir alle trugen. Auch die Gewißheit, daß denjenigen, die ihr Gelübde erfüllt hatten, alle Sünden vergeben würden, trug sicher das Ihre dazu bei. Hugues hatte mir sein Begehren deutlich zu verstehen gegeben, das durch die erzwungene Nähe auf dem Kamel zweifellos noch geschürt worden war. Zudem hatte mein Ruf nach unserem Aufenthalt in Antiochia Schaden genommen, sagte man mir doch seither nach, ich hätte eine Schwäche für einen Edelmann von Onkel Raymonds Hof gehabt. Obwohl meine Landsleute mich auch weiterhin mit dem gebührenden Respekt behandelten, wurde nun ganz offensichtlich, daß sie mich in vielerlei Hinsicht für eine von ihnen hielten.

So tändelte ich ein wenig mit Hugues, der durchaus anziehend war, doch es gab nur ein Gesicht und einen Blick, die mein Herz höher schlagen ließen – selbst wenn sie für immer unerreichbar waren.

Die Hitze in dieser unendlich weiten Ebene ließ jedoch rasch jedes Interesse an halbherziger Tändelei erlahmen. Der Ritt war äußerst strapaziös, und nichts schien ein Kamel zum Anhalten zu bringen – außer ein Wasserloch. Es bewegte sich mit graziösen, gleichmäßigen Schritten stetig und unaufhaltsam vorwärts, so daß ich – wie unglaublich es auch klingen mag – oftmals im Sattel einnickte. Wenn ich aufschreckte, mußte ich feststellen, daß ich mich in Hugues' Arme geschmiegt hatte und mein Kopf an seiner Brust ruhte.

Trotz der Beschwerlichkeit der Reise hielt die spannungsgeladene Stimmung zwischen uns an. Merkwürdig war nur eines: Je mehr ich zu akzeptieren schien, daß ich Geoffroi verloren hatte, desto sehnsüchtiger und erotischer wurden meine Träume, die sich immer nur um ihn drehten. Einmal hatte ich zügellose Visionen, die so eindringlich waren, daß ich seine Berührungen förmlich zu spüren glaubte – ich träumte gerade, wir lägen nackt in der Sonne, flüsterten zärtlich miteinander und liebten uns mit süßer Langsamkeit. Da erwachte ich aus dem Schlaf und merkte, daß mich tatsächlich jemand streichelte.

Ich öffnete die Augen und erkannte Hugues, der im Halbdunkel neben meinem Lager kniete, meinen Arm und meine Schulter liebkoste und sich gerade zu einem Kuß über meine bloße Brust beugen wollte. Erschrocken fuhr ich hoch, wickelte die Pelze eng um meinen Körper und rang verwirrt nach Worten. Ich war nicht etwa wütend, sondern nur überrascht. »Hugues!« flüsterte ich, weil ich Faydide nicht aufwecken wollte, die im gleichen Zelt schlief. »Was tut Ihr hier? Hört sofort damit auf!« Und ich schob seine Hände beiseite.

Er sah mich genauso verdutzt an wie ich ihn. »Aber Ihr sagtet doch gerade, ich sollte Euch ...«, stammelte er verstört wie ein kleiner Junge, dem man seine Süßigkeiten weggenommen hat.

Oh, Gott – was hatte ich bloß im Schlaf zu Geoffroi gesagt?

Faydide wälzte sich auf ihrem Lager und seufzte leise. Sofort verstummten wir beide. Hugues war so nah, daß ich spüren konnte, wie er vor Verlangen zitterte, und mir entging auch nicht, wie sehr er sich – ganz offensichtlich – nach mir verzehrte. Aus meinen Träumen gerissen, fühlte ich mich nun so entsetzlich leer und allein, daß ich versucht war, eine Torheit zu begehen. Für einen winzigen Augenblick erwog ich, ihn an mich zu ziehen. Wenn ich die Augen schließen würde, könnte ich so tun, als wäre es Geoffroi, und mit Hugues die Sehnsucht stillen, die mein Traum geweckt hatte. Aber es wäre falsch und grausam, ihn auf diese Weise zu benutzen. Und außerdem war ich nicht in der Lage, mir etwas vorzumachen.

Der arme Hugues war ganz blaß geworden. Ohne mich anzusehen, murmelte er eine halbherzige Entschuldigung: »Ich bitte Euch um Verzeihung, Euer Gnaden. Ich ... ich muß mich in der Dunkelheit verirrt haben. Bitte vergebt mir. Es wird nie wieder vorkommen, das versichere ich Euch.«

Mit diesen Worten verließ er das Zelt. Ich sank auf mein Lager zurück, wohl wissend, daß ich keine glückliche Hand bewiesen hatte. Allein mit meiner ungestillten Sehnsucht, konnte ich mich nur in meine Pelze schmiegen, um mich vor der Kälte draußen zu schützen. Nun, da mir nur die verblassenden Sterne geblieben waren, um meine Träume auszufüllen, war ich voller Mitleid für Hugues, denn wenn er mich nur halb so sehr begehrte wie ich Geoffroi, dann war es auch um ihn schlimm bestellt. Dennoch hielt ich es für ratsam, einen zurückhaltenderen Wachposten zu suchen. Am nächsten Tag bat ich deshalb Richard, den jüngsten der Ritter, am Eingang zu schlafen. Er war ein reizender Jüngling aus Limoges und hoch erfreut, mir einen Gefallen zu erweisen.

In der dritten Nacht, als wir gerade zur Weiterreise aufbrechen wollten, wurden wir von einer Gruppe dunkel gewandeter Reiter mit Krummsäbeln überrascht. Durch den Sand hatten sich die Männer lautlos nähern können, und ihr plötzliches Auftauchen löste Panik aus. Alles lief wild durcheinander, viele von uns waren erst halb angezogen und noch schlaftrunken.

»Teufel!« schrie einer.

»Tempelritter!« ein anderer. Der junge Richard, der durch

den Tumult völlig aus der Fassung geriet, wollte sich unbedingt bewähren und rannte mit gezücktem Schwert und dem Ruf: »Gott schütze meine Königin!« auf ihren Anführer zu. Wir sahen gerade noch eine Klinge aufblitzen, da rollte der Kopf des Jungen auch schon in den Sand.

Faydide schrie entsetzt auf, noch bevor der arme Richard zu Boden sank und wir in stummem Entsetzen erstarrten. Der Anführer sah sich kurz um und rief seinen Männern barsch einen Befehl zu. Daraufhin wurden wir rasch in zwei Gruppen geteilt und hinter unseren Kamelen in die kalte Wüstennacht geführt. Nach einem alptraumartigen Marsch wurden wir, Männer und Frauen getrennt, in zwei riesige schwarze Zelte gebracht, vor denen Wachen postiert waren. Wir wußten weder, wo man uns hingebracht hatte, noch, was man von uns wollte. Ich versuchte, Ruhe zu bewahren, aber Faydide war nicht Sybilla. Kaum hatte man uns allein gelassen, brach sie in Tränen aus. Schluchzend stammelte sie: »O Gott, was werden sie uns antun? Sie werden uns vergewaltigen und töten und dann bei lebendigem Leibe braten!«

»Sie können schwerlich all das tun.«

»Sie werden noch ganz andere Dinge tun. Es sind Wilde! Allmächtiger Gott, steh uns bei!«

»Seid still, Faydide. Wir wissen es nicht. Schweigt und wartet ab. Die Ritter lassen nicht zu, daß uns ein Leid geschieht!«

»Dann werden sie zuerst die Ritter töten, so, wie sie es mit dem armen Richard gemacht haben!«

»Seid still!« schrie ich und hätte sie beinahe geohrfeigt. Keinem von uns war damit gedient, wenn wir in Panik gerieten.

Bei Tagesanbruch erschien der Anführer in unserem Zelt. Zornig erhob ich mich, um ihm Widerstand zu leisten. Doch er verneigte sich höflich, und mit Hilfe eines unserer jungen Führer, der seine Worte übersetzte, entschuldigte er sich für den Vorfall. Unser Gastgeber hieß Abdhul Hassan und war der Kopf eines großen, weit verstreuten Clans, der – wie in diesem Land nicht selten der Fall – sein Leben lang von Oase zu Oase zog. Für ihr Auskommen verdingten sie sich als Krieger und Händler. Letzte Nacht hatten sie lediglich in Erfahrung bringen wollen, wer wir seien, um uns ihre Gastfreundschaft anzubieten. Doch als Richard überraschend gewalttätig wurde, hätte er reagieren müssen. Er bedauere zutiefst den Tod des jungen Mannes und hoffe, wir würden seine Beweggründe verstehen. Hatte ich eine andere Wahl?

Hassan war ein mittelgroßer, schlanker, sehniger Mann mit zerfurchtem Gesicht und gebrochener Nase, die seiner Stimme einen leicht weinerlichen Klang verlieh. Doch er strahlte Autorität aus, und ich fühlte mich geehrt, als er uns einlud, mit ihm zu speisen. Der Geruch nach gebratenem Fleisch hatte uns, bei aller Angst, schier wahnsinnig gemacht. Bevor ich jedoch meine Damen zusammenrief, fragte ich, ob die Ritter auch an dem Gastmahl teilnehmen würden. Dies versicherte er uns, doch zuvor müsse er noch etwas erledigen. Er deutete hinaus: Vor dem Zelt in der schon gleißenden Sonne lag, gefesselt und geknebelt, der ältere unserer Führer. Ich sah bestürzt zu Hassan und fragte mich, was für ein grausames Spiel er mit uns trieb. In dem Augenblick hob er auch schon die Hand und enthauptete den Mann.

»Allmächtiger, was tut Ihr da?« schrie ich und sah wieder das Bild vor mir, wie Richards Körper zu Boden gesunken war.

Unser zu Tode erschrockener Dolmetscher mußte uns nun beichten, daß sein Vater und er uns in die falsche Richtung geführt hatten – weitab von Tunis. Sie hatten beabsichtigt, uns in der Wüste zurückzulassen und sich mit unserem Geld davonzumachen.

»Ist das wahr?« fragte ich Hassan und sah ihm dabei fest in die Augen.

Für diese Frage benötigte er keinen Dolmetscher. Er nickte feierlich, und ich glaubte ihm. Aber was nun? Sicher würde man den Jungen nur so lange am Leben lassen, wie er ihnen von Nutzen sein würde. Trotz allem fühlte ich Mitleid mit ihm, schließlich war er der Sohn des Mannes, dessen Körper blutüberströmt und noch zuckend vor uns im Sand lag. Er kam mir eher verängstigt als böse vor, wie er sich nun demütig vor mir zu Boden warf und Entschuldigungen stammelte. Ich bat um Gnade für ihn. Unser Gastgeber wirkte überrascht, machte mir jedoch das Leben des Jungen zum Geschenk.

Danach geleitete man uns in ein riesiges, an zwei Seiten offenes Zelt. Trotz aller Schrecknisse der letzten Stunden aßen wir etwas von der gebratenen Ziege und ein wenig Fladenbrot, bevor wir erschöpft in den Schlaf fielen. Draußen unter ein paar Palmen standen noch immer unsere Kamele und Maultiere mit dem ganzen Gepäck. Wie merkwürdig waren doch die Sitten dieses Landes, in dem die Menschen in einem Augenblick ihr Schwert zückten und töteten, um gleich darauf, während das Blut noch floß, Großmut zu beweisen und blumige Komplimente auszuteilen.

Eine Woche verbrachten wir in der Oase, anfänglich voller Mißtrauen. Doch mit der Zeit stellten wir fest, daß wir tatsächlich Gäste und keine Gefangenen waren und Richards Tod ein furchtbarer Irrtum gewesen war. Zuletzt fiel sogar von Hugues die Anspannung ab, der sich für mich und mein Gefolge verantwortlich fühlte. Im übrigen hielt er sein Versprechen und unternahm keinen weiteren Versuch, mich zu verführen. Ich selbst sprach das Thema nicht mehr an. In jenen Tagen ereignete sich so vieles, daß die kurze Befangenheit zwischen uns schon bald vergessen war – ja, sich unsere freundschaftliche Verbundenheit eher noch vertieft hatte.

»Wißt Ihr, Madame«, meinte er nachdenklich, während er Hassan beobachtete, der einen seiner Falken zu einem Schwarm Tauben aufsteigen ließ, »allmählich fange ich an zu glauben, daß uns mehr mit seinesgleichen gedient ist als mit den gerissenen Byzantinern! Ich meine, man muß nur sehen, wie sie mit ihren Kamelen umgehen, um zu erkennen, daß es gute Menschen sind. Für Ungläubige, meine ich …«, fügte er hastig hinzu.

Überrascht sah ich ihn an. Gerade er war im ersten Jahr des Kreuzzuges ganz versessen darauf gewesen, möglichst viele Sarazenenköpfe rollen zu sehen. Niemand von uns, stellte ich fest, war nach dem Kreuzzug mehr derselbe.

In der darauffolgenden Nacht brach Hassan das Lager ab und gab uns zwei seiner dunkel gewandeten Männer als Eskorte nach Tunis mit auf den Weg. Dort würden sie uns auch bei der Suche nach einem neuen Schiff behilflich sein. Wir staunten noch immer über ihre großzügige Gastfreundschaft und ihre für uns manchmal verwirrende Art, als wir, mit Abschiedsgeschenken beladen, in der weißen Stadt Einzug hielten. Denjenigen von uns, die ihr Mißtrauen gegen die Berber hatten ablegen können, war der Abschied von unseren Gastgebern sichtlich schwergefallen. Die anderen jedoch – vor allem die Damen meines Gefolges – waren froh, daß es nun nach Hause gehen sollte, und warteten sehnsüchtig auf das erste verfügbare Schiff.

Wir waren gerade ein oder zwei Tage in Tunis, als die ersten von uns krank wurden. Ein merkwürdiges Schweißfieber war im Hafen ausgebrochen, und einer nach dem anderen wurde krank. Faydide, die es nicht verwunden hatte, Richards Tod mit ansehen zu müssen, traf es als erste, und schon bald mußten die Hälfte meiner Begleiterinnen und gut ein Dutzend Ritter das Krankenlager hüten. Ich tat, was in meinen Kräften stand, doch bald begann auch mir zu schwindeln, und ich brach ohnmächtig zusammen. Ich fühlte mich so schwach und elend wie in Antiochia. Für einen Augenblick sehnte ich mich nach Onkel Raymonds starken Armen zurück.

Als ich nach einem langen, erholsamen Schlaf wieder zu mir kam, glaubte ich zu träumen, denn ich blickte in das Antlitz des Sarazenen Achmed.

»Schöne Königin, ich hoffe, Ihr fühlt Euch besser!«

Oh, das konnte nur er sein.

»Achmed! Ich kann es nicht glauben. Warum seid Ihr nicht in Antiochia? Habt Ihr mich erneut gerettet? Wie geht es den anderen? Wie geht es meinem Onkel Raymond? Er hat nie auf meine Briefe geantwortet ...«

»Edle Königin, bleibt bitte liegen. Alle sind genesen. Diese Krankheit schwächt die Menschen, aber sie ist selten tödlich. Ich denke, Ihr seid nun so stark wie wir Ungläubigen!«

»Ich habe mich nie richtig bei Euch für Eure aufopfernde Pflege in Antiochia bedankt, nicht wahr?«

»Das macht doch nichts.«

»Gibt es Neues vom König und den anderen?«

»Bitte, bleibt liegen. Davon weiß ich nichts. Ich bin in einer ähnlichen Angelegenheit hier wie Ihr. Ich will nach Sizilien übersetzen, um an König Rogers Hof zurückzukehren.«

»Aber warum habt Ihr Raymonds Hof verlassen? Er braucht Euch doch sicher.«

Sein Gesicht versteinerte sich, doch er zögerte, mir zu antworten.

»Achmed, was habt Ihr?«

»Ich sehe, Ihr habt es nicht erfahren. Ich bedauere es zutiefst, Madame, Euch sagen zu müssen, daß Euer Onkel vor Monaten ehrenvoll im Kampf gestorben ist. Es tut mir unendlich leid. Den Hof in Antiochia gibt es nicht mehr; viele von uns müssen um Brot betteln ...«

Wie betäubt sank ich auf mein Lager zurück. Ich war so entsetzt, daß ich mich im ersten Moment nicht einmal an sein Gesicht erinnern konnte. Er war doch nicht älter als Vater gewesen und hatte über Bärenkräfte verfügt. Ich mußte daran denken, wie er sein Pferd mit diesem dummen Ritual daran gehindert hatte, durchs Tor zu gehen. An seinen Witz und seinen Humor, der durch unseren Treuebruch zunichte gemacht worden war. Daran, wie wir ihn seinem Schicksal und Nureddin überlassen hatten. Ich glaubte, alles verloren zu haben. Ein tiefes Gefühl der Trauer aus Kummer, Bedauern und Schuld übermannte mich. Geschwächt von der Krankheit, weinte ich bitterlich. Ich merkte gar nicht, daß Achmed mich liebevoll in seinen Armen wiegte und beruhigend auf mich einsprach. Später flößte er mir einen Tee aus Mohnsamen ein; was dann geschah, weiß ich nicht mehr.

Ich lud Achmed ein, mit uns nach Palermo zu kommen, obwohl Hugues diesen Entschluß mit Mißfallen aufnahm. Seine Gegenwart schätzte ich mehr als meine Genesung. Ich hatte einfach nicht mit neuen Unglücksbotschaften gerechnet, aber Raymonds Tod hatte für mich das Maß vollgemacht. Nun war ich davon überzeugt, daß wir als einzige den Sturm überlebt hatten. Daher verwunderte es mich nicht, als es bei unserer Ankunft in Sizilien keine Nachricht von Louis oder dem Schicksal der anderen gab. Mir kam es nicht einmal in den Sinn, daß ich frei wäre, falls er umgekommen war.

Freiheit schien mir nun ein unerheblicher Luxus zu sein.

KAPITEL 17

⚜ DIESE GEDANKEN WAREN JEDOCH im Nu vergessen, sobald wir Palermo erreichten – einen der außergewöhnlichsten Orte auf unserer verlustreichen Pilgerfahrt. Ich hätte nicht gedacht, daß es eine aufregendere Stadt als Konstantinopel oder etwas Verwirrenderes geschweige denn Erstaunlicheres als die Kolonien im Heiligen Land geben könnte. Doch Palermo stellte alles in den Schatten.

Als wir in den Hafen einliefen, erwachten mit einem Schlag meine Lebensgeister. Die Kunde von unserer Ankunft hatte den Königshof bereits erreicht, und so erwartete uns schon eine Eskorte. Man hatte uns tot geglaubt, und daher hatte sich eine riesige Menschenmenge versammelt, um zu beobachten, wie drei Dutzend ausgemergelte Gestalten auf unsicheren Beinen von Bord gingen.

Ohne das Aufsehen zu beachten, steuerten wir dankbar auf die königliche Eskorte zu. Auf unserer Reise hatte ich schon so vieles erlebt und gesehen, daß mir im ersten Augenblick gar nicht auffiel, daß es sich nicht um Franzosen oder Italiener handelte, sondern um Araber – wie ich gelernt hatte, Sarazenen zu nennen. Als ich wohlbehalten in meiner Sänfte saß, blinzelte ich neugierig durch die Vorhänge: Ja, es waren wirklich Araber, obwohl wir uns doch in einem von Normannen gegründeten christlichen Königreich befanden. Kämpften sie tatsächlich auf unserer Seite?

Wir hatten den Pier gerade verlassen, als unser Zug zum Stehen kam, weil ein Leopard unseren Weg kreuzte, der ein mit Juwelen verziertes Halsband trug. Er hielt kurz an, doch die Menschenmenge, die die Straße säumte, floh nicht in panischer

Angst. Statt dessen bildeten sich rasch lärmende Grüppchen, die Wetten darüber abschlossen, nach welcher Seite das Tier seinen Weg fortsetzen würde. Auf einmal stürmte ein kohlrabenschwarzer Mann mit nacktem Oberkörper herbei, griff sich die Leine und zerrte den Leoparden laut schimpfend davon.

Nach diesem Zwischenfall setzten wir unseren Weg durch das Gedränge in den Straßen fort. Dunkle Schatten und gleißendes Sonnenlicht wechselten sich ab, während unsere Sinne mit Hunderten von Gerüchen und Eindrücken überflutet wurden. Am Straßenrand buk hier ein Bäcker sein Fladenbrot über einem Kohlenfeuer, in dessen Glut er getrocknete Palmwedel warf, deren Funken weithin sichtbar in die Höhe stoben. Dort wirbelte ein Sarazene im wilden Tanz brennende Fackeln durch die Lüfte. Und der Lärm war noch ohrenbetäubender als in Konstantinopel. Von allen Seiten drangen die verschiedensten Sprachen an unser Ohr – Französisch, Italienisch, Arabisch, Griechisch und andere, die ich nicht erkennen konnte. Einer glaubte sogar, Englisch gehört zu haben, doch Hugues meinte lachend, so exotisch sei es hier nun auch wieder nicht.

Im Schneckentempo setzte unser Zug seinen Weg durch überfüllte Gassen und ausgedehnte Parkanlagen voller Dattelpalmen und Mandelbäumen fort, bis wir schließlich den Königspalast erreichten. Da König Roger sich gerade auf dem Festland befand, wurden wir in der lichtdurchfluteten Halle aus zartrosafarbenem Marmor von einem Emir empfangen. Auch er war Araber.

Achmed hieß man in seiner Landessprache herzlich willkommen. Nachdem der Emir und er Höflichkeiten ausgetauscht hatten, bat ich Achmed leise: »Könntet Ihr diesem Mann bitte erklären, was uns widerfahren ist, und herausfinden, ob er etwas von Louis weiß?«

»Ich bedauere sehr, edle Dame«, antwortete sogleich der Emir in perfektem Französisch. »Wir haben leider keine Nachricht von Seiner Gnaden, Eurem Gemahl. König Roger und der gesamte Hof sind darüber sehr bekümmert. Ich werde, wenn Ihr nichts dagegen einzuwenden habt, Allah um seine sichere Rückkehr bitten!«

Nun, das konnte sicher nicht schaden ... Als ich ihm dankte, merkte ich, wie mir schwindlig wurde. Sogleich führte man mich in meine Gemächer, die noch bezaubernder und erlesener waren als die der Blachernen-Paläste. Doch für heute hatte ich genug, und so trank ich ein paar Tropfen von Achmeds Mohnelixier, kehrte dem Straßenlärm den Rücken – der selbst durch die Palastmauern noch zu hören war – und verschlief den Rest des Tages.

In den folgenden zwei Wochen war Achmed mein Lehrer und Führer durch die Herrlichkeiten Siziliens. Hier war die Herkunft eines Menschen alles und nichts – zugleich Quelle des Stolzes für einen selbst und ohne Bedeutung für jeden anderen. In diesem erstaunlichen und aufregenden Land hatten alle Platz. Wohl war Palermo Sitz eines normannischen Königs, dennoch fand man hier rote Sarazenen-Kuppeln und Gebetstürme, öffentliche Bäder und Moscheen, und es duftete verführerisch nach Jasmin und Rosen. Überall funkelten prächtige Mosaike, mit denen ganze Säulen überzogen waren, glitzernde Platten schmückten Kirchenwände, Hallen, ja sogar Privathäuser, und die königlichen Kapellen waren unbeschreiblich schön. Ich dachte, ich hätte die Welt gesehen, doch Palermo war mit Sicherheit das Juwel dieser Reise.

Der Königspalast vereinte auf das geschmackvollste Elemente arabischer und christlicher Architektur, doch die Schönheit des Gesamteindruckes entstand nicht aus den Verzierungen, sondern aus der eleganten Reinheit der Form. Die Größe der verschiedenen Gemächer war so gewählt, daß man sich sogleich in jedem Raum behaglich fühlte. Verglichen damit wirkte Kaiser Manuels Palast etwas gewöhnlich, ja geradezu billig.

König Rogers Kapelle erinnerte an ein mit Juwelen verziertes

Schatzkästlein, doch dieser Eindruck wurde noch von einem kleineren Raum übertroffen, der sogar den stolzen Emir ins Schwärmen geraten ließ. Das Königszimmer, so wurde es genannt, war vom Marmorboden bis zur vergoldeten Decke einfach vollkommen. Auf den Mosaiken erstrahlten Leoparden und Palmen, Orangenhaine und Löwen. Bogenschützen zielten auf Hirsche, die in all ihrer Schönheit ruhig dastanden und ihrem Schicksal ins Auge sahen, während Pfauen die Flecken der Leoparden mit Verachtung straften, indem sie ihr farbenprächtiges Gefieder zu einem Rad aufrichteten.

»Was tut er nur in diesem Gemach, das dem Himmel gleicht?« fragte ich neugierig, während ich mich im Kreis drehte und das Wunderwerk bestaunte.

»Hier denkt er nach, Madame, über das Rad der Zeit – und seinen Lauf.«

Doch natürlich beschäftigte ich mich nicht nur mit den Sehenswürdigkeiten. Es sprach sich schnell herum, daß die Königin von Frankreich und ihr kleines Gefolge zu Besuch in der Stadt weilten, und sogleich wurde ich mit Einladungen überhäuft. Französische Männer und Frauen, die schon lange in Sizilien ansässig waren, eilten in den Palast, um mir ihre Aufwartung zu machen und Neuigkeiten aus der Heimat zu erfahren. Doch sie waren besser auf dem laufenden als ich, denn nur selten hatten mich Briefe erreicht – ein oder zwei von Petrel und von Suger, wobei letzterer mir in der Hauptsache von Marie und weniger von den politischen Entwicklungen berichtete. Vor allem seit Antiochia war Louis darauf bedacht gewesen, wichtige Dinge vor mir geheimzuhalten.

So war ich diejenige, die ihnen Fragen stellte, und geschmeichelt gingen sie ausführlich darauf ein. Ich wurde zu einem Bankett nach dem anderen geladen, wo man mich mit ungewohnten musikalischen Klängen, wunderbarem Essen und weiteren Plaudereien aufs beste unterhielt.

Der redseligste meiner Gastgeber war ohne Zweifel ein

wohlbeleibter, kahlköpfiger normannischer Baron namens Guillaume, dessen Vater vor rund vierzig Jahren Caen verlassen hatte. Guillaume war in Palermo geboren und für uns ein echter Sizilianer, doch er selbst hielt sich für jemanden, der in der Fremde lebte. Seine grenzenlose Begeisterung für alles Normannische war mehr als überraschend, wenn man bedachte, daß er sein Lebtag nicht Butter oder normannischen Apfelcidre gekostet hatte. So war er vollkommen außer sich vor Freude gewesen, als er hörte, daß der französische Hof – wenn auch eine poitevinische und mehr als kümmerliche Ausgabe – in Palermo gelandet war. Er wich mir nicht von der Seite, bestürmte mich mit Einladungen und überhäufte mich mit eigenartigen, kostspieligen Geschenken, die meinen ganzen Takt erforderten.

Bei einem Empfang am Hofe war er mir das erste Mal begegnet. Er hatte sich über meinen Kelch gebeugt und einen kleinen, perlenartigen Gegenstand in meinen Wein gegeben. »Ein Stück vom Horn des Einhorns, Madame. Es schützt Euch gegen jede Art von Gift, sogar gegen das stärkste!«

»O mein Gott! Was trinke ich denn da?« fragte ich entsetzt und hätte beinahe den Kelch fallenlassen. Der gute Mann wurde vor Verlegenheit puterrot.

»Ähm ... Ihr könnt ganz unbesorgt sein«, stammelte er. »Das ist natürlich nicht für heute abend gedacht, Madame ...« Ich überließ es Hugues, ihm zu erklären, wie schlecht gewählt der Zeitpunkt für sein sicher sehr wertvolles und nützliches Geschenk war.

Guillaume war so harmlos wie tolpatschig, und die Ritter, die er sogleich als ihm ebenbürtig ansah, verspotteten ihn. Auch wenn seine Freundschaft aufdringlich und anmaßend war, so kam sie doch aus tiefstem Herzen – und wenn ich in den letzten zwei Jahren etwas zu schätzen gelernt hatte, so war es aufrichtige Zuneigung. So freundete ich mich mit ihm an. Zudem war er eine Fundgrube interessanter Informationen, und sein größter

Wunsch – wie bei vielen, die in der Fremde leben – war es, von der »Heimat« zu sprechen.

Er hatte natürlich gehört, daß die Normandie vom Grafen von Anjou erobert worden war. Von diesem Thema war der weitentfernte Teil des normannischen Hofes geradezu besessen. Hier von jedermann auf einmal Geoffrois Namen zu hören war für mich so zermürbend wie erheiternd. Mochte er auch in Sizilien der verhaßte Angeviner sein, so verspürten die Menschen hier jedoch eher neugieriges Interesse für ihn als Angst. In meiner gesteigerten Wahrnehmung für alles, was mit Geoffroi zu tun hatte, gewann ich sogar den Eindruck, es wurde von nichts anderem gesprochen. Der dicke Baron Guillaume brachte eines Abends seine Besorgnis zum Ausdruck, als er wieder einmal mein ganzes Gefolge in seinem kleinen Palast großzügig bewirtete.

»Gewiß seid Ihr um Eure Sicherheit sehr besorgt, Madame, da doch ein Angeviner Eure Grenzen kontrolliert! Sie sind Barbaren und so – anders!«

»Nun, mein Gemahl, der König, Gott schütze ihn ...«

»O ja, so sei's, Madame! Wir beten noch immer alle täglich, Seine Gnaden möge wohlbehalten zurückkehren!«

»Habt Dank! Mein Gemahl scheint ähnlich zu empfinden wie Ihr, Sire Guillaume, doch ich teile seine Befürchtungen nicht. Ein Krieg zwischen der Normandie und Frankreich wäre für keine der beteiligten Parteien von Nutzen. Nur ein Wahnsinniger würde einen solchen Plan verfolgen. Und seid versichert, der Herzog der Normandie ist keineswegs wahnsinnig.«

Triumphierend hieb er mit seiner wuchtigen Pranke auf den Tisch, so daß einige Ritter überrascht herumfuhren. »Ha, aber sein Onkel war es! Traut nie einem Angeviner, Madame«, sagte er und fuchtelte dabei mit seinem beringten Finger vor meinem Gesicht. »Sie haben böses Blut.«

Trotz meiner eigenen Vorbehalte gegen Amalric und Hélie

setzte ich sofort zu ihrer Verteidigung an. Vielleicht fühlte ich mich ein wenig schuldig, weil ich selbst unsicher geworden war.

»Graf Geoffrois Großonkel«, erwiderte ich mit Nachdruck, »wurde über zwanzig Jahre gefangengehalten. Wessen Verstand würde da nicht Schaden nehmen? Es ist eine alte Geschichte, Sire Guillaume, und der Mann starb, bevor Graf Geoffroi überhaupt geboren wurde ... Und warum sollte man einem Angeviner nicht trauen? Ihr traut Arabern, Italienern und Juden – die Hälfte Eures Hofstaates und die meisten Eurer Freunde sind Euch viel fremder, als es irgendein Lehnsherr von der Loire jemals sein könnte! Im übrigen, meine Ländereien grenzten über einen sehr viel längeren Zeitraum an die des Grafen von Anjou als die des Königs. Und glaubt mir, Graf Geoffroi hat sich nie etwas genommen, was mir gehörte, wozu er nicht berechtigt gewesen wäre.«

Erstaunt sah er mich an. Diesen Ausbruch hatte er nicht erwartet. Ich wollte ihn nicht verärgern und hielt es für besser einzulenken. »Die Dinge ändern sich, Sire Guillaume. Das habe ich auf unserer langen Reise gelernt. Nichts ist unveränderlich, weder Grenzen noch Verträge ...« Oder Ehen, dachte ich im stillen und merkte, daß ich Gefahr lief, mehr von mir preiszugeben, als ich wollte.

Guillaume gab es auf und schnaufte in seinen dichten, schwarzen Bart. Unbeholfen griff er nach der Weinkaraffe und beförderte dabei, von ihm unbemerkt, eine Platte Mandelkuchen geradewegs in Hugues' Schoß. »Vielleicht habt Ihr ja recht, Madame. Meine Ansichten zu diesem Thema stammen, ich gebe es offen zu, noch von meinem seligen Vater.« Sein Miene hellte sich auf, als er fortfuhr. »Aber sagt, es muß doch Ewigkeiten her sein, daß Ihr auf der Jagd wart ...« Genaugenommen war es erst ein paar Wochen her. Für einen Augenblick vergaß ich Palermo und sah wieder Hassans Jagdfalken vor mir aufsteigen, wie sie sich schwarz gegen die Wüstensonne abhoben.

»Warum begleitet Ihr mich nicht auf der Wildschweinjagd? Die Hügel in der Umgebung sind voll von ihnen!« rief er.

»Genau wie Ihr ...«, brummte Hugues verstimmt, während er sich die letzten Kuchenkrümel vom Schoß fegte. Ich warf ihm einen gestrengen Blick zu.

»Kommt, macht mir die Freude! Eure Ritter sind natürlich auch herzlich eingeladen.« Schwankend erhob sich Baron Guillaume und breitete weit die Arme aus, wobei er zwei Männer mit Wein tränkte. Um weiteres Unheil zu verhindern, nahm ich seine Einladung hastig an.

Am nächsten Morgen ritt unsere kleine Jagdgesellschaft in die umliegenden Hügel. Überall wuchs wilder Thymian; der Duft und die Farben – das Graugrün des Salbeis, die verdörrte, ausgetrocknete Erde – erinnerten mich schmerzlich an meine Heimat, das Poitou. Die Jagd war zwanglos, und wir versuchten einfach unser Glück, doch alles, was wir in den ersten Stunden zu sehen bekamen, waren hier und da ein paar Hasen. Ich mußte lebhaft an den bläulich schimmernden Hasen denken, den Geoffroi und ich von unserem Versteck hinter der Schneewehe aus gesehen hatten. Es sollte für mich eigentlich wie die Erinnerung an ein anderes Leben sein, doch das Gefühl von damals war so intensiv, als wäre es erst gestern gewesen. Ich seufzte erleichtert auf, als die Tiere das Weite suchten und sich blitzschnell in ihren sicheren Bau retteten.

Guillaume tröstete sich, indem er seinen Falken wegen jedes noch so kleinen Singvogels aufsteigen ließ; und schon bald hatte er einen Beutel voll jämmerlich kleiner gefiederter Trophäen, die sicher ungenießbar waren. Meine Ritter beobachteten sein Tun voller Hohn, aber er bemerkte ihre Verachtung gar nicht, sondern schwatzte ungerührt. Er war stolz, sich in königlicher Gesellschaft zu befinden, was schließlich nicht jeden Tag geschah. Wenn er gewußt hätte, wie wenig Wert ich darauf legte, Königin zu bleiben, wäre er vielleicht vorsichtiger gewesen, doch so ließ ich ihm den Spaß. Er tratschte munter weiter, zuerst über die Skandale Palermos, dann Siziliens, bis wir auch den letzten größeren Hof in Europa durchgehechelt hatten.

Schließlich kam er auf Louis' Schicksal zu sprechen. Nur wenige hätten es überhaupt gewagt, das Thema anzuschneiden, doch Baron Guillaume war so taktlos. Die Jagdgesellschaft saß gerade bei einem kleinen Mahl mit Hammelpastete, Oliven und dem hiesigen starken Wein, der einen unter der sizilianischen Sonne ganz benommen machte.

»Je mehr Tage verstreichen, desto mehr fürchtet Ihr sicher um das Leben des Königs, nicht wahr?« meinte er mit vollem Munde nachdenklich. »Die Chancen, daß er noch zurückkehrt, werden schließlich immer kleiner ...« Bedrohliches Schweigen breitete sich um ihn herum aus, und nervös sah er auf. »Natürlich wird er sich einfinden, jeder weiß das, aber ... ich würde nicht darauf wetten.«

»Der König kommt mit Sicherheit zurück«, sagte Hugues scharf und versuchte, nach einem kurzen Blick in meine Richtung, das Thema zu wechseln. Doch Guillaume ließ sich dadurch nicht beirren.

»Nun, es wäre vielleicht nicht so wichtig, wenn sein Bruder nicht so ein Halunke wäre – ich meine, einen Aufstand anzuzetteln, während der König sich auf dem Kreuzzug befindet, das ist schon ein starkes Stück! Tja, und wie es aussieht, hat er keinen Erben ...« Das immer eisiger werdende Schweigen, das sein argloses Geschwätz begleitete, drang selbst durch Guillaumes dikkes Fell. Er wurde puterrot und kaute nervös auf einem Stück Pastete herum. Hugues und mehrere Ritter nutzten die Gelegenheit, um ihm ein paar Hiebe zu versetzen, so daß er auf seinen gewaltigen Wanst kippte und wie ein gestrandeter Wal keuchend nach Luft schnappte. Doch ich konnte ihm einfach nicht böse sein, und deshalb befahl ich ihnen, von ihm abzulassen, bevor noch Schlimmeres geschah.

»Ich hoffe, daß wir noch viele Jahre keinen Erben als Ersatz für meinen Gemahl brauchen, Sire Guillaume«, sagte ich, als er sich mühsam aufrappelte. »Wie Ihr schon sagtet, Louis kehrt mit Sicherheit zurück – genau wie wir.«

Schließlich mußte mein Glück ja irgendwann vorbei sein.

Und so war es. Als ich bereits zwei Wochen in Palermo war, erhielten wir die Nachricht, Louis' Flotte sei in den Hafen von Brindisi eingelaufen. Alle an Bord hatten überlebt und waren wohlauf. Sobald sich die Nachricht von seiner Rettung herumgesprochen hatte, wurden in der Kirche Santa Maria zahlreiche Dankgottesdienste abgehalten. Man überhäufte mich mit Glückwünschen, und ich spielte die Rolle der freudigen Gemahlin. In Palermo war jeder Anlaß für eine Feier stets höchst willkommen, doch trotz der fröhlichen Betriebsamkeit um mich her fühlte ich nur Enttäuschung, weil die Prüfung der Annullierung uns noch bevorstand.

Nicht, daß ich Louis' Tod herbeigewünscht hätte. Ganz und gar nicht. Ich wollte nur nicht zu ihm zurück. Und als jedermann über seine Heimkehr so dankbar war, betete ich stattdessen für Raymonds Seelenheil, dessen Leben wir auf dem Gewissen hatten. Vergeblich versuchte ich, mir die Düfte des Rosengartens am Berg Silpius in Erinnerung zu rufen, wo ich mich schon frei geglaubt hatte.

Als man Louis' Flotte sichtete, war König Roger gerade in der Nähe von Potenza. So schlug er vor, wir sollten uns alle dort treffen. Sein Anerbieten machte Sinn, doch es fiel mir schwer, dieses wunderbare, lärmige und fröhliche Eiland zu verlassen. Außerdem stellte ich fest, daß ich mehr daran interessiert war, dem König von Sizilien zu begegnen als meinem verloren geglaubten Gemahl. Ich hatte Louis' Abwesenheit in den letzten zwei Monaten kaum bemerkt und auch nicht sonderlich bedauert. Traurig ging ich erneut an Bord, um mit unserer Flotte zu den felsigen Ufern Kalabriens zu segeln.

Achmed, der aus Messina stammte, kannte die Küste gut und war auch diesmal ein begeisterter und kenntnisreicher Führer – obwohl Hugues ihn nicht aus den Augen ließ. Da Achmed wußte, daß bald unser Abschied nahte, nutzte er diese letzte Gelegenheit, um mir ein paar wohlmeinende Ratschläge mit auf den Weg zu geben. Er war der Ansicht, die französischen Frauen hätten zu viele Freiheiten, und machte unsere Ehemänner für diese Dummheit verantwortlich. Mich jedoch schien er für eine Art Mann zu halten, denn er sprach mit einer Offenheit zu mir, die ich hin und wieder anstrengend fand.

»Verzeiht mir meine Neugier, edle Dame«, meinte er eines Morgens, als wir in einiger Entfernung von den anderen ritten, »aber ich dachte, Ihr hättet keine Kinder.«

Ohne zu wissen, worauf er hinauswollte, erinnerte ich ihn an Marie.

»Euer Gemahl wünscht sich natürlich noch weitere Kinder, nicht wahr?«

»Selbstverständlich. Er braucht einen Erben.«

»Warum bekommt Ihr dann keine?«

Ich murmelte etwas von Gott, der uns nicht segnete, gab es aber bald auf, ihm den wahren Grund zu verschweigen. »Weil Louis sich mir nicht nähert, Achmed. Es bestehen Zweifel, ob unsere Ehe gültig ist.«

Er schwieg eine Weile, dann meinte er: »Meine Religion erlaubt in diesem Fall, sich zu trennen und neu zu vermählen. Das ist besser, denke ich, als ein Leben lang zu leiden.«

»Es klingt zumindest einleuchtend«, erwiderte ich.

»Vielleicht wollt Ihr später noch einmal Kinder. Die Geburt ist mit vielen Gefahren verbunden, und Ihr seid sehr schlank.« Er blickte auf meine Hüften. »Bitte gestattet mir, Euch ein paar Arzneien mitzugeben, die die Schmerzen lindern werden, wenn die Zeit kommt.«

Hocherfreut willigte ich ein. Dann erzählte er mir, er habe sehr viele, zu viele Frauen im Kindbett leiden und sterben sehen. Der Hauptgrund dafür schien die Häufigkeit der Schwangerschaften zu sein.

»Am besten sollten zwei Jahre zwischen den Entbindungen liegen. Meint Ihr nicht auch?« Ich stimmte ihm zu, doch erklärte ihm, die meisten Frauen hätten einen Gemahl, der das genaue Gegenteil von meinem sei, und somit keine Wahl.

»Warum stillt Ihr Eure Kinder eigentlich nicht selbst?« Ich konnte ihm nicht folgen. »Warum habt Ihr Ammen? Es wäre viel besser für Euch, wenn Ihr Eure Säuglinge selber stillen würdet. Es schützt Euch vor Ansteckung und verhindert eine erneute Schwangerschaft.«

Davon hatte ich noch nie gehört. »Ist das wahr?«

»Natürlich! Sowohl Mutter als auch Kind sind gesünder, und nur selten kommt es zu einer Schwangerschaft, wenn die Mutter die für das Überleben des Kindes nötige Milch produziert. Wußtet Ihr das nicht?« Er klang sehr erstaunt.

»Nein, Achmed, das ist mir neu.« Doch mir wurde allmählich klar, warum unsere Ehemänner derart rasch Ammen einstellten. »Sagt mir, was kann eine Frau überhaupt tun, um eine erneute Schwangerschaft zu verhindern – wenn sie krank ist oder sich zu schwach fühlt?« fügte ich hastig hinzu.

»Zum Beispiel nach vielen Geburten?«

»Nun, ja ...«

»In diesem Fall sollte sie eine Lösung aus Essig und Zitronensaft verwenden. Wenn sie diese vorher und nachher benutzt – Ihr versteht? –, kann sie damit eine Schwangerschaft verhindern.«

»Wie muß sie diese Lösung anwenden, Achmed?«

Und er erklärte es mir.

Im Verlauf dieser Reise erhielt ich nicht nur diesen, sondern noch viele weitere nützliche Hinweise, die bis heute meinem Wohlbefinden dienlich sind. Daher stehe ich für immer in der Schuld meines Freundes. Wir sprachen auch über viele andere Dinge, sogar über unsere jeweiligen Religionen, und ich war schockiert, als ich erfuhr, daß alle Araber die Christen für Wilde hielten, die mehreren Göttern huldigten.

»Aber das ist doch lächerlich!« rief ich. »Es gibt nur einen Gott!«

»Aber verehrt Ihr denn nicht Gott Vater, den Sohn und den Heiligen Geist?«

»Ja, aber sie bilden die Dreieinigkeit!«

»Dreieinigkeit bedeutet doch, daß es sich um drei handelt, oder?« meinte er folgerichtig.

»Nun ja, aber ...« Nicht einmal Abélard war es gelungen, die Dreieinigkeit so zu erklären, daß jeder sie verstand, und ich murmelte unbeholfen, wir glaubten, die drei seien eins. Er schenkte mir ein freundliches Lächeln und schwieg. Ich hielt es für klüger, die Sache nicht weiter zu verfolgen.

König Roger enttäuschte mich nicht. Er war ein kräftiger, dunkler und lebhafter, wenn auch etwas unscheinbarer Mann, der Intelligenz ausstrahlte und eine Neugier an den Tag legte, die mich stark an Herzog Friedrich erinnerte. Er hielt sich nicht lange mit der üblichen Begrüßungszeremonie auf, sondern wollte von mir gleich alles über Nordafrika und die Berber wissen. Welche Farbe hatten die Zelte, in denen sie schliefen? Stimmte es, daß sie ihren Pferden das Blut aus den Adern sogen? Wie sahen die Gewänder der Frauen aus? Und so fort, und so fort. Ich war entzückt. Er hörte sich meinen Bericht an und musterte mich dabei aufmerksam, während sein Schreiber meine Worte in schwindelerregendem Tempo zu Papier brachte.

Seine Freude über das Wiedersehen mit Achmed war offensichtlich. Fünfzehn Jahre hatten sie sich nicht gesehen, doch Roger erinnerte sich noch gut an Achmeds Gelehrtheit und sein Können. Er hatte uns beide bei der Hand genommen und aufgefordert, neben ihm Platz zu nehmen. Als Königin stand mir dieses Privileg zu, aber Achmed gegenüber, einem einfachen Arzt und zudem Ungläubigen, war das eine Geste, zu der sich kein anderer christlicher Monarch hätte hinreißen lassen. Ich fühlte mich durch dieses Verhalten in keinster Weise gekränkt, sondern bewunderte eher diesen König, der Achmeds Wissen zu schätzen wußte. Daran konnte ich ermessen, wie sehr mich der Orient verändert hatte.

Nicht zum ersten Mal dachte ich, man hätte Geoffroi und nicht seinem Vater die Krone Jerusalems antragen sollen. Diese Welt, in der das Wissen gedieh und dessen Ursprünge man nicht geringschätzte, hätte ihm gefallen ... Nur ungern unterbrach ich meine Träumereien, als ich bemerkte, daß der König von Sizilien über Louis sprach. Und so richtete ich mich auf das Wiedersehen mit meinem Gemahl ein.

Kapitel 18

✤ Das erste, was mir auffiel, war, daß Louis offensichtlich sein härenes Hemd abgelegt hatte, denn er besaß eine gesunde Gesichtsfarbe und wirkte ungewöhnlich gelassen. Der Sturm hatte ihn und sein Gefolge an die Küste Korfus geweht, eine vor kurzem von König Roger annektierte Insel. Ein Ort, an dem Louis es so schön fand, daß er sich bestens erholte und es ihm genügte, einfach das Leben zu genießen.

Ich muß gestehen, ich beneidete ihn ein wenig um seine ruhigen Wochen, die sich von meiner abenteuerlichen Zeit unterschieden. Mein Neid wuchs noch, als ich sah, wie überraschend gut er sich mit Roger verstand. Aufgrund ihrer starken Abneigung gegen das byzantinische Kaiserreich teilten sie politisch die gleichen Ansichten, aber dennoch wurde in den folgenden drei Tagen, in denen wir uns in dem kleinen, von einer erfrischenden Brise gekühlten Palast aufhielten, für meinen Geschmack zuviel Zeit darauf verwendet, die Stärke der byzantinischen Flotte und die wechselnden Allianzen im Heiligen Land zu erörtern.

Schlußendlich sprach ich kaum noch ein privates Wort mit König Roger. Was Louis betraf – nun, er war mir auf meinem langen Weg nach Potenza weder entgegengeritten, noch interessierte es ihn zu erfahren, auf welche Weise wir gerettet worden waren. Hatte womöglich auch er darauf gehofft, daß ich nicht zurückkehren würde?

Unser Wiedersehen war sehr förmlich und fand in aller Öffentlichkeit statt. Er küßte mich kühl auf die Wange, gab seiner Freude Ausdruck, mich wohlbehalten wiederzusehen, und schwieg ... Doch wir teilten für die Nacht ein Gemach, und somit war eine weitere Begegnung unvermeidlich. Ich beschloß, das Beste daraus zu machen. »Ihr seht gut aus, Louis«, sagte ich und versuchte so ein Gespräch zu beginnen, als das Schweigen zwischen uns zu unbehaglich wurde.

»Ihr seht erschöpft aus.«

Na wunderbar. »Ich war krank«, probierte ich es erneut, doch meine Stimme klang schon nicht mehr natürlich. »Habt Ihr Nachricht aus der Heimat?«

Er sah mich mißtrauisch an. »Marie geht es gut, wenn Ihr das wissen wolltet.«

Ich wußte sofort, daß er mir etwas verheimlichte. »Das weiß ich bereits. Ich meine, habt Ihr weiteres zu berichten?«

»Was zum Beispiel?«

»Nun, bei Gott, irgend etwas!«

»Ich habe ein oder zwei Dinge erfahren. Zum einen scheint es, daß Suger Gelder veruntreut hat.«

»Was?« erwiderte ich ungläubig. »Louis, das kann unmöglich wahr sein!«

Er sah mich überrascht an. »Ich dachte, Ihr mögt ihn nicht sonderlich.«

»Das stimmt, aber das hat doch damit nichts zu tun! Er ist der ehrlichste Mensch auf Gottes weiter Erde. Das ist vollkommener Unsinn.« Kaum sprachen wir miteinander, waren wir auch schon wieder unterschiedlicher Meinung.

»Meint Ihr? Nun, vielleicht habt Ihr recht. Mein Bruder scheint diesem Gerücht jedoch Glauben zu schenken.«

»Natürlich würde Robert so etwas behaupten, oder etwa nicht? Er versucht, Suger auszuschalten, weil er es auf Eure Krone abgesehen hat, Louis. Das ist doch offensichtlich!«

»Ihr meint, er hat mich belogen?«

»Oh, Louis!«

»Ich werde den Papst um Rat fragen, wenn wir ihn sehen.« Langes, verlegenes Schweigen. »Was, ähm, habt Ihr eigentlich getan, seit wir uns das letzte Mal gesehen haben?« erkundigte er sich schließlich mutig.

Ich hielt es nicht für gut, die gereizte Stimmung zwischen uns weiter zu schüren, also verkniff ich mir die Bemerkung, ich sei nach Konstantinopel gereist, um ein paar Teppiche zu kaufen. »Ich war die meiste Zeit in Sizilien. Im übrigen ein ganz außergewöhnliches Land.«

»Mag sein, aber ich habe genug gesehen.«

»Aber dort geschieht so unglaublich viel – es ist so voller Leben. Allein die Gelehrten sind unseren in Paris weit überlegen.«

»Aber das sind doch keine richtigen Gelehrten, Eleonore. Diese Leute sind Heiden. Die Hälfte der Texte ist in Griechisch – oder sogar Arabisch!«

»Genau, Louis. Sie behandeln Themen, von denen wir noch nicht einmal gehört haben ...«

»Nein, und das brauchen wir auch nicht. Je früher wir in unsere Welt zurückkehren, desto besser.«

Mehr gab es dazu nicht zu sagen, und ich war ebenso gekränkt wie erleichtert, als er sich bald darauf auf seiner Seite zusammenrollte und einschlief. Zumindest roch er nicht mehr so streng.

Als wir uns von König Roger verabschiedeten, überreichte er jedem von uns ein Geschenk. Louis erhielt eine wunderschöne, mit Gold verzierte Ausgabe des Evangeliums und ich eine Abschrift seiner Enzyklopädie der Welt. Das Buch war vielleicht das Kostbarste, was ich mit nach Hause brachte. Ich schätzte es noch mehr wegen Louis' Wut, als er die ersten Zeilen las. Dort wurde behauptet, die Erde sei eine Kugel, auf der die Meere sich durch ein natürliches Gleichgewicht hielten.

»Da habt Ihr es«, rief er triumphierend. »Wie ich schon sagte – ignorante Heiden!«

Ich packte es zu dem guten Dutzend anderer Bücher, für die ich mein Gold hauptsächlich ausgegeben hatte und die stets in meinen Satteltaschen verstaut waren. Die Hälfte von ihnen sollte Geoffroi bekommen. Sie hatten mich ein Vermögen gekostet, das ich aber gerne ausgegeben hatte. Er hatte mir einst von den griechischen und lateinischen Büchern erzählt, die Magister Adelard, ein Engländer aus Bath und Lehrer seines Sohnes Henri, in Sizilien gekauft hatte.

»Sobald ich etwas Zeit habe, werde ich Griechisch lernen«, hatte er mit leuchtenden Augen erklärt.

»Warum läßt du dir die Sachen nicht einfach übersetzen?« hatte ich ihn damals, dumm wie ich war, gefragt und dabei vermutlich sehr wie Louis geklungen. Es war in Senlis gewesen, und er hatte nackt mit gekreuzten Beinen auf unserer Bettstatt gesessen und mich angesehen. Ein Strahl der Nachmittagssonne umhüllte ihn, und ich, vor Liebe toll, hatte das Gefühl, das Licht strahlte aus ihm.

»Das könnte ich natürlich machen. Ich habe hin und wieder auch schon Übersetzungen in Auftrag gegeben, aber es ist nicht dasselbe, als wenn man dem Autor direkt in die Seele blickt. Sich vorzustellen, Heraklit im Original zu lesen ... Eines Tages, wenn das Problem mit der Normandie geregelt ist, nehme ich Unterricht und werde Griechisch lernen!« Und er grinste spitzbübisch wie ein kleiner Junge.

»Vergiß nicht, dir etwas anzuziehen«, sagte ich, hingerissen von seiner Nacktheit. »Sonst wird man dich noch eine andere Variante des Griechischen lehren.« Überrascht sah er mich an, denn das war der erste schmutzige Witz, den er von mir gehört hatte. Er prustete vor Lachen, und an jenem Tag sprachen wir nicht mehr über Bücher. Nun, die Normandie gehörte inzwischen ihm. Aber hatte er auch Zeit zum Studieren gefunden – und würde ich es je erfahren?

Ich kehrte in die Gegenwart zurück, die Welten entfernt war von der zärtlichen Leidenschaft und Vertrautheit in Senlis. Tränen liefen mir über das Gesicht, als ich die Riemen der Satteltaschen festzurrte. Ich hatte diese Bücher zu einem Zeitpunkt gekauft, als ich mich noch nicht dazu durchringen konnte, ihn niemals wiederzusehen. Da stand ich also nun mit meinem Geschenk, das ich ihm sicher nicht mehr aushändigen konnte. Jetzt mußte ich die Bücher selbst behalten und war um den Genuß gebracht, ihren Inhalt mit ihm zu teilen. Ich wischte die Tränen fort und blickte verstohlen in Louis' verschlossenes Gesicht, als wir uns zum päpstlichen Hof aufmachten. Das einzige, was uns offenbar verband, war die Unfähigkeit, unsere Vergangenheit hinter uns zu lassen.

Wir kamen auf unserer Reise nur langsam voran. Louis und ich sprachen wenig miteinander, und wenn, dann stritten wir. Hartnäckig weigerte er sich, mit mir über die Annullierung unserer Ehe zu reden. Ich wußte, er wollte sie nicht, aber er schien sich damit abgefunden zu haben. Doch je länger die Reise andauerte, desto größer wurde meine Gewißheit, daß er sich trotz des fehlenden Erben keineswegs scheiden lassen wollte. Aber nicht nur wegen seines unerklärlichen Sinneswandels war ich traurig, sondern auch, weil ich erneut hatte Abschied nehmen müssen. Ich ließ Roger, Achmed und ihr wundervolles Land für immer zurück. Nicht zum ersten Mal war mir der Aufbruch schwergefallen – Rançon war in Ungnade gefallen, Raymond tot, Sybilla weit weg im Heiligen Land. Und weil ich es selbst so gewollt hatte, würde ich Geoffroi niemals wiedersehen. Spielte es da überhaupt noch eine Rolle, ob ich frei war oder nicht?

Wenn ich weiter solchen Gedanken nachhing, könnte ich ebensogut tot sein. So versuchte ich, mich ein wenig aufzumuntern und auf das Gespräch mit Papst Eugenius vorzubereiten. Ich setzte ohnehin wenig Vertrauen in ihn. Er hatte Frankreich fluchtartig verlassen, als er die Nachricht von der bitteren Niederlage unseres Kreuzfahrerheeres erhielt, weil er fürchtete, das Volk würde ihm die Schuld dafür geben. Doch bald hatte er – sehr zu meiner Erheiterung – auch Rom wieder verlassen müssen, vertrieben von seinem Rivalen und Vaters früherem Protegé Anacletus. Nun saß Eugenius in der Region um Frascati und mißtraute Aquitanien, Frankreich, Rom, dem Heiligen Römischen Reich – offensichtlich jedem. Beklommen fragte ich mich, ob wir einen noch schlechteren Zeitpunkt für eine Audienz hätten wählen können.

Doch unsere unglückselige Einmischung in die politischen Dinge des Orients beschämte mich zutiefst und ließ mich schlecht vorbereitet in Tusculum ankommen. Hier hieß man uns als Helden der Christenheit willkommen, und Louis, wie stets unempfindlich gegenüber unterschwellig brodelnden Gefühlen, hielt diesen Empfang für mehr als angemessen. Aber schon bald wurde trotz aller Feierlichkeiten mehr als deutlich, daß man am päpstlichen Hof im Exil vorwiegend Louis für das Debakel verantwortlich machte.

Trotz alledem war und blieb Louis eine der größten Machtstützen von Papst Eugenius, für den es in seiner schwachen Position lebenswichtig war, daß Louis die Krone behauptete. Und meine Ländereien bildeten den größeren Teil dieser Krone. Um Louis' Macht zu erhalten, so erkannte ich bald, wäre der Papst bereit, über etwas so Unbedeutendes wie eine unzulässige Ehe hinwegzusehen.

Was eine Auseinandersetzung hätte werden sollen, entpuppte sich als blanker Hohn. Der Papst bestand darauf, uns getrennt zu sprechen, und begann natürlich mit Louis. Ich wartete derweil im dunklen Vorzimmer des Thronsaales. Zwei päpstliche Sekretäre, die mich nicht bemerkt hatten, unterhielten sich über die letzten Vorkommnisse im Orient, vor allem über Antiochia. In der Hoffnung, Neuigkeiten von den Menschen zu erfahren, die ich kannte, belauschte ich ihre Unterhaltung.

»Jetzt kann man Nureddin nicht mehr aufhalten«, meinte der jüngere von ihnen. »Nicht, nachdem man ihm Graf Raymonds Kopf übersandt hat!«

»Und dessen Arm. Ich habe gehört, Nureddin habe beides wie Reliquien in Silber fassen lassen und prahlt mit seinen Trophäen vor den Heiden, die auf sie spucken ... Wirklich abscheulich!«

»Ja, einfach barbarisch ...«

In meinem Kopf drehte sich alles, und kaum waren die beiden außer Hörweite, mußte ich mich augenblicklich übergeben. Zitternd versuchte ich, meine Fassung wiederzugewinnen. Selbst wenn es stimmte, was sie gesagt hatten, würde es Raymond nichts mehr anhaben können. Dennoch peinigten mich Wut und Entsetzen, denn das Geschehene war unsere Schuld. Unser Verrat ging auch nach Raymonds Tod weiter, und unter der Last des Kummers und der Schmach brachen die Mauern, die ich um mich errichtet hatte. In diesem Augenblick hätte ich Geoffroi und den Trost seiner zärtlichen Umarmung mehr denn je gebraucht.

Schluchzend saß ich da, als man mich in den Thronsaal rief. Papst Eugenius war überrascht von dem Anblick, den ich bot. Er erhob sich, kam gebeugt und humpelnd auf mich zu, nannte mich seine arme, liebe Tochter und mißdeutete meine Trauer als Sorge um meine eigene mißliche Lage. Er war ein gefühlsbetonter Mann, und die Tränen, die nun in seinen gütigen Augen schimmerten, machten meine mühsam aufrechterhaltene Selbstbeherrschung zunichte.

Meine Aussicht auf Erfolg war ohnehin gering gewesen, doch jetzt wurden meine sorgfältig überlegten Argumente von den Bildern zersetzt, die vor meinem geistigen Auge aufstiegen – immer wieder sah ich Raymonds verstümmelten Leichnam vor mir, auf seltsame Weise vermischt mit meinen Träumen, in denen Geoffroi ertrank. Alles entglitt mir, und als der Papst meine Hand tätschelte und meinte: »Ruhig, meine Tochter, ganz ruhig. Seid unbesorgt! Niemand wird sagen, Ihr habet in Sünde gelebt, oder Euch Eure Krone nehmen. Das werde ich nicht zulassen. Für Eure Bindung besteht kein Ehehindernis!«, weinte ich lauter als zuvor. »Nein, meine Tochter, vertraut darauf, daß Eure Ehe gültig ist, dann wird Gott Euch auch Söhne schenken!«

Louis und er waren sich offensichtlich vorher einig geworden, so daß meine Audienz bei ihm nur der Form halber zustande gekommen war. Selbst wenn ich mit dem Verstand eines Abélard und der Autorität einer ganzen Kardinalskurie gesprochen hätte, wäre ich dennoch ohne den Hauch einer Chance gewesen. Es war der krönende Abschluß eines törichten Unterfangens.

Ich war so erschöpft und enttäuscht, daß ich kaum Verzweiflung verspürte, als er uns mit gütigen Segenswünschen und wohlmeinenden Ermunterungen für eine kinderreiche Zukunft verabschiedete. Eigentlich mußte ich fast lachen, denn was als eines der glanzvollsten Abenteuer begonnen hatte, würde als eines der unsinnigsten Debakel in die Geschichte eingehen.

Sogar Louis konnte seine Pflichten nun nicht länger ignorieren, und so machten wir uns auf den Weg nach Paris. Ermutigt durch die für ihn scheinbar wiederhergestellte Ehe, redete er wieder mit mir und wies mich aufgekratzt auf die heiligen Stätten entlang des Weges hin – genau wie damals auf der Straße nach Jerusalem. Und warum sollte er nicht glücklich sein? War ich jetzt nicht für immer seine Gefangene? Bald erreichten wir Rom, und mir wurde schmerzlich bewußt, daß sich unser Status quo seit unserer Abreise aus Antiochia vor achtzehn langen Monaten nicht geändert hatte.

Louis eilte in Rom verzückt von Kirche zu Kirche und erzählte unaufhörlich von den illustren Gebeinen oder anderen Reliquien, die er dort sah. Doch viel von seiner Aufgeregtheit war sicher der Tatsache zuzuschreiben, daß er nicht länger enthaltsam lebte – nun, da sein Gelübde erfüllt und die Zweifel über das Fortbestehen unserer Ehe von ihm genommen waren. Seit er die Segenswünsche des Papstes in Tusculum empfangen hatte, machte er sich daran, seinen Wunsch nach einem Erben in die Tat umzusetzen. Ich ertrug seine Nachstellungen mit zusammengebissenen Zähnen und einem bisher nicht gekannten Widerwillen, der sogar ihm nicht verborgen blieb. Und seine Reaktion darauf war so unangenehm wie unerwartet.

Er ließ das Gefolge und mich einen großen Umweg machen, um eine Kirche zu besichtigen, die der Heiligen Jungfrau geweiht war. Sie stand in einer strauchigen, nach Minze duftenden Ebene inmitten antiker Tempel. »Seht Ihr das komische kleine Gebäude dort, Eleonore?« fragte er listig und deutete auf ein Bauwerk gegenüber der Kirche.

Das komische kleine Gebäude entpuppte sich als ein erlesener Rundbau mit Marmorsäulen und zartrosafarbenen Fliesen. »Ja, Louis. Die Rotunde ist sehr schön«, bemerkte ich, wunderte mich aber über sein plötzliches Interesse an heidnischen Bauten.

»Es ist ein Tempel der Jungfräulichkeit, Eleonore. Wißt Ihr, sogar die Heiden haben sie verehrt. Und da ist noch etwas, was ich Euch zeigen möchte.« Er führte mich hinüber und blieb vor einer riesigen steinernen Wand mit einer furchterregenden Grimasse stehen. »Wißt Ihr, was das ist, Eleonore?«

Langsam wurde ich ungeduldig.

»Nein, natürlich nicht, Louis. Ihr habt mich den ganzen Tag kein Wort mit unserem Führer sprechen lassen! Es sieht sehr alt aus ...«

»Ja, es stammt aus alter Zeit und besitzt große Macht ...«

Sein Lächeln war sonderbar, und ich begann mich in seiner Nähe unwohl zu fühlen. Ich sah mich nach Hugues und den anderen Poitevinern um, die gehalten waren, in Louis' Beisein Abstand zu wahren. Hugues war da, aber außer Hörweite. Ich machte ihm ein Zeichen, denn ich hielt es für besser, ihn an meiner Seite zu wissen, falls Louis sich noch merkwürdiger verhalten sollte.

»Louis, was ist bloß los mit Euch?«

»Nichts, wenn Ihr aufrichtig seid!« Und er packte meine Hand und zog sie zu der Fratze. »Ihr seid eine tugendhafte Gemahlin, nicht wahr, Eleonore? Dann habt Ihr nichts zu befürchten! Legt Eure Hand hier hinein und schwört es mir!«

Und er zerrte meine Hand zum weit aufgerissenen Schlund. »Louis, laßt mich los! Wie könnt Ihr es wagen!«

Doch er blieb hart. »Los, schwört mir, daß Ihr tugendhaft seid! Wenn Ihr lügt, wird Euch die Hand abgebissen.«

Als er meine Fingerspitzen zwischen die steinernen Lippen der Maske schieben wollte, verzerrte sich sein hämisch grinsendes Gesicht zu einer entsetzlichen Parodie der Fratze vor uns.

»Madame!« Der zornig dreinblickende Hugues eilte zu meinem Schutz herbei, jederzeit bereit, sein Schwert zu ziehen. »Euer Gnaden, eine Eurer Hofdamen fühlt sich unwohl. Ich fürchte, sie wird gleich ohnmächtig!«

Das letzte Wort schrie er fast, und im gleichen Augenblick sank Faydide zu Boden. Ein nicht sehr überzeugender, aber höchst willkommener Ohnmachtsanfall – bei dem es ihr immerhin gelang, sehr viel Bein zu zeigen. »Louis, ich muß zu ihr!« rief ich, um seinen gemeinen Plan zu durchkreuzen, und widerwillig ließ er mich los. Ich rieb mein brennendes Handgelenk und eilte sogleich zu Faydide. Als ich mich über sie beugte, blinzelte sie mir zu. Dankbar drückte ich ihr die Hand.

»Ich muß Faydide sofort zurückbringen, Louis. Sie ist ganz offensichtlich krank.«

Verärgert zuckte er mit den Achseln, denn er wußte, daß damit seine Chance zunichte war. Mit seinem üblichen Troß von Priestern eilte er zu der kleinen Kirche. Kaum waren sie gegangen, richtete Faydide sich auf. Wir drei sahen uns beunruhigt an – was war bloß in Louis gefahren?

»Kommt, Madame. Laßt uns diesen Ort verlassen«, meinte Hugues sanft und sah Louis' Gestalt voller Abscheu hinterher.

Bald darauf verließen wir Rom. Einige Wochen nach dem Zwischenfall am sogenannten »Mund der Wahrheit« stellte ich zu meinem Entsetzen fest, daß ich schwanger war. Krank vor Sorge wartete ich darauf, daß sich meine monatliche Blutung einstellte, doch nichts geschah. Als es schließlich unumstößlich feststand, hörte ich förmlich die Tür meiner Palastzelle hinter mir zuschlagen.

Louis wirkte nicht einmal überrascht, als ich ihm die Neuigkeit überbrachte. Zufrieden sah er mich an, küßte mich auf die Wange und ließ sofort eine schon vorbereitete Sänfte bringen. Er hatte anscheinend damit gerechnet. In den folgenden Tagen ritt er mit einem derart glückseligen Lächeln auf dem Gesicht neben meiner Sänfte, daß ich die Vorhänge zuzog, um es nicht mehr sehen zu müssen. Nun war ich nicht nur seine Gefangene, sondern auch die meines eigenen Körpers. Verzweifelt betete ich, Marie möge eine Schwester bekommen, denn meine letzte Hoffnung war, daß nach drei Fehlschlägen selbst Louis zu der Überzeugung gelangen würde, ohne mich wäre er besser dran. Ein Knabe würde meinen Wunsch nach Freiheit für immer zunichte machen.

Je hoffnungsloser mir meine Situation auf unserem Weg durch die Toskana erschien, desto häufiger mußte ich an Geoffroi denken. Vor allem seine bitteren Worte im Garten von Thouars kamen mir immer wieder in den Sinn: *»Ich war nur ein Beschäler für Mathildas Stammbaum – Zuchthengst und Kriegsroß in einem.«* Ja, diese Worte spiegelten auch meine Situation wider. Ich war für Louis nur eine Zuchtstute, doch anders als Geoffroi mit seinen drei wohlgeratenen Söhnen hatte ich in dieser Rolle bisher versagt. Denn eines war sicher: Bei all seiner Schwärmerei liebte Louis mich nicht und hatte es nie getan. Aber wenn man schon keine Liebe in der Ehe zu erwarten hatte, so war doch ein gewisses Maß an Respekt und Anerkennung notwendig, um eine solche Beziehung erträglich zu machen. Gleichwohl war das weder Geoffroi noch mir zuteil geworden. Er war ein Soldat im Dienste Mathildas und ich die Erbin Aquitaniens und darüber hinaus eine beinahe unfruchtbare Last. Und nun waren wir beide so allein wie immer.

Je näher wir der Heimat kamen, desto gedrückter wurde meine Stimmung. Die Nachrichten, die uns jetzt regelmäßig erreichten, verhießen nichts Gutes. Suger war krank, und die Regierung des Königreiches drohte außer Kontrolle zu geraten – und das angesichts der befürchteten Revolte von Robert. Darüber hinaus hielt sich Eustace, der Sohn des englischen Königs Stephen, in Paris auf, um jedermann daran zu erinnern, daß er Louis' Schwager und der Thronerbe Englands war ... Sofort dachte ich an die Normandie und die Schwierigkeiten, die sich daraus für Geoffroi ergaben. Doch ich war zu lange fort gewesen, und so blieben mir nur meine quälenden Sorgen, als wir schließlich die Alpen überquerten und Burgund erreichten.

Für Anfang November war es ungewöhnlich kalt. Der strenge Frost und der frühe Schnee konnten indes nicht trostloser sein als meine Gemütsverfassung. Louis schob meine »Stimmungen« auf meine Schwangerschaft und erwiderte jede bissige Bemerkung meinerseits mit einem nachsichtigen Lächeln, ohne zu ahnen, daß er mit jedem albernen Grinsen seinen Tod riskierte. Von Auxerre aus reiste er eilig weiter nach Paris, bevor die Straßen unpassierbar wurden. So hatte ich Gelegenheit, Petronilla wiederzusehen und mitzunehmen.

Bei ihrem Anblick brach ich in Tränen aus und war stundenlang nicht zu beruhigen. Ich hielt sie fest an mich gedrückt, während sie meinen Berichten von Tod und Verderben mit wachsendem Entsetzen lauschte. Ihre anfängliche Freude über unser Wiedersehen war rasch der Ernüchterung gewichen, als sie einen ersten Eindruck davon bekam, was sich im Heiligen Land zugetragen hatte.

»Du hast dich verändert, Eleonore«, sagte sie. »Ich erkenne dich gar nicht wieder.« Ihr eigenes Leben an der Seite von Raoul war sehr ruhig verlaufen, und die Kluft an Erfahrungen, die sich plötzlich zwischen uns auftat, erschien mir unendlich tief. Sie hatte eine zweite Tochter bekommen, die sie zu meiner großen Freude nach mir benannt hatte – doch ansonsten schien ihr Leben in den letzten zweieinhalb Jahren sehr ereignislos verlaufen zu sein. Zum ersten Mal in meinem Leben fühlte ich mich in ihrer Gegenwart unbehaglich und war wegen ihrer Reaktionen verstimmt.

»Ich bin alt geworden, Petrel.« Vergeblich versuchte ich ein Lächeln. »Alt, aber nicht weise ... Ein schlechter Tausch, denkst du nicht auch?«

Die Reise ging weiter. Die Straßen waren morastig, aber die Furchen häufig mit Eis überzogen und spiegelglatt. Mehr als einmal berührte die Sänfte unsanft den Boden, wenn die Pferde ausglitten oder im Morast den Halt verloren. »Mein Gott!« rief Petrel bei einer solchen Gelegenheit. »Noch ein solcher Aufprall, und du wirst wieder eine Fehlgeburt haben!«

»Oh, Petrel, glaubst du, es bestünde eine Chance?«

Sie sah mich ehrlich entsetzt an. »Gut, du magst dich verändert haben, Eleonore, aber das meinst du doch nicht im Ernst, oder?«

»Nein, Petrel, aber ich bin nicht sehr glücklich ...« Während wir langsam unseren Weg fortsetzten, erzählte ich ihr, was sonst noch passiert und wie vergebens alles gewesen war.

Geduldig lauschte sie meiner Aufzählung von Tod und Betrug. Als sie schließlich das Wort ergriff, hatte auch sie eine traurige Nachricht für mich: Die arme Senlis hatte die Heimreise nicht lebend überstanden. »Der Mann, den du schicktest – er hieß Gilles, oder? –, tauchte eines schönen Tages mit einer sonderbaren Geschichte bei mir auf. Er hatte das Halsband, die Leine und natürlich deinen Brief bei sich. Er erzählte, sie hätten es bis Trento geschafft, aber dort sei sie eines Nachts im Schlaf gestorben.« Sie drückte meine Hand. »Sie waren drei Monate unterwegs. Es muß für den Hund eine Strapaze gewesen sein.«

Süße Senlis, das Unterpfand der Liebe Geoffrois. Immerhin hatte Gilles das Vertrauen, das ich in ihn gesetzt hatte, nicht enttäuscht. Oder war es doch nur das versprochene Geld gewesen, das ihn gelockt hatte? Petrel wurde sichtlich lebhafter, als sie sich an die Begegnung mit ihm erinnerte. Außerdem wollte sie mich gerne ein wenig aufheitern.

»Eleonore, er war bezaubernd! Wo hast du ihn bloß aufgetrieben? Ich meine, er sah natürlich entsetzlich aus, aber er hatte ein Herz aus Gold!«

»Ich hoffe, du konntest ihm den versprochenen Lohn zahlen. Ich gebe dir das Geld zurück, sobald wir in Paris sind.«

»Vergiß es – ihn kennengelernt zu haben war Lohn genug. Er sagte, er würde nach Bordeaux zurückgehen. Vermutlich gehört ihm die Stadt in ein paar Jahren!« Ihre Stimme wurde sanfter. »Ich glaube, er hat sich wirklich um Senlis gekümmert. Es tut mir leid, daß sie gestorben ist, Eleonore. Ich wünschte, ich hätte sie bis zu deiner Rückkehr in meiner Obhut gehabt, vor allem jetzt, da ...« Sie sprach den Satz nicht zu Ende.

»Jetzt, da was?«

Sie wirkte nervös. »Nichts – ich meine, sie wäre dir ein Trost gewesen, den du doch jetzt gut hättest gebrauchen können, nicht wahr?«

Ich war sicher, sie hatte etwas anderes gemeint, fragte aber nicht weiter nach.

»Oh, Petrel, was ist schon das Leben eines armen kleinen Hundes – auch wenn ich dieses Tier besonders mochte –, wenn ich an die vielen Toten denke?«

Doch je näher wir Paris kamen, desto mehr verstärkte sich mein Gefühl, daß ihre Neuigkeiten ein böses Vorzeichen waren.

Wieder in Paris zu sein – der Ort, den ich aus reiner Gewohnheit mein Zuhause nannte – war ein Schock. Alles war mir überraschend vertraut und gleichzeitig auf seltsame Weise fern. Hier schienen die Wolken tiefer zu hängen und drückender zu sein, und das Sonnenlicht war trüb im Vergleich zum Orient, so daß ich mich eingesperrt fühlte. Die Menschen um mich herum wirkten auf mich wie ihre Häuser: armselig und klein und schäbig. Paris war mir nun fremder als Palermo, und daher fühlte ich mich hier noch stärker fehl am Platz als zuvor.

Das Wiedersehen mit Suger war ebenfalls ein Schock. Bei

unserer Abreise war er noch kräftig und rotbackig gewesen; nun war er ein abgezehrter, verwelkter alter Mann. Seine einst scharfen Augen lagen in dunklen Höhlen, und seine Hände waren von der Gicht gekrümmt. Es war womöglich das letzte Unglück dieses Kreuzzuges, daß Louis die Gesundheit seines Mentors ruiniert hatte, indem er Suger so lange Zeit mit den Regierungsgeschäften eines Königreiches allein gelassen hatte, in dem kaum noch Gelder, geschweige denn Männer zur Verfügung standen. Jedermann sah, außer Louis natürlich, daß der scheinbar unverwüstliche Abt bald sterben würde. Nur die Nachricht von meiner Schwangerschaft schien ihn in diesem frühen, bitterkalten Winter des Jahres 1150 aufrechtzuerhalten.

Unsere Heimkehr war in vielerlei Hinsicht mehr als kühl. Abélard war schon lange tot, und mit ihm schien die bunte Vielfalt der geisteswissenschaftlichen Schulen und die Gedankenfreiheit, die einst charakteristisch für die Stadt gewesen waren, verschwunden zu sein. Der gefürchtete Thierry Galeran – der von Louis als Zugeständnis an mich etwas früher von Jerusalem nach Hause geschickt worden war – hatte seine Stellung gefestigt und für die Sache der Templer im gesamten Königreich emsig geworben. Ihre weißen Roben mit den blutroten Kreuzen waren nun überall zu sehen. Nur wenige Mitglieder unseres alten Hofstaates hatten ihr Leben nicht im Wüstensand ausgehaucht, und ich fühlte mich als Fremde in einem fremden Land.

Ich kämpfte gegen die klirrende Kälte in meinem eisigen Gemach und erschien lediglich zum Weihnachtsfest, das eher trostlos und nur spärlich besucht war. Unter diesen unerfreulichen Umständen erfuhr ich, daß Louis beabsichtigte, auf das Debakel im Heiligen Land mit einem dritten Kreuzzug zu reagieren – diesmal wollte er gegen unseren Verbündeten Byzanz ins Feld ziehen. Ich fragte mich vergeblich, ob er wohl den Verstand verloren hatte.

Das Kind in mir ertrug ich wie einen Tumor; und die kleine

Marie war mir völlig fremd geworden. Ich sah zwar oft nach ihr, aber die dreißig Monate, die wir getrennt gewesen waren, standen unüberbrückbar zwischen uns. Ihr Benehmen war vorbildlich, die Kleine war ausgesprochen höflich für ein Kind. Ich glaube, sie mochte mich, aber sie sah die Amme als ihre wahre Mutter an: Zu ihr lief sie, wenn sie Kummer hatte; zu ihr kehrte sie glückselig zurück, sobald ich sie verließ. Auch in meiner Rolle als Mutter hatte ich also versagt.

Petronilla verzweifelte schier an meiner Teilnahmslosigkeit, doch nichts, was sie oder irgend jemand sonst sagte, konnte mir helfen. Erst mußte ich dieses Kind zur Welt bringen. Und ihre Neuigkeiten von Geoffroi, die sie mir nur widerstrebend anvertraute, hatten alles nur noch schlimmer gemacht. Die Belagerung von Montreuil-Bellay, die ihn vor langer Zeit ins Gebiet südlich von Thouars gerufen hatte, war noch immer nicht beendet. Gerald de Berlais Festung hatte allen Eroberungsversuchen über Monate hinweg widerstanden, und ich konnte mir unschwer ausmalen, wie überdrüssig Geoffroi der Angelegenheit sein mußte. Als ich mehr von Petrel in Erfahrung bringen wollte, verwunderte mich ihre Verzagtheit – es war schließlich nicht das erste Mal, daß sich eine Belagerung mit Unterbrechungen über Jahre hinzog.

»Ich verstehe nur zu gut, Petrel, wenn ihn diese Situation bedrückt. Sein Sohn Henri muß inzwischen siebzehn sein, und Geoffroi wird ihm die Normandie sicher bald übergeben wollen. Was er jetzt wirklich nicht gebrauchen kann, ist ein Widerstandsnest vor der eigenen Tür!«

Doch sie sah noch immer niedergeschlagen aus, und so plapperte ich nervös dahin, bis wir schließlich beide schweigend dasaßen. »Ich fürchte, das ist noch nicht alles, Eleonore.«

Ich wurde zusehends unruhiger. »Großer Gott, es ist ihm doch nichts zugestoßen, oder?« Ich packte ihren Arm. »Ist er etwa verletzt ...?«

»Nein, nein, nichts dergleichen. Ich weiß gar nicht, wie ich es dir sagen soll, aber ... er scheint wieder mit Mathilda zusammenzuleben.«

Ich lachte laut auf. »Unsinn!« Doch ihr Gesichtsausdruck verriet mir, daß sie die Wahrheit sagte. »Nein!«

»Es tut mir leid, Eleonore. Ich weiß, so hattest du dir deine Heimkehr nicht vorgestellt. Aber ich dachte, ich sollte dich besser vorwarnen.«

»Das kann nicht sein. Unmöglich!« All die inneren Kämpfe, all die Seelenqualen, um dann zu seiner Frau zurückzukehren? Zu Mathilda? Das konnte unmöglich stimmen. »Seit wann?« fragte ich, nach Luft ringend.

»Was? Oh, seit gut einem Jahr ... Seit achtzehn Monaten.«

Zu dem Zeitpunkt war ich halbtot und vor Sehnsucht nach Geoffroi schier wahnsinnig in Antiochia angekommen.

Sie schloß mich tröstend in ihre Arme, obwohl das gar nicht nötig war. Ich weinte nicht. Ich war schließlich erwachsen geworden, oder? Ich war reifer. Und wieso regte ich mich überhaupt auf? Ich hatte ihn verlassen. Warum sollte er also nicht zu seiner Frau zurückkehren?

»Eleonore, Eleonore!« Petrel schüttelte mich. »Dein Gesicht läuft blau an!« Ich hatte einfach zu atmen vergessen und rang nun nach Luft. Sie waren acht Jahre oder länger getrennt gewesen, doch nach weniger als acht Monaten hatte er mich schon vergessen und war zu ihr zurückgekehrt ... »Es tut mir leid, aber ich mußte es dir sagen.«

Ich hörte jemanden lachen. Mich. »Habe ich das nicht wirklich schlau eingefädelt, Petrel? Ich bin auf und davon, um die ganze Sache zu beenden, und dachte schlußendlich, ich hätte versagt, wie ich in allen Dingen versage. Doch eigentlich habe ich auf der ganzen Linie gesiegt! Ich habe es geschafft, daß er mich vergißt!«

Und ich verstand nicht, warum sie weinte.

Es sollte indessen noch schlimmer kommen. In den nächsten Wochen stellte ich einige Nachforschungen an – anfangs ganz diskret, doch schon bald immer hartnäckiger. Erstaunlicherweise schien sich außer mir offensichtlich niemand für die privaten Absprachen des Herzogs der Normandie zu interessieren, geschweige denn über sie informiert zu sein. Ich erfuhr Erschreckendes: Nach unserem Aufbruch ins Heilige Land hatte Geoffroi den Vorschlag unterbreitet, seinen Sohn Henri mit meiner kleinen Marie zu vermählen. Diese Neuigkeit war für mich ein Schlag ins Gesicht, denn eine Heirat unserer Kinder hätte bedeutet, daß die Beziehung zwischen uns beiden nicht nur ehebrecherisch, sondern darüber hinaus auch blutschänderisch gewesen wäre. Da spielte es keine Rolle, daß wir nie die Hoffnung gehegt hatten, uns einmal vermählen zu können. Doch aufgrund seines Planes bestand nicht einmal mehr die vage Möglichkeit, von unserer Heirat zu träumen. Der Vorschlag war von Abt Bernard abgeschmettert worden, der ihn wiederum im Namen des Königs ablehnte – aber für mich war der Schaden schon passiert. Mein mutiger Entschluß, Geoffroi trotz allem in meinem Herzen zu bewahren, wurde von meinem schier nicht zu ertragenden Kummer hinweggefegt. Was in Gottes Namen war Geoffroi in meiner Abwesenheit widerfahren? Was war mit mir geschehen?

Paris litt auch nach dem Frühlingsanfang noch lange unter den Auswirkungen jenes grausamen, eisigen Winters und seiner Hungersnot. Die Seine war zugefroren, und die Mühlen konnten daher das wenige noch vorhandene Korn nicht mahlen. Tagtäglich lagen mehr ausgezehrte Leichen in den Straßen, deren Leiber sogleich gefroren. Der Boden war zu hart, um Gräber auszuheben, und so stapelten sich in Totenhemden gehüllte, verwesende Kadaver Reihe um Reihe auf den Friedhöfen – ein nunmehr alltäglicher Anblick in der von Leid gezeichneten Stadt.

Wir waren hier wie schon im Heiligen Land vom Tod umgeben, und auch das Osterfest bescherte uns keine Wetterbesserung. Louis' gewollt gute Laune hatte sich rasch verflüchtigt, sobald wir wieder in unserem eisigen, primitiven Palast lebten. Alsbald zog er sich an einen weihrauchgeschwängerten Ort zurück, wo er von seinen Reliquien umgeben war und fast ohne Unterlaß Gott inständig bat, ihm einen Sohn zu schenken. Nach Petrels Neuigkeiten und meinen eigenen Entdeckungen spürte ich hingegen eine große Gleichgültigkeit und Kälte in mir.

Mir blieb nichts, als auf meine Freiheit zu hoffen.

Erst in der letzten Maiwoche begann es schließlich zu tauen, und auch bei mir setzten kurz darauf die Wehen ein. Die Geburt war leichter als meine erste, und ich benötigte nur sehr wenig von Achmeds Mohnelixier, das er mir vor – wie mir schien – unendlich langer Zeit in Potenza gegeben hatte. Nach nur drei Stunden war Prinzessin Alix geboren, und als ich dieses verschrumpelte, wunderschöne weibliche Wesen in meinen Armen hielt, wußte ich, daß mein Versagen der Schlüssel zu meiner Freiheit war.

Ich hatte erwartet, daß der kränkelnde Suger alle Hoffnung aufgeben würde, doch er erwies sich als mein einziger, wenn auch unwillkommener Verbündeter. Er versuchte Louis aufzuheitern, indem er ihm Hoffnung auf männliche Nachkommen machte, nun, da sicher feststand, daß ich Kinder bekommen konnte. Aber er war der einzige, der so dachte. Denn obwohl niemand Aquitanien verlieren wollte, war der Rat inzwischen gegen mich. Und Louis haderte mit seinem Gewissen: Der Papst höchstpersönlich hatte ihm einen Sohn zugesichert, wie es vor Maries Geburt auch Abt Bernard getan hatte. Wenn die Gebete zweier der heiligsten Männer der Christenheit von Gott nicht erhört worden waren, mußte er sich wirklich Sorgen machen. Und die Zweifel, die ich wegen der Gültigkeit unserer Ehe geäußert hatte, fraßen sich allmählich in seine Gedanken und klangen auch für ihn nun mehr als überzeugend.

Er behandelte mich mit distanzierter Höflichkeit, wurde in

meiner Gegenwart jedoch zusehends bedrückter, als würde schon allein der Gedanke an mich ihm Kummer bereiten. Er suchte mich nicht mehr in meinen Gemächern auf und speiste nur noch selten gemeinsam mit mir im Saal. Kurz, er mied mich. Nun, dann laßt mich doch endlich gehen, flehte ich stumm. Doch die Angelegenheit verlief im Sande, und Louis tat den kalten Sommer über nichts anderes, als noch mehr Zedern aus dem Heiligen Land rund um Vitry zu pflanzen. Im August jedoch erwachte er mit einem Schlag zu neuem Leben und erklärte Geoffroi den Krieg.

KAPITEL 19

⚜ JAHRE VOR DEM KREUZZUG war Louis' Schwester Constance mit Eustace vermählt worden, dem Sohn von Stephen, der sich den englischen Königsthron angeeignet hatte. Die Verbindung galt als unglücklich, und die arme Constance war eher Eustace' Gefangene, die ihr Leben im White Tower von London zubrachte. Doch das hinderte Louis nicht daran, den Besuch seines Schwagers in Paris mit einem Aufwand zu feiern, der Geoffroi und Mathilda Böses ahnen ließ. Es war eindeutig ein Zeichen dafür, daß Louis erneut das Lager gewechselt und die Krone sich mit dem Hause Blois-Champagne gegen die Normandie und das Anjou verbündet hatte. Vor allem Henri de Champagne, der am Fluß Mäander entscheidend zum Sieg im Kampf gegen die Türken beigetragen hatte, stand hoch in Louis' Gunst. Ich verabscheute ihn und mißtraute ihm trotz seiner Heldentaten im Heiligen Land.

Eustace selbst hatte sich als durch und durch bösartig erwiesen. Obwohl noch jung an Jahren, war der Sohn des Thronräubers ein Mörder, Vergewaltiger und Trunkenbold. Louis' plötzliches Eintreten für ihn machte mich krank, denn der junge Bursche war zu jeder Schandtat bereit, um sein Erbe zu sichern. Meine schlimmsten Befürchtungen bewahrheiteten sich am Tag nach Eustace' Empfang, als ich anläßlich der peinlichen Feierlichkeiten bei Hofe zufällig eine Unterhaltung zwischen Louis und Henri de Champagne mithörte.

Henri hatte sich Louis unauffällig genähert, und nach anfangs harmlosem Geplauder bekam das Gespräch unmerklich einen verschwörerischen Unterton. »Eustace wird einmal einen guten König von England abgeben, Euer Gnaden.«

Sie blickten beide kurz zu Eustace hinüber, der im Rausch lautstark Geld forderte, weil er seinen Teil der Abmachung erfüllt hätte und die fade Constance ertrüge.

»Wie bitte?« meinte Louis zerstreut. »Ähm, ja, Henri. Ich hoffe, Constance wird als Königin glücklich sein, wenn die Zeit gekommen ist.«

»Nun, genau das ist der Punkt, oder nicht, Sire? Onkel Stephen lebt womöglich noch viele Jahre ...«

»Betet zu Gott, daß es so ist, Henri.«

Henri sah ihn verständnislos an. »O ja, natürlich. Aber was gibt es unterdessen für Eustace zu tun? Er ist immerhin der Gemahl Eurer Schwester. Ihm stünde ein Herzogtum zu. Er verdient die Normandie.«

»Die Normandie?« Sogar Louis mußte bei diesem Vorschlag fast lachen. »Verlorene Liebesmüh, Henri, ob es Euch nun gefällt oder nicht! Graf Geoffroi hat sie gewonnen, und daran kann auch ich nichts ändern.«

»Aber natürlich könnt Ihr das.« Henri drängte sich enger an Louis, um ihm ins Ohr flüstern zu können, wie es einst die Schlange bei Eva tat. »Ihr könntet sie ihm nehmen. Ihr seid dazu mehr berechtigt denn je, und es wäre Gottes Werk ...« Dieser Hinweis verfehlte bei Louis niemals seine Wirkung. Sie gingen weiter, und obgleich sie außerhalb meiner Hörweite waren, bemerkte ich, daß sie einen Plan ausheckten, wie man Geoffroi die Normandie fortnehmen könnte.

Die Erstarrung, die mich seit meiner Rückkehr lähmte, war wie weggeblasen. Louis allein stellte keine Bedrohung für Geoffroi dar, aber der skrupellose Henri de Champagne ... Mir dröhnten spöttisch meine eigenen, nun prophetisch klingenden Worte in den Ohren, die ich damals in Senlis gesagt hatte: *»Es muß ja nicht seine Strategie sein, die dich zu Fall bringen kann. Er mag zwar arglos und ohne Schläue sein, aber nicht seine Vertrauten.«*

Sosehr ich mich auch bemühte, es gelang mir nicht, weitere

Einzelheiten in Erfahrung zu bringen. Doch ich mußte etwas unternehmen.

Zutiefst verletzt dachte ich, daß es angesichts dieser Situation keine Rolle spielte, daß Geoffroi mich nicht mehr liebte. Ich hatte alle Hoffnung aufgegeben und mich dabei selbst betrogen, denn ich fühlte mich noch immer an ihn gebunden und verpflichtet, ihn zu warnen, wie erniedrigend oder schmerzlich dieser Schritt für mich auch sein mochte. Mein Stolz schmolz dahin, und ich wollte ihm lediglich beistehen, ihm auf irgendeine Weise helfen.

Doch was konnte ich tun, wenn ich nicht einmal wußte, wie die Bedrohung eigentlich aussah?

Meine letzte Hoffnung war Suger. Ich würde ihm alles, was ich wußte, erzählen und an seinen Gerechtigkeitssinn appellieren, damit er Louis' Pläne durchkreuzte und diesen Krieg verhinderte. Ich war schon auf dem Weg nach Saint-Denis, als die Ereignisse eine unerwartete Wendung nahmen. Wieder einmal hatte ich Geoffrois Findigkeit nicht bedacht. Er machte einen klugen und brillanten Zug, der einmal mehr typisch für ihn war: Er übertrug die Normandie einfach seinem Sohn Henri. Als er diesen Schritt tat, wurden mir augenblicklich die Beweggründe klar. Louis' Entschuldigung für seine Kriegserklärung war Geoffrois angeblich gotteslästerliches Verhalten, weil er mit der Belagerung von Gerald de Berlai die heilige Waffenruhe gebrochen habe. So konnte Louis sein Vorgehen gegen Geoffroi als Gottes Werk deklarieren. Doch durch die Übergabe des Herzogtums an seinen Erben hatte Geoffroi diesen Plan vereitelt, denn der neue Herzog der Normandie hatte sich keines Vergehens schuldig gemacht. Damit war Louis jegliche Grundlage für einen Angriff genommen. Auf diese Weise behielten die Angeviner die Normandie und verhinderten einen Krieg.

Im stillen beglückwünschte ich Geoffroi zu diesem einfachen, aber eleganten Schachzug. Er hatte dadurch nichts verloren und die drohende Katastrophe abgewendet. Um den Frieden endgültig zu sichern, mußte Henri für seine neuen Ländereien nur noch Louis den Lehnseid ablegen. Ja, nun würde alles wieder gut werden.

Louis wartete jedoch vergebens darauf, daß der junge Herzog sich in Paris einfand. Je mehr Wochen verstrichen, desto wütender wurde er, denn es hatte den Anschein, als würden ihn die Angeviner zum Narren halten. Louis, der es im Heiligen Land nicht geschafft hatte, aus einer großen Schlacht siegreich hervorzugehen, war sich der Schmach bewußt, die seit dem Kreuzzug auf ihm lastete. Nun nahm er diesen Affront zum Anlaß, um die lästigen Emporkömmlinge in ihre Schranken zu weisen. Entlang der Seine begann er Truppen für eine Schlacht gegen Geoffroi auszuheben, und es kam ihm nicht in den Sinn, daß es für eine solche Maßnahme schon lange zu spät war.

Entsetzt beobachtete ich, was geschah. Jetzt blieb mir keine andere Wahl, als mich direkt an Geoffroi zu wenden. In einem verzweifelten Brief beschwor ich ihn, nicht gegen Louis ins Feld zu ziehen. Ich wußte nicht, wie er reagieren würde. Seit drei Jahren – seit unserem letzten Treffen in Paris, das mich zu meiner Flucht ins Heilige Land bewogen hatte – gab es keinerlei Verbindung mehr zwischen uns. Ich hatte ihm mein Verhalten nie erklärt. Vielleicht haßte er mich nun. Oder vielleicht – und diese Vorstellung schmerzte mich noch mehr – hatte er mich auch schon längst vergessen und sich tatsächlich mit Mathilda versöhnt.

Wie auch immer, ich mußte ihn warnen. Heimlich sandte ich ihm meinen Brief nach Saumur und wartete ohne große Hoffnung auf eine Antwort.

Als mir eine Woche später ein Bote diskret einen mit dem Ginstersiegel versehenen Brief überbrachte, vermochte ich einen Tag lang nicht, ihn zu öffnen, und betrachtete ihn immer wieder mit einer Mischung aus Furcht und größter Hoffnung. Schließlich hielt ich es nicht länger aus und riß ihn mit zitternden Fingern auf. Allein der Anblick der wohlvertrauten, geliebten Handschrift genügte, um meine Augen mit Tränen zu füllen, noch ehe ich ein einziges Wort gelesen hatte. Wie stets begann er ohne jede Anrede:

Dein Brief bereitete mir mehr Freude als alles, was mir in den letzten drei Jahren widerfuhr, meine Geliebte. In dieser Zeit habe ich mir vor allen Dingen gewünscht, Dich noch einmal wiederzusehen, und nur der Gedanke, daß ich Deinen Wunsch respektieren muß, hat mich davon abgehalten. Ich lebe in der Hoffnung, daß Du eines Tages zu einem Treffen bereit sein wirst, denn ich konnte unsere Trennung nur ertragen, weil ich hoffte, daß es Dein Mut und nicht Deine Verachtung war, die Dich mir entfernte. Nur Du, meine Geliebte, besitzt die Macht, mir irdisches Glück zu schenken.

Was nun den Rest der Welt betrifft – soweit er von Bedeutung ist –, so sind mir Deine Informationen wohlvertraut, und ich versichere Dir, daß ich nicht die Absicht habe zu handeln. Obwohl manch einer vielleicht einen anderen Eindruck gewinnen mag – vor allem eine uns wohlbekannte Person. Wie Du weißt, habe ich lange Zeit ein Verhandlungsmittel zurückgehalten, das ich jederzeit einsetzen kann. Was dieses neue Bündnis betrifft, so halte ich es für eine jämmerliche Sache im Vergleich zu den Dingen, die wir beide vollbringen könnten. Denn eines darfst Du nie vergessen – ob ich an Deiner Seite weile oder in weiter Ferne bin: Ich war und werde stets Dein Dir ergebener Ritter sein.

Mein Herz tanzte vor Freude, und ich küßte das Pergament, bis die Tinte schon verwischte. In seinen Worten schwang keine Bitterkeit: Er liebte mich noch immer. Was auch geschehen war, Geoffrois Gefühle für mich waren noch die alten. Zwar hatte ich ihn sehr verletzt, und er hatte es mir mit der Verlobung unserer Kinder heimzahlen wollen – doch er hatte mich verstanden und mir verziehen. Konnte ich da anders handeln?

Kaum daß ich den Brief gelesen hatte, waren jene drei einsamen Jahre und die halbherzigen Entschlüsse wie fortgeblasen. Wie konnte ich ihn nicht wiedersehen wollen?

Wieder und wieder las ich die Zeilen, doch erst als sich die Wogen des Glücks ein wenig gelegt hatten, war ich tatsächlich in der Lage, den Sinn seiner Worte zu erfassen. Mit dem Verhandlungsmittel meinte Geoffroi das strategisch günstig gelegene normannische Vexin, das er bereit war abzutreten, um den jungen Henri vor einem Krieg gegen Louis und die Verbündeten aus dem Hause Blois zu bewahren. Aber ich konnte seiner Zusicherung nicht ganz Glauben schenken: Ein Teil von ihm, so vermutete ich, wollte gegen Louis in die Schlacht ziehen, obwohl dadurch nichts gewonnen wäre.

Meine Gedanken jedoch schweiften immer wieder ab und kehrten zu unserer Liebe zurück, die noch lebendig wie am ersten Tag war. Freudig erregt begann ich, die wildesten Pläne zu schmieden: Wir würden beide nach Sizilien fliehen – gäbe es einen passenderen Zufluchtsort für einen ehemaligen Herzog der Normandie und seine Geliebte als einen normannischen Hof im Exil? Wir würden in der sonnigen Wärme dieser verrückten, bezaubernden Insel leben, weit weg von Frankreich und seinen Alltäglichkeiten. Wir würden endlich unsere Liebe leben können, und ich bekäme ein Kind von ihm ... Doch wie lange würde unser Glück währen? Wie lange würde es dauern, bis Geoffroi einem Attentat zum Opfer fiel und ich nach Paris zurück und mich den berechtigten Anklagen stellen müßte, obwohl es mir dann egal wäre, ob ich weiterlebte oder nicht? Nein, Träume hin oder her, es gab keine Möglichkeit, der Realität zu entfliehen. Wir waren beide an unsere Ländereien gebunden und in unseren Ehen gefangen. Ich mußte, auch wenn ich Höllenqualen litt, meine gebrochene Entscheidung erneuern und durfte ihm auf keinen Fall antworten. Er mußte bei Mathilda bleiben und ich bei Louis, bis ich meine Freiheit zurückgewonnen hatte.

Aber da wußte ich noch nicht, was als nächstes geschehen würde.

Wie stets war es etwas gänzlich Unerwartetes. Mein widerstrebender Verbündeter Suger trat erneut in Erscheinung, um meine Bemühungen von der entgegengesetzten Seite zu unterstützen. Obwohl noch immer schwach und krank, hatte er sich in einer Sänfte von Saint-Denis nach Paris bringen lassen und um Audienz beim König ersucht. Zufällig erfuhr ich von seiner Ankunft und sorgte dafür, daß ich in Louis' Nähe war, als man ihn ankündigte. Und da war ich also – trotz aller Listen Louis', mich von solchen Zusammenkünften auszuschließen –, entschlossen zu erfahren, welches Anliegen Suger an den Hof führte.

Suger hatte sicher Schmerzen, doch er war so wütend, daß etwas von seiner früheren Energie zu spüren war. Ohne Umschweife kam er gleich zur Sache. »Euer Gnaden, Ihr könnt nicht gegen die Normandie in den Krieg ziehen.«

»Das beabsichtige ich aber«, erwiderte Louis kühl.

»Euer Gnaden, vergebt mir, doch Ihr habt nicht das Recht, dies ohne die Zustimmung der Lehnsherren und der Kurie zu tun.«

»Dann werde ich sie mir eben holen.«

»Ich fürchte, das wird Euch nicht gelingen.« Louis' Gesicht begann sich zornig zu röten. »Ihr benötigt die Zustimmung aller, und als Mitglied dieser Kurie kann ich Euch bereits versichern, daß ich niemals zustimmen werde.« Plötzlich wurde Suger von einem Hustenanfall geschüttelt, und Louis' offensichtliche Verärgerung wich echter Besorgnis. Ich schenkte ein Glas Wein ein, und Louis eilte zu ihm hinüber, um es ihm einzuflößen, doch Suger winkte ungeduldig ab. »Es wäre mehr als unklug, Sire. Und darüber hinaus ein großes Unrecht ...«

»Sie weigern sich, mir den Lehnseid zu leisten!« schrie Louis aufgebracht. Ich dachte, er würde unbeherrscht mit dem Fuß aufstampfen, aber selbst er, mit immerhin schon dreißig Jahren, war etwas erwachsen geworden.

»Da stimme ich Euch zu, Euer Gnaden, das ist schwerwiegend. Allerdings kann man dieses Problem bestimmt auch ohne Blutvergießen aus der Welt schaffen. Zweifelt Ihr denn an Graf Geoffrois Loyalität?«

»Solange sein Sohn nicht nach Paris kommt, ist und bleibt er der Herzog der Normandie«, schimpfte Louis.

Suger richtete sich mühsam in seinem Sessel auf, und sein Gesichtsausdruck war noch ernster als zuvor. »Sire – Louis! Als Euer Bruder versuchte, die Lehnsherren zu einem Bündnis gegen Euch aufzuwiegeln, wandte er sich zunächst an Graf Geoffroi ...«

»Nun, da habt Ihr es!«

»... der mir, als Eurem Stellvertreter, unverzüglich schrieb und mich über Roberts Absichten unterrichtete. Ich habe den Brief bei mir.« Wie stets war Suger gut vorbereitet. Er zog die Pergamentrolle aus seinem Ärmel und reichte sie Louis, der sie unwillig überflog, bevor er sie verstimmt auf den Tisch warf. Ich nutzte die Gelegenheit und nahm den Brief an mich. Der kurze und knappe Text war von Geoffroi selbst geschrieben worden und endete mit folgenden Worten:

Ihr könnt jederzeit im Namen des Königs nach mir schicken, und ich werde Euch gehorchen und mit noch größerer Sorgfalt dienen, als wenn der König höchstselbst anwesend wäre.

Ich mußte über Geoffrois kleinen Seitenhieb schmunzeln, denn er hatte schon unter Louis' Launen leiden müssen. Doch ich erkannte aus diesen Zeilen auch, daß er Suger wohl näherstand, als ich gewußt hatte – er nannte ihn sogar bei seinem Vornamen, Adam. Er überraschte mich immer wieder. »Seht Ihr, Euer Gnaden«, fuhr Suger fort, »wenn Graf Geoffroi sich mit der mächtigen Normandie und dem Haus Anjou hinter Robert gestellt hätte, hätte man Euch ohne jeden Kampf vom Thron stürzen können. Aber er hat es nicht getan. Statt dessen handelte

Graf Geoffroi mit größter Umsicht. Ihn nun anzugreifen wäre eine große Ungeheuerlichkeit.« Louis scharrte unbehaglich mit den Füßen. Suger, der erkannte, daß er die Oberhand gewonnen hatte, holte zum entscheidenden Schlag aus. »Genauso ungeheuerlich wie die Aussicht, das Land durch einen weiteren Kreuzzug auszubluten. Egal, was Bernard de Clairvaux dazu meint!«

Vielleicht zum ersten Mal in seinem Leben klang Suger verbittert. Louis sah verstohlen zu ihm hinüber, wie ein Kind, das durchschaut worden war. Lange Zeit herrschte Schweigen, doch schließlich brummte Louis undeutlich: »Oh, nun gut«, bevor er ungnädig den Saal verließ und die Kapelle aufsuchte.

Suger und ich sahen einander erleichtert an. Erschöpft sank der Abt in den Sessel zurück. Sein Atem ging immer schwerer, und nun trank er gern etwas von dem Wein. Ich hätte ihn vor Dankbarkeit küssen können. Am darauffolgenden Tag wurden die Truppen entlang der Seine zurückbeordert, und Louis verfiel wieder in Untätigkeit, die bis zum Jahresende anhalten sollte.

Ich dagegen gewann mehr und mehr an Energie. Ich hatte Achmeds Ratschlag befolgt und den Hof schockiert, indem ich die kleine Alix stillte. Sie war rund und wohlgenährt, größer als Marie in ihrem Alter. Es bereitete mir großes Vergnügen, dieses ausgesprochen fröhliche Kind heranwachsen zu sehen – etwas, das ich bei ihrer Schwester leider versäumt hatte. Allerdings wurde meine Freude an ihr stets von dem Wissen getrübt, daß ich sie würde zurücklassen müssen, sollte ich meine Freiheit gewinnen. Doch dies war kein Grund, ihr meine Zuneigung vorzuenthalten. Die Mädchen hatten weiß Gott nicht viel Liebe erfahren. Louis war auf zerstreute Art freundlich zu ihnen, aber er empfand nicht wirklich etwas für sie. Für ihn waren sie letztlich die Verkörperung unseres Scheiterns, und daran würde sich nichts ändern, bis er einen Sohn bekam.

Als der bedrückende Winter endlich dem Frühling wich,

brannte ich darauf, Paris zu verlassen. Seit dem Kreuzzug war die Stadt für mich nicht mehr als ein verdrecktes, kleines Nest, und nach Sugers Tod wirkte alles noch beengender. Zwar war es selbst Louis einst aufgefallen, daß ich Suger nicht sonderlich gemocht hatte. Doch er war einer der ganz Großen seiner Zeit gewesen. Erschöpft von der ungeheuren Verantwortung, die aufeinanderfolgende Könige auf seine Schultern geladen hatten, war er im bitterkalten Januar verstorben. Sein Verlust schmerzte auch mich, und genau wie bei Abélards Tod schien die Welt ärmer und schlechter geworden zu sein.

Louis hatte ein paar Tage sehr um ihn getrauert und ihn dann aus seinen Gedanken verbannt. Und damit verschwand zugleich jegliche Vernunft. Abt Bernard tauchte so schnell wie möglich am Hof auf, um Sugers Platz einzunehmen. Jetzt konnte er Louis ungehindert beeinflussen. Der einzige Trost für mich war, daß mit Sugers Tod und seiner Vision von einem geeinten Frankreich auch das Haupthindernis für die Annullierung meiner Ehe dahin war. Je mehr meine Hoffnung wuchs, desto größer wurde mein Bedürfnis, Paris zu entfliehen, und ich äußerte den Wunsch, wieder einmal nach Fontevrault zu reisen. Louis, der seit der Geburt meiner Tochter mir gegenüber noch gleichgültiger geworden war, hatte nichts dagegen. So fragte ich Petrel, ob sie mich begleiten wolle, und im Juni brach ich mit meiner Alix und möglichst kleinem Gefolge Richtung Süden auf.

Neben vielen anderen Dingen hatte meine Reise in den Orient mich gelehrt, mit leichtem Gepäck zu reisen.

Wegen des Säuglings reisten wir langsam und mit vielen Pausen. Trotzdem hatten wir nach zwei Tagen Chartres bereits hinter uns gelassen und erreichten den Loir, einen Nebenfluß der Loire. Der Groll, den man Louis wegen des fehlgeschlagenen Kreuzzuges entgegenbrachte – es gab fast keine adlige Familie, die nicht einen Sohn oder zumindest eine stattliche Summe Geld verloren hatte –, schien meine Person nicht mit einzuschließen. Wir bezogen in verschiedenen Schlössern entlang des Weges Quartier und wurden stets sehr herzlich empfangen. Je südlicher wir kamen, desto heiterer wurde ich.

In sengender Hitze zogen wir durch das Vendôme und das Lavardin und blieben zwei Nächte in Le Lude. In der zweiten Nacht quälte mich ein entsetzlicher Alptraum. Es war der gleiche Traum wie damals bei Vaters Tod, und wieder verstörte und ängstigte er mich. In warmem, trübem Wasser sank ich immer tiefer, streifte dabei die Körper meines Vaters, meiner Mutter und meines toten Bruders. Auch mein geliebter Geoffroi, bleich und nackt, war dort und versuchte, nach mir zu greifen.

Voller Entsetzen erwachte ich schweißüberströmt in dem stickigen Zimmer und wußte zunächst gar nicht, wo ich mich befand. Alix, die in der Hitze keinen Schlaf fand, weinte vor Hunger. Amaria, die mich auch auf dieser Reise begleitete, hob die Kleine für mich aus der Wiege. Ich versuchte, mich wieder zu fangen, um Alix zu trösten. Nachdem ich sie gefüttert und in ihr Bettchen gelegt hatte, schlief ich wieder ein. Abermals hatte ich diesen schrecklichen Traum, der mir den Atem nahm und mich erneut, nach Luft ringend, hochfahren ließ. Diesmal war ich so verstört, daß ich mich im Bett aufsetzte und auf die Morgendämmerung wartete. Warum suchte mich dieser Traum gerade jetzt wieder heim?

Am nächsten Tag verließen wir den Loir und zogen nach Süden. Wir durchwateten die Loire in der Nähe von Chinon und erreichten nach einem langen und ermüdenden Ritt schließlich Fontevrault. Ich bemühte mich, nicht die Straße entlangzusehen, die nach Roiffé führte, wo ich unwiederbringliche Stunden des Glücks mit Geoffroi verbracht hatte. Zum tausendsten Mal sagte ich mir, daß es richtig gewesen war, ihn zu verlassen. Aber es fiel mir unsäglich schwer. Jeder Stein in Fontevrault schien mich an ihn zu erinnern und daran, daß er ja auch ein Förderer dieses außergewöhnlichen Klosters war. So konnte es mir einfach nicht gelingen, ihn aus meinen Gedanken zu verbannen. War diese Reise vielleicht eine große Dummheit?

Die Äbtissin war nicht da, und so wurden wir von der Kellermeisterin empfangen, die rasch und fröhlich für unsere Unterbringung im inzwischen fertiggestellten Gästetrakt sorgte. Petrel war von Anfang an ungehalten. Sie hatte sich hier noch nie wohl gefühlt, und nach einer Weile meinte ich daher ziemlich gereizt: »Lieber Himmel, hör endlich auf, dich zu beklagen, Petrel. Als wir das letzte Mal hier waren, mußtest du in einem Gemach mit der Äbtissin schlafen!«

»Ja, und ich weiß noch sehr gut, mit wem du geschlafen hast ... Oh, tut mir leid. Manchmal kann ich mich einfach nicht beherrschen. Ich wollte dich nicht daran erinnern.«

Doch das machte nichts. Warum sollte ich darüber bestürzt sein, da mich doch einfach alles an ihn erinnerte? Als jedoch die Äbtissin am nächsten Tag nach Fontevrault zurückkehrte und ich auf einmal nicht der alten Dame Petronilla, sondern Sybilla gegenüberstand, glaubte ich schon, meine Sehnsucht hätte mich schließlich dem Wahnsinn anheimfallen lassen.

»Sybilla!« rief ich, bevor ich erkannte, daß sie es nicht war. Die Nonne, die sich gerade vor mir verneigte, hielt inne und sah mich überrascht an.

»Nein, Madame, ich bin Mutter Mathilda. Ihr verwechselt mich augenscheinlich mit meiner Schwester, der Gräfin von Flandern, die Ihr ja kennt, soviel ich weiß.«

Noch immer bestürzt, weil ich so unvermutet in diese blauen angevinischen Augen geblickt hatte, erwiderte ich: »So ist es, ehrwürdige Mutter. Niemand hat mir gesagt, daß Äbtissin Petronilla verstorben ist.« Die Nonne war Geoffrois und Sybillas ältere Schwester. Ich konnte meinen Blick gar nicht von ihrem ruhigen, schönen Gesicht losreißen, während ich mich krampfhaft bemühte, Ordnung in meine Gedanken zu bringen.

»Es tut mir leid, wenn ich Euch erschreckt haben sollte, Euer Gnaden. Ich wußte nicht, daß Ihr der alten Äbtissin so nahestandet.«

»Das ist es nicht.« Die Angelegenheit begann kompliziert zu werden. »Ich habe sie nur flüchtig gekannt und freue mich jetzt, Eure Bekanntschaft zu machen. Ihr müßt wissen, Sybilla war im Orient meine engste Vertraute. Es brach mir das Herz, als sie nach dem Krieg gegen Damaskus zurückblieb.«

»Ach ja, Damaskus!« sagte sie erzürnt. »Begleitet mich doch auf meinem Spaziergang durch den Garten. Wollt Ihr, Madame?« Ohne meine Antwort abzuwarten, nahm sie mich beim Arm, und wir machten uns auf den Weg. Petrel blieb mürrisch mit der kleinen Alix zurück, um die sich sogleich voller Entzücken die Nonnen scharten.

»Ich kann nicht glauben, was sie getan haben!« rief Mathilda. »Der Friede mit Damaskus war das wichtigste Vermächtnis meines Vaters. Thierry hat es zunichte gemacht und Sybilla gezwungen, ihm dabei zuzusehen. Versteht Ihr warum, Euer Gnaden?«

Sie sah mich mit ihren strahlendblauen Augen, Geoffrois Augen, an, die nunmehr Ärger und Bestürzung ausdrückten. Einen Augenblick lang konnte ich keinen klaren Gedanken fassen. »Ich weiß, wie es passiert ist«, antwortete ich schließlich, »aber warum es geschah, läßt sich nur mit Machthunger erklären.« Und ich berichtete ihr von den Dingen, die geschehen waren, als man mich in Jerusalem festgehalten hatte. Geduldig und aufmerksam lauschte sie meinem Bericht und kam dann auf jüngere Ereignisse zu sprechen.

»Wenigstens wird kein Krieg gegen die Normandie geführt, oder?« fragte sie und hoffte offensichtlich, von mir zu erfahren, wie Louis in der Sache dachte.

»Im Augenblick nicht, aber was darüber hinaus geschehen wird ... Suger war stets der einzige, der Louis zur Einsicht bringen konnte – bestimmt war er es, der Louis letzten Sommer daran gehindert hat, Geoffroi anzugreifen.«

»Oh, selbstverständlich kennt Ihr auch meinen Bruder, nicht wahr?« meinte sie ohne jeden Hintergedanken.

»Ja, und ich möchte nicht, daß es zum Krieg zwischen ihm und Frankreich kommt.«

»Vielleicht gelingt es uns mit vereinten Kräften, ihn und Henri davon zu überzeugen, Louis den Lehnseid zu leisten und Seine Gnaden dazu zu bringen, das Gelöbnis anzunehmen ...«

Sie meinte das ganz ernst, da war ich mir sicher. Ich blieb stehen und lachte traurig. »Ich habe den allergeringsten Einfluß auf den König, ehrwürdige Mutter. Vor allem jetzt.« Und ich erzählte ihr von meinem Wunsch, die Ehe annullieren zu lassen.

Ernst und gefaßt hörte sie zu. »Das tut mir sehr leid. Ich denke, der König könnte großen Nutzen aus den Gesprächen mit Euch ziehen. Aber wenn Ihr recht habt und die Ehe unzulässig ist, werdet Ihr eine sehr anstrengende Zeit vor Euch haben. Vielleicht braucht Ihr dann eine Zuflucht. Ihr sollt wissen, daß Ihr hier stets willkommen seid.«

Zum zweiten Mal hatte mir ein Angeviner Schutz angeboten. Ich war gerührt und dankte ihr von ganzem Herzen.

In den darauffolgenden Tagen lernte ich Mathilda besser kennen, und bei verschiedenen Spaziergängen durch die Gärten des Klosters erzählte sie mir so manches aus ihrem Leben. Sie war im Alter von elf Jahren in den Orden von Fontevrault eingetreten – gegen den Wunsch ihres Vaters. Denn Graf Fulko hatte ehrgeizige Pläne für seine Kinder, und Mathilda, die schon in jungen Jahren eine Schönheit war, hatte sehr gute Aussichten auf dem Heiratsmarkt.

»Das Problem war nur«, erklärte sie, »daß ich schon immer Nonne werden wollte. Vater ließ mich einige Zeit hier leben, aber nur, weil er dachte, ich würde schon bald genug haben, wenn ich sähe, was ein Leben im Kloster bedeutete. Doch natürlich empfand ich es nicht so, und als er mich wieder nach Hause holen wollte, trat und schrie ich, bis auch die Äbtissin Petronilla mir sagte, ich hätte meinem Vater zu gehorchen. Meine Tränen änderten da auch nichts mehr.«

Ich sah sie an. »Nein, das tun sie nie, nicht wahr? Egal, wie stark unsere Empfindungen sein mögen oder wie recht wir haben.«

»So ist es, Euer Gnaden.«

»Bitte, nennt mich Eleonore.«

Sie bedankte sich mit einem herzlichen Lächeln und fuhr dann fort. »Zu Hause erfuhr ich, daß ich verheiratet werden sollte. Vater hatte jahrelang gegen König Henry von England um die Normandie und Maine gekämpft und schließlich einen Friedenspakt mit ihm geschlossen – und ich war der Preis. Ich sollte den Thronerben Englands heiraten, und Maine war meine Mitgift.« Sie hielt gedankenverloren inne. Ein ironisches Lächeln umspielte ihre Lippen. »Jemand versuchte mich aufzuheitern, indem er mir sagte, ich würde den König der Engel gegen den König der Angeln tauschen.« Mit ausdruckslosem Gesicht saß sie eine Weile stumm da. »William und ich wurden, wie vereinbart, miteinander vermählt. Doch auch Vaters Wille konnte an Gottes Willen nichts ändern ... Kaum hatte ich den Bund der Ehe geschlossen, war ich auch schon Witwe.«

Prinz William und der halbe normannische Hof waren in einer Novembernacht im Ärmelkanal ertrunken. Mathilda hatte für ihre heitere Gelassenheit einen hohen Preis bezahlen müssen, denn auch Jahrzehnte später war ein leichtes Zittern in ihrer Stimme nicht zu überhören, als sie im strahlenden Sonnenschein des Kräutergartens die Tragödie noch einmal durchlebte. »König Henry hatte mir für die Überfahrt nach England seinen Schutz angeboten. Erfreut nahm ich die Einladung an, denn mein Gemahl trank stets zuviel, und ich fürchtete mich vor ihm. So bestieg ich also Henrys Schiff. Der König und ich gingen an Deck und sahen zu dem neuen weißen Schiff hinüber, das so elegant über das Wasser glitt. In jener Nacht waren drüben alle an Bord betrunken, und als wir sie in der Dunkelheit rufen und schreien hörten, dachten wir, sie würden übermütig feiern. Doch so war es nicht ...« Sie hüllte sich in Schweigen.

»Sie sind alle ertrunken, nicht wahr?« Es war nicht möglich, auf diskrete Weise darüber zu sprechen.

»Es gab nur einen Überlebenden, einen Metzger aus Rouen. Keiner wußte, wieso er überhaupt an Bord war. Er erzählte, das Schiff sei auf einen Felsen aufgelaufen und sofort gesunken. Ich stand beim König, als man ihm die Nachricht vom Tod seiner Kinder überbrachte.« Sie sah mich mit gequältem Blick an. »Er hielt meinen Arm umfaßt, und sein Griff wurde fester und fester, bis ich dachte, mein Arm würde zersplittern. Er gab keinen Ton von sich – er war ein harter Mann –, doch seine Tränen zählen zu den bittersten, die ich je in meinem Leben mit angesehen habe. Damit hatte ich meine Pflicht getan und konnte Gott sei Dank nach Hause zurück.« Damit meinte sie Fontevrault. »Dann war Sybilla an der Reihe. Vater sorgte dafür, daß sie den nächsten Thronerben schnellstmöglich heiratete. Doch unterdessen hatte König Henry seine Politik schon wieder geändert. Er ließ die Ehe annullieren, und Vaters Pläne waren erneut zunichte gemacht worden.« Nachdenklich pflückte sie ein Zweiglein Thymian und zupfte es in kleine Stücke. »Die arme Sybilla liebte ihren Gemahl, doch man holte sie von ihm fort und schickte sie nach Hause.« Sie sah mich mit ihren klugen Augen an. »Natürlich waren auch ihre Tränen vergebens. Sie sah ihn niemals wieder. Er wurde getötet, als er seine Ansprüche als Graf von Flandern geltend machen wollte – und Vater verheiratete sie ohne Rücksicht auf ihre Gefühle sogleich mit seinem Bezwinger, Thierry. Und dann war Geoffroi an der Reihe ... Ich bin mir nicht sicher, aber ich glaube, ihn hat das schlimmste Los getroffen.«

Nach all der langen Zeit begriff ich erst in Fontevrault richtig, warum Geoffroi unbedingt die Normandie erobern und halten wollte. Er war bereits das dritte angevinische Kind, das Fulkos besessenem Wunsch geopfert worden war, die Krone Englands zu erringen. Falls er gegen Louis ins Feld ziehen mußte, würde er seine Ländereien erbittert verteidigen, denn die emotionalen

Verletzungen, die seine Schwestern und er – nicht zu vergessen Hélie – dafür durchlitten hatten, waren zu schwer gewesen, um alles wieder zu verlieren. Doch warum hatten Henri und er dann nicht wenigstens der Form halber einen Lehnseid für die Normandie geleistet und somit den Besitz ihrer Ländereien gesichert? Über diese Frage grübelte ich den ganzen Abend nach.

Am Tag vor meiner Abreise erhielt Mathilda eine Nachricht von Geoffroi, der zur Zeit in Tours weilte. Da sie mich nun als sichere Verbündete bei der Abwendung einer kriegerischen Auseinandersetzung zwischen unseren Familien betrachtete, brannte sie ebenso sehr darauf, mir seinen Brief zu zeigen, wie ich darauf brannte, ihn zu lesen. Geoffroi berichtete, daß die lange und anstrengende Belagerung von Montreuil-Bellay nun beendet sei und Gerald de Berlai von ihm gefangengenommen worden war. Doch dies war keineswegs eine gute Nachricht, denn damit hatte er Louis' blutrünstigen Seneschall nicht nur angegriffen und eingesperrt, sondern auch in doppelter Hinsicht Verrat begangen.

Geoffrois Ausbruch in Thouars vor fast vier Jahren fiel mir wieder ein. Seine Anspannung, von zwei widersprüchlichen Anforderungen zerrieben zu werden, war damals schon spürbar gewesen. Wie hatte er diesem Druck nur drei weitere Jahre standhalten können? Doch ich durfte Mathilda weder meine Sorge um ihn merken lassen noch meinen Kummer darüber, daß ich ihn mit seinen Problemen allein gelassen hatte. Das mußte warten, bis ich ungestört war. Für den Moment galt es, praktisch zu denken.

Mir war sogleich klar, worin das Problem bestand. Geoffroi befürchtete wohl, daß er oder Henri auf der Stelle wegen Übertretung der heiligen Waffenruhe und als Rebellen verhaftet würden, falls sie sich in Paris zeigten, und deshalb hatten sie bisher keinen Lehnseid für die Normandie abgelegt.

»Was sollen wir nun tun?« fragte Mathilda besorgt.

Ich dachte rasch nach. »Aus dieser Situation gibt es nur schwerlich einen Ausweg. Betrachtet man es von Louis' Standpunkt aus, bleibt ihm eigentlich keine andere Wahl, als gegen Geoffroi in den Krieg zu ziehen – jetzt, da dieser seinen Seneschall eingesperrt hat ... Louis war, was Gerald betrifft, stets mit Blindheit geschlagen. O Gott, wie sollen wir diese Zeiten nur ohne Suger überstehen?«

»Ihr müßt mit dem König sprechen, Eleonore.«

»Wenn das so einfach wäre.« Ich sah auf das Datum des Briefes und fühlte ein Fünkchen Hoffnung in mir aufsteigen. »Möglicherweise hat er noch nicht von Geoffrois Sieg erfahren – wenn ich rechtzeitig eintreffe, könnte ich ihn vielleicht beeinflussen ...« Ich lächelte zaghaft. »Einen Versuch ist es jedenfalls wert.«

Eine Glocke rief zum Gebet, und im Gehen meinte Mathilda: »Es erstaunt mich, daß er es mir erzählt! Monatelang war er nur einen Tagesritt von Fontevrault entfernt; dennoch ist er nur selten vorbeigekommen und hat mir so gut wie nie geschrieben. Jetzt befindet er sich meilenweit entfernt in Tours, und auf einmal drängt es ihn, mir davon zu berichten! Sind Männer nicht seltsam, Eleonore?«

O ja, aber in diesem Fall wußte ich nur zu gut, warum. Die aufkeimende Hoffnung ließ mich allzu glücklich lächeln.

Am nächsten Morgen brachen wir auf. Wegen meiner Alpträume fürchtete ich mich davor, noch einmal in Le Lude haltzumachen, und so ritten wir ostwärts in Richtung Amboise. Das Schloß dort war zwar nicht mehr als ein befestigtes Herrenhaus, doch Mathilda hatte es mir als sehr behaglich geschildert und versichert, ein Aufenthalt sei gerade zu dieser Jahreszeit einfach bezaubernd. So hatte ich mir vorgenommen, ein oder zwei Tage dazubleiben, um in aller Ruhe zu überlegen, was und wie ich es Louis sagen sollte. Ich entsandte einen Vorreiter, um meine Ankunft anzukündigen, und wir verließen das liebliche Anjou und reisten in die Touraine.

Als wir uns am nächsten Tag der Kreuzung nach Tours näherten, zwang ich mich, nicht nach den Türmen und Dächern der Stadt Ausschau zu halten. Zu viele Gedanken schossen mir durch den Kopf, und obwohl ich wußte, daß ein Teil von mir absichtlich den Weg über Tours gewählt hatte, wußte ich auch, daß ich einer zufälligen Begegnung mit Geoffroi nicht gewachsen war. Doch wie stets verfügte ich, wenn es um ihn ging, über ein schier unendliches Maß an Selbsttäuschung.

In Amboise hatte man sich offensichtlich in aller Eile auf meine Ankunft vorbereitet, doch der Herrensitz war tatsächlich ganz bezaubernd, nicht zuletzt wegen seiner angenehmen Lage zwischen einem Wald und einem breiten Fluß. Allerdings waren wir so erschöpft von der Reise, daß wir nur rasch etwas aßen und uns gleich zur Ruhe begaben. Zu meiner Erleichterung schlief sogar Alix die ganze Nacht durch.

Am nächsten Morgen erwachte ich in aller Frühe und unternahm einen Ausritt in den Wald. Hier, inmitten der grünen Bäume, wollte ich meine Gedanken ordnen und überlegen, wie man Louis davon abhalten könnte, Geoffroi gefangenzunehmen. Doch ich hatte kaum das erste Dickicht passiert, als ich bemerkte, daß sich auf dem Pfad hier und da goldgelbe Ginsterblüten befanden. Mein Herzschlag setzte für einen Moment aus, aber da um diese Jahreszeit überall blühender Ginster stand, versuchte ich, dem Ganzen keine Bedeutung beizumessen. Rund hundert Meter weiter lagen jedoch erneut auffällig viele Ginsterblüten auf dem Pfad. Ich drehte mich sogar nach der kleinen Eskorte um, die mich begleitete, aber man schien offensichtlich nichts Ungewöhnliches bemerkt zu haben. Unfähig, auch nur einen klaren Gedanken zu fassen, setzte ich meinen Weg fort. Etwas abseits sah ich auf einmal eine kleine, aus Stein erbaute Kapelle mit einem strohgedeckten Dach. Sogleich galoppierte ich darauf zu und erzählte meinen Begleitern, ich wolle dort alleine beten.

Die Kapelle stand zwischen dem Weg und einem rasch dahinfließenden, kühlen Bach. Zu meiner großen Enttäuschung wirkte sie recht verlassen. Ich stemmte mich gegen die Tür, deren Holz sich verzogen hatte, und blieb im niedrigen Eingangsportal stehen. Was hatte ich erwartet? Durch eine magische Tür nach Roiffé oder Senlis zu schreiten, wo Geoffroi mich erwartete, als wären die letzten vier Jahre nicht gewesen? Sicher nicht. Dies war einfach nur eine verlassene Kapelle, die seit Monaten von niemandem aufgesucht worden war. Als ich gerade wieder gehen wollte, entdeckte ich, daß auf dem Boden in der Kapelle Blätter lagen – frische Blätter, die erst vor kurzem aus dem Wald hereingetragen worden waren. Vielleicht war die Kapelle doch nicht so verlassen, wie ich gedacht hatte ... Ich sah mich genauer um. Dort, am Fuße einer honigfarbenen Säule, lag ein frisch geschnittener Zweig der *planta genista,* dessen Ende durch ein Stück Pergament gebohrt war. Ich hob beides auf und strich vorsichtig das Papier glatt. Es stand einfach nur »Samstag« darauf. Morgen.

Mein Herz klopfte zum Zerspringen, als ich beschloß, nicht einmal Petrel davon zu erzählen.

Am nächsten Morgen warf ich mir hastig Amarias Umhang um und schlich mich unerkannt davon, während die anderen zur Messe gingen. Der Weg zur Kapelle war nicht weit. Dort angekommen, blieb ich zögernd stehen. Ich zitterte vor Aufregung und Nervosität, die in Angst umzuschlagen drohten. Es war warm, aber bewölkt an diesem Tag, und die Ginsterbüsche schienen im dunklen Grün des Waldes unwirklich zu leuchten. Auf der kleinen Lichtung am Bach graste ein schöner Fuchs, dessen Fell mit schwarzen Punkten übersät war. Als ich seine seidig schimmernde Flanke tätschelte, hob er kurz den Kopf. Das Pferd stammte vermutlich aus Spanien, genauso wie das silberne Geschirr – er hatte schon immer die besten Pferde gehabt.

Die niedrige Tür stand einen Spalt offen, so daß sie nicht knarrte, als ich hineinging. Seit gestern hatte der Wind noch mehr Blätter und Zweige hereingeweht, und ich stand ein wenig schwankend auf der schmalen Stufe, während sich meine Augen allmählich an das Licht gewöhnten. Mein Herz schlug dumpf und mit aller Macht – wie ein Pfeil, der immer wieder mit voller Wucht ins Schwarze trifft.

Er stand mit dem Rücken zu mir und betrachtete die Gemälde an den Wänden und der Decke. Seine Kleidung war mir, genau wie sein Pferd, nicht vertraut. Doch es konnte niemand anderer sein. In diesem schlichten, kleinen Raum wirkte er noch größer und schlanker, als ich ihn in Erinnerung hatte. Seine weichen Jagdhosen waren von einem intensiven Grün, das sich deutlich gegen das Weiß und Ocker der Wände abhob. Sein Haar war kürzer als früher, und es schien auch weniger rötlich zu sein. Aber alles andere an ihm – seine Hände, die immer in Bewegung waren, seine lässige Haltung, bei der er stets das Gewicht auf eine Hüfte verlagerte, seine Versunkenheit beim Betrachten der Gemälde – war mir so quälend vertraut, daß sein Anblick beinahe schmerzte. Ich hatte die halbe Nacht wach gelegen und mir immer wieder überlegt, was ich nach so langer Zeit sagen würde, hatte in Gedanken Reden verfaßt und gleich wieder verworfen, die auf jede nur erdenkliche Reaktion eingingen. Doch nun hatte der Schock, den schon allein sein Anblick bei mir hervorrief, alles ausgelöscht – außer, daß nie und nimmer auch nur die Hoffnung für mich bestanden hatte, ihn eines Tages zu vergessen.

Meine Kehle war wie ausgedörrt, und ich mußte meine Lippen benetzen, bevor ich ein Wort herausbringen konnte, denn meine Zunge schien mir am Gaumen festzukleben. Trotz aller Vorbereitung auf diesen Augenblick brachte ich nur ein Wispern zustande: »Geoffroi ...«

Er fuhr herum, und ich stellte zu meiner Überraschung fest, daß er einen Bart trug. Einen kurzen, gestutzten, modischen

Bart. Nun, wenn das die einzige Veränderung in den letzten vier Jahren war, wollte ich zufrieden sein.

Keiner von uns rührte sich.

Augen wie blaues Eis – Eis, das einen verbrannte. Wie versteinert starrten wir einander an, nervös und unsicher wie in unserer ersten gemeinsamen Nacht vor langer Zeit in Senlis. Dann warf er einen zerdrückten Ginsterzweig auf den Boden und meinte hastig: »Ich bin schon vor Tagesanbruch hier gewesen. Inzwischen bin ich halb erfroren und könnte dir jedes verdammte Detail dieser Gemälde aus dem Gedächtnis zeichnen!« Er war genauso aufgeregt wie ich, und seine Augenlider zuckten ein wenig. »Du siehst wundervoll aus. Und anders.«

»Du ebenfalls.« Ich stand noch immer im Eingang, denn ich war einfach unfähig, mich zu bewegen. Mein Blut pulsierte, und mein Magen schlug Purzelbäume. »Seit wann hast du denn einen Bart?«

Er fuhr sich mit der Hand über sein Kinn. »Zwei Jahre ... oder noch länger. Ich rasier' ihn ab, wenn er dir nicht ...« Doch er konnte den Satz nicht mehr vollenden. Wir waren aufeinander zugeeilt und hatten uns in die Arme geschlossen. Wir küßten uns nicht einmal, sondern hielten uns einfach nur eng umschlungen, verloren in der Wärme und Liebe, die wir beide so lange entbehrt hatten.

Und ich wußte, ich war endlich daheim.

Ich weiß nicht, wie lange wir beide dort so standen, aber als er mich küßte, über mein Haar strich und mir die süßesten Liebesworte zuflüsterte, die ich je gehört hatte, lösten sich unter Schluchzern die Jahre unterdrückten sehnsüchtigen Verlangens. Ich hatte das Gefühl, es seien nur ein paar Augenblicke verstrichen, doch die Sonne hatte schon die Wipfel der Bäume erreicht, ehe wir uns wieder gefaßt hatten und die kleine Kapelle verließen, um in den dichten Wald zu reiten. Der Hufschlag unserer Pferde wurde durch modrige Blätter und Moos gedämpft, als wir uns tiefer und tiefer in den Wald hineinwagten, wo die Bäume uns vor Blicken schützten.

Aber Geoffroi war noch immer nervös; er hatte ganz offensichtlich etwas auf dem Herzen. Nun, wir hatten uns viel zu erzählen, doch aufgewühlt wie ich war, wäre ich sehr froh gewesen, wenn er einfach geredet hätte. Allein seine Stimme zu hören war für mich überwältigend schön.

Er hatte natürlich von meinem Aufenthalt in Fontevrault gewußt. »Eleonore, ich muß gestehen, ich bin dir gegenüber nicht ganz aufrichtig gewesen«, begann er. Ich spürte meine innere Anspannung, befürchtete ich doch, etwas über Mathilda und ihn zu hören. »Als du auf meinen Brief nicht geantwortet hast, wußte ich, ich konnte dir nicht noch einmal schreiben.« Ich wollte etwas darauf erwidern, doch mit einer Geste hinderte er mich daran und meinte sanft: »Schon gut, ich habe verstanden, warum du so gehandelt hast. Ich wußte, ein Wiedersehen war nur dann möglich, wenn du dich ohne Druck von meiner Seite dazu entschließen würdest. Ich durfte mich da nicht einmischen.« Er hielt inne, sah mich kurz an und gleich wieder weg – sein altbekannter, strahlender Blick. »Doch ich war einfach machtlos. Dich nach so langer Zeit in meiner Nähe zu wissen – was konnte ich in dieser Situation tun? Also schrieb ich kurzerhand meiner Schwester, die dir sicher davon erzählen würde.« Er lachte verlegen. »Denn jetzt mußte ich dich unbedingt warnen. Nein, auch das stimmt nicht. Ich wollte dich gar nicht über die Sache mit Berlai informieren, sondern ich hielt es, ehrlich gesagt, einfach nicht mehr ohne dich aus, Eleonore. Ich wollte, daß du zu mir zurückkehrst.«

Mochte ich auch eine Meisterin der Selbsttäuschung sein, wenn es um seine Person ging, so war Geoffroi das krasse Gegenteil. Wieder einmal gab er mir seine geheimsten Gefühle mit schonungsloser Offenheit preis. Er nahm mein Schweigen hin, sprach einfach weiter. »Als ich hörte, daß du auf dem Weg nach Amboise warst ...«

»Von wem willst du das gehört haben?«

Er blickte mich noch immer verlegen an. Warum half ich ihm nicht? Weil er zu seiner Frau zurückgekehrt war? Oder weil er vorgeschlagen hatte, Henri und Marie miteinander zu vermählen?

»Spielt das eine Rolle? Egal, als ich herausbekommen hatte, wohin du unterwegs warst, zögerte ich wieder. Ich wußte, du würdest nicht in Roiffé und schon gar nicht in Tours Station machen – nicht in der Stadt eines Verräters.« Seine Stimme klang etwas verbittert, als er das sagte. »Doch ich hätte in jeder der Burgen entlang deines Weges warten und mich dir zu Füßen werfen können, um eine Entscheidung zu erzwingen. Aber das wäre auch nicht fair gewesen. So entschied ich mich für die Kapelle. Ich wußte, du würdest diesen Weg nehmen – nur dieser führt sicher durch den Wald –, und ich wußte auch, du würdest meine Nachricht verstehen. Nun konntest du selbst entscheiden, ob du kommen wolltest oder nicht. War es sehr niederträchtig von mir, das Schicksal so zu beeinflussen?«

Hielt er das etwa schon für niederträchtig – diese nette, raffinierte kleine List? Es brach mir das Herz, und mit stockender Stimme sagte ich: »Was ich gestern gesehen habe, grenzte an Magie, Liebster. Jetzt weiß ich, daß es Hexerei war.« Unsicher lächelten wir einander an. Die Züge um seinen Mund hatten sich verändert, strahlten weniger Heiterkeit und mehr Resignation aus ... War ich etwa dafür verantwortlich? »Geoffroi, was hättest du getan, wenn ich heute morgen nicht gekommen wäre?«

Er grinste verschmitzt. »Oh, ich hätte mir schon noch etwas anderes einfallen lassen, ehe du den Fluß überquerst. Ich habe zwar noch einen Funken Ehre im Leib, aber der hätte mich nicht davon abgehalten. Diesmal hätte ich dich nicht kampflos ziehen lassen.«

Der magische Zauber funkelte auch in seinen Augen, und ich sah rasch weg, um seinem Bann nicht zu erliegen und mich sammeln zu können. Ich hatte schon einmal versucht, unseren letzten Funken Ehre zu retten, und war dafür bis ans Ende der Welt gereist, nur um zu erfahren, wie einsam Redlichkeit machen kann und wie wenig sie bedeutet. Gleichwohl war er mir eine Antwort auf weitaus ernstere Fragen schuldig. Ich mußte mich förmlich zu meinen nächsten Worten zwingen.

»Geoffroi, warum wolltest du eine Heirat zwischen Henri und Marie arrangieren?«

Er blickte mich kurz an und schwieg sehr lange, ehe er mir antwortete.

»Aus den schlechtesten Beweggründen. Ich tat es in einem Anfall von Wut, eigentlich Eifersucht ...«

»Eifersucht? Auf wen?«

»Auf dich. Ich war so sicher, daß du spätestens am Rhein oder in Wien umkehren würdest. Als du es nicht tatest ... Nun, da wurde ich immer wütender, vor allem, weil ich wußte, daß dein Entschluß richtig gewesen war. Wir konnten so nicht weitermachen und mußten eine Lösung finden – selbst wenn das eine endgültige Trennung bedeutet hätte. Du hattest einen Mut aufgebracht, Eleonore, den ich nicht hatte, und ich war darüber beschämt, fühlte mich ohnmächtig. Ich glaube, ich mußte unter Beweis stellen, daß auch ich Schritte in die Wege leiten konnte, die – wie unangenehm, wie schmerzhaft sie auch sein mochten – zeigten, daß es kein Zurück mehr gab.«

Er schwieg, und als ich sodann sprach, klang meine Stimme dünn. »Mein Verhalten zeugte nicht von Mut. Mein Aufbruch war eher ein Zeichen von Feigheit, denn ich konnte nicht länger mit ansehen, was ich dir antat. Um ehrlich zu sein, Geoffroi – mein Mut verließ mich schon kurz hinter Paris.«

Wir sahen einander traurig an und ritten ein Stück, ehe wir die Pferde wieder zum Stehen brachten.

»Du wolltest mich damit verletzen, nicht wahr, Geoffroi?«

Zu meiner Überraschung lächelte er.

»O ja, wenigstens fünf Minuten!« Doch das Lächeln verschwand wieder von seinen Lippen, und er holte tief Luft, ehe er fortfuhr. »Ich wollte die Kinder zwar miteinander verloben, wußte aber, daß Abt Bernard dieser Verbindung niemals wegen der zu engen Blutsbande zustimmen würde. Auf diese Weise konnte ich meinem Ärger Luft machen und dich verletzen, weil du mich verletzt hattest. Hast du jemals etwas Kindischeres gehört?«

»Und du hast wirklich nie damit gerechnet, daß die Heirat zustande kommt?«

»Nein.«

»Aber, Geoffroi, wenn es doch geschehen wäre? Wie konntest du dieses Risiko eingehen? Es hätte unsere Liebe für immer beendet!«

»Nun, das war es doch, was du bezwecktest, oder etwa nicht?«

Und ich erkannte mit Schrecken, daß ich dies in Wirklichkeit niemals getan hatte. Selbst in den Momenten, in denen ich ehrlich von meinem Entschluß überzeugt gewesen war, hatte ich dennoch tief in meinem Herzen niemals gewollt, daß dadurch unsere Liebe zerbrach.

Mit sanfter Stimme sprach er weiter: »Wohlgemerkt, dann hätte für keinen von uns je die Aussicht bestanden, wieder frei zu sein oder über eine Annullierung nachzudenken ...« Er hatte also davon gehört. »Wir hatten beide mehr gewollt, und nun würde nicht mehr die geringste Möglichkeit dazu bestehen. Und um deine Frage zu beantworten: Wenn dieser Hochzeit tatsächlich zugestimmt worden wäre, tja ... Ich kam mehr und mehr zu der Überzeugung, daß mit der Heirat von Henri und Marie unsere Liebe zumindest etwas bewirkt hätte, auch wenn es sie nicht mehr gäbe. Ihre Kinder wären unsere, wir wären miteinander verwandt ...«

Mein Erschrecken wich überraschter Verwunderung. Alles hatte ich erwartet, aber das nicht. Dieser Plan war nicht nur verzeihlich, er war wundervoll! Doch ich konnte es nicht dabei bewenden lassen. Eine Frage war noch offen, und es sollte auf beiden Seiten keine Ungereimtheiten mehr geben.

Ich holte tief Luft. »Ist Mathilda mit dir in Tours?«

»Natürlich nicht.« Der abrupte Wechsel des Gesprächsthemas verwirrte ihn, wie sein Blick verriet. »Du hast dich doch in Fontevrault von ihr verabschiedet!«

»Ich meine nicht deine Schwester, Geoffroi. Ich spreche von der Kaiserin.« Wie wollte ich diese letzte quälende Frage überstehen, wenn mir noch nicht einmal die Worte »deine Frau« über die Lippen kamen?

»In Tours? Nein, warum sollte sie dort sein?« Er machte es mir auch nicht gerade leicht.

»Begleitet sie dich denn nicht?«

Stirnrunzelnd sah er mich an. »Nein, Eleonore. Wovon redest du überhaupt? Gott sei Dank verläßt sie nur sehr selten das Kloster ...«

»Kloster? Welches Kloster?«

»Sie lebt doch schon seit einer halben Ewigkeit im Kloster Bec vor den Toren Rouens. Wußtest du das nicht? Es hat mich ein Vermögen gekostet, sie dort unterzubringen – du weißt ja, wie sie ist ...« Er schien ganz vergessen zu haben, daß ich ihr nie begegnet war. »Doch sie wollte unbedingt dorthin, und ich hatte, weiß Gott, nichts dagegen einzuwenden.« Abrupt hielt er in seinem Redefluß inne. »Du dachtest, sie wäre bei mir? ... Wir würden zusammenleben? Herr im Himmel! Manchmal sind wir zur gleichen Zeit in derselben Stadt, doch näher kommen wir uns sicher nicht ...« Er hatte sich vor Entsetzen geschüttelt und sah mich nun verwirrt an. »Eleonore, worüber, um alles in der Welt, lachst du jetzt?«

»Ich lache doch gar nicht. Oh, Liebster, es tut mir leid. Das ist jetzt völlig unwichtig, vollkommen unwichtig.« Mein Herz tat einen Freudensprung, als ich ihn durch einen Tränenschleier hindurch anlächelte. »Das spielt jetzt alles keine Rolle mehr!«

Und er packte mich, zog mich von meinem Pferd, setzte mich auf seinen Schoß und preßte mich an sich. Und nun hatte ich ihn gefunden – den Frieden, nach dem ich mich all die Jahre gesehnt hatte. Hier war der friedliche Mittelpunkt der Welt, wo es nur seinen Herzschlag und den Duft seiner Haut gab. Mein angevinischer Himmel, mein Frieden.

Wir befanden uns im tiefen Wald, als wir uns in den Armen lagen und die Zeit vergaßen. Die Pferde blieben geduldig stehen, bis wir schließlich abstiegen und ein Stück spazierengingen. Wir hielten uns eng umschlungen, als fürchteten wir, der andere könne urplötzlich verschwinden. Ich mußte an meinen Alptraum denken und erschauerte.

»Was hast du? Ist alles in Ordnung, Liebste?« fragte er mit aufgewühlt klingender Stimme.

»Es ist nichts, gar nichts. Erzähl mir lieber etwas über die Sache mit Berlai.«

Doch zu meiner Überraschung lehnte er es ab und meinte, unsere Zeit sei zu kostbar, um sie mit solchen Dingen zu verschwenden. So erkundigte ich mich statt dessen, wie er von der eventuellen Annullierung meiner Ehe erfahren hatte.

»Durch den Grafen von Dreux«, antwortete er sogleich.

»Robert hat es dir erzählt? Das glaube ich nicht!«

»Aber ja. Er posaunte es heraus, als er aus Jerusalem zurückkehrte. Doch, typisch Robert, erwartete er dafür natürlich eine Gegenleistung. Mir hat er es erzählt, weil er mich unbedingt für den Aufstand gewinnen wollte. Daß er mich in solche Geheimnisse einweihte, sollte mir einerseits schmeicheln, andererseits versuchte er auf diese Weise, seine Umsturzpläne zu untermauern.«

»Das verstehe ich nicht. Wie kann mein ... O natürlich, ein König, der bereit ist, Aquitanien zu opfern, ist seines Amtes nicht würdig.«

»Genau. Und Robert setzte noch eins obendrauf, indem er

behauptete, du würdest ein bereits sinkendes Schiff verlassen und alles mitnehmen, was du noch retten könntest.«

»Ein elender Intrigant!« Ich war vollkommen konsterniert. »Warum sollte er mich derart hassen? Ich bin ihm nie in die Quere gekommen, habe von seinem niederträchtigen Plan nichts gewußt …«

»Ich denke, genau das ist der Grund«, meinte er sarkastisch.

»Wie meinst du das?«

»Du hast ihn nie bemerkt. Er ist verrückt nach dir – wußtest du das nicht?«

Ich war sprachlos, und er lächelte milde. Um seine Augen entdeckte ich kleine Fältchen, die er früher nicht gehabt hatte. »Ich denke, er wollte dich heiraten, sobald Louis abgesetzt und deine Ehe annulliert worden wäre.« Ehe er fortfuhr, faßte er unter mein Kinn, um mir den Mund zu schließen, der mir vor Überraschung offenstand. »Er wußte natürlich nicht, welchen Gefallen er mir damit tat. Daß einer von uns beiden in absehbarer Zukunft frei sein könnte, war mein einziger Trost.« Er sah mir tief in die Augen. »Obwohl nichts und niemand dich je ersetzte, Eleonore. Ich wußte natürlich nicht, warum du diese Ehe nicht mehr wolltest, aber mit Sicherheit hattest du einen guten Grund.«

Er wartete auf meine Erklärung. Ich wandte mich von ihm ab, um nachdenklich eine Taube zu beobachten, die in einer Eiche saß – wenn ich länger in seine Augen gesehen hätte, wäre ich zu keinem klaren Gedanken mehr fähig gewesen.

»Ich habe es einfach nicht mehr ausgehalten, Geoffroi. Wir haben dort so viel durchlitten, so entsetzlich viele Menschen sterben sehen … Es kam mir schändlich und abscheulich vor, Königin von Frankreich zu sein, wenn alles, was Louis und Konsorten taten, weiteren Verrat nach sich zog und uns noch mehr Tote bescherte. Und was noch schlimmer war, vieles davon geschah in meinem Namen, denn schließlich waren viele Teilnehmer des Kreuzzuges meine Vasallen, Menschen aus meiner Heimat, die ich persönlich davon überzeugt hatte, sich unserer Sache anzuschließen.« Ich schluckte. Auch jetzt fiel es mir noch schwer, darüber zu sprechen – selbst ihm gegenüber.

»Zuerst fühlte ich mich schuldig, weil mein Name ja in einem Atemzug mit Louis' genannt wurde; doch das genügte nicht. Ich konnte nicht einfach nur behaupten, es sei nicht meine Schuld. Wenn ich nichts dagegen unternahm, wäre ich keinen Deut besser als er. Also versuchte ich, Louis zu überzeugen, Raymond zu helfen und damit das zu tun, weswegen wir uns ursprünglich auf die Reise gemacht hatten – wir hatten Jerusalem schützen und die Pilgerwege offenhalten wollen. Louis indessen lehnte meinen Vorschlag ab ...«

Und ich erzählte ihm, was in Antiochia vorgefallen war.

Wir hatten uns auf einem großen Baumstumpf niedergelassen. Während er mir schweigend zuhörte, vermieden wir es, uns anzusehen. Nur selten berührte mich leicht seine Hand, doch er wurde bleich vor Entsetzen und Wut, als ich erzählte, daß ich von Thierry Galeran und den Tempelrittern entführt worden war. Ungläubig starrte er mich aus blitzenden Augen an. »Was, dieser Widerling hat es gewagt, Hand an dich zu legen?« Seine Stimme war beunruhigend leise geworden.

»Und an Sybilla. Sie hat ihren Angreifer gebissen – du wärest stolz auf sie gewesen ...«

»Eleonore, Eleonore ...« Für einen Augenblick wirkte er vollkommen fassungslos und schien keine Worte zu finden. »Hat er dich in irgendeiner Form verletzt?«

Ich wollte die ganze Angelegenheit nicht unnötig hochspielen – ein Wutanfall, dafür war es jetzt zu spät. »Nur meinen Stolz, Liebster.«

»Ich bringe ihn um«, sagte er nur.

»Nein, das wirst du nicht! Es ist Jahre her, außerdem hätte er es nie getan, wenn Louis nicht damit einverstanden gewesen wäre. Es ist Louis' Schuld, und ihn werde ich verlassen. Galeran ist ohne Bedeutung.«

Doch er war zutiefst erschüttert und konnte die Sache nicht auf sich beruhen lassen. »Warum hat Sybilla mir nichts davon erzählt? Sie hatte mir versprochen, mich auf dem laufenden zu halten.«

»Oh, Geoffroi, wenn du jetzt dein Gesicht sehen könntest, wüßtest du, warum sie es nicht getan hat. Du wärest ins Heilige Land gestürmt und hättest wer weiß was angerichtet! Sie wußte, daß es besser war, dir nichts zu sagen.«

Unsere Blicke trafen sich, und er schien sich wieder etwas beruhigt zu haben. Doch als ich weitersprach, fragte ich mich, wie sicher Galeran von nun an vor ihm sein würde. »Es bestärkte mich nur in meinem Wunsch, mich von Louis zu trennen. Ich war es so leid, nur ein Anhängsel zu sein. Ich wollte mein altes, mein wirkliches Leben zurück. Und ich wollte meine Ländereien wiederhaben, um sie nach meinen eigenen Vorstellungen zu regieren. Als Louis Raymond im Stich ließ, riß das letzte Band, das mich mit ihm und Frankreich vereinte. Das war der Augenblick, in dem ich die Nichtigkeitserklärung verlangte.«

Er hatte mir, die Augen halb geschlossen, mit gespannter Aufmerksamkeit zugehört. Mir fielen Baron Hardouins Worte wieder ein, als er mir Geoffrois Lage nach seiner Heirat mit Mathilda beschrieben hatte – man habe ihm damit einen vergifteten Becher gereicht. Ja, das war auch mein Los gewesen: der funkelnde, vergiftete Becher der Ehe. Geoffroi und ich teilten schlußendlich das gleiche Schicksal.

Sanfter fuhr ich fort. »Und natürlich gab es noch einen anderen Grund. Dich. Meine Liebe zu dir hat uns vielleicht auseinandergebracht, aber sie zeigte mir auch, wie mein Leben hätte verlaufen können. Ich wollte einfach nicht mehr hinnehmen, was mir gegeben worden war. Wenn ich schon nicht glücklich sein konnte – wenn ich dich nicht haben konnte –, wollte ich wenigstens meine Freiheit erringen.«

Unsere Blicke verschmolzen, und ich sah in seinen Augen merkwürdigerweise so etwas wie Erleichterung. Wieder schwiegen wir eine Zeitlang, bevor er sich vorsichtig erkundigte: »Und was geschieht mit deinen Töchtern, wenn deine Ehe für nichtig erklärt wird?«

»Ich nehme an, sie bleiben bei Hofe, bei Louis«, antwortete ich und war erstaunt, daß er wieder von Marie sprach. »Er will sie sicher behalten, nur um es mir heimzuzahlen.«

»Das meine ich nicht. Bist du sicher, daß er sie nicht für illegitim erklärt?«

»Das werde ich zu verhindern wissen! Schließlich haben wir guten Glaubens die Ehe geschlossen. Es ist nicht unsere Schuld; wir haben nicht wissentlich in Sünde gelebt.«

»Im Gegensatz zu uns«, meinte er mit einem breiten Grinsen.

Mein untrügliches Gefühl sagte mir sofort, daß irgend etwas nicht stimmte. »Geoffroi – woher dein plötzliches Interesse für Alix und Marie?« fragte ich harsch. Er antwortete nicht sofort, sondern saß stumm da und zupfte Blätter von einem herumliegenden Ast. Auf einmal schien er meilenweit entfernt zu sein, und eine unerklärliche Unruhe bemächtigte sich meiner. »Geoffroi!« Er lächelte vor sich hin, und als er schließlich sprach, beantwortete er meine Frage eigentlich nur indirekt.

»Weißt du, Mathilda und ich sind Cousine und Cousin vierten Grades, also enger verwandt als du und Louis.« Nun war es an mir, ihn stumm und wie erstarrt anzusehen, während mir tausend Gedanken durch den Kopf schossen. »Mutter Kirche wird überrascht sein, wenn sie von meinen Zweifeln erfährt, was unsere Verbindung angeht. Außerdem war meine Schwester mit ihrem Bruder vermählt. Das könnte von mir als Inzest ausgelegt werden ...«

Er lächelte noch immer entrückt vor sich hin. Ich ergriff seine Arme und drehte ihn so, daß er mich ansehen mußte.

»Geoffroi, wage es ja nicht, irgendwelche Scherze mit mir zu treiben. Das würde ich nicht ertragen. Meinst du das tatsächlich ernst: Willst du deine Ehe mit Mathilda annullieren lassen?«

»Wenn die Jungen dann noch erbberechtigt sind – warum

nicht? Vorsicht, du zerreißt mir ja gleich mein Hemd!« Seine strahlendblauen Augen funkelten. »Wir würden von Le Mans bis nach Navarra herrschen. Henri gehört die Normandie, und schon bald wird ihm auch England in den Schoß fallen – er kann sich wirklich nicht beklagen.«

Plötzlich bekam ich weiche Knie und sank ins Farnkraut; in meinem Kopf überschlugen sich die Gedanken. »Aber Mathilda würde doch sicher niemals einwilligen, oder?«

Er ging neben mir in die Hocke und federte in den Fußgelenken. Ich sah die mir so wohlvertrauten, mit grünem Leder überzogenen Knie und zwei leicht gebräunte Hände, die die meinen umfaßten. »Ich wüßte nicht, was dagegen spräche. Wenn Henri als Herzog der Normandie anerkannt ist, haben wir erreicht, was wir wollten. Stephen wird nicht mehr lange an der Macht bleiben, und ich habe den Papst bereits bewogen, Eustace als Thronerben abzulehnen. Es ist also nur noch eine Frage der Zeit, bis auch England uns gehört. Und damit besteht kein Grund mehr, warum Mathilda und ich noch länger zusammenbleiben sollten. Und Gott weiß, daß sie mich genausosehr haßt wie ich sie. Da sie jetzt so religiös ist, könnte ich meine Bedenken in der Weise äußern, wie du es bei Louis getan hast. Falls das fehlschlägt, gibt es immer noch die interessante Frage, welche Rolle Brien FitzCount, ihr etwas zu treu ergebener Gefolgsmann, in ihrem Leben spielt. Doch ich hoffe, so weit wird es nicht kommen. Ich finde keinen Gefallen daran, schmutzige Wäsche zu waschen.«

Er hatte sich neben mich ins Farnkraut gelegt, und ich fuhr zärtlich durch seinen Bart, der überraschend weich war. »Würdest du das alles machen, um Aquitanien zu bekommen, Geoffroi?«

Seine saphirblauen Augen blickten mich ernst an.

»Nein. Ich würde das alles tun, um dich zu gewinnen, Aquitanien hin oder her. Aber natürlich würde ich Aquitanien auch nicht zurückweisen, Liebste.«

Die Welt drehte sich, während ich krampfhaft versuchte, die wichtigsten Punkte noch einmal zusammenzufassen. Falls ich – und es war ein mit einem riesigen Fragezeichen versehenes »Falls« – meine Ehe würde annullieren können und meine Ländereien zurückbekäme, falls die Legitimität meiner Töchter fortbestünde, falls Geoffroi Mathilda würde davon überzeugen können, um die Annullierung ihrer Ehe zu ersuchen, falls er die richtigen Bischöfe bestäche und es garantiert wäre, daß seine Söhne erbberechtigt bleiben, genau dann würden wir heiraten können und gemeinsam mit Henri über ein Gebiet herrschen, das sich von Aquitanien bis zur Grenze Schottlands erstreckte. Ein wahrhaftiges Imperium.

»Und nach uns würden unsere Söhne die Herrschaft übernehmen«, murmelte er und vervollständigte meinen unausgesprochenen Gedanken. Er zog mich zurück auf den weichen Untergrund und schnürte sein Wams und seine Hosen auf, als wolle er sich unverzüglich daranmachen, seinen letzten Satz in die Tat umzusetzen. Und so gaben wir uns zu guter Letzt der Liebe hin. Wir hatten so viele Dinge besprechen und zwischen uns klären müssen, aber nun, im Schutz des warmen Waldes, liebten wir uns mit einer süßen Wonne und Leidenschaft, die so ganz anders war als unsere hektischen und quälenden Begegnungen in Paris. Jetzt gab es die Aussicht auf ein gemeinsames Leben – wir würden zwar alles Glück der Welt brauchen, um so weit zu kommen, aber wie ich dort unter seinem schönen, wunderbaren Leib lag, hatte ich das Gefühl, wir hätten das alles schon erreicht.

Später hielten wir einander fest umschlungen, und er sprach von unserer letzten Begegnung in Paris, als wären inzwischen nicht Jahre vergangen.

»Es hat mir hinterher sehr leid getan, wie ich dich behandelt habe. Es war schrecklich, einfach so abzureisen, selbst wenn wir uns nur kurze Zeit nicht sehen sollten ...«

»Bitte, sprich nicht mehr davon.« Was spielte das jetzt noch für eine Rolle? Wir konnten die Zeit nicht zurückdrehen.

»Nein, ich will, daß du mich verstehst. Ich habe am nächsten Morgen so lange wie möglich auf dich gewartet ...«

Ich fuhr hoch. »Gewartet? Wo ... wo bist du gewesen?«

Er lächelte reumütig. »Kannst du das nicht erraten?«

Es gab nur einen Ort. »Bei den Ställen?«

»Ja, bei den Ställen. Ich konnte dich doch nicht so zurücklassen. Ich dachte, du würdest vielleicht ...« Er stockte.

»Ich weiß auch nicht – ich war derart mit meinen eigenen Problemen beschäftigt, daß ich einfach nicht daran gedacht habe, daß ... Bitte, verzeih mir.«

»Nein, du hattest vollkommen recht. Es war alles gesagt und getan. Wir konnten nur noch unserer Wege gehen.« Ich küßte ihn, so daß er nicht mehr weitersprechen konnte, doch nach einer Weile richtete ich mich auf und fragte ihn: »Geoffroi, warum hast du mir eigentlich nie von Hélie erzählt?«

Seine Augen waren geschlossen gewesen, nun jedoch sah er mich angespannt an. »Sybilla hat mir erzählt, was geschehen ist. Warum hast du nie von ihm gesprochen?«

Sein Blick war kummervoll, gleichzeitig aber auch überrascht, als er düster erwiderte: »Und deine Liebe verlieren?«

»Wie kannst du nur so etwas denken?« rief ich zutiefst erschrocken. Hatte meine Liebe derart oberflächlich und ichbezogen auf ihn gewirkt, daß sie so leicht zu erschüttern war?

Verwundert richtete er sich auf. »Du meinst, es macht keinen Unterschied für dich? Daß ich meinen Bruder praktisch getötet habe!«

»Oh, natürlich macht es einen Unterschied, Geoffroi.« Er blickte zu Boden. »Nachdem ich davon erfahren hatte, liebte ich dich noch mehr. Für all das, was du durchgemacht hast.«

Seine Hand griff nach meiner und drückte sie zärtlich.

»Es ist das Schlimmste, was ich je getan habe – je tun konnte. Es ist unverzeihlich.«

»Nichts ist unverzeihlich. Es war ja nicht einmal deine Schuld. Nun aber genug davon.« Ich drückte einen Kuß auf sein schönes, gesenktes Haupt und schmiegte mich wieder in seine mir so vertrauten Arme.

Eigentlich hätte ich bereits aufbrechen müssen, aber als wir behaglich dalagen, ruhig miteinander sprachen, Pläne schmiedeten und uns liebten, schob ich meinen Aufbruch so lange wie möglich hinaus. Glückselig und mit dem Gefühl seiner Wärme auf meiner Haut, ritt ich erst spät zum Herrenhaus zurück. Ich war blindlings zu ihm zurückgekehrt, und innerhalb eines Morgens hatte sich alles geändert. Ich konnte zwar kaum auf meinem Pferd sitzen, und mein Mund war wund von den vielen, vielen Küssen, doch niemals zuvor hatte ich Unannehmlichkeiten mit solcher Freude hingenommen. Während ich im Eiltempo durch den Wald nach Amboise unterwegs war, lachte ich aus vollem Halse, und mein Herz sprudelte über vor Freude – nie hätte ich es für möglich gehalten, daß ich noch zu solchen Gefühlen fähig sein würde. Schon bald jedoch drosselte ich mein Tempo und versuchte, die Wendung der Ereignisse nüchterner zu betrachten. Vor allem beschäftigte mich die Frage, ob er das gleiche tun würde, wenn Aquitanien nicht mir gehörte.

In vielerlei Hinsicht stand er nun wieder dort, wo er vor Jahren begonnen hatte, und er war sicher kein Mann, der untätig sein konnte. Unermüdlich hatte er sich darum bemüht, die Normandie zu gewinnen, nur um sie nach der erfolgreich beendeten Mission sogleich an seinen Sohn abzutreten. Konnte er tatsächlich auf eine Herzogskrone und die damit verbundene Macht verzichten, ohne etwas in Aussicht zu haben, was die entstandene Leere füllte? Kurz gesagt, wollte er tatsächlich mich, oder suchte er eher nach neuen Ländereien, die er sich einverleiben konnte?

Inzwischen war ich im Wald an der Stelle angekommen, wo sich die Pfade kreuzten. Während ich überlegte, welchen der vier dunkelgrünen Tunnel ich einschlagen mußte, lachte ich laut auf: Denn was hatte er mir anderes vorgeschlagen, als ich nicht ohnehin schon bereit gewesen war zu tun? Wenn ich auf eine Krone verzichten konnte, warum nicht auch er? Wir gehörten untrennbar zusammen und teilten schon jetzt ein ähnliches Schicksal. Ich wollte mein altes Leben zurückhaben – genau wie er; und er wollte, daß ich seines mit ihm teilte. Nein, es bestand kein Zweifel, er wollte mich um meinetwillen, und ich wollte ihn, so wie er war. Und das schloß seinen Ehrgeiz und seine Rastlosigkeit ebenso mit ein wie seine große Liebe zu mir.

Ich zweifelte nicht an ihm.

Ich lachte wieder, und mein Pferd blieb stehen – langsam schien es sich an mich zu gewöhnen. Ich tätschelte es glücklich, bevor ich es langsam und beschaulich weitertraben ließ. Ich mußte noch über so vieles nachdenken. Schließlich, warum sollte Geoffroi Aquitanien nicht wollen? Er war vielleicht der einzige Mann weit und breit, dem es gelingen könnte, Ordnung in meine schwer zu regierenden südlichen Länder zu bringen. Und mit seinem Temperament und seiner Ausstrahlung würde es ihm sicher gelingen, die Herzen meiner Landsleute für sich zu gewinnen, was Louis und seine entsandten Beamten nie vermocht hatten. Armer Louis: Er hatte sich seit seinem mißlungenen Überfall auf Toulouse nie wieder in den Süden gewagt. Nein, zum ersten Mal waren mein Herz und mein Kopf in Einklang. Ich wollte Geoffroi oder keinen. War es jemals anders gewesen? Und falls er und ich erneut den Rest der Welt gegen uns hätten, nun, dann müßte sich die Welt wohl in acht nehmen.

In Amboise herrschte helle Aufregung, als ich gelöst und glücklich in den Hof ritt. Ich blickte in beunruhigte Gesichter, und sogar Petrel sah besorgt und ärgerlich drein. Doch mit einem Seitenblick flüsterte sie mir zu: »Du hast hier ein paar Ginsterzweige!« und zupfte sie flink aus meinem Haar.

Die Erleichterung über meine wohlbehaltene Rückkehr war deutlich zu spüren. Gleichwohl mußte ich meine Abwesenheit noch erklären und meinte daher mit betont lauter Stimme zu Petrel: »Ich hatte etwas auf dem Herzen und habe heute morgen allein in der kleinen Kapelle im Wald gebetet.«

»Ja, und du scheinst auch Erlösung gefunden zu haben. Sei vorsichtig«, murmelte sie. Ich sah sie ebenfalls warnend an, doch die anderen schienen mit dieser Antwort zufrieden zu sein. Außerdem erklärte ich, wir würden länger bleiben. Schließlich würden wir uns noch ein paarmal treffen müssen, um zu beratschlagen, wie wir weiter vorgehen wollten.

Einige Tage später machten Petrel und ich uns auf den Weg zurück nach Paris. Ich hielt meine Pläne auch vor ihr geheim, so daß sie meine merkwürdig aufgekratzte Stimmung schon bald nicht mehr ertrug. Geoffroi machte sich auf den Weg nach Le Mans und Rouen, um ein paar ihm gewogene Bischöfe wegen seiner Gewissensnöte zu befragen. Erst wenn er Bischöfe gefunden hätte, die sein Ansinnen unterstützten, würde er Mathilda in Kenntnis setzen – eine schwierige, aber keineswegs unlösbare Aufgabe für einen Angeviner.

Ich hingegen wollte versuchen, Louis davon zu überzeugen, den angevinischen Machtanspruch auf die Normandie zu akzeptieren und mir meine alten Ländereien wieder zu übertragen. Ich hatte gerade einige Fortschritte bei ihm gemacht, indem ich an sein Gewissen appellierte, als zwei Wochen nach meiner Rückkehr mich aus heiterem Himmel ein unerwarteter Schlag traf.

Geoffroi war exkommuniziert worden.

Kapitel 20

⚜ Im grossen Saal summte es wie in einem Bienenstock, und sogar Louis war voller Leben, als er auf mich zueilte, um mir die großen Neuigkeiten zu berichten.

»Der Herzog der Normandie hat Hand an meinen Seneschall für das Poitou gelegt, Eleonore! Ihn angegriffen und in den Kerker geworfen – meinen Bevollmächtigten.«

Und mein Poitou, dachte ich. Mir war es zwar gelungen, die Nachricht von Gerald de Berlais Gefangennahme eine Zeitlang vor Louis geheimzuhalten. Doch schließlich hatte er davon erfahren.

»Er hat die heilige Waffenruhe gebrochen; jetzt werden wir ihm den Garaus machen!«

»Wer ist wir, Louis?«

Er sah mich verwirrt an. »Wieso – Bernard und ich natürlich. Er hat über ihn schon den Kirchenbann verhängt.«

Mir stockte das Blut. Ich hatte angenommen, man würde ihm lediglich mit der Exkommunikation drohen, und nicht erwartet, daß er sogleich mit dem Kirchenbann belegt werden würde. Das konnte einfach nicht sein. »Schon?« fragte ich und rang nach Luft. »In seiner Abwesenheit?« Dies war eine unangemessen hohe Bestrafung, selbst für Bernards Maßstäbe. Meine Gedanken überschlugen sich: Ein mit dem Kirchenbann belegter Geoffroi könnte nicht auf die Kirche zählen, hätte nicht das Vertrauen der Bischöfe und keinerlei Einflußmöglichkeit, um eine Annullierung zu erreichen ... Um Zeit zu gewinnen, ließ ich noch etwas Wein kommen – den hatte ich auch bitter nötig. Als ich meine Stimme wieder in der Gewalt hatte, sagte ich: »Am besten, Ihr erzählt mir alles darüber, Louis. Jetzt gleich.«

Er war so aufgekratzt wie seit Monaten nicht mehr und ließ sich nicht lange bitten. »Nun, Abt Bernard sagte, er sei einfach aufgebrochen und habe Berlai angegriffen ... Du erinnerst dich doch noch an ihn, oder? Ein netter Mann mit einer Narbe auf der Stirn. Geoffroi hat ihn wegen irgendeiner unbedeutenden Geschichte angegriffen und ...«

»Unbedeutend?« Ich stellte den Becher so unsanft auf dem Tisch ab, daß er zusammenzuckte. »Berlai ist ein Verbrecher, Louis! Er und seine Kumpanen waren dabei, Angers zu zerstören, und wollten sich dann nach Poitiers aufmachen! Er ist allen ein Dorn im Auge – man muß ihm unbedingt das Handwerk legen.«

Louis sah mich verblüfft an. »Ach ja – und woher wißt Ihr das alles auf einmal? Und außerdem habt Ihr unrecht. Geoffroi hat Geralds Burg belagert ...«

»Es ist seine Burg, Louis – Berlai hat sie ihm kurzerhand genommen und unberechtigterweise befestigen lassen.« Er blickte mich verständnislos an, zog es aber vor, meine unbequeme Bemerkung zu ignorieren – wer war ich schon im Vergleich zum Orakel Bernard?

»Er hat Geralds Burg belagert und sie in Brand gesteckt. Er war drauf und dran, jeden, der sich dort befand, in den Flammen umkommen zu lassen.«

»Oh, Louis! Ihr kennt den Grafen – Ihr wißt genau, daß er so etwas niemals anordnen würde.« Doch Berlai war Louis' Vasall, und daher war man offensichtlich nur allzu bereit zu glauben, Geoffroi sei einer solchen Tat fähig. Mir wurde jedoch ein wenig unbehaglich zumute, als mir wieder einfiel, daß er nicht über dieses Thema hatte sprechen wollen ...

»Nun, er hat es aber getan. Er beschoß die Burg mit einem Hagel aus Feuerpfeilen und setzte kochendes Öl ein, bis die Feste bezwungen war. Als sie herausgerannt kamen, ließ er alle gefangennehmen und warf sie in das Verlies in Angers.«

»Was, alle?« Die ganze Familie war das reinste Vipernnest, aber dennoch sah das Geoffroi überhaupt nicht ähnlich.

»Äh, ja, ich denke schon. Nun, zumindest Berlai, soviel ist sicher. Wie viele er allerdings gefangengenommen hat, spielt hierbei keine Rolle, Eleonore. Berlai ist mein Bevollmächtigter für das Poitou und steht unter dem Schutz der heiligen Waffenruhe.«

»Die heilige Waffenruhe endete doch sicher mit Eurer Rückkehr nach Paris, Louis. Ihr seid nicht mehr auf dem Kreuzzug – wir sind seit achtzehn Monaten wieder zurück.«

Verunsichert sah er mich an. Solche Spitzfindigkeiten hatten Bernard nicht gestört. »Ha!« rief er plötzlich triumphierend. »Die Belagerung begann noch vor meiner Rückkehr!« Er sah mich herausfordernd an.

Die Belagerung hatte sogar noch vor seiner Abreise begonnen. Das tat indes nichts zur Sache ... Ich dachte angestrengt nach und griff zu einer verzweifelten Taktik. »Nun, was konnte er tun, Louis? Sollte er Berlai einfach weiter morden und brandschatzen lassen, bis wir zurück wären und es bemerkt hätten? Ihr wißt doch selbst am besten, wohin das führen kann, wenn man Städte in Brand steckt ...«

Dies war eine bewußt schändliche Anspielung auf Vitry, aber ich wollte damit erreichen, daß Louis Geoffroi als Beschützer und nicht als Angreifer sah. Doch es war ein Schlag ins Wasser: Louis zog sich sofort in sich zurück, und das Thema wurde kurzerhand fallengelassen.

Als ich mich umdrehte, blickte ich in Bernards unheilvolle Augen, die mich anstarrten. Sogleich fühlte ich mich elend. Das also war es, was geschah. Nun gut.

Innerhalb weniger Tage fing die Gerüchteküche an zu brodeln. Man munkelte, der teuflische Graf von Anjou habe den neuen Bischof von Séez angegriffen und ihn sowie drei seiner Domherren kastrieren lassen, um sie für die eigenmächtige Anerkennung des neuen Bistums zu bestrafen. Dies konnte ich nun wirklich nicht glauben – angevinischer Zorn hin oder her, Geoffroi war zu solch primitiven Racheakten nicht fähig. Die

Gerüchte jedoch verstummten nicht, im Gegenteil. Bald waren es schon drei Bischöfe, mit denen wie mit Abélard verfahren worden war, und schließlich die Hälfte des bischöflichen Kollegiums, die von nun an Sopran sang.

Bei Hofe schüttelte man sich vor Entsetzen, doch insgeheim genoß man diesen pikanten Skandal, und die Gespräche darüber sorgten stets auch für Belustigung. Der Bischof war ein hartnäckiger Befürworter der Keuschheit, der stets dröhnend verkündet hatte: »Gebenedeit seien die, die sich im Angesicht Gottes zu Eunuchen machen.« Widerwillig mußte ich Geoffrois Sinn für Humor der schwärzesten Sorte anerkennen.

Sollte er den Bischof von Séez tatsächlich wegen seiner Wahl angegangen sein, oder hatte er sich wegen der Annullierung an ihn gewandt? Und hatte der Bischof sie ihm verweigert – ihn womöglich wegen seines Lebenswandels getadelt? Konnte Geoffroi daraufhin derart gewalttätig reagiert haben? Viele schienen es ihm zuzutrauen. Mein einziger Trost war, daß durch den plötzlich so finsteren und drastischen Wandel seines Rufes die fromm gewordene Mathilda eher geneigt sein würde, sich von ihm zu trennen.

Ich wußte, daß dafür nur ein Funken Hoffnung bestand.

Natürlich stimmten die Geschichten nicht, die im Umlauf waren, doch es war charakteristisch für jene unsichere und bedrohliche Zeit, daß man ihnen überhaupt Glauben schenkte. Am Hofe herrschte nun große Furcht, und Louis verlor die Nerven. Entlang der Grenzen zum Vexin begann er Truppen auszuheben, um für einen Krieg gegen Geoffroi gerüstet zu sein. Ich war in heller Aufregung, denn diesmal war er nicht allein. Robert von Dreux, dessen eigener Aufstand ebenfalls die heilige Waffenruhe gebrochen hatte, war einfach vergeben worden. Erneut stand er in Louis' Gunst und wurde darüber hinaus von Eustace von England unterstützt. Alle drei verband eines: sie wünschten sich nichts sehnlicher, als die Angeviner zu vernichten. Da man Geoffroi überdies exkommuniziert hatte, war es in

Louis' Augen quasi ein Heiliger Krieg, den sie führen würden – eine zweite Gelegenheit für einen Kreuzzug, ohne die Unannehmlichkeit, es mit Fremden zu tun zu haben.

Und dieses Mal, das wußte ich, war Geoffroi bereit, gegen seinen König ins Feld zu ziehen.

Ich sandte ihm verzweifelt Nachrichten, doch er bewegte sich so rasch zwischen verschiedenen Städten und grenznahen Festungen hin und her, als er seine Verteidigung verstärkte und Vorkehrungen traf, daß es meinem Boten nicht gelang, ihn ausfindig zu machen. Und ich hörte in diesen chaotischen Zeiten natürlich auch nichts von ihm.

Die Stimmung drohte in Wahnwitz umzuschlagen, als gerade zu Rittern ernannte Männer bei Hofe erschienen – zu jung, um beim Kreuzzug dabeigewesen zu sein oder während der Waffenruhe Kriegserfahrungen gemacht zu haben –, um den Bluteid zu leisten. Ich bat Louis inständig, von diesem dummen und gefährlichen Brauch zu lassen, doch er stand völlig unter dem nun unkontrollierten Einfluß Bernards, der auf seine Art die Angeviner wohl noch mehr verabscheute als jeder andere. Und seiner Macht über Louis vermochte ich nichts entgegenzusetzen.

All meine Hoffnungen ruhten daher auf Geoffrois mehr als einmal unter Beweis gestellten Fähigkeiten und den noch unerprobten Talenten seines Sohnes.

Die Dinge gerieten unvermutet in Bewegung, als Louis' Streitkräfte an mehreren Stellen gleichzeitig in die Normandie einfielen. Sie verwüsteten Städte und Dörfer und steckten sie in Brand, bevor Louis sich bereit machte, gegen Geoffroi in die Schlacht zu ziehen. Aber Geoffroi spielte dieses Spiel einfach nicht mit. Anstatt sich gehorsam zur offenen Schlacht zu formieren, fielen sein Sohn und er überraschend in französisches Gebiet ein. Innerhalb weniger Tage hatten sie Louis und seine Verbündeten vernichtend geschlagen, und Robert mußte um sein Leben laufen.

Louis, mit einer Logik, die nachzuvollziehen ich nicht imstande war, brannte Séez nieder, den Bischofssitz des vermeintlich mißhandelten Bischofs, und sprach von Frevel, als Geoffroi schließlich in geordneten Reihen zur Schlacht antrat und erklärte, genug sei genug.

Es war das zweite Mal in einem Jahr, daß sich zwei Armeen an der Seine kampfbereit gegenüberstanden. Und da Suger nicht mehr vermittelnd eingreifen konnte, hatte es den Anschein, daß nichts diesen Krieg würde verhindern können. Und alles nur wegen des nichtswürdigen Gerald de Berlai.

Ich betete, es möge ein Wunder geschehen, doch statt dessen entwickelte sich alles mehr und mehr zur Farce.

Es war der heißeste Sommer seit zehn Jahren, und obwohl Louis über zwei Jahre die drückende Hitze des Morgenlandes recht gut ertragen hatte, wurde er auf heimischem Boden plötzlich verdächtig leicht vom Fieber befallen. Im letzten, alles entscheidenden Augenblick ordnete er hastig den Rückzug an, begab sich nach Paris und legte sich ins Bett.

Die Kurie nahm die Gelegenheit wahr und ersuchte Louis, Frieden zu schließen und die Staatskasse zu schonen. In der Zwischenzeit hatte auch ich einen Plan ersonnen und suchte Louis auf.

Er lag, trotz der großen Hitze in dicke Decken gehüllt, im Bett. Er sah gehetzt aus. Das war verständlich – allerdings machte er auf mich einen vollkommen gesunden Eindruck.

»Bei dieser Hitze würde Euch ein wenig Orangensaft guttun, Louis.«

»Ich möchte nichts von diesem heidnischen Zeug, vielen Dank!« Er hielt inne und fächelte sich mit einem verschwitzten Laken Luft zu. »Ihr habt doch keinen, oder?«

»Schwerlich – die Bäume sind noch sehr klein, Louis, obwohl sie gut angegangen sind.« Ich hatte ein paar Kerne aus Antiochia mitgebracht und eingepflanzt.

»Ja, ja. Aber das ist doch jetzt nicht wichtig, oder?«

»Nein, ich glaube nicht.«

»Eleonore, würdet Ihr bitte aufhören, auf und ab zu gehen. Ihr macht mich ganz krank damit. Ich meine, ich fange an, mich schlechter zu fühlen«, fügte er rasch hinzu, und ich blieb stehen. Ich hatte ihn nicht aufregen wollen – es kam in diesen Tagen einfach über mich. »Warum wolltet Ihr mich sehen?« erkundigte er sich argwöhnisch. »Ich bin nicht zu einer weiteren Debatte über die Annullierung unserer Ehe aufgelegt. Ihr müßt wissen, ich bin krank!«

»Nein, es geht nicht um die Annullierung.« Ich setzte mich auf die Bettkante, so wie er es in Antiochia getan hatte, als ich krank gewesen war. »Ich bin gekommen, um Euch zu bitten, nicht aufs Schlachtfeld zurückzukehren, Louis.«

Er sah mich sowohl erleichtert als auch überrascht an, obwohl er sich angestrengt bemühte, beide Regungen vor mir zu verbergen. Ich tat den nächsten Schritt, bereit, ihm für den Frieden jede nur erdenkliche Lüge aufzutischen. »Louis, ich hatte letzte Nacht einen Traum. Er handelte von Euch und Graf Geoffroi.« Nun, das entsprach nur zur Hälfte der Wahrheit ...

»Oh, Ihr und Eure Träume – Ihr habt dauernd welche«, meinte er, doch er war interessiert. »Na, schon gut. Erzählt.«

»Ich träumte, ihr beide stündet euch auf dem Schlachtfeld gegenüber, als plötzlich ein Licht über Eurem Kopf erschien.« Er richtete sich ein wenig auf. »Ihr trugt schon Eure Krone, doch das Licht formte darüber eine Art Glorienschein, Louis. Aus purem Gold und wunderschön, so strahlend.« Um einen besseren dramatischen Effekt zu erzielen, hielt ich einen Augenblick inne. »Es war die Krone der Kreuzfahrer, Louis.« Er schnappte nach Luft. »Ihr wandtet Euch um, um das Schlachtfeld zu verlassen, und als Ihr es tatet, wurde das Licht stärker, bis es Euch schließlich vollkommen umhüllte.«

Er hörte so ehrfürchtig und andächtig zu, daß ich mich beinahe wegen meiner blasphemischen Äußerungen schämte. »Was ... was bedeutet dieser Traum, Eleonore?«

»Nun, Louis, ich glaube, er bedeutet, daß für jemanden, der

die Krone der Kreuzfahrer trägt, eine höhere Gnade in der Vergebung liegt als im Sieg über den ... Feind.« Das letzte Wort blieb mir fast im Halse stecken.

Er starrte mich mit offenem Munde an. »Und Ihr seid überzeugt, daß dieser Traum von Gott und nicht von Luzifer gesandt wurde?«

»Louis!«

»Da kann man nicht sicher sein. Der angevinische Teufel« – so nannte er Geoffroi – »kämpft wie ein Sarazene, gegen alle Regeln ... Und eines Nachts vor zwei Wochen wurde er – und das weiß ich mit Sicherheit – an zwei Orten gleichzeitig gesehen.« Ich mußte ihn so verdutzt angesehen haben, daß er bedächtig mit dem Kopf nickte und meinte: »Ja. Ist das nicht einfach unfaßbar!«

Es hatte keinen Sinn, mit ihm zu diskutieren. »Dieses Licht war ein von Gott gesandtes, Louis.«

»Seid Ihr da auch sicher?«

»Ganz sicher, Louis.«

»Nun, wenn Ihr recht haben solltet, ändert das natürlich alles. Offensichtlich wünscht Gott, daß ich in meinem Sieg großmütig bin ...«

Welchen Sieg meinte er?

»Ich werde beten und die Kurie noch einmal zusammenrufen lassen. Vielleicht findet sie eine Lösung.«

Das war wirklich ein Sieg! Überaus erleichtert lächelte ich ihn an. »Gute Nacht, Louis. Schlaft gut.«

»Oh, ja, gute Nacht, Eleonore.«

Am nächsten Tag verkündete Louis gnädig, dem angevinischen Teufel werde vergeben und Henri würde als Herzog der Normandie anerkannt werden, wenn er den Lehnseid leistete. Widerstrebend erklärte Abt Bernard, die Exkommunikation Geoffrois würde aufgehoben, wenn der Graf »offenen Herzens« bereit sei, Berlai freizulassen. Mit anderen Worten, sie wußten, daß Geoffroi sie in einer offenen Schlacht vernichtend geschlagen hätte – und damit wären auch alle meine Hoffnungen dahingegangen. Louis' Erleichterung war ebenso aufrichtig wie meine, der Abt indessen hatte sich danach in ungewohnt ruhiger Weise zurückgezogen, und unterschwellig spürte ich, daß von dieser Schweigsamkeit Gefahr ausging.

Und so traf Geoffroi Vorbereitungen für seinen ersten Besuch in Paris seit drei Jahren. Ich hätte mich auf dieses Ereignis freuen können, wenn ich nicht sicher gewesen wäre, daß Abt Bernard irgend etwas gegen ihn und seinen Sohn im Schilde führte. Alles, was ich tun konnte, war, Geoffroi wieder einmal zu warnen und abzuwarten.

Unterdessen wurde es stetig wärmer und wärmer, als wollte uns das Wetter für die vorhergehenden bitterkalten Winter entschädigen. Doch mit der sommerlichen Hitze wurde das Wasser knapp, und Paris verwandelte sich zusehends in eine übelriechende Kloake. Nur selten fegte eine kühle Brise die stickige Schwüle beiseite, die die Stadt zu ersticken drohte. Im August wuchs die Anspannung in der Stadt, da die Unannehmlichkeiten immer größer wurden. In der letzten Woche jenes Monats kamen endlich Geoffroi und Henri in die Stadt geritten, um Frieden zu schließen.

Damit seine Exkommunikation aufgehoben wurde, hatte Geoffroi, wie verlangt, Louis' gefangenen Seneschall mitgebracht.

Der einzige Haken dabei war, daß er ihn in Ketten nach Paris führte.

Die Nachricht von diesem neuerlichen Frevel eilte ihnen voraus – die Herren von Anjou wagten es, Louis' Bevollmächtigten gefesselt wie einen gemeinen Verbrecher in die königliche Residenz zu bringen. Obwohl ich mich auf unser baldiges Wiedersehen freute, verfluchte ich Geoffroi insgeheim und fragte mich, was um alles in der Welt er mit einer solch provozierenden Geste zu erreichen gedachte. Beklommen nahm ich an einem drückendheißen Augustnachmittag neben Louis' Thron im Saal Platz und machte mich auf die Konfrontation gefaßt, die ich unbedingt hatte verhindern wollen.

Der gesamte französische Adel schien sich im großen Saal eingefunden zu haben und wartete gespannt auf das königliche Donnerwetter, das sie nun gewiß erleben würden. Ich saß auf meinem Thron und blickte einen Augenblick lang prüfend auf die Versammlung hinab. So viele Männer und Frauen des Hofes hatten ihr Leben im Wüstensand des Heiligen Landes verloren, daß die Hälfte der heute hier Anwesenden Geoffroi noch nie gesehen hatte, sondern ihn nur aus Erzählungen kannte. In den vier Jahren, die seit unserem Aufbruch ins Morgenland vergangen waren, hatte eine neue – junge und unerfahrene – Generation den Platz der Kreuzfahrer eingenommen. Gespannt warteten sie jetzt alle auf das Erscheinen des berühmt-berüchtigten Abtrünnigen. Wer, wenn nicht der angevinische Teufel, würde freiwillig auf eine Herzogskrone verzichten, die heilige Waffenruhe brechen sowie König und Kirche mit solcher Unbekümmertheit vor den Kopf stoßen?

Wie immer hatte Louis den letzten Gerüchten keine Beachtung geschenkt und war lange in seinen Gemächern geblieben, weil er – wie er sagte – sich noch immer nicht wohl fühle. Erst eine Stunde vor dem festgesetzten Treffen war er aufgetaucht: Mit schweren Augenlidern und etwas wirr, erschien er auf der Estrade. Bernard dagegen wirkte sehr gespannt, als er seinen angestammten Platz gleich hinter Louis' Thron einnahm. Meine Unruhe wuchs. Plötzlich wurde die Ankunft des Grafen von Anjou und seines Sohnes verkündet, und es war totenstill im Saal, als Geoffroi und Henri auf der Schwelle erschienen und auf uns zukamen.

Er sah wütender aus, als ich ihn je gesehen hatte. Sein Kiefer war angespannt, und seine blauen Augen blitzten, als wolle er mit einem einzigen Blick den ganzen Saal in Brand setzen. Er trug diesmal nicht das angevinische Blau, sondern war herausfordernd in das prächtige normannische Rot gekleidet, und die beiden goldenen Löwen schienen über seinem Brustkorb zu tanzen. Trotz meiner Befürchtungen, meiner Verwirrung und meiner eigenen unleugbaren Wut war ich dennoch von seiner Schönheit überwältigt, genau wie vor fünfzehn Jahren, als er in die Halle von Saint-Jouin-de-Marnes stürmte. Sein Aussehen hatte damals noch viel von dem des klugen, hübschen Jungen gehabt, der schon als kleines Kind – zu seiner Belustigung – den Beinamen »der Schöne« bekommen hatte. Der Mann, der nun hereinkam, stand in der Blüte seiner Schönheit und seiner Macht, und ich erbebte vor Stolz. Doch sein Erscheinen verwirrte nicht nur mich. Bei seinem Eintreten hatten die meisten die Luft angehalten, und ein Schauer der Erregung war durch den Saal gegangen. Damen, auf deren Gesichtern sich einen Augenblick zuvor noch gepflegte Langeweile gespiegelt hatte, bemühten sich nun, möglichst weit nach vorne zu gelangen, um ihn besser sehen zu können. In der stickigen, von Schweißgeruch erfüllten Hitze des Saals breitete sich ein Duft von Rosenöl aus, als sie sich tuschelnd Luft zufächelten, bis ein trockenes Husten von Bernard sie zur Ordnung rief.

Zu seiner Linken befand sich Henri, den ich nun zum ersten Mal erblickte. Ich zwang mich, wenigstens so lange meinen Blick von Geoffroi abzuwenden, daß ich meine Neugier stillen konnte. Ich erinnerte mich noch, daß Sybilla ihren Vater, Graf Fulko, als einen untersetzten, rothaarigen Mann beschrieben hatte, und ich sah, daß das Aussehen der Angeviner eine Generation übersprungen hatte. Der Junge war wesentlich kleiner als Geoffroi, kräftig und O-beinig. Obwohl seine Kleider nicht minder prächtig waren als die seines Vaters, sah er in ihnen nicht annähernd so gut aus. Geoffroi hätte auch in Sackleinen noch einen phantastischen Eindruck gemacht, Henri aber, so befürchtete ich, hätte selbst in goldenen Kleidern schäbig gewirkt. Ich bemerkte, daß auch er mich ansah, und lächelte ihm zu in der Hoffnung, daß ein freundliches Gesicht die im Saal herrschende feindselige Stimmung ein wenig aufwog. Doch es blieb mir keine Zeit, auf seine Reaktion zu achten, denn plötzlich ging ein entsetztes Raunen durch die Anwesenden, als Gerald de Berlai, noch immer in Ketten, in den Saal geführt wurde.

Dieser verwöhnte, Skandale liebende, junge Hof war entzückt über das Spektakel, das sich vor ihm abspielte, und ich tat mein Bestes, um die wechselnde Stimmung um mich herum einschätzen zu können. Ich warf einen raschen Blick hinüber zu Bernard, dessen Lächeln eisig geworden war, und dann zu Louis, der trotz seines angeblich schwachen Gesundheitszustandes beim Anblick von Berlai aufsprang und alle Worte von Aussöhnung mit einem Schlag vergaß.

»Wie könnt Ihr es wagen, Sire! Wie könnt Ihr es wagen, mich und meine Krone derart zu beleidigen. Laßt ihn auf der Stelle frei!«

Geoffrois Stimme klang kalt und drohend, als er ruhig erwiderte: »Diesen Mann freilassen? Und warum sollte ich das? Ich bringe Euch einen Verbrecher, dem folgende Vergehen zur Last gelegt werden: Mord, Diebstahl und Vergewaltigung; Untaten, die er unter königlichem Schutz begangen hat« – er durchbohrte Louis mit seinem Blick –, »Verbrechen, die alle im Namen des Königs begangen wurden.«

Das Entsetzen, das durch den Saal ging, war diesmal echt. Die Höflinge beobachteten das Geschehen wie die Zuschauer eines Turniers, deren Köpfe zwischen den beiden Kontrahenten hin- und hergingen. Sprachlos ob dieser dreisten Antwort stand Louis da. Und ich, wie jeder andere in diesem stickigen Saal, starrte auf Geoffroi und konnte einfach nicht glauben, was er da tat.

Mit kalter Stimme, die kristallklar in der gespannten Stille zu hören war, fuhr er fort: »Ich verlange, daß dieser Mann für die Taten, die er in meinen Landen begangen hat, gerecht bestraft wird; und wenn mir das Recht verweigert wird, ihn zu verurteilen, dann verlange ich« – ein weiteres entsetztes Aufstöhnen –, »daß Ihr dies übernehmt.«

Unbeweglich, angespannt und blaß stand er da. Es war vollkommen still im Saal geworden, und niemand schien das Schweigen brechen zu wollen oder zu können. Geoffrois Augen brannten sich in Louis', der wie ein vom Fackelschein geblendetes Kaninchen dastand, und plötzlich konnte ich die Situation nicht länger ertragen. Ich mußte diese Anspannung beenden und wollte gerade etwas sagen, als Bernard seine dumpfe, etwas heiser klingende Stimme erhob und unklugerweise versuchte, Geoffroi zu verhöhnen.

»Bei Euren Gefechten setzt Ihr Söldner ein, nicht wahr, Graf Geoffroi?«

»Ja, Abt, das tue ich«, antwortete Geoffroi, ohne Louis aus den Augen zu lassen.

»Dann wißt Ihr sicher auch, daß diese Männer verlorene Seelen sind – die lebenden Toten. Alle Söldner sind verdammt, Sire, und diejenigen, die sie einsetzen, sind ebenfalls verdammt.«

»Oh, ich würde da noch etwas weitergehen, Abt – ich würde sagen, sie sind verdammt nützlich.«

Wieder brach sein schwarzer Humor durch. Stellenweise war von den keckeren Höflingen nervöses Kichern zu hören, doch die Mehrheit des Hofstaates war von seiner schlagfertigen Antwort eher schockiert als amüsiert. Bernard verlor die Fassung und rief aufgebracht: »Graf Geoffroi, der König fordert Euch auf, seinen Seneschall unverzüglich freizulassen. Ich möchte Euch daran erinnern, daß Ihr exkommuniziert seid – für die Hölle bestimmt – und es auch bleiben werdet, selbst wenn Ihr uns Euren Gefangenen sogleich aushändigt, denn Ihr habt wissentlich die heilige Waffenruhe gebrochen ...«

Geoffroi unterbrach ihn ungeduldig. »Ich hätte ihn schon längst gehängt, hätte nicht die heilige Waffenruhe bestanden. Er hat es zehnmal verdient und tut es noch immer.« Er sah Bernard direkt in die Augen – was nur wenige fertigbrachten –, und man konnte förmlich sehen, wie die Funken zwischen ihnen sprühten.

»Sire, hütet Euch, es ist keine geringe Sünde, jemanden, der unter dem Schutze Gottes steht, auf diese Weise festzuhalten.«

Geoffroi lächelte, doch seine Lippen verzogen sich zu einem solch zynischen und höhnischen Grinsen, wie ich es noch nie bei ihm gesehen hatte. Langsam und bedacht wählte er seine nächsten Worte: »Nun, wenn das eine so große Sünde ist, Abt, wird selbst Gott sie mir nicht vergeben.« Sein Lächeln, wenn es denn eines gewesen war, verschwand. »Und ich würde die Vergebung zurückweisen, wenn sie von jemandem wie Euch käme.«

Was nun folgte, kam dem Inferno ziemlich nahe. Bernard wurde als Heiliger verehrt – aus Gründen, die ich, ehrlich gesagt, nie hatte nachvollziehen können. Geoffrois Worte kamen daher einer Gotteslästerung gleich. Sie überdies aus dem Munde eines Mannes zu hören, der exkommuniziert worden war und, unterwürfig um Vergebung flehend, zu den Füßen des Abtes liegen sollte, war noch schockierender.

Louis, der seinen Ohren nicht traute, ließ sich schwerfällig auf seinen Thron fallen und bekreuzigte sich immer wieder. Und Bernard, der vermutlich in seinem ganzen Leben noch nicht so brüskiert worden war, umkrampfte die Lehne des Thrones, wurde bleich und schwankte leicht. Alle anderen im Saal hatten entsetzt aufgeschrien und zupften ihre Nachbarn fassungslos am Ärmel, als könnten sie nicht glauben, was sie da gehört hatten. Die Hofdamen erschauerten.

Der junge Henri, der inmitten dieses Durcheinanders stand, wirkte seltsam unbeteiligt und studierte ausführlich die Fingernägel seiner rechten Hand, so als frage er sich, ob er sie nicht mal wieder schneiden sollte. Der einzige wahre Ruhepunkt in der herrschenden Aufregung war Geoffroi.

Ich war außerstande zu glauben, was sich da vor meinen Augen abspielte, und schlug mit der Hand auf die Lehne meines Thrones. Als unsere Augen sich nun zum ersten Mal trafen, konnte ich meinen Zorn und meine Verzweiflung nicht verhehlen. Ich kannte Geoffroi bereits mein halbes Leben lang, doch nie zuvor hatte ich ihn etwas derart Törichtes tun sehen. Er zwinkerte zweimal, dann indes änderte sich sein Gesichtsausdruck. Aber bevor noch mehr zwischen uns geschah, erhob Abt Bernard seine Stimme über das Durcheinander im Thronsaal und verkündete mit düsterer Stimme: »Geoffroi, Graf von Anjou und Herzog der Normandie, Ihr werdet für immer Eure unbesonnenen Worte büßen. Innerhalb eines Monats werdet Ihr in Eurem Grab liegen, und Eure Seele wird in der Hölle schmoren ...«

Falls er noch mehr gesagt haben sollte, so gingen seine Worte in dem Entsetzen unter, das im Saal entstand. Geoffroi, auf dessen Gesicht keinerlei Regung zu erkennen war, machte auf dem Absatz kehrt und verließ den Saal, gefolgt von Henri und Berlai.

Louis blieb mit offenem Munde sitzen; seine Augen waren vor Entsetzen weit aufgerissen. Bernard hatte sich, schwitzend und sehr mitgenommen, auf die nächste Bank fallen lassen. Da offensichtlich niemand fähig war, sich zu rühren, erhob ich mich und entließ den Hofstaat. Enttäuscht darüber, daß ihnen nicht noch mehr geboten wurde, verließen sie in kleinen Gruppen schwatzend den Saal, nicht ohne gelegentlich einen neugierigen Blick in unsere Richtung zu werfen. Bernard erholte sich rasch und wurde schon wieder ganz der alte, als ich mich zu ihm umwandte und sich mein Zorn entlud.

»Abt Bernard, was in Gottes Namen wolltet Ihr damit erreichen? Sie kamen her, um Frieden zu schließen – und wenn Berlai der Preis dafür ist, dann müssen wir ihn eben zahlen! Er ist ein Mörder und ein Dieb! Was der Graf wollte, war Gerechtigkeit! Ihr werdet nichts damit gewinnen, wenn Ihr versucht, ihm Angst einzujagen.«

Er sah mich mit verschleiertem Blick an. »Ihm Angst einjagen, Madame? Das war nicht meine Absicht. Ich habe lediglich ausgesprochen, was ich gesehen habe.«

Seine Stimme klang unglaublich kalt, und für einen winzigen Augenblick verwandelte ich mich wieder in das verzagte kleine Mädchen am Hofe meines Vaters. Fast war ich bereit, seine schreckliche Prophezeiung zu glauben. Doch Louis' Bemerkung machte alles nur noch schlimmer: »Ich finde, er sieht kerngesund aus«, brummte er. »Aber man kann nie wissen! Ihr habt den Tod meines Bruders auf den Tag genau vorhergesagt, Abt!«

»Hört auf!« rief ich, und sie beide sahen mich entgeistert an. »So ... kommen wir doch nicht weiter.«

»Ich wüßte nicht, was noch gesagt werden könnte«, begann Louis. »Wenn er sich weigert, dann weigert er sich eben! Jetzt allerdings, da er exkommuniziert ist, hindert uns eigentlich nichts daran, ihn gefangenzunehmen, wie es Henri de Champagne schon vorgeschlagen hat. Das ist doch richtig, oder, Abt?«

»Nein!« rief ich aufgebracht. »Laßt mich mit ihnen sprechen.«

Ihre Köpfe fuhren gleichzeitig herum, in einer Einmütigkeit, die unter anderen Umständen sicher komisch gewesen wäre. »Ihr!« riefen sie gleichzeitig.

»Nun, warum nicht? Wir haben nichts zu verlieren, und möglicherweise hören sie auf mich, weil ich« – ich hielt inne, um nach einem geeigneten Wort zu suchen – »unparteiisch bin.«

»Nein, das seid Ihr keineswegs!« bemerkte Louis gereizt.

»Ihr wißt, was ich meine, Louis – ich war die einzige, die sie heute nicht gegen uns aufgebracht hat. Laßt es mich wenigstens versuchen, ehe sie Paris verlassen und wir uns tatsächlich im Krieg mit ihnen befinden. Ihr wißt genau, daß wir verlieren würden.«

Sie blickten einander mehr als verwundert an, gerade so, als wäre ein Affe auf den Thron gesprungen und hätte sich selbst zum Papst ernannt.

»Nehmt Euch in acht, Madame«, meinte Bernard schließlich. »Vor allem vor dem Jungen. Er trägt ebenso das Mal des Teufels wie so viele andere von ihnen. Von Luzifer sind sie gekommen, und zu Luzifer werden sie gehen – paßt auf, daß sie Euch nicht mit sich reißen ...«

»Oh, ich weiß nicht«, meinte Louis, »ich könnte einen solchen Jungen als Erben gebrauchen!« Bernard warf ihm einen vernichtenden Blick zu.

»Louis! Bleibt bei der Sache!« rief ich, über diese unpassende Feststellung mehr als aufgebracht. »Jemand muß mit ihnen sprechen, und ich bin bereit, es zu tun. Seid Ihr damit einverstanden?«

Louis öffnete den Mund, konnte sich aber letztlich nur zu einem Achselzucken durchringen. Ich wertete das als Zustimmung, atmete erleichtert auf und verließ auf unsicheren Beinen den Thronsaal, denn diese Unterhaltung hatte mich doch sehr mitgenommen.

Zum ersten Mal in meinem Leben ein offizielles Treffen mit Geoffroi zu arrangieren, fand ich sehr merkwürdig. Henri und er waren in Räumen untergebracht, die auf der gegenüberliegenden Seite meines Palastflügels lagen – ihre Fenster waren von meinen verlockenderweise zu sehen. Natürlich konnten wir uns dort nicht treffen, und auch im großen Saal, sozusagen in aller Öffentlichkeit, war es nicht möglich. Daher wählte ich einen der Räume des Schatzamtes für unsere Begegnung aus. Es waren erst zwei Stunden seit dem dramatischen Auftritt bei Hofe vergangen, und ich hatte nicht die leiseste Ahnung, was ich ihm in Gegenwart seines Sohnes sagen würde, als ich meine Hofdamen entließ und mich allein über den stickigen Innenhof auf den Weg zum Schatzamt machte.

Sie erwarteten mich bereits und sprachen ruhig miteinander, als ich eintrat. Der Raum leuchtete golden im Schein der abendlichen Sonne. Hier war es, im Gegensatz zum schwülen Innenhof, angenehm kühl. Mir fiel auf, daß beide sich umgekleidet hatten. Geoffroi trug nun anstelle seiner herzoglichen Gewänder eine blaue Tunika aus Seide. Er wirkte entspannt und schien sich wegen des Vorfalls am Nachmittag nicht die geringsten Sorgen zu machen. Nun, wenn er so ruhig bleiben konnte, dann würde auch ich die Angst vergessen können, die mich seit Bernards unheilvollen Worten erfaßt hatte. Erleichtert atmete ich auf, und sie verneigten sich beide vor mir.

»Guten Abend, Graf Geoffroi. Danke, daß Ihr zu einem Treffen mit mir bereit seid.« Ich reichte ihm die Hand. Er ergriff sie und küßte sie liebevoll, wobei er sie länger als schicklich umfaßt hielt, so daß ich sie seinem Griff entzog.

»Guten Abend, Madame. Darf ich Euch meinen Sohn Henri vorstellen?« Erneut mußte ich mich zwingen, mich von seinen lächelnden Augen loszureißen und seinen Sohn willkommen zu heißen.

Sie sahen nicht wie Vater und Sohn aus, obwohl es doch eine Ähnlichkeit gab. Geoffrois Jugendlichkeit und die sonderbar erwachsene Art des Jungen, die trügerisch war, ließen sie wie Brüder erscheinen. Sie waren aus dem gleichen Holz, das war unübersehbar, so wie es einem bei Brüdern häufig sofort ins Auge fällt, daß sie aus einer Familie stammen, selbst wenn sie sich äußerlich überhaupt nicht ähnlich sehen. Die Art des Knochenbaus und vor allem, was sich hinter ihren Augen verbarg ... Ja, sie waren eindeutig miteinander verwandt.

Henri kam auf mich zu, ergriff mit seiner klobigen Pranke meine Hand und küßte sie überraschend elegant. Ich merkte, daß ich lächelte, und sagte zu ihm: »Seid willkommen in Paris, Sire. Leider sind die Umstände Eures ersten Besuches denkbar schlecht, fürchte ich.«

Er richtete sich auf und sah mir direkt in die Augen. »Ganz im Gegenteil, Madame, ich finde Paris traumhaft!«

Frecher Bengel, dachte ich bei mir, bedauerte aber diesen Gedanken sogleich. Doch dann merkte ich, daß Geoffroi ihn scharf ansah. Besser, ich riß mich zusammen und bemühte mich, von nun an auf das Wesentliche zu achten.

»Nun, wie sollen wir nun verfahren?« fragte ich sie beide.

Ich hatte vor dem Treffen einen Krug mit gekühltem Wein kommen lassen, den sie beide höflicherweise nicht angerührt hatten. Aber jetzt ging Geoffroi plötzlich hinüber, füllte drei Becher – Henri schenkte er, wie ich zu meiner Belustigung feststellte, etwas weniger ein – und reichte zwei an uns weiter. Henri sah seinen Vater wegen seines zwanglosen Verhaltens überrascht an, nahm den Becher allerdings dankend entgegen und leerte ihn in einem Zug.

Geoffroi nahm einen Schluck und lehnte sich entspannt gegen den Schreibtisch des Hofbeamten. »Der Wein ist ja von der Loire!« meinte er vergnügt. »Wie aufmerksam von Euch«, fügte er hinzu und strahlte mich an. Er wirkte keineswegs wie ein Mann, der dem Tod nahe war. Als ich ihn so sah, tat mein Herz vor Erleichterung einen Satz, doch ich versuchte, ihn nicht allzusehr anzulächeln. Henri blätterte unauffällig durch einige Pergamente, die auf dem Tisch lagen, und verrenkte sich beinahe den Kopf bei dem Versuch, sie verkehrt herum entziffern zu können.

»Sire ...«, begann ich.

»Oh, er kann Berlai von mir aus haben«, fiel Geoffroi mir ins Wort. »Ich bin die ganze Angelegenheit derart leid! Dieser verfluchte Kerl hat mich mehr oder weniger drei Jahre meines Lebens beschäftigt, und er ist so oder so erledigt ...«

Henri sah überrascht auf, als er seinen Vater in meiner Gegenwart so ungezwungen reden – und fluchen – hörte. Sei vorsichtig, ermahnte ich Geoffroi lautlos, denn ich argwöhnte, der Junge könnte genauso scharfsinnig sein wie sein Vater.

»Was hatte dann das Theater im Thronsaal zu bedeuten, Graf Geoffroi? Ihr habt uns schier zu Tode erschreckt.«

Er fuhr sich mit den Fingern durch das Haar, eine mir vertraute Geste, wenn er müde und erschöpft war. Ich hätte ihn so gern in meine Arme geschlossen.

»Es tut mir leid. Wirklich. Ich war so unglaublich wütend. Um die Wahrheit zu sagen, ich kann mich kaum an die Einzelheiten des Vorfalles erinnern.«

»Nun, der Abt sagte, daß Ihr ...«

»Ja, danke, Henri!«

»Verzeihung ...« Obwohl er nach außen hin ruhig wirkte, schien der Junge ziemlich nervös zu sein. Ich fragte mich, wie ernst er Bernards Worte genommen hatte und ob er ebenso um seinen Vater besorgt war wie ich. Wie stets schien Geoffroi meine Gedanken zu erraten.

»Ihr dürft Bernards Worten keinen Glauben schenken. In letzter Zeit ist es ihm zur Gewohnheit geworden, andere Menschen mit einem Fluch zu belegen. Wißt Ihr, daß er auch Eurem Schwager Raoul einen frühen Tod prophezeit hat? Raoul ist bereits über sechzig – das beweist doch, daß das alles Humbug ist!«

»Und daß die männliche Linie aussterben wird. Erinnert Ihr Euch ...«, fügte Henri hinzu, und nun sah ihn Geoffroi ernsthaft verärgert an.

»Ich sagte, es ist genug, Henri!« Er warf mir einen raschen Seitenblick zu, um zu sehen, ob dieses weitere Beispiel für die Gehässigkeit des Abts mich aus der Fassung gebracht hatte. In der Tat, das hatte es. Er schüttelte bedauernd den Kopf. »Das ist alles Humbug. Ich habe wochenlang vor Wut geschäumt, doch das ist jetzt vorbei.« Er lächelte mich an, und mit einem Mal schien die Sonne wieder zu scheinen. »Was, meint Ihr, wird passieren, wenn ich Berlai einfach aushändige? Wird Louis dann Henris Lehnseid für die Normandie akzeptieren?«

»Gewiß, das wird er tun. Er wird glauben, es sei ein Wunder geschehen.«

»Ihr seid das Wunder«, meinte er verträumt. Henris karottenfarbener Schopf fuhr bei diesen Worten in die Höhe, und er starrte uns aus weit aufgerissenen Augen an. Geoffroi setzte den Satz rasch fort. »Ich meine, wenn Ihr nicht eingegriffen hättet, Madame, hätte diese Sache nie ein Ende gefunden. Es war Euer Angebot, mit uns zu sprechen, das meinen Zorn besänftigte.«

Ich glaubte, daß Henri mit dieser Antwort beruhigt werden konnte, war mir aber nicht ganz sicher. Auf jeden Fall musterte mich der Junge mit einem ziemlich unergründlichen Gesichtsausdruck. Ich mußte diese Unterredung beenden, bevor Geoffroi sich durch seine Unbekümmertheit zu irgendeiner Indiskretion hinreißen ließ.

»Das einzige Problem wird Abt Bernard sein«, sagte ich mit bemüht kühl klingender Stimme und versuchte verzweifelt, nicht in seine strahlenden Augen zu blicken. Das Lächeln verschwand für einen kurzen Augenblick.

»Lieber Himmel, ich habe jetzt langsam wirklich genug von dieser alten Lästerzunge! Ihr hättet sehen sollen, mit welchem Blick er Henri bedachte! Aus irgendeinem Grund haßt er ihn – schon als er noch ein Säugling war.«

»Auch mir ist sein Blick nicht entgangen. Nehmt Euch vor ihm in acht, ich bitte Euch! Unterschätzt nicht seinen Haß – und bringt ihn nicht weiter gegen Euch auf.«

Er verneigte sich leicht. »Für Euch, Madame, will ich es gerne tun. Wir werden morgen im Saal erscheinen und Berlai aushändigen.« Unsere Blicke trafen sich, seine Augen glühten. »Nein, sagen wir übermorgen – wir wollen sie noch ein wenig warten lassen, sonst wissen sie am Ende unser Entgegenkommen gar nicht zu schätzen. Anschließend kann Henri gleich den Lehnseid für die Normandie leisten.«

»Und Euch wird vergeben werden.«

Er blickte mich an: Die Bedeutung hinter meinen Worten hatte er verstanden – so, wie er allein es nur vermochte. Seine lächelnd vorgetragene Antwort ließ mich vor Verlangen erschauern. »O ja – und ich kann unsere ... Pläne weiterverfolgen.«

Ich riß mich zusammen und erklärte rasch, um mir meine Freude nicht anmerken zu lassen: »Gott sei Dank. Nun, wollen wir hoffen, daß damit die Sache aus der Welt ist. Guten Abend, Sire.« Ich wandte mich zu dem Jungen und reichte ihm meine Hand zum Abschied.

»Habt Dank, Madame, für alles, was Ihr getan habt.« Er verneigte sich und verließ den Raum. Kaum war er weit genug fort, sanken wir uns in die Arme.

»Ich muß dich sehen«, flüsterte Geoffroi eindringlich, während er mich gut ein dutzendmal küßte. »Ich verzehre mich nach dir ...«

»Komm, sobald es dunkel ist, in meinen Garten oberhalb des Flusses. Das Tor befindet sich neben der Treppe, die zum Ufer hinabführt. Ich werde es offenlassen.«

Er küßte mich noch einmal und machte sich eilig davon, um Henri einzuholen. Ich hingegen verweilte noch ein wenig und versuchte mich zu sammeln, bevor ich, etwas wackelig auf den Beinen, erneut in die drückende Schwüle des Innenhofes hinaustrat.

Louis und Bernard glaubten ihren Ohren nicht zu trauen, als ich ihnen berichtete, der teuflische Graf hätte sich eines Besseren besonnen und würde Berlai freilassen. Louis starrte mich verblüfft an, ehe er, zu Bernard gewandt, ausrief: »Eure Gebete müssen erhört worden sein, Abt!«

Bernard schürzte verärgert die Lippen, gerade so, als habe man ihm einen Strich durch die Rechnung gemacht. Er beeilte sich indessen sogleich, wenn auch kühl, seiner Erleichterung über das offensichtliche Ende dieser Krise Ausdruck zu verleihen. Dabei wollte ich es auf keinen Fall belassen: »Und Ihr werdet im Gegenzug nun Euren Fluch von Graf Geoffroi nehmen, nicht wahr, Abt?«

Aus kalten, hochmütigen Augen blickte er mich an: »Ich habe ihn nicht mit einem Fluch belegt, Madame, sondern lediglich ausgesprochen, was geschehen wird.«

Zorn überkam mich. »Wie könnt Ihr? Niemand von uns ist in der Lage, in die Zukunft zu sehen!«

»Mir ist es, dank der Gnade Gottes, von Zeit zu Zeit möglich, Madame.«

Ich mußte den plötzlich in mir aufkommenden Wunsch unterdrücken, ihm und seiner Arroganz einen Hieb zu versetzen, und fragte statt dessen: »Aber Ihr werdet den Kirchenbann aufheben?«

»Wenn Graf Geoffroi seinen Gefangenen aushändigt und bereut – ja.«

Nun, das war doch wenigstens etwas. Am liebsten hätte ich die Übergabe auf der Stelle hinter mich gebracht, doch welchen Unterschied machten jetzt noch ein oder zwei Tage? Erleichtert verließ ich die beiden und beschloß, vor dem abendlichen Festmahl noch ein Bad zu nehmen.

Verständlicherweise gesellten sich weder Geoffroi noch Henri an diesem Abend zu uns. Aber es gab ohnehin kein anderes Gesprächsthema als den heutigen aufsehenerregenden Zwischenfall, denn die beiden hatten an diesem inzwischen sehr mokanten und oberflächlichen Hof einen nachhaltigen Eindruck hinterlassen. Als sei es erst gestern geschehen, wurde die alte Geschichte von der Dämonin Melusine wieder hervorgekramt. Und immer wieder wurden aufgeregt Vermutungen über Bernards schreckliche Prophezeiung angestellt, die ich jedesmal ärgerlich unterband, sobald sie mir zu Ohren kamen. Nur diejenigen, die ich als die alte Garde bezeichnen könnte, waren zurückhaltender, denn ihnen lag sehr viel daran, einen Krieg zu verhindern. Zumindest diese Gefahr war abgewendet. Bald wäre Geoffroi vom Kirchenbann befreit und könnte ebenso wie ich die Annullierung seiner Ehe weiterbetreiben.

Da es viel zu heiß zum Tanzen war, stellte ich mit Erleichterung fest, daß die meisten recht bald in geselliger Runde den Saal verließen oder sich früh zu Bett begaben. So konnte auch ich mich in meine Gemächer zurückziehen. Doch zuvor öffnete ich das Schloß am Tor zu meinem Garten und sah noch einmal nach der schlafenden Alix. Ihre Bäckchen schimmerten zartrosa, und ich küßte sie zärtlich, bevor ich ungeduldig auf den Einbruch der Dunkelheit wartete.

Mein Garten mit den Rosen und dem Jasmin aus Antiochia war bei der drückenden Hitze der bei weitem angenehmste Ort; darüber hinaus war man hier völlig ungestört. Die einzigen Fenster, aus denen man in ihn hineinsehen konnte, gehörten zu meinen eigenen Gemächern, und der einzige Weg führte durch das Gartentor. Wenn wir nicht allzu laut waren, hatten wir also nichts zu befürchten. Er kam etwas zu früh, und als er die Kapuze seines leichten Umhangs zurückschob, sah ich, daß er sich den Bart abrasiert hatte. Er sah unglaublich jung aus. »Oh, das ist mein alter Geoffroi!« rief ich entzückt, und wir hielten einander im Lichte des aufgehenden Mondes umschlungen.

»Es war nicht leicht, in Paris genügend Wasser aufzutreiben, um ihn mir abrasieren zu lassen! Wie hältst du das nur aus? Diese Stadt ist im Sommer entsetzlich.«

»Dein Henri scheint das aber nicht zu finden ...«

Er zwickte mich zärtlich ins Kinn. »Das reicht jetzt, findest du nicht? Du hast es nicht nötig, mich eifersüchtig zu machen. Der halbe Hof wirft dir lüsterne Blicke hinterher.«

»Wirklich? Das habe ich noch gar nicht bemerkt. Sie kommen mir alle so jung vor ...«

Er breitete seinen Umhang im Gras aus, bettete mich darauf und begann, mein dünnes Gewand aufzuschnüren. Wir liebten uns mit drängender Wonne inmitten der nächtlichen Düfte, die uns umgaben.

»Langsam werde ich zu alt dafür«, meinte er hinterher und

rekelte sich mit einer Anmut, die seine Worte Lügen strafte. »In Henris Alter fand ich es nicht weiter tragisch, aber mit achtunddreißig! Ich möchte die ganze Nacht mit dir verbringen, Eleonore, dich wärmen und am nächsten Morgen mit dir aufwachen und mich nicht einfach nur im Gras mit dir wälzen. Wie schön das auch sein mag«, fügte er zärtlich hinzu.

»Es sieht dir gar nicht ähnlich, daß du dich erschöpft fühlst! Geht es dir auch gut? Oh, du hast dich geschnitten!« Als er sich bewegt hatte, sah ich zum ersten Mal die drei Zentimeter lange Schnittwunde an seinem Hals.

»Das war dieser miserable Barbier – ich fing schon an, mich zu fragen, ob Louis ihn womöglich geschickt hatte, um mich ins Jenseits befördern zu lassen.«

»Das meinst du doch nicht im Ernst, oder?« fragte ich erschreckt und richtete mich alarmiert auf.

»Nun ... Nein, nicht wirklich, aber dieser Barbier war tatsächlich ein hoffnungsloser Fall. Ich habe mich schließlich selbst fertig rasiert. Aedwine hätte es mit Sicherheit besser gemacht.«

Ich wurde zwar etwas ruhiger, war aber noch nicht ganz überzeugt. »Wie geht es ihm?« fragte ich, um mich abzulenken.

»Aedwine? Gut. Er ist übrigens auch ein Verehrer von dir ...«

»Geht es dir auch wirklich gut, Geoffroi?«

Etwas, das er zuvor gesagt hatte, war beunruhigend für mich gewesen, doch durch die Geschichte mit dem Barbier war ich abgelenkt worden. Es fiel mir schwer, mich zu konzentrieren. Er lag auf dem Rücken, und das Mondlicht zeichnete unterhalb seines Brustkorbs Schatten, als er sich erneut wie eine zartgliedrige gelbbraune Katze rekelte. Er betrachtete die Sterne, die in jener Nacht außergewöhnlich hell erstrahlten und ein silbriges Netz, dicht wie ein Kettenpanzer, bildeten. Mit einem Mal fielen mir die Bücher wieder ein, die ich für ihn mitgenommen hatte. Ich stand auf, um sie zu holen. Er streckte seine Hand nach mir aus und bekam meinen Knöchel zu fassen.

»Du willst doch nicht etwa schon gehen, oder?«

»Nein, natürlich nicht – ich habe dir etwas mitgebracht. Hier, das ist aus Konstantinopel, die meisten zumindest. Zwei sind aus Palermo.«

Er setzte sich auf und sah mich immer wieder an, bevor er das Stück Damast entfernte, in das ich sie eingewickelt hatte. Man konnte deutlich erkennen, daß es Bücher waren, das sanfte Mondlicht reichte allerdings nicht aus, um die Titel zu lesen. Also erklärte ich ihm, um welche es sich handelte:

»Einige Bände Aristoteles, die Geschichte von Troja, eine Sternenkunde ... und Heraklit ... in Griechisch ... Ich, ich hoffe, sie gefallen dir.« Ich war ängstlich wie ein kleines Kind, denn ich hatte ihm bis dahin noch nie ein richtiges Geschenk gemacht. Eine Zeitlang saß er nur schweigend da.

»Du hast knapp meinen Geburtstag verpaßt!« sagte er leichthin, aber ich spürte deutlich, wie gerührt er war. Gleich darauf mußte ich mir eingestehen, daß ich noch nicht einmal wußte, wann er Geburtstag hatte.

»Wann hast du denn eigentlich Geburtstag?«

»Am vierundzwanzigsten August.«

»Aber das war ja erst letzte Woche! Schade, daß ich das nicht gewußt habe. Es gibt noch so vieles, was ich nicht von dir weiß ...«

»Nun, mit etwas Glück haben wir bald genügend Zeit, alles herauszufinden.« Er lächelte, und mit einem Blick auf die Bücher in seinem Schoß meinte er ganz ruhig:

»Dann hast du also auf deiner Reise manchmal an mich gedacht?«

Ich nahm sein Gesicht in meine Hände und fuhr mit meinem Finger zärtlich seine Wangenknochen und seinen Kiefer entlang, bevor ich ihm antwortete. »Zunächst habe ich dagegen angekämpft. Ich mußte – es war meine einzige Chance, damit fertig zu werden. Ich war so ratlos, hatte solche Angst, uns beide zugrunde zu richten. Du weißt, wie ich war. Doch nichts half, und erst als ich wußte, daß Sybilla es wußte, gab es kein Halten mehr. Ich glaube nicht, daß ich jemals eine Chance hatte, dich zu vergessen – ich habe es mit aller Macht versucht, aber tief in meinem Innern war ich dazu nicht bereit. Meine Liebe mag selbstsüchtig und blind gewesen sein, aber sie hielt an. Und wuchs.« Ich küßte ihn zärtlich. »Oh, Geoffroi, an jedem Tag, den ich ohne dich verbrachte, dachte ich, ich müßte sterben.«

»Das hätte Cousin Hugues niemals zugelassen.«

Ich fuhr auf. »Hugues de Lusignan? Ich wußte nicht, daß ihr miteinander verwandt seid!«

»Nur ganz entfernt, aber ...«

»Was hat er damit zu tun? Geoffroi, du bist doch nicht etwa eifersüchtig, oder?«

Er blätterte in einem der Bücher und tat trotz der Dunkelheit so, als ob er interessiert darin läse. Er zuckte mit den Achseln.

»Er reiste mit dir, ich nicht. Man erzählt sich so allerlei, was unterwegs angeblich alles vor sich ging. Wenn man dem Gerede auch nur annähernd Glauben schenkt, hört es sich wie eine lange, nicht enden wollende Orgie an.« Er sah mich derart fassungslos an, daß ich ein Lachen unterdrücken mußte.

»Oh, Liebster – wenn du wüßtest! Ich war in Liebe zu dir – heiß wie der Wüstensand um mich herum – entbrannt, habe mich nach dir und nur nach dir verzehrt. Du verfolgtest mich in meinen Träumen, gingst mir nicht aus dem Kopf, egal ob Tag oder Nacht, ob ich wollte oder nicht. Ich war halb verrückt vor Verlangen nach dir. Komm, küß mich noch einmal.«

Später kam es mir in den Sinn, ihn zu fragen, warum er Hugues erwähnt hatte. »Geoffroi, hat irgend jemand Klatsch verbreitet?«

Er grinste. »Nur Sybilla!«

Ich konnte mir beim besten Willen nicht vorstellen, daß Sybilla mir nachspioniert haben sollte. Das sagte ich ihm auch und fügte hinzu: »Übrigens, sie wußte von uns schon seit Thouars.«

»Ja, ich weiß. Sie sandte mir den Helm mit einem Briefchen zurück, in dem sie mir riet, in Zukunft vorsichtiger zu sein.«

»Tatsächlich?«

»O ja, doch wir haben nie darüber geredet; erst als du dich entschlossen hattest, Louis auf den Kreuzzug zu begleiten. Sie besuchte mich in Chaumont« – das hatte sie mir nie erzählt – »und meinte, in dem Zustand, in dem du dich befändest, wäre es die richtige Entscheidung. Sie ersparte mir nichts, fürchte ich, und hat mich für die ganze Sache verantwortlich gemacht. Erst als sie merkte, wie unglücklich ich war, lenkte sie ein. Ich ließ sie schwören, daß sie auf dich acht geben würde. Sie meinte, sie hätte dich ohnehin nicht allein reisen lassen wollen und würde mir schreiben, sobald du in sicherer Entfernung von mir wärst. Zornig wurde ich erst später, als du offensichtlich ohne mich leben konntest.« Verschämt sah er mich an. »Ich habe dir doch nicht nachgestellt, oder, Eleonore?«

»Nein, natürlich nicht. Wie kommst du darauf?«

»Nun, sie war so ... Sie sagte, ich hätte dich in Ruhe lassen – dich niemals berühren sollen.« Dann lächelte er wieder. »Und natürlich hatte sie recht damit, nicht wahr?«

»Natürlich«, sagte ich, während ich durch sein Haar fuhr und seine Augenlider küßte.

»Doch sich dagegen zu wehren hätte auch nichts geändert, oder?«

»Niemals.«

Als er schließlich weitersprach, war sein Lächeln verflogen. »Ich glaube, du hättest die Kraft gehabt, mich zu verlassen, Eleonore, wenn du gemußt hättest. Ich bin nicht sicher, ob ich das gekonnt hätte. Aber ich konnte warten, nachdem ich Hoffnung geschöpft hatte.«

Schweigend saßen wir lange im Gras, die Köpfe aneinandergelehnt, und küßten den anderen hin und wieder flüchtig auf die Schulterblätter oder die Wangen.

»Warum hast du unsere Zukunft wegen eines Widerlings wie

Berlai aufs Spiel gesetzt?« fragte ich schließlich. »Bernard sagt, er wird die Exkommunikation aufheben, wenn du ›bereust‹. Doch warum mußtest du ihn auch in Ketten gefesselt bringen? Du hättest dir wirklich keinen größeren Affront leisten können.«

Er seufzte und fuhr sich erschöpft mit den Händen über das Gesicht, bevor er mir antwortete. »Ich weiß es wirklich nicht. Ich war so aufgebracht, so wütend ... Politik ist einfach nur ein unsinniges Spiel, Eleonore, das wir spielen müssen. Recht zu sprechen und die Lande zu regieren, die einem gehören, das sind die viel interessanteren Dinge – die Dinge, die wirklich wichtig sind. Ich habe Jahre gebraucht, um eine Ordnung aufzubauen, die in meinen Landen funktionierte und die die Menschen dort gutgeheißen haben. Und dann kommt einfach jemand wie er daher und denkt, er könne ungestraft und rücksichtslos alles zunichte machen. Da habe ich rotgesehen. Ich hatte nicht erwartet, exkommuniziert zu werden, denn meiner Ansicht nach waren seine Vergehen eindeutig, doch andererseits wollte ich auch nicht einfach nachgeben. Die ganze Situation war schlichtweg dumm und vertrackt.«

»Das kann man wohl sagen.«

»Sei nicht wütend, Eleonore. Ich denke, ein Teil von mir wollte es sich mit jedem verderben, so daß Mathilda mich mit Sicherheit verlassen würde. Ich habe einfach nicht richtig nachgedacht.«

»Was hält dein Sohn Henri von der ganzen Angelegenheit? Abgesehen davon, daß er denkt, du würdest nie etwas falsch machen.«

»Meinst du?« Er sah mich überrascht an und stützte sich auf seine Ellenbogen auf. »Weißt du, manchmal ist es schwer herauszufinden, was er denkt. Doch zumindest denkt er – ganz im Gegensatz zu seinem Bruder Geoffroi, der immer in irgend etwas hineingerät und erst hinterher ins Grübeln kommt. Ich nehme an, Henri ist erleichtert. In ein, zwei Monaten will er in

England einfallen – in zwei Wochen werden wir die Barone treffen und versuchen, Gelder dafür zu beschaffen. Das wird natürlich jetzt sehr viel einfacher sein, wenn er die Gelder legal eintreiben kann ... Ich bin nicht sicher, ob er noch denken wird, ich könne nichts falsch machen, wenn er erfährt, daß ich die Ehe mit seiner Mutter annullieren lassen will. Doch damit wird er sich wohl abfinden müssen«, meinte er und sah mich durchdringend an. »Denn ich will dich, Eleonore. Und bei meiner Seele, du wirst mir gehören.«

Zwei Tage später kamen wir erneut im Thronsaal zusammen, aber dieses Mal wurden Geoffroi und Henri wie Ehrengäste willkommen geheißen. Zu diesem Anlaß trug Geoffroi das Blau und Gold von Anjou, während Henri ein Gewand im normannischen Rot angelegt hatte. Louis, gedankenverloren wie so oft, bemerkte nicht, daß Geoffroi seines Sieges und der Anerkennung Henris als Herzog anscheinend so sicher gewesen war, daß er seine normannischen Gewänder bereits verstaut hatte. Trotz meiner Nervosität mußte ich ein Lächeln unterdrücken. Berlai wurde hereingeführt. Man hatte ihm zwar noch die Hände zusammengebunden, doch war er nicht länger in Ketten und offensichtlich auch gründlich gewaschen. Die Stimmung im Saal schwankte zwischen Enttäuschung – schließlich würde vor ihren Augen kein Blut vergossen werden – und großer Neugier auf das Kommende. Als Geoffroi mit einem heiteren Lächeln auf Louis zuschritt, hatte sich eine Gasse gebildet, und die Höflinge verrenkten sich den Hals, um auch nichts zu verpassen.

»Euer Gnaden!« sagte er und verneigte sich tief. »Ich überlasse Euch Euren Seneschall, damit er durch königliche Hand Gerechtigkeit erfährt.« Louis runzelte mißbilligend die Stirn, aber noch ehe er etwas erwidern konnte, fuhr Geoffroi fort: »Und als Unterpfand unseres Friedens möchte ich Euch von meinen Landen das Vexin zum Geschenk machen.«

Mit Erstaunen wurde von den Anwesenden diese Kehrtwendung zur Kenntnis genommen, und vereinzelt hörte man sogar beifälligen Applaus. Louis, der ohnehin das Vexin als Preis für den Frieden hatte fordern wollen, traf dieses Angebot vollkommen unvorbereitet. »Nun, das ist sehr nett von Euch, Graf Geoffroi. Äh, habt Dank. Ja, vielen Dank.« Dann wandte er sich seinem Seneschall zu: »Kommt herauf, Berlai!«

Berlai warf Geoffroi einen letzten, angewiderten Blick zu, den dieser honigsüß lächelnd erwiderte, und stieg die Stufen zum Thron empor. Zu seiner Überraschung hieß der König ihn aber nicht freudig willkommen, sondern machte seinem Haushofmeister ein Zeichen. Daraufhin erschienen ein halbes Dutzend bewaffnete Männer, die Berlai umstellten. Zufrieden sah Geoffroi mit an, wie Gerald de Berlai aus dem Saal und in den Kerker eskortiert wurde. Offensichtlich sollte ihm zu guter Letzt doch noch Gerechtigkeit widerfahren.

Geoffroi blickte nun zu Bernard, und der Abt, ebenfalls sichtlich überrascht, räusperte sich: »Bereut Ihr Eure Taten, Graf Geoffroi, und wünscht Ihr Euch von ganzem Herzen, in den Schoß der Kirche zurückzukehren?«

»Das tue ich, Abt.«

»Dann kniet nieder. Ich erteile Euch im Namen des Vaters und des Sohnes und des Heiligen Geistes hiermit die Absolution.«

Und damit war alles vorüber – oder beinahe. Geoffroi erhob sich und wandte sich noch einmal an Louis, der seinen Triumph sichtlich genoß. »Euer Gnaden, mein Sohn wünscht, den Lehnseid für das Herzogtum Normandie abzulegen und von Euch als Herzog anerkannt zu werden.«

Louis nickte und bedeutete Henri, näher zu treten. Im Vergleich zu Geoffroi sah der Junge noch immer unmöglich aus. Während sein Vater in seinem langen, silbernen Umhang eine elegante Erscheinung war, wirkte Henri in seinem abgetragenen, viel zu kurzen Umhang – er reichte ihm kaum bis zu den Hüften – ein wenig schäbig. Dennoch verfolgte der gesamte

Hofstaat aufmerksam, wie er zu Louis' Füßen niederkniete und ihm feierlich den Lehnseid leistete. Als alle Aufmerksamkeit sich auf Louis und Henri konzentrierte, sah ich zu Geoffroi hinüber, und er blinzelte mir zu. Nach der Zeremonie erhob sich Louis, umarmte die beiden, vergoß sogar ein paar Tränen der Rührung und bestand darauf, daß sie an diesem Abend mit uns speisten.

Überglücklich vor Erleichterung suchte ich Louis am späten Nachmittag auf, um noch einmal mit ihm über die Nichtigkeitserklärung unserer Ehe zu sprechen. Zu meiner Überraschung kam er mir zuvor. »Eleonore, jetzt, da es mir gelungen ist, diesen sinnlosen Krieg zu verhindern« – er glaubte allen Ernstes, er hätte diese Wende herbeigeführt –, »denke ich, wir sollten die Frage bezüglich unserer gemeinsamen Zukunft, unserer Ehe also, so schnell wie möglich klären.«

Ich schluckte und machte mich auf alles gefaßt. »Das sollten wir, Louis. Zu welcher Entscheidung seid Ihr gekommen?« fragte ich bemüht ruhig.

»Nun, Bernard meint, ich sollte den Fall noch einmal der Kurie vorlegen und ihn dann, wenn wir sie zur Zustimmung bewegen können, Seiner Heiligkeit, dem Papst, vortragen.«

Hatte er tatsächlich »Zustimmung« gesagt?

»Louis, Ihr wollt es also auch?«

»Nein, von einem ›Wollen‹ kann natürlich keine Rede sein, aber es ist offensichtlich, daß unsere Ehe gegen Gottes Gebot verstößt. Warum sollte er uns sonst einen Sohn versagen?«

»Was wird mit Marie und Alix, Louis? Die beiden hat er uns nicht versagt, und sie sollten nicht darunter zu leiden haben.«

»Da stimme ich Euch zu. Es ist nicht ihr Fehler, sondern unserer. Wir sind schlecht beraten gewesen.«

Es grenzte an ein Wunder.

»Ihr versprecht also, daß Ihr nicht versuchen werdet, sie für unehelich erklären zu lassen?«

Er sah mich gekränkt an. »Natürlich nicht! Ihre Empfängnis

war von Abt Bernard und dem Papst gesegnet worden! Für wen haltet Ihr mich, Eleonore?«

In diesem Augenblick erhielt ich die Antwort auf all meine Gebete. »Louis!« rief ich und fiel ihm um den Hals. Er wand sich unbehaglich.

»Ich denke nicht, daß Ihr unter diesen Umständen dergleichen tun solltet, Eleonore.«

»Entschuldigt. Seid unbesorgt, ich werde mich, ähm, bemühen, mich zu beherrschen, Louis. Wann werden wir der Kurie unser Gesuch vorlegen?«

»Ich denke, je früher, desto besser. Oder was meint Ihr? Ihr könnt in Eure Lande zurückkehren« – ein weiteres Wunder –, »und ich muß mich unverzüglich neu vermählen.«

O Louis – selbst in seinen besten Augenblicken war Takt nicht gerade seine Stärke. »Ja, natürlich. Ihr braucht einen Erben, Louis. Die Mädchen werden dennoch am Hofe bleiben dürfen, nicht wahr?«

»Ja, ja, selbstverständlich, in allen Ehren. Doch all dies müssen die Kurie und die Synode bestätigen. Macht Euch deswegen keine Sorgen. Nun, das war's, was ich Euch mitzuteilen hatte. Ich gehe jetzt in die Kapelle, wir sehen uns dann beim Festessen.«

Er blieb in der Tür stehen und sah mich an, als wolle er mir noch etwas sagen. Doch schließlich wandte er sich ohne ein weiteres Wort ab und ging zum Beten. Von Erleichterung überwältigt, gaben meine Beine nach, und ich mußte mich rasch auf das Fenstersims setzen. Dort blieb ich sitzen, glücklich und merkwürdigerweise ein wenig melancholisch, und lachte und weinte in einem.

Zum Zeitpunkt des abendlichen Festessens spürte ich nur noch überschäumende Freude. Am liebsten hätte ich die ganze Nacht getanzt und war viel zu aufgeregt, um überhaupt etwas zu essen. Geoffroi sah mich unverwandt an, denn ihm war nicht entgangen, daß etwas geschehen war, und ich mußte an mich halten, ihm nicht zuzurufen: »Ich bin frei! Endlich wieder frei!«

Unterdessen spielte Louis den versöhnlichen und aufmerksamen Gastgeber. Er war darauf bedacht, seinen angevinischen Feinden zu demonstrieren, daß er ihnen voll und ganz vergeben hatte – und mehr als geneigt war, das normannische Vexin anzunehmen. »Eleonore, warum tanzt Ihr nicht mit Graf Geoffroi?« Er senkte seine Stimme. »Zeigt ihm, daß wir keinerlei Groll gegen sie hegen ...« Und er erhob sich, nahm uns bei der Hand und drängte uns, den nächsten Tanz anzuführen. Wir ließen uns natürlich nicht lange bitten und nahmen, als die Musik einsetzte, unsere Plätze ein.

»Was ist geschehen?« erkundigte er sich flüsternd. »Du siehst so strahlend aus – einfach wundervoll.«

»Er treibt die Annullierung unserer Ehe voran«, wisperte ich. »Ich habe gesiegt! Ich werde frei sein!«

Er sah mich mit großen Augen an und vergaß einen Tanzschritt, so daß wir leicht zusammenprallten und unsere Lippen sich beinahe berührt hätten.

»Auch er will die Ehe für nichtig erklären lassen?«

»Ich erzähle dir alles heute nacht. Wir treffen uns wieder im Garten. Sind das nicht wundervolle Neuigkeiten?«

Meine Stimmung an diesem Abend heiterte jeden auf – sogar Louis. Schon bald drängte er mich, auch mit Henri zu tanzen, was ich widerwillig tat, denn ich wollte möglichst jeden Augenblick mit Geoffroi verbringen. Der Junge hatte mich schon die ganze Zeit über nicht aus den Augen gelassen und sah mich auch unverwandt an, während wir tanzten.

»Ist irgend etwas nicht in Ordnung, Euer Gnaden?« erkundigte ich mich, wobei ich Wert darauf legte, ihn mit seinem neuen Titel anzureden.

»Nicht in Ordnung?« krächzte er heiser. »Wie kann etwas nicht in Ordnung sein, wenn ich mit der schönsten Frau Frankreichs tanze – ach, was sage ich, der ganzen Welt!«

Oh, das war alles andere als ein schicklicher Beginn für die Beziehung zu meinem zukünftigen Stiefsohn. »Ein ganz reizendes Kompliment macht Ihr mir da, Sire, aber ich bin mir nicht sicher, ob Ihr so weit gehen solltet.«

Er sah mich ein wenig niedergeschlagen an, doch erstaunlich rasch überwand er sein Stimmungstief. »Ich werde es Euch dennoch bestimmt wieder machen, Madame.«

Er tanzte ohne besondere Raffinesse, aber mit einem solchen Elan, daß man ihm Beifall spendete, als die Musik zu spielen aufhörte. Doch ich wollte nur mit Geoffroi tanzen und die Nacht mit ihm unter dem Sternenhimmel verbringen, in dem Wissen, daß ich bald frei sein würde.

Stunden später, als wir uns im Garten trafen, drängte er mich, ihm alles zu erzählen, und während ich es tat, bedeckte er mich mit Küssen.

»Er will der Kurie und dem Bischofskonzil unser Gesuch vorlegen«, erzählte ich außer Atem. »Er möchte genau wie ich die Ehe möglichst rasch für nichtig erklären lassen, damit er einen Erben bekommen kann! Er ist bereit, auf Aquitanien und das Poitou zu verzichten, und wird unsere Töchter nicht für unehelich erklären lassen. Ich bekomme tatsächlich alles, was ich wollte!«

»Und du glaubst, er wird sein Wort halten?«

»Diesmal ja, da bin ich sicher. Oh, bitte küß mich noch einmal auf diese Stelle! Es steht zuviel für ihn auf dem Spiel. Ich bin sicher, Bernard hat ihm zugesetzt – doch diesmal wirkt sich sein Haß zu meinen Gunsten aus!«

Er zog mich auf die mit Thymian überwucherte Bank, und wir sahen einander verwundert an, als wir allmählich die ganze Tragweite begriffen. »Gott sei Dank«, meinte er sogleich. »Dann ist der Weg also endlich frei. Ich habe die Briefe an meine Bischöfe schon aufgesetzt – sie alle verdanken mir ihren Sitz, und so sind sie im Grunde verpflichtet, mich zu unterstützen –, und Mathilda schreibe ich von Le Mans aus. Sie wird wahrscheinlich aus Rouen angereist kommen, um sich meine Wenigkeit höchstpersönlich vorzunehmen. Wenn sie allerdings auf diese Weise die Angelegenheit ebenfalls forciert, wird es rascher vonstatten gehen. Wie lange, denkst du, wird sich die Sache mit Louis hinziehen?«

»Er sagte, er wolle keinen Aufschub, doch ich nehme an, es wird ein paar Monate dauern, und wenn es nur darum geht, den Anstand zu wahren.«

»Wenn wir heiraten, stehen uns schwere Zeiten bevor, das weißt du«, sagte er ernst. »Wir können unmöglich, wie es eigentlich verlangt wird, Louis' Zustimmung einholen und müßten uns für eine Weile bedeckt halten.«

»Ich kann mir nichts Schöneres vorstellen, als mit dir für immer unterzutauchen, Liebster!« Und wir sanken ins Gras und liebten uns, bis er restlos erschöpft war von meiner neuen, schier unersättlichen Energie. »Oh, es wird himmlisch werden!« sagte ich, als ich später in seinen Armen lag. »Wo werden wir leben – im Sommer in Le Mans und im Winter in Bordeaux oder Poitiers? Und dann ist da natürlich noch Angers, wo wir ebenfalls viel Zeit verbringen werden, nicht wahr? Ich bin noch nie dort gewesen ... Und wir können Henri besuchen, wenn er König von England ist.« Es schüttelte ihn verdächtig. »Worüber lachst du, Geoffroi?«

»Ich habe nur daran gedacht, wie wenig Schlaf ich bekommen werde, wenn ich ständig mit dir zusammen bin.«

»Wie wenig? Du kannst froh sein, wenn du überhaupt noch Zeit zum Schlafen findest.«

»Eleonore ...«

»Hmmm?« Ich küßte gerade die Vertiefung auf seinem Kinn – eine Stelle, die ich besonders liebte.

»Eleonore, es ist immer noch sehr gut möglich, daß Mathilda trotz allem nicht einwilligt. Sie hat einige sehr mächtige Fürsprecher, und wenn sie nun nicht ...« Seine Stimme klang angespannt.

»Was ich dann tun würde?« Ich nahm sein Gesicht in meine Hände und sah ihm tief in die Augen, in denen sich das Mondlicht spiegelte und auf wundersame Weise noch zu verstärken schien. Dann küßte ich ihn langsam und bedächtig auf den Mund. »Lieber bin ich die Metze des Grafen von Anjou als die Königin von Frankreich oder die Frau eines anderen. Mich kümmert der Rest der Welt nicht mehr.«

Unfähig, ein Wort hervorzubringen, zog er mich an sich und umarmte mich so heftig, daß ich quiekste und wir beide lachen mußten.

Eine Zeitlang lagen wir still da, glückselig, weil wir der Liebe des anderen sicher waren. Schließlich brach ich das Schweigen: »Hat Henri sich eigentlich gewundert, wo du letzte Nacht gewesen bist?«

»Ja, das hat er tatsächlich. Ich war überrascht, ihn noch vorzufinden, als ich zurückkam ... Er sagte, er hätte nachgedacht!«

»Worüber?«

»Das wollte er mir nicht sagen. Er war überraschend zurückhaltend – ich hatte angenommen, er würde seinen Aufenthalt in Paris nach Kräften ausnützen, so wie ich ...«

»Ach, ist es das, was du tust?«

»O ja, das kannst du mir glauben!«

»Liebster, sei vorsichtig bei Henri; womöglich ahnt er schon etwas.«

Er runzelte die Stirn. »Warum sollte er?«

»Ich weiß nicht ... Die Art, wie er mich ansieht.«

»Ja, das ist mir auch aufgefallen.«

»Und dir brauche ich nicht zu sagen, wie klug und scharfsinnig er ist. Also, nimm dich in acht!«

»Schon gut, doch sei unbesorgt. Ihn beschäftigen ganz andere Dinge als die Frage, wo sein Vater sich nächtens herumtreibt – auch wenn es das begehrteste Fleckchen Gras in ganz Frankreich ist ...«

Später fragte er mich: »Und woran denkst du?«

»Ich weiß auch nicht, warum – aber ich muß gerade an die erste Nacht in Senlis denken.«

»Senlis ... Senlis – ach, du warst das?«

»Geoffroi!«

»Nun, es war so dunkel und ...«

»Geoffroi, hör auf!« Und ich kniff ihn ziemlich fest. »Und hör auf zu lachen – sonst hört uns noch jemand!«

Er bebte, als er mich an sich zog. »Tut mir leid. Du kannst aber ordentlich kneifen. Besser, du küßt mich, oder? Mmh, das ist besser ..., viel besser ..., und hier ...«

»Da habe ich dich aber gar nicht gekniffen!«

»Das macht nichts.«

»Wie kannst du über Senlis Witze machen?«

»Oh, du bist doch nicht etwa beleidigt, Liebes? Ich erinnere mich an jeden einzelnen Augenblick genauso deutlich wie du ...«

»Ich wette, daß du es nicht tust!«

»Und ob! Ganz besonders kann ich mich daran erinnern, wie Espenlaub gezittert zu haben. Ich hatte solche Angst, daß ich explodieren würde, sobald du mich berührtest!«

»Ein schöneres Kompliment hättest du mir nicht machen können!«

»Nein, es ist wahr ... Ich war so nervös, daß ich schon dachte, ich könnte nicht ... Nun, ich befürchtete, ich würde dich vielleicht enttäuschen.«

»Nie. Nicht einen Augenblick.«

»Aedwine nahm an, ich sei krank! Er sagte, ich wäre weiß wie ein Gespenst, und hatte Angst, man habe mich in Noyon wie den König vergiftet!«

»Ich wußte gar nicht, daß ich so furchteinflößend bin.«

»Deine Schönheit hat mich erschreckt. Ich fühlte mich ziemlich hilflos – nein, wirklich. Ich wollte dir gefallen. Du solltest dich so geliebt fühlen, wie ich für dich empfand ...«

»Und das hast du getan. Du weißt es.«

»Ja, aber etwas war anders als sonst ...« Er wirkte fast aufgeregt. »Zum ersten Mal war es nicht wirklich wichtig, was ich dabei fühlte. Oh, bitte versteh mich jetzt nicht falsch – ich verzehrte mich, war verrückt nach dir. Doch ich wollte dich einfach nur glücklich machen ... Und das habe ich doch, oder?«

Ich sah ihn verwundert an. »Wie kannst du das fragen, Liebster? Was ist nur los mit dir?« Seine Stimmungen änderten sich so rasch, daß ich Mühe hatte, ihnen zu folgen. »Du hast mein Herz in jener Nacht zum Leben erweckt, danach war nichts mehr, wie es war – du weißt das.« Ich strich ihm zärtlich über die Stirn und flüsterte: »Alles ist gut ..., alles ist gut«, bis die Anspannung nach und nach von ihm abfiel.

Er lag im Gras, den Kopf in meinem Schoß, und betrachtete die Sterne. »Heraklit sagt, die Seele ist wie ein Feuer, das erlischt, wenn wir sterben«, meinte er leise, »außer man stirbt im Kampf oder ganz unerwartet. Jene Seelen leben eine Zeitlang als Geister – als gütige Geister – weiter und wachen über die, die sie lieben ... Vielleicht sind auch die Sterne aus Feuer, und wir sehen zu Seelen hinauf, deren Licht vom Himmel leuchtet, hinauf zu all jenen, die uns jemals geliebt haben, die uns beschützen ...« Eine sanfte Brise wehte vom Fluß herüber, und ich merkte, daß er eingeschlafen war. Ich betrachtete ihn, wie er so dalag, und dachte, daß ich ihn nie so sehr geliebt hatte wie jetzt. Er war so, wie ich ihn damals vor langer Zeit in Saint-Jouin-de-Marnes gesehen hatte – ein kultivierter und gebildeter Mensch in einer rachsüchtigen und unversöhnlichen Welt voller kriegerischer Auseinandersetzungen, Rachegelüste und ehelicher Zwistigkeiten. Wem von uns war dieses Schicksal erspart geblieben? Wohl keinem. Er jedoch hatte das alles mit Anstand und Humor gemeistert, ohne Verbitterung – und ohne daß die sanfteren Seiten seiner Seele Schaden genommen hätten.

Er war der beste Mensch, den ich je kennengelernt hatte. Und er liebte mich.

Von meinen Gefühlen überwältigt, strich ich gerührt sein Haar aus der Stirn und küßte ihn dort sanft und zärtlich. Ich hielt ihn eng umschlungen, wollte nur ihn in meinen Armen spüren und wünschte, daß diese sternenklare Nacht ewig währte. Doch für einen kurzen Augenblick ergriff Angst von mir Besitz und machte dieses Gefühl der Zufriedenheit zunichte.

Ich muß zusammengefahren sein, denn er wachte auf und fragte: »Eleonore, was ist?«

Aber da war diese Furcht auch schon wieder vergangen.

»Nichts, gar nichts. Ich liebe dich, Geoffroi.«

»Und ich liebe dich, werde es immer tun.«

Wir standen auf und gingen langsam zum Tor. Es war schon sehr spät, und er sah ungewöhnlich müde aus, als wir uns zögernd voneinander verabschiedeten.

»Du mußt versuchen, etwas zu schlafen, bevor du dich morgen auf den langen Heimweg machst.«

Er lächelte mich zärtlich zum Abschied an. »Ja, das werde ich, Eleonore. Auf Wiedersehen, Liebste. Sei ganz unbesorgt. Wir werden bald frei sein, und ich werde dich auf der Straße nach Poitiers erwarten und dich mit mir nehmen. Für immer.«

Ich glaube nicht, daß ich je in meinem Leben glücklicher war als in jenem Moment, als ich sein Lächeln erwiderte und ihn ein letztes Mal in die Arme schloß. »Dann könnte ich glücklich sterben! Auf Wiedersehen, Geoffroi. Auf bald, Geliebter. Adieu.«

Am nächsten Morgen, es war der zweite September, beobachtete ich von meinem Fenster aus, wie Geoffroi und Henri über die Brücke ritten und Paris verließen. Alles, was sie sich vorgenommen hatten, war ihnen gelungen – und noch mehr. Kein Wunder, daß das sprichwörtliche Glück der Angeviner die Leute erzürnte. Und nun lag die Zukunft vor uns, denn schon bald wäre zumindest einer von uns beiden frei. Noch immer herrschte die drückende Schwüle, und ich hatte das Gefühl, ich war die einzige in der ganzen, unter der quälenden Hitze leidenden Stadt, die vor lauter Aufregung nicht stillsitzen konnte.

In meinem grenzenlosen Optimismus konnte mir alles nicht schnell genug gehen. Louis hielt sein Wort und hatte bereits nach ein paar Tagen die Kurie konsultiert. Und da es der ausdrückliche Wunsch des Königs war, hatte diesmal nicht ein einziger etwas dagegen einzuwenden, die Rechtmäßigkeit unserer Ehe überprüfen zu lassen. Ein wichtiger Brückenschlag in Richtung Freiheit war hiermit getan. Gespannt wartete ich auf Nachricht von Geoffroi, denn ich brannte darauf zu erfahren, wie es um seine Sache stand.

Am siebten des Monats suchte plötzlich ein fürchterlicher Sturm die Stadt heim, der den Sommer mit einem Schlag beendete. Häuser wurden verwüstet, Flüsse schwollen an, und der bis dahin stets silberglänzende Himmel hing voller Regenwolken. Alix hatte schreckliche Angst, und auch ich fand nur schwer meinen Schlaf. Als ich schließlich doch einschlummerte, träumte ich das erste Mal seit Le Lude wieder jenen entsetzlichen Alptraum von meinen Eltern, meinem Brüderchen und Geoffroi, wie sie in warmem, trübem Wasser neben mir immer tiefer sanken. Wie stets wachte ich schweißgebadet und angsterfüllt auf, und auf einmal wußte ich auch wieder, was mich in der ersten Nacht im Garten mit Geoffroi stutzig gemacht hatte:

»In Henris Alter fand ich es nicht weiter tragisch, aber mit achtunddreißig!«

Ich hatte sowohl meinen Vater als auch Raymond verloren, als sie achtunddreißig Jahre alt waren! Dieser Gedanke ließ mich am ganzen Leib zittern. Ich konnte mich gar nicht wieder beruhigen, sah mich nicht einmal in der Lage, etwas von dem Wein zu trinken, der neben meinem Bett stand. Ich nahm Alix aus ihrem Bettchen und preßte sie tröstend an mich, während der Sturm um uns her wütete. Wieder und wieder sagte ich mir: Hör auf, so etwas Törichtes zu denken.

Am nächsten Morgen schaute ich vom Dach meines Turmes

auf Paris hinunter und sah, welchen Preis wir für das Ende der drückenden Hitze hatten zahlen müssen! Über Nacht war es Herbst geworden, und Straßen und Plätze waren mit Trümmern übersät. Überall lagen abgerissene Blätter, Zweige und Stroh, das der Wind von den Dächern gefegt hatte, während der morastige Boden jede Anstrengung, wieder Ordnung zu schaffen, behinderte. Sogar die Weinberge außerhalb der Stadt waren in Mitleidenschaft gezogen worden, die Trauben entweder durch die Hitze verdorrt oder durch den Hagel matschig geworden. Mir bot sich ein trostloser und bedrückender Anblick. Louis, mit dem ich mich nun besser verstand denn je, war fort, um Arbeitskommandos zu formieren und Soldaten für Aufräumarbeiten und die Verteilung von Lebensmitteln bereitzustellen, denn auf den Märkten, dem Lebensnerv der Stadt, gab es nichts mehr zu kaufen. Es war der traurige Abschluß eines anstrengenden Sommers, und meine Heiterkeit schwand mit der Hitze.

Nach und nach kehrte in Paris wieder der Alltag ein. Vom Bischofskonzil war festgesetzt worden, daß unser Gesuch am nächsten Osterfest verhandelt werden sollte. Obwohl es mir nicht gestattet war, meinen Fall selbst darzulegen, durfte ich einen Bevollmächtigten benennen. Ich wählte meinen alten Vormund, Erzbischof Geoffroi von Bordeaux. Jeder schien zufrieden, denn Abt Bernard hatte verlauten lassen, je rascher Frankreich sich seiner unfruchtbaren Königin entledige, desto besser. Amen, konnte ich da nur sagen. Zum ersten Mal war ich voll und ganz einer Meinung mit dem alten Scheusal.

In sechs Monaten würde ich frei sein. Täglich fragte ich mich, wie Geoffroi wohl in seiner Sache vorankam, und betete inständig, Mathilda möge sich seinem Ersuchen anschließen. Doch unterdessen gab es viel für mich zu tun. Der neue Seneschall für das Poitou, der diesen Posten gerade übernommen hatte, mußte ebenso wie jeder andere der Krone unterstehende Beamte entfernt werden, noch bevor die Nichtigkeitserklärung ausgesprochen war. Und so traf ich mich zu Gesprächen mit meinen Onkeln und Hugues de Lusignan, Geoffroi de Rançon und anderen meines Gefolges, um zu beraten, wer diese Posten übernehmen könnte.

Aufgrund dieser drängenden Probleme war ich für alles andere blind und kam tagelang nicht aus den Amtszimmern heraus, außer um zu schlafen. Wir hatten schon Verzeichnisse erstellt und wollten uns nunmehr daranmachen, die erforderlichen Umstellungen in die Wege zu leiten, als die Welt mit furchtbarer und absoluter Endgültigkeit für mich zusammenbrach.

Es war eine Woche nach dem Sturm. Ich fragte mich gerade, wie es wohl Geoffroi und Henri bei ihrem Treffen mit den Baronen ergangen war und wann ich davon erfahren würde, als ein sehr zufrieden wirkender Louis das Amtszimmer betrat – es war der Raum, in dem ich mit den beiden die Aushändigung von Berlai besprochen hatte.

»Louis! Ihr seht so glücklich aus!«

»Ja, es lief alles ganz ausgezeichnet, wirklich. Hört, ich kann nicht lange bleiben ...« Und er sah sich suchend nach etwas um.

»Oh, nun gut. Ich freue mich, daß alles gut verlaufen ist. Sagt, habt Ihr etwas von den Angevinern nach ihrer Abreise aus Paris gehört?« Ich hatte mich seit Tagen draußen kaum blicken lassen und hungerte nach Nachrichten.

Er sah mich seltsam an. »Die Angeviner?«

»Ja, ich frage mich, wie sie wohl, nun ja, vorankommen – Ihr schient Euch doch sehr gut mit ihnen zu verstehen, nachdem Ihr Euren Frieden mit ihnen gemacht hattet.« Es war ein einfältiger und kläglicher Versuch. Das konnte ich, noch während ich sprach, an seinem verwirrten Blick sehen.

»Na, ich denke, die Beerdigungsfeierlichkeiten werden inzwischen vorüber sein, wenn es das ist, was Ihr meint!« Er nahm ein paar Dokumente vom Tisch und ging zur Tür, während ich krampfhaft versuchte, mit meiner Stimme das hämmernde Pochen in meiner Brust zu übertönen.

»Beerdigung? Was ... was für eine Beerdigung? Wovon sprecht Ihr?«

»Habt Ihr nicht davon gehört? Ihr seid wirklich nicht auf dem laufenden; das sieht Euch gar nicht ähnlich! Ich spreche natürlich von den Beerdigungsfeierlichkeiten für den Herzog der Normandie.«

Das Hämmern hatte aufgehört. Auch mein Denkvermögen hatte ausgesetzt. Ich hatte einen Augenblick blinder und vollständiger Panik durchlebt und dann, das muß ich zu meiner Schande gestehen, erleichtert aufgeatmet. Er meinte Henri. Er war ja jetzt der Herzog der Normandie – darum war es schließlich bei ihrem Besuch in Paris gegangen.

»Henri? Nein, o nein ...«, flüsterte ich.

»Mmmh?« Louis blickte zerstreut und vollkommen gleichgültig von seinen Papieren auf. »Sagte ich Henri? Macht der Gewohnheit. Nein, ich meinte Graf Geoffroi. Er ist vor einer Woche gestorben. Sie haben ihn, glaube ich, heute in Le Mans zu Grabe getragen ...«

Ich hörte, wie die Tür hinter ihm zufiel, und krallte mich, nach Halt suchend, am Tisch fest, als der Raum um mich herum in Dunkelheit versank und sich schlingernd zu drehen begann.

Dritter Teil

KAPITEL 21

⚜ MANCHE AUGENBLICKE scheinen unendlich. Als ich wieder zu mir kam, merkte ich, daß ich auf den Fußboden starrte. Ich war nicht fähig, klar zu denken, und hatte das Gefühl, in einem Alptraum gefangen zu sein. Dann fragte ich mich, wo um alles in der Welt ich mich befand und was wohl geschehen sein mochte. Plötzlich gellte wieder Louis' Stimme in meinen Ohren. Das schreckliche Hämmern in meinem Kopf begann von neuem.

Es war eine Lüge.

Es konnte nicht sein – es konnte ihm nichts passiert sein. Nein.

Ich würde herausfinden, wer diesen Unsinn verbreitet hatte. Ich versuchte aufzustehen, konnte mich aber nicht bewegen. Der Boden war mit Pergamenten bedeckt, und ich konnte mich nicht bewegen ... Das Blut rauschte in meinen Ohren. Eine kleine Ewigkeit – oder auch nur einen kurzen Augenblick – später kam Amaria ins Zimmer, eilte zu mir und zog mich hoch.

»Madame, Madame, seid Ihr krank? Kommt, stützt Euch auf mich.«

Die einzige Sitzgelegenheit war eine Bank. Ich lehnte mich kurz nach hinten gegen die kühle Wand, doch gleich darauf beugte ich mich nach vorne und übergab mich.

»O Gott, ich hole einen Arzt!« rief Amaria aus.

»Nein.« Ich klammerte mich an ihren Rock. »Bleib! Es ist doch nicht wahr, Mari. Sag mir, daß es nicht wahr ist!« An ihrem Gesicht konnte ich ablesen, daß sie genau wie Louis etwas mißverstanden haben mußte. »Es ist doch eine Lüge!« Sie begann zu weinen, berührte mich aber nicht. »Sag, daß es nicht wahr ist. Sag es!« schrie ich. Als sie immer noch stumm blieb, schlug ich sie ins Gesicht. »Sag es, Mari. Sofort!«

»Ich ... ich weiß nicht, Madame. Ich weiß nicht. Ich habe es auch eben erst erfahren. Jeder sagt, es sei wahr.«

»Nein!«

»Bitte, laßt mich gehen. Ich bringe Euch ein wenig Fenchelwein.«

»Ich will keinen Fenchelwein. Ich will die Wahrheit hören. Erzähl, Mari!«

Aus irgendeinem Grund wagte sie nicht, mir ins Gesicht zu blicken.

»Ich weiß nur, was ich gehört habe ... Nur, daß ...« Sie senkte die Stimme zu einem törichten Flüstern. »Daß er gestorben ist, Madame. Genau wie der Abt es vorhergesagt hat ...« Sie bekreuzigte sich.

Ich mußte sie wohl losgelassen haben, denn plötzlich war ich wieder allein.

Es war Unsinn, blanker Unsinn. Ich würde die Wahrheit schon von jemandem erfahren, der wirklich Bescheid wußte. Nicht Louis – er mußte, genau wie alle anderen, etwas falsch verstanden haben. Ich würde es herausfinden ... Ich würde Sybilla fragen. Doch nein, sie war gar nicht da. Ich konnte sie nicht fragen. Es gab hier niemanden, dem ich trauen konnte ...

Dann aber hatte ich den rettenden Einfall. Ich würde Geoffroi selbst fragen. Ich würde ihm schreiben und fragen, was da vor sich ging. Das war die Lösung: Geoffroi würde mich niemals anlügen ... Er sagte mir immer die Wahrheit.

Ich umklammerte die Feder und starrte darauf, unfähig, sie über das Pergament zu führen, als Amaria mit einem Kübel und einem Tuch in den Raum zurückkehrte. Sie sah mich noch einfältiger an als vorhin Louis. Nachdem sie die Sachen abgestellt hatte, kam sie langsam zu mir herüber. »Warum schreibt Ihr Euren Brief nicht im Bett, Madame. Dort habt Ihr es bequemer. Kommt, ich helfe euch.«

»Was? Im Bett? Ja, warum nicht. Dort kann ich besser nachdenken. Ja, dort denke ich immer an Geoffroi ...«

Sie muß mich in meine Gemächer zurückgeführt und mir irgend etwas eingeflößt haben – vielleicht eines von Achmeds Elixieren –, denn ich erinnere mich weder an den Rest jenes Tages noch an den nächsten.

Amaria kümmerte sich um mich, so gut sie es vermochte. Ich fiel in einen unruhigen Schlaf, aus dem ich immer wieder hochschreckte und phantasierte. Am dritten Morgen wurde ich wie gewöhnlich wach, begann jedoch sofort, ruhelos in dem verdunkelten Gemach umherzuwandern und verzweifelt nach mehr Mohnsaft zu suchen. Ich wollte vergessen und diese furchtbare innere Pein betäuben, die mich ganz und gar erfüllte. Mit ein wenig Glück würde ich so viel davon trinken, daß ich in Dunkelheit versank und nie mehr aufwachte. Aber Amaria hinterging mich. Sie versteckte alle Phiolen, und ich war inzwischen viel zu schwach, um mich gegen sie aufzulehnen.

Da mir die Gnade des Vergessens verweigert wurde, wuchs mein Verlangen nach genaueren Informationen. Ich schickte Amaria fort, um soviel wie möglich herauszufinden. Doch was sie mir erzählte, waren nur Gerüchte; davon war ich überzeugt. Alles, was sie in Erfahrung gebracht hatte, tat ich ab und beschloß, mich selbst auf die Suche nach ihm zu begeben. Aber wo sollte ich anfangen? In Paris war er nicht, das wußte ich, weil ich ihn hatte fortreiten sehen. Also suchte ich im Garten, konnte Geoffroi jedoch nicht finden. Er war auch nicht hier in meiner Kammer, obwohl ich zur Sicherheit noch einmal überall nachschaute. Dann, als Amaria auf ihrem Stuhl eingeschlafen war, stahl ich mich hinaus in die Dunkelheit und setzte meine Suche in der Halle fort. Dort fand ich ihn auch nicht, ebensowenig in den Ställen, und als ich in die Halle zurückkam, war er immer noch fort. Da wußte ich: er war in Senlis. Ich würde mich dorthin aufmachen und ihn sicherlich finden. Aber Amaria ließ es nicht zu und brachte mich zurück in mein Schlafgemach; also durchsuchte ich noch einmal den Garten. Plötzlich wurde mein Verstand wieder klar. Ich erinnerte mich wieder, und der Schmerz wurde schier unerträglich. Nach fünf Tagen, die ich am Rande des Wahnsinns zugebracht hatte, war die arme, liebe Amaria am Ende ihrer Kräfte. Sie hatte dem Hofe mitgeteilt, das Fieber, an dem ich im Orient gelitten hatte, sei wieder aufgeflammt, so daß sich niemand in meine Nähe wagte und sie mich mehr oder weniger allein pflegen mußte.

Als sie mir schließlich die Nachricht überbrachte, es sei jemand gekommen, der mir die Wahrheit sagen könne und mich heimlich zu sprechen wünsche, klammerte ich mich an sie, als sei sie mein rettender Engel. Sie händigte mir ein quadratisches Stück Wachs mit dem Abdruck des Ginstersiegels aus.

Geoffroi! Endlich. Endlich! Der schwarze Abgrund, der sich vor mir aufgetan hatte, schloß sich wieder – nun würde dieses schreckliche Mißverständnis aufgeklärt werden. Er war hier, er lebte ... Vor Erleichterung begann ich zu weinen. Jetzt würde alles gut werden.

»Ich wußte, er würde kommen ... Niemals würde er so von mir gehen – ohne Vorwarnung. Führe ihn in den Garten, Mari, es ist schon fast dunkel. Niemand wird etwas bemerken! Aber du mußt mich zurechtmachen. So darf er mich nicht sehen. Ich muß aussehen wie ... wie ...«

»Madame!« Sie packte mich bei den Schultern und schüttelte mich. »Madame, es ist Aedwine. Aedwine, der Knappe des Grafen Geoffroi.«

»Nein, nein, nein. Er ist es; er weiß als einziger von dem Garten. Jetzt hilf mir beim Anziehen.«

Sie sah mich mitleidig und ein wenig ängstlich an, und wenn ich an diese schrecklichen, schier endlosen Tage zurückdenke, kommt mir vor allem dieser Blick in den Sinn.

Es war tatsächlich Aedwine. Er sah furchtbar aus – abgezehrt, erschöpft und leidend. Der Schock, ihn in diesem Zustand zu sehen, ließ mich wieder ein wenig zu mir kommen. An seinem erschrockenen Blick erkannte ich, daß auch ich mich verändert haben mußte.

Er kniete sich vor mir in das kalte, feuchte Gras nieder und hielt den Kopf gesenkt. Da verließ mich das letzte Fünkchen Hoffnung. »Dann ist es wohl wahr, Aedwine.« Er nickte kurz. »Du mußt mir alles erzählen, das weißt du.«

Er räusperte sich. »Ich weiß, Madame. Ich weiß ...«

Aber er rührte sich nicht, und ich mußte ihm aufhelfen.

»Amaria, hol einen anderen Mantel für Aedwine, und wärme etwas Wein. Ihr seht beide so verfroren aus.«

Die Erleichterung darüber, daß ich wieder annähernd wie ich selbst klang, stand ihr deutlich ins Gesicht geschrieben. Sie eilte davon.

»Ich machte mich auf den Weg hierher, sobald ich abkömmlich war, Madame ...« Wieder räusperte er sich. Seine Stimme klang unnatürlich und rauh, und ich war dankbar für die Dunkelheit, die uns gnädig umhüllte und die Trauer des anderen verbarg.

Ich setzte mich auf die Bank und nahm all meine Kraft zusammen. »Erzähl, Aedwine. Erzähl mir alles ...«

»Wir ... wir ritten zurück nach Angers, Madame. Ich hatte erwartet, daß wir nach Le Mans reiten würden, aber mein Herr sagte, es ginge nach Angers. Wir nahmen die Straße am Fluß entlang, da wir hofften, daß es am Wasser etwas kühler sein würde. Er war glücklich, machte wie üblich Scherze und Pläne, obwohl sein Sohn Henri noch immer zornig über die Abtretung des Vexin war und kaum etwas sagte ... Mein Herr zog ihn ständig auf und lachte ... Wir waren nun zwei Tagesritte von Paris entfernt, und es war so heiß. So furchtbar heiß. Ihr erinnert Euch bestimmt ...« Er schluckte verlegen. »Wir hatten Vouvray gerade hinter uns gelassen, da meinte mein Herr, er könne es nicht mehr aushalten, ihm sei zu heiß zum Weiterreiten. Er wolle Rast machen und schwimmen gehen ...«

»O Gott, nein.«

Er trieb im Wasser.

»Madame?«

»Fahre fort, Aedwine, schnell.«

»Er war, nun ja, ein wenig seltsam, ich würde sagen, überdreht. So glücklich, aber ...«

»... zu sprühend.«

Scharf sah er mich an. »Ja. Genau so war es. Wir hielten an der ersten geeigneten Stelle, kurz nach Château-du-Loir. Dort weitet sich ein Bach zu einem kleinen Becken, bevor er in den Fluß mündet, in der Nähe von Coëmont. Es gibt auch ein Haselwäldchen, das Schutz bietet, und das Gras am Ufer ist recht hoch ... Die beiden gingen schwimmen, aber Sire Henri war immer noch verärgert und versuchte sich herauszureden, indem er erklärte, das Wasser sei zu kalt. Mein Herr lachte bloß und sagte zu ihm, in England sei es noch viel kälter – und feuchter –, und er wäre gut beraten, sich schon einmal daran zu gewöhnen. Und dann tauchte er ihn unter.«

Einen Augenblick lang lächelte er beinahe, blieb danach aber lange Zeit still und rang nach Fassung.

»Nun, danach trennten sie sich. Sire Henri ritt westwärts nach Angers, und mein Herr beschloß, sich nun doch nach Le Mans zu begeben. Er sagte, er ... Er sagte, er wolle seine Heimat wiedersehen, Madame.« Seine Stimme brach.

Seine Heimat.

»Also wandten wir uns wieder gen Norden, und innerhalb weniger Stunden, Madame, Stunden, wurde er krank. Er war noch niemals im Leben krank – verwundet, ja, aber niemals krank. Er klagte, er fühle sich schwindlig und erhitzt, und er schwitzte stark. Ich überlegte, ob man Sire Henri benachrichtigen solle, aber dieser war so schnell davongaloppiert, daß er bestimmt schon weit von uns entfernt war ... So fiel mir nur ein, zur nächstgelegenen Burg umzukehren, wo man ihn versorgen würde. Und da befahl er, nach Le Lude zu reiten.«

»Nein, o nein.«

»Was habt Ihr?«

»Nein, sprich weiter. Es tut mir leid.«

»Als wir die Burg erreichten, konnte er sich kaum noch im Sattel halten – ausgerechnet er. Es war unfaßbar für mich. Es gelang uns, ihn ins Bett zu schaffen, und wir schickten nach Ärzten aus Le Mans. Doch er hatte sehr hohes Fieber, Madame, das ihn schier verbrannte. Wir konnten ihm nicht helfen – nichts von dem, was wir versuchten, schien seine Pein zu lindern ... Mit letzter Kraft sprach er zu uns, versuchte, Pläne zu machen, und diktierte sein Testament. Bitte, weint doch nicht so ... Er änderte, nein, verschärfte es, machte es zwingender. Er ließ den Priester bei dessen Seele schwören, daß Henri es nicht einsehen dürfe, bevor er nicht gelobt habe, sich an die Bedingungen zu halten.«

Das überraschte mich, obwohl meine Trauer, die mich langsam zu ersticken drohte, sonst kaum etwas zu mir durchdringen ließ.

»Dann traf Bischof Guillaume ein, und mein Herr wiederholte noch einmal alles und sagte, falls ... falls Henri sich weigere, womit er rechne, solle man ... Es tut mir leid, Madame«, er hielt inne und bemühte sich, etwas lauter zu sprechen, »... solle man ihn so lange nicht begraben, bis Henri den Schwur geleistet habe.«

Wieder konnte er nicht weitersprechen. »Er fürchtete, Henri würde seinen Brüdern ihr Land verweigern. Es war schrecklich.«

Weinend brach er zusammen. Ich zog ihn neben mich auf die Bank und legte den Arm um ihn. Wir waren beide in Tränen aufgelöst. Ich konnte den Gedanken an Geoffrois quälende Zweifel und die Schuldgefühle gegenüber seinem Bruder Hélie nicht ertragen, die ihn sogar noch auf dem Sterbebett dazu getrieben hatten, so verzweifelt und mutig Vorkehrungen gegen die Habgier seines ältesten Sohnes zu treffen.

Amaria war mit warmem Wein zurückgekehrt, doch ich brachte keinen Schluck hinunter und überließ ihr meinen. Ich schaute zu, wie Aedwine gierig seinen Wein trank, die Hände um die wärmende Schale gelegt. Von irgendwoher drang der Schrei einer Eule. Wir waren so verstört, daß uns dieser Laut zusammenfahren ließ.

Ich würde mir auch das Ende der Geschichte anhören müssen.

»Du mußt mir alles erzählen, Aedwine.«

Er nickte und seufzte schwer. »Danach verlor er das Bewußtsein, und ich glaubte schon, er sei von uns gegangen, aber er war stark, Madame, und hielt lange durch. Die Ärzte ...« – er spie das Wort aus –, »die Ärzte wollten ihn nur zur Ader lassen, aber nach dem ersten Mal ließ ich es nicht mehr zu ... Es war offensichtlich, daß es nichts half. Wenn man auf dem Schlachtfeld verwundet wird, hilft das doch auch nichts, nicht wahr? Nicht wahr?« Sein Blick war flehentlich. »Warum hätte es also jetzt helfen sollen?«

Die Tränen strömten ihm über die Wangen.

»Nein. Nein, du hast recht gehandelt. Quäle dich nicht, Aedwine. Sei ganz ruhig, es ist alles in Ordnung.«

Seine Stimme zitterte, als er versuchte, seine Fassung wiederzugewinnen. »Dann begann er zu toben, und einige liefen davon ...«

»Aber du nicht.«

»Nein, Madame. Madame, er nannte Euren Namen. Ich schickte alle nach draußen – man konnte ihn zu diesem Zeitpunkt eigentlich kaum mehr verstehen, dennoch ... Wie dem auch sei, alles, was ich heraushörte, war irgend etwas über den Weg nach Hause und Euren Namen, Madame. Das war alles ... Er wurde still, beinahe friedlich ... Beinahe. In den frühen Morgenstunden des siebten Tages hauchte er seine Seele aus.

Man hatte ihm die Beichte abgenommen, und er wird doch nun bestimmt im Himmel sein, nicht wahr?« Sein Ton war drängend, beinahe ärgerlich.

»Ja. Im Himmel.« Während ich hier die Hölle durchlebte.

»Es ist nur so ... Diese roten Wandbehänge erweckten den Eindruck, er sei schon in der Hölle ...«

»Die roten Wandbehänge?«

»Um das Bett, in dem er lag. Madame ...?«

Ich war in Ohnmacht gefallen. Die Erkenntnis, daß ich alles vorhergesehen hatte, daß ich dort in Le Lude eine Warnung erhalten und nicht verstanden hatte, war mehr, als ich ertragen konnte. Geoffroi war in demselben Bett gestorben, in dem ich nicht mehr hatte einschlafen können, nachdem ich geträumt hatte, wie er totenbleich im trüben, Fieber verursachenden Wasser dahintrieb ... Doch nur grausam kurz währte das Vergessen, und als ich wieder zu mir kam, beugten sich Amaria und Aedwine über mich, massierten meine Handgelenke und kühlten mir die Stirn. Als wir uns alle mit ein wenig Wein erfrischt hatten, bestand ich trotz Maris Einwänden darauf, Aedwine möge zu Ende erzählen. Er fuhr fort, und damit zerriß es mir endgültig das Herz.

»Sire Henri traf zu spät ein. Er ritt durch das Tor, als ... als wir meinen Herrn gerade mit dem Leichentuch zudeckten.« Er sah mich an. »Der Hauptmann der Wache und ich übernahmen es – ich wollte nicht, daß jemand anders ihn berührte, Madame. Schließlich waren es Fremde ...«

»Gott segne dich, Aedwine.«

»Wir ließen die beiden in der Kapelle allein, und ich hörte den Herzog einmal laut aufschluchzen, sonst nichts. Natürlich mußten wir ihn vom Letzten Willen meines Herrn unterrichten, bevor wir die Vorbereitungen für das Begräbnis treffen und Graf Geoffroi in seine Heimat bringen konnten ... Er bekam einen Tobsuchtsanfall und warf sich dort in der Kapelle auf den Boden – direkt vor den Leichnam –; und er ... er zerriß das Leichentuch und schrie, er werde keinen Bedingungen gehorchen, die er nicht kenne, egal, ob sie von seinem Vater stammten oder irgend jemand sonst. Graf Geoffrois Leibwache« – wir hielten beide einen Augenblick inne bei der neuen, schauerlichen Bedeutung dieses Wortes –, »seine Leibwache wollte Henri nicht gehen oder meinen Herrn begraben lassen, bevor jener nicht geschworen hatte, den Anordnungen des Testaments Folge zu leisten. Sie würden vor keinem lebenden Wesen wanken und weichen, Madame.«

Er lächelte schwach, voller Stolz auf den Mann, den wir beide liebten.

»Schließlich willigte Henri ein, und das Testament wurde verlesen. Er sollte dem jungen Geoffroi vier Burgen überlassen ...«

»Chinon und Mirebeau, Loudun und Roiffé ...«, flüsterte ich.

Aedwine sah mich erstaunt an. »Woher wußtet Ihr das?«

Aber ich schüttelte nur den Kopf. »Er hat einmal etwas erwähnt, Aedwine ...« Ich konnte ihm nicht erzählen, daß es einst meine Burgen gewesen waren und er mir einen geheimen, kostbaren Lehnseid geleistet hatte ... Und nun wollte er, daß wieder ein Geoffroi sie besaß.

»Er sollte diese vier bekommen. Und wenn Henri England eroberte, auch Anjou und Maine – seine eigenen Ländereien. Henri mußte auch versprechen, für Guillaume zu sorgen. Er schrie immer wieder, daß er das nicht tun würde, zerriß seinen Mantel und sagte ... Verzeiht, Madame ... Aber er sagte, unser Herr könne seinetwegen so lange liegenbleiben, bis er verrotte, doch darin würde er niemals einwilligen.«

Seine Stimme wurde bei diesen schrecklichen Worten zu einem Flüstern, dann brach er ab. Auch mir fiel es schwer, das Gehörte zu glauben. Er schluckte mehrmals, bevor er fortfahren konnte.

»Er mußte jedoch einlenken, und am nächsten Tag brachten wir meinen Herrn heim nach Le Mans. Sein Rat, angeführt von

Bischof Guillaume, ließ Henri noch einmal schwören, dem Testament Folge zu leisten. Danach setzten wir meinen Herrn in der Kathedrale in der Familiengruft seiner Mutter bei, wie er es gewünscht hatte, Madame.«

Ich hörte Alix weinen und muß wohl auch nach ihr gesehen haben, denn ich erinnere mich, daß ich zurück in den Garten ging und die Kälte spürte. Aedwine hatte seine Fassung einigermaßen wiedergewonnen. Er hielt ein Päckchen in der Hand.

»Ich dachte, Ihr solltet dies haben, Madame.«

Ich war fast zu schwach und zu erschöpft, um es entgegenzunehmen. »Was ist das?«

»Es sind sein Siegel – sein geheimes Siegel – und Eure Briefe. Außer mir hat niemand davon gewußt, auch nicht, wo er sie aufbewahrte. Vielleicht hätte ich sie verbrennen sollen, aber ...«

Ich konnte nur dankbar nicken. Was bargen sie noch für eine Gefahr, nun, da mein Leben vorbei war? »Was wirst du jetzt tun, Aedwine?«

»Ich gehe heim nach England. Es sind beinahe zwanzig Jahre vergangen, seit ich Gloucester verlassen habe. Wahrscheinlich erinnert sich dort niemand mehr an mich, aber ich möchte meine Heimat einmal wiedersehen.«

Ich gab ihm alles Gold, das ich zu dieser späten Stunde auftreiben konnte. Er war verlegen.

»Nein, Madame, das will ich nicht! Er hat in seinem Testament ausreichend für mich gesorgt ...«

»Und, hast du davon schon irgend etwas bekommen? Nun?«

Er erwiderte nichts.

»Nein? Das dachte ich mir.« Und ich wußte, daß er niemals etwas von dem Geld sehen würde. »Hier, nimm alles. Du hättest mit diesen Briefen dein Glück machen können.«

Er blickte mich an, entsetzt bis in die Tiefen seiner angelsächsischen Seele.

»Meinen Herrn verraten, Euch verraten ...?« Da wußte ich,

daß ihm so etwas niemals in den Sinn gekommen war. Ich umarmte ihn und vergrößerte damit nur noch seine Verwirrung.

»Gott schütze dich, Aedwine.« Ich zog einen Ring vom Finger und reichte ihn ihm. Der Stein war ein Topas, gelb wie der Ginster von Anjou. »Nimm das als Andenken. Eines Tages brauchen wir einander vielleicht – der Ring wird unser Zeichen sein.« Er fiel auf die Knie und küßte mehrmals meine eiskalten Hände. »Komm zurück zu mir nach Poitiers, wenn es dir in England nicht gefällt. Leb wohl, Aedwine, und hab Dank.«

Er erhob sich und blickte mir in die Augen. Seine spitzen Gesichtszüge verrieten, wie erschöpft er war. »Er hat Euch geliebt«, sagte er schlicht.

»Ich weiß.«

Kapitel 22

⚜ Schliesslich kam der Zeitpunkt, an dem ich meine Gemächer wieder verlassen mußte, aber es machte mir kaum etwas aus. Es war mir sowieso einerlei, was ich tat oder mit wem ich zusammentraf. Der Tod wäre jetzt eine Wohltat gewesen, denn zu meiner Überraschung hatte ich keine Angst mehr vor dem Sterben. Im Tod würde ich mit Geoffroi vereint sein. Was also sollte ich fürchten?

Doch ich starb nur innerlich.

Es war mir unbegreiflich, daß das Leben um mich herum weiterging, als sei nichts geschehen, daß die Leute aßen und tranken und Pläne schmiedeten. Was um alles in der Welt hatte das für einen Sinn? Vermutlich schrieben alle mein seltsames Verhalten einer schlechten Gesundheit zu, denn sie reagierten eher liebenswürdig als verärgert. Doch nur wenig durchdrang den Panzer, den ich zu meinem Schutz um mich aufgebaut hatte.

Alles war wie immer; genau das machte es mir so schwer. Auch früher hatte ich ihn oft monatelang nicht gesehen, und nachdem ich nun wieder am Hofleben teilnahm, konnte ich einfach nicht glauben, daß es diesmal anders sein sollte. Bestimmt, ja, bestimmt würde ich ihn wiedersehen. Vielleicht, wenn es Winter wurde und der erste Schnee auf den weihnachtlich geschmückten Hof fiel, oder an Ostern, wenn er mir, herrlich anzusehen in seinem blau-goldenen Umhang, den ersten zartgrünen Ginsterzweig brachte? Doch da war dieses Hämmern in meinem Kopf, das mir die furchtbare Wahrheit verriet. Die Wochen vergingen, und Bilder stiegen in meiner Erinnerung auf. Ich sah sein bleiches Gesicht im Mondlicht vor mir, dachte an seine Erschöpfung und die Verletzung am Hals. Hatte sich der

Schnitt entzündet wie damals seine Schulter? War er bereits todgeweiht gewesen, als er Paris verlassen hatte, oder sogar schon, als wir uns das letzte Mal geliebt hatten? Oder war der Bach von Château-du-Loir tatsächlich zu kalt gewesen, wie Henri gesagt hatte?

Aber Henri hatte davon keinen Schaden genommen. Er war gesund und munter, und Geoffroi war genauso stark gewesen wie er.

Niemals hätte ich geglaubt, daß ein Mensch solche Qualen empfinden und trotzdem weiterleben kann.

Unberührt von dem, was um mich herum geschah, verließ ich zusammen mit Louis Paris und brach mit ihm zu einer letzten gemeinsamen Reise durch Aquitanien auf. Dort berief er seine Beamten ab und ersetzte sie durch meine Männer. Auch seine Truppen wurden nach Hause geschickt, zum großen Erstaunen unserer Gefolgsleute. Es hätte eine glückliche Zeit sein sollen – schließlich bekam ich meine Ländereien zurück –, und ich konnte Hugues, Geoffroi de Rançon und all den anderen ansehen, wie sehr meine Gleichgültigkeit sie verwirrte. Auf dieser Straße war ich früher schon gereist. Noch einmal ritt ich Richtung Konstantinopel – diesmal fühlte ich mich isoliert, losgelöst, nicht länger als Teil dieser Welt. Die Umgebung war mir vertraut. Und doch, wie wahrhaft paradiesisch erschienen mir jetzt diese vier langen Jahre, in denen ich von ihm getrennt gewesen war, denn da hatte er noch gelebt und geatmet und geliebt. Ohne ihn erschien mir mein Leben leer; ich war lediglich eine leere Hülle, eine willenlose Marionette. Nichts berührte mich mehr.

Ich hätte mich vielleicht mit meinem Schicksal abgefunden, wenn da nicht die Träume gewesen wären. Als ich endlich einmal ohne den mir liebgewordenen Mohnsaft einschlafen konnte, war mein Schlummer kurz und unruhig. Eine Reihe lebhafter, greller Bilder stürmte auf mich ein, eine gräßliche Verdrehung dessen, was Aedwine mir erzählt hatte. Manchmal war Geoffroi am Leben, löste sich jedoch vor meinen Augen auf, sobald Louis höhnisch lachend sagte: »Es ist höchste Zeit, ihn zu begraben ...« In einem anderen Traum versuchte Henri, Erde über Geoffrois zuckenden Körper zu schaufeln. Mit einem tonlosen Schrei auf den Lippen fuhr ich aus dem Schlaf, doch als ich wieder einnickte, kehrte der Traum zurück, schlimmer als zuvor. Oder man schloß mich mit ihm in einer Gruft ein, und ich weinte, weil ich mich entscheiden mußte, ob ich hierbleiben und wie mein Geliebter sterben oder ob ich ausbrechen sollte, zurück ans Licht ... Nach solchen Nächten wandelte ich den ganzen Tag totenbleich und hohläugig umher. Trotz der Besorgnis meiner Umgebung brachte niemand meinen Zustand mit dem Tod des Grafen von Anjou in Zusammenhang. Sie unterhielten sich sogar unterwegs über dieses Thema, und ich war gezwungen, mir ihre leichtfertigen, grausamen Mutmaßungen anzuhören.

Natürlich hatte sein Tod großes Aufsehen erregt. Dafür hatte Bernards öffentlicher Fluch gesorgt. Dieses unerwartete Dahinscheiden lieferte das perfekte, grauenerregende und romantische letzte Kapitel im Leben des herausfordernden Angeviners. Sogar die Einzelheiten seines Testamentes waren allgemein bekannt geworden. Sie ließen sich nicht mehr geheimhalten, da zu viele Menschen Henris Enttäuschung und seinen Wutanfall miterlebt hatten.

»Was glaubt Ihr, hatte er vor?« fragte Rançon Hugues, als wir uns auf dieser für mich so schweren Reise langsam Limoges näherten.

»Wer weiß? Könntet Ihr unter diesen Umständen klar denken? Anscheinend hat er seinen Henri ganz genau gekannt. Ich wette, Henri windet sich da irgendwie heraus, auch jetzt noch. In diesem Durcheinander ist nur Platz für einen Löwen, und das wird nicht der junge Geoffroi sein – er hat zwar das Aussehen seines Vaters geerbt, aber Henri hat sein Köpfchen! Er ist von einem ganz anderen Schlag ...«

»Ihr wollt doch nicht andeuten, daß er in dieser Angelegenheit ein wenig nachgeholfen hat? Allerdings, das würde ich ihm ohne weiteres zutrauen ...«

Diese Vorstellung war einfach zu gräßlich und ähnelte meinen schlimmsten Alpträumen.

»Schweigt, Graf Rançon!«

»Was habt Ihr, Madame? Was ist los?«

»Was Ihr da sagt, ist niederträchtig! So etwas glaubt doch niemand! Niemand glaubt, daß ... daß ...« – ich konnte seinen Namen nicht aussprechen, noch nicht –, »daß Henri so etwas ...« Ich fürchtete, wenn ich auch nur einen Moment lang die Möglichkeit in Betracht zog, Henri, Bernard oder irgend jemand anders könnte ihn ermordet haben, würde ich für immer den Verstand verlieren.

Die beiden Ritter tauschten einen bestürzten Blick.

»Nein, natürlich nicht, Madame. Sein Tod kam nur so plötzlich und geschah unter so seltsamen Umständen. Entweder hat Bernard recht behalten, oder ...«

Da brach sich mein Zorn endlich Bahn. Seit meiner Weigerung, die Nachricht von Geoffrois Tod zu glauben, hatte es in mir zu brodeln begonnen, doch aus Angst vor dem Ansturm der Gefühle, die mich zu überwältigen drohten, hatte ich meine Wut unterdrückt. Nun stieg sie mit erstaunlicher Gewalt in mir hoch, und ich fuhr den überraschten Ritter an: »Oder was, Rançon? Was? Bernard ist nicht Gott! Nicht er bestimmt über Leben und Tod – er kann es nicht, wirklich nicht, das versichere ich Euch! Niemand kann es. Es ist sinnlos. Es ist Schicksal, oder ...«

Meine Stimme versagte. Voller Entsetzen starrte ich auf das Gebüsch in dem halbgerodeten Streifen Land zwischen der Straße und dem Waldrand. Es war die *planta genista.* Als ich das letzte Mal ausgeritten war, vor ein paar Wochen erst, als ich mich noch lebendig fühlte und das Leben noch einen Sinn hatte, waren die Büsche frisch und grün gewesen, und die herabhängenden Schoten trugen einen zarten Flaum aus feinen, hellen Härchen. Doch nun waren sie schwarz und vertrocknet. Starre, leere Hüllen, die mit dem Fortschreiten des Sommers am nach wie vor grünen Strauch verdorrt waren.

Ich hörte mich schreien. Mein Pferd fiel vor Schreck in einen rasenden Galopp und stürmte auf den Wald zu. Halb verrückt vor Trauer und Zorn, machte ich keinerlei Anstalten, es zu beruhigen, denn ich wollte in meinem Elend allein sein. Ich ließ es bis ins dichte Unterholz rasen und warf mich dort auf den Boden. Hemmungslos weinend lag ich im Farnkraut, während die Gedanken in meinem Kopf umherflatterten wie ein gefangener Vogel, der gegen die Gitter seines Käfigs fliegt. Wäre ich dort gewesen, als er starb, was hätte ich getan? Ihn geküßt, seine Hand gehalten? Hätte es ihm geholfen? Hätte irgend etwas helfen können? Hätte ich ihn retten oder ihm Trost spenden können ...? Wäre es überhaupt möglich gewesen? Nein. Als ich zum hundertsten und aberhundertsten Male darüber nachgrübelte, erkannte ich: wäre ich bei ihm gewesen, hätte mein Schmerz uns beide verraten. Er wäre mit dem Wissen gestorben, daß ich Schande über mich gebracht hatte und vielleicht sogar mit dem Tode bestraft würde. Für mich hätte es keinen Unterschied zu dem langsamen Sterben bedeutet, zu dem ich nun verurteilt war, aber ihm hätte ich das niemals antun können.

Bald darauf hörte ich die Stimmen von Rançon und Hugues. Sie entdeckten mich nicht, da mich mein grüner Umhang gut im Unterholz verbarg. Ich versuchte verzweifelt, die Fassung wiederzugewinnen.

»Was hat das wohl zu bedeuten?« sagte Rançon halblaut zu Hugues. Er schien äußerst verwirrt.

»Ich habe keine Ahnung – aber ich vermute, es ist die Anspannung. Es ist bestimmt nicht einfach, auf die Krone zu verzichten, auch wenn es ihr Wunsch ist. Ich verstehe es selbst nicht. Ich dachte, ich würde sie kennen ...« Er hob die Stimme. »Madame, Madame, wo seid Ihr? Kommt bitte zurück!«

Ich beachtete seine Rufe nicht.

»Ihr denkt nicht, sie hat – Ihr wißt schon – etwas Unerlaubtes getan?« mutmaßte Rançon. »Gegen Ende des Kreuzzuges gab es Gerüchte. Nachdem man mich zurückgeschickt hatte ...«, fügte er hastig hinzu.

Hugues drehte sich zornig zu ihm um. »Ich weiß nicht, worauf Ihr hinauswollt! Sie ist eine tugendhafte Frau – laßt sie in Ruhe, Rançon! Ich verbürge mich für ihr tadelloses Verhalten!«

Der arme Hugues. Ich schämte mich, als ich dieser unangebrachten Verteidigung meiner Ehre lauschte. Nachdem sie sich ein wenig entfernt hatten, stand ich auf und fegte das nasse Laub von meinem Mantel. Bei dem Geräusch fuhren sie herum.

»Madame, Gott sei Dank!« rief Hugues, eilte auf mich zu und ergriff in einer plötzlichen Aufwallung der Gefühle meine Hände. Da erinnerte er sich, daß Rançon dabei war, und ließ sie schnell wieder los. »Wurdet Ihr abgeworfen? Seid Ihr verletzt? Hier, laßt mich Euch helfen.«

»Mir geht es gut, ich danke Euch beiden. Das Pferd ist durchgegangen, aber es hat mich nicht abgeworfen. Ich wollte mich nur ein wenig ausruhen, Hugues.«

»Ihr habt geweint. Sicher habt Ihr Euch sehr erschreckt«, sagte er sehr sanft. Rançon sah ihn nun mit immer größer werdendem Argwohn an.

Eine Rivalität zwischen meinen beiden treuesten Gefolgsmännern konnte ich momentan wirklich nicht brauchen. Also sagte ich, so forsch ich konnte: »Bitte, macht kein Aufhebens um die Sache. Es ist nichts passiert. Laßt uns zu den anderen zurückkehren, sie werden sich schon fragen, wo wir bleiben.« Ich stolzierte davon und überließ es den beiden, mein Pferd wieder einzufangen.

Solange wir von anderen Dingen sprachen, gelang es mir, mich zusammenzureißen. Die anderen jedoch konnten das leidige Thema nicht ruhen lassen; nach kaum einer Stunde kamen sie wieder auf die Angeviner zu sprechen. Man stellte Mutmaßungen über Henris nächsten Schritt an. Er war von Le Mans direkt nach Angers geeilt und vor dem immer noch unter Schock stehenden Hofe unverzüglich als Graf von Anjou und Maine eingesetzt worden. Man nahm an, daß er sich wieder den Vorbereitungen für den Feldzug gegen England widmen würde. Nun gut, sollte er doch. Das bedeutete mir jetzt nichts mehr. Ich fühlte mich innerlich vollkommen leer, wollte nur noch allein sein und mit dieser Scharade nichts mehr zu tun haben.

Die Weihnachtsfeierlichkeiten wurden in Limoges abgehalten. Dort erfuhr ich, daß Raoul einige Wochen zuvor gestorben war. Petronillas Herz war gebrochen, und ich sehnte mich danach, sie wiederzusehen. Das erste Mal in den drei Monaten, die seit Geoffrois Tod vergangen waren, wollte ich etwas wirklich. Bernard hatte sie beide mit dem Bannfluch belegt, und beide waren tot, aber Raoul war über Sechzig gewesen, und so war es für sie doch bestimmt leichter. Aber nach kurzem Überlegen wurde mir klar, daß sie genau wie ich empfinden mußte. Ich schrieb ihr und bat sie, mich im Februar in Poitiers zu besuchen, so daß wir uns zumindest in unserer Trauer beistehen konnten.

Eine Weile, währenddessen der ganze Hof fröhlich und ausgelassen die Geburt Christi feierte, plante ich insgeheim, Abt Bernard ermorden zu lassen. Er hatte den Tod der beiden gewollt, möglicherweise sogar dafür gebetet, und nie würde ich vergessen, daß er es gewesen war, der meinen Vater vor vierzehn Jahren nach Santiago de Compostela in den Tod geschickt hatte.

Niemals zuvor hatte ich Mordpläne geschmiedet, doch nun erschien mir sein Tod nur gerecht. Aber wie sollte ich jemanden finden, der einen Mord an einem Heiligen beging? Ich überlegte sogar, Gilles Meynac in Bordeaux ausfindig zu machen, allerdings hatte ich meine Zweifel, ob er, mit seiner etwas seltsamen Vorstellung von Ehre, die Tat vollbringen würde. Schließlich ließ ich den Plan fallen. Für Bernard wäre es noch ein letzter

Triumph, wenn meine Seele für den Mord an ihm der ewigen Verdammnis anheimfallen würde. Dieser Gedanke war eigentlich dumm; wahrscheinlich war ich bereits wegen meiner Liebe zu Geoffroi verdammt. Werden er und ich, so fragte ich mich, in demselben Höllenschlund schmoren? Oder war es uns bestimmt, für immer getrennt zu sein, als letzte, ewig währende Strafe?

Denn wie auch immer die Hölle aussehen mochte, eines wußte ich mit Sicherheit: die Gnade des Vergessens würde einem dort nicht zuteil werden.

Auch das Wiedersehen mit Bordeaux spendete wenig Trost, da ich mir meine Rückkehr ganz anders vorgestellt hatte. Sie sollte der Beginn eines neuen Lebens sein und nicht das Ende. Ich fühlte mich hier immer noch zu Hause, genau wie in Poitiers – nun, da mein wahres Zuhause unwiederbringlich verloren war –, doch nichts drang zu mir durch. Hier in Bordeaux trennten sich Louis und ich: Er würde Vorbereitungen für das Konzil treffen, das unsere Ehe auflösen sollte, und ich machte mich auf nach Poitiers, um dort auf die Vorladung zu warten.

Zwei Tage nach meiner Ankunft traf auch Petronilla in unserer alten Heimat ein. Ihr liebliches Gesicht unter dem weißen Trauerschleier – ein Vorrecht, das mir versagt war – wirkte abgehärmt, und sie war magerer als je zuvor. Zunächst sagte keine von uns ein Wort; wir fielen einander nur in die Arme und weinten unser Elend und unsere Einsamkeit laut heraus. Die Umstehenden wunderten sich, daß ich so um meinen ältlichen Schwager trauerte.

Tapfer hatte sie Bernards Gehässigkeit ignoriert und für die kalte, grausame Vorhersage des Abtes, ihre Ehe werde kurz und ihre Kinder unfruchtbar sein, nur Hohn übrig gehabt. Doch als sie von Geoffrois Schicksal erfahren hatte, packte sie die Furcht, und tatsächlich war das Entsetzliche geschehen: Noch im selben Monat war Raoul erkrankt und gestorben.

In diesen ersten gemeinsamen Wochen wühlten wir uns gegenseitig eher auf, statt uns zu trösten, aber nachdem sich unser Zorn etwas Luft gemacht hatte, wurden wir ruhiger. Bis ins Burgund waren die Gerüchte über eine mögliche Annullierung oder Scheidung meiner Ehe gedrungen. Sie schien bestürzt, und als wir eines Tages beim Kaminfeuer in meinem Gemach saßen, stellte sie die gleiche Frage wie Sybilla.

»Was ist damit gewonnen, Eleonore? Ist es denn so schlimm, Königin von Frankreich zu sein?«

Erst da erzählte ich ihr von Geoffrois und meinen durchkreuzten Plänen. Lange saß sie stumm da, während ihr die Tragweite meines Verlustes bewußt wurde. »Ich glaube, ich habe noch nie etwas so Trauriges gehört«, sagte sie endlich. »Und er hat dich mit leeren Händen zurückgelassen. Ich habe wenigstens die Kinder, unsere wundervollen Kinder ... Doch du hast nichts. Mein Gott, sogar deine Trauer mußt du vor den anderen verbergen.«

Weinend warf ich mich in ihre Arme. Fünf Monate waren nun seit jener letzten Nacht in den Gärten von Paris vergangen, und die letzte, verzweifelte Hoffnung, ich könnte, obwohl ich Alix noch stillte, sein Kind empfangen haben, war zunichte gemacht. Lange hatte ich mich an den Gedanken geklammert, daß ich ein Stück von ihm in mir trug – ein letztes und bleibendes Andenken. Darauf hoffte ich sogar noch, als schon längst feststand, daß ich nicht schwanger war. Erst im Gespräch mit Petrel war ich gezwungen, mir die traurige Sinnlosigkeit meines Traumes einzugestehen.

Ich hatte bereits mehr geweint, als ich jemals für möglich gehalten hätte, doch war ich erst vor neugierigen Blicken sicher, schien der Tränenstrom überhaupt nicht mehr versiegen zu wollen. Ein neues Feuer flackerte und tanzte im Kamin, als ich mir zum hundertsten Mal die geschwollenen Augen trocknete. Petrel seufzte tief und wischte energisch die eigenen Tränen fort.

»Ach, meine liebe Eleonore. Und nun mußt du alles aufgeben – für nichts. Kannst du es nicht rückgängig machen?«

Ich sah sie an, ehrlich erstaunt darüber, daß sie sich so wenig in mich einfühlen konnte. »Aber nein, darum geht es doch gar nicht! Jetzt könnte ich erst recht nicht mehr mit Louis zusammenleben. Es ist seltsam, aber es wäre für mich eine noch größere Lüge, nun da ... als vorher. Nein, ich muß in meine Heimat zurück. Ich möchte allein sein und niemandem etwas vorspielen. Mein Leben ist vorbei, Petrel. Ich möchte den Rest meiner Existenz nicht damit zubringen, Menschen anlächeln zu müssen und von einer verfluchten Krone erdrückt zu werden.«

Sie verstand mich einfach nicht. Doch schließlich hatte jede von uns ihren eigenen Lebensweg gewählt, und wir konnten einander Trost spenden, weil wir uns liebten. Dabei kam es nicht so sehr auf das Verstehen an. Ich fragte sie, ob sie bei mir bleiben wolle. Sie könnte ihre Kinder nachkommen lassen und in ihrer alten Heimat leben. Dafür war es indes noch zu früh. Sie wollte ihre und Raouls Ländereien nicht verlassen, und als ich eine formelle Aufforderung von Louis erhielt, in zehn Tagen vor dem Konzil in Beaugency zu erscheinen, brach sie mit mir zusammen auf, um zu ihren Kindern zurückzukehren.

Wahrscheinlich hatte sie recht – da waren immer noch der junge Raoul, Isabelle und Eleonore, die ihrem Leben einen Sinn gaben. Ich allerdings brauchte sie, auch, weil ich körperlich erschöpft war. Sobald ich einschlief, träumte ich von Geoffroi. Die Träume waren so lebhaft und real, daß das Leben im wachen Zustand dagegen Einbildung zu sein schien. Die Träume vom Tod hatten aufgehört, doch sie wurden von erregenden erotischen Visionen abgelöst, in denen ich ebenfalls keine Ruhe fand. Aus den Wochen wurden Monate, aber die Träume blieben. Jeder Ort, an dem wir uns geliebt, und jede Art, auf die wir uns geliebt hatten, suchte mich mit erstaunlichen, quälenden Einzelheiten heim, so daß ich hin- und hergerissen war zwischen der Sehnsucht nach der vorübergehenden, trügerischen

Glückseligkeit meiner Nächte und den Qualen des Verlustes, die mit jedem Erwachen schlimmer wurden. In diesen Träumen sprühte er vor Leben, weshalb sich mein Verstand auflehnte und ich wieder nicht glauben konnte, daß er wirklich von mir gegangen war. Der Widerstreit meiner Gefühle zehrte an meinen Kräften, aber es gab niemanden, dem ich mich hätte anvertrauen können. Nur Petronilla half mir, doch sie hatte an ihrer eigenen Trauer zu tragen. Ich mußte allein zurechtkommen. Als wir uns einige Meilen vor Beaugency voneinander verabschiedeten, weinte ich bitterlich. Aber es half nichts: Ich mußte mich meiner Zukunft stellen, die sich wie eine Last auf meine Schultern herabsenkte.

Als ich mit meiner Eskorte Beaugency erreichte, herrschte dort schon ein geschäftiges Treiben. Man war sich der Bedeutung des Ereignisses bewußt. Bischöfe aus allen Teilen des Reiches hatten sich mit ihrem Gefolge hier versammelt, um über meine Zukunft zu entscheiden. Ich hoffte, daß ich zumindest ein wenig Ablenkung von dem erfahren würde, was in den nächsten Wochen auf mich zukam. Zu meiner Überraschung wurde ich jedoch von dem gesamten Verfahren ausgeschlossen. Man erwartete lediglich, daß ich in der Burg blieb und zur Verfügung stand, falls ich – was eher unwahrscheinlich war – aufgerufen würde, die Illegitimität meiner Ehe zu bezeugen.

Doch so leicht wollte ich mich nicht übergehen lassen. Wenn ich schon nicht an den Versammlungen in der Klosterkirche teilnehmen durfte, wollte ich wenigstens aus nächster Nähe den Verlauf des Konzils beobachten. Eilig richtete man eine Kammer neben dem Kreuzgang für mich ein, und dort saß ich in den letzten, bitterkalten Wintertagen mit Amaria, die ich als einzige bei mir duldete. Während ich wartete, sann ich darüber nach, daß die letzte Auflösung einer königlichen Ehe, über die hier entschieden worden war, eine Gräfin von Anjou betroffen hatte, nämlich Geoffrois Großmutter. Welche Ironie des Schicksals!

Sie hatte die Liebe König Philippes gewonnen, der ihretwegen exkommuniziert worden war.

Von meiner kleinen Kammer aus konnte ich das Kommen und Gehen der Prälaten und Zeugen verfolgen, und wenn jemand lauter sprach, konnte man sogar etwas verstehen. In dieser wenig ansprechenden mönchischen Umgebung fand meine letzte Unterredung mit Louis statt.

Trotz allem, was geschehen war, ärgerte ich mich, daß er bei meiner Ankunft nicht erschienen war, um mich zu begrüßen. Ich unterdrückte jedoch meinen Stolz und bat um ein Treffen. Der Abt schien darüber nicht besonders erfreut zu sein, aber letztendlich wagte er nicht, mir die Bitte abzuschlagen. Falls die Dinge nicht so liefen wie geplant, wäre ich schließlich immer noch die Königin von Frankreich.

Knapp eine Stunde vor Beginn des letzten Konziltages betrat Louis meine kleine Kammer. Er trug seine königliche Robe und die Krone und wirkte imposanter, als ich ihn in Erinnerung hatte, aber sein Blick war der eines Fremden. Nein, schlimmer, seine Augen waren kalt und voller Feindseligkeit. Plötzlich war ich seltsam nervös. »Seid gegrüßt, Louis.«

»Madame.«

Er verbeugte sich leicht. Ich hätte ebensogut seine Mutter sein können.

»Louis, was habt Ihr?« Er schwieg. »Was ist los? Ich wollte Euch nur sehen, um Euch Lebewohl zu sagen und Euch zu danken, daß Ihr Euch nicht gegen mich stellt.« Plötzlich krampfte sich mein Magen vor Furcht zusammen. »Ihr werdet doch nicht – im Grunde ist doch schon alles vorbei ...«

»Wollt Ihr mit allen Mitteln einen Narren aus mir machen, Madame?«

»Was ...?«

»Ich habe geglaubt, ich könnte Euch vertrauen, doch Ihr habt mich in eine Falle gelockt!« Seine Stimme bebte vor Zorn, und er hatte Mühe, sich zu beherrschen.

»Louis, wovon redet Ihr? Ich verstehe nicht ...«

»Macht mir nicht vor, Ihr hättet die Gerüchte nicht gehört.«

»Welche Gerüchte? Was meint Ihr?«

»Ich schenke ihnen keinen Glauben, aber Ihr müßt schließlich irgend etwas getan haben, um ihnen Nahrung zu geben ...«

»Welche Gerüchte, um Gottes willen?« Ich packte ihn an seinem hermelingeschmückten Umhang. Zum ersten Mal sah er mich richtig an. »Louis!«

Er holte tief Luft und schüttelte kühl meine Hand ab.

»Man sagt, der Graf von Anjou habe auf seinem Sterbebett von Euch gesprochen. Es gibt ... Gerede.«

Mir wurde kalt.

»Das könnte alles gefährden. Wenn auch nur einer der Bischöfe Euch des Ehebruches beschuldigt, wird man die Annullierung zurückstellen und Euch anklagen. Ich kann mich nicht wieder verheiraten, wenn Ihr im Kerker sitzt, die Ehe aber nicht aufgelöst ist ...« Sein Blick war seltsam. Ich hatte immer in seinem Gesicht lesen können wie in einem Buch, doch im Augenblick, vielleicht zum ersten Mal in seinem Leben, war er mir ein Rätsel. »Wenn die Gerüchte wahr wären, gäbe es natürlich keinen einzigen Mann in Frankreich, der Euch noch haben wollte.«

In der Tat! Ich lächelte ebenfalls geheimnisvoll. »Nun, seid ganz beruhigt, Louis, es gibt keinen Mann auf dieser Welt, den ich mir als Ehemann wünschen würde. Louis, schenkt Ihr den Gerüchten Glauben?«

»Nein, das habe ich Euch schon gesagt, aber darum geht es nicht.«

»Was erzählt man sich? Sagt es mir. Ich habe ein Recht, es zu erfahren.«

»Ihr habt keinerlei Rechte, es sei denn, ich gestehe sie Euch zu«, zischte er. Etwas freundlicher fügte er hinzu: »Außerdem sind es nur unsinnige Vermutungen – Anstößigkeiten –, weiter nichts. Aber wir können beide nur hoffen, daß keinem der Anwesenden dies zu Ohren gekommen ist.«

Anstößigkeiten? dachte ich. Nein, nicht wir hatten etwas Anstößiges getan, sondern Ihr, Louis, mit Eurer falschen Scham, Eurer Heimlichtuerei und Euren Schuldgefühlen – Eurer Weigerung, Freude zu geben oder zu empfangen. Mit Eurer Weigerung zu lieben. Das war anstößig.

»Ich muß jetzt hinein«, sagte er und wandte sich zum Gehen.

»Louis! Wollt Ihr mir nicht einmal Lebewohl sagen? Was immer auch geschieht, wir werden uns wahrscheinlich nie mehr wiedersehen.«

»Lebt wohl, Eleonore.«

Und das war alles nach fünfzehn gemeinsamen Jahren. Wahrscheinlich war ich für ihn bereits gestorben. Es stimmte, ich hatte seine Liebe nie geschätzt – wohl auch nicht verdient –, aber sie war oberflächlicher gewesen, als ich mir je hätte träumen lassen. Geoffrois Liebe war tief und voller Wärme gewesen, und er hatte mich um meinetwillen geliebt. Louis, das verstand ich nun, hatte mich nur geliebt, solange ich sein Eigentum war.

Vielleicht bekamen wir am Ende beide, was wir verdienten.

In der steinernen Kammer war es eiskalt, nicht einmal ein Kohlenbecken gab es hier. Den ganzen langen, letzten Vormittag zitterten Amaria und ich vor Kälte. Ab und an vernahm ich die Stimme meines Erzbischofs, der immer wieder betonte, Louis und ich seien zwar zu nahe miteinander verwandt, doch wir seien eben noch sehr jung und schlecht beraten gewesen. Sowohl unsere Verlobung als auch die Eheschließung habe ohne Anwesenheit der Eltern oder eines geeigneten Vormunds stattgefunden. Überdies habe niemand für uns einen päpstlichen Ehedispens eingeholt, der die Ehe trotz des nahen Verwandtschaftsgrades erlaubt hätte. Obwohl wir unwissentlich in Sünde gelebt hätten, darauf bestand er, seien wir selbst unschuldig.

Es wurden keine Einwände erhoben. Niemand zweifelte die Legitimität von Marie und Alix an. Ich wurde auch nicht als Zeugin befragt.

Und keiner verdächtigte mich öffentlich des Ehebruches.

Um drei Uhr nachmittags war alles vorbei. Ich wurde in die Kirche gerufen, um die Verkündung des Urteils mit anzuhören. Die Bischöfe saßen in ihren weithin sichtbaren purpurroten Talaren im Chor der Kirche, während Louis, geschmückt mit Krone und Zepter, auf dem Thron Platz genommen hatte, der sonst dem Erzbischof vorbehalten war.

Niemand erhob sich bei meinem Eintreten. Ich stand in der Mitte des Raumes, und der Erzbischof von Sens verlas mit zitternder Stimme ein Dokument, von dessen Wachssiegeln noch immer Rauchkringel in die stickige Luft aufstiegen. Unsere Ehe, so verfügte es, habe nie bestanden. Hiermit würden mir meine Ländereien und die Einkünfte daraus zurückgegeben; meine Töchter jedoch würden am Hofe bleiben. Man verlangte lediglich von mir, Louis gegenüber den Lehnseid abzulegen, da ich nun nicht mehr seine Königin, sondern seine Vasallin war.

So kniete ich zu seinen Füßen nieder, legte meine Hand in seine – sie war genauso kalt wie meine und erinnerte mich an unsere Hochzeitsnacht – und leistete ihm den Lehnseid. Jetzt war ich frei, mich wieder zu verheiraten – wenngleich nur mit seiner Zustimmung – und zu gehen.

Ich stand auf und konnte spüren, wie sich Verlegenheit breitmachte. Louis mied meinen Blick, und keiner wußte so recht, was zu tun war. Nur ich wußte es. Ich knickste tief vor meinem König und früheren Gemahl und ging durch das Hauptschiff davon, ohne etwas zu sagen oder zurückzuschauen. Es war Samstagnachmittag und der erste Tag im Frühling – wenn das Umkleiden und Zusammenrufen meiner Eskorte nicht zu lange dauerte, könnte ich heute noch Frankreichs Krondomäne und den Ländern seiner anderen Vasallen für immer den Rücken kehren.

Ich war wieder die begütertste Frau des Reiches, und wie in meinen jungen Jahren lief ich Gefahr, wegen meiner Ländereien entführt und zu einer Heirat gezwungen zu werden. Trotz meiner Leibwache waren wir auf der Straße eine leichte Beute. Deshalb zogen Amaria und ich statt unserer üblichen Reisekleidung wie unsere Pferdeknechte Hose und Lederwams an und versteckten das Haar unter einer Kappe. Solchermaßen verkleidet, eilten wir in den Burghof zu unseren Pferden.

»He, du da! Ja, du – Langbein! Mach, daß du von dem Pferd der Königin wegkommst!«

Es war Rançons Stimme. Mit zornrotem Gesicht hastete er über den gepflasterten Hof auf mich zu. Ich drehte mich um und mußte lächeln – das erste ehrliche Lächeln seit vielen Monaten. Er und Hugues standen eine Weile mit offenem Munde da, sanken dann auf die Knie und küßten meine immer noch eiskalten Hände. Sie waren die ersten, die die wiedereingesetzte Herzogin von Aquitanien begrüßten.

Mein Herz flog ihnen deswegen zu. Ich wehrte Rançons langatmige und vollkommen unnötige Entschuldigung ab. Ohne weitere Verzögerung begaben wir uns zur Straße, die am Fluß entlang verlief, und zogen westwärts zur Grenze.

Kapitel 23

⚜ Wir verliessen Beaugency in scharfem Galopp. Da ich sehr ausgekühlt war, wurde mir selbst durch den schnellen Ritt nicht mehr warm. Sobald ich dem schneidenden Wind auf der Landstraße ausgesetzt war, begann ich schon zu niesen. Außerdem hatte ich am letzten Abend wenig gegessen und seither nichts mehr zu mir genommen. Kein Wunder also, daß ich eine Erkältung bekam. Doch da wir auf der Reise in meine Erblande keine Zeit verlieren durften, erzählte ich niemandem, wie schlecht es mir ging. Wir beeilten uns, die sicheren Mauern von Blois, der nächstgelegenen Stadt, zu erreichen.

Es war gerade Karwoche. Auf den Straßen und Wegen waren Unmengen von Pilgern unterwegs, und so kamen wir auf der verstopften Hauptstraße sehr viel langsamer voran als erwartet. Als die Frühlingssonne allmählich sank, schwand auch die Wärme, und ich fror noch stärker. Es begann zu regnen. Bald waren wir alle bis auf die Haut durchnäßt, und mir wurde zudem schwindlig. Mein Kopf dröhnte. Ich bekam Schüttelfrost, und einzig vom dampfenden Hals und den Schultern meines Pferdes ging ein wenig Wärme aus. Als sich die Dämmerung herabsenkte und ich dem Zusammenbruch nahe war, sprengten wir endlich durch das Stadttor von Blois, hinter deren Mauern wir uns in Sicherheit wähnten.

Wie gewohnt wollte mir Rançon beim Absteigen helfen, und so flüsterte ich ihm mit heiserer Stimme zu: »Vergeßt nicht, ich bin doch ein Pferdeknecht!« Erschöpft und mit tränenden Augen kletterte ich mühsam allein vom Pferd, aber die Beine gaben unter mir nach. Im letzten Moment fing er mich auf.

»Madame, äh, mein Junge, Ihr könnt Euch jetzt ausruhen –

Lusignan hat eine Unterkunft gefunden. Nun ja, so etwas ähnliches. Ich fürchte, wir müssen sie uns teilen ... Das Quartier ist nicht komfortabel, im Morgenland sind wir allerdings schon schlechter gereist ...« Ich warf ihm wieder einen warnenden Blick zu – wir konnten nicht vorsichtig genug sein. »Wir lassen uns ein anständiges Essen kommen, Fastenzeit hin oder her.«

Er legte den Arm um mich und half mir in die Herberge, wo ich mich auf einen schlecht gepolsterten, wenn auch einigermaßen sauberen Strohsack fallen ließ und augenblicklich einschlief.

Natürlich träumte ich von Geoffroi. Ich ritt eine breite Straße entlang, an deren Rändern langes gelbes Gras wuchs. Die Wiese war übersät mit Schlüsselblumen, die unnatürlich stark leuchteten und sich gegen einen schwarzen Himmel und eine silbrig gleißende Sonne abhoben. Geoffroi ritt in einem blau-goldenen Gewand hinter mir, und sein kupfernes Haar schimmerte in dem seltsamen Licht. Er lachte sorglos und rief etwas, was der Wind verschluckte. Es gelang mir nicht, mein Pferd anzuhalten oder sein Tempo zu verlangsamen, damit ich Geoffrois Worte verstehen konnte. Eine Weile ritten wir so dahin, doch der Abstand zwischen uns verringerte sich nicht. Plötzlich veränderte sich das Bild. Geoffroi lachte nicht mehr. Ich blickte zurück und sah, wie er mit tieftraurigem Gesicht sein Pferd zügelte, unter dessen Hufen Tausende glitzernder Wassertropfen aus den Pfützen stoben. Zum ersten Mal verstand ich seine Worte: »Weiter, Eleonore, weiter! Reite weiter – warte nicht auf mich! Nun reite doch ...«

Und dann war er verschwunden. Ich hörte nur noch seine Stimme, die mich anflehte, nicht auf ihn zu warten ...

Plötzlich wachte ich auf, weil Hugues mich unsanft rüttelte. Ich merkte, daß ich weinte, aber das war nichts Ungewöhnliches. »Eleonore, Eleonore! Madame, wacht auf! Wir müssen die Stadt verlassen und unverzüglich aufbrechen! Sofort!«

Ich mußte niesen, war schweißgebadet und fühlte mich

scheußlich. »Aber es ist noch dunkel, und ich bin so müde«, krächzte ich und faßte unwillkürlich an meinen schmerzenden Hals. Doch er schüttelte mich weiter, und da erkannte ich, daß es sich um etwas Ernstes handeln mußte. »Was ist geschehen, Hugues?«

»Thibault hält sich im Moment in der Burg auf – nein, nicht der Graf, sondern sein Sohn.« Er meinte den jüngeren Sohn meines Feindes Thibault de Champagne. »Jetzt ist keine Zeit für Erklärungen. Kommt!«

Er zerrte mich hoch, und ich wickelte mich in meinen Mantel und stolperte hinter ihm her, froh, daß ich vorhin viel zu müde gewesen war, um die Stiefel auszuziehen.

Draußen war es noch stockdunkel. In der unbekannten Umgebung dauerte es recht lange, bis wir die Ställe fanden und unsere Pferde leise nach draußen führten. Sie kamen mit der Dunkelheit weitaus besser zurecht als wir, deswegen stiegen wir eilig auf und ließen sie laufen. Außerhalb der Stadtmauern fielen wir in schnellen Galopp. Bis zum Morgengrauen wollten wir die Stadt möglichst weit hinter uns gelassen haben.

Als viele Meilen später die Sonne aufging, machten wir in der Nähe von Pontlevoy Rast. Hugues klärte mich über das Geschehene auf, während Amaria dafür sorgte, daß ich etwas aß – letzte Nacht hatte ich ja schon geschlafen, als es Essen gab.

»Wir gingen vor dem Schlafengehen noch etwas trinken«, begann er, während die Weinflasche kreiste, »und trafen in der Taverne auf Champagnes Spießgesellen. Einige waren schon so betrunken, daß sie redselig wurden. Wir fanden heraus, daß sie Befehl hatten, Euch am nächsten Morgen beim Verlassen der Stadt zu entführen, Madame.«

Während unseres wilden Galopps hatte ich ausreichend Zeit zum Nachdenken gehabt. Ich konnte unschwer erraten, vor was und wem wir flohen. Dennoch machte mich diese Bestätigung meiner Ängste betroffen. Thibaults jüngerer Sohn war noch unverheiratet und ehrgeizig, und ich verdankte meine Freiheit nur dem schnellen Handeln von Hugues und Rançon – und ihrer Vorliebe für den Wein.

»Ich danke Euch«, sagte ich und schluckte mühsam, denn mein Hals schmerzte. »Mein Gott – ich kann mir kaum etwas Schlimmeres denken, als in diese fürchterliche Familie einzuheiraten ... Habt Dank.«

Und dann verdarb ich alles, weil ich das gerade Gegessene wieder erbrach.

»Ihr seid krank!« rief Hugues, wie immer von außerordentlich schneller Auffassungsgabe. »Ihr braucht Pflege. Was machen wir nun?«

»In der Nähe gibt es eine Abtei. Dort wärt Ihr in Sicherheit«, sagte Rançon zögernd. »Ihr könntet Euch erholen und ...«

»Nein. Wir reiten über die Cher in die Touraine und verlassen Thibaults Lande so schnell wie möglich«, stammelte ich und versuchte, zuversichtlich zu klingen. Sie sahen sich an und nickten, und so packten wir hastig zusammen.

Es war Ostersonntag, der höchste Feiertag des Jahres, doch keiner von uns würde heute zur Messe gehen. Thibaults Plan war nur durch einen glücklichen Zufall vereitelt worden, und wir alle waren uns mehr denn je der Gefahr bewußt, in der ich bis zu unserer Ankunft in Poitiers schwebte. Amaria flößte mir ein wenig Wasser ein, das einzige, was ich bei mir behielt, und dann ritten wir weiter. Wir hatten vor, die Creuse bei Port-de-Piles zu durchreiten und uns dann Richtung Poitiers zu halten. Es galt, die Brücken zu meiden, denn dort war die Gefahr eines Überfalles aus dem Hinterhalt am größten. So standen uns nur wenige Wege offen. Zumindest das Wetter hatte sich gebessert; ab und zu kam die Sonne hinter den Wolken hervor und zauberte gleißende Lichtreflexe auf die tiefen Pfützen, die die Straße in einen Sumpf verwandelten.

Unser Weg führte größtenteils durch Waldgebiet, das auch in dieser frühen Jahreszeit schon ausreichend Deckung für all jene bot, die Böses im Schilde führten. Daher bemühten wir uns, rasch und ohne Lärm zu reisen. Wir mußten jedoch so viele Bäche und Flüsse durchqueren und im Hinterland von Chatillon so viele Seen umgehen, daß es mir vorkam, als sei dieser Tag verhext und würde niemals enden. Ich dachte an die Ahnherrin der Angeviner, Melusine – eine Nixe mit Schlangenleib, die als Geist ihr Unwesen trieb. Louis glaubte fest an sie, und ich fragte mich mit einem hysterischen Kichern, ob sie wohl auch jetzt in einem der Seen lauerte, die unsere Reise so beschwerlich machten.

Mir wurde abwechselnd heiß und kalt. Ich schlief im Sattel ein, und für einen kurzen Augenblick flimmerten einige sehr lebendig wirkende Traumbilder vor meinem inneren Auge, bevor ich zusammensackte und wieder aufwachte. Verzweifelt versuchte ich, mich auf dem Pferd zu halten, indem ich die Füße in die Steigbügel rammte und die Zügel so fest um meine Hände wickelte, daß sie ins Fleisch schnitten. Auf diese Weise hoffte ich, durchhalten zu können. Meine Hände brannten, und als ich in dem flirrenden Sonnenlicht auf sie hinunterblickte, sah ich statt dessen Geoffrois Finger mit den winzigen Narben vor mir. Ich mußte gegen diese Sinnestäuschung mit aller Macht ankämpfen, sonst wäre ich verloren ...

Am späten Nachmittag rief Rançon plötzlich, er könne schon die Creuse sehen. Dahinter begannen meine Ländereien. Hugues stieß erleichtert einen Fluch aus, ich aber spürte gar nichts mehr. Mir war heiß und schwindlig, und mein Kopf hämmerte zum Zerspringen. Es war mir schon beinahe gleichgültig, ob ich die letzten Meilen noch schaffen oder ob mich derselbe Tod ereilen würde wie Geoffroi. Doch da machte die Straße einen Knick und führte aus dem Wald in offenes Gelände.

Die Sonne sandte uns noch einen letzten, blendenden Strahl zu, bevor sie sich anschickte, hinter den Bäumen zu versinken. Hugues und Rançon riefen sich etwas zu, und trotz meines

Fiebers wurde ich gewahr, daß der Rhythmus, der unaufhörlich in meinem Kopf pochte, nicht allein von den Schmerzen herrührte, sondern von Hufgetrappel – und es war nicht das unserer eigenen Pferde. Meine beiden Ritter warfen besorgt einen Blick zurück und befahlen unserer Eskorte, schneller zu reiten.

Wir wurden von mindestens einem Dutzend schwerbewaffneter Reiter verfolgt, die wie aus dem Nichts aufgetaucht waren.

»Wer ist das?« brüllte Rançon.

»Das kann ich nicht erkennen, ich schaue direkt in die Sonne! Beeilt Euch, sie holen auf!« erwiderte Hugues.

»Haltet Euch gut fest, Eleonore!«

Das Licht war eigenartig. Immer wieder schoben sich schwarze Wolkenmassen vor die glühenden Strahlen der untergehenden Sonne. Mein Kopf hämmerte. Alles drehte sich um mich, und plötzlich sah ich nur noch das lange gelbe Gras aus meinem Traum vor mir und die unnatürlich hell leuchtenden Schlüsselblumen.

Dies ist die Straße nach Poitiers. Halte durch! Halte durch!

Wir näherten uns dem Fluß.

»Wer führt sie an?« rief Rançon noch einmal, als die Sonne kurz hinter einer Wolke verschwand. In der Ferne grollte Donner, und ich hörte eine wohlvertraute Stimme.

»Eine Zeitlang leben sie als Dämonen weiter.«

»Ich kann es nicht erkennen. Nein ... Oh, mein Gott!« stieß Hugues aus, als er sich umsah. In seiner Stimme schwang Panik mit. »Er sieht aus wie Geoffroi – Geoffroi von Anjou!«

Wieder waren da nur das Gras und die Schlüsselblumen, und ich hörte seine letzten Worte an mich:

»... ich werde dich auf der Straße nach Poitiers erwarten und dich mit mir nehmen. Für immer.«

Ein Sonnenstrahl fiel durch einen Riß in der schwarzen Wolkenwand, aber ich hatte inzwischen die Rufe vernommen und mich umgedreht. Bevor mich das Licht blendete, hatte ich schon einen goldschimmernden Haarschopf und die Löwen auf blauem Seidenstoff erspäht. Vor Freude schrie ich laut auf. Nein, er hatte mich nicht verlassen, er war nicht fort. Er war hier, kam vielleicht geradewegs aus der Hölle, doch er – oder sein Schatten – war gekommen, um mich einzufordern.

»Denn ich will dich, Eleonore. Und bei meiner Seele, du wirst mir gehören.«

»Weiter, Eleonore, weiter! So reitet doch weiter!« drängte Rançon zu meiner Linken, denn ich war langsamer geworden.

Mich beherrschte nur noch ein Gedanke: Er ist gekommen, um mich zu holen.

Was konnte mir die Hölle schon anhaben? Seit einem halben Jahr war mein Leben die Hölle. Wenn ich mit ihm ging, würden wir zusammen bestimmt einen Weg in den Himmel finden. Ich riß mein Pferd herum. Der Wind übertönte meinen Schrei.

»Geoffroi! Hier bin ich! Hier ...«

Mein Handeln verblüffte unsere Verfolger derart, daß auch sie abrupt die Pferde zügelten. Millionen von Wassertropfen stoben nach allen Seiten. Ich war drauf und dran, ihnen entgegenzureiten, als die Sonne endgültig hinter den Bäumen verschwand.

Ihr blendender Glanz wurde schwächer, und in dem Augenblick wußte ich, daß ich einen verhängnisvollen Fehler begangen hatte. Seine Worte im Traum hatten mich zum Weiterreiten gedrängt, mich angefleht, ihn zu verlassen – nicht jedoch stehenzubleiben.

Er hatte mich warnen wollen.

In plötzlicher Angst sah ich auf und blickte in ein schönes, bleiches Gesicht mit Geoffrois saphirblauen Augen. Doch es waren nicht die Augen eines Mannes.

Mein Gegenüber war ein nervös und überrascht wirkender Jüngling von knapp siebzehn Jahren. Nicht mein Geoffroi, nicht einmal sein Geist. Dieser Junge war sein Sohn gleichen Namens, für dessen Erbe er auf dem Sterbebett so verbissen gekämpft hatte. Mit einem Mal wich der Fieberwahn von mir. Der Junge war zwar so schön wie sein Vater, aber er besaß nicht dessen scharfen Verstand ... Da wußte ich, nein, da glaubte ich schließlich wirklich, daß Geoffroi tot war. Er würde nicht an der Straße nach Poitiers auf mich warten – weder heute noch an einem anderen Tag.

Schnell hatten wir beide uns von unserer Überraschung erholt. Der junge Mann und seine Truppen konnten ihr Glück kaum fassen. Als ich nun versuchte zu fliehen, gaben sie ihren Pferden die Sporen. Im gleichen Augenblick erreichten mich Hugues und Rançon, die in vollem Galopp hatten anhalten müssen. Sie nahmen mich schützend in die Mitte und zerrten an meinen Zügeln. Fluchend zogen sie mich vorwärts auf die Brücke, während meine Soldaten uns den Rücken freihielten. Der junge Geoffroi hatte die Gelegenheit verpaßt, allerdings nur um Haaresbreite. Wir überschritten die Grenze zu meinem Hoheitsgebiet und machten nicht eher Rast, bis wir sicher hinter den Stadtmauern von Poitiers waren.

Hugues war immer noch wütend, als wir erschöpft und zitternd im Burghof vom Pferd stiegen. Er hätte mich angeschrien, wäre er nicht so heiser gewesen und hätte ich nicht so hundeelend ausgesehen. »Was zum Teufel habt Ihr getan?« schnarrte er. »Ihr habt Euch beinahe gefangennehmen lassen. Es hat ausgesehen, als wolltet Ihr es! Was ist in Euch gefahren, Eleonore? Ihr habt gelacht!«

Mir fiel keine sinnvolle Erklärung ein; im Grunde konnte ich überhaupt nicht mehr denken. Ich muß ein wenig geschwankt haben, denn er fing mich auf, bevor ich fiel. Er entschuldigte sich, aber ich hatte ihm einen gehörigen Schrecken eingejagt. »Es ist nur ... Nun ja, ich habe Euch auf dem langen Weg nach Jerusalem und zurück begleitet, liebste Eleonore.« Er küßte mich mehrmals auf die Stirn. »Wir haben zusammen Schiffbruch erlitten und gehungert und noch mehr. Mit anzusehen, daß ausgerechnet Ihr beinahe Euer Leben wegwerft ... Ich konnte es nicht glauben. Verzeiht mir.«

Er trug mich ins Schloß. Von allen Seiten strömten Bedienstete und Hofbeamte mit Fackeln herbei. Zu ihren freudigen Willkommensrufen gesellte sich Besorgnis, als sie erkannten, daß der zerzauste Junge in Hugues' Armen in Wirklichkeit ihre Herzogin war. Hatte er tatsächlich »liebste Eleonore« gesagt? Er legte mich vor dem Kamin in der Halle nieder und hielt mir eine Schale Wein an die Lippen. Mit scharfem Ton befahl er, mir ein warmes Essen zu bringen und mein Bett vorzuwärmen. Als ich mich wieder etwas erholt hatte, fragte er noch einmal – eindringlich, aber sanfter als vorhin: »Was habt Ihr Euch dabei gedacht?«

O Gott, ich war so müde, aber er verlangte eine Antwort. Er verdiente sie auch. »Ich ... ich dachte, als Ihr sagtet, es sei Geoffroi von Anjou, würdet Ihr den Grafen meinen.« Zum ersten Mal konnte ich seinen Namen wieder aussprechen.

»Der Graf? Aber er ist tot!«

»Ja. Ich konnte nicht klar denken, und der Junge sieht aus wie er, und ...«

»Und Ihr dachtet, ein Gespenst würde uns verfolgen? Oh, Ihr Arme, kein Wunder, daß Ihr so seltsam wirktet!«

Immer noch hielt er mich im Arm. Er drückte mich ein wenig und lächelte zärtlich und beschützend auf mich herab. Er war stark und warm, und er roch nach Pferden und Regen und allem, was sicher und vertraut war. Lieber Hugues ...

»Aber warum um alles in der Welt seid Ihr stehengeblieben, wenn Ihr dachtet, daß er es war? Das verstehe ich immer noch nicht.«

Ich konnte nicht antworten, doch er blieb beharrlich. »Warum wolltet Ihr auf ihn warten, Eleonore? Und warum habt Ihr gelächelt?«

Ich konnte ihn nur gepeinigt ansehen. In dem drückenden Schweigen, das sich nun zwischen uns ausbreitete, fühlte ich, wie er seine Umarmung löste und das liebevolle Lächeln aus seinen Augen verschwand. Ich wußte, niemals wieder würde er mich so ansehen.

Dann brachte man mich zu Bett und fütterte mich wie ein Kind. Ich fiel in einen langen, endlich einmal traumlosen Schlaf.

Der junge Geoffroi hatte mir, ohne es zu wissen, einen großen Dienst erwiesen. Der Tag der Auferstehung Christi sollte auch der Tag meiner Rückkehr ins Leben sein. Zwar gähnte noch immer der schwarze Abgrund vor meinen Füßen, und noch immer fürchtete ich, hineinzufallen und von der Finsternis erstickt zu werden. Doch inzwischen drang schon ein winziger Lichtstrahl zu mir herauf.

Ich war gezwungen gewesen, heimlich zu trauern. Mein Leben war zerstört, und ich durfte meine Gefühle weder mit jemandem teilen noch irgendwem offenbaren. So hatte ich meinen Kummer nicht überwinden können. Vor langer, langer Zeit hatte ich Geoffroi in Senlis weinend von meiner Angst vor einer Zukunft ohne ihn erzählt. Er hatte geantwortet, ich müsse etwas anderes finden, für das es sich zu leben lohne. Natürlich hatte er recht gehabt, aber damals hatte ich nur ihn gewollt – und sonst nichts. Nun jedoch hatten mir mein prophetischer Traum und die unbesonnene Tat des jungen Geoffroi die Augen geöffnet. Ich mußte aufhören zu trauern, mußte die Trauer für irgend etwas nutzen, sonst würde ich verrückt werden. Sicher war ich auf der Straße nach Poitiers dem Wahnsinn erschreckend nahe gewesen.

Und dennoch – war er auf diesem wilden Ritt vielleicht doch einen Augenblick lang bei mir gewesen? War die Seele wie ein Feuer, und war er geblieben, um über mich zu wachen und mich zu beschützen, wie er es in unserer letzten Nacht im Garten gesagt hatte? Oder hatte Geoffroi mir zu verstehen geben wollen, ich solle ihn vergessen? Nun, das konnte ich bereits nicht, als er noch lebte. Wie sollte es jetzt, da er tot war, möglich sein? Nein, ich mußte meinem Leben einen neuen Sinn geben, wie er es mir geraten hatte. Und in diesem Moment wußte ich auch, was zu tun war. Wenn ich schon nicht ihn haben konnte, dann würde ich das Reich erschaffen, das wir beide angestrebt hatten und um das der Tod uns zu betrügen versuchte. Doch ich würde dafür sorgen, daß der Tod nicht die Oberhand behielt.

Ich würde meinen Weg weitergehen, und ich würde es für Geoffroi tun.

Ich war wieder Eleonore, Herzogin von Aquitanien, die reichste Herrscherin des Abendlandes, und ich mußte und würde durch eine erneute Heirat ein Bündnis schließen. Es mußte jemand sein, der ebenso mächtig war wie ich, ein Mann, der sowohl mir bei der Verwaltung und Verteidigung meiner Ländereien zur Seite stand als auch sein eigenes Reich klug regierte. Er durfte nicht zu alt sein, mußte große Fähigkeiten besitzen und über ein angemessenes Erbe verfügen.

Und ich kannte nur einen Mann, auf den all dies zutraf.

Was auch immer geschehen mochte, dieser Mann war der neue Graf von Anjou und Maine, der neue Herzog der Normandie – Henri, Geoffrois ältester Sohn.

Kapitel 24

✤ Ich hegte nicht den geringsten Zweifel, daß er mit meinem Vorschlag einverstanden sein würde. Selbst wenn ich alt und häßlich gewesen wäre, hätte er mich wegen meiner Ländereien genommen. Es fiel kaum ins Gewicht, daß ich schon neunundzwanzig und weder Witwe noch Jungfrau war, er dagegen ein Jüngling von gerade einmal neunzehn Jahren. Wir hatten, offen gesagt, einander viel zu bieten. Also schrieb ich ihm nach Angers. Ich wies meinen Boten an, die Verbindungsstraße zwischen Mirebeau und Loudun – Festungen, die dem jungen Geoffroi gehörten – unbedingt zu meiden und statt dessen über Parthenay und Cholet zu reiten.

In der Zwischenzeit zog ich mich in die Behaglichkeit des Maubergeonne-Turmes zurück, um wieder zu Kräften zu kommen und die Neuordnung der Verwaltung in Angriff zu nehmen.

Es gab viel zu tun. Louis' Beamte durch meine zu ersetzen war nur der erste Schritt gewesen. Meiner Ansicht nach konnte nur eines die fünfzehnjährige Pariser Herrschaft ungeschehen machen: Ich mußte alle Gesetze aus dieser Zeit aufheben und noch einmal ganz von vorn beginnen. Mit Hilfe meines alten Hofmarschalls von Aquitanien, dem Baron von Sanzay, kämpfte ich mich durch das Dickicht von Louis' Verordnungen, mit denen dieser versucht hatte, Ordnung in dieses scheinbar unregierbare Land zu bringen.

Was meine Beliebtheit anging, so hätte ich mir keinen besseren Neuanfang wünschen können. Jedes Gesetz des Königs, ganz gleich, ob gut, schlecht oder mittelmäßig, war nur mit Unmut hingenommen worden. Begeistert machte ich nun Gebrauch von meiner neugewonnenen Freiheit und ordnete an, alle freizulassen, die für ihr Aufbegehren gegen Louis' Herrschaft im Gefängnis saßen. Da ich beschäftigt war und wieder Pläne schmiedete, begann ich mich langsam von den fürchterlichen Tagen nach dem Konzil von Beaugency zu erholen. Auch die Trauer lähmte mich nicht mehr.

Dennoch konnte ich die Osterfeiertage des Jahres 1152 nicht genießen, denn Hugues hatte sich nach Lusignan zurückgezogen. Unser beider Gefühle waren verletzt, und unsere Freundschaft hatte einen nicht wiedergutzumachenden Schaden erlitten. Nun, da er die Wahrheit ahnte, war ich in seinen Augen mit einem Makel behaftet.

Anfang April erhielt ich eine geheime Botschaft vom Herzog der Normandie und Grafen von Anjou. Er nahm mein Angebot an und schlug vor, die Hochzeit Mitte Mai abzuhalten. Bis dahin mußten wir noch den wegen unseres Verwandtschaftsgrades notwendigen Dispens einholen. Tagtäglich dankte ich Gott dafür, daß weder Louis noch sein Vater vor fünfzehn Jahren die gleiche Voraussicht besessen hatten. Ich war mir sehr wohl der Ironie der Tatsache bewußt, daß die Ehe zwischen Louis und mir zwar aufgrund zu enger Blutsbande annulliert worden war, ich nun aber jemanden heiraten würde, mit dem ich genauso nahe verwandt war.

Geheimhaltung war das oberste Gebot, denn Louis würde niemals seine Zustimmung zu einer Ehe mit diesem Jüngling geben, der damit in Geoffrois Fußstapfen trat und dessen Stellung als Louis' größter Rivale und potentieller Feind erben würde. Wir mußten ihn vor vollendete Tatsachen stellen und uns später mit den Folgen auseinandersetzen.

So wurden nur mein Erzbischof und jene Mitglieder des Rates eingeweiht, die maßgeblich für die Erteilung des Dispenses waren. Mein schnelles Vorgehen schockierte sie, aber in einer geheimen Unterredung erzählte ich ihnen von den beiden Entführungsversuchen und schilderte die Dringlichkeit meiner Lage. Mir fiel auf – mit einem Gefühl, das ich in früheren Zeiten als Freude bezeichnet hätte –, daß alles wie in Beaugency verlief, allerdings mit dem Unterschied, daß ich diesmal das Heft in der Hand hatte.

»Ich brauche Euch nicht daran zu erinnern, daß es für mich in Anbetracht der jüngsten Ereignisse von größter Wichtigkeit ist, unverzüglich eine Ehe einzugehen.«

Das Rascheln der schweren Seidenroben untermalte das beifällige Gemurmel.

»Viele sagen schon, König Louis sei ein Narr gewesen, die Ungesetzlichkeit unserer Ehe anzuerkennen – auch wenn ich ihm nur Töchter geboren habe ...«

Einer der Älteren zischte unbedacht: »Hört, hört. Dieser Grünschnabel ...«

Ich mußte mir ein Lächeln verkneifen und fuhr fort: »Deswegen brauchen wir einen Heerführer, der Aquitanien verteidigen kann, falls Frankreich seine Großzügigkeit bereut, mir meine Lande zurückgegeben zu haben.«

Wieder mußten sie mir beipflichten.

»Umgekehrt werdet Ihr jedoch erkennen, daß diejenigen, mit denen eine vorteilhafte Verbindung möglich wäre, auch jederzeit eine ernstzunehmende Bedrohung werden können. Schließlich muß ich mich standesgemäß verheiraten.«

Streng blickte ich in die Runde. Noch stimmten sie mir, wenn auch verhalten, zu. So weit, so gut.

»Meine Wahl ist auf einen Mann gefallen, der meiner würdig ist, seine Fähigkeiten als Heerführer unter Beweis gestellt und bereits sein Einverständnis zugesichert hat. Mein zukünftiger Gemahl ist Seine Gnaden, der Herzog der Normandie und Graf von Anjou und Maine.«

Es wurde totenstill.

Der Erzbischof räusperte sich und sprach aus, was alle dachten. »Euer Gnaden, Ihr wißt, daß der König niemals seine Erlaubnis geben wird. Diese Verbindung würde seine eigenen Ländereien in den Schatten stellen – niemals würde er zulassen, daß einer seiner Vasallen mächtiger ist als er selbst!«

»*Wenn wir heiraten, stehen uns schwere Zeiten bevor... Wir... müßten uns für eine Weile bedeckt halten.*« Geoffrois mahnende Worte gingen mir durch den Kopf, bevor ich antwortete:

»Ich ... ich bin mir dessen bewußt, Erzbischof. Daher darf Louis nichts erfahren. Leitet alles Nötige für den Dispens in die Wege, und kümmert Euch im Augenblick nicht um den König.«

Alle schnappten erschrocken nach Luft und saßen mit offenen Mündern da wie gaffende Bauern auf dem Jahrmarkt. »Euer Gnaden«, setzte der Erzbischof noch einmal an, »das ist nicht ratsam ...«

»Ich habe Euch heute nicht hierhergerufen, um Rat zu suchen, sondern um mich Eurer Unterstützung bei einer Entscheidung zu versichern, die ich schon gefällt habe. Gewährt Ihr mir diese Unterstützung? Wenn nicht, wer unter Euch ist anderer Ansicht?«

Erneut machte ich ein gestrenges Gesicht. Es fiel mir nicht schwer – ich stellte mir einfach vor, jeder von ihnen sei Louis ... Auch der Erzbischof blickte in die Runde. Er bat darum, die Angelegenheit mit seinem Rat alleine erörtern zu dürfen.

Eine Stunde später kam er zu mir in den großen Saal und brachte einen vorläufigen Entwurf mit.

Die erste Schlacht hatte ich gewonnen. Vernunft und Stärke und ein Durchsetzungswille, der eines Suger würdig gewesen wäre, hatten gesiegt. Außerdem hatte Geoffroi mich darauf aufmerksam gemacht – war es wirklich erst sieben Monate her? –, daß sie ihre Ämter mir verdankten und deswegen tun würden, was ich ihnen befahl. Mit Erleichterung und stillem Triumph im Herzen erklomm ich die Treppe zum alten Dachgarten. Ich stellte mich an die Brüstung, blickte hinüber zum Fluß und hing meinen Gedanken nach.

Bisher hatte ich mich nie gefragt, was Geoffroi wohl von meinem Plan gehalten hätte. Ich konnte es mir einfach nicht leisten. Auch wenn es vielleicht unmoralisch war, den Sohn meines früheren Geliebten zu heiraten, so wäre es eine noch größere Sünde, mein Land und meine Macht in die Hände eines schwachen oder bestechlichen Fürsten zu legen ... So oder ähnlich versuchte ich mein Tun vor mir selbst zu rechtfertigen. Geoffroi würde wissen, daß mir kaum eine andere Wahl blieb und ich schnell handeln mußte, sonst würde ich alles verlieren. Wenn ich einmal in Ruhe darüber nachdenken konnte, hoffte ich, daß er wenigstens mit dem Verstand gutgeheißen hätte, was sein Herz mit Abscheu erfüllen mußte. Bestimmt würde er verstehen, daß jeder Tag sich wie eine unbekannte Wüstenlandschaft vor mir ausbreitete. Die Reise durch diese Wüste war ermüdend und qualvoll, und immer stand mir vor Augen, daß am Ende des Weges keine liebliche grüne Oase auf mich wartete, denn ich würde ihn niemals, wirklich niemals mehr wiedersehen. Die Leere eines Lebens ohne ihn ängstigte mich, und der Abgrund lockte. Ich hatte alle Hoffnung auf Glück verloren, aber ich durfte nicht vergessen, daß ich Verantwortung trug. Eine Möglichkeit stand mir noch offen. Ich mußte sie ergreifen, sonst war es zu spät.

Außerdem konnte ich nur auf diese Weise die Pläne verwirklichen, die wir zur Vereinigung unserer Ländereien gehegt hatten; obendrein verband sich damit noch ein ganz besonderes, persönliches Anliegen.

Am sechzehnten Mai erschien Henri ohne Ankündigung inkognito in Begleitung einiger Freunde in Poitiers. Sie trugen Jagdkleidung und führten ihre Falken und Hunde mit sich. Zweifellos war keinem in der Stadt diese Gruppe ausgelassener junger Männer besonders aufgefallen. Sie mischten sich unauffällig unter die Menge, die der wieder heimgekehrten Herzogin ihre Aufwartung machen wollte.

Ich hatte ihn nicht mehr seit jenem Abend in Paris gesehen,

an dem wir miteinander getanzt hatten. Es war kaum acht Monate her, aber es schien in einem anderen Leben gewesen zu sein. Er sah älter aus, doch ich bezweifelte, daß es auf seine Trauer zurückzuführen war. Ganz offensichtlich genoß er seine neue Rolle als Herr über das Gebiet vom Ärmelkanal bis zur Loire, und er blickte auf Poitiers und mein Schloß, als gefiele ihm der Gedanke, sie ebenfalls zu besitzen. An dieser Haltung erkannte man, daß er genau der Mann war, den wir brauchten.

Ich traf ihn bei Unterredungen mit dem Erzbischof, wo er seine Zustimmung gab, die Hochzeit in zwei Tagen abzuhalten. Henri schien enttäuscht, daß wir keine Möglichkeit für ein Gespräch unter vier Augen hatten, aber er sah ein, wie wichtig es war, die Angelegenheit noch eine Weile geheimzuhalten. Und so verbrachte er die nächsten Tage recht zufrieden mit seinen Gefährten auf der Jagd in den Wäldern hinter Saint-Benoît.

Die Zeremonie war äußerst schlicht. Die Trauung fand im Vorraum der Kathedrale statt und endete mit einer privaten Messe. Danach kehrten wir zu einer kleinen, diskreten Feier ins Schloß zurück. Im Verlauf des Essens stellte ich meinem Hofstaat Henri als neuen Herrn und Gebieter vor. Ein aufgeregtes Raunen ging durch die Anwesenden. Doch das war noch gar nichts, verglichen mit dem Aufruhr, den die Nachricht über diese überstürzte Verbindung in Paris auslösen würde, denn Henri und ich herrschten nun über ein sehr viel größeres Gebiet als Louis. Kein anderer Gemahl hätte ihn so verärgert. Wenn wir Glück hatten, kamen wir mit einer hohen Geldstrafe davon. Das Wissen, Louis auszustechen, löste weder Freude noch Triumphgefühle bei mir aus: Ich war vor allem erleichtert, daß ich eine Lösung gefunden hatte und nicht länger von jedem gesetzlosen Ritter – oder einem willfährigen Handlanger des Königs – verfolgt wurde, der glaubte, Schicksal spielen zu müssen.

Bisher war ich noch keinen Augenblick mit Henri allein gewesen, hatte es, ehrlich gesagt, auch nicht gewollt. Die Vorstellung, mit ihm verheiratet zu sein, war nur erträglich, weil ich keine andere Wahl besessen hatte. Die Wirklichkeit indes war eine andere Sache. Ich hatte dieses Unternehmen nur in Erwägung ziehen können, weil er Geoffroi überhaupt nicht ähnlich war. Hätte er seinem jüngeren Bruder geglichen, wäre ich nicht im Traum – Vorteile hin oder her – auf diesen Plan verfallen. Nein, bei Henri würde ich wenigstens nicht mit jedem Blick an meinen Verlust erinnert werden.

Nach dem Essen machten wir einen Spaziergang im Garten und berieten, ob wir uns schon gegen Louis' Vergeltungsmaßnahmen wappnen sollten. Doch das machte wenig Sinn, solange wir nicht wußten, was der König vorhatte. Bald ließen wir das Thema fallen.

Eine Weile gingen wir schweigend, in Gedanken versunken, nebeneinander her. Beim Springbrunnen blieb er schließlich stehen, faßte mich bei den Schultern und fragte: »Bereut Ihr schon, mich geheiratet zu haben?«

Ich war verblüfft, denn ich hatte mich redlich bemüht, mir nichts anmerken zu lassen. »Nein, Henri.« Trotz seiner Jugend war er außerordentlich klug. Ich konnte ihn nicht täuschen. »Aber ich kenne Euch nicht. Es wird einige Zeit dauern, bis ich mich an ... an Euch gewöhnt habe.«

»Nun, ich für meinen Teil bereue nichts. Überhaupt nichts!« Mit diesen Worten gab er mir einen dicken, schallenden Kuß auf die Lippen und sagte: »Laßt uns zu Bett gehen, sofort!« Er zog mich mit sich durch den Garten. »Äh, wo geht es lang?« Als er diese Frage stellte, waren wir schon auf dem Weg in die Schloßküche. »Ach, schaut mich doch nicht so an, Eleonore. Es wird Spaß machen, Ihr werdet schon sehen!«

Er grinste mich verschmitzt an und spielte mit meinem Haar. Mit der anderen Hand pflückte er aus einem der Blumentöpfe eine Ringelblume und steckte sie unter mein golden besticktes Haarnetz. Sie fiel sofort wieder heraus, und ich mußte lachen.

»Also, wo ist es?«

»Was?«

»Euer Gemach!«

Plötzlich fand ich die Vorstellung gar nicht mehr so unangenehm. Wir gingen hinein.

An diesem warmen Nachmittag hielten fast alle ein Nickerchen. Niemand sah, wie wir die Treppe des Maubergeonne-Turmes emporstiegen. Darüber war ich froh, denn auf diese Situation war ich wirklich nicht vorbereitet. Henri hatte den Arm um meine Taille gelegt, sein Blick jedoch war auf das Gewölbe der Treppe gerichtet. Er stellte eine Frage nach der anderen, wollte etwas über die Bauweise wissen, die Steine, die zum Bau benutzt worden waren, und vieles mehr. Seine Neugier erinnerte mich an Suger ...

Amaria war gerade mit dem Bettenmachen fertig geworden, als wir hereinkamen, und sah überrascht auf. Henri versuchte, sie fortzuscheuchen. Sie ließ sich jedoch nicht so leicht einschüchtern und wandte sich an mich: »Madame?«

»Es ist recht so, Mari. Du kannst uns allein lassen.«

»Braucht Ihr noch etwas, Madame?«

»Danke, nein. Du kannst gehen.«

Aber ihr Sinn für Anstand war verletzt, und ich versuchte, den bedeutungsvollen Ausdruck in ihren Augen nicht zu beachten. Beim Hinausgehen warf sie mir noch einen besorgten Blick zu.

»Sie ist wirklich eine Plage!« sagte Henri, schloß die Tür und verriegelte sie sorgfältig.

»Sie ist bei mir, seit ich denken kann – und sie wird bleiben, solange sie es wünscht.«

»Natürlich, das ist Eure Entscheidung ... Trotzdem, ich glaube nicht, daß sie mit mir einverstanden ist.«

»Nein, das glaube ich auch nicht.«

»Denkt sie, Ihr habt unter Eurem Stand geheiratet?«

»Nein, das ist es nicht. Bitte, laßt die Angelegenheit auf sich beruhen, Henri.«

»Euer Gemach gefällt mir, Eleonore«, sagte er. Sein Blick wanderte durch den Raum und blieb schließlich an mir hängen.

Wir waren ganz allein. Ich war nicht aufgeregt – nur verwundert, denn er war so anders als der Jüngling, den ich in Paris getroffen hatte. Zunächst war er weit mehr gereift, als man es in acht Monaten erwarten konnte. Überrascht stellte ich fest, daß ich ihn auf eine gewisse Weise sogar mochte. Seine Tatkraft und seine Begeisterung wirkten unleugbar anziehend. Er schien das Talent zu haben, jeden Augenblick voll auszuschöpfen. Dies galt auch jetzt, als er begann, mich zu küssen. Ich nahm das Netz aus meinem Haar, und er begann, mit kundigem Griff mein Kleid aufzuschnüren. Wenigstens hatte er Erfahrung. Ich schlüpfte ins Bett, während er sich schnell Wams und Hose abstreifte. Er war schlanker, als ich gedacht hatte: Die breiten Schultern und der massige Oberkörper ließen ihn viel schwerer – und älter – aussehen, als er tatsächlich war. Nie jedoch würde er so anmutig oder elegant wirken wie ... Ich schloß die Augen und versuchte, an nichts mehr zu denken. An überhaupt nichts ...

Überrascht schlug ich die Augen wieder auf, denn er hatte meine Bettdecke fortgezogen. Eine Weile stand er da und betrachtete mich eingehend. Schließlich sagte er: »Ihr seid wahrhaftig wunderschön.« Seine Stimme klang ein wenig nervös. Er setzte sich auf die Bettkante. »Wenn man bedenkt, daß Ihr mit diesem mönchischen Louis verheiratet wart! Was für eine Verschwendung!« Dann legte er sich zu mir.

Mit der gleichen ungeheuren Kraft, dem gleichen Behagen und der gleichen Begeisterung, mit der er alles anging, liebte er auch. Vielleicht war sein Liebesspiel nicht besonders feinsinnig, aber das war mir nur recht. Ich wollte keine Erinnerungen heraufbeschwören. Doch was er vorhin im Garten gesagt hatte, stimmte nicht: Es machte keinen Spaß, mir jedenfalls nicht. Sobald er mich berührte, war ich angespannt. Plötzlich zweifelte ich daran, ob ich dies alles über mich ergehen lassen konnte. Ich brauchte all meine Kraft, um meine wahren Gefühle zu verbergen und ihn das tun zu lassen, was er wollte, was nötig war. Ich machte einfach mit, und glücklicherweise verhinderten seine Jugend und seine Erregung, daß er viel von meinem Zustand bemerkte. Als er jedoch in mich eindrang, konnte ich es nicht mehr aushalten. Dieser Moment schenkte mir keinen Genuß und, schlimmer noch, beschwor Geoffroi mit solch unerwarteter Heftigkeit herauf, daß ich zurückwich und Henri wegstieß. Natürlich nahm er an, er habe mir weh getan, und entschuldigte sich aufrichtig. Er habe es wohl etwas überstürzt, sagte er und versprach mir, in Zukunft sanfter zu sein ...

Danach fiel er in einen kurzen Schlummer. Während ich neben ihm lag, kämpfte ich mit dem Gefühl, das Schlimmste getan und Geoffroi verraten zu haben – wenn nicht er, dann sollte kein anderer an meiner Seite sein. Am liebsten hätte ich vor Schmerz und Einsamkeit laut aufgeschrien. Henri bewegte sich. Schnell schloß ich die Augen, denn er sollte meinen Kummer nicht bemerken. Er nahm an, ich schliefe, und so angelte er im Dunkeln nach seinen Kleidern und stolperte im Zimmer umher. Endlich schlüpfte er hinaus und ließ mich allein.

Amaria mußte die ganze Zeit draußen aufgepaßt haben, denn sie kam nur einige Augenblicke später herein. An der Tür zögerte sie kurz und flüsterte: »Ist alles in Ordnung, Madame?« Als ich nicht antwortete, eilte sie zum Bett und nahm mich in die Arme. »Ruhig, ruhig, es ist alles in Ordnung, weint nicht. Nein.« Sie wiegte mich sanft, während ich mein Gesicht an ihrer Schulter barg und unbeherrscht losschluchzte. »Ich verstehe. Ihr wollt ihn, nicht wahr ... Das ist der schwerste Augenblick ... Ich weiß, ich weiß.«

»Oh, Mari, was soll nur werden?«

»Ihr werdet schon einen Weg finden, Madame. Aber Ihr müßt endlich einsehen, daß er nicht mehr da ist. Es ist eine

Sünde, die Toten mit Tränen zurückholen zu wollen – eine Sünde gegen ihn, denn er kann nicht in Frieden ruhen, solange Ihr so trauert. Niemals.« Sie wiegte mich immer noch in den Armen. »Es ist an der Zeit, daß Ihr ihn gehen laßt – um seinetwillen und um Euretwillen.« Ich sah auf. Ihre gutgemeinten Worte schnitten mir ins Herz, und ich erkannte, wie weise sie waren. »Graf Geoffroi würde nicht wollen, daß Ihr so unglücklich seid, das wißt Ihr. Er würde sich wünschen, daß ihr das Leben genießt und glücklich seid. Ihr habt einen neuen Anfang gemacht. Blickt jetzt nicht zurück!« Sanft faßte sie mich am Kinn und trocknete mein tränennasses Gesicht mit dem weichen blauen Stoff ihres Ärmels. Beschwörend sagte sie: »Er ist nicht sein Vater; das kann jeder sehen. Aber Ihr werdet das Beste daraus machen. Nun kommt, geht Euch waschen, und macht Euch für das Abendessen fertig.«

Sie war klug, und sie hatte recht. Ich hatte meine Wahl getroffen und würde das Beste daraus machen.

Mein Hofstaat hatte fast einen ganzen Tag Zeit gehabt, sich an meine plötzliche Heirat und die unerwartete Verbindung mit dem Hause Anjou zu gewöhnen. Gerührt bemerkte ich, daß man sich die Mühe gemacht hatte, dem Saal an diesem Abend einen festlichen Anstrich zu geben. Girlanden aus Frühlingsblumen hingen an den Tischen, man hatte doppelt so viele Kerzen wie gewöhnlich angezündet, und alle trugen ihre besten Kleider und den schönsten Schmuck. Wir tranken und brachten Trinksprüche aus, und schließlich geleiteten einige Henri und mich in einer feierlichen Zeremonie zu Bett. Ihnen war verborgen geblieben, daß wir diese Erfahrung schon geteilt hatten.

Henri war das nur recht; er liebte mich mit noch größerer Begeisterung als beim ersten Mal. Diesmal ertrug ich es leichter. Danach war er zum Reden aufgelegt.

»Ich konnte mein Glück kaum fassen, als mich Euer Brief erreichte! Auch ich hatte diesbezüglich schon Überlegungen angestellt und hätte schon längst versucht, Euch zu treffen, wenn ich nicht in Lisieux zu tun gehabt hätte. Ein Glück, daß Euer Bote so schnell durchkam. Da versuchte ich gerade noch, mehr Schiffe von den Bischöfen bewilligt zu bekommen, und im nächsten Moment ließ ich sie meinen Heiratsplänen zustimmen! Das war ein perfekter Schachzug!«

»Den Euer Bruder fast verhindert hätte ...«

Er sah verlegen aus. »Äh, ja. Verzeiht. Ich habe gehört, er hätte Euch beinahe gefangengenommen.«

»Ich war krank, sonst hätte er uns nie eingeholt.«

»Ich muß etwas wegen Geoffroi unternehmen. Durch seine Burgen könnte er uns den Zugang zur Touraine versperren, gar nicht zu reden von Le Mans und dem Weg in die Normandie. Ich weiß nicht, was Vater sich dabei gedacht hat ...«

Nun schien der Augenblick gekommen, den ich ersehnt, aber auch gefürchtet hatte. Nun konnte ich vielleicht herausfinden, was wirklich vor acht Monaten auf ihrer Heimreise von Paris geschehen war. Froh, daß er in der Dunkelheit mein Gesicht nicht sehen konnte, fragte ich: »Henri, was ist passiert, nachdem Ihr Paris verlassen habt?«

Es dauerte eine Weile, bis er antwortete.

»Müssen wir heute nacht darüber reden?«

»Ich möchte es wissen.«

Er holte tief Luft. »Nun gut, Eleonore, aber es ist nicht besonders angenehm. Wir hatten einen furchtbaren Streit.«

Das hatte Aedwine nicht erwähnt.

»Worüber? Ich dachte, Ihr hättet alles bekommen, was Ihr wolltet.«

»Nicht ganz. Er hat das Vexin aufgegeben.«

Am liebsten hätte ich erwidert, daß Geoffroi es schon vor Jahren abgeschrieben hatte. Weil ich aber Henri schlecht erklären konnte, woher ich das wußte, sagte ich statt dessen: »Unter diesen Umständen war das doch sicher kein zu hoher Preis, oder?«

»Doch, er ist zu hoch, wenn man bedenkt, daß das Vexin die Seine und den Weg nach Rouen kontrolliert.«

»Manchmal ist ein Handel unvermeidlich. Ihr solltet schließlich als Herzog der Normandie anerkannt werden, Henri ...«

»Ja, aber man darf niemals sein Land abtreten. Niemals!«

»Euer Vater hat Euch die gesamte Normandie überlassen.« Unsere Unterhaltung wurde spürbar kühler.

»Meiner Mutter hätte es zugestanden, mir die Normandie zu überlassen, nicht ihm.«

»Aber er hat sie erobert, er wurde zum Herzog ernannt. Er hätte sie behalten können.«

Seine Stimme war ausdruckslos. »Dann hätte ich sie mir nehmen müssen.«

»Genauso wie Ihr plant, die Burgen Eures Bruders zu nehmen?«

Es herrschte ein langes, kaltes Schweigen. Ich fragte mich, was ich damit zu erreichen hoffte. Wollte ich ihn mit Gewalt dazu bringen, mir die Wahrheit über Geoffrois Tod zu verraten? Ich wartete ein wenig. »Ihr hattet also einen Disput über das Vexin, Henri?«

Als er schließlich sprach, klang seine Stimme kühl und beherrscht. »Ja. Vater sagte, wir könnten es uns jederzeit von Louis zurückholen, aber ich glaube nicht, daß es ihm wirklich wichtig war. Er schien an diesem Tag mit seinen Gedanken woanders zu sein, als ob er ganz andere Pläne hätte. Wahrscheinlich habe ich deswegen die Geduld verloren, weil er mir nichts verraten wollte und überhaupt nicht ernst sein konnte. Er lächelte ständig vor sich hin – sogar sein dummer Knappe schien in einen Witz eingeweiht zu sein, den ich nicht kannte.«

Er hatte sich nicht mehr in der Hand gehabt. Das wäre für uns beide sehr gefährlich geworden ...

»Aber Ihr konntet nicht in Erfahrung bringen, was es war?« Natürlich nicht – sonst wäre er jetzt nicht hier.

»Nein, nie. Und es war so heiß ... Ich nehme an, es hatte etwas damit zu tun. Wir machten Rast und gingen schwimmen, um uns ein wenig abzukühlen. Ich war immer noch ärgerlich, und Vater zog mich ständig auf – er war ein wenig eigenartig, aufgewühlt und nervös. Unter seinem Kinn hatte er einen Schnitt, der blutete ...«

Nun rang ich um Fassung, blieb aber dennoch beharrlich. »War das Wasser sehr kalt?«

»Kalt? Nicht sehr – ich glaube, ich habe mich darüber beklagt; ich kann nämlich nicht besonders gut schwimmen, wißt Ihr.« Er klang verlegen und mit einem Mal schüchtern. Mir wurde wieder bewußt, wie jung er noch war ...

»Wir zogen uns an, und ich ... ich war immer noch wütend auf ihn. Deswegen sagte ich zu ihm, ich würde nach Angers reiten und nicht nach Le Mans. Dann trennten wir uns.«

Ich merkte, daß er weinte, aber ich wollte doch noch mehr erfahren.

»Was geschah dann, Henri?«

Er schniefte ein- oder zweimal und schluckte. »Ich war gerade in Angers eingetroffen, als Boten mir die Nachricht brachten, Vater liege krank in Le Lude. Ich ritt so schnell ich konnte ... Aber ich kam zu spät.« Lange Zeit war es still. Er war in Gedanken weit fort und hing seinen schmerzlichen Erinnerungen nach. »Er sah so anders aus. So blaß und dünn, und so jung. Einen Augenblick lang dachte ich, es hätte eine Verwechslung gegeben, und mein Bruder Geoffroi läge krank danieder und nicht mein Vater. Doch das stimmte natürlich nicht. Dann bestürmten sie mich auch schon wegen seines Testamentes.« Er atmete wieder tief ein, und seine Stimme klang plötzlich höher. »Er traute mir nicht, wißt Ihr? Nach allem, was geschehen war, hat er mir nicht vertraut.«

Nein, und er hatte wie immer recht damit.

»Ihr weint ja, Eleonore. Wie einfühlsam von Euch, mein Leid zu teilen!«

Ich spürte, daß er den Arm um mich legen wollte, denn er

hatte bereits den kurzen Moment der Feindseligkeit vergessen. Schnell setzte ich mich auf.

Rasch fuhr er fort: »Wir brachten ihn nach Le Mans. Aus irgendeinem Grund wollte er nicht mit der Familie seines Vaters in Angers begraben werden – man sagte mir, in diesem Punkt sei er eisern geblieben ... Ihr müßt einmal mit mir zusammen sein Grabmal besuchen, es soll in ein paar Monaten fertig sein.« Er hielt kurz inne und meinte dann: »Wenn es Euch recht ist, möchte ich nicht mehr darüber sprechen.«

»Ja, Henri, selbstverständlich.«

Er gähnte. »Mein Gott, bin ich müde. Das war wirklich ein aufregender Tag.« Er drehte sich um und schlief ein, während ich in dieser Frühlingsnacht lange wach lag, mich entsetzlich einsam fühlte und an die kalten Wasser von Château-du-Loir dachte – und an den hohen Tribut, den sie gefordert hatten.

Kapitel 25

⚜ Henri und ich waren überrascht, wie schnell nun alles ging. Schon nach wenigen Tagen wurden wir aufgefordert, nach Paris zu kommen und unsere unerlaubte Heirat vor Louis zu rechtfertigen. Mein Vorgehen hatte ihn tief erschüttert – nicht, weil ich damit vielleicht seine Gefühle verletzt hätte, sondern weil er wieder einmal von einem Angeviner überlistet worden war. Natürlich leisteten wir seiner Aufforderung nicht Folge. Henri ignorierte den Befehl und schmiedete weiter Pläne zur Eroberung Englands, während ich eisern in Poitiers ausharrte und anordnete, die Stadttore geschlossen zu halten. Mit der Zeit würden sich die Gemüter sicher wieder beruhigen.

Henri ritt nordwärts nach Barfleur, um seine Flotte auszurüsten, während Louis in Paris saß und vor Wut schäumte. So hätte es bleiben können, hätten uns nicht alte Sünden aus der Vergangenheit eingeholt. Der junge Thibault de Blois, dem ich auf meiner Rückreise nach Poitiers entkommen war, wollte Aquitanien ebensowenig verloren geben wie der junge Geoffroi, der Henri genauso mißtraute wie vormals sein Vater. Er bewegte die Barone von Anjou zum Aufstand und schlug sich auf Louis' Seite. Gemeinsam rüsteten unsere Gegner und unsere Verwandten – zu jedem anderen Zeitpunkt wäre solch eine Allianz undenkbar gewesen – zum Kampf gegen uns.

Ich verhängte über Poitiers den Kriegszustand und sandte einen Boten zu Henri, um ihn zu warnen.

Letztendlich wiederholten sich die Ereignisse des Jahres 1150, doch diesmal eilte Henri nicht bloß Geoffroi zu Hilfe, sondern mußte dem Feind allein entgegentreten. Mit einer Schnelligkeit, die selbst ich ihm nicht zugetraut hätte, führte er seine Truppen vom Hafen, wo die Soldaten schon mit vereinten Kräften die Schiffe für die Überfahrt nach Southampton vom Ufer geschoben hatten, nach dem mit Louis verbündeten Neufmarché. Er war noch mehr als dreißig Meilen entfernt, als sich die Stadt schon voller Entsetzen ergab. Also lenkte er seinen Zorn auf das Vexin und zeigte Louis, ungeachtet aller Abkommen, wer hier wirklich der Herr war. Er plünderte und brandschatzte und drängte Louis auf der ganzen Linie zurück. Angesichts solch unnachgiebiger Kraft fragte ich mich, ob er nicht ohne viel Federlesens mit seinem Bruder ebenso verfahren würde.

Meine Ahnung sollte sich bewahrheiten. Sobald Louis zum Rückzug blies, überschritt Henri die Vienne, um die Burgen des jungen Geoffroi an sich zu reißen. Er fegte wie ein Sturm über sie hinweg und nahm Geoffroi und die meisten seiner Gefolgsleute gefangen. Und damit war bereits alles vorbei. Die Verteidigung unserer Ländereien hatte nicht mehr als sechs Wochen gedauert. Louis täuschte wie üblich eine Erkrankung vor und zog sich hastig nach Paris zurück. Ich konnte nur noch staunen, welch hervorragender Lehrmeister Geoffroi und – das mußte ich zugeben – welch gelehriger Schüler Henri gewesen war. Ich hatte eine gute Wahl getroffen.

Nach diesem schnellen und glänzenden Erfolg hatte ich erwartet, daß Henri sofort die Segel setzen und nach England aufbrechen würde. Doch zu meiner Überraschung traf er an einem heißen Augustnachmittag in Poitiers ein. Er stürmte in den Garten, wo ich gerade Briefe diktierte, und erschreckte meinen Schreiber zu Tode. Henri bot in der Tat einen seltsamen Anblick. Seine Kleider und sein Haar waren voller Staub, die sonst helle Haut sonnenverbrannt und mit Blasen bedeckt, und die Stimme klang nach dem wochenlangen Befehlston heiser und überanstrengt. Noch steifbeinig von dem langen Ritt, humpelte er triumphierend auf mich zu, packte mich und trug mich hinauf ins Bett, ohne vorher noch etwas zu trinken, zu essen oder, leider, zu baden. Es war, als hätte mich der Mistral erfaßt.

»Willkommen zu Hause, Henri!« japste ich, sobald ich wieder zu Atem gekommen und er keuchend von mir heruntergerollt war.

»Habt Ihr etwas zu trinken?« stieß er hervor, unempfänglich für ironische Bemerkungen, und zuckte zusammen, als er mit einem sonnenverbrannten Arm am Wandbehang entlangstreifte. Staub stieg von ihm auf und tanzte im Licht eines Sonnenstrahles in der Luft. Neben dem Bett stand eine Karaffe mit Traubensaft. Nachdem er seinen Durst gestillt hatte, gab er mir eine lebhafte Schilderung seines Feldzuges. Er hatte Louis kurz getroffen und erklärte, der König sehe aus wie immer, vielleicht ein wenig gehetzter als sonst, aber angesichts seiner vollkommenen Niederlage sei das verständlich. »Ich glaube, der wird uns für eine Weile in Ruhe lassen!« bekräftigte er und sah sich suchend nach einer zweiten Karaffe um.

Ich wollte jedoch nicht über Louis sprechen. »Was habt Ihr mit Eurem Bruder gemacht?«

Er wich meinem Blick aus. »Geoffroi? Er ist in Montsoreau ...«

»Henri, Ihr habt ihn doch nicht etwa in den Kerker geworfen?«

»Warum nicht? Es ist eine alte Familientradition, seine Brüder einzukerkern ...«

Das wußte ich nur zu gut, und es hatte Geoffroi auch noch auf seinem Sterbebett gequält. »Ihr müßt ihn freilassen«, bat ich ihn.

»Er wird es nur wieder versuchen! Gerade Ihr solltet wissen, wozu er fähig ist, Eleonore!«

»Ihr müßt ihm seine Burgen zurückgeben, Henri, und ihm die Freiheit schenken.«

»Oh, und warum muß ich das?« fragte er frostig.

Waren wir schon wieder mitten in einem Streit? »Erstens,

weil er niemals versucht hätte, mich zu entführen, wenn er hätte sicher sein können, daß Ihr ihm sein Land gebt. Und zweitens, weil er Euer Bruder ist und Ihr Eurem Vater geschworen habt, seinem Letzten Willen zu gehorchen.«

»Der Leichnam meines Vaters war schon kalt, als ich das geschworen habe. Wie sollte mich also jemand dazu zwingen?«

»Henri!« Die angevinische Nüchternheit war bis zu einem gewissen Punkt bewundernswert, aber nun ging er eindeutig zu weit. Zu sehr hatte ich die Vergangenheit vor Augen. Welch grausame Ironie, daß Geoffroi durch seine Anstrengung, die Rechte seines jüngeren Sohnes zu schützen, unwissentlich auch mich beschützt hatte. Oder sollte er vorausgeahnt haben, auf welche Weise dieser Sohn eine Ungerechtigkeit mit einer anderen vergelten würde?

Henri wirkte unangenehm berührt. Barsch erwiderte er: »Ich hatte vor, ihn freizulassen, sobald er mir verspricht, sich zu benehmen ...«

»Also soll er sich durch ein Versprechen gebunden fühlen, Ihr aber nicht?«

Er schleuderte den Becher auf den Boden, wo er klirrend zerbrach. »Jawohl! Gottverdammt! Warum nicht? Er herrscht nur über vier läppische Burgen – ich werde bald über halb Europa herrschen. In Gottes Namen, Eleonore! Ich bin gerade erst heimgekehrt, also hört auf damit!«

Mit blutunterlaufenen Augen starrte er mich an, und plötzlich empfand ich Mitleid mit ihm – so jung und stark er auch sein mochte, im Augenblick war er vollkommen erschöpft. Ich beugte mich vor und legte ihm den Arm um die Schultern. »Verzeiht mir, Henri, ich bin nervös. Niemand hatte bisher Gelegenheit, Euch kennenzulernen – nicht einmal ich, wie mir scheint. Ihr habt Euch wacker geschlagen.«

Er schaute mich fest an und beugte dann seinen Kopf, um meine Hand auf seiner Schulter zu küssen. »Vergebt mir, daß ich Euren Becher zerbrochen habe. Ihr habt so schöne Dinge ... Oh, bitte, Eleonore – erzählt mir nicht, daß er tausend Jahre alt und von unschätzbarem Wert war!«

»Nein, natürlich nicht. Nur aus der Römerzeit ...«

Er erbleichte – er verehrte alles Römische über die Maßen –, und seine Stimme klang wie die eines Kindes, als er flüsterte: »Eleonore – ist das wirklich wahr?«

Mein Gott, ließ er sich leicht zum Narren halten.

»Nein, Henri. Es ist nicht wahr.« Ich mußte lachen, und er stieß mich zurück in die Kissen und gab mir einen heftigen Kuß. Gleich darauf wurde er wieder ernst. »Eleonore, ich weiß, hier in Euren Landen bin ich nur Euer jugendlicher Gemahl, aber darüber hinaus habe ich den Eindruck, daß ich den Menschen als Sieger nicht willkommen bin. Was ist los mit den mürrischen Südländern?«

Ich schob ihn beiseite. »Ihr braucht ein Bad, Henri! Nein – wir machen erst weiter, wenn Ihr wieder sauber seid!«

Murrend trottete er zur Wasserschüssel hinüber und fing an, sich zu waschen. Auch mir war nicht mehr zum Scherzen zumute. Der kühle Empfang hatte mich ebenfalls überrascht. Sein außerordentlicher Erfolg hätte meine Vasallen eigentlich davon überzeugen müssen, daß sie endlich wieder einen starken Lehnsherrn hatten, doch statt dessen fürchteten sie nun, sie seien die nächsten, die er unterwerfen würde. »Sie sind nicht mürrisch. Ich glaube, sie fühlen sich bedroht, Henri – für sie seid Ihr eine Mischung aus Herkules und einem Wirbelsturm, und Euer jüngster Triumph hat sie erschreckt. Vielleicht sollten wir durch das Land reisen, jetzt, wo wieder Ruhe eingekehrt ist, damit die Menschen sehen, wer ihr neuer Herr ist. Es würde uns allen guttun ...«

Frisch gewaschen, zog er sich rasch etwas an.

»Ein guter Vorschlag. Am besten brechen wir bald auf, solange das Wetter schön ist. Trefft Ihr die Vorbereitungen? Ich möchte in den nächsten Tagen auf die Jagd gehen.«

Nach der Anspannung und der Trauer des vergangenen Sommers waren die nächsten zwei Monate die reine Erholung, obwohl wir an den meisten Tagen über zehn Stunden im Sattel verbrachten und oft in Zelten schlafen mußten. Alle murrten, nur Henri und ich nicht.

Während wir durch Aquitanien reisten, konnte ich wieder etwas von der Freiheit spüren, die ich damals auf dem Kreuzzug empfunden hatte. Zugleich hatten Henri und ich die Gelegenheit, uns besser kennenzulernen. Er stellte unablässig Fragen über den Orient – wie wir gereist waren, was wir gegessen hatten, wie die Sarazenen wirklich waren und so weiter –, und wir verstanden uns gut. Es freute mich, daß mein Wissen und meine Erfahrung gefragt und geachtet waren und nicht als unpassend für eine Frau abgetan wurden. Es war ein bißchen so, als würde ich mich mit Geoffroi unterhalten, nur – und hier war ein großer und unüberbrückbarer Unterschied – daß das instinktive Verständnis fehlte, keiner die Gedanken des anderen lesen konnte. Henri und ich unterhielten uns wie Freunde, manchmal auch wie Rivalen, aber nicht wie Liebende. Es war mir durchaus recht. Außerdem war er der Charme in Person, als er sich mit einem widerspenstigen Baron nach dem anderen traf und allen versicherte, sie hätten in Aquitanien nichts zu befürchten, solange sie uns als Lehnsherren anerkannten.

Wie vorauszusehen, gab es nur im Limousin Schwierigkeiten. Als wir Limoges erreichten, hatten wir uns über eine Kleinigkeit gestritten und waren gereizt. Überdies hatte Henri eine Magenverstimmung, was nicht verwunderlich war bei jemandem, der nicht einmal lange genug stillsitzen konnte, bis er eine Mahlzeit gegessen, geschweige denn verdaut hatte. Unser Gefolge war so groß, daß es nicht in der Stadt untergebracht werden konnte, deshalb hatten wir beschlossen, in den Zelten zu übernachten. Henri brauchte jedoch etwas Vernünftiges zu essen, und so forderte ich das örtliche Kloster auf, uns ein angemessenes Abendessen zu schicken. Die Mönche waren verpflichtet, ihre Lehnsherren auf der Durchreise zu verpflegen. Nichts geschah. Auf meine erneute Aufforderung erhielt ich vom Abt die knappe Antwort, er müsse uns nur mit Mahlzeiten versorgen, wenn wir innerhalb der Stadtmauern weilten, was nicht der Fall sei. Diese Unverschämtheit, die einem schier die Sprache verschlug, war im Limousin nichts Neues, aber dieses kleinliche Verhalten konnte nicht so einfach hingenommen werden. Henri tobte.

Seither habe ich viele seiner Wutausbrüche miterlebt. Niemals werde ich jedoch das Schauspiel vergessen, das mir zum ersten Mal einen Einblick in die finsteren Seiten seines Wesens erlaubte. Man nennt es den angevinischen Zorn, aber er hatte keine Ähnlichkeit mit Geoffrois seltenem, eher verhaltenem Groll: Für mich klang es mehr nach Mathilda, die vor Wut in den Teppich gebissen hatte, als sie gezwungen wurde, Geoffroi zu heiraten.

Als man Henri die Antwort des Abtes von Limoges überbrachte, wurde er erst leichenblaß und lief dann puterrot an. Seine Augen waren blutunterlaufen und schienen aus den Höhlen zu quellen, und er brüllte wie ein Stier. Er zerschmetterte unser Mobiliar, zerriß seine Kleider und verwüstete das Zelt nach allen Regeln der Kunst. Schließlich riß er ein junges Bäumchen aus, weil es ihm im Weg stand, als er sich der Länge nach auf den Boden werfen wollte. Er fegte die Kochtöpfe mitsamt Inhalt vom Feuer und trampelte auf dem Geschirr herum. Kurz gesagt, er benahm sich wie ein verwöhntes Kind, das außer Rand und Band gerät.

Zuerst war ich erschrocken, doch die ganze Vorführung war so absonderlich, daß ich schließlich nur noch fasziniert zuschaute. Im Grunde standen alle da und gafften, aber Henri schien alles um sich herum vergessen zu haben.

Nachdem er fast eine Stunde mit diesen ermüdenden Mätzchen zugebracht hatte, beruhigte er sich langsam wieder. Um ihm nicht in die Quere zu kommen, hatte ich mich an den Rand des Schlachtfeldes zurückgezogen. Als er angeschlurft kam, saß ich am Lagerfeuer, und sogar in dem schwachen Lichtschein konnte man erkennen, wie erschöpft er von seinem Tobsuchtsanfall war. Trotzdem lief er immer noch mit wildem Blick hin und her, wie ein Dämon aus einem Schauspiel, und der Schweiß rann in Strömen über seinen Körper.

Ich war beileibe nicht in der Stimmung, ihn aufzuheitern.

»Nun, Henri, jetzt haben wir überhaupt kein Abendessen mehr.«

»Ich werde dem Abt zeigen, wer hier der Herr ist. Ich habe Befehl gegeben, die Stadtmauern dem Erdboden gleichzumachen.«

»Was?«

»Die Brücke auch. Eingebildete Bastarde! In Zukunft werden sie mich nicht mehr so behandeln.«

Er stolzierte davon, rief nach neuen Kleidern, und ich hörte, wie die Belagerungsmaschinen aus der Stadt gerollt wurden. Ungeachtet der nächtlichen Stunde sollten sie nun auf dieselben Mauern gerichtet werden, zu deren Schutz sie eigentlich gedacht waren. Das schien mir ein zu hoher Preis für ein bißchen Übermut, aber ich beschloß, mich nicht einzumischen. Schon Vater hatte sich am Limousin die Zähne ausgebissen. Vielleicht würde Henri diese Lektion auf lange Sicht guttun.

Immerhin hatte ich nun ein neues und ernüchterndes Bild von meinem jungen Gemahl gewonnen, und ich fragte mich, wie oft ich noch in den Genuß eines solchen Spektakels kommen würde.

Diese Nacht glich einem Höllenszenario. Überall beleuchteten kleine Feuer und Fackeln den Schauplatz des Geschehens. Mit Staub und Ruß bedeckte Männer stürmten vor und wieder zurück. Sie bedienten die Katapulte und brüllten begeistert, wenn wieder ein großer Brocken Mauerwerk fiel. Der Lärm war furchtbar. Die Luft war erfüllt von beißendem Rauch, der die

Sicht auf den Sternenhimmel verdeckte. Henri, eine Fackel in der Hand, bellte ununterbrochen Befehle und schien überall gleichzeitig zu sein. Ohne Gewissensbisse überwachte er, daß alles genau nach seinen Anweisungen ausgeführt und das Zerstörungswerk vollendet wurde. Wir hörten, die Einwohner hätten Zuflucht in der Kathedrale gesucht. Ich fragte mich, ob wir hier noch vor Sonnenaufgang ein zweites Vitry erleben würden. Alles schien möglich zu sein.

Ich saß die ganze Nacht beim Feuer, in zwei Mäntel gehüllt. Meine Hofdamen leisteten mir Gesellschaft. Sie unterhielten sich leise, wechselten jedoch kaum ein Wort mit mir. Sogar Amaria blieb stumm. Was sollten sie auch sagen? Ich konnte spüren, daß sie peinlich berührt waren – vielleicht eine zu schwache, aber merkwürdigerweise die treffendste Umschreibung für ihre Gefühle. Henris Reaktion war so übertrieben, daß es einem die Sprache verschlug. Aber ich sah ihre vorsichtigen Blicke und erriet ihre Gedanken: »Arme Eleonore, wen hat sie da bloß geheiratet!«

Das fragte ich mich langsam auch.

Und so fielen nach und nach die Stadtmauern. Henris Zorn war besänftigt, allerdings machte sich am nächsten Tag ein erschöpftes Häuflein auf den Weg ins Poitou. Der November ging seinem Ende zu, und es war Zeit, nach Hause zu reiten. Als wir jedoch nur noch einen Tagesritt von Poitiers entfernt waren, gewann Henri seine gute Laune zurück und sagte: »Nun habt Ihr mir die ganze Zeit Eure Städte gezeigt. Wie wäre es, eine der meinen zu besuchen? Kommt und seht Euch Le Mans an – es wäre ein angenehmer Abschluß ...«

»Nein!« unterbrach ich ihn harsch.

»Was?« Er sah verblüfft und ziemlich enttäuscht aus.

»Nein ...«

»Was habt Ihr, Eleonore?«

»Nichts. Ich bin müde, Henri. Ich möchte nach Hause.« Er hatte mich überrumpelt, und ich hatte instinktiv abgelehnt,

Geoffrois Stadt zu besuchen, seine Heimatstadt, die er allen anderen vorgezogen hatte und wo er nun begraben lag.

»Ihr seht aber überhaupt nicht müde aus. Kommt – ich möchte Euch zeigen, wo ich geboren wurde!« Er benahm sich wie ein junger Hund, der sich schlecht benommen hat und nun wieder um Zuneigung bettelt.

Ich erkannte, daß ich diesen Besuch nicht auf Dauer würde vermeiden können. Mein Zögern würde alles nur noch schlimmer machen. Also willigte ich ein und versuchte, mich auf den ersten Anblick von Geoffrois Zuhause vorzubereiten, das er so geliebt hatte. Ein Zuhause, das ich mit ihm hätte teilen sollen.

KAPITEL 26

✤ LE MANS WAR SEHR VIEL SCHÖNER, als ich es mir vorgestellt hatte. Seine alten Stadtmauern, die aus derselben Zeit stammten wie die von Poitiers, leuchteten in der Morgensonne in einem warmen Rosarot und wirkten seltsam vertraut. Beim Betreten der Stadt konnten Besucher jedoch sofort erkennen, daß sie sich im Norden befanden. Die Fachwerkhäuser, die sich steil den Hügel hinaufzogen, und die Paläste des Grafen und des Bischofs strahlten einen betörenden Charme aus. Überall wurden die strengen Linien des Stadtbildes durch Gärten gemildert, deren Weinranken und üppige grüne Kletterpflanzen bis auf das Pflaster herabwucherten.

Dieser Anblick bezauberte mich, und ich war verärgert, daß Henri, der doch so viel Wert auf meinen Besuch gelegt hatte, mir keine Möglichkeit zum Verweilen gönnte. Kaum hatten wir das Stadttor passiert, da lenkte er die Pferde schon den Hügel hinauf. Ich wollte Zeit gewinnen. »Wozu die Eile, Henri? Nun sind wir doch hier. Außerdem habe ich Durst und bin voller Staub ...«

»Ich fürchte, ich kann nicht so lange bleiben wie geplant, Eleonore. Ach, schaut mich doch nicht so an! Das Wetter schlägt um, und ich will die Gelegenheit zum Segelsetzen nicht verpassen. Am besten reiten wir sofort zur Kathedrale – das Grabmal ist inzwischen fertiggestellt, und wir können es uns ansehen.« Er gab seinem Pferd die Sporen und blickte sich noch einmal nach mir um. »Nun kommt schon, beeilt Euch! Es fängt an zu regnen.«

Panik stieg in mir auf. Das war zu früh, viel zu früh. Ich hatte nicht erwartet, daß wir geradewegs dorthin gehen würden ... Ich brauchte Zeit, um mich darauf vorzubereiten. Aber er drängte weiter, und plötzlich standen wir vor dem Westportal. Man erwartete nunmehr von mir, daß ich ruhig und gefaßt hineinging und vor Geoffrois Grab betete.

Ich wußte nicht, wie ich es überhaupt nur ansehen sollte. Mein Magen krampfte sich zusammen. Das plötzliche Erscheinen von Bischof Guillaume ließ mich innerlich erzittern; er war bei Geoffroi gewesen, als er starb, und hatte ihm die Absolution erteilt. Hatte Geoffroi ihm alles gebeichtet? Wußte der Bischof von uns? Steuerte ich geradewegs auf eine Auseinandersetzung zu, die alles zunichte machen würde, was ich mir gerade erst aus den Trümmern meines früheren Lebens aufgebaut hatte? Bischof Guillaume war, wie sich herausstellte, ein äußerst fahriger und redseliger Mann. Er empfing uns am Ende der Treppe, wo er hastig seine Mitra aufsetzte. Man spürte, daß er sich über unseren Besuch freute, jedoch auch ungehalten darüber war, daß wir uns nicht angemeldet hatten. Offensichtlich wußte er nichts von Geoffroi und mir; ganz im Gegensatz zu meinen Befürchtungen sollte er sich als meine Rettung erweisen. Er plauderte unentwegt mit Henri, der ihn offensichtlich schon ein Leben lang kannte, und schenkte mir dadurch kostbare Zeit, mich zu sammeln und meine Nerven für die vor mir liegende schwere Prüfung zu stählen.

Wir betraten das düstere Innere der Kirche und bewegten uns auf die Vierung zu, so langsam, daß ich am liebsten laut geschrien hätte. Die Zeit schien stillzustehen, und ich glaubte schon, wir würden nie ankommen. Die Gesichter der Menschen, an denen wir vorübergingen, verschwammen ineinander, und ihre Stimmen verzerrten sich zu unverständlichem Geplapper. Um so deutlicher nahm ich das Blutrot der Fenster wahr und die unzähligen brennenden Kerzen. Sie wirkten wie glühende Augen, die mich anstarrten und nur darauf warteten, daß ich mich verriet. Trotz alledem erreichten wir viel zu schnell die schmiedeeisernen Tore, die das Grab von der übrigen Kathedrale trennten. Als der Schlüssel im Schloß knirschte, heftete ich meinen Blick auf Henri oder Bischof Guillaume oder alle möglichen anderen Dinge, nur nicht auf das, was hinter dieser Tür lag.

Aber es gab kein Entrinnen. Der Bischof bestand darauf, bei uns zu bleiben und uns das neuerrichtete Grabmal selbst zu zeigen. Dafür war ich ihm dankbar, denn so war Henri abgelenkt, als ich schließlich doch hinsehen mußte.

Es war ganz anders, als ich erwartet hatte.

Über dem Grab hing eine kupferne Platte mit seinem Bildnis in den klaren, prächtigen Farben der Emaillewerkstätten von Limoges. Es war, wie es sich geziemt, von großer Schönheit. Es zeigte Geoffroi, wie er im Leben gewesen war: groß, mit langen, schlanken Gliedern, schmaler Taille und dieser Mischung aus Strenge und Charme, die so typisch für ihn war. Er trug den Mantel eines Fürsten, hielt dabei in der linken Hand den langen blauen Schild mit den goldenen Löwen und in der rechten das goldene Schwert der Gerechtigkeit, Symbol für den Sprecher des Rechtes. Eroberer und gerechter Herrscher zugleich. Ja, das stimmte. Seine Intelligenz spiegelte sich in den lebhaften blauen Augen wider, die fest zur Seite blickten, und die klaren Linien und der weiche Schwung des langen blonden Haares verrieten sein gutes Aussehen.

Im Tod wie im Leben ging ein Strahlen von ihm aus. Es war, als wehe hier in der dünneren nördlichen Luft von Maine ein Hauch von Byzanz oder Sizilien.

Und dennoch – wer ihn nicht gekannt hatte, würde niemals ermessen können, was ihn eigentlich so unwiderstehlich gemacht hatte. Während ich dieses Bildnis in all seiner prächtigen, kühnen Schönheit betrachtete, legte sich der Aufruhr in meinem Innern. Angst und Entsetzen verflogen, und ich empfand zärtliches Mitleid für den Begrabenen, ein Mitleid, das nur noch wenig mit Trauer zu tun hatte.

Bischof Guillaume erkundigte sich leise, ob uns die Arbeit gefiele. Wir hatten gar nicht auf seine Worte geachtet, so sehr hielt uns die strahlende Anmut des Porträts gefangen.

»Ja. Es gefällt mir«, murmelte Henri tief bewegt. »Er hätte es gemocht. Es ist so, wie er es sich gewünscht hat.« Er räusperte sich laut, um die Rührung in seiner Stimme zu verbergen und die Tränen hinunterzuschlucken, die ihm in den Augen brannten. »Ihr, äh, habt ihn gut gekannt, und es zeigt ...« Seine Stimme verlor sich.

Ich konnte es nicht mehr aushalten und bestand darauf zu beten. Wir knieten alle drei nieder. Ich zog meinen staubbedeckten Schleier vors Gesicht und versuchte die aufsteigende Trauer zu unterdrücken, indem ich mich auf das Gebet konzentrierte. Vergeblich bemühte ich mich jedoch, meine Gedanken gen Himmel zu richten. Ich konnte einzig an meinen geliebten Geoffroi denken, nur eine Handbreit entfernt und doch für immer durch kalten Stein von mir getrennt.

Ich war froh, daß Henri beim Verlassen der Kathedrale und auf dem Weg zum Schloß in Gedanken vertieft war und sich nicht unterhalten wollte. Ich hatte meine Selbstbeherrschung wiedergewonnen, sehnte mich aber verzweifelt danach, allein zu sein. Nichtsdestotrotz sah ich ihn ungläubig an, als er sich noch einmal räusperte und verkündete, er müsse nun gehen.

»Ich dachte, Ihr wolltet mir die Stadt zeigen, Henri! Das war doch der Grund, warum wir hier sind – warum Ihr darauf bestanden habt!«

»Ich muß das gute Wetter nutzen. Eigentlich hätte ich mich schon gestern aufmachen sollen. Es wird hier gut für Euch gesorgt sein, Eleonore ...«

»Das weiß ich, aber darum geht es nicht. Ihr habt gesagt ...«

»Was habt Ihr, Ihr wirkt so verstört. Hat Euch der Besuch des Grabes zu sehr aufgewühlt? Das sieht Euch gar nicht ähnlich! Natürlich müßt Ihr nicht bleiben.« Jetzt wirkte er verärgert.

»Ihr könnt auch schon morgen nach Poitiers aufbrechen, wenn Ihr es wünscht ...«

In Wirklichkeit wollte ich ja, daß er aufbrach, damit ich hier in Geoffrois Stadt mit meinen Gedanken allein sein konnte. »Nein. Nein. Geht nur und paßt gut auf Euch auf. Es ist alles in Ordnung.«

»Ich kümmere mich noch darum, daß alles nach Euren Wünschen ist, und ...«

»Nein! Geht jetzt, und möge Gott mit Euch sein, Henri.«

Mein plötzliches Einverständnis überraschte ihn, aber die Erleichterung stand ihm deutlich ins Gesicht geschrieben. Flüchtig küßte er meine Hand zum Abschied. Dann besann er sich, nahm mich in die Arme und drückte mir einen Kuß auf den Mund. Doch ich war in Gedanken schon meilenweit entfernt, und sobald er seinem Pferd die Sporen gab, lenkte ich meine Schritte zum Schloß der Grafen von Anjou.

Es war wirklich sehr, sehr alt, so alt wie die römischen Bauwerke in Poitiers. Wie ein Gespenst wanderte ich durch Geoffrois Zuhause. In meiner Phantasie war ich schon viele Male hier gewesen, hatte mir vorgestellt, hier mit ihm zusammen zu leben und zusammen alt zu werden ... Er hatte mir die Räume so deutlich beschrieben, daß sie mir alle vertraut waren – sogar das Gemach, das Mathilda nach ihrer Hochzeit verwüstet hatte. Diese Vertrautheit hatte etwas Tröstliches. Da ich ihn im Geiste schon durch diese Gemächer hatte schreiten sehen, schien es mir, als könne ich ihn jederzeit irgendwo antreffen, beim Lesen, Schreiben oder einem Dutzend anderer Dinge.

Mir war bewußt, daß sein Verwalter oder, besser gesagt, Henris Verwalter mir in einiger Entfernung folgte und mich neugierig und verwundert beobachtete. Doch nichts konnte den Zauber brechen, der mich seit dem Betreten des Schlosses gefangenhielt. An diesem Abend hielt ich hof. Die wichtigsten Männer der Stadt wurden mir vorgestellt, und Bischof Guillaume redete unablässig, um von meiner Schweigsamkeit abzulenken. Sogar jetzt hatte ich das Gefühl, Geoffroi säße neben mir und neige sein Gesicht zu mir herüber. Ich hörte förmlich, wie er witzige Bemerkungen zu den Geschehnissen des Tages machte und mir seine Pläne anvertraute ... Es war ein gefährliches, verführerisches Vergnügen, diese Flucht vor der kalten Wirklichkeit seines Grabes in der Kathedrale, aber in dieser Nacht sehnte ich mich nach Trost.

Ich schlief in dem Bett, das er kurze Zeit mit Mathilda geteilt hatte, und träumte die ganze Nacht von ihm. Als ich erwachte, war ich halb verrückt vor Verlangen und spürte wieder das schon vertraute Hämmern im Kopf. Ich ließ verlauten, daß ich heute unpäßlich sei, denn ich sah mich außerstande, der großen Menge von Würdenträgern entgegenzutreten, die sich bereits unten in der Halle versammelten. Selten entzog ich mich meiner Verantwortung, doch heute war ich ihr nicht gewachsen. Nur noch einen Tag wollte ich in die Traumwelt der verlorenen Liebe eintauchen; danach würde ich es erneut mit der Wirklichkeit aufnehmen. Hier schien er mir so nahe zu sein, daß ich beinahe seine Stimme zu hören glaubte. Und ich folgte ihrem Klang ...

Gegenüber seinem Schlafgemach führte eine Wendeltreppe einen neuerbauten Turm hinauf. Das oberste Turmzimmer war verschlossen. Als ich den Befehl gab, es zu öffnen, zögerte der Verwalter. Niemand habe es seit dem Tode des Grafen betreten, teilte er mir mit. Aber ich nahm ihm einfach den Schlüssel aus der Hand und ließ ihn in der Halle stehen, wo er mir stirnrunzelnd und verwirrt nachblickte.

Ich stieg die Treppe hinauf und schloß mich ein, sobald ich das Gemach betreten hatte. Mit geschlossenen Augen lehnte ich mich an die Tür, und erst als sich die eisernen Türbeschläge schmerzhaft in meinen Rücken bohrten, wagte ich mich umzuschauen.

Das Zimmer war geräumiger und auch heller als die anderen

Räume im Turm, denn es hatte größere und breitere Fenster, die an drei Seiten Licht hereinließen. Es gab einen Kamin, der anscheinend erst kürzlich eingebaut worden war, denn die Steine waren kaum rußgeschwärzt. Die Wände waren mit einem blaugoldenen Muster bemalt, das von Jagdszenen mit Rehen, Wildschweinen und Kranichen unterbrochen wurde. Hier hatte er sich wohl zum Lesen zurückgezogen oder um Geschäfte gekümmert, die nicht für die Öffentlichkeit in der Halle bestimmt waren.

Langsam begann ich im Zimmer umherzuwandern, strich mit den Fingern über jeden Gegenstand und nahm alles nacheinander in mich auf. Auf einer Bank, die an den Wänden zwischen den Fenstern entlanglief, fanden sich, ordentlich aufgestapelt, seine Bücher: ein Psalter, dessen Einband aus rotem Leder mit Elfenbeinschnitzereien verziert war, mehrere dicke Bände über das römische Recht, die Geschichte Britanniens, ein Kräuterbuch und zu meiner Überraschung eine medizinische Abhandlung in Griechisch. Zum ersten Mal fragte ich mich, was aus den Büchern geworden war, die ich ihm geschenkt hatte und die er nicht mehr lesen, nicht einmal mit hierher hatte bringen können. Auf dem Tisch am Kamin lagen ein Stapel feinster, glatter Pergamente und daneben Bimsstein, einige Schreibfedern und ein Gefäß mit schwarzer Tinte. Nicht weit davon entfernt stand eine Schachtel mit Siegelwachs und Seidenschnur. Es war alles da, außer seinem Siegel, das nach seinem Tode feierlich zerbrochen worden war.

Alles in diesem schönen Raum war mit einer feinen Staubschicht bedeckt und fühlte sich kalt an, aber dennoch spürte man Geoffrois Gegenwart – so, als müsse er jeden Moment wieder zur Tür hereinkommen.

Ein kleiner Wandschrank enthielt etwa ein Dutzend Weinflaschen, nicht nur den edlen Weißen aus seinen Weingärten an der Loire, sondern auch meinen rubinroten, schweren Bordeaux mit dem herzoglichen Siegel von Aquitanien. Vorsichtig schloß ich den Schrank wieder und richtete mein Augenmerk auf die große Truhe aus Ulmenholz an der Wand. Sie war in seinen Farben bemalt und mit Kissen bedeckt. Ich ging hinüber und setzte mich darauf. Ja, an diesem Platz hatte er bestimmt immer gelesen – das Licht war gut, und man saß bequem. Ich lehnte mich zurück. Ja, hier fanden sich sogar Kratzer im Holz, die von den Sporen an einem Stiefel herrührten – ich konnte Geoffroi vor mir sehen, wie er sich mit einem Buch in der Hand anmutig auf der Truhe rekelte, eines seiner Beine hochzog und mit dem Knie hin und her schaukelte, während er ganz versunken las. Vielleicht drehte er auch eine Haarlocke zwischen den Fingern, wie es seine Angewohnheit war ... Die Truhe war so lang, daß sogar er sich zu einem Nickerchen hätte ausstrecken können. Von hier aus hatte er die Türme der Kathedrale und die dahinterliegenden Felder und Wälder sehen können, wo er so oft gejagt hatte. Auch jetzt segelten die Vögel um die beiden Türme. Ja, hier konnte man sie stundenlang beobachten. Und oben an der Decke schimmerten goldfarbene Sterne und ein Tierkreis mit himmlischen Kreaturen, die auch noch in der dunkelsten Nacht leuchten würden.

Die Truhe war unverschlossen und knarrte nicht einmal, als ich mühsam den schweren Deckel hochstemmte.

Darin lagen seine Kleider, ordentlich zusammengefaltet und mit Zweigen von Zitronenthymian, wohlriechendem Ginster und Melisse bestreut. Ich ließ mich auf den Boden sinken und verharrte dort eine Weile, noch unfähig, sie zu berühren. Endlich fand ich die Kraft, mir eines nach dem anderen anzusehen. Seinen schönen blauen Mantel hatte man sorgfältig obenauf gebettet. Als ich ihn herausholte, fühlte sich die Seide eiskalt, aber auch sehr vertraut an. Ich schmiegte meine Wange an den Stoff, und da fiel etwas heraus, das hinter der Schließe gesteckt haben mußte.

In meinem Schoß lag das goldene Kreuz, das er all die Jahre an einer Kette um den Hals getragen hatte. Wieder etwas, das so erschreckend vertraut war. Aber warum befand es sich hier und nicht bei den übrigen Schätzen – seinen Ringen und der Krone, dem vergoldeten Schwertgürtel und den Spangen – unten in der Schatzkammer oder in Chinon? Ich hielt es in der Hand und drückte einen Kuß auf die Rückseite, die stets auf seiner Brust gelegen hatte. Meine Lippen berührten einen winzigen, mit einem Scharnier versehenen Verschluß. Bestimmt bewahrte er dort eine geheiligte Reliquie auf – einen Knochensplitter vielleicht oder eine Faser aus dem Gewand eines Heiligen. Vorsichtig öffnete ich den winzigen Deckel. Eine Haarsträhne lag darin. Das Haar war hellblond, fein und glatt und wurde von dünnen grünen Fäden zusammengehalten. Einen Augenblick starrte ich wie blind darauf, und dann wurde mir schlagartig bewußt: es war von mir.

Ich hatte ihm die Haarsträhne gegeben, als wir uns zum ersten Mal in Senlis voneinander verabschiedeten. Ich hatte sie mir mit meiner silbernen Schere abgeschnitten und mit einigen Fasern aus der Decke des Bettes zusammengebunden, in dem wir uns geliebt hatten.

O Geoffroi!

Ich war entsetzt, aber auch tief bewegt. Es grenzte an Gotteslästerung, das Haar in jenem Behältnis aufzubewahren, als würde er in mir allein sein Heil finden. Er hatte es stets bei sich getragen. Sein Herzschlag hatte das kalte Metall gewärmt. Ich umklammerte das Kreuz, bis der Verschluß in meine Handfläche schnitt und es schließlich blutbefleckt war. Doch ich verspürte keinen Schmerz. Mir wurde ganz schwindlig von der Erkenntnis, wie tief seine Liebe für mich gewesen war. Selbst ich hatte das nicht erkannt. Und es war meine Schuld, daß wir vier Jahre voneinander getrennt gewesen waren. Nein – daran durfte ich jetzt auf keinen Fall denken, sonst würde ich mich doch noch in den Abgrund zu meinen Füßen stürzen.

Meine Hände zitterten, als ich das Kreuz noch einmal küßte und wieder im Mantel verbarg. Sicher hatte Aedwine es dort versteckt. Er hatte recht gehandelt. Es gehörte nicht in die Schatzkammer von Chinon – und vor allem nicht in die geweihte, heilige Erde der Kathedrale.

Unter dem Umhang lag sein Wappenrock aus blauer und goldener Seide. Die aufgestickten Löwen glitzerten im Dämmerlicht. Einen ganz ähnlichen Rock hatte er getragen, als ich ihm das allererste Mal begegnet war. Ich hatte das Gefühl gehabt, er bringe den Sonnenschein in die düstere Halle: Immer war ein Strahlen von ihm ausgegangen. Ich zog den Mantel heraus und preßte ihn an mich, und als der Stoff durch meine Körperwärme langsam an Kälte verlor, strömte er wieder Geoffrois Geruch aus. Ich saß da und hielt das letzte, was mir von ihm geblieben war, im Arm. Lange, sehr lange wiegte ich mich hin und her und weinte unaufhörlich, bis ich glaubte, ich müßte den Verstand verlieren.

Als ich Stunden später den Raum verließ, vollkommen leer und über die Maßen erschöpft, war es schon stockdunkel. Amaria hatte unten in meinem Schlafgemach geduldig auf mich gewartet. Sie sah mich nur einmal kurz an, dann nahm sie mich wortlos in die Arme und brachte mich zu Bett. Während ich eine Schale mit warmem Wein trank, blieb sie an meiner Seite sitzen und verhinderte ein allerletztes Mal, daß meine Welt aus den Fugen geriet.

Am nächsten Morgen erwachte ich mit einem tiefen inneren Frieden, ein Gefühl, das ich monatelang vermißt hatte. Die ganze Zeit über hatte ich immer wieder versucht, einen Sinn in seinem Tod zu entdecken, hatte nach Trost für mich und für ihn gesucht. Doch vergebens. Nichts hatte geholfen. Er war gestorben, das war alles, und ich konnte nur noch darum beten, daß Gott seiner Seele gnädig war. Aber auch darin fand ich keinen Trost, denn zu lange hatte ich geglaubt, ich sei unwürdig, darum zu bitten. Ich verspürte keine Gewissensbisse oder Schuldgefühle wegen unserer Liebe, die in den Augen der anderen eine solch schwere Sünde darstellte. Wie also sollten meine Gebete erhört werden? Und wenn ich versuchte, für ihn zu beten, betete ich statt dessen zu ihm. Dann sah ich nur ihn und wünschte mir voller Sehnsucht, er wäre am Leben und hier bei mir – und nicht in einer anderen Welt, auch nicht in der Seligkeit des Himmels.

Doch jetzt hatte ich ihn gefunden. In diesem Turmzimmer hatte ich ihn wiedergefunden. Oder vielleicht hatte er mich gefunden, wer weiß. Die Traurigkeit würde mich immer begleiten, aber das war gut so. Man hört nicht auf zu lieben, mit allem, was dazugehört, nur weil der Geliebte stirbt. Amaria hatte recht behalten, man darf die Toten nicht durch Tränen zurückholen wollen, doch man kann und darf sie auch nicht vergessen. Niemals würde ich ihn vergessen. Und als ich in jener Nacht einschlief, schlief ich zum ersten Mal so tief, als ... als läge ich in seinen Armen und als schlügen unsere Herzen im selben Rhythmus.

Plötzlich war alles anders. Ich wußte nun, welchen Weg ich beschreiten würde, und ich lehnte mich nicht länger dagegen auf. Nichts konnte Geoffroi zurückbringen, aber nun konnte ihn mir auch niemand mehr nehmen, denn dort in Le Mans merkte ich, daß ich guter Hoffnung war. Ich hätte mir gewünscht, mein Sohn oder meine Tochter wäre sein Kind gewesen – und nicht sein Enkel. Gleichwohl würde es unser beider Blut in sich vereinen. Schließlich hatte auch er gehofft, daß Henri und Marie unsere Ahnenreihe fortsetzten, falls es uns beiden nicht vergönnt sein sollte. Nun, jetzt war ich es statt Marie.

Als ich ein letztes Mal durch das Schloß ging, erinnerte ich mich an seine bitteren Worte im Garten von Thouars – es war so lange her –: *»Ich war nur ein Beschäler für Mathildas Stammbaum ... Vater opferte mich meinen eigenen Kindern ...«* Und nun tat ich dem Kind, für das er geopfert worden war, dem jungen Henri, dasselbe an. Ich benutzte ihn. Stellte mich das nicht auf eine Stufe mit Fulko oder Mathilda? Wahrscheinlich. Aber ich hatte so unsäglich gelitten, und zumindest war unsere Verbindung für Henri mit Vorteilen verbunden. Ich trug ein Kind von Geoffrois Geblüt in meinem Leib, und Henri besaß dafür Aquitanien mit all seinen Reichtümern. Von uns beiden war ich reicher beschenkt worden. Vielleicht war ich inzwischen kälter und härter als das junge Mädchen, das Geoffroi damals so geliebt hatte und von dem er wiedergeliebt worden war; aber so war es eben.

Ich mußte mich ändern, um weiterleben zu können.

Denn ich wollte weiterleben.

Kapitel 27

✤ Da ich jetzt bereit war, mich der Zukunft zu stellen, ordnete ich unsere Rückkehr nach Poitiers an, die Stadt, in der ich meinen angevinischen Erben von Aquitanien zur Welt bringen wollte. Nachdem ich insgeheim und zärtlich Abschied von Geoffroi genommen hatte, unterrichtete ich Henri von meiner Schwangerschaft und hoffte, die Vorfreude auf unser Kind würde ihn beherzter in den Krieg um England ziehen lassen. Dann ritt ich gen Süden und stimmte mich innerlich auf die Weihnachtsfeierlichkeiten am Hofe ein, die ich nun zum zweiten Mal in meinem Leben als Herzogin von Aquitanien allein würde ausrichten müssen.

Endlich die Freiheit zu haben, mich mit meinen Lieben zu umgeben, wann immer es mir paßte, war eine der Annehmlichkeiten, die ich nach und nach wieder zu schätzen lernte. Nach längerem Drängen hatte Petronilla meinem Wunsch nachgegeben, Burgund zu verlassen, und war mit ihren Kindern an unseren alten Hof zurückgekehrt. Wenngleich sie noch in Trauer um Raoul war, empfand ich ihre Nähe als Wohltat. Auch meine Halbbrüder Guillaume und Joscelin lebten bei uns. Da die beiden unehelich waren, kannten wir sie kaum. Doch zu unserer großen Freude waren sie uns sehr sympathisch, darüber hinaus intelligent und einfühlsam. Die Begegnung mit ihnen, unsere gemeinsamen Neigungen und die Lebensfreude, die uns verband, waren entscheidende Erlebnisse jenes Jahres sowie der Zeit danach. Wir vier bildeten das Herz des poitevinischen Hofes, und ich, die ich noch in Le Mans gedacht hatte, mein Leben würde von nun an sehr einsam verlaufen, fand mich plötzlich inmitten einer großen Familie wieder und gewann meine Lebensfreude zurück, was ich in den trostlosen Tagen nach Geoffrois Tod nie zu träumen gewagt hätte.

Trotz der Schwangerschaft fühlte ich mich nicht nur bemerkenswert wohl, sondern auch so tatkräftig wie schon lange nicht mehr. Und das war von Vorteil, denn mein Hof war zu einem Ort für junge, künstlerisch begabte und gesellige Männer geworden, die nicht so recht wußten, was sie mit sich anfangen sollten. Ich war umgeben von Musikern, Dichtern und anderen Menschen, deren Qualitäten sich in gutem Aussehen und noch ausgeprägterem Selbstvertrauen erschöpften. Sie alle waren bestrebt, sich an meiner Tafel zu profilieren, und Petrel und ich genossen es, einen gegen den anderen auszuspielen, wenn sie einander in ihren Schmeicheleien zu übertreffen suchten. Ich schmunzelte, als sie meine gertenschlanke Taille priesen, während sich mein Bauch von Tag zu Tag stärker rundete.

Des weiteren fanden Geoffrois jüngere Söhne Zuflucht an meinem Hofe: Geoffroi – benannt nach seinem Vater –, der versucht hatte, mich zu entführen, und Guillaume, der ob seines gutmütigen Wesens allen als der sanfte Guillaume bekannt war. Im Gegensatz zu seinen älteren Brüdern schien er nicht im mindesten eigennützig zu sein. Er war stets guter Dinge und liebte es, sich mit einem Buch zurückzuziehen oder Musik zu hören. Außerdem hatte er Geoffrois Humor geerbt, und sein Lachen war dem seines Vaters so ähnlich, daß ich verstört den Saal verlassen mußte, als ich es zum ersten Mal vernahm.

Der junge Geoffroi indes erwies sich als weniger umgänglich. Wenngleich er mittlerweile neunzehn Jahre alt und merklich reifer als bei unserer frostigen Begegnung auf der Straße nach Poitiers war, fühlte ich mich in seiner Gegenwart unbehaglich. Überraschend war er an einem trüben, kalten Februartag aus Le Mans angereist, als ich noch im Begriff war, mich in dem weiträumigen Schloß von Angers einzuleben. Ich hatte mich dort einquartiert, um Henri näher zu sein, der auf der anderen Seite des Kanals weilte. Der junge Geoffroi hingegen kannte das Schloß seit seiner Kindheit und konnte selbst im Dunkeln dort gefahrlos umherwandern, eine Gepflogenheit, der er zu meiner Verwirrung auch nun folgte.

Am Tag seiner Ankunft begegnete ich ihm völlig unerwartet. Er stand vor mir, als ich mich eben von der Treppe in den erleuchteten Saal begeben wollte. Eine große, schlanke Gestalt mit rotgoldenem Haar, in Blau und Gold gekleidet, stand mit dem Rücken zu mir. Mein Herz setzte einen Schlag lang aus. Doch der Schreck währte nur kurz, da er sich plötzlich zu mir umdrehte. Dennoch war ich über alle Maßen verblüfft, und selbst das Kind in meinem Bauch zappelte aufgebracht. Geoffroi verneigte sich und küßte meine Hand.

»Sire Geoffroi!« rief ich aus, um Zeit zu gewinnen und mich wieder zu fangen.

Er beugte ein Knie, küßte den Saum meines Gewandes und sagte leise: »Könnt Ihr einem mittlerweile erwachsenen Knaben sein einstiges törichtes Verhalten nachsehen, Madame?« Er hielt den Kopf geneigt und wartete auf ein Wort der Vergebung, mit welchem er wohl fest rechnete.

Nun, was tat es noch zur Sache, daß er mich zu entführen versucht hatte? Sanft legte ich meine Hand auf seine Schulter und sagte: »Selbstverständlich, Geoffroi, auch wenn Ihr mir einen unbeschreiblichen Schrecken eingejagt habt.« Als ich mich dazu zwang, ihn anzublicken, mußte ich überrascht feststellen, daß seine Züge nichts mehr mit denen des Knaben von ehedem gemein hatten.

Er erwiderte meinen Blick und bekannte freimütig: »Da mir mein Bruder mein Erbe vorenthalten hatte, gab es für mich ohnehin nichts mehr zu verlieren, und ich konnte schadlos versuchen, mir etwas anderes anzueignen. Ich bitte um Verzeihung für die Gewalt, die ich Euch angetan habe, Euer Gnaden.«

»Nennt mich doch bitte Eleonore!« Seltsamerweise verwirrte ihn mein Anerbieten offenbar mehr, als daß es ihn beruhigte, so daß ich rasch hinzufügte: »Wir wollen nicht mehr davon sprechen.«

Aber er war entschlossen, die Angelegenheit aus der Welt zu schaffen, und erinnerte mich in seiner Beharrlichkeit an Geoffroi ... »Nein, ich entschuldige mich hiermit in aller Form. Henri sagte mir, Ihr wäret zu jener Zeit krank gewesen. Es war für Euch vermutlich ... sehr unangenehm.«

»Ohne Frage! Außerdem wart Ihr bereits der zweite an jenem Tag!« Aber mit dieser Bemerkung machte ich alles nur noch schlimmer, und ich rief mich zur Ordnung, denn schließlich war er trotz seiner offensichtlichen Reife noch jung. Zudem war es womöglich unklug, sich über die Episode lustig zu machen, die für uns beide wahrlich unangenehm gewesen war. »Versucht es zu vergessen«, bat ich. »Würdet Ihr mich nun in den Saal geleiten und mit mir zu Abend speisen, Geoffroi?«

Damit war die Art unserer Beziehung festgelegt: Ich fand meine Begegnungen mit Geoffroi kräftezehrend, und er spürte es, ohne je die Ursache zu kennen oder des zarten, unleugbaren Funkens gewahr zu werden, der zwischen uns hin- und hersprang und unablässig Spannung erzeugte. Sie ließ nicht nach, so daß wir nie imstande waren, unbefangen miteinander umzugehen.

Wie alle Ritter war auch er in den Wintermonaten rastlos und langweilte sich. Er trank so oft über den Durst, daß ich beschloß, ihn darauf anzusprechen. Aber da er recht aufbrausend war, wußte ich nicht, wie ich das Gespräch darauf bringen sollte. Doch es war nicht einmal ein Monat seit seiner Ankunft verstrichen, als sich eine günstige Gelegenheit bot. Ich traf Geoffroi vor dem Turmzimmer. Obgleich er in sich gekehrt und grüblerisch wirkte und an jenem Tag bereits viel getrunken hatte, packte ich die Gelegenheit beim Schopf. »Geoffroi, wollt Ihr mir etwas Gesellschaft leisten?«

Seine wachsamen blauen Augen musterten mich merkwürdig und verärgert, aber ich ließ mich nicht abschrecken, sondern legte ein zusätzliches Kissen zum Schutz gegen die Kälte der ersten Märztage auf den Fenstersitz. Wir ließen uns nieder und blinzelten in das gleißende Licht, das vom vereisten Burggraben zurückgeworfen wurde.

Da ich nur selten so dicht neben ihm saß, war ich verblüfft, wie stark mich seine körperliche Nähe verwirrte. Der seltsame Zauber des kurzen Tumultes auf der Straße nach Poitiers wirkte noch immer in mir nach, und ich brachte in seiner Gegenwart kaum ein Wort heraus. Selbst als ich mich niedergesetzt hatte, konnte ich zunächst nicht sprechen. In der einen Hand hielt ich die Haube, die ich für das noch ungeborene Kind besticken wollte, und mit dem Finger der anderen Hand trommelte ich nervös auf der abgeschrägten Fensterbank. »Ihr wirkt unglücklich, Geoffroi.«

Auch sein Arm ruhte auf dem Fenstersims. Zart streifte er den meinen. »Ihr möchtet wohl, daß ich abreise. Hab' ich recht?« In seiner leisen Stimme schwang Bitterkeit mit. Leicht wie eine Feder berührte sein Finger unabsichtlich mein Handgelenk.

»Aber nein! Ganz und gar nicht!« Der helle Widerschein des Lichtes blendete mich. »Das habe ich nicht gemeint.«

»Was ist es denn dann?« Der Finger bewegte sich unter meinem pelzgefütterten Ärmel streichelnd den Arm hinauf. Sachte, warm, lebendig.

Seltsamerweise machten aber weder er noch ich eine Bemerkung darüber. Ich blickte Geoffroi an, doch das Licht blendete mich derart, daß er in einzelne bunte Mosaiksteine zu zerfallen schien. In goldene, blaugoldene, rotgoldene Teile. Geoffroi.

»Ich möchte Euch nur ein wenig glücklicher sehen. Sonst nichts.« Ich zitterte. Warum hatte ich mich ihm nicht entzogen?

Er schnaubte beinahe verächtlich. »Warum? Damit ich Henri nicht in Gewissenskonflikte bringe?« Seine Worte waren barsch, doch seine Hand bebte, wenngleich nicht vor Kälte.

»Aber nein! Allein um Euretwillen!«

»Ach, wirklich«, entgegnete er abschätzig, streichelte aber

dennoch weiter meinen Arm. Eine arglose Berührung, dennoch verstohlen und sinnlich. Entsetzt fühlte ich mein Blut in den Adern pochen.

»Überrascht Euch das so sehr, Geoffroi?«

»Ich bezweifle, ob hier überhaupt jemand weiß oder daran interessiert ist, was ich möchte.« Er sprach jetzt sehr leise, und die sanfte, unentwegte Berührung löste ein übermächtiges Gefühl in mir aus, dem ich wehrlos ausgeliefert war. Er rutschte auf dem Sitz ein wenig hin und her, bis sein Knie meines berührte.

»Geoffroi, ich möchte nicht ...«

Plötzlich ging die Tür auf, und Amaria kam herein.

Schuldbewußt nahmen wir beide gleichzeitig den Arm vom Fenstersims und standen auf. Meine Stickarbeit fiel zu Boden. Überrascht über meine ungewohnte Gesellschaft blieb Amaria stehen. »Oh, ich bitte um Verzeihung, Madame!« sagte sie und wandte sich zum Gehen.

»Mari, Mari! Geoffroi, das ist Amaria. Mari, bleib doch.«

Geoffroi verneigte sich kurz und verließ den Raum.

»Ein seltsamer Kauz«, meinte Amaria und sah ihm nach, während sie das Stickzeug vom Boden aufhob. Ich versuchte, meine Verlegenheit zu verbergen, indem ich sie bat, mir ein Glas Wein zu bringen.

Ich schämte mich und war völlig durcheinander.

Ich konnte mir nicht erklären, was sich da zwischen uns in jenem Moment abgespielt hatte. Geoffroi war und blieb mir ein Rätsel. In den darauffolgenden Wochen wirkte er zunehmend verbitterter, und die ungemeine Ähnlichkeit mit seinem Vater war für mich nur schwer zu ertragen. Ich achtete darauf, daß sich der Vorfall im Turmzimmer nicht wiederholte. Er wie auch ich waren jedoch sichtlich erleichtert, als er Angers bei Frühlingsbeginn verließ und sich auf den Weg zu seiner Burg in Loudun machte. Sein Bruder Guillaume indes entschied sich zu Petronillas und meiner Freude, uns weiterhin Gesellschaft zu leisten. Als die Tage wärmer wurden, widmete ich mich voller Elan der Erkundung meiner Umgebung.

Nach der verstaubten Autorität der französischen Verwaltung und dem nur mühevoll eingedämmten Chaos in Aquitanien war die im Anjou herrschende Ordnung eine reine Wohltat. Die von Geoffroi ernannten Beamten gewährleisteten die Eintreibung der Steuern, die Zahlung der Abgaben und Aufrechterhaltung des Rechts. Sie arbeiteten so vorzüglich, daß über die regelmäßigen Sitzungen mit den Seneschalls hinaus – von denen die meisten von Henri übernommen worden waren – kein großes Eingreifen erforderlich war. Selbst die Hungersnot in jenem Jahr konnte das Gefüge nicht aus dem Lot bringen. Um die größte Not zu lindern und Revolten abzuwehren, wie sie in der französischen Krondomäne, in der Champagne und natürlich in Aquitanien ausbrachen, wurden Korn und andere Nahrungsmittel in festgesetzten Abständen verteilt. Die Regierungsgeschäfte unter Kontrolle zu halten erwies sich als weitaus einfacher, als ich erwartet hatte, und die Freude an meinem neuen Leben wuchs um so mehr.

Je weiter meine Schwangerschaft fortschritt, desto mehr Pflichten übertrug ich meinen Beamten. Viele Stunden verbrachte ich mit Petronilla im Schloßpark, wo ich die Sonne genoß. Petrel nörgelte so ausgiebig an mir herum, daß sie ihre eigene Trauer vergaß und neu erblühte. Oft unterhielten wir uns über Henris Briefe, die zwar unvermeidlicherweise in recht unterschiedlichen Abständen aus England eintrafen, jedoch stets zahlreiche Neuigkeiten enthielten. Von Henri wurde man entweder ausgehungert oder gemästet.

»Wo liegt Crowmarsh eigentlich?« fragte Petronilla und legte die letzte Pergamentseite neben sich.

Ich scheuchte eine lästige Biene weg und forschte in meinem Gedächtnis. »Irgendwo an der Themse, glaube ich ... Näher an Oxford als an London. Gott sei Dank haben sie die Schlacht abgebrochen.«

»Aber Henri hätte ohnehin gesiegt, nicht wahr? Er siegt doch immer!«

»Wahrscheinlich, aber es war seine erste offene Feldschlacht. Solche Kämpfe sind trickreich und führen in den seltensten Fällen zu einer Entscheidung. Stephen mag ein hoffnungsloser Fall sein, aber er ist kein Dummkopf und hat verhandelt. Ich bin fest davon überzeugt, daß Henri von Anfang bis Ende ein einziges Täuschungsmanöver veranstaltet hat.« Auch Geoffroi hatte sich mindestens einmal dieser Taktik als Reaktion auf Louis' Drohungen bedient. Vermutlich hatten die Geschehnisse Henri rascher eingeholt als erwartet, und gewiß waren weder er noch Stephen in erster Linie auf Kampf aus – Einmarsch hin oder her.

Petronilla runzelte die Stirn. »Constance tut mir leid. Allein der Gedanke, mit Eustace verheiratet zu sein ... Da würde ich sogar den Rüpel Gilles vorziehen!«

Daran zweifelte ich nicht eine Sekunde. »Henri schreibt, sobald die Schlacht vorbei gewesen sei, habe Eustace angefangen, die Klöster zu plündern. Offenbar hat er ziemlich viele Menschen umgebracht ...« Ich las ein Stück weiter. »Aber je grausamer er sich aufführt, desto eher sind sie bereit, Henri anzuerkennen.«

»Gut und schön, trotzdem ... Die arme Constance. Ich wette, sie wünscht sich nichts sehnlicher, als wieder in Paris zu sein.«

Doch Constance' Leid sollte schon bald ein Ende haben.

Am Morgen des siebzehnten August saß ich mit den beiden Guillaumes im Rosengarten, als die Fruchtblase platzte. Ich schrie derart erschrocken auf, daß meinem Bruder sogar eine Saite seiner Viola riß, wohingegen Guillaume von Anjou mich geistesgegenwärtig und trotz des durchnäßten Kleides ins Innere des Hauses trug und rief: »Schnell, schnell, holt die Hebamme!«

Wie gerne hätte ich den sanften Guillaume an meiner Seite gehabt anstelle einer Hebamme, aber gewiß wäre er vor Verlegenheit gestorben. Vor lauter Verwirrung vergaß er sogar, mich abzusetzen. Hilflos stand er zwischen dem Saal und dem Treppenaufgang zu meinen Gemächern, drehte sich im Kreis und rief wahllos sämtliche Namen, die ihm gerade in den Sinn kamen. Schließlich blieb mir nichts anderes übrig, als ihn zu bitten, mich entweder die Stufen hochzutragen oder auf den Boden zu stellen, damit ich allein hinaufgehen konnte, zumal ich ohnehin bei der ersten Wehe beinahe aus seinen Armen gesprungen wäre.

Nunmehr wurde er etwas besonnener und trug mich sicher die Treppe hinauf. Dort oben übergab er mich Amaria, die ihn sogleich davonscheuchte und mich gemeinsam mit Petronilla kundig versorgte. Noch am gleichen Nachmittag wurde mein Sohn geboren. Gemäß der Tradition der Herzöge von Aquitanien gab ich ihm den Namen Guillaume; zugleich tat ich es aber auch um des jungen Mannes willen, der sich bemüht hatte, mir zu helfen.

Wäre ich nicht so erschöpft gewesen, hätte ich ein Triumphgeschrei angestimmt. Ungläubig hörte ich Petrel rufen: »Ein Junge, ein Junge, Eleonore!« und wollte ihn umgehend sehen, um mich zu vergewissern.

Als man ihn mir brachte, sah ich staunend das winzige Kerlchen an, dessen feines Haar fast durchsichtig wirkte. Mein angevinisches Neugeborenes glich einem kleinen Engel, und selbst die Nabelschnur, die uns noch miteinander verband, schien offenbar nur dazu zu dienen, es auf der Erde zu halten, damit es nicht bei der ersten Brise davonflog.

»Rasch, rasch, gib ihn mir!« rief ich sehnsüchtig.

»Wir müssen ihn zuerst waschen. Das muß sein ...«

Ich konnte es kaum erwarten, bis sie ihn endlich gebadet, mich versorgt und die Nachgeburt beseitigt hatten und ich schließlich in einem frisch gemachten Bett mit einem dicken Polster aus sauberen Laken lag. Der Kleine wimmerte wie ein Kätzchen, als sie die Nabelschnur abtrennten und die Wunde verbanden. Schließlich legten sie mir das zappelnde Bündel in die Arme. Ich fand, er sah aus wie Petronilla, aber niemand außer mir schien die Schönheit dieses winzigen, zerknautschten Gesichtes meines Erben zu bemerken – des Sohnes, mit dem ich nie und nimmer gerechnet hatte und durch dessen Adern das vereinte Blut von Anjou und Aquitanien strömte.

Später erfuhr ich, daß Eustace an jenem Augusttag, während ich in den Wehen lag, in einem Kloster im entfernten Suffolk an einer Aal-Mahlzeit erstickte. Damit war das letzte Hindernis aus dem Weg geräumt, das Henri den Weg zum Thron versperrt hatte. Es gab keinen weiteren Thronanwärter, so daß Stephen nichts anderes übrigblieb, als Henri als seinen Nachfolger anzuerkennen. So wurde mein Gemahl an einem einzigen Sommernachmittag Thronfolger und zugleich Vater eines Thronfolgers. Wir hatten, so schien es, beide gesiegt.

Noch merkwürdiger indes war, daß nur drei Tage danach Abt Bernard de Clairvaux starb. Da er die Angeviner und auch mich bis zum bitteren Ende bekämpft hatte, empfand ich große Genugtuung, als die Kunde mich erreichte. Seine Heiligsprechung war bereits am französischen Hof im Gespräch, während ich dagegen ihn für den Abschaum der Hölle hielt. Doch selbst meine Rachegelüste schwanden angesichts der Tatsache dahin, daß ich endlich einen Sohn geboren hatte.

»Da bist du also!« sagte Petrel und betrachtete liebevoll den kleinen, strampelnden Guillaume. »Ich habe dir ja gesagt, daß diese Angeviner fruchtbar sind. Es war also überhaupt nicht deine Schuld! Louis wird außer sich sein vor Zorn. Das geschieht ihm ganz recht!«

Kapitel 28

⚜ Guillaume war bereits knapp acht Monate alt, als sein Vater ihn zum ersten Mal sah. Nach mehr als einem Jahr in England, währenddessen er seine Stellung am Hofe gefestigt und an Gewicht und Einfluß gewonnen hatte, kehrte er in die Normandie zurück. Er war so lange fortgewesen, daß ich zwischendurch oft gar nicht mehr an ihn gedacht hatte. Obgleich wir bereits nahezu zwei Jahre verheiratet waren, hatten wir doch kaum mehr als zwei Monate miteinander verbracht. Und selbst als er zu den Osterfeierlichkeiten im Jahr 1154 anreiste, eilte er sogleich zu Mathilda und seinen Brüdern nach Rouen anstatt nach Angers oder Poitiers.

Nachdem er von Stephen anerkannt worden war, hatte ich mich guten Gewissens in den Süden begeben, wo ich mich den größten Teil des Jahres der Verwaltung meiner Ländereien und dem kleinen Guillaume widmete, diesem zarten, aber schwierigen Knaben. Obwohl er immer hungrig war, ließ er sich nur schwer füttern, lehnte jede Amme ab, schlummerte stets nur kurz und wachte alsbald auf, um lauthals Nahrung zu fordern. Dennoch wuchs und gedieh er, und ich schenkte ihm all meine Liebe. Ich konnte nicht verstehen, warum Henri in Rouen blieb, anstatt zu uns in den Süden zu reisen und seinen Sohn in Augenschein zu nehmen.

Sein Verhalten kränkte mich – mehr wegen unseres Kindes als wegen meiner Person. Ich selbst war zufrieden und hatte gelernt, mich um mein eigenes Leben zu kümmern. Ich brauchte niemandem Rechenschaft abzulegen und konnte meine Einkünfte nach eigenem Gutdünken ausgeben. Folglich erschienen mir meine Jahre als französische Königin, in denen ich mich so machtlos wie meine Bediensteten gefühlt hatte, wie ein schlechter Traum – nur nicht die Zeit, die ich mit Geoffroi verbracht hatte. Denn wenn mein Leben nun auch sehr ausgefüllt war, hatte meine Sehnsucht nach ihm nie nachgelassen. Ohne ihn empfand ich eine schmerzliche Leere, die niemand anderer auszufüllen vermochte. Mir war, als hätte ich ein Körperteil verloren, das schmerzte und juckte, obgleich es schon lange nicht mehr da war. Nur das Wissen, jetzt unwiderruflich Teil seiner Familie und auf dem Weg zu dem Ziel zu sein, das er und ich uns gesetzt hatten, erfüllte mich mit Zufriedenheit.

Als sich Henri schließlich zu uns gesellte, überhäufte er uns mit Vorwürfen, als hätten wir ihn vorsätzlich von seinem Sohn ferngehalten. Während seiner anderthalbjährigen Abwesenheit war er zum Erwachsenen gereift. Er kehrte als weitaus herrischerer und launischerer Mann zurück, als es der einstige Knabe gewesen war. Gerade eben einundzwanzig Jahre alt, wirkte er eher wie dreißig, so daß wir entgegen meiner Befürchtung kein so ungleiches Paar abgaben, obschon ich fast zweiunddreißig war. Sein Mißfallen darüber, dem Gefolge des sterbenden Hofes von König Stephen anzugehören, hatte ihn Zurückhaltung und diplomatisches Geschick gelehrt, an dem es ihm zuvor gemangelt hatte. Dennoch hatte er nichts von seiner jungenhaften, grenzenlosen Energie eingebüßt. In der Tat war ich bereits nach wenigen Wochen erneut schwanger, und seine Freude über diese Neuigkeit machte mich glücklich.

»Noch ein Knabe! Hervorragend!«

»Das weißt du doch gar nicht, Henri! Zwei meiner drei Kinder sind Mädchen ...«

»Na gut, aber die sind ja auch vom alten Louis ... Das zählt nicht. Angeviner bekommen immer Knaben!«

»Und was ist mit deinen Tanten?« Und mit deinen Halbschwestern? dachte ich.

»Nein, es wird ein Knabe! Du wirst schon sehen!« Er sah

mich so selbstgefällig an, daß ich mich fragte, woher er diese Zuversicht nahm. »Wie auch immer, es ist an der Zeit, daß du Mutter kennenlernst. Ich breche morgen nach Rouen auf. Wenn du gepackt hast, folge mir doch ein, zwei Tage später nach. Hast du den jungen Geoffroi gesehen? Es ist noch hell genug, um mit den Falken auf die Jagd zu gehen ...«

Eilig begab er sich auf die Suche nach seinem Bruder. Er fühlte sich sichtlich unwohl an einem Hofe, den ich vollkommen nach meinen eigenen Vorstellungen gestaltet hatte.

Es mutet schier unglaublich an, daß ich Mathilda bisher nie begegnet war. Unser beider Schicksal war so eng miteinander verwoben, daß es schien, als wäre dort, wo die eine sich aufhielt, stets auch der Schatten der anderen. Aber Mathilda war ebensowenig erpicht darauf, mich kennenzulernen, wie umgekehrt. Wir waren einander fremd geblieben, obgleich sie meine Schwiegermutter war. Zwei Königinnen sind für einen Bienenstock nun mal zuviel. Und da es sich dabei um zwei ehemalige Königinnen handelte, war es noch unwahrscheinlicher, daß sie miteinander auskamen. Jetzt allerdings konnte ich mich nicht mehr herausreden, zu beschäftigt zu sein, um eine Begegnung zu vermeiden.

Nichtsdestotrotz überlegte ich auf meinem Ritt nach Rouen in der Hitze des Spätjuni, worüber wir uns unterhalten sollten.

Henri empfing uns am Stadttor und geleitete uns durch die Straßen, in denen sich neugierige Bürger drängten, um einen Blick auf die berühmt-berüchtigte Herzogin zu werfen. »Dort, sieh nur! Sie mögen dich bereits!« sagte Henri aufgeregt. Er vermied es, mir in die Augen zu schauen.

»Warum auch nicht? Ich bin deine Gemahlin, die dir – und ihnen – einen Erben für die Normandie geschenkt hat. Was ist los, Henri?«

»Nichts, nichts.« Er winkte der Menge erneut zu, wich jedoch nach wie vor meinem Blick aus. Ich mochte ihn zwar nicht allzugut kennen, aber doch gut genug, um zu ahnen, daß Mathilda der Grund für sein merkwürdiges Verhalten war. Lieber Gott, was würde mich wohl erwarten? Erleichtert dachte ich an den kleinen Guillaume, der mit den Ammen in der Kutsche folgte. Er war schließlich die beste Karte, die ich gegenüber meiner Schwiegermutter ausspielen konnte, falls alles schlecht laufen und wir kein rechtes Verhältnis zueinander finden würden.

In Rouen herrschte eine merkwürdige Atmosphäre. Wie alle Hauptstädte strahlte sie Selbstgefälligkeit und Würde aus, wenngleich auch auf andere Art als die mir bekannten Städte im Norden Frankreichs. Das war gewiß dem Einfluß der Frau zuzuschreiben, die die letzten zwanzig Jahre zumeist hier verbracht hatte. An ihrem Hofe wurde die Etikette nicht nur gepflegt, hier war sie quasi unverrückbar, eingebettet in überkommene Bräuche und Konventionen, daß dagegen sogar Louis' frommer Palast beinahe schon frivol wirkte. Weiß der Himmel, was sie aus Poitiers gemacht hätte ... Aber im Grunde wußte ich es, nachdem Henri und ich endlos vor dem großen Saal hatten warten müssen, während sie mit ihrem Verwalter Geschäftliches abwickelte. Da ich jedoch vor den Toren Konstantinopels noch Ärgeres durchgemacht hatte, behielt ich die Ruhe, während Henri nervös den Korridor durchmaß und an seinen Fingern herumzupfte. Schließlich und endlich schwang die Tür weit auf, und wir wurden zur Audienz vorgelassen.

Kaiserin Mathilda, Geoffrois Witwe – die Frau, die ich aus meinen Gedanken zu verbannen gesucht und deren bloße Existenz nahezu zwei Jahrzehnte lang Haß in mir geschürt hatte –, saß erhöht in der Mitte des Saales, der unbestreitbar riesige Ausmaße hatte. Neugier und Verbitterung fochten einen heftigen Kampf in mir aus. Schließlich gewann die Neugier für einen Augenblick die Oberhand, und so gestattete ich mir, sie unverhohlen in Augenschein zu nehmen. Nachdem mir diese Frau in meiner Vorstellung stets als abstoßendes Frauenzimmer erschienen war, verschlug es mir bei ihrem Anblick geradezu die Sprache. Sie war klein und zart, fast schon zerbrechlich, was noch unterstrichen wurde durch die weiße Trauerkleidung, die sie nach wie vor trug, obgleich Geoffrois Tod fast drei Jahre zurücklag.

Doch ein Blick in ihre kalten grauen Augen strafte jeglichen Eindruck von Zerbrechlichkeit Lügen. Sie war bereits zweiundfünfzig Jahre alt, und ein in vieler Hinsicht schwieriges Leben lag hinter ihr. Dennoch erkannte man noch ihre einst legendäre Schönheit, auch wenn das ehemals goldene Haar nun steingrau unter dem Schleier hervorlugte. Ihr kleines Gesicht war spitz, fast herzförmig. Sie saß kerzengerade auf ihrem Thron, und ihre Hände umklammerten die Lehnen, daß die Knöchel weiß hervortraten. Sogleich wurde mir klar, welche Kraft von ihr ausgegangen war: eine Kraft, die so viele Barone bewogen hatte, für sie zu kämpfen – und sie meist schon binnen kurzem bestürzt zu verlassen.

Zu meiner größten Überraschung kniete Henri vor ihr nieder und zupfte mich verstohlen am Ärmel, bis ich mich unbeholfen gleichermaßen niederkniete. »Guten Morgen, Euer Gnaden. Ich hoffe, Ihr habt gut geschlafen«, begrüßte er sie höflich.

Er benahm sich wie ein Schoßhund!

»Guten Morgen, Henri. Ja, danke der Nachfrage. Du kannst dich erheben.«

Ihre Stimme dröhnte unerträglich monoton durch den Raum. Sie hatte den Charme einer Totenglocke. Als Henri sich erhob, legte er seine Hand fest auf meine Schulter, damit ich es ihm nicht gleichtat, und trat als zusätzliche Vorsichtsmaßnahme überdies auf den Saum meines Kleides.

»Mutter, ich möchte Euch meine Gemahlin Eleonore vorstellen, Herzogin der Normandie, Aquitaniens und der Gascogne, Gräfin von Poitou, Saintonge ...«

Ich traute meinen Ohren nicht! Er betete tatsächlich meine

sämtlichen Titel herunter, während ich auf dem harten Boden kniete und abwartete, ob die alte Hexe wohl geneigt wäre, mich für annehmbar zu halten.

»... Angoulême, Limousin, Auvergne, Bordeaux, Agen ...«

Allmählich stieg nackte Wut in mir hoch. Ja, hör genau hin, du alter Drachen, ich habe schon immer mehr Ländereien besessen als du. Da nützt dir all dein Hochmut nichts!

»... Anjou, Maine und Touraine.«

Kaum hatte er die Aufzählung beendet, krächzte sie: »Und was ist mit Toulouse? Ihr habt doch die Grafschaft Toulouse eingefordert, nicht wahr? Warum haben Eure Truppen nicht die gesamte Region besetzt? Weshalb hat man Eurem Anspruch nicht stattgegeben?«

»Seid auch Ihr herzlich gegrüßt«, murmelte ich. Ihre laute Stimme machte mich ganz benommen. Sie klang nicht nur rauh, sondern ihre Aussprache war auch mit Zischlauten durchsetzt, als würde jedes Wort von einem Schniefer begleitet. Mir fiel plötzlich die plastische Schilderung ein, die Saint-Mars vor vielen Jahren in Paris von ihr gegeben hatte. »Nein, nein, nein!« hatte er skandiert und so die für sie bezeichnende Antwort nachgeahmt ... Henri stupste mich mit der Stiefelspitze.

»Ich bitte darum, aufstehen zu dürfen, Madame«, sagte ich und sah Mathilda direkt in die Augen. »Ich bin schwanger und fühle mich ein wenig unwohl.«

Henri beugte sich zu mir hinunter und half mir auf.

»Ihr seid doch erst in der sechsten Woche – noch dürftet Ihr nichts spüren. Ich jedenfalls hatte keinerlei Beschwerden, als ich mit den Söhnen meines Gemahls schwanger war ...«

Wütend blickte ich Henri an, wenngleich die Anspielung auf Geoffroi meinem Herzen einen Stich versetzte. Henri erzählte diesem Weib also wirklich alles. Nun gut, wir würden sehen ...

Sie erhob keine Einwände gegen meinen Wunsch, bot mir aber auch keinen Stuhl an. Mir fiel Geoffrois Bemerkung ein, daß sie Thierry von Flandern offenbar sehr zugetan war. Er mußte nämlich niemals so lange vor ihr knien wie andere ... Ach, der arme Geoffroi. Seit seinem vierzehnten Lebensjahr war er an diese Frau gekettet gewesen!

»Also, dann breche ich jetzt auf!« erklärte Henri und rieb sich nervös die Hände.

Ich meinte, nicht recht zu hören. »Wohin gehst du?« fragte ich und hätte mir am liebsten auf die Zunge gebissen, denn Mathilda antwortete unverzüglich an seiner Stelle.

»Nach Torigny natürlich! Rebellionen dürfen nicht unbeobachtet bleiben. Es erstaunt mich, daß Ihr das in Eurem Alter nicht wißt. Ein Aufstand muß unverzüglich und vollständig niedergeschlagen werden!« Sie stand auf und verließ steif und ohne ein weiteres Wort den Saal.

»Henri, du elender Schuft! Du kannst nicht so einfach das Weite suchen und mich hier mit ihr zurücklassen!«

Schuldbewußt trat er von einem Bein aufs andere. »Es ist meine Pflicht, Eleonore. Der Aufruhr ist ernst. Wir wollen uns doch nicht den Zugang nach Barfleur abschneiden, oder?«

Im Augenblick gab es eine ganze Menge, das ich mit Freuden abgeschnitten hätte!

»... Mach dir keine Sorgen, du wirst ... Du kommst schon mit ihr zurecht ..., wenn du sie erst einmal näher kennengelernt hast. Ihr habt bestimmt eine Menge gemeinsam ...«

Ich schenkte dieser unglückseligen Bemerkung keine Beachtung, sondern sagte nur: »Feuer im Haus bringt den Tod, Henri!«

»Ja, ich weiß. Ich zeige dir unser Zimmer.«

Eine Stunde später war er fort, und ich mußte das Abendessen mit dem Drachen überstehen.

Es war von Anfang an offensichtlich, daß sie mich nicht mochte, und je öfter sie mich anblickte, desto größer schien ihre Abneigung zu werden. Ich hatte mit Schwierigkeiten gerechnet, aber dieser durch und durch ablehnende Blick verunsicherte mich. Ich dachte an Abt Bernards Taktik, den Dingen auf die Spur zu kommen, indem er sie hinterfragte, und beschloß, es ihm gleichzutun. »Gefällt Euch mein Anblick nicht, Madame?« fragte ich, während wir aßen.

Verdutzt hielt sie die Gabel mit dem Stück Wildbret in der Luft.

»Ich verstehe Eure Frage nicht.«

»Aus Eurem Blick spricht so viel Abscheu – als ob Euch etwas an meinem Aussehen mißfiele. Ich hätte gerne erfahren, was es ist.«

Schweigen machte sich breit, und ich bemerkte in ihrem starren Blick zum ersten Mal ein winziges Flackern.

»Nein. Wie mein Sohn bereits sagte, seid Ihr wirklich sehr schön. Nein, Ihr erinnert mich nur an jemanden.«

Sie wandte mir brüsk den Rücken zu und widmete ihre Aufmerksamkeit dem jungen Geoffroi zu ihrer Rechten. Guillaume zwinkerte mir zu, um mir zu verstehen zu geben, daß er auf meiner Seite war. Ich faßte mir ein Herz und fragte nach Rotwein, da auf dem Tisch nur Weißwein stand. Verlegen erklärte mir der Diener, es gäbe keinen Rotwein. »Das ist ja absurd. Laßt sofort welchen bringen.«

Mathilda musterte mich erneut mit eiskaltem Blick und krächzte: »Ich trinke keinen Rotwein.«

Jetzt blickte auch der junge Geoffroi zu mir herüber und lächelte mich verständnisvoll an.

Es mußte sich etwas ändern.

»Nehmt es Mutter nicht übel«, sagte Guillaume, nachdem diese Prüfung vorüber war. »Sie behandelt alle so. Vater konnte nicht länger als eine Stunde mit ihr zusammen im Schloß verbringen. Manchmal nicht einmal in derselben Stadt ... Die meisten von uns gewöhnen sich allerdings an ihr Verhalten.«

»Und die anderen?«

Er brauchte nicht zu antworten. Mathilda war gewiß nicht diejenige, die sich änderte ...

»Warum sieht sie mich so an, Guillaume? Sie meint, ich würde sie an jemanden erinnern.«

Verlegen nahm er meinen Arm, und wir betraten den eher bescheidenen Schloßgarten. Als wir alleine waren, beantwortete er meine Frage: »Ich glaube, sie spielt damit auf Emma an.«

»Wer ist Emma?«

»Sie war Vaters Mätresse.«

O je! Bis hierher und nicht weiter, sagte ich zu mir, als ich merkte, wie sich mein Magen verkrampfte und mir der Schweiß aus allen Poren brach. Weitergehen und nicht darüber nachdenken. Keine Fragen stellen. Doch da vernahm ich bereits meine freundliche Stimme: »Erzählt mir von ihr ... Was für ein Mensch war sie?« Hoffentlich hatte ich recht mit der Vergangenheitsform.

Er wurde noch verlegener. »Sie war Euch ziemlich ähnlich. Groß, schlank und blond. Sie hatte sogar grüne Augen wie Ihr ...« Er hielt inne und deutete mein tiefes Einatmen fälschlicherweise als Gekränktheit. Rasch fügte er hinzu: »Ihre Augen waren natürlich bei weitem nicht so schön wie Eure ... Aber Emma war entzückend, das muß man sagen.«

»Wie lang waren die beiden zusammen, Guillaume?«

»Ich bin mir nicht ganz sicher. Henri sagte einmal, er erinnere sich daran, daß sie an den Ostertagen am Hofe war. Ostern fiel mit seinem fünften Geburtstag zusammen, und es hatte Streit gegeben. Aber das war ja stets so, wenn Mutter und Vater zusammen waren ...«

Henris fünfter Geburtstag. Das lag gottlob schon eine ganze Weile zurück ... Ich war zu der Zeit sechzehn. »Aus welcher Familie stammte sie?« forschte ich weiter.

»Ich glaube, ihr Vater war ein Baron und besaß Ländereien unweit von Mirebeau ... Sie hatten drei Kinder ..., die mit Geoffroi und mir in Angers unterrichtet wurden, obwohl sie jünger waren. Es war eigenartig – Mutter hatte nichts gegen die Kinder, aber Emmas Anwesenheit in derselben Stadt duldete sie nicht.

Deshalb lebte Emma weiter in Le Mans. Mutter ist nie dorthin gereist.« Wir spazierten in den Kräutergarten. »Emma wohnt noch immer in der Nähe. Das Verhältnis mit Vater ist irgendwann einfach zu Ende gegangen.« Erneut krampfte sich mein Magen zusammen. »Schließlich hat sie einen Ritter geheiratet. Vater hat ihr einiges an Land vermacht. Den Streit deswegen hättet Ihr hören sollen!«

»Wann?«

»Was meint Ihr?«

»Wann ist es zu Ende gegangen?«

»Ungefähr zu der Zeit, als Vater Seneschall des Königs wurde. Er war einfach zu selten zu Hause, vermute ich ...« Er brach einen Zweig Zitronenthymian, rieb die Blätter zwischen den Fingern und hielt ihn mir unter die Nase. »Ist das nicht ein herrlicher Duft? Es war Vaters Lieblingsduft«, erklärte er und hielt mir einen Vortrag über die Eigenschaften von Kräutern, für die er ein ausgeprägtes Interesse hegte.

»Ich glaube kaum, daß du nach Saint-Jouin noch einen einzigen Gedanken an mich verschwendet hast.«

»Nun, dann irrst du dich eben ...«

Ja, ich hatte unrecht gehabt. Er hatte sich eine Geliebte genommen, die aussah wie ich, und sie verlassen, als wir uns erneut begegneten. Seine Liebe war nicht nur tiefer, als ich angenommen hatte, sondern hatte zudem vom ersten Augenblick an bestanden. Ich blieb in der Sonne stehen. Die Tränen liefen mir über die Wangen, und der Duft des Zitronenthymians durchbohrte mir das Herz.

»Eleonore! Was um Himmels willen ist denn los? Fühlt Ihr Euch nicht wohl? Kommt, setzt Euch.« Er führte mich zu einem schattigen Plätzchen und streichelte meine Hand. »Möchtet Ihr etwas trinken?«

»Nein, Guillaume, danke. Es tut mir leid ... Ich bin nur müde. Offenbar bin ich immer schwanger, wenn ich Euch begegne.«

»Aber Ihr freut Euch doch auf das Kind, oder ...?«

»Ja, natürlich.«

Zärtlich lächelte er mich an. »Laßt Euch nicht von Mathilda verdrießen. Ihr könnt doch nichts dafür, daß Vaters Geliebte ausgesehen hat wie Ihr! Sie wird darüber hinwegkommen. Sie ist zäh!«

»Wo wohnen deine Halbschwestern und dein Halbbruder jetzt?«

»Sie wohnen nach wie vor ... Aber woher wißt Ihr, daß es zwei Mädchen sind?« fragte er neugierig.

»Ich meine, es irgendwo gehört zu haben«, antwortete ich ausweichend. »Wo leben sie?«

»In Le Mans. Marie ist dort in einem Kloster, Hamelin wird nächstes Jahr Ritter, und Emma wird zwar in einem Kloster unterrichtet, möchte aber im Gegensatz zu Marie nicht Nonne werden. Ich nehme an, Marie wird später einmal in Fontevrault eintreten. Sie ist so klug wie Tante Mathilda. Fehlt Euch auch wirklich nichts?«

»Alles in Ordnung, mein Lieber. Ob sie Lust hätten, nach Poitiers zu kommen? Was meint Ihr?«

»Ich weiß nicht. Aber warum eigentlich nicht? Sie waren alle sehr bestürzt, als Vater starb. Vermutlich haben sie ihn öfter gesehen als wir. Mutter war ja nicht da, um ihn abzuschrecken. Ja, vielleicht würden sie eine Veränderung sehr begrüßen.«

»Danke, Guillaume.«

»Wofür?«

»Dafür, daß Ihr es mir gesagt habt – und daß Ihr mein Freund seid.«

Er lächelte und küßte meine Hand. »Ich werde stets Euer Freund sein. Möchtet Ihr, daß ich ein wenig Musik für Euch mache? Es gibt am Hof leider nur wenige Musiker, dafür um so mehr Philosophen – noch dazu alles Deutsche, genau wie die Weine ...«

»Ja, etwas Musik wäre sehr schön!« Während er seine Harfe

holte, setzte ich mich in die Sonne und machte Pläne für Geoffrois Kinder, die ihm die Frau geschenkt hatte, die mir so ähnlich sah.

Da ich nun den Grund für Mathildas Abneigung kannte, ergötzte ich mich richtiggehend an ihrem feindseligen Verhalten, denn sie hatte begonnen, einen Mythos um ihre zweite Ehe zu spinnen, der dem Mythos über ihre erste Ehe in nichts nachstand. Natürlich konnte sie nicht behaupten, es sei eine Liebesheirat gewesen, aber wollte man ihr Glauben schenken, waren Geoffroi und sie einander doch in einer Art Geistesverwandtschaft verbunden gewesen. Da ich und alle, die Geoffroi gekannt hatten, wußten, wie es tatsächlich um ihre Ehe bestellt gewesen war, genoß ich Mathildas instinktive und gerechtfertigte Abneigung mir gegenüber um so mehr. Ha, wenn du wüßtest, daß ich dich mit einem einzigen Wort vernichten könnte, wenn ich nur wollte, dachte ich, wann immer ihre kalten Augen mich abschätzig musterten ...

Zudem war es mir eine Genugtuung zu wissen, daß sie ein falsches Spiel trieb. Geoffroi hatte mir nämlich erzählt, daß es ihr gar nicht zustand, nach dem Tod ihres ersten Gemahls den Titel einer Kaiserin zu tragen. Bereits zu Lebzeiten ihres ersten Gemahls war es mehr ein Ehrentitel gewesen. In keinem offiziellen Dokument war ihr dieser Rang zuerkannt worden, und es war nur ihrem eisernen Willen zuzuschreiben, daß niemand ein Wort über die fortgesetzte und unangemessene Anrede verloren hatte.

Mir war darüber hinaus Geoffrois Erklärung zu ihrer Rückkehr aus England in die Normandie boshaft in Erinnerung geblieben. Er konnte kaum seine Schadenfreude verhehlen, als er mir davon berichtete ...

»Geoffroi, warum lachst du?« Selbst im Heiligen Land hatte ich mich durch ihre Rückkehr noch immer zutiefst verunsichert gefühlt.

»Na ja, es ist wirklich peinlich.« Er schürzte die Lippen. »Man hat sie nämlich aufgefordert, das Land zu verlassen, weißt du.«

»Das wundert mich nicht. Stephen muß kühner sein, als ich vermutet habe.«

»Es war nicht Stephen, der sie aufgefordert hat zu gehen. Es waren unsere Mitstreiter!«

Wir sahen einander an, ehe wir in schallendes, höhnisches Gelächter ausbrachen. »Nein, Geoffroi, das ist doch nicht möglich!«

»Doch, leider. Es hieß, indem sie sich in England sehen ließ – ich glaube, in Wahrheit meinten sie, indem sie dort zu hören war –, schade sie der Sache mehr, als daß sie ihr nütze, und es wäre allen gedient, wenn sie sie aus dem Ausland unterstütze.«

»Mathilda, die fliegende Stütze!«

»Genau. Sie hatte keine andere Wahl. Das Schiff lag bereit, die Eskorte war fertig zur Abreise, und selbst die Briefe an Henri und mich mit der Warnung – oh, Entschuldigung, mit der Ankündigung ihrer baldigen Rückkehr – waren bereits verfaßt. Sie brauchte sie nur noch zu versiegeln.«

»Die Arme! Sie tut mir fast leid.«

»Nicht nötig! Letztlich wird sie ohnehin den Sieg davontragen. Aber zum ersten Mal in ihrem Leben war sie völlig konfus ...«

Diese Erinnerung an unsere Unterhaltung gab mir Kraft im Umgang mit Mathilda, und nach allem, was ich nun über sie wußte, entschied ich mich, nie mehr vor ihr hinzuknien, was immer Henri auch tun mochte, um eine Auseinandersetzung zu verhindern.

Je weniger ich mich ihr beugte, desto mehr ließ sie mich, zu meinem Erstaunen, in Ruhe, so daß ich mein Leben in Rouen sogar allmählich genoß. Bis zu dem Tag, an dem Henri mit Louis gut Freund wurde. Fast genau drei Jahre nach dem verhängnisvollen Sommer des Jahres 1151 war er nach Paris zurückgekehrt und schloß mit dem König Frieden. Er hatte ihn sogar dazu bewegen können, den Titel des Herzogs von Aquitanien abzulegen, mit dem er sich – in Mathildas Manier – unbedingt hatte schmücken wollen. Die beiden schworen sich ewige Freundschaft und vereinten ihre Truppen, um gemeinsam eine Revolte im Vexin niederzuschlagen. Männer waren und blieben mir ein Rätsel!

Folglich hielt Henri sich in unerreichbarer Ferne im Vexin auf – das noch so viel Trauer für uns bergen sollte –, als uns die Nachricht vom Tod König Stephens von England erreichte, der am 25. Oktober in seinem Schloß in Dover gestorben war. Doch erfuhr nicht ich von ihm, daß ich dadurch erneut Königin geworden war, sondern er ließ Mathilda die triumphale Nachricht überbringen! Ich geriet darüber derart in Wut, daß ich sie am liebsten vor mir hätte niederknien lassen. Aber sie kam mir zuvor und teilte mir ihre Entscheidung mit, nie wieder in das Königreich zurückzukehren, um das sie so beharrlich und ausdauernd gekämpft hatte.

»Ich habe erwartet, daß Ihr begierig seid, nach Hause zurückzukehren«, sagte ich, als wir vor dem Kamin saßen. Voller Häme fügte ich hinzu: »Nun, da es Euch gestattet ist. Natürlich seid Ihr Henri und mir herzlich willkommen. Jederzeit!«

Sie warf mir einen gehässigen Blick zu. Mathilda besaß größte Ehrfurcht vor Titeln, und ich war nun wieder Königin – oder genauer, würde eine sein, wenn Henri und ich gekrönt waren. Sie biß sich auf die Lippe und antwortete eisig: »Weshalb sollte ich zurückkehren? Ich habe nichts mehr mit England zu schaffen. Das Ziel, das mein Vater, mein verstorbener Gemahl und ich angestrebt haben, ist erreicht.« Verstorbener Gemahl – mir wurde weh ums Herz. »Es ist vorbei. Ich bin weder sentimental noch töricht; nichts bindet mich an England. Nein, ich bleibe in Rouen und regiere die Normandie – wie ich es mit Henri vereinbart habe!« Ein frostiges Lächeln umspielte ihre Lippen.

Ach, tatsächlich! dachte ich bei mir. Diese Pläne würde ich durchkreuzen. Ich sah sie mit höflicher Besorgnis an. »Sagt mir, Madame, werdet Ihr im Gedenken an Euren verstorbenen Cousin Stephen weiterhin Trauerkleidung tragen, oder werdet Ihr sie ablegen und mit uns den Triumph feiern?«

»Ihr wißt nur zu gut, daß ich zum Andenken an meinen verstorbenen Gemahl in Trauer gehe. Ihr begreift nicht, was es heißt, einen teuren, ehrenwerten Gatten zu verlieren – Euer Gnaden«, fügte sie bissig hinzu, wohlwissend, daß ich nun nicht mehr nur die Schwiegertochter war, die sie mit Namen anreden durfte ...

»Wart Ihr denn so glücklich mit dem Grafen von Anjou?« fragte ich mitfühlend. »Gewiß war es schrecklich für Euch, so häufig voneinander getrennt zu sein. Es ist doch gemeinhin bekannt, daß ihm sehr wenig Zeit blieb, in Eurer Gesellschaft zu weilen.« Ich lächelte anteilnehmend.

Scharf zog sie den Atem ein und funkelte mich wütend an, aber da sie ebenso wenig wie Louis mit Ironie umzugehen verstand, fauchte sie nur: »Wir hatten Verpflichtungen. Offenbar übersteigt das Euren Verstand. Ich muß jetzt gehen, Euer Gnaden.« Und sie rauschte aus dem Zimmer.

Es war ein armseliger Sieg, doch ich war verärgert, daß Henri sie und nicht mich über unsere Thronfolge unterrichtet hatte. Zudem diente Mathilda schlichtweg als unwiderstehliches, wiewohl stacheliges Ziel meiner Angriffslust. Darüber hinaus war ich über alle Maßen eifersüchtig auf sie: sei es wegen ihres rechtmäßigen Gedenkens an Geoffroi oder wegen ihres Einflusses auf Henri – ich wußte es nicht zu sagen und wollte es gar nicht wissen. Im Grunde respektierte ich ihre Entscheidung, in der Normandie zu bleiben, anstatt eine zweitrangige Position in einem Land einzunehmen, in dem sie rundweg abgelehnt worden war. Außerdem würde es kaum einen Unterschied machen, ob sie nun hierbliebe oder nach England übersiedelte.

Was mich betraf, hoffte ich nach meinem kurzzeitigen Gefühl

des Triumphes lediglich, daß mir die zweite Krone weniger Kummer bringen würde als die erste. Glücklich zu werden war schon lange kein Ziel mehr für mich. Mein Glück lag ein für allemal unter den Steinplatten der Kathedrale von Le Mans begraben.

Sechs Wochen nachdem wir die Nachricht von Stephens Tod erhalten hatten, richteten sich Henri, ich, Petronilla und meine Brüder sowie Henris Geschwister – ich hatte auch Geoffrois andere Familie zusammenrufen lassen – mitsamt unseren Rittern und Beamten auf eine weitere endlose Nacht ein, die sich über die Hafenanlagen und die schäbigen Kneipen von Barfleur legte.

»Reist unverzüglich hierher«, hatte der Erzbischof von Canterbury uns gebeten. Da er Aufstände in einem Land ohne König fürchtete, hatten wir innerhalb von nur zwei Wochen eine Flotte zusammengestellt, die Verwaltungsangelegenheiten für unsere Ländereien geklärt und alles Notwendige in die Wege geleitet, um über den Kanal zu segeln. Zur gleichen Zeit war Wind aufgekommen, was alle für ein gutes Omen hielten. Unglücklicherweise wurde der Wind immer heftiger, und innerhalb einer Stunde tobte ein Sturm über unser Land, der sogar den Orkan übertraf, der vor vier Jahren unsere Kreuzfahrerflotte im Mittelmeer auseinandergetrieben hatte.

Mit anderen Worten: in der augenblicklichen Lage würden wir nirgendwohin aufbrechen.

Sogar für den Ärmelkanal war das Wetter im Dezember außergewöhnlich stürmisch. Verärgert über den Aufschub, fluchte Henri wie der Teufel, fand sich aber schließlich damit ab, warten zu müssen, da er sich der Tücken dieses Wassers nur zu bewußt war.

Wochen vergingen, doch der Wind ließ nicht nach. In den Gasthöfen, die nicht auf die Unterbringung und Verpflegung so vieler Menschen über einen derart langen Zeitraum eingerichtet waren, gingen die Lebensmittel aus. Die Unterkünfte verschmutzten zusehends, und der Matsch und der Schlamm, den die Pferde und die Wagen aufgewühlt hatten, waren von der tosenden See nicht mehr zu unterscheiden.

Nach drei Wochen vergeblichen Wartens bekam Henri einen ähnlich schlimmen Wutanfall wie damals in Limoges. Als eine weitere Sturmbö herankam, stürzte er zur Tür hinaus, rannte bis zu den Knien in den eiskalten Matsch und erhob seine Faust drohend gen Himmel. Er schrie und tobte und verwünschte Gott, der es wagte, seine Pläne so zu durchkreuzen. Und nur aus Trotz gegen die, die sich um ihn sorgten, weigerte er sich, wieder hineinzugehen.

Nach all den Wochen, in denen ich mit ihm und seinen Launen eingesperrt gewesen war, konnte er meinetwegen liebend gern da draußen im Schlamm bleiben. Ich tauschte nur einen müden Blick mit Petronilla. Einzig und allein ihre Anwesenheit verhinderte, daß ich der Verzweiflung anheimfiel. Sie hatte sofort verkündet, sie werde mich begleiten. »Wenn du glaubst, ich lasse dich allein in dieses gottverlassene Land fahren, wo deine Schwangerschaft schon so weit fortgeschritten ist und du bestimmt seekrank wirst, dann hast du dich verrechnet!« hatte sie tapfer erklärt. Aber ich hatte gar nicht zu überlegen brauchen und war dankbar für ihre Gesellschaft.

Und nun warteten wir. Mein Gemahl, mein Sohn, die Kinder meines Geliebten und die meines Vaters: alle Menschen, die mir wichtig waren, hatte ich um mich geschart. Gemeinsam würden wir die Lande hinter uns lassen, in denen ich eine Krone gewonnen und wieder zurückgewiesen hatte, wo ich eine Reise in nichtchristliche Gefilde angetreten hatte und ein wenig weiser und sehr viel älter an Erfahrung zurückgekommen war. Und wo ich vor allem den Mann geliebt und verloren hatte, nach dem sich mein Herz und mein Körper noch immer mit einer Macht verzehrten, die mich selbst jetzt noch in Erstaunen versetzte.

Hier war meine Heimat. Aber ich würde sie für eine neblige,

dunkelgrüne, mir noch unbekannte Insel verlassen, um dort für die Kinder aus Geoffrois und meiner Linie, die ich vereint hatte, ein Reich zu gründen. Allein ging ich hinaus in den strömenden Regen und blickte über das Wasser zu dem unbekannten Land. In diesem Augenblick legte sich der Wind, und die See lag ruhig und einladend vor uns wie ein silberglänzender Teppich.

Zwei Jahre sind seit dem Aufstand der Kölner Bürger gegen ihren Erzbischof Anno vergangen. Dieser ist im Jahr 1075 gestorben, und in Köln ist wieder Ruhe eingekehrt – scheinbar. Denn »die Schatten von Köln« geistern nächtens durch die Stadt, eine Gruppe von Aufständischen, die mit allen Mitteln in den Besitz des Heiligen Grals gelangen möchte. Denn dieser soll sich – entgegen bisherigen Vermutungen – unter der Kölner Kathedrale befinden. Die Macht des Grals soll ihnen helfen, Frieden und Gerechtigkeit zu finden.

ISBN 3-404-14781-2

Italien im Jahre 1478: Während der Ostermesse im Dom zu Florenz wird bei einem Attentat auf die Medici der jüngere Bruder Giuliano getötet. Sein Bruder Lorenzo, der seit einiger Zeit mit dem Papst um die Vorherrschaft in einigen italienischen Republiken streitet, überlebt – und eröffnet eine gnadenlose Jagd auf die vermutlich Schuldigen: die rivalisierende Sippe der Pazzi, ebenfalls ein altes florentinisches Geschlecht.

Zur gleichen Zeit gerät die junge Jana Dlugosz in Verdacht, mit den Pazzi kollaboriert zu haben. Alle Beweise sprechen gegen sie, und selbst ihr Gefährte, der Kaufmann Peter Bernward, beginnt an ihr zu zweifeln. Haben Machthunger und Ehrgeiz die junge Frau in eine verhängnisvolle Falle getrieben?

Aber dann beginnen Menschen aus Janas Umfeld zu verschwinden, und Peter Bernward erkennt, dass der Fall komplizierter ist, als er dachte ...

ISBN 3-404-14757-X

BASTEI LÜBBE